《大清太祖武皇帝實錄》
滿文本譯漢　卷一

莊　吉　發譯注

滿　語　叢　刊
文史哲出版社印行

國家圖書館出版品預行編目資料

《大清太祖武皇帝實錄》滿文本譯漢　卷一 /
莊吉發譯注. -- 初版. -- 臺北市：文史哲
出版社，民 113.09
冊：　公分. --（滿語叢刊；60－）
ISBN 978-986-314-688-9（卷一：平裝）

1.CST：滿語　2. CST：讀本

802.918　　113014900

滿語叢刊　60

《大清太祖武皇帝實錄》滿文本譯漢　卷一

譯注者：莊吉發
出版者：文史哲出版社
http:// www.lapen.com.tw
e-mail:lapen@ms74.hinet.net
登記證字號：行政院新聞局版臺業字五三三七號
編排者：彭正雄・滿文美編：劉亦眞
發行人：彭正雄
發行所：文史哲出版社
印刷者：文史哲出版社
臺北市羅斯福路一段七十二巷四號
郵政劃撥帳號：一六一八〇一七五
電話886-2-23511028・傳真886-2-23965656

實價新臺幣九〇〇元

二〇二四年（民一一三）九月初版

ISBN 978-986-314-688-9　　65160

《大清太祖武皇帝實錄》滿文本譯漢　卷一

目　次

《大清太祖武皇帝實錄》滿文本譯漢　卷一

一、導　讀

──以《大清太祖武皇帝實錄》滿文本為中心的比較研究

我國歷代以來，就是一個多民族的國家，各兄弟民族多有自己的民族語言和文字。滿洲先世，出自女真，蒙古滅金後，女真遺族散居於混同江流域，開元城以北，東濱海，西接兀良哈，南鄰朝鮮。由於元朝蒙古對東北女真的長期統治，以及地緣的便利，在滿洲崛起以前，女真與蒙古的接觸，已極密切，蒙古文化對女真產生了很大的影響，女真地區除了使用漢文外，同時也使用蒙古語言文字。明代後期，滿族的經濟與文化，進入迅速發展階段，但在滿洲居住的地區，仍然沒有自己的文字，其文移往來，主要使用蒙古文字，必須「習蒙古書，譯蒙古語通之。」使用女真語的滿族書寫蒙古文字，未習蒙古語的滿族則無從了解，這種現象實在不能適應新興滿族共同體的需要。明神宗萬曆二十七年（1599）二月，清太祖努爾哈齊命巴克什額爾德尼等人創造滿文。滿文本《大清太祖武皇帝實錄》記載清太祖努爾哈齊與巴克什額爾德尼等人的對話，先將滿文影印如後，並轉寫羅馬拼音，照錄漢文內容。

《大清太祖武皇帝實錄》滿文

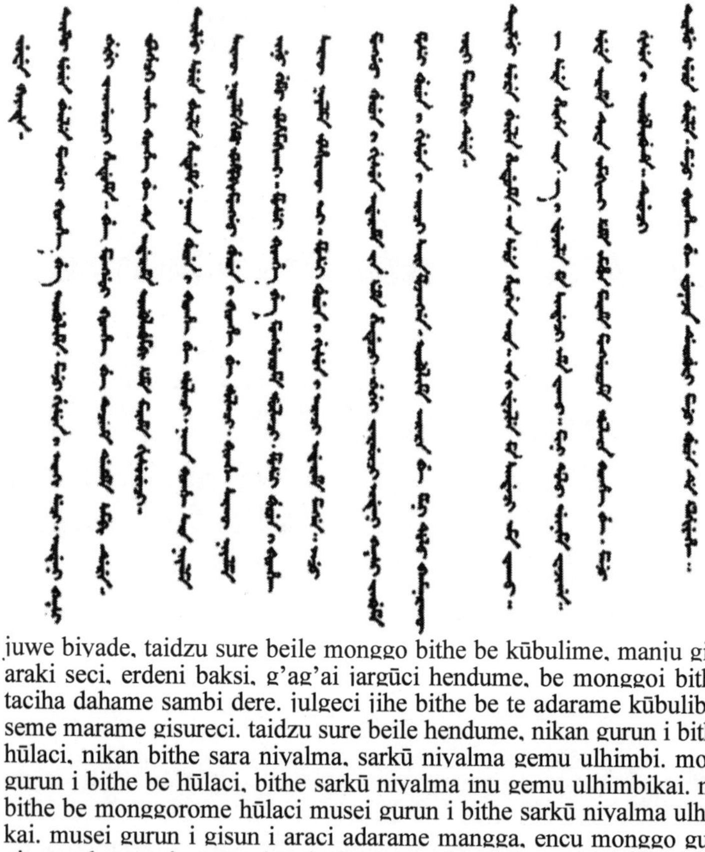

juwe biyade, taidzu sure beile monggo bithe be kūbulime, manju gisun i araki seci, erdeni baksi, g'ag'ai jargūci hendume, be monggoi bithe be taciha dahame sambi dere. julgeci jihe bithe be te adarame kūbulibumbi seme marame gisureci. taidzu sure beile hendume, nikan gurun i bithe be hūlaci, nikan bithe sara niyalma, sarkū niyalma gemu ulhimbi. monggo gurun i bithe be hūlaci, bithe sarkū niyalma inu gemu ulhimbikai. musei bithe be monggorome hūlaci musei gurun i bithe sarkū niyalma ulhirakū kai. musei gurun i gisun i araci adarame mangga, encu monggo gurun i gisun adarame ja seme henduci. g'ag'ai jargūci, erdeni baksi jabume, musei gurun i gisun i araci sain mujangga. kūbulime arara be meni dolo bahanarakū ofi marambi dere. taidzu sure beile hendume, a sere hergen ara, a i fejile ma sindaci ama wakao. e sere hergen ara, e i fejile me sindaci eme wakao. mini dolo gūnime wajiha. suwe arame tuwa ombikai seme emhun marame monggorome hūlara bithe be manju gisun i kūbulibuha. tereci taidzu sure beile manju bithe be fukjin deribufi manju gurun de selgiyehe[1].

---

[1] 《大清太祖武皇帝實錄》，滿文本（北京，民族出版社，2016 年 4 月），

漢譯內容

二月，太祖欲以蒙古字編成國語，榜識厄兒得溺、剛蓋對曰：「我等習蒙古字，始知蒙古語，若以我國語編創譯書，我等實不能。」太祖曰：「漢人念漢字，學與不學者皆知；蒙古之人念蒙古字，學與不學者亦皆知。我國之言，寫蒙古之字，則不習蒙古語者，不能知矣，何汝等以本國言語編字為難，以習他國之言為易耶？」剛蓋、厄兒得溺對曰：「以我國之言編成文字最善，但因翻編成句，吾等不能，故難耳。」太祖曰：「寫阿字下合一媽字，此非阿媽乎（阿媽，父也）？厄字下合一脉字，此非厄脉乎（厄脉，母也）？吾意決矣，爾等試寫可也。」于是自將蒙古字編成國語頒行，創製滿洲文字，自太祖始[2]。

前引「國語」，即滿洲語；榜識厄兒得溺，即巴克什額爾德尼；剛蓋，即扎爾固齊噶蓋。清太祖，滿文作“taidzu sure beile”，漢字音譯可作「太祖淑勒貝勒」。清太祖努爾哈齊爲了文移往來及記注政事的需要，即命巴克什額爾德尼等仿 照老蒙文創製滿文，亦即以老蒙文字母爲基礎，拼寫女眞語 音，聯綴成句。例如將蒙古字母的「ᠠ」（a）字下接「ᠮᠠ」（ma）字就成「ᠠᠮᠠ」（ama），意即父親。將老蒙文字母的「ᠡ」（e）字下接「ᠮᠡ」（me），就成「ᠡᠮᠡ」（eme），意即母親。這種由畏兀兒體老蒙文脫胎而來的初期滿文，在字旁未加圈點，僅稍改變老蒙文的字母形體。這種未加圈點的滿文，習稱老滿文，使用老滿文記注的檔案，稱為無圈點檔。臺北國立故宮博物院典藏無圈點檔最早的記事，始自明神宗萬曆三十五年（1607），影印二頁如下。

卷二，頁 119-121。

[2] 《大清太祖武皇帝實錄》，漢文本（臺北，國立故宮博物院），卷二，頁 1。

無圈點老滿文檔　　丁未年（1607）

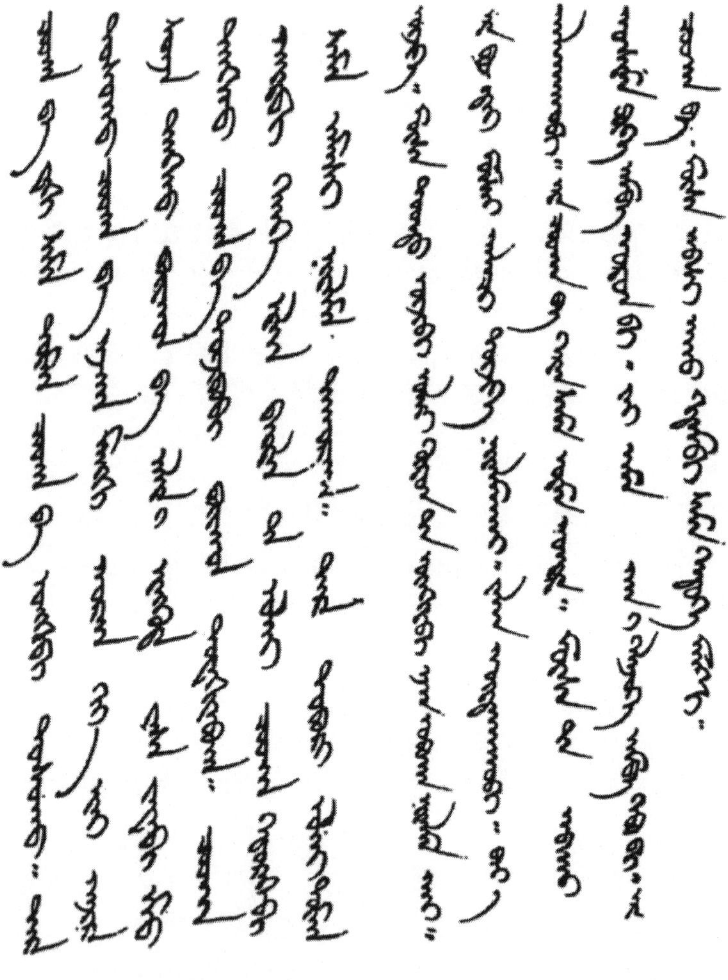

由老蒙文脫胎而來的無圈點老滿文，是一種拼音系統的文字，用來拼寫女真語音，有其實用性，學習容易。但因其未加圈點，不能充分表達女真語音，而且因滿洲和蒙古的語言，彼

此不同，所借用的老蒙文字母，無從區別人名、地名的讀音，往往彼此雷同。天聰六年(1632)三月，清太宗皇太極命巴克什達海將無圈點滿文在字旁加置圈點，使其音義分明。《大清太宗文皇帝實錄》記載諭旨云：

上諭巴克什達海曰：「國書十二頭字，向無圈點，上下字雷同無別，幼學習之，遇書中尋常語言，視其文義，易於通曉。若至人名地名，必致錯誤，爾可酌加圈點，以分析之，則音義明曉，於字學更有裨益矣[3]。」

引文中「國書十二頭字」，即指滿文十二字頭。達海是滿洲正藍旗人，九歲即通滿、漢文義，曾奉命繙譯《大明會典》、《素書》、《三略》等書。達海遵旨將十二字頭酌加圈點於字旁，又將滿文與漢字對音，補所未備。舊有十二字頭為正字，新補為外字，其未盡協者，則以兩字合音為一字，至此滿文始大備[4]。達海奉命改進的滿文，稱為加圈點滿文，習稱新滿文。

滿洲文字的創製，是清朝文化的重要特色。滿洲文，清朝稱爲清文，滿洲語稱爲國語。民初清史館曾經纂修《國語志稿》，共一百冊，第一冊卷首有奎善撰〈滿文源流〉一文，略謂：

滿洲初無文字，太祖己亥年二月，始命巴克什（師也）額爾德尼、噶蓋，以蒙古字改制國文，二人以難辭。上曰，無難也，以蒙古字合我國語音，即可因文見義焉，遂定國書，頒行傳布。其字直讀與漢文無異，但自左而右，適與漢文相反。案文字所以代結繩，無論何國文

---

3 《大清太宗文皇帝實錄》，卷十一，頁 13。天聰六年三月戊戌，上諭。

4 《清史稿校註·達海傳》(臺北，國史館，1988 年 8 月)，第十冊，頁 8001。

字，其糾結屈曲，無不含有結繩遺意。然體制不一，則又以地勢而殊。歐洲多水，故英法諸國文字橫行，如風浪，如水紋。滿洲故里多山林，故文字矗立高聳，如古樹，如孤峯。蓋制造文字，本乎人心，人心之靈，實根於天地自然之理，非偶然也。其字分真行二種，其字母共十二頭，每頭約百餘字，然以第一頭為主要，餘則形異音差，讀之亦簡單易學。其拼音有用二字者，有用四、五字者，極合音籟之自然，最為正確，不在四聲賅備也。至其意蘊閎深，包孕富有，不惟漢文所到之處，滿文無不能到，即漢文所不能到之處，滿文亦能曲傳而代達之，宜乎皇王制作行之數百年而流傳未艾也。又考自入關定鼎以來，執政臣工或有未曉者，歷朝俱優容之，未嘗施以強迫。至乾隆朝雖有新科庶常均令入館學習國文之舉，因年長舌強，誦讀稍差，行之未久，而議遂寢，亦美猶有憾者爾。茲編纂清史伊始，竊以清書為一朝創製國粹，未便闕而不錄，謹首述源流大略，次述字母，次分類繙譯，庶使後世徵文者有所考焉[5]。

滿文的創製，有其文化、地理背景，的確不是偶然的。滿文義蘊閎深，漢文所到之處，滿文無不能到，都具有「文以載道」的能力。

清太祖、太宗時期，滿洲記注政事及抄錄往來文書的檔冊，主要是以無圈點老滿文及加圈點新滿文記載的老檔，可以稱之爲《滿文原檔》。滿洲入關後，《滿文原檔》由盛京移至北京，由內閣掌管，內閣檔案中有老檔出納簿，備載閣僚借出卷

5 奎善撰〈滿文源流〉，《國語志稿》（臺北，國立故宮博物院），《清史館檔》，第一冊，頁1。

冊時日，及繳還後塗銷的圖記。

乾隆六年（1741），清高宗鑒於內閣大庫所藏無圈點檔冊，年久劃舊，所載字畫，與乾隆年間通行的新滿文不同，諭令大學士鄂爾泰等人按照新滿文，編纂《無圈點字書》，書首附有奏摺，其內容如下：

> 內閣大學士太保三等伯臣鄂爾泰等謹奏，為遵旨事。乾隆六年七月二十一日奉上諭：「無圈點字原係滿文之本，今若不編製成書貯藏，日後失據，人將不知滿文肇端於無圈點字。著交鄂爾泰、徐元夢按照無圈點檔，依照十二字頭之順序，編製成書，繕寫一部。並令宗室覺羅學及國子監各學各鈔一部貯藏。欽此。」臣等詳閱內閣庫存無圈點檔，現今雖不用此體，而滿洲文字實肇基於是。且八旗牛彔之淵源，賞給世職之緣由，均著於斯。檔內之字，不僅無圈點，復有假借者，若不融會上下文字之意義，誠屬不易辨識。今奉聖旨編書貯藏，實為注重滿洲文字之根本，不失其考據之至意。臣謹遵聖旨，將檔內之字，加設圈點讀之。除可認識者外，其有與今之字體不同，及難於辨識者，均行檢出，附註現今字體，依據十二字頭編製成書，謹呈御覽。俟聖裁後，除內閣貯藏一部外，並令宗室覺羅學及國子監等學各鈔一部貯存，以示後人知滿洲文字肇端於此。再查此檔因年久殘闕，既期垂之永久，似應逐頁托裱裝訂，為此謹奏請旨。乾隆六年十一月十一日，大學士太保三等伯鄂爾泰、尚書銜太子少保徐元夢奏。本日奉旨：「將此摺錄於書首，照繕三帙呈進，餘依議[6]。」

6 張玉全撰〈述滿文老檔〉，《文獻論叢》（臺北，臺聯國風出版社，1967年10月），論述二，頁207。

由鄂爾泰、徐元夢奏摺可知清高宗對《滿文原檔》的重視。內閣大庫所存《無圈點檔》就是《滿文原檔》中使用無圈點老滿文書寫的檔冊，記錄了八旗牛彔的淵源，及賞給世職的緣由等等。但因《無圈點檔》年久殘闕，所以鄂爾泰等人奏請逐頁托裱裝訂。鄂爾泰等人遵旨編纂的無圈點十二字頭，就是所謂《無圈點字書》（tongki fuka akū hergen i bithe）。

乾隆四十年（1775）二月十二日，軍機大臣具摺奏稱：「內閣大庫恭藏無圈點老檔，年久虧舊，所載字畫，與現行清字不同。乾隆六年奉旨照現行清字纂成無圈點十二字頭，以備稽考。但以字頭釐正字蹟，未免逐卷翻閱，且老檔止此一分，日久或致擦損，應請照現在清字，另行音出一分，同原本恭藏。」奉旨：「是，應如此辦理[7]。」所謂《無圈點老檔》，就是內閣大庫保存的原本，亦即《滿文原檔》。軍機大臣奏准依照通行新滿文另行音出一分後，即交國史館纂修等官，加置圈點，陸續進呈。惟其重抄工作進行緩慢，同年三月二十日，大學士舒赫德等又奏稱：「查老檔原頁共計三千餘篇，今分頁繕錄，並另行音出一分；篇頁浩繁，未免稽延時日。雖老檔卷頁，前經托裱；究屬年久虧 舊，恐日久摸擦，所關甚鉅。必須迅速趲辦，敬謹尊藏，以昭慎重[8]。」重抄的本子有兩種：一種是依照當時通行的新滿文繕寫並加簽注的重抄本；一種是仿照無圈點老滿文的字體抄錄而刪其重複的重抄本。乾隆四十三年（1778）十月以前完成繕寫的工作，貯藏於北京大內，可稱之爲北京藏本。乾隆

---

7 《大清高宗純皇帝實錄》，卷九七六，頁 28，乾隆四十年二月庚寅，據軍機大臣奏。

8 徐中舒撰〈再述內閣大庫檔案之由來及其整理〉，《中央研究院歷史語言研究所集刊》，第三本，第四分（北平，中央研究院，1931年），頁 569。

四十五年（1780）初，又按無圈點老滿文及加圈點新滿文各抄一分，齎送盛京崇謨閣貯藏。福康安於〈奏聞尊藏老檔等由〉一摺指出：

> 乾隆四十五年二月初四日，盛京戶部侍郎全魁自京　回任，遵旨恭齎無圈點老檔前來，奴才福康安謹即出郭恭請聖安，同侍郎全魁恭齎老檔至內務府衙門，查明齎到老檔共十四包，計五十二套，三百六十本，敬謹查收。伏思老檔乃紀載太祖、太宗發祥之事實，理宜遵旨敬謹尊藏，以垂久遠。奴才福康安當即恭奉天命年無圈點老檔三包，計十套，八十一本；天命年加圈點老檔三包，計十套，八十一本，於崇謨閣太祖實錄、聖訓匱內尊藏。恭奉天聰年無圈點老檔二包，計十套，六十一本；天聰年加圈點老檔二包，計十套，六十一本。崇德年無圈點老檔二包，計六套，三十八本；崇德年加圈點老檔二包，計六套，三十八本，於崇謨閣太宗實錄、聖訓匱內尊藏，並督率經管各員，以時晒晾，永遠妥協存貯[9]。

福康安奏摺已指出崇謨閣尊藏的抄本，分爲二種：一種是《無圈點老檔》，內含天命朝、天聰朝、崇德朝，共七包，二十六套，一百八十本；一種是《加圈點老檔》，內含天命朝、天聰朝、崇德朝，共七包，二十六套，一百八十本。福康安奏摺於乾隆四十五年（1780）二月初十日具奏，同年三月十七日奉硃批。福康安奏摺中所謂《無圈點老檔》和《加圈點老檔》，都是重抄本，不是《滿文原檔》，亦未使用《滿文老檔》的名稱。貯藏盛京崇謨閣的老檔重抄本，可以稱之爲盛京藏本。乾隆年間

---

9 《軍機處檔・月摺包》，第 2705 箱，118 包，26512 號。乾隆四十五年二月初十日，福康安奏摺錄副。

重抄本，無論是北京藏本或盛京藏本，其書法及所用紙張，都與滿洲入關前記錄的《滿文原檔》不同。北京藏本與盛京藏本，在內容及外形上並無差別，「唯一不同的是北平藏本中有乾隆朝在文裡很多難通晦澀的詞句間所加的附註，而盛京本沒有[10]。」為了比較無圈點檔與加圈點檔的異同，可將北京藏本太祖朝重抄本第一冊，第一、二頁節錄影印如下，並轉寫羅馬拼音，譯出漢文如後。

加圈點新滿文檔

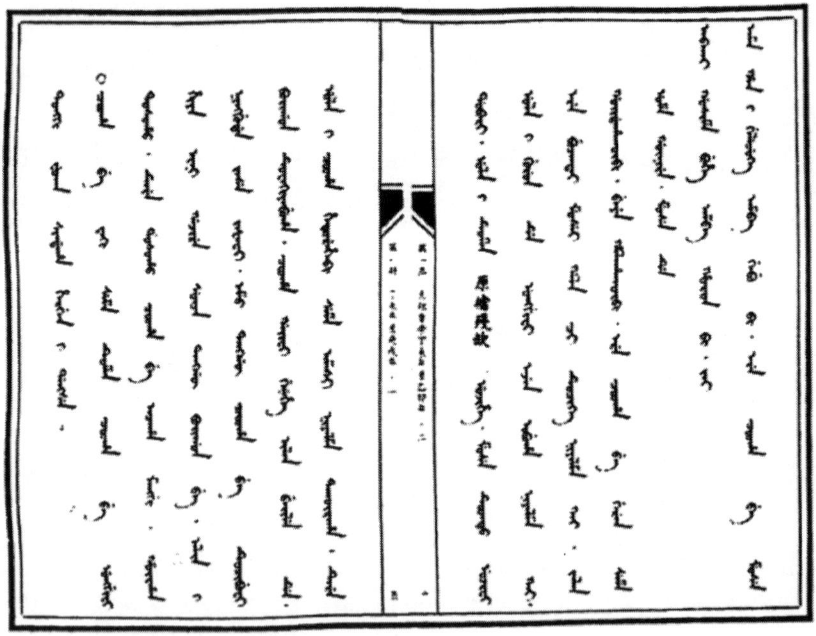

10 陳捷先撰〈舊滿洲檔述略〉，《舊滿洲檔》（臺北，國立故宮博物院，1969 年），第一冊，頁 12。

羅馬拼音（加圈點檔）

tongki fuka sindaha hergen i dangse. cooha be waki seme tumen cooha be unggifi tosoho, tere tosoho cooha be acaha manggi, hūrhan hiya ini gajire sunja tanggū boigon be, alin i ninggude jase jafafi, emu tanggū cooha be tucibufi boigon tuwakiyabuha, cooha gaifi genehe ilan beile de, ula i cooha heturehebi seme amasi niyalma takūraha, tere dobori, ula i tumen……ujihe, muse tuttu ujifi ula i gurun de unggifi ejen obuha niyalma kai, ere bujantai musei gala ci tucike niyalma kai, jalan goidahakūbi, beye halahakūbi, ere cooha be geren seme ume gūnire, muse de abkai gosime buhe amba horon bi, jai ama han i gelecuke amba gebu bi, ere cooha be muse.[11]

漢文繙譯（加圈點檔）

欲殺我兵，發兵一萬截於路。遇其截路之兵後，扈爾漢侍衛將其收回之五百戶眷屬，結寨於山巔，派兵百名守護，並遣人回返，將烏喇兵截路情形報告領兵三位貝勒。是夜，烏喇之萬兵〔原檔殘缺〕收養之。我等如此豢養遣歸烏喇國為君之人哉！此布占泰乃從我等手中釋放之人啊！年時未久，其身猶然未改，勿慮此兵眾多，我等荷天眷，仗天賜宏威，又有父汗英名，我等何憂不破此兵。

《滿文原檔》是使用早期滿文字體所記載的原始檔冊，對滿文由舊變新發展變化的過程，提供了珍貴的語文研究資料。乾

---

11 《內閣藏本滿文老檔》（瀋陽，遼寧民族出版社，2009 年 12 月），第一冊，頁 5。

隆年間，内閣大學士鄂爾泰等人已指出，滿文肇端於無圈點字，内閣大庫所保存的「無圈點檔」，檔内之字，不僅無圈點，復有假借者，若不融會上下文字的意義，誠屬不易辨識。因此，遵旨將檔内文字加設圈點，除可認識者外，其有難於辨識者，均行檢出，附註乾隆年間通行字體，依據十二字頭編製成書。張玉全撰〈述滿文老檔〉一文已指出，乾隆年間重抄的加圈點《滿文老檔》，將老滿字改書新體字，檔内有費解的舊滿語，則以新滿語詳加注釋，並將蒙文迻譯滿文，其功用較之鄂爾泰所編的《無圈點字書》，似覺更有價值，並非僅重抄而已。誠然，重抄本《滿文老檔》的價值，不僅是加圈點而已。《内閣藏本滿文老檔》對詮釋《滿文原檔》文字之處，確實值得重視。

清太祖實錄始修於清太宗時。天聰九年（1635）八月，畫工張儉、張應魁合繪清太祖戰圖告成。因其與歷代帝王實錄體例不合，尋命内國史院大學士希福、剛林等以滿、蒙、漢三體文字改編實錄，去圖加諡。崇德元年（1636）十一月，纂輯告成，題爲《大清太祖承天廣運聖德神功肇紀立極仁孝武皇帝實錄》，簡稱 《大清太祖武皇帝實錄》，計四卷，是爲清太祖實錄初纂本。清世祖順治初年，重繕《清太祖武皇帝實錄》，書中於康熙以降諸帝御名諱俱不避。

清聖祖康熙二十一年（1682）十一月，特開史局，命大學士勒德洪爲監修總裁官，明珠、王熙、吳正治、李霨、黃機等爲總裁官，仿清太宗實錄體裁，重修清太祖實錄。辨異審同，增刪潤飾，釐爲十卷，並增序、表、凡例、目錄，合爲十二卷。康熙二十五年（1686）二月，書成，題爲《大清太祖承天廣運聖德神功肇紀立極仁孝睿武弘文定業高皇帝實錄》，簡稱《大清太祖高皇帝實錄》。清世宗雍正十二年(1734)十一月，復加校訂，酌古準今，辨正姓氏，劃一人名、地名，歷時五載，清高宗乾隆四年（1739）十二月，始告成書，計實錄十卷，序、表、凡例、目錄三卷，合爲十三卷。

清太祖實錄，屢經重修，盡刪所諱，湮沒史蹟。《大清太祖武皇帝實錄》爲初纂本，書法質樸，譯名俚俗，保存原始史料較豐富。臺北國立故宮博物院現藏《大清太祖武皇帝實錄》，漢文本三部，每部各四卷，各四冊，計十二冊；滿文本卷二至卷四，存一部三冊，缺卷一，一冊。

由於《大清太祖武皇帝實錄》滿漢文本的分存各地，其內容及典藏概況，引起滿學研究者的關注。臺北國立故宮博物院現藏《大清太祖武皇帝實錄》滿文本與日本《東方學紀要》影印滿文本，其來源如何？對照滿漢文的人名、地名，有助於了解《大清太祖武皇帝實錄》滿文本與《滿洲實錄》滿文本的異同。清太祖努爾哈齊創製滿文，促進了滿洲文化的發展，對滿洲民族共同體的形成，起了積極的作用。以創製滿文爲主題，進行比較，有助於了解《大清太祖武皇帝實錄》滿文與《滿洲實錄》滿文的差異。天命三年（1618），清太祖努爾哈齊以七宗惱恨興師伐明，滿文檔案文獻所載內容詳略不同，可進行比較。清太祖努爾哈齊率兵圍攻撫順時致書遊擊李永芳，其滿文書信是重要文獻，諸書記載，有何異同？本書嘗試以滿文本《大清太祖武皇帝實錄》爲中心進行比較，旨在說明滿文檔案文獻的史料價值，文獻足徵。

二、滿洲發祥

—《大清太祖武皇帝實錄》漢文本與《大清太祖高皇帝實錄》漢文本的比較

清太祖實錄，屢經重修，其內容頗有增損。繕本《大清太祖武皇帝實錄》為太祖實錄初纂本，成書較早，所載史事，較近歷史事實，於清朝先世，直書不諱，不失滿洲舊俗。《大清太祖高皇帝實錄》經清聖祖以降歷朝再三修改潤飾，斟酌損益，史實已晦，雖有正誤之功，究難掩諱飾之過。為便於比較，先將繕本《清太祖武皇帝實錄》漢文本、《大清太祖高皇帝實錄》漢文本記載清朝先世發祥的經過，節錄其內容，影印於後。

大清太祖承天廣運聖德神功肇紀立極仁孝武皇帝實錄卷
之一
長白山高約二百里週圍約千里此山之上有一潭名他們週
圍約八十里鴨綠混同愛滹三江俱從此山流出鴨綠江自山
南瀉出向西流直入遼東之南海混同江自山北瀉出向北流
直入北海愛滹江向東流直入東海此三江中每出珠寶長白
山山高地寒風勁不休夏日環山之獸俱投憩此山中此山盡
是浮石乃東北一名山也滿洲源流滿洲原起于長白山之東
北布庫里山下一泊名布兒湖里初天降三仙女浴於泊長名
實錄卷一　一
恩古倫次名正古倫三名佛古倫浴畢上岸有神鵲啣一朱菓
置佛古倫衣上色甚鮮妍佛古倫愛之不忍釋手遂啣口中甫
着衣其菓入腹中即感而成孕告二姊曰吾覺腹重不能同昇
柰何二姊曰吾等曾服丹藥諒無死理此乃天意俟爾身輕上
昇未晚遂别去佛古倫後生一男生而能言倏爾長成母告子
曰天生汝實令汝爲夷國主可往彼處將所生緣由一一詳說
乃與一舟順水去即其地也言訖忽不見其子乘舟順流而下
至於人居之處登岸折柳條爲坐具似椅形獨踞其上彼時長
白山東南鰲莫惠地名鰲朶里城名內有三姓夷酋爭長終日

《大清太祖武皇帝實錄》，卷一，頁一

互相殺傷適一人來取水見其子舉止奇異相貌非常回至爭
鬬之處告衆曰汝等無爭我於取水處遇一奇男子非凡人也
想天不虛生此人盍往觀之三酋長聞言罷戰同衆往觀及
見果非常人異而詰之答曰我乃天女佛古倫所生姓愛新
華言金也覺落姓也名布庫里英雄天降我定汝等之亂因
將母所囑之言詳告之衆皆驚異曰此人不可使之徒行遂
相插手爲輿擁捧而回三酋長息爭共奉布庫里英雄爲主
以百里女妻之其國定號滿洲乃其始祖也南朝誤名建州
歷數世後其子孫暴虐部屬遂叛於六月間將鰲朶里攻破
實錄卷一　二
盡殺其闔族子孫內有一幼兒名范嗏脫身走至曠野後兵
追之會有一神鵲棲兒頭上追兵謂人首無鵲棲之理疑爲
枯木樁遂回於是范嗏得出遂隱其身以終焉滿洲後世子
孫俱以鵲爲祖故不加害其孫都督孟特木生有智畧將殺
祖仇人之子孫四十餘計誘於蘇蘇河虎欄哈達山名下黑
禿阿喇黑禿華言橫也阿喇岡也距鰲朶里西千五百餘里
殺其半以雪仇執其半以索眷族既得遂釋之於是孟特木
居於黑禿阿喇　都督孟特木生二子長名充善次
名除烟充善生三子長名拖落次名脫一莫三名石報

《大清太祖武皇帝實錄》，卷一，頁二

奇。石報奇生一子。都督福滿。福滿生六子。長名德石庫。
次名劉諂。三名曹常剛。四名覺常剛。五名豹郎剛。六名
豹石。德石庫住覺里叉地方。劉諂住阿哈河洛地方。曹
常剛住河洛剛善地方。覺常剛住其祖居黑禿阿喇地
方。豹郎剛住尼麻蘭地方。豹石住張家地方。六子六處
各立城池。稱為六王。乃六祖也。五城距黑禿阿喇遠者
不過二十里近者不過五六里長祖德石庫生三子。長
名蘇黑臣代夫。次名談吐。三名娘古。二祖劉諂生三子
長名祿胡臣。次名麻寧格。三名門土。三祖曹常剛生五

實錄卷一 三

子。長名李太。次名武太。三名綽氣阿朱古。四名龍敦。五
名非英敦。四祖覺常剛生五子。長名李敦把土魯。把土
魯華言英雄也次名厄里袞。三名界堪。四名塔石。五名
塔叉。五祖豹郎剛生二子。長名對秦。次名稜得恩。六祖
豹石生四子。長名康嘉。次名阿哈納。三名阿都稜。四名
朶里火稜。彼時有一人名灼涉納。生九子。皆强悍。又一
人名加虎。生七子。俱驍勇。常身披重鎧。連躍九牛。二姓
恃其强勇。每各處擾害。時覺常剛有才智。其子李敦又
英勇。遂率其本族六王。將二姓盡滅之。自五嶺迤東蘇

大清太祖武皇帝實錄》，卷一，頁三

蘇河迤西。二百里內諸部。盡皆賓服。六王自此强盛。初
豹石次子阿哈納。至沙革達部。欲聘部長巴斯漢把土
魯妹為妻。巴斯漢曰。爾雖六王子孫。家貧。吾妹必不妻
汝。阿哈納曰。汝雖不允。吾決不甘心。遂割髮留擲而去。
巴斯漢。愛東果部長克轍。殷富。遂以妹妻其子厄兒機。
後厄兒機。自巴斯漢家回。至阿布塔力嶺。被托莫河處
厄吐阿祿部下九賊截殺之。賊中有與阿哈納同名者。
羣賊相呼。路人悉傳阿哈納之名。克轍聞之曰。先豹石
之子阿哈納。欲聘吾兒婦。其兄不允。吾兒遂娶。今殺吾

實錄卷一 四

兒者。必此人也。時哈達國汗萬名。聞其言。遣使往告克
轍曰。汝子非豹石之子所殺。乃厄吐阿祿部下九賊殺
之。我擒此九賊。與爾。爾當順我。克轍曰。吾兒被殺。何故
又令我降。此不過以路遠之厄吐阿祿為辭耳。吾等地
屬同隣。若果豹石之子未殺吾兒。何不以金帛饋哈達
汗。擒此九賊。與我面質。若係賊殺吾子。金帛吾當倍償。
時有曹常剛部落尼革奇尼。聞之。即往告其主曹常剛。
私遣人往諭克轍曰。汝子是我部下兒崩革與尼革青
格謀殺。若以金帛遺我。我當殺此二人。克轍曰。哈達汗

《大清太祖武皇帝實錄》，卷一，頁四

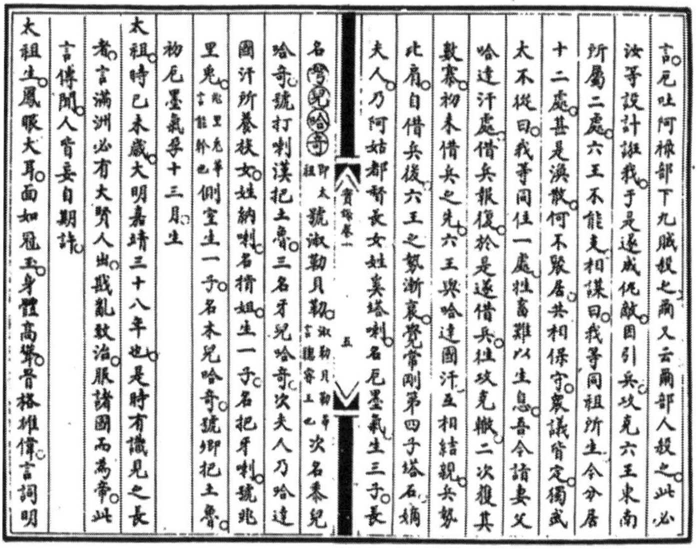
言尼吐阿祿部下九賊殺之爾又云爾部人殺之此必
汝等設計誑我于是遂成仇敵因引兵攻克六王東南
所屬二處六王不能支相謀曰我等同祖所生今分居
十二處甚是渙散何不聚居共相保守衆議皆定獨武
太不從曰我等同住一處牲畜難以生息吾今請妻父
哈達汗處借兵報復於是遂借兵往攻克撒二次獲其
數寨初未借兵之先六王與哈達國汗互相結親兵勢
比肩自借兵後六王之勢漸衰覺常剛第四子塔石嫡
夫人乃阿姑都督長女姓奚塔喇名厄墨氣生三子長
實錄卷一　五
名弩兒哈奇即太祖號淑勒貝勒淑勒貝勒華言聰睿王也次名黍兒
哈奇號打喇漢把土魯三名牙兒哈奇次夫人乃哈達
國汗所養族女姓納喇名掯姐生一子名把牙喇號兆
里兒兆里兒華言能幹也側室生一子名木兒哈奇號卿把土魯
初厄墨氣孕十三月生
太祖時己未歲大明嘉靖三十八年也是時有識見之長
者言滿洲必有大賢人出戡亂致治服諸國而為帝此
言傳聞人皆妄自期許
太祖生鳳眼大耳面如冠玉身體高聳骨格雄偉言詞明

《大清太祖武皇帝實錄》，卷一，頁五

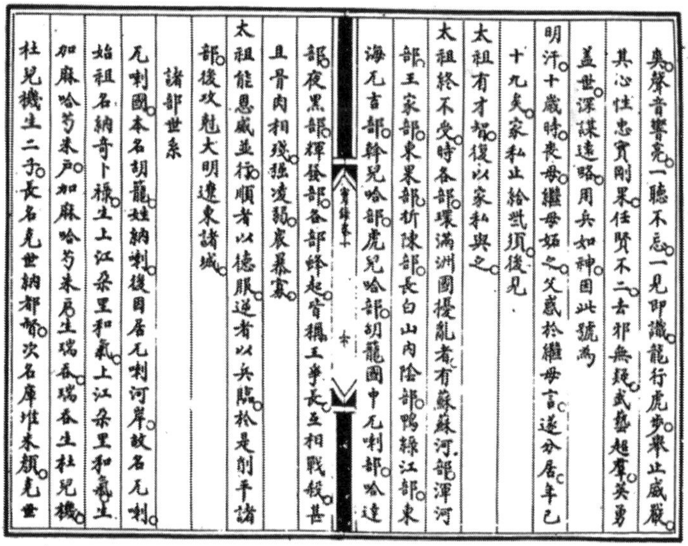
爽聲音響亮一聽不忘一見即識龍行虎步舉止威嚴
其心性忠實剛果任賢不二去邪無疑武藝超羣英勇
蓋世深謀遠略用兵如神因此號為
明汗十歲時喪母繼母妬之父惑於繼母言遂分居年已
十九矣家私止給些須後見
太祖有才智復以家私與之
太祖終不受時各部環滿洲國擾亂者有蘇蘇河部渾河
部王家部東果部哲陳部長白山內陰部鴨綠江部東
海兀吉部斡兒哈部虎兒哈部胡龍國中兀喇部哈達
實錄卷一　六
部夜黑部輝發部各部蜂起皆稱王爭長互相戰殺甚
且骨肉相殘强凌弱衆暴寡
太祖能恩威並行順者以德服逆者以兵臨於是削平諸
部後攻克大明遼東諸城
諸部世系
兀喇國本名胡龍姓納喇後因居兀喇河岸故名兀喇
始祖名納奇卜祿生上江朵里和氣上江朵里和氣生
加麻哈芍朱戶加麻哈芍朱戶生瑞吞瑞吞生杜兒機
杜兒機生二子長名克世納都督次名庫堆朱顏克世

大清太祖武皇帝實錄》，卷一，頁六

大清太祖承天廣運聖德神功肇紀立極仁孝
睿武端毅欽安弘文定業高皇帝實錄卷之一
監修總裁官光祿大夫太子太傅禮部尚書武英殿大學士臣覺羅勒德洪
總裁官光祿大夫太子太傅禮部尚書武英殿大學士加一級臣明珠光祿大
夫禮部尚書保和殿大學士加三級臣王熙光祿大夫禮部尚書武英殿大學
士臣吳正治資政大夫禮部尚書文華殿大學士加一級臣宋德宜等奉
敕修
總裁官光祿大夫經筵講官太保議政大臣保和殿大學士總理兵部事務三等
伯加十六級臣鄂爾泰光祿大夫經筵日講官起居注太子太保保和
殿大學士仍兼管吏部尚書翰林院掌院事三等伯加十二級臣張廷玉光祿
大夫經筵講官太子太保東閣大學士兼禮部尚書加五級臣徐本等奉
敕恭校
太祖承天廣運聖德神功肇紀立極仁孝睿武端毅
欽安弘文定業高皇帝姓愛新覺羅氏諱
先世發祥於長白山是山高二百餘里綿亙
千餘里樹峻極之雄觀萃扶輿之靈氣山之
上有潭曰闥門周八十里源深流廣鴨綠混
同愛滹三江之水出焉鴨綠江自山南西流

《大清太祖高皇帝實錄》，卷一，頁一

入遼東之南海混同江自山北流入北海愛
滹江東流入東海三江孕奇毓異所產珠璣
珍貝為世寶重其山風勁氣寒奇木靈藥應
候挺生每夏日環山之獸畢棲息其中山之
東有布庫里山山下有池曰布爾湖里相傳
有天女三曰恩古倫次正古倫次佛庫倫浴
於池浴畢有神鵲銜朱果置季女衣季女愛
之不忍置諸地含口中甫被衣忽已入腹遂
有身告二姊曰吾身重不能飛昇柰何二姊
曰吾等列仙籍無他虞也此天授爾娠俟免
身來未晚言已別去佛庫倫尋產一男生而
能言體貌奇異及長母告以吞朱果有身之
故因命之曰汝以愛新覺羅為姓名布庫里
雍順天生汝以定亂國其往治之汝順流而
往即其地也與小舠乘之母遂凌空去子乘
舠順流下至河步登岸折柳枝及蒿為坐具
端坐其上是時其地有三姓爭為雄長日搆
兵相仇殺亂靡由定有取水河步者見而異

《大清太祖高皇帝實錄》，卷一，頁二

之歸語眾曰汝等勿爭吾取水河步見一男子察其貌非常人也天必不虛生此人眾往觀之皆以為異因詰所由來答曰我天女佛庫倫所生姓愛新覺羅氏名布庫里雍順天生我以定汝等之亂者眾驚曰此天生聖人也不可使之徒行遂交手為舁迎至家三姓者議曰我等盍息爭推此人為國主以女百里妻之遂定議妻以百里奉為貝勒其亂乃定於是布庫里雍順居長白山東俄漠惠之野俄朵里城國號曰滿洲是為滿洲開基之始也歷傳至後世不善撫其國人國人叛攻圍俄朵里城布庫里雍順之族被戕有幼子名范察者遁於荒野國人追之會有神鵲止其首追者遙望鵲棲處疑為枯木遂中道而返范察獲免隱其身以終焉自此後世子孫俱德鵲誡勿加害云其後傳至

肇祖原皇帝諱 生有智略慨然以恢復為志計誘先世仇人之後四十餘人至

《大清太祖高皇帝實錄》，卷一，頁三

蘇克蘇滸河虎攔哈達山下赫圖阿喇地距俄朵里城西千五百餘里誅其半以雪祖仇執其半以索舊業既得遂釋之於是

肇祖居虎攔哈達山下赫圖阿喇地生子二長充善次褚宴充善生子三長妥羅次妥義謨次錫寶齊篇古錫寶齊篇古生子一即

興祖直皇帝諱

興祖生子六長德世庫次劉闡次索長阿次即

景祖翼皇帝諱 次包朗阿次寶實德世庫居覺爾察地劉闡居阿哈河洛地索長阿居河洛噶善地

景祖居祖基赫圖阿喇地包朗阿居尼麻喇地寶實居章甲地六人各築城分居而赫圖阿喇城與五城相距近者五里遠者二十里環衛而居稱為寧古塔貝勒是為六祖云長祖德世庫生子三長蘇赫臣代次譚圖次尼陽古篇古二祖劉闡生子三長陸虎臣次馬寧格次門圖三祖索長阿生子五長李泰次

《大清太祖高皇帝實錄》，卷一，頁四

吴泰次綽奇阿注庫次龍敦次飛永敦
景祖生子五長禮敦巴圖魯次額爾袞次界堪
次即
顯祖宣皇帝諱　次塔察篇古五祖包朗
阿生子二長對泰次稜敦六祖寶實生子四
長康嘉次阿哈納次阿篤齊次多爾郭齊是
時近地部落中有名碩色納者生子九俱強
悍又有名加虎者生子七俱輕捷多力當身
披鎧甲連躍九牛二族恃其強侵陵諸路
景祖素多才智子禮敦又英勇率寧古塔諸貝
勒往征之破碩色納子九人滅加虎子七人
盡收五嶺迤東蘇克蘇滸河迤西二百里內
諸部六貝勒由此強盛尋有寶實之子阿哈
納渥濟格欲聘薩克達路長巴斯翰巴圖魯
之妹往結婚巴斯翰巴圖魯曰爾雖寧古塔
貝勒但家貧吾妹不妻汝阿哈納曰爾不從
吾不已也截髮留之而還後巴斯翰巴圖魯
以妹妻董鄂部主克撤巴顏之子額爾機瓦

《大清太祖高皇帝實錄》，卷一，頁五

爾喀額爾機瓦爾喀自妻家薩克達之地回
至阿布達里嶺被托漠河部長額吐阿祿部
下九賊截殺之九賊中亦有名阿哈納者賊
呼其名聞者傳語克撤巴顏於是克撤巴顏
曰往者寧古塔阿哈納渥濟格欲聘之女吾
子娶之想因此見殺於寧古塔貝勒也時哈
達萬汗聞之使人告克撤巴顏曰汝子非寧
古塔人所殺乃額吐阿祿部下九賊殺之我
擒以與爾復爾仇爾歸附我克撤巴顏曰吾
子被殺奈何又欲降我此必寧古塔人以額
吐阿祿地遠故為飾詞以委謝耳吾等乃比
隣凡我若直在寧古塔人可令償哈達金帛
執九賊與我面質九賊詞服果非寧古塔人
所殺則所償哈達金帛吾倍償之時有索長
阿家人額克泰聞之告其主索長阿密遣人
給克撤巴顏曰爾子乃我部下額爾奔格與
額克青格所殺我部下人我當殺之爾以金
帛與我克撤巴顏曰哈達萬汗既稱額吐阿

《大清太祖高皇帝實錄》，卷一，頁六

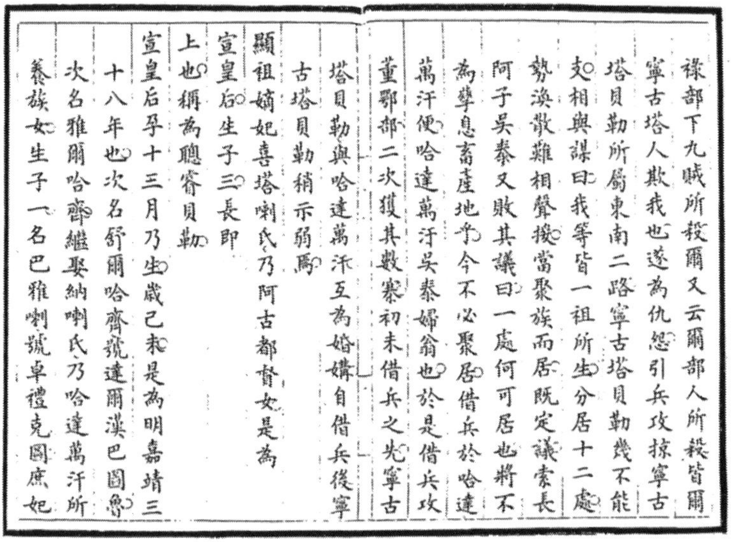

祿部下九賊所殺爾又云爾部人所殺皆爾寧古塔人欺我也遂為仇怨引兵攻掠寧古塔貝勒所屬東南二路寧古塔貝勒幾不能支相與謀曰我等皆一祖所生分居十二處勢渙散難相聲援當聚族而居既定議索長阿子吳泰又敗其議曰一處何可居也將不為孳息畜產地乎今不必聚居借兵於哈達萬汗便哈達萬汗吳泰婦翁也於是借兵攻董鄂部二次獲其數寨初未借兵之先寧古塔貝勒與哈達萬汗互為婚媾自借兵後寧古塔貝勒稍示弱焉

顯祖嫡妃喜塔喇氏乃阿古都督女是為

宣皇后生子三長即

上也稱為聰睿貝勒

宣皇后孕十三月乃生歲己未是為明嘉靖三十八年也次名舒爾哈齊號達爾漢巴圖魯次名雅爾哈齊繼娶納喇氏乃哈達萬汗所養族女生子一名巴雅喇號卓禮克圖庶妃

《大清太祖高皇帝實錄》，卷一，頁七

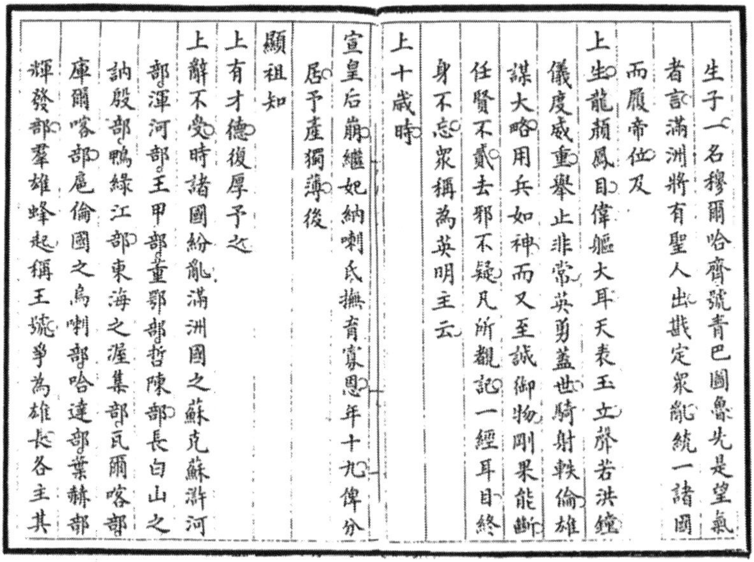

生子一名穆爾哈齊號青巴圖魯先是望氣者言滿洲將有聖人出戡定眾亂統一諸國而履帝位及

上生龍顏鳳目偉軀大耳天表玉立聲若洪鐘儀度威重舉止非常英勇蓋世騎射軼倫雄謀大略用兵如神而又至誠御物剛果能斷任賢不貳去邪不疑凡所覩記一經耳目終身不忘眾稱為英明主云

上十歲時

宣皇后崩繼妃納喇氏撫育寡恩年十九俾分居予產獨薄後

顯祖知

上有才德復厚予之

上辭不受時諸國紛亂滿洲國之蘇克蘇滸河部渾河部王甲部董鄂部哲陳部長白山之訥殷部鴨綠江部東海之渥集部瓦爾喀部庫爾喀部扈倫國之烏喇部哈達部葉赫部輝發部羣雄蜂起稱王號爭為雄長各主其

《大清太祖高皇帝實錄》，卷一，頁八

對照《大清太祖高皇帝實錄》可知，《大清太祖武皇帝實錄》的漢文，譯名俚俗，或同音異譯。譬如：長白山上的潭名，《武皇帝實錄》作「他們」，《高皇帝實錄》作「闥門」。《武皇帝實錄》記載長白山「盡是浮石」，《高皇帝實錄》刪略「盡是浮石」字樣。布庫里山下的池名，《武皇帝實錄》作「布兒湖里」，《高皇帝實錄》作「布爾湖里」。第三仙女的名字，《武皇帝實錄》作「佛古倫」，《高皇帝實錄》作「佛庫倫」。《武皇帝實錄》記載圖騰感孕的內容云：「有神鵲啣一朱果置佛古倫衣上，色鮮甚妍。佛古倫愛之，不忍釋手，遂啣口中，甫着衣，其果入腹中，即感而成孕。」《高皇帝實錄》的記載，經修改潤飾後云：「有神鵲銜朱果置季女衣，季女愛之，不忍置諸地，含口中，甫被衣，忽已入腹，遂有身。」其內容詳略不同。《武皇帝實錄》記載母子一段對話云：「佛古倫後生一男，生而能言，倏爾長成。母告子曰：『天生汝，實令汝為夷國主，可往彼處。』將所生緣由一一詳說。」《高皇帝實錄》改稱：「佛庫倫尋產一子，生而能言，體貌奇異，及長，母告以吞朱果有身之故，因命之曰：『汝以愛新覺羅為姓，名布庫里雍順，天生汝以定亂國，其往治之。』」《武皇帝實錄》記載「愛新」，意即「金」；「覺落」，「姓也」；名「布庫里英雄」。由《武皇帝實錄》的記載可知，「布庫里英雄」，是擬人化的名字，就是布庫里山下的英雄。地名「鰲莫惠」；城名「鰲朵里」，《高皇帝實錄》作「俄莫惠」、「俄朵里」。幼兒「范嗏」，《高皇帝實錄》作「范察」，都是同音異譯。在滿洲先世發祥神話中反映鳥圖騰崇拜的痕跡，神鵲對滿洲先世的降生，族裔的蕃衍，都有不世之功。《武皇帝實錄》記載，「滿洲後世子孫，俱以鵲為祖，故不加害。」句中「以鵲為祖」，《高皇帝實錄》改為「俱德鵲」，愛護鵲，不加害。「以鵲為祖」就是以「鵲」為圖騰，對研究圖騰崇拜提供珍貴的史料，《高皇帝實錄》改為「德鵲」，已失原意。

地名「蘇蘇河」、「虎欄哈達」、「黑禿阿喇」，《高皇帝實錄》作「蘇克蘇滸河」、「虎攔哈達」、「赫圖阿喇」。「都督孟特木」、「都督福滿」、福滿四子「覺常剛」、覺常剛四子「塔石」，奚塔喇氏名「厄墨氣」，太祖淑勒貝勒名「弩兒哈奇」，《高皇帝實錄》因避名諱，貼以黃簽，而不見其本名。其人名譯音，多同音異譯。《武皇帝實錄》記載，都督孟特木生二子，長名充善，次名「除烟」，句中「除烟」，《高皇帝實錄》作「褚宴」。《武皇帝實錄》記載，充善生三子，長名拖落，次名脫一莫，三名石報奇。《高皇帝實錄》記載，充善生子三，長妥羅，次妥義謨，次錫寶齊篇古。《武皇帝實錄》記載，都督福滿生六子，長名德石庫，次名劉諂，三名曹常剛，四名覺常剛，五名豹郎剛，六名豹石。《高皇帝實錄》記載，興祖生子六，長德世庫，次劉闡，次索長阿，次即景祖翼皇帝，次包郎阿，次寶實。《武皇帝實錄》記載，長祖德石庫生三子，長名蘇黑臣代夫，次名談吐，三名娘古。《高皇帝實錄》記載，長祖德世庫生子三，長蘇赫臣代夫，次譚圖，次尼陽古篇古。《武皇帝實錄》記載，二祖劉諂生三子，長名祿胡臣，次名麻寧格，三名門土。《高皇帝實錄》記載二祖劉闡生子三，長陸虎臣，次馬寧格，次門圖。《武皇帝實錄》記載，三祖曹常剛生五子，長名李太，次名武太，三名綽氣阿朱古，四名龍敦，五名非英敦。《高皇帝實錄》記載，三祖索長阿生子五，長李泰，次吳泰，次綽奇阿注庫，次龍敦，次飛永敦。《武皇帝實錄》記載，四祖覺常剛生五子，長名李敦把土魯，次名厄里衮，三名界坎，四名塔石，五名塔乂。《高皇帝實錄》記載，景祖生子五，長禮敦巴圖魯，次額爾衮，次界堪，次即顯祖宣皇帝，次塔察篇古。《武皇帝實錄》記載，五祖豹郎剛生二子，長名對秦，次名稜得恩。《高皇帝實錄》記載，五祖包朗阿生子二，長對秦，次稜敦。《武皇帝實錄》記載，六祖豹石生四子，長名康嘉，次名阿哈納，三名阿都捿，四名朵里火捿。《高皇帝實錄》記載，六祖寶實生子四，長康嘉，次阿哈納，次阿篤齊，次多爾郭齊。當時近地部落中有二姓，即「灼沙納」與「加虎」，恃其強悍，侵陵諸路，四祖覺常剛率寧古塔諸貝勒征服二姓。二姓中「灼沙納」，《高皇帝實錄》作「碩色納」。

《武皇帝實錄》記載，六祖豹石次子阿哈納至沙革達部，欲聘部長巴斯漢把土魯妹為妻，巴斯漢曰：爾雖六王子孫，家貧，吾妹必不妻汝。阿哈納曰：汝雖不允，吾決不甘心，遂割髮留擲而去。巴斯漢愛東果部長克轍殷富，遂以妹妻其子厄兒機。《高皇帝實錄》記載，寶實之子阿哈納渥濟格，欲聘薩克達路長巴斯翰巴圖魯之妹，往結婚。巴斯翰巴圖魯曰：爾雖寧古塔貝勒，但家貧，吾妹不妻汝。阿哈納曰：爾不從，吾不已也。截髮留之而還。後巴斯翰巴圖魯以妹妻董鄂部主克轍巴顏之子額爾機瓦爾喀。所載內容，大同小異，但文中人名、地名，多同音異譯。文中「把土魯」，滿文讀作“baturu”，亦即「勇士」，《高皇帝實錄》作「巴圖魯」。「塔察篇古」，詞中「篇古」，滿文讀作“fiyanggū”，意即「最末的」，或「最小的」，漢譯又作「費揚古」。

《武皇帝實錄》記載，覺常剛第四子塔石，嫡夫人乃阿姑都督長女姓奚塔喇，名厄墨氣，生三子。長名弩兒哈奇（即太祖），號淑勒貝勒（淑勒貝勒，華言聰睿王也）。次名黍兒哈奇，號打喇漢把土魯。三名牙兒哈奇，次夫人乃哈達國汗所養族女，姓納喇，名掯姐，生一子，名把牙喇，號兆里兎（兆里兎，華言能幹也）。側室生一子，名木兒哈奇，號卿把土魯。

初厄墨氣孕十三月，生太祖，時己未歲，大明嘉靖三十八年也。《高皇帝實錄》記載，顯祖嫡妃喜塔喇氏，乃阿古都督女，是為宣皇后，生子三，長即上也，稱為聰睿貝勒，宣皇后孕十三月乃生，歲己未，是為明嘉靖三十八年也。次名舒爾哈齊，號達爾漢巴圖魯，次名雅爾哈齊。繼娶納喇氏，乃哈達萬汗所養族女，生子一，名巴雅喇，號卓禮克圖。庶妃生子一，名穆爾哈齊，號青巴圖魯。《高皇帝實錄》所載內容，詳略不同。人名地名，同音異譯，雅俗不同。

《高皇帝實錄》是重修本，斟酌損益，隱諱史事。《武皇帝實錄》記載哈達國主孟革卜鹵私通嬪御謀逆伏誅的內容云：

> 太祖欲以女莽古姬與孟革卜鹵為妻，放還其國。適孟革卜鹵私通嬪御。又與剛蓋通謀，欲篡位，事洩。將孟革卜鹵、剛蓋與通姦女俱伏誅[12]。

《高皇帝實錄》修改後的內容如下：

> 其後，上欲釋孟格布祿歸國。適孟格布祿與我國大臣噶蓋謀逆事洩，俱伏誅[13]。

《高皇帝實錄》雖載哈達國主孟格布祿謀逆伏誅一節，卻盡刪其私通嬪御的內容。《武皇帝實錄》記載帝后殉葬的內容云：

> 帝后原係夜黑國主楊機奴貝勒女，崩後，復立兀喇國滿泰貝勒女為后。饒丰姿，然心懷嫉妬，每致帝不悅，雖有機變，終為帝之明所制留之。恐後為國亂，預遺言於諸王曰：「俟吾終，必令殉之。」諸王以帝遺言告后，后支吾不從。諸王曰：「先帝有命，雖欲不從，不可得

12 《大清太祖武皇帝實錄》，卷二，頁5。

13 《大清太祖高皇帝實錄》（臺北，華聯出版社，1964年9月），卷三，頁5。

> 也。」后遂服禮衣，盡以珠寶飾之，哀謂諸王曰：「吾自十二歲事先帝，豐衣美食，已二十六年，吾不忍離，故相從于地下，吾二幼子多兒哄、多躲當恩養之。」諸王泣而對曰：「二幼弟吾等若不恩養，是忘父也，豈有不恩養之理。」于是后於十二日辛亥辰時自盡，壽三十七，乃與帝同柩[14]。

引文中「多兒哄」，即「多爾袞」，「多躲」，即「多鐸」。《高皇帝實錄》刪略諸王逼令大妃殉葬的內容。其文云：

> 先是，孝慈皇后崩後，立烏喇國貝勒滿太女為大妃。辛亥辰刻，大妃以身殉焉，年三十有七，遂同時而殮[15]。

私通嬪御，事不雅馴，固皆刪除。諸王逼殺繼母，褻瀆聖德，例不應書，《高皇帝實錄》刪略不載，以致史事不詳。《武皇帝實錄》記載中宮皇后薨後侍婢殉葬的內容云：

> 中宮皇后薨。后姓納喇，名孟古姐姐，乃夜黑國楊機奴貝勒之女，年十四適太祖。其面如滿月，丰姿妍麗，器量寬洪，端重恭儉，聰穎柔順。見逢迎而心不喜，聞惡言而色不變。口無惡言，耳無妄聽。不悅委曲讒佞輩，脗合太祖之心，始終如一，毫無過失。太祖愛不能捨，將四婢殉之[16]。

漢俗不載后妃之名，中宮皇后納喇氏，其名「孟古姐姐」，《高皇帝實錄》刪略不載；「中宮皇后薨」，改作「孝慈皇后崩」；「太祖愛不能捨，將四婢殉之」，改作「上悼甚，喪殮祭享，儀物悉加禮」。侍婢殉葬，隻字不載。

---

[14] 《大清太祖武皇帝實錄》，卷四，頁 32。
[15] 《大清太祖高皇帝實錄》，卷十，頁 21。
[16] 《大清太祖武皇帝實錄》，卷二，頁 5。

三、寧遠之役

——《大清太祖武皇帝實錄》滿文本與《大清太祖高皇帝實錄》滿文本的比較

天命十一年（1626）正月十四日，清太祖努爾哈齊率諸貝勒大臣統軍征明，其眾號稱二十萬人。是月二十三日，大軍至寧遠城外安營。二十四日，奮力攻城。寧遠道袁崇煥等嬰城固守，努爾哈齊自二十五歲征伐以來，戰無不勝，攻無不克，惟寧遠一城，屢攻不下，朝鮮譯官韓瑗竟謂努爾哈齊身負重傷。蕭一山著《清代通史》稱，「寧遠之役，努兒哈赤以百戰老將敗於崇煥，且負重傷。」稻葉君山著《清朝全史》據韓瑗所述，遂謂努爾哈齊「欲醫此傷瘡」而赴清河，浴於溫泉，旋即「死於瘡痍」。為求了解寧遠戰役經過，可就天命十一年正月分《大清太祖武皇帝實錄》及《大清太祖高皇帝實錄》滿文照錄於後。

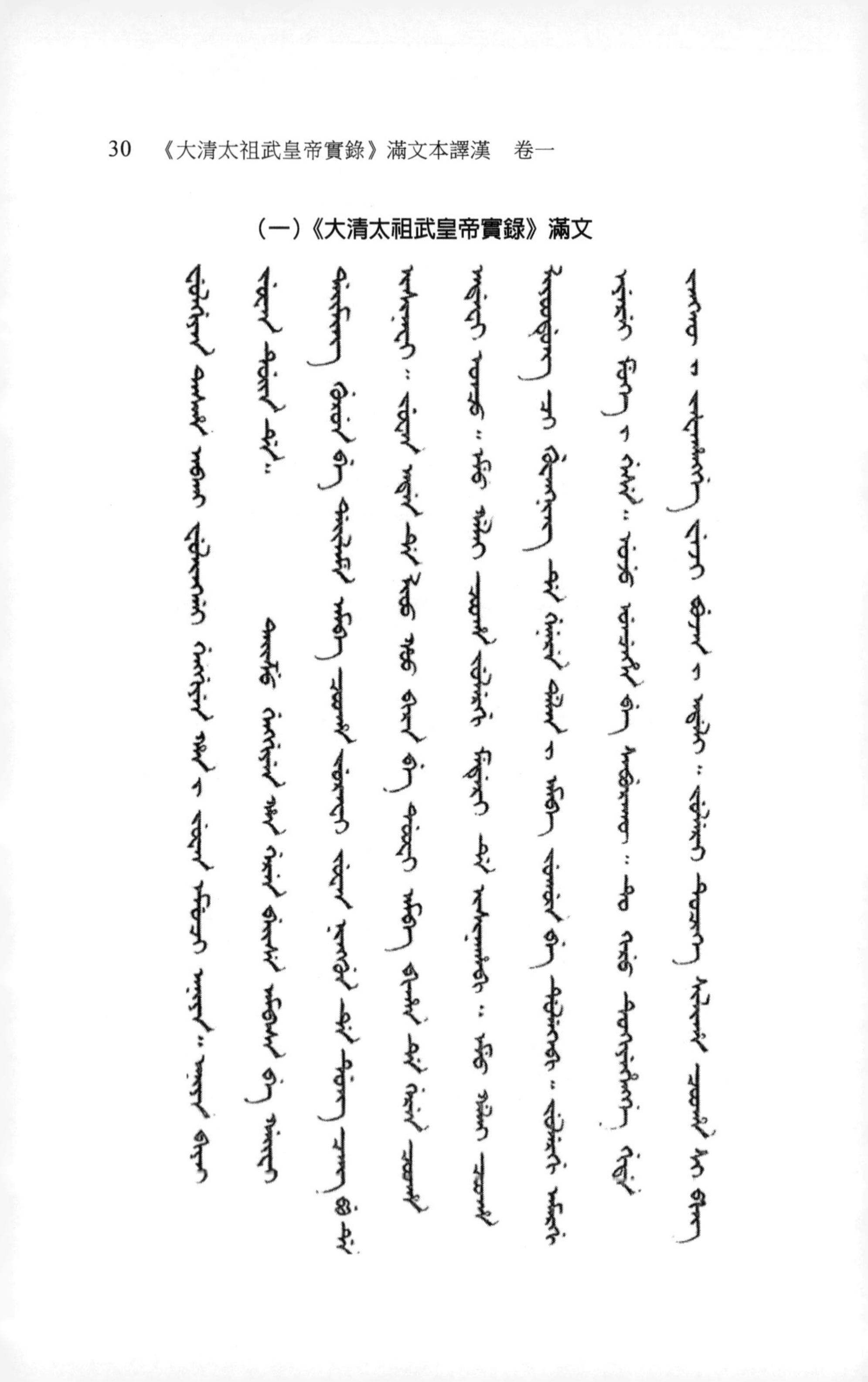

(一)《大清太祖武皇帝實錄》滿文

fulgiyan tasha abkai fulinggai genggiyen han i juwan emuci aniya, aniya biyai juwan duin de, taidzu genggiyen han geren beise ambasa be gaifi daiming gurun be dailame, amba cooha jurafi juwan ninggun de dung cang pu de isinafi, juwan nadan de lioo hoo bira be doofi amba bihan de geren cooha adafi onco. emu galai cooha julergi mederi de isinahabi. emu galai cooha liyoodung ci guwangning de genere dalan i amba jugūn be dulekebi. julegi amargi eyerei muke i gese. uju uncehen be saburakū. tu kiru tukiyehengge gida jangkū i jafahangge weji bujan i adali. julergi tucike siliha cooha si ping

---

丙寅天命明汗十一年，正月十四日，太祖明汗率諸貝勒大臣統大軍征大明。十六日，至東昌堡。十七日，渡遼河，於曠野廣列諸軍。一翼兵南至海岸；一翼兵自遼東至廣寧堤道大路，前後如流水，不見首尾，旌旗劍戟如林，前鋒精銳至西平

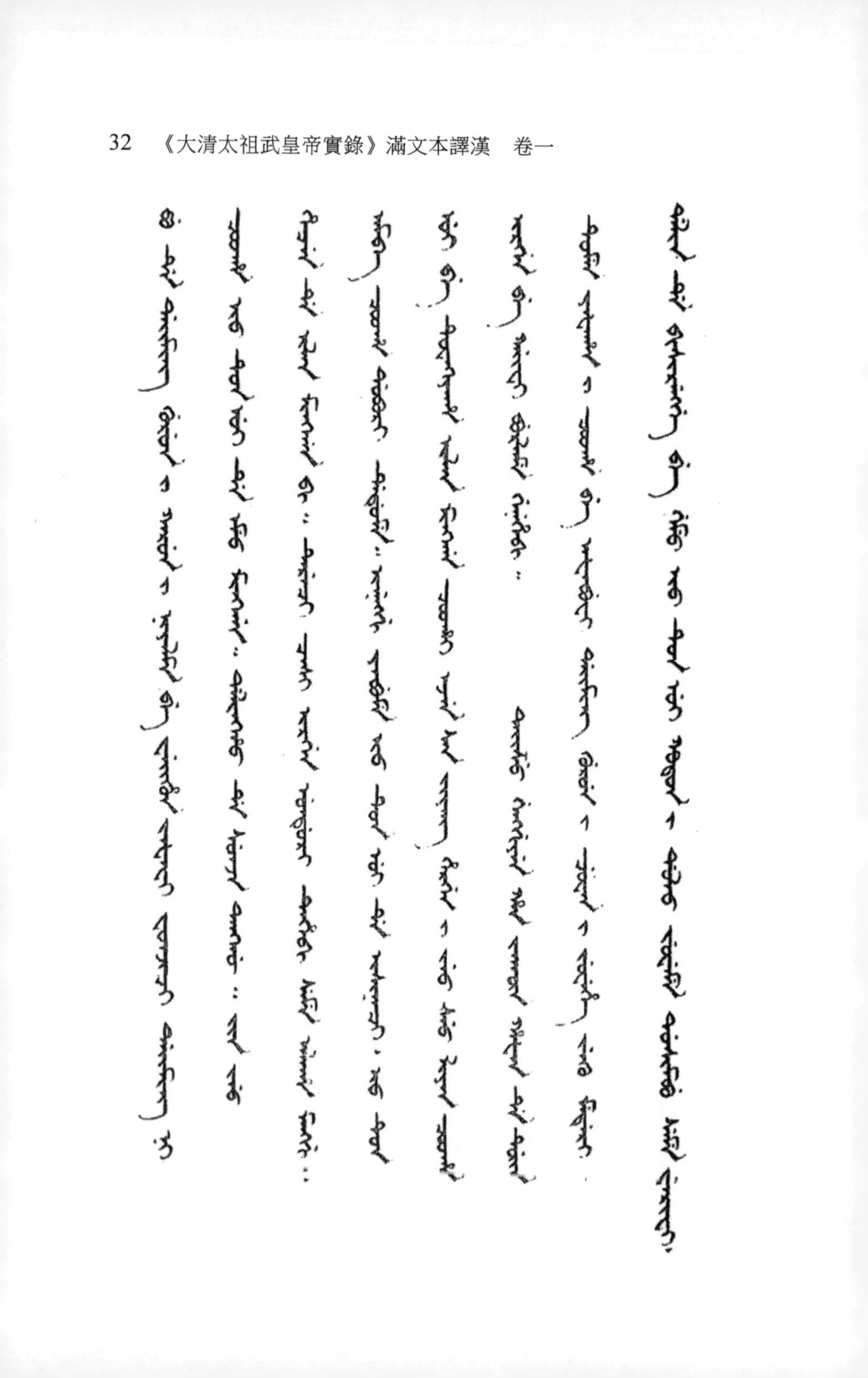

pu de daiming gurun i karun i niyalma be weihun jafafi fonjici, daiming ni cooha io tun ui de emu minggan, dalingho de sunja tanggū, jin jeo hecen de ilan minggan bi, tereci casi irgen unduri tehebi seme alaha manggi. amba cooha dobori dedume, inenggi yabume io tun ui de isinaci, io tun ui be tuwakiyaha ilan minggan coohai ejen san jiyang hergen i jeo šeo liyan cooha irgen be gaifi burlame genehebi. taidzu genggiyen han jakūn hafan de duin tumen yafahan i cooha be afabufi, daiming gurun i cuwan i juwehe jeku mederi dalin de bisirengge be, gemu io tun ui hoton i dolo juweme dosimbu seme werifi.

堡，活捉大明哨探訊之。告曰：「大明兵右屯衛一千，大凌河五百，錦州城三千，此外人民，隨處而居。」大軍夜宿日行，兼程而進，至右屯衛時，其守右屯衛三千兵主將參將周守廉率軍民遁走。太祖明汗令八官統步兵四萬，將城內貯藏。

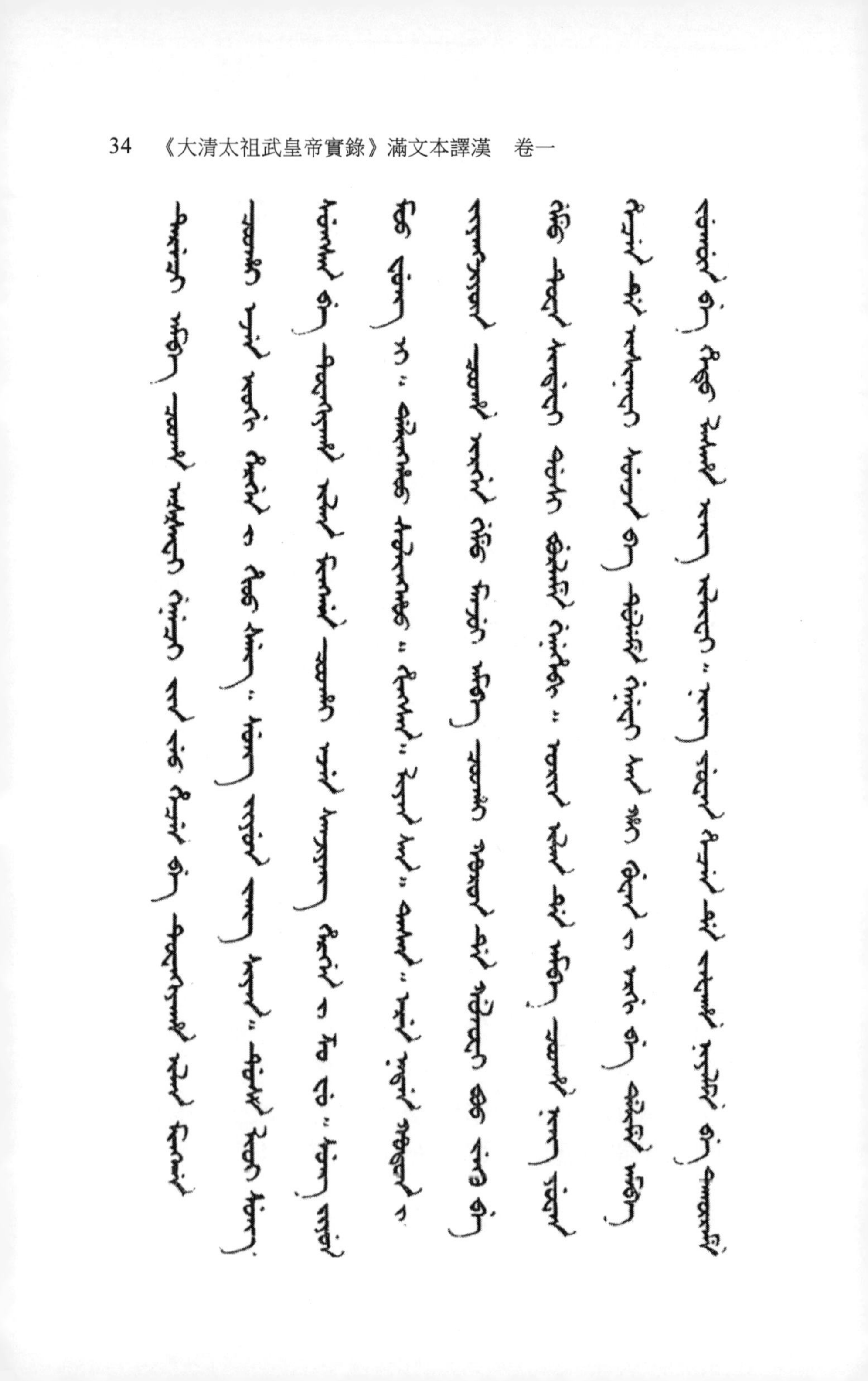

[illegible]

[illegible]

[illegible]

[illegible]

[illegible]

[illegible]

[illegible]

[illegible]

tereci amba cooha aššafi geneci jin jeo hecen be tuwakiyaha ilan minggan coohai ejen iogi hergen i hioo šeng, sung jiyun jang siyan, dusy lioi sung, sungsan be tuwakiyaha ilan minggan coohai ejen sanjiyang hergen i dzo fu, sung jiyun moo fung i, dalinghoo, šolinghoo, hingsan, liyan san, tasan, ere nadan hoton i jiyangjiyūn cooha irgen gemu manjui amba coohai horon de golofi, boo jeku be gemu tuwa sindafi dosi burlame genehebi. orin ilan de amba cooha ning yuwan hecen de isinafi, sunja ba duleme genefi, san hai guwan i ergi be dalime amba jugūn be hetu lasha ing ilifi. ning yuwan hecen de jafaha niyalma be takūrame,

---

大軍前進，錦州守城三千兵主將遊擊蕭聖、中軍張賢、都司呂忠，守松山三千兵主將參將左輔、中軍毛鳳翼，及大凌河、小凌河、杏山、連山、塔山，此七城將軍兵民皆震慴滿洲大軍之威，俱焚其廬舍糧儲而內遁。二十三日，大軍至寧遠城，越城五里，橫截山海關大路立營，遣所獲之人往寧遠城，

ᠠᠮᠴᠠᠪᡠᡶᡳ ᡥᠣᡨᠣᠨ ᠨᡳᡴᠠᠰᠠ ᡳᠨᡳ ᠪᡠᠯᡝᡴᡠ ᠪᡠᡵᡠᠯᡝᡶᡳ ᡥᠣᡨᠣᠨ ᡳᠰᡳᠨᠵᡳᡶᡳ ᠉ ᡨᡠᡵᡤᡝᠨ ᠪᡝᡳᡩᡝᠨ ᡳ ᠨᡳᡴᠠᠨ

ᠪᠣᠯᡤᠣᡶᡳ ᠪᡠᠴᡝᠮᡝ ᠉ ᠪᡝ ᠨᡳᡴᠠᠨ ᡨᡝᡵᡝ ᠪᡝ ᡩᡝᠯᡝᠪᡠᡥᡝ ᠨᡳᡴᠠᠰᠠ ᠉ ᠪᡝᡵᡝᠴᡝᠨ ᠮᠠᠨᡳᠶᠠᠨ ᡩᡝ ᡤᡳᠰᡠᠨ ᠪᡝ

ᡥᡝᡵᡤᡝ ᡥᠣᡨᠣ ᠉ ᡥᠣᡨᠣᠨ ᡳ ᡨᡠᡵᡤᡝᠨ ᠪᡝᡳᡩᡝᠨ ᠨᡳᡴᠠᠰᠠ ᡩᡝᡵᡤᡳ ᠉ ᡨᡠᠸᠠᠨᠴᡳ ᡤᡳᠰᡠᠨ ᡥᡝᠰᡝ

ᡤᡝᠰᡠᡵᡝᠮᡝ ᡠᡥᡝᠨ ᡝᠮᡠᡳ ᠪᡝᠶᡝ ᠉ ᠪᡝᡳ ᠪᡝᡳ ᡠᡥᡝᠨ ᡩᡝᠯᡝᠪᡠᡥᡝᡵᡝ ᡥᡝᠨᡩᡠᠮᡝ ᡤᡳᠰᡠᠨ ᠉ ᡩᡝᠪᡝᠯᡝᡥᡝ

ᡥᠣᡨᠣᠨ ᡨᡝᡵᡝ ᠉ ᡨᡝᡵᡝ ᡥᡝᠨᡩᡠ ᠉ ᡨᡝᡵᡝ ᡨᡝᡵᡝ ᡳ ᡠᡥᡝᠨ ᡤᡳᠰᡠᠨ ᡳ ᡤᡝᠰᡠᡵᡝᠮᡝ ᠉ ᠪᡝ ᡨᡝᡵᡝᠪᡝ

ᡨᡝᡵᡝᠪᡝ ᡳ ᡨᡝᡵᡝ ᡩᡝᡵᡤᡳ ᡥᡝᠨᡩᡠᠮᡝ ᡥᡝᠰᡝᠮᡝ ᠉ ᡳᠰᡳ ᡤᡝᠮᡠ ᠪᡝ ᡨᡠᡵᡤᡝᠨ ᠪᡝᡳᡩᡝᠨ ᡳᠰᡳ

ᡨᡝᡵᡝᠪᡝ ᡳ ᡥᡝᡵᡤᡝᠨ ᡠᡥᡝᠯᡝᡥᡝ ᡨᡝᡵᡝ ᡥᡝᠰᡝᠮᡝ ᠉ ᠪᡝ ᡤᡝᠰᡠᡵᡝᡶᡳ ᡨᡠᡵᡤᡝᠨ ᡩᡝᡵᡤᡳ ᠉ ᡨᡝᡵᡝ ᡳ ᡥᡝᡵᡤᡝ

ᡨᡝᡵᡝᠪᡝ ᡨᡝᡵᡝ ᡤᡝᠰᡠ ᠪᡝ ᡨᡝᡵᡝᠪᡝ ᡨᡠᡵᡤᡝᠨ ᠪᡝᡳᡩᡝᠨ ᡥᠣᡨᠣᠨ ᡳᠰᡳᠨᠵᡳᡶᡳ ᡨᡠᡵᡤᡝᠪᡝ ᠪᡝᡳ ᠉

suweni ere hecen be mini orin tumen coohai afaci urunakū efujembi kai. hecen i dorgi hafasa suwe dahaci, bi wesihun obufi ujire. hecen i ejen dooli hergen i yuwan sung hūwan jabume, han ai turgun de uttu holkon de cooha jihe. jin jeo, ning yuwan i babe suwe bahafi waliyaha. be suweni waliyaha babe dasafi tehe. meni meni babe tuwakiyahai bucembi dere. dahaha doro bio. han i cooha orin tumen serengge tašan. ainci juwan ilan tumen bikai. be inu tere be komso serakū. tereci genggiyen han hecen be afabume coohai niyalma wan kalka dagilame wajiha manggi. orin duin i inenggi

---

告曰：「汝等此城，我以二十萬兵來攻，破之必矣。城內官若降，我即封以高爵加以豢養。」城主道員袁崇煥答曰：「汗何故遂爾加兵耶？錦州、寧遠之地，汝等既得而棄之，我等將汝等所棄之地，修治而居，寧各死守其地，豈有降理？汗稱來兵二十萬，虛也。或許有十三萬，我等亦不覺來兵為少也。」明汗欲攻城，遂令軍中備攻具。二十四日，

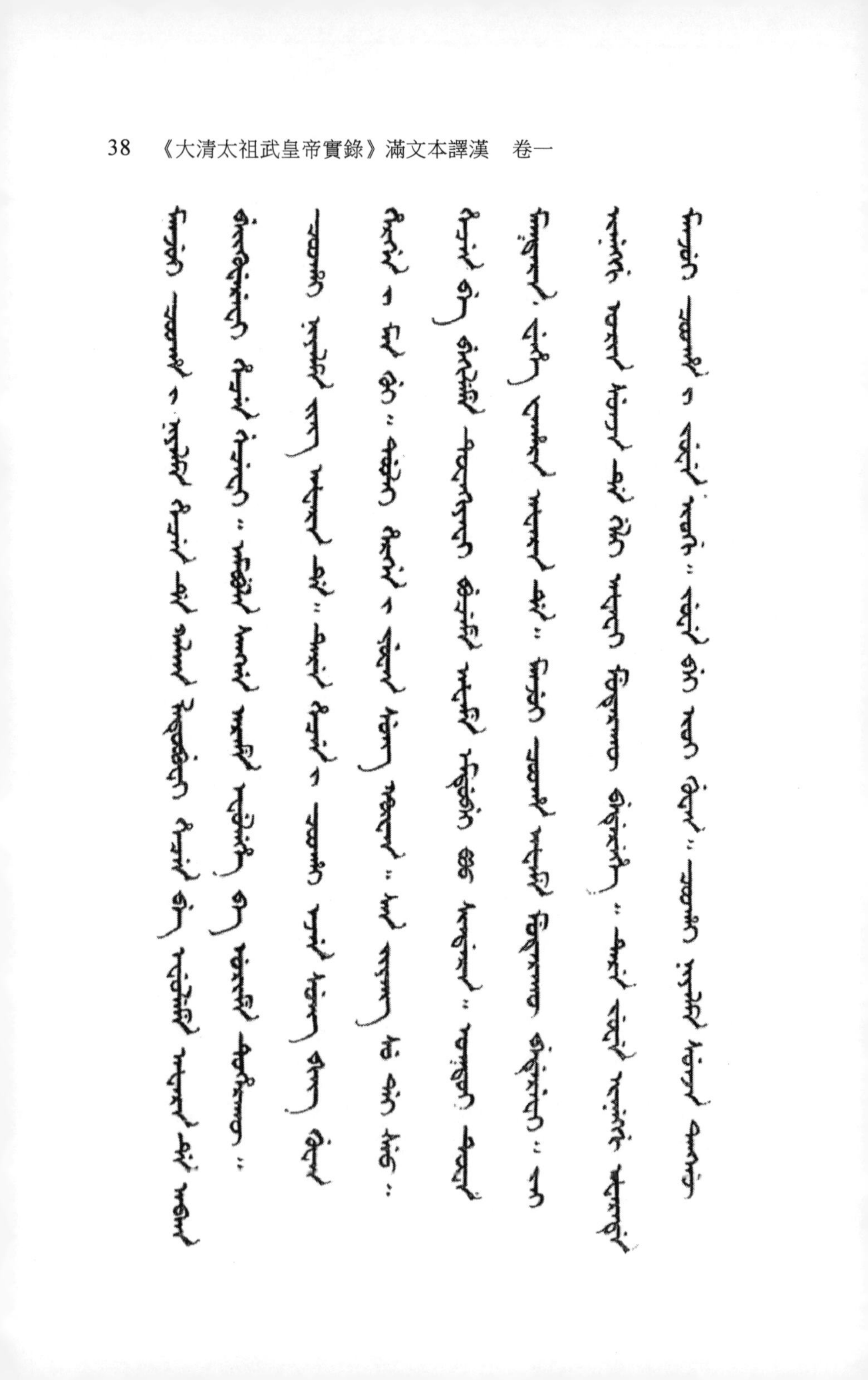

[illegible]

[illegible]

[illegible]

[illegible]

[illegible]

[illegible]

[illegible]

[illegible]

manjui cooha i niyalma hecen de kalka latubufi, hecen be efuleme afara de abka beikuwerefi hecen gecefi, ambula sangga arame efulehe ba urime tuherakū. coohai niyalma jing afara de, tere hecen i coohai ejen sung bing guwan hergen i man gui. dooli hergen i yuwan sung hūwan, san jiyang su dai šeo, hecen be bekileme tuwakiyafi buceme afame emdubei poo sindara, oktoi tuwa maktara, wehe fahara afara de, manjui cooha afame muterakū bederefi. jai inenggi orin sunja de geli afafi muterakū bederehe. tere juwe inenggi afarade manjui cooha i juwe iogi, juwe bei ioi guwan, coohai niyalma sunja tanggū

滿洲軍士執楯貼近城下，將毀城進攻時，天寒土凍，鑿穿窟窿數處，而城不墮，軍士正攻打間，其城兵主將總兵官滿桂、道員袁崇煥、參將祖大壽嬰城固守，死戰不退，頻頻放礮，拋炸藥，擲石頭攻打時，滿洲兵不能進攻而退卻。次日二十五日復攻之，又不能克而退。二日攻城，陣亡滿洲兵二遊擊，二備禦官，軍士五百。

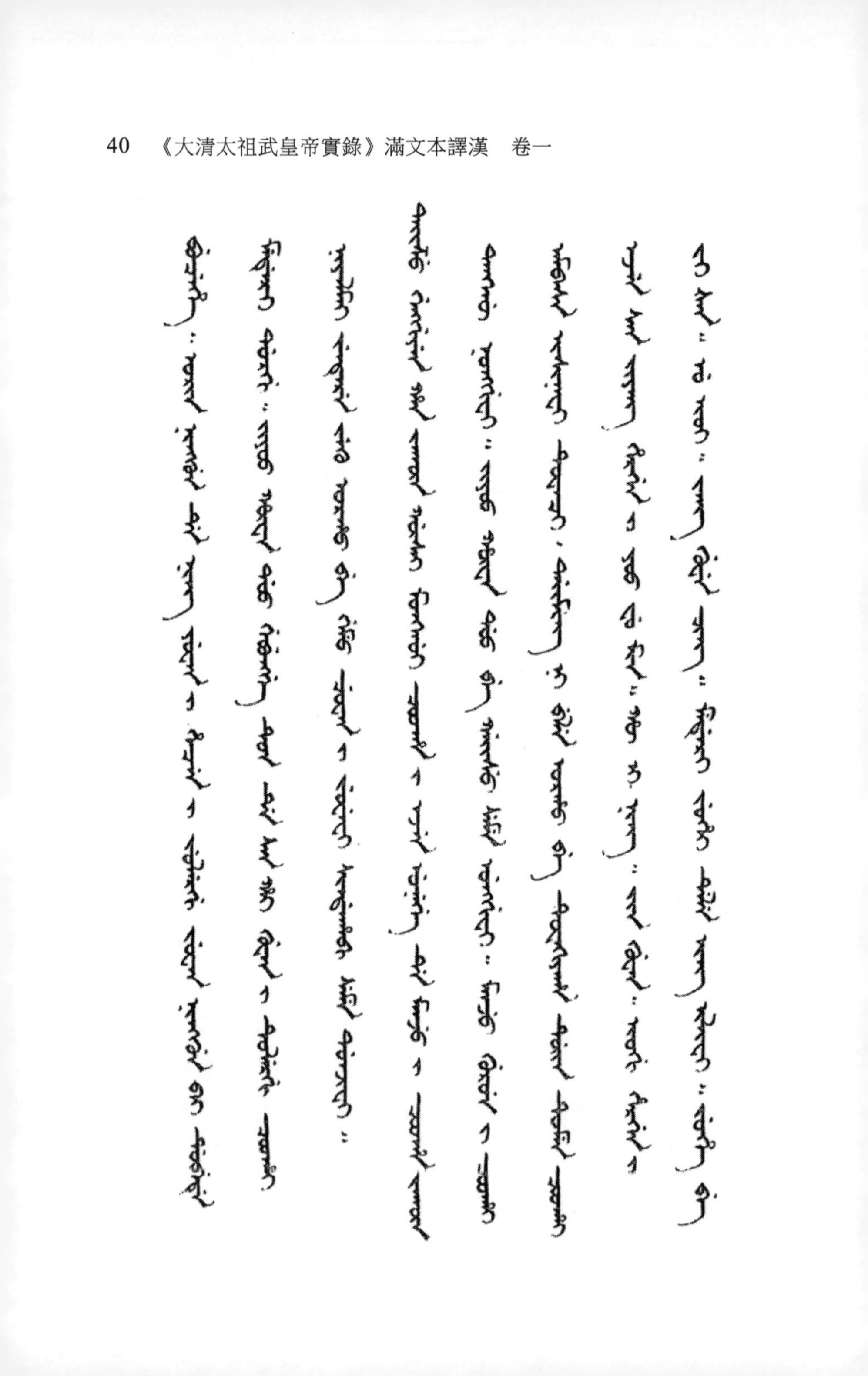

bucehe. orin ninggun de ning yuwan i hecen i julergi juwan ninggun bai dubede mederi dorgi, jiyoo hūwa doo gebungge tun de san hai guwan i tulergi coohai niyalmai jetere jeku orho be, gemu cuwan i juwefi sindahabi seme donjifi. taidzu genggiyen han jakūn gūsai monggoi cooha i ejen unege de, manju i cooha jakūn tanggū nonggifi, jiyoo hūwa doo be gaisu seme unggifi. manju gurun i coohai ambasa isinafi tuwaci, daiming ni bele orho be tuwakiyaha duin tumen coohai ejen san jiyang hergen i yoo fu min, hū i ning, jin guwan, iogi hergen i ji šan, u ioi, jang guwe cing, mederi juhei dele ing ilifi. juhe be

---

二十六日，聞山海關外軍士所食糧草，俱舟運於寧遠城南十六里外海中覺華島。太祖明汗差遣吳訥格率所部八旗蒙古，又加滿洲兵八百，往取覺華島。滿洲兵大臣至，見大明防守糧草四萬兵主將參將姚撫民、胡一寧、金冠，遊擊季善、吳玉、張國青，於海裡冰上立營，

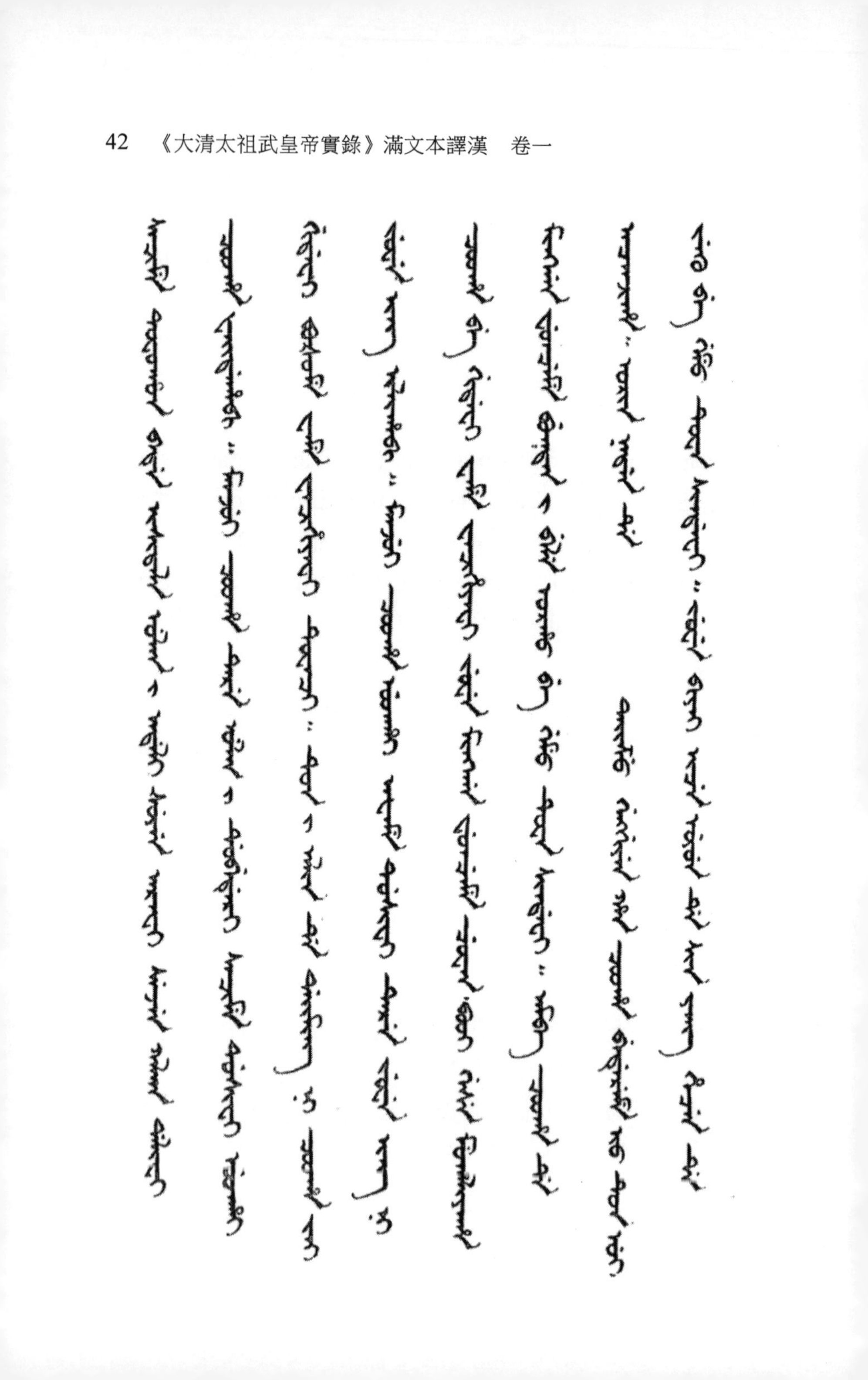

sacime tofohon bade isitala ulan i adali šuyen arafi, sejen kalka dalifi cooha faidahabi. manjui cooha tere ulan i dubederi sacime dosifi uthai gidafi bošome wame wacihiyafi tuwaci. tun i alin de daiming ni cooha jai juwe ing ilihabi. manjui cooha uthai afame dosifi tere juwe ing ni cooha be gidafi wame wacihiyafi, juwe minggan funceme cuwan, booi gese muhaliyaha minggan funceme buktan i bele orho be gemu tuwa sindafi. amba cooha de acanjiha. orin nadan de taidzu genggiyen han cooha bedereme io tun ui jeku be gemu tuwa sindafi. juwe biyai ice uyun de sin yang hecen de

---

鑿冰十五里為壕，列陣以車楯衛之。滿洲兵奪未鑿處殺入，遂敗其兵，盡殺之。又見島中山巔，立有二營大明兵，滿洲兵即攻入，敗其兵，亦盡殺之，放火焚其船二千餘及如屋高所積糧草千餘堆，乃復回與大軍會合。二十七日，太祖明汗還軍，至右屯衛，將糧芻悉放火焚之。二月初九日，至瀋陽。

ᠠᠰᠠᡵᠠᠪᡠᡥᡳ ::

ᠪᠣᡳᡤᠣᠨ ᠨᡳᠩᡤᡠᠨ ᡤᡝᠮᡠ ᡨᡠᠸᠠᡵᠠ ᡴᡝᠮᡠᠨᡳ ᡳ ᠪᡝ ᠪᡳᠰᡳᡥᡝᠩᡤᡝ

ᠪᡝᡳᠯᡝ ᠰᠣᠯᠣᡥᠣ ᠪᡝ ᠠᠯᡳᡶᡳ ᠪᠠᡥᠠᡵᠠᡴᡡ ᡨᡠᠸᠠᠨᠴᡳᡥᡳᠶᠠᡴᡡ ᠠᡴᡡ :: ᠵᡠᠸᡝ ᠨᡳᠶᠠᠯᠮᠠ ᡤᡝᠮᡠ ᠪᡝᡳᠯᡝ ᠪᡝ

ᠠᠮᠴᠠᡶᡳ ᠪᠠᡥᠠᡵᠠᡴᡡ ᠣᠴᡳ ᠠᠨᡤᡤᠠᡳ ᠠᡵᡤᠠᡩᠠᠮᡝ ᠪᡝᠨᡝᡥᡝ ::

isinjiha. taidzu genggiyen han orin sunja se ci baba be dailame hecen hoton be afaci bahakū etehekūngge akū. damu ning yuwan hecen be afame bahakū ofi ambula korsome bederehe.

太祖明汗自二十五歲征討諸處，戰無不勝，攻城無不克，惟攻寧遠一城不下，遂大懷憤恨而回。

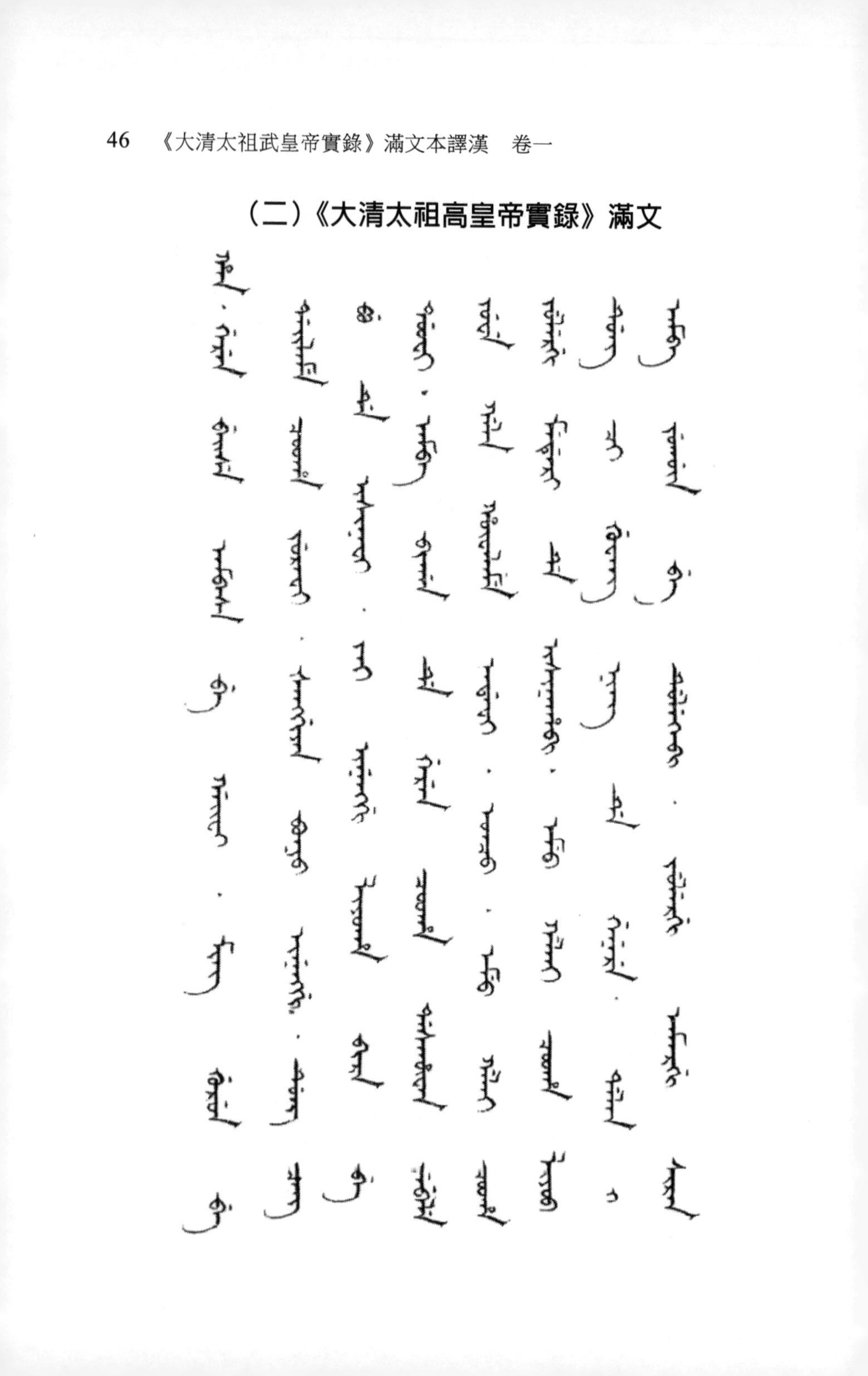

（二）《大清太祖高皇帝實錄》滿文

han, geren beise ambasa be gaifi, ming gurun be dailame cooha jurafi, šanggiyan bonio inenggi dung cang pu de isinafi, jai inenggi liyoha bira be doofi, amba bigan de geren cooha dashūwan jebele juwe gala hūwalame adafi, onco, emu galai cooha julergi mederi de isinahabi, emu galai cooha liyoo dung ci guwang ning de genere dalan i amba jugūn be dulekebi, julergi amargi siran

汗率諸貝勒大臣統兵征明。庚申，至東昌堡。次日，渡遼河，分左右翼排列曠野。一翼直至南海岸；一翼越遼東至廣寧堤大路，前後相繼，

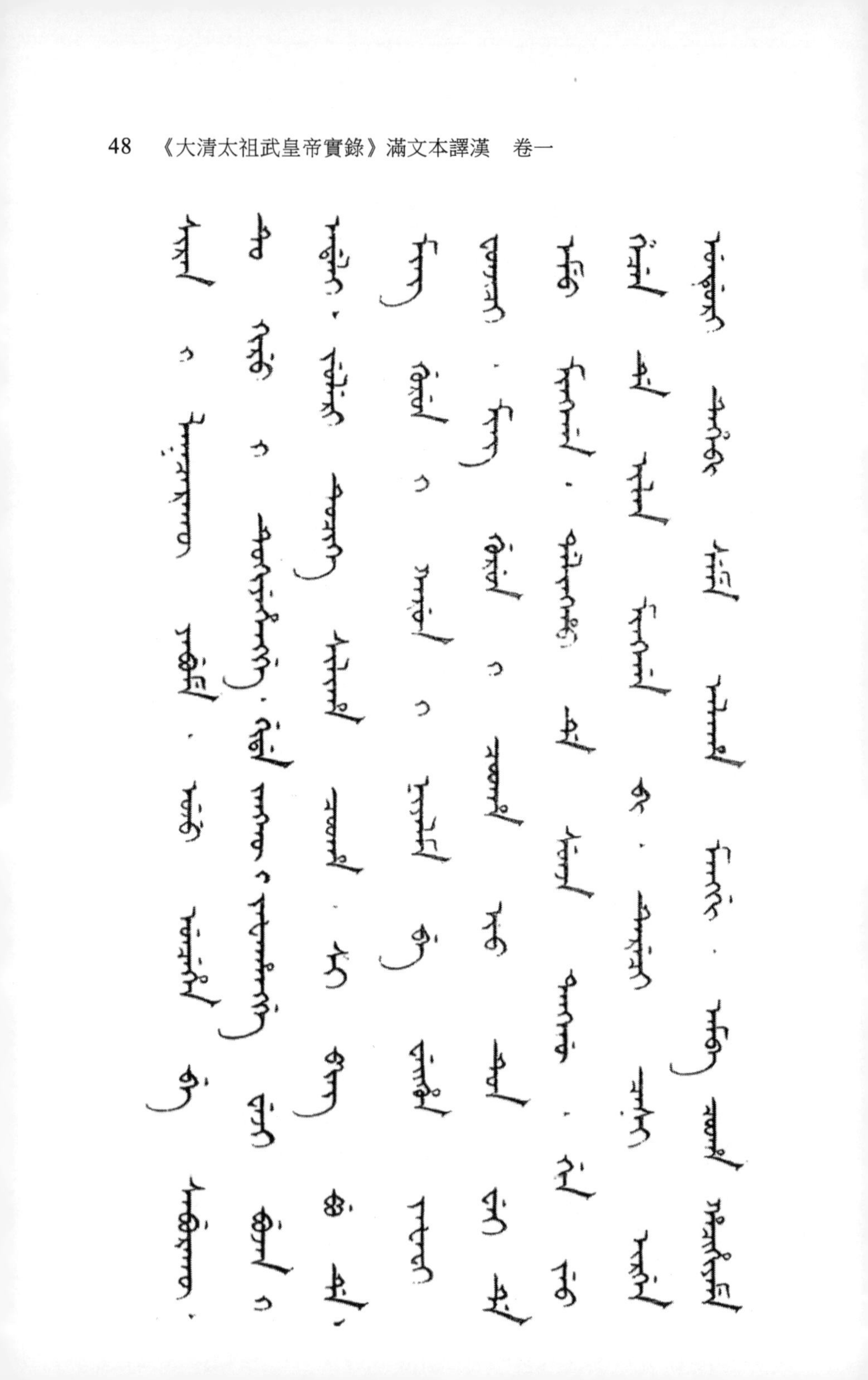

[illegible]

siran i lakcarakū yabume, uju uncehen be saburakū, tu kiru i tukiyehengge, gida jangkū i jafahangge weji bujan i adali, juleri tucike siliha cooha, si ping pu de, ming gurun i karun i niyalma be weihun jafafi fonjici, ming gurun i cooha io tun wei de emu minggan, dalingho de sunja tanggū, gin jeo hecen de ilan minggan bi, tereci casi irgen unduri tehebi seme alaha manggi, amba cooha hacihiyame

---

絡繹不絕，不見首尾，旌旗劍戟如林，前鋒精銳，至西平堡，生獲明哨探訊之，告以明兵右屯衛一千，大凌河五百，錦州城三千，此外人民，隨地散居，大軍

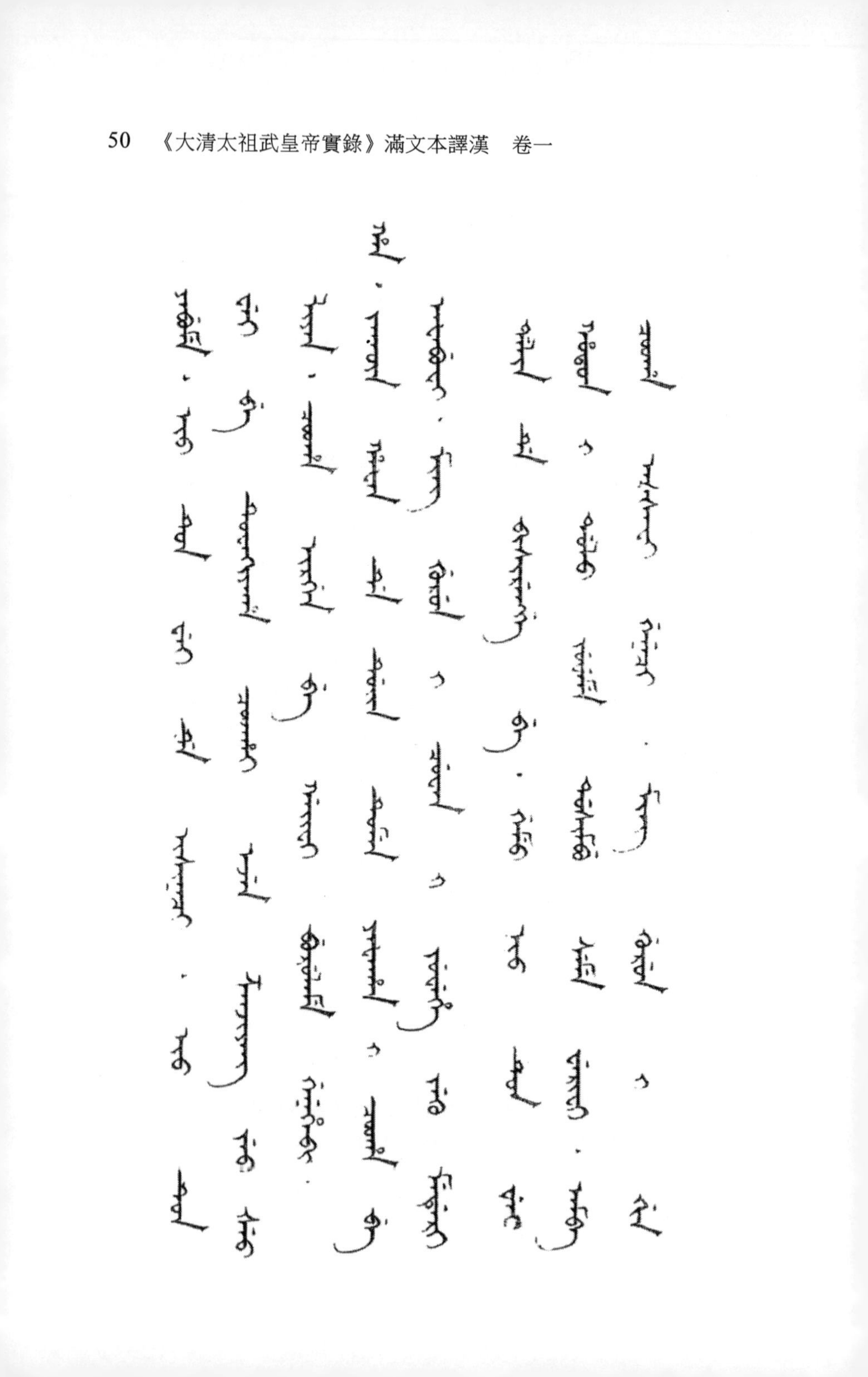

[illegible]

yabume, io tun wei de isinaci, io tun wei be tuwakiyaha coohai ejen ts'anjiyang jeo šeo liyan, cooha irgen be gaifi burulame genehebi. han, jakūn hafan de duin tumen yafahan i cooha be afabufi, ming gurun i cuwan i juwehe jeku mederi dalin de bisirengge be, gemu io tun wei hoton i dolo juweme dosimbu seme werifi, amba cooha aššafi geneci, ming gurun i gin

兼程而進，至右屯衛。右屯衛守兵主將參將周守廉率軍民遁走。汗留八官統步卒四萬，將明舟運積貯海岸之糧，悉移貯右屯衛城內。大軍前進，明錦州

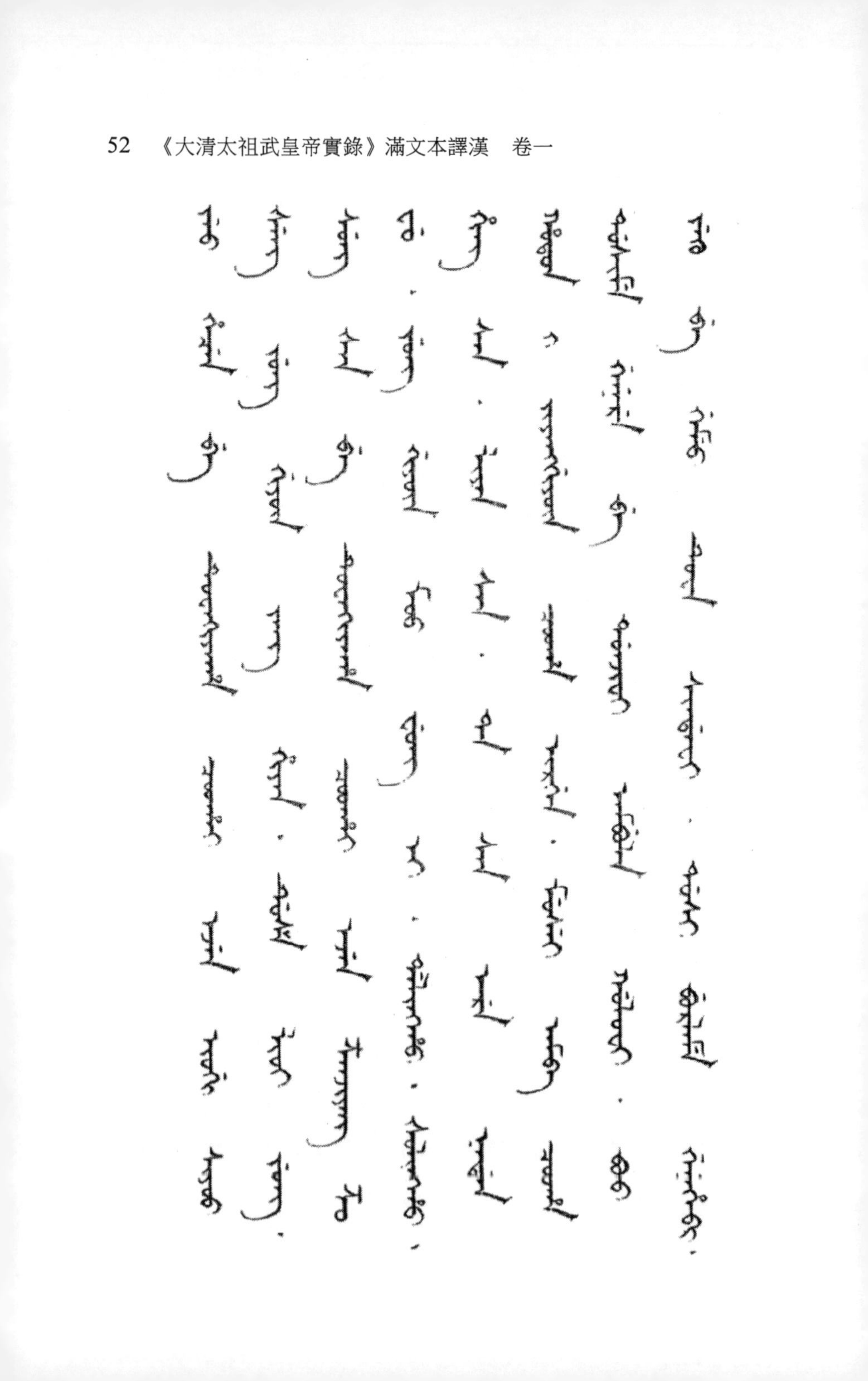

[illegible]

jeo hecen be tuwakiyaha coohai ejen iogi siyoo šeng, jung giyūn jang hiyan, dusy lioi jung, sung šan be tuwakiyaha coohai ejen ts'anjiyang dzo fu, jung giyūn moo fung i, dalingho, šolingho, hing šan, liyan šan, ta šan, ere nadan hoton i jiyanggiyūn cooha irgen, musei amba cooha dosime genere be donjifi ambula golofi, boo jeku be gemu tuwa sindafi, dosi burlame genehebi.

守城兵主將遊擊蕭升、中軍張賢、都司呂忠，守松山兵主將參將左輔、中軍毛鳳翼，及大凌河、小凌河、杏山、連山、塔山此七城將軍軍民，聞我大軍進來，皆大懼，皆放火焚其廬舍糧儲而內遁。

。

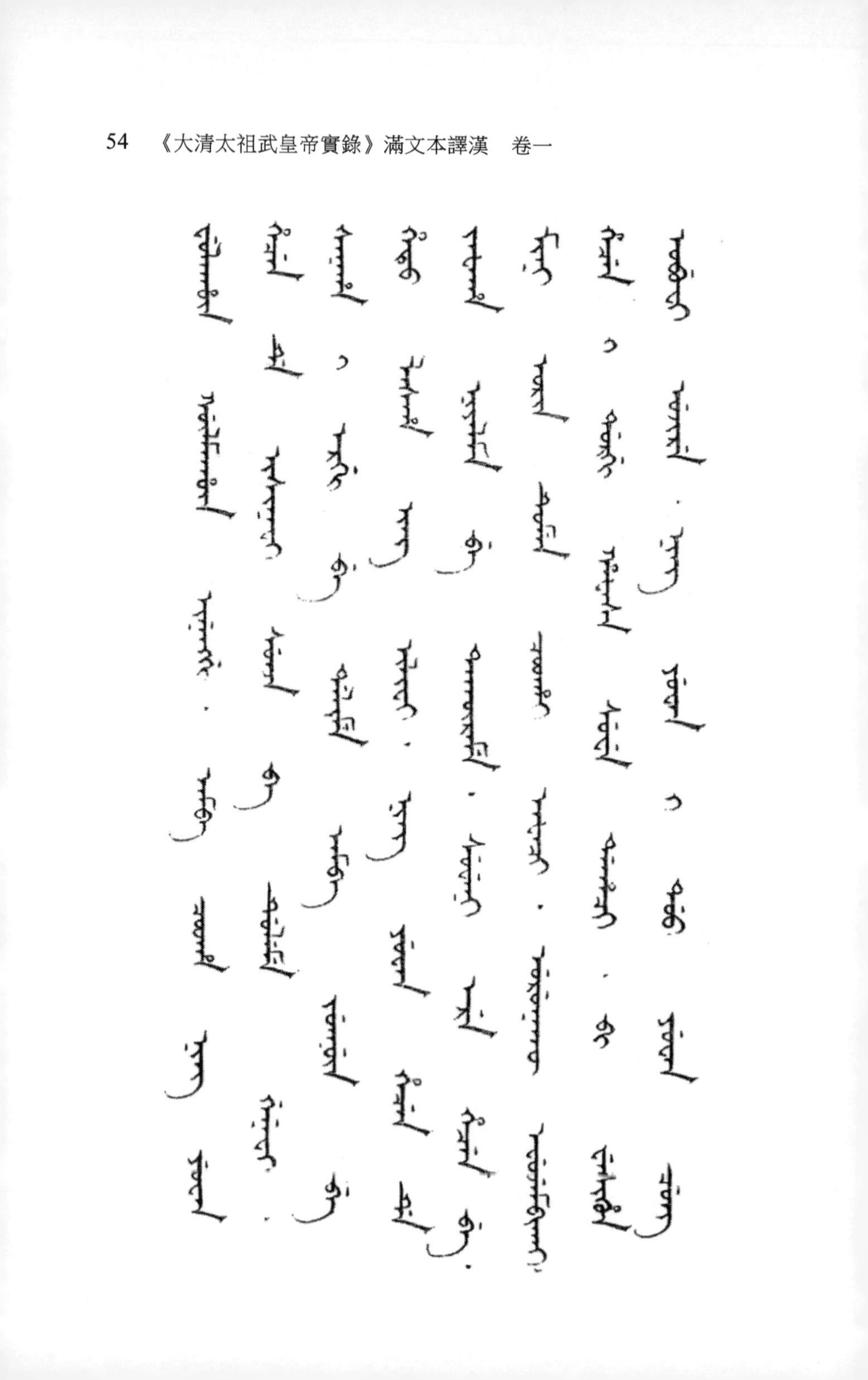

[illegible]

fulahūn gūlmahūn inenggi, amba cooha ning yuwan hecen de isinafi, sunja ba duleme genefi, šanaha i ergi be dalime amba jugūn be hetu lasha ing ilifi, ning yuwan hecen de jafaha niyalma be takūrame, suweni ere hecen be mini orin tumen coohai afaci, urunakū efujembikai, hecen i dorgi hafasa suwe dahaci, bi wesihun obufi ujire, ning yuwan i doo yuwan cung

---

丁卯，大軍至寧遠城，越城五里，横截山海關大路駐營。縱放所俘人入寧遠城，告曰：「汝等此城，我以二十萬兵來攻，破之必矣。城內官爾等若降，我等尊貴豢養之。」寧遠道袁崇

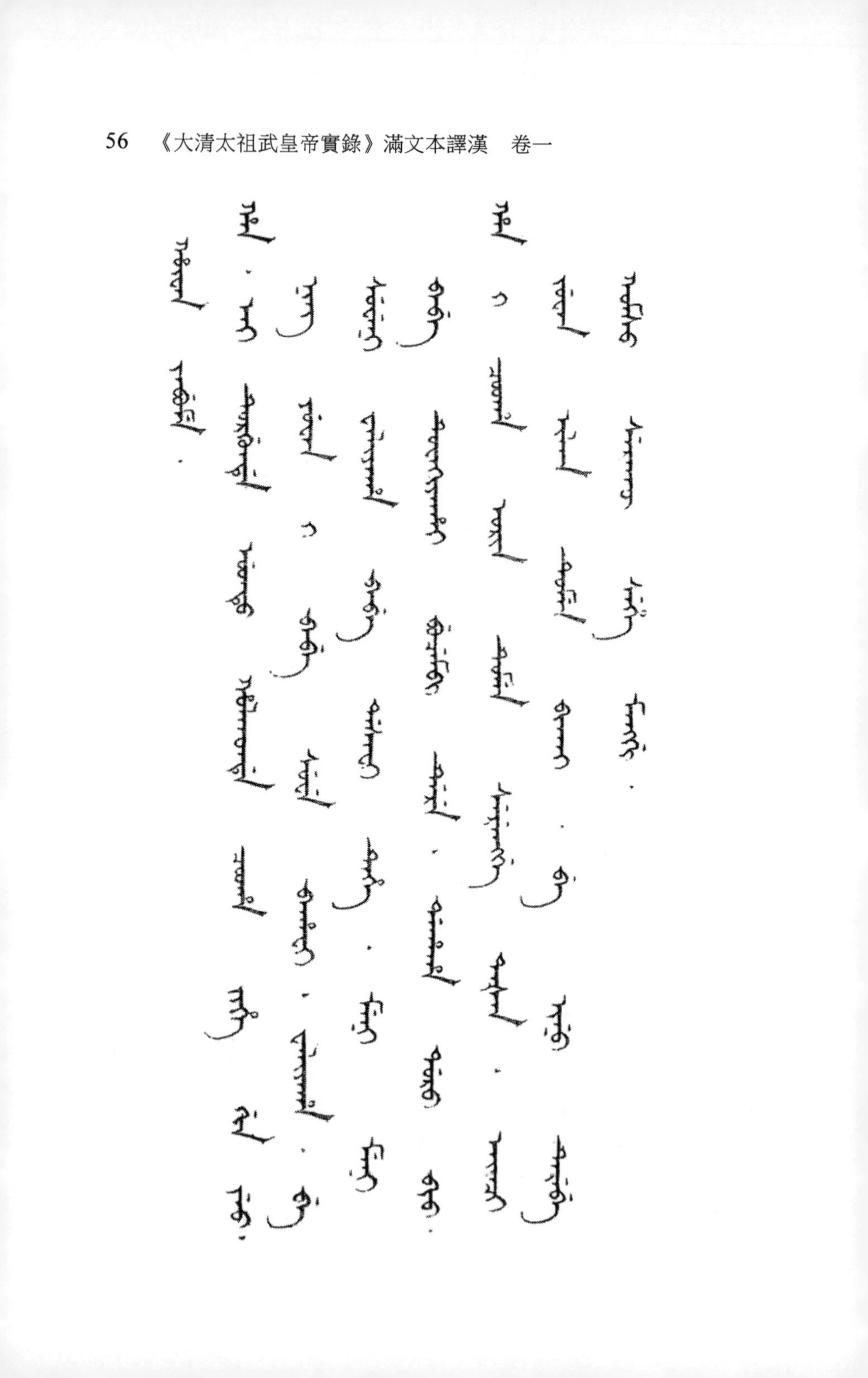

[illegible]

hūwan jabume, han, ai turgunde uttu holkonde cooha jihe gin jeo, ning yuwan i babe suwe bahafi, waliyaha, be suweni waliyaha babe dasafi tehe, meni meni babe tuwakiyahai bucembi dere, dahaha doro bio. han i cooha orin tumen serengge tašan, ainci juwan ilan tumen bikai, be inu terebe komso serakū sehe manggi,

---

煥答曰：「汗何故遽爾加兵耶？錦州、寧遠地方，汝等得而棄之，我等將汝等所棄之地，修治而居，寧各死守其地，豈有投降之理？汗稱來兵二十萬虛也，或許約有十三萬，我等亦不覺其為少也。」

ᡥᠠᠨ · ᡥᡝᠴᡝᠨ ᠪᡝ ᠠᡶᠠᠮᡝ · ᠴᠣᠣᡥᠠ ᠠᡳᠰᡳᠯᠠᠮᡝ ᡨᡝ ᠠᠨᠠᠮᡝ

ᡥᡝᠨᡩᡠᡥᡝᠩᡤᡝ ᠠᠨᠠᠨ ᡳᠨᡳᠩᡤᡝ ᠣᠮᠪᡠᡥᡝ ᠶᠠᠪᡠᡵᡝ · ᠣᠮᠪᡠᡥᡝ ᠴᠣᠣᡥᠠ

ᠠᠨᠠᡴᡳᠨᡳ · ᡥᡝᠴᡝᠨ ᡩᡝ ᠠᠰᠠᡵᠠ ᠠᠮᠪᡠᠯᠠᡥᡝ · ᡥᡝᠴᡝᠨ ᠪᡝ ᠠᠵᡳᡤᡝᠰᡝ

ᠠᠮᠠᡵᡳ ᡩᡝ ᠠᠮᠪᠠᠯᠠ ᡨᡠᠸᠠᠪᡠᡥᠠᠩᡤᡝ ᡥᡝᠴᡝᠨ ᡥᡝᠴᡝᠨ · ᠠᠮᠪᡠᡥᡝ

ᠠᠨᠠᡵᠠ ᠠᠮᠠᡵᡳᠩᡤᡝ ᠠᡴᡩᡠᠨ ᠪᡝ ᡨᡠᠸᠠᠮᡝ ᡥᡝᡵᡤᡝᠰᡝ · ᠴᠣᠣᡥᠠᠨ

ᠠᠮᠠᡵᡳ ᠠᠨᠠ ᠠᠮᠠᡵᡳ ᡩᡝ · ᠠᠨᠠᠨ ᡩᡝᡵᡤᡳ ᠪᡝ ᡳ ᠶᠠᡴᡠᠨ

ᠪᡝᠶᡝ ᡤᡝᡵᡝ ᡩᡝ · ᠪᠠᠨᡳ ᡥᡝᠴᡝᠨ ᡳ ᠪᠣᡩᠣ ᡩᡝᠣ

ᡩᡠᡵᡤᠠᠨ ᡩᠣᡵᡤᡳ ᠠᠨᠠᡵᠠᠨ ᠵᠠᡶᠠ ᡩᡝ ᡩᠣᠪᠣ · ᡥᡝᠴᡝᠨ ᠪᡝ

han, hecen be afabume, coohai niyalma wan kalka dagilame wajifi, suwayan muduri inenggi, musei coohai niyalma, hecen de kalka latubufi, hecen be efuleme afara de abka beikuwerefi hecen gecefi, ambula sangga arame efulehe ba urime tuherakū, coohai niyalma jing afara de, ming gurun i dzung bing man gui, ning yuwan i doo yuwan cung hūwan, ts'anjiyang dzu da šeo, hecen be

---

汗欲攻城，命軍士備齊梯楯。戊辰，我兵執楯貼近城下，將毀城進攻時，天寒城凍，鑿穿數處，而城不墮，軍士正攻擊間，明總兵滿桂、寧遠道袁崇煥、參將祖大壽

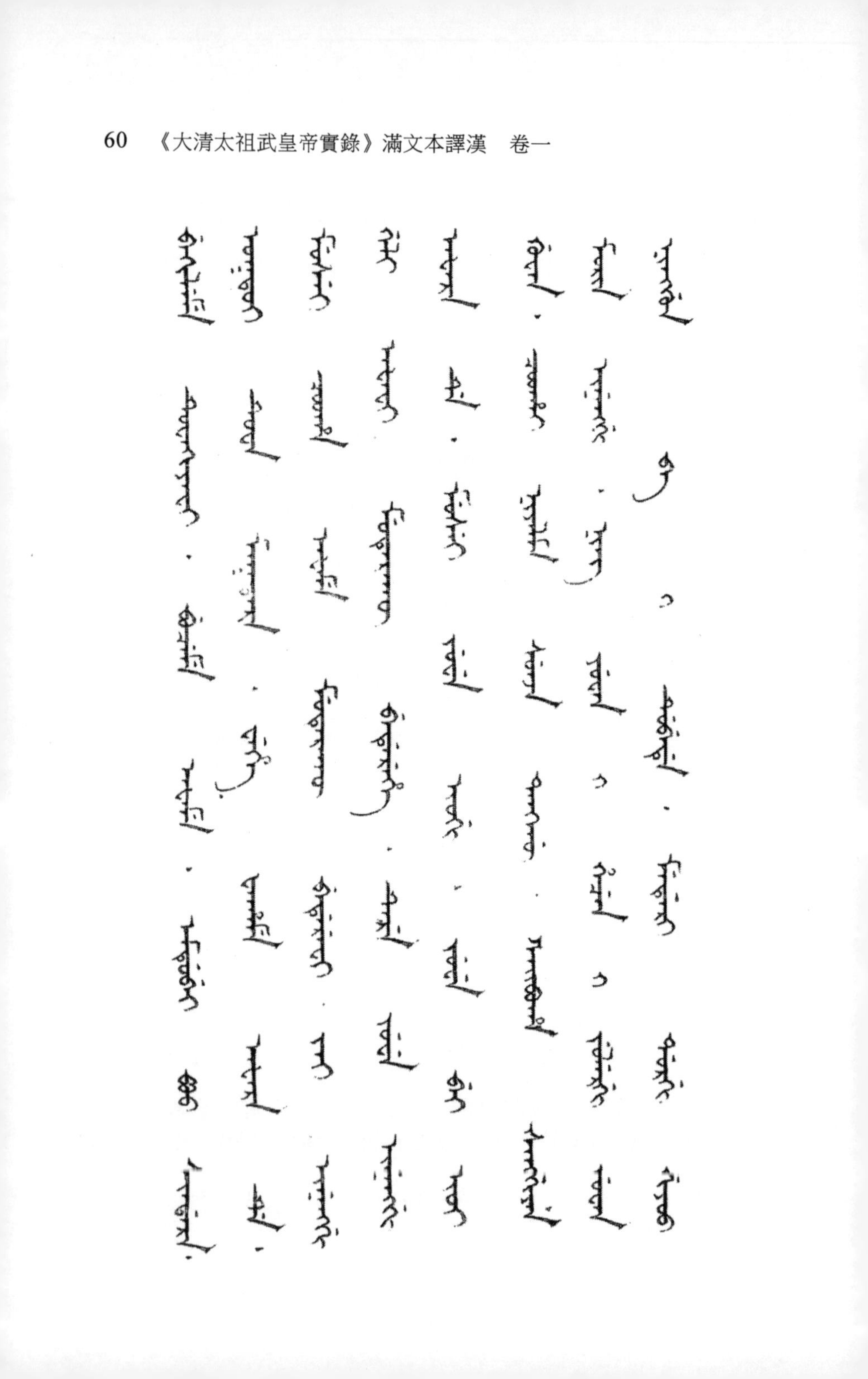

[illegible]

[illegible]

[illegible]

[illegible]

[illegible]

[illegible]

[illegible]

[illegible]

bekileme tuwakiyafi, buceme afame, emdubei poo sindara, oktoi tuwa maktara, wehe fahame afara de, musei cooha afame muterakū bederefi, jai inenggi geli afafi muterakū bederehe, tere juwe inenggi afara de, musei juwe iogi, juwe bei ioi guwan, coohai niyalma sunja tanggū, kaiboha[gaibuha] šanggiyan morin inenggi, ning yuwan i hecen i julergi juwan ninggun ba i dubede, mederi dorgi giyoo

---

嬰城固守，死戰不退，頻頻放礮，拋炸藥，擲石頭攻打時，我兵不能進攻而退卻。次日，再攻，又不能克而退，計二日攻城，折我二遊擊，二備禦官，軍士五百。庚午，聞寧遠城外南十六里外，海中有

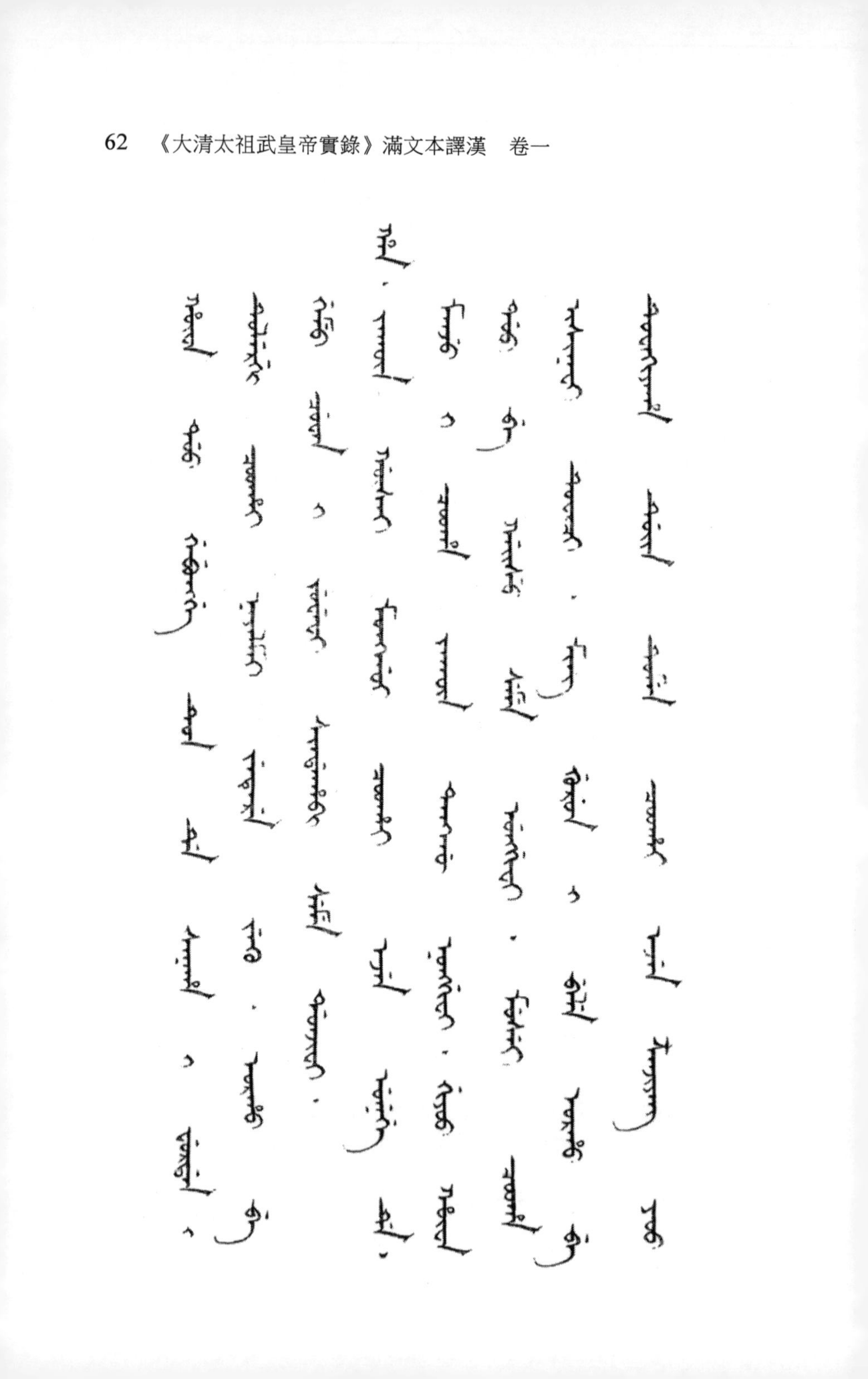

[illegible]
[illegible]
[illegible]
[illegible]
[illegible]
[illegible]
[illegible]
[illegible]

hūwa doo gebungge tun de šanaha i furdan i tulergi coohai niyalmai jetere jeku, orho be gemu cuwan i juwefi sindahabi seme donjifi, han, jakūn gūsai monggoi coohai ejen unege de, manju i cooha jakūn tanggū nonggifi, giyoo hūwa doo be gaisu seme unggifi, musei cooha isinafi tuwaci, ming gurun i bele orho be tuwakiyaha duin tumen coohai ejen ts'anjiyang yoo

---

覺華島，其山海關外兵丁糧草俱舟運置放於此，汗命八旗蒙古兵主將吳訥格率所部，加增滿洲兵八百，往取覺華島。我兵至，見明防守糧草四萬兵主將參將

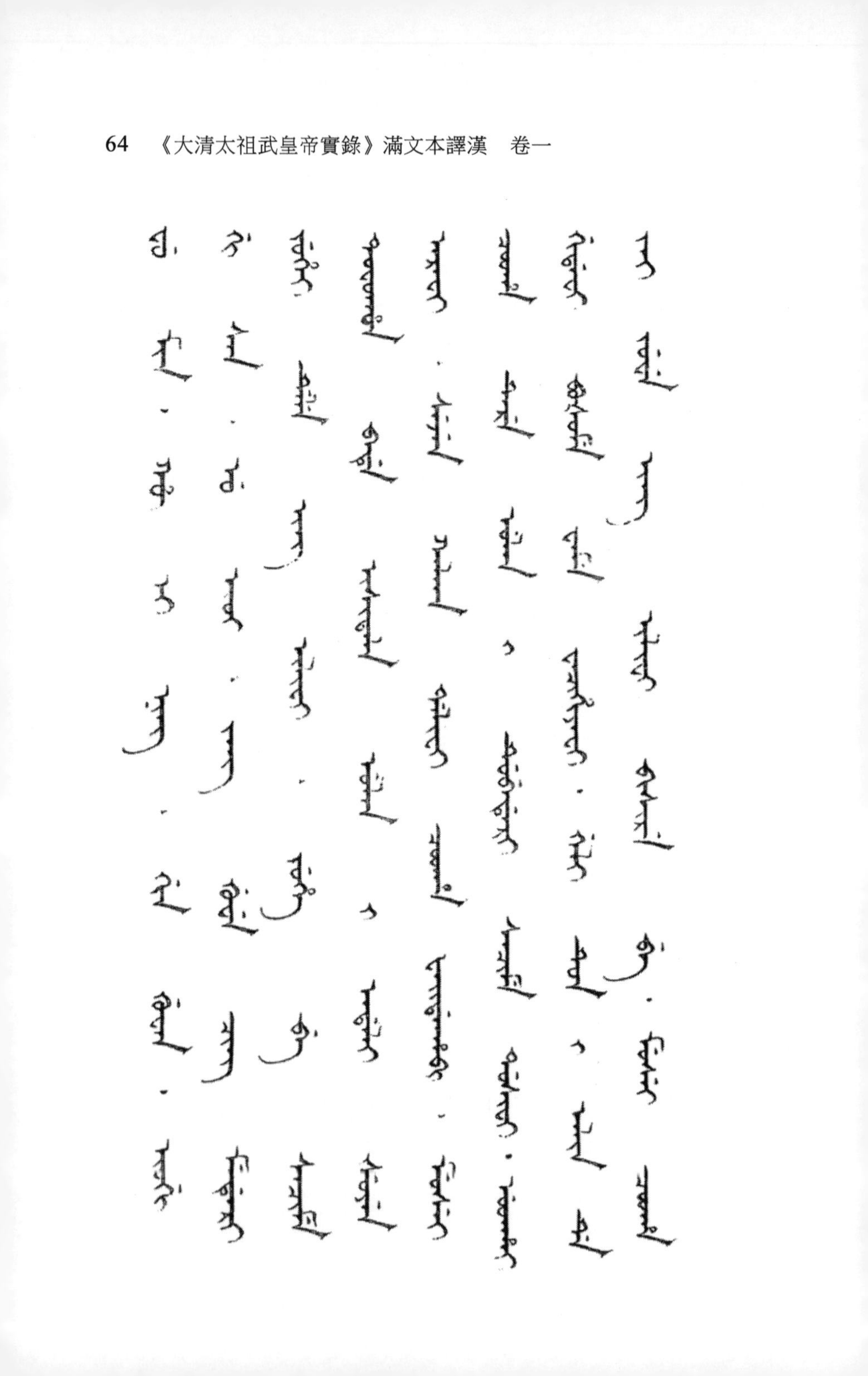

fu min, hū i ning, gin guwan, iogi gi šan, u ioi, jang guwe cing mederi juhei dele ing ilifi, juhe be sacime tofohon bade isitala ulan i adali šuyen arafi, sejen kalka dalifi cooha faidahabi. musei cooha tere ulan i dubederi sacime dosifi, uthai gidafi bošome wame wacihiyafi, geli tun i alin de jai juwe ing ilifi bisire be, musei cooha

---

姚撫民、胡一寧、金觀，遊擊季善、吳玉、張國青，於海中冰上安營，鑿冰十五里如壕溝為窟窿，列陣以車楯衛之。我兵從其壕溝末端砍入，即敗之，盡驅斬之。島中山巔又立二營，我兵

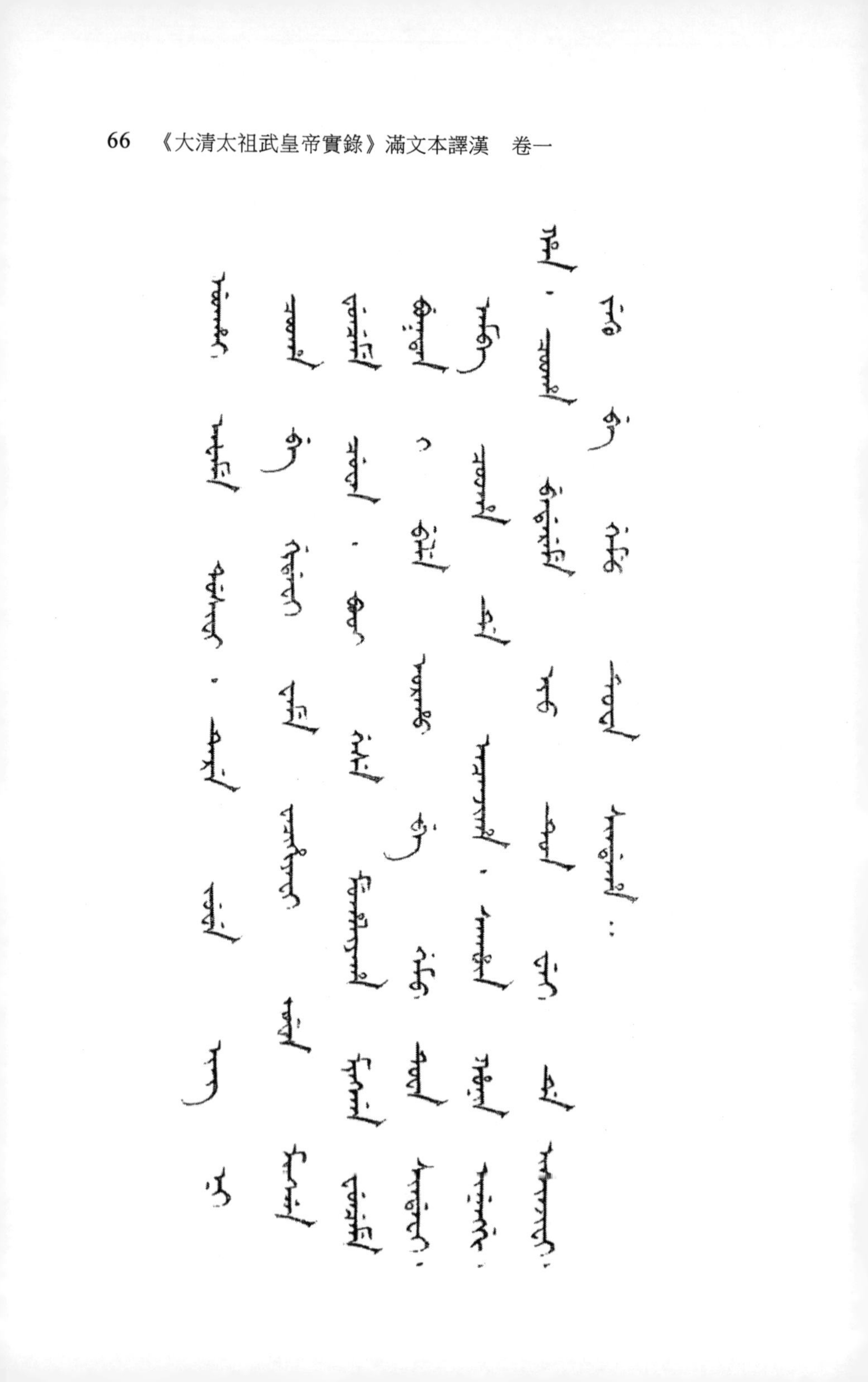

[illegible]

[illegible]

[illegible]

[illegible]

[illegible]

[illegible]

[illegible]

uthai afame dosifi, tere juwe ing ni cooha be gidafi wame wacihiyafi juwe minggan funceme cuwan, booi gese muhaliyaha minggan funceme buktan i bele orho be gemu tuwa sindafi, amba cooha de acanjiha, sahūn honin inenggi, han, cooha bedereme io tun wei de isinjifi, jeku be gemu tuwa sindaha.

即攻入，敗其二營兵，盡殲之。其船二千餘，所積高似屋千餘堆糧草，皆放火焚之，與大軍會合。辛未，汗還軍，至右屯衛，悉放火焚其糧。

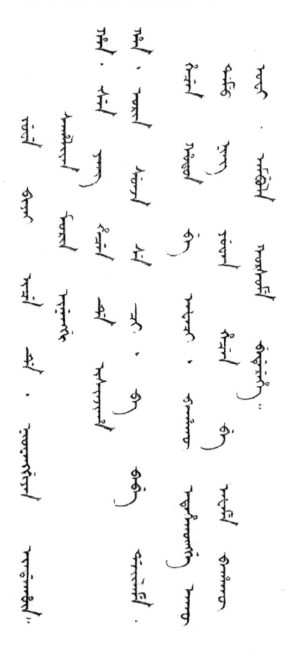

juwe biyai ice de, niowanggiyan indahūn. sahaliyan morin inenggi, han, šen yang hecen de isinjiha. han, orin sunja se ci, ba babe dailame, hecen hoton be afaci, bahakū etehekūngge akū, damu ning yuwan hecen be afame bahakū ofi, ambula korsome bederehe.

二月初一日，甲戌。壬午，汗至瀋陽城。汗自二十五歲以來，征討諸處，攻城無不克，惟寧遠城攻不下，遂大忿恨而回。

前引《清太祖實錄》內容為天命十一年（1626）正月十四日至同年二月初九日記事。可將《武皇帝實錄》滿文本與《高皇帝實錄》滿文本互相對照。《武皇帝實錄》「太祖明汗」，滿文作“taidzu genggiyen han”，《高皇帝實錄》滿文本作“han”，漢文本作「上」。《武皇帝實錄》「大明」，滿文本作“daiming gurun”，《高皇帝實錄》滿文本作“ming gurun”，漢文本作「明」。《武皇帝實錄》「十六日」，滿文本作“juwan ninggun”，《高皇帝實錄》滿文本作“šanggiyan bonio inenggi”，漢文本作「庚申」。《武皇帝實錄》「遼河」，滿文本作“lioo hoo bira”，《高皇帝實錄》滿文本作“liyoha bira”，漢文本作「遼河」。《武皇帝實錄》「曠野」，滿文本作“amba bihan”，《高皇帝實錄》滿文本作“amba bigan”，漢文本作「曠野」。《武皇帝實錄》「右屯衛」，滿文本作“io tun ui”，《高皇帝實錄》滿文本作“io tun wei”，漢文本作「右屯衛」。《武皇帝實錄》「錦州」，滿文本作“jin jeo hecen”，《高皇帝實錄》滿文本作“gin jeo hecen”，漢文本作「錦州城」。《武皇帝實錄》「大軍夜宿日行」，滿文本作“amba cooha dobori dedume inenggi yabume”，《高皇帝實錄》滿文本作“amba cooha hacihiyame yabume”，漢文本作「大軍兼程而進」。《武皇帝實錄》「參將」，滿文本作“san jiyang”，《高皇帝實錄》滿文本作“ts’anjiyang”，漢文本作「參將」。《武皇帝實錄》「參將周守廉率軍民遁走」，句中「遁」，滿文本作“burlame”，《高皇帝實錄》滿文本作“burulame”，漢文本作「遁」。《武皇帝實錄》「錦州守城三千兵主將」，滿文本作“jin jeo hecen be tuwakiyaha ilan minggan coohai ejen”，《高皇帝實錄》滿文本作“gin jeo hecen be tuwakiyaha coohai ejen”，漢文本作「錦州城守」，刪略“ilan minggan”。《武皇帝實錄》「遊擊蕭聖」，滿文本作“iogi hergen i hioo šeng”，《高皇帝實錄》滿文本作“iogi siyoo šeng”，漢文本作「遊擊蕭升」。《武皇帝實錄》「中軍」，滿文本作“sung jiyūn”，《高皇帝實錄》滿文本作“jung giyūn”，漢文本作「中軍」。《武皇帝實錄》「都司呂忠」，滿文本作“dusy lioi sung”，句中“lioi sung”，《高皇帝實錄》滿文本作“lioi jung”，漢文本作「呂忠」。《武皇帝實錄》「守松山三千兵主將參將左輔」，滿文本作“sungsan be tuwakiyaha ilan minggan coohai ejen sanjiyang hergen i dzo fu”，《高皇帝實錄》滿文本作“sung šan be tuwakiyaha coohai ejen ts'anjiyang zuo fu”，漢文本作「松山參將左輔」，刪略“ilan minggan”字樣；“sungsan”，改作“sung šan”；“sanjiyang”，改作“ts'anjiyang”。《武皇帝實錄》「大凌河、小凌河、杏山、連山、塔山」，滿文本作“dalinghoo šolinghoo, hinsan, liyan san, tasan”，《高皇帝實錄》滿文本作“dalingho, šolingho, hing šan, liyan šan, ta šan”，讀音稍有出入，書寫習慣，亦不盡相同。

《武皇帝實錄》「此七城將軍兵民皆震懾滿洲大軍之威」，滿文本作“ere nadan hoton i jiyangjiyūn cooha irgen gemu manju amba coohai horon de golofi”，《高皇帝實錄》滿文本作“ere nadan hoton i jiyanggiyūn cooha irgen, musei amba cooha dosime genere be donjifi ambula golofi”，漢文本作「七城守將軍民聞我軍至，皆震懾」。句中“jiyangjiyūn”，改作“jiyanggiyūn”；“manju amba cooha”，改作“musei amba cooha”。《武皇帝實錄》「二十三日」，滿文本作“orin ilan”，《高

皇帝實錄》滿文本作“fulahūn gūlmahūn inenggi”，漢文本作「丁卯」。《武皇帝實錄》「山海關」，滿文本作“san hai guwan”，《高皇帝實錄》滿文本作“šanaha i furdan”，漢文本作「山海關」。《武皇帝實錄》「二十四日」，滿文本作“orin duin i inenggi ”，《高皇帝實錄》滿文本作“suwayan muduri inenggi”，漢文本作「戊辰」。《武皇帝實錄》「總兵官」，滿文本作“sung bing guwan”，《高皇帝實錄》滿文本作“dzung bing”，漢文本作「總兵」。《武皇帝實錄》「二十六日」，滿文本作“orin ninggun de”，《高皇帝實錄》滿文本作“šanggiyan morin inenggi”，漢文本作「庚午」。《武皇帝實錄》「覺華島」，滿文本作“jiyoo hūwa doo”，《高皇帝實錄》滿文本作“giyoo hūwa doo”，漢文本作「覺華島」。《武皇帝實錄》「金冠、季善」，滿文本作“jin guwan, ji šan”，《高皇帝實錄》滿文本作“gin guwan, gi šan”，漢文本作「金觀、季善」。《武皇帝實錄》「二十七日」，滿文本作“orin nadan de”，《高皇帝實錄》滿文本作“šahūn honin inenggi”，漢文本作「辛未」。《武皇帝實錄》「二月初九日」，滿文本作“juwe biyai ice uyun de”，《高皇帝實錄》滿文本作“juwe biyai ice de, niowanggiyan indahūn, sahaliyan morin inenggi”，漢文本作「二月初一日，甲戌。壬午」。《武皇帝實錄》「瀋陽」，滿文本作“sin yan”，《高皇帝實錄》滿文本作“šen yang”，漢文本作「瀋陽」。

大致而言，《高皇帝實錄》滿文本的滿文詞彙，其讀音是規範書面語。譬如：「右屯衛」，句中「衛」，《武皇帝實錄》滿文本作“ui”，《高皇帝實錄》滿文本作“wei”。「參將」，《武皇帝實錄》滿文本作“sanjiyang”，《高皇帝實錄》滿文本作

“ts’anjiyang”。「將軍」，《武皇帝實錄》滿文本作“jiyangjiyūn”，《高皇帝實錄》滿文本作“jiyanggiyūn”。

「中軍」，《武皇帝實錄》滿文本作“sung jiyun”，《高皇帝實錄》滿文本作“jung giyūn”。「呂忠」，《武皇帝實錄》滿文本作“lioi sung”，《高皇帝實錄》滿文本作“lioi jung”。「錦州」，《武皇帝實錄》滿文本作“jin jeo”，《高皇帝實錄》滿文本作“gin jeo”。「覺華島」，《武皇帝實錄》滿文本作“jiyoo hūwa doo”，《高皇帝實錄》滿文本作“giyoo hūwa doo”。「金」、「季」，《武皇帝實錄》滿文本作“jin”、“ji”，《高皇帝實錄》滿文本作“gin”、“gi”，“ji”，都改作“gi”。「山海關」，《武皇帝實錄》滿文本作“san hai guwan”，《高皇帝實錄》滿文本作“šanaha i furdan”。「山」，《武皇帝實錄》滿文本音譯作“san”，《高皇帝實錄》滿文本音譯作“šan”。《武皇帝實錄》中日期，《高皇帝實錄》改以干支紀日。《武皇帝實錄》滿文本的滿文保存了較豐富的舊清語及其原始性。

四、寫本異同

──滿文《大清太祖武皇帝實錄》北平圖書館本與《東方學紀要》本的比較

臺北國立故宮博物院現藏《大清太祖武皇帝實錄》漢文本，卷一至卷四，計四冊，共三部，計十二冊[17]。可以各部卷二第一葉前半葉為例分別標明寫本甲、寫本乙、寫本丙影印於後。滿文本存卷二至卷四，計三冊，缺卷一，原藏北平圖書館，可以稱為北平圖書館本[18]。一九六七年，日本天理大學出版《東方學紀要》影印滿文北京圖書館本《大清太祖武皇帝實錄》[19]，可以稱為《東方學紀要》本。據《北京地區滿文圖書總目》記載，《大清太祖武皇帝實錄》（daicing gurun i taidzu horonggo

17 《大清太祖武皇帝實錄》，漢文本，《故宮圖書季刊》，第一卷，第一期（臺北，國立故宮博物院，1970 年 7 月），頁 55-135。

18 《大清太祖武皇帝實錄》，滿文本，卷二至卷四（臺北，國立故宮博物院，內府寫本），卷二至卷四。

19 《東方學紀要》（2）（日本，天理大學おやさと研究所，1967 年 3 月），頁 173。原書頁 274-290，載今西春秋教授撰〈滿文武皇帝實錄之原典〉一文，對美國國會圖書館與北京圖書館本等曾進行比較說明，可資參考。

enduringge hūwangdi i yargiyan kooli），四卷，精寫本，四冊。國家圖書館藏本，存三卷，三冊。中國第一歷史檔案館藏本，全四卷，四冊[20]。臺北國立故宮博物院藏北平圖書館本與《東方學紀要》本是來源相同的兩種不同寫本，為便於比較，可將此兩種寫本卷二前十頁滿文分別影印於後。

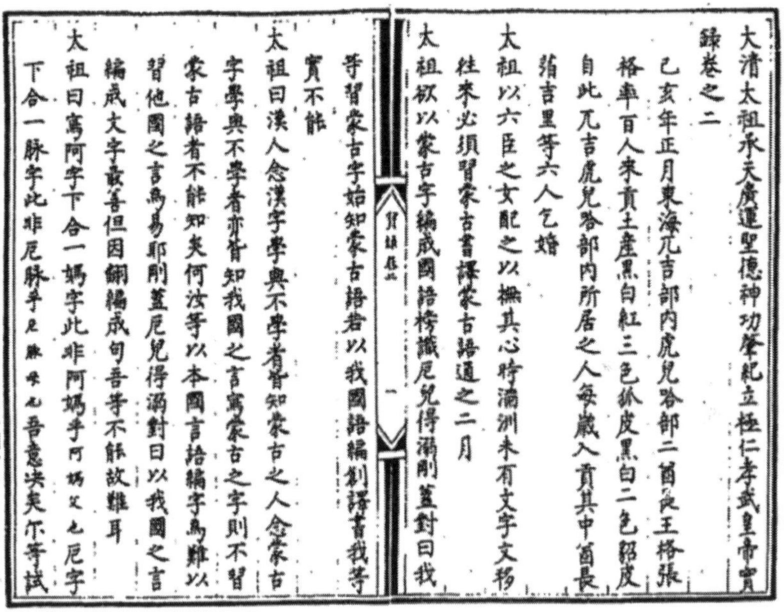
大清太祖承天廣運聖德神功肇紀立極仁孝武皇帝實
錄卷之二
乙亥年正月東海兀吉部內虎兒哈部二酋長王格張
格率百人來貢土產黑白紅三色狐皮黑白二色貂皮
自此兀吉虎兒哈部內所居之人每歲入貢其中酋長
箔吉里等六人乞婚
太祖以六臣之女配之以撫其心時滿洲未有文字文移
往來必須習蒙古書譯蒙古語通之二月
太祖欲以蒙古字編成國語榜識厄兒得溺剛蓋對曰我
等習蒙古字始知蒙古語若以我國語編創譯書我等
實不能
太祖曰漢人念漢字學與不學者皆知蒙古之人念蒙古
字學與不學者亦皆知我國之言寫蒙古之字則不習
蒙古語者不能知矣何汝等以本國言語編字為難以
習他國之言為易耶剛蓋厄兒得溺對曰以我國之言
編成文字最善但因翻編成句吾等不能故難耳
太祖曰寫阿字下合一媽字此非阿媽乎阿媽又之厄字
下合一脉字此非厄脉乎厄脉字之吾意決矣爾等試

寫本甲

20 《北京地區滿文圖書總目》（瀋陽，遼寧民族出版社，2008 年 2 月），頁 110。

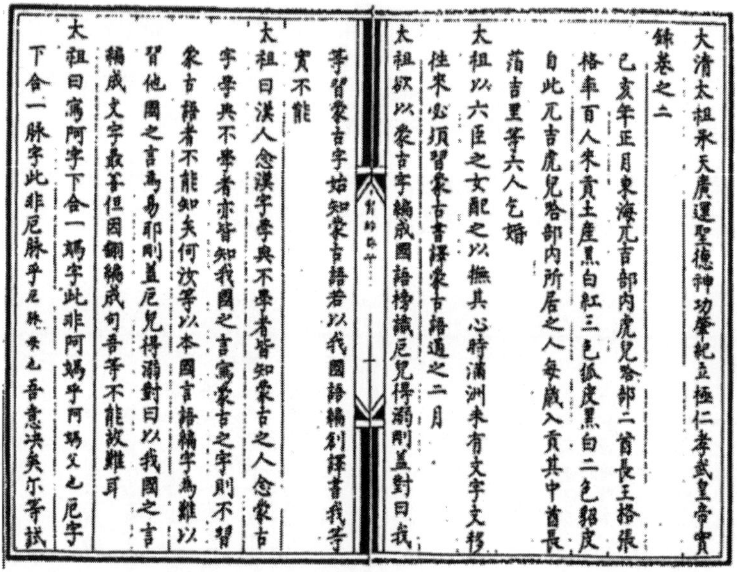
大清太祖承天廣運聖德神功肇紀立極仁孝武皇帝實
錄卷之二
乙亥年正月東海兀吉部內虎兒哈部二首長王格張
格率百人來貢土產黑白紅三色狐皮黑白二色貂皮
自此兀吉虎兒哈部內所居之人每歲入貢其中首長
蒲吉里等六人乞婚
太祖以六臣之女配之以撫其心時滿洲未有文字文移
往來必須習蒙古書譯蒙古語通之二月
太祖欲以蒙古字編成國語榜識厄兒得溺剛蓋對曰我
等習蒙古字始知蒙古語若以我國語編創譯書我等
實不能
太祖曰漢人念漢字學與不學者皆知蒙古之人念蒙古
字學與不學者亦皆知我國之言寫蒙古之字則不習
蒙古語者不能知矣何汝等以本國言語編字為難以
習他國之言為易耶剛蓋厄兒得溺對曰以我國之言
編成文字最善但因翻編成句吾等不能故難耳
太祖曰寫阿字下合一媽字此非阿媽乎阿媽父也厄字
下合一脉字此非厄脉乎厄脉母也吾意決矣尔等試

寫本乙

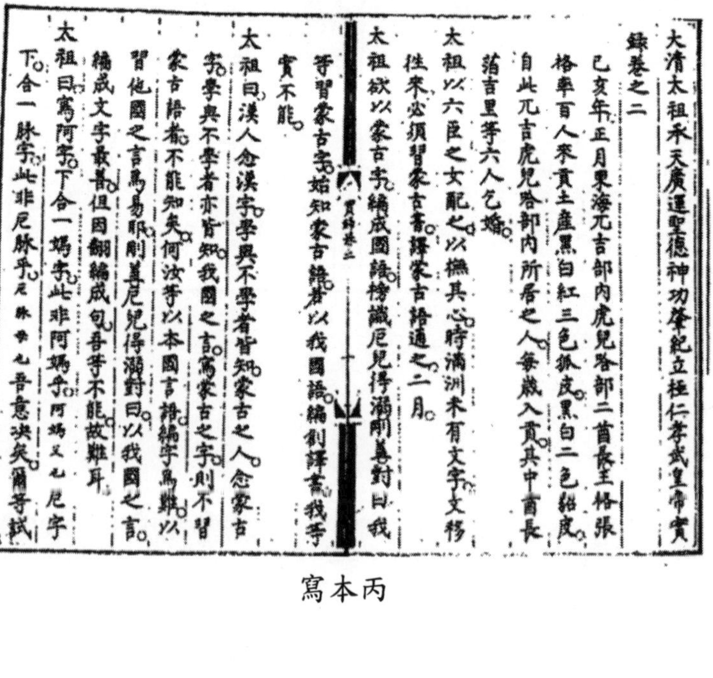
大清太祖承天廣運聖德神功肇紀立極仁孝武皇帝實
錄卷之二
乙亥年正月東海兀吉部內虎兒哈部二首長王格張
格率百人來貢土產黑白紅三色狐皮黑白二色貂皮
自此兀吉虎兒哈部內所居之人每歲入貢其中首長
蒲吉里等六人乞婚
太祖以六臣之女配之以撫其心時滿洲未有文字文移
往來必須習蒙古書譯蒙古語通之二月
太祖欲以蒙古字編成國語榜識厄兒得溺剛蓋對曰我
等習蒙古字始知蒙古語若以我國語編創譯書我等
實不能
太祖曰漢人念漢字學與不學者皆知蒙古之人念蒙古
字學與不學者亦皆知我國之言寫蒙古之字則不習
蒙古語者不能知矣何汝等以本國言語編字為難以
習他國之言為易耶剛蓋厄兒得溺對曰以我國之言
編成文字最善但因翻編成句吾等不能故難耳
太祖曰寫阿字下合一媽字此非阿媽乎阿媽父也厄字
下合一脉字此非厄脉乎厄脉母也吾意決矣爾等試

寫本丙

滿文本《大清太祖武皇帝實錄》，卷一，頁一 圖版

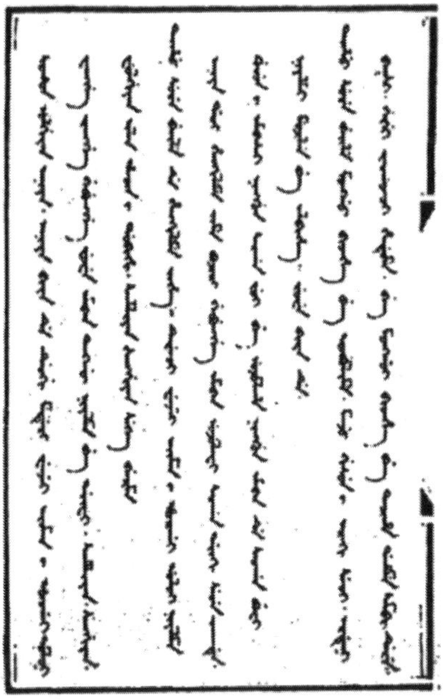

美國國會圖書館本

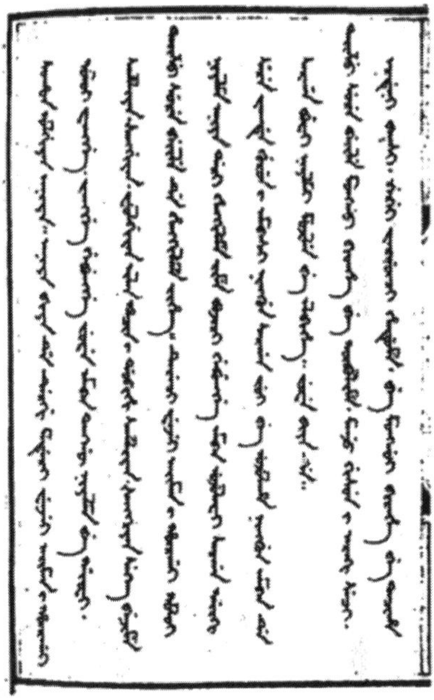

北京圖書館本

資料來源：《東方學紀要》，日本，天理大學おやさと研究所，1967 年。

順次	北平圖書館本	順次	《東方學紀要》本
A-1	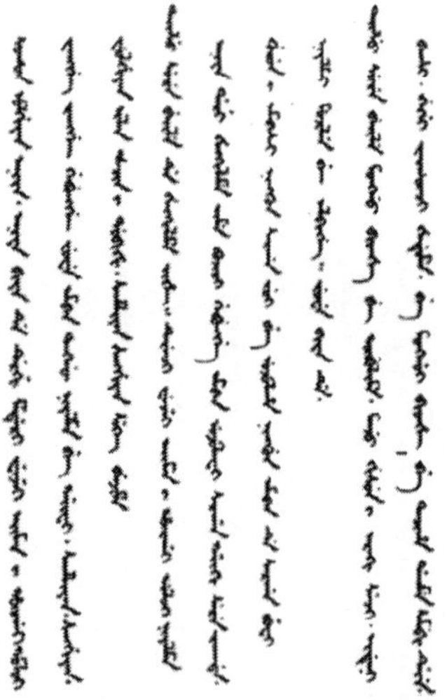	B-1	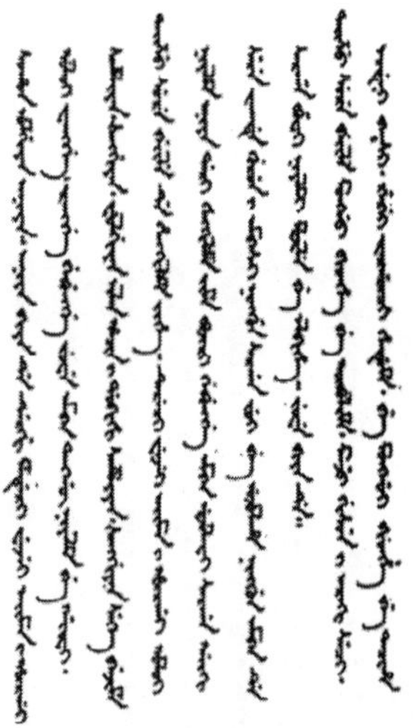
A-2	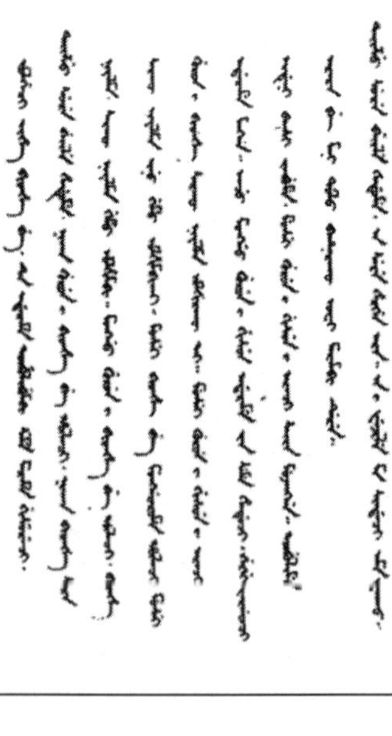	B-2	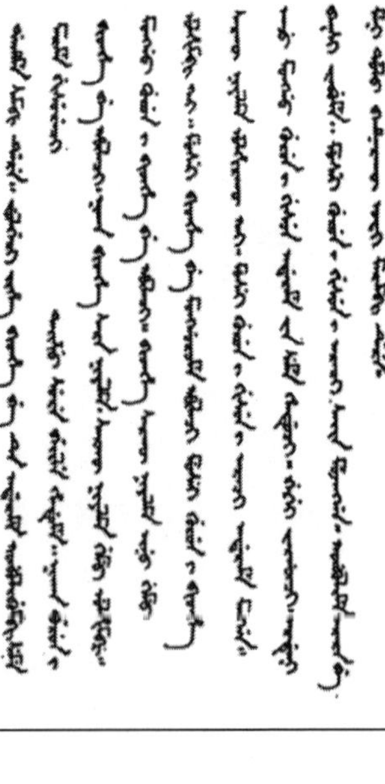

A-3	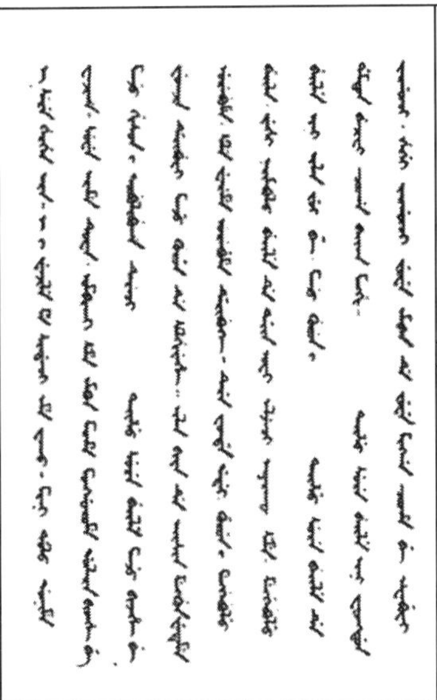	B-3	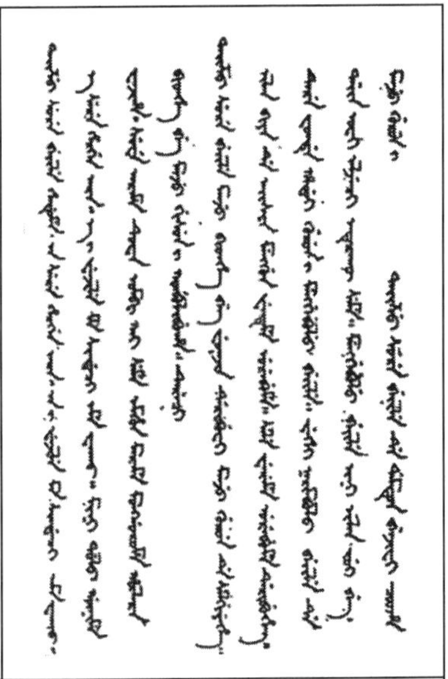
A-4	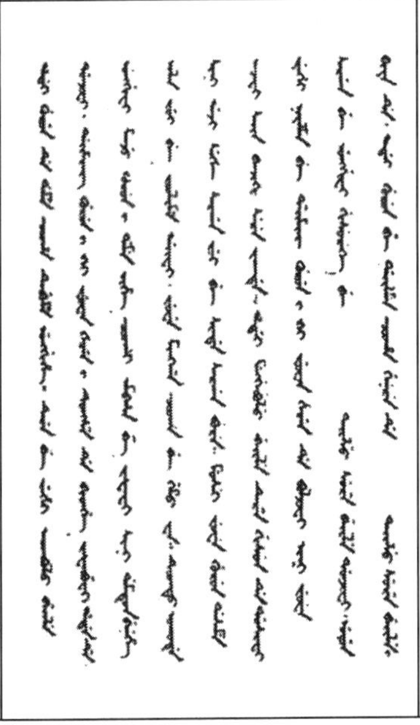	B-4	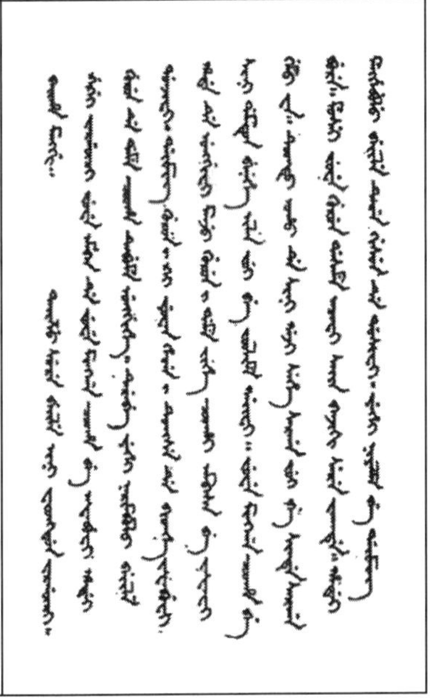

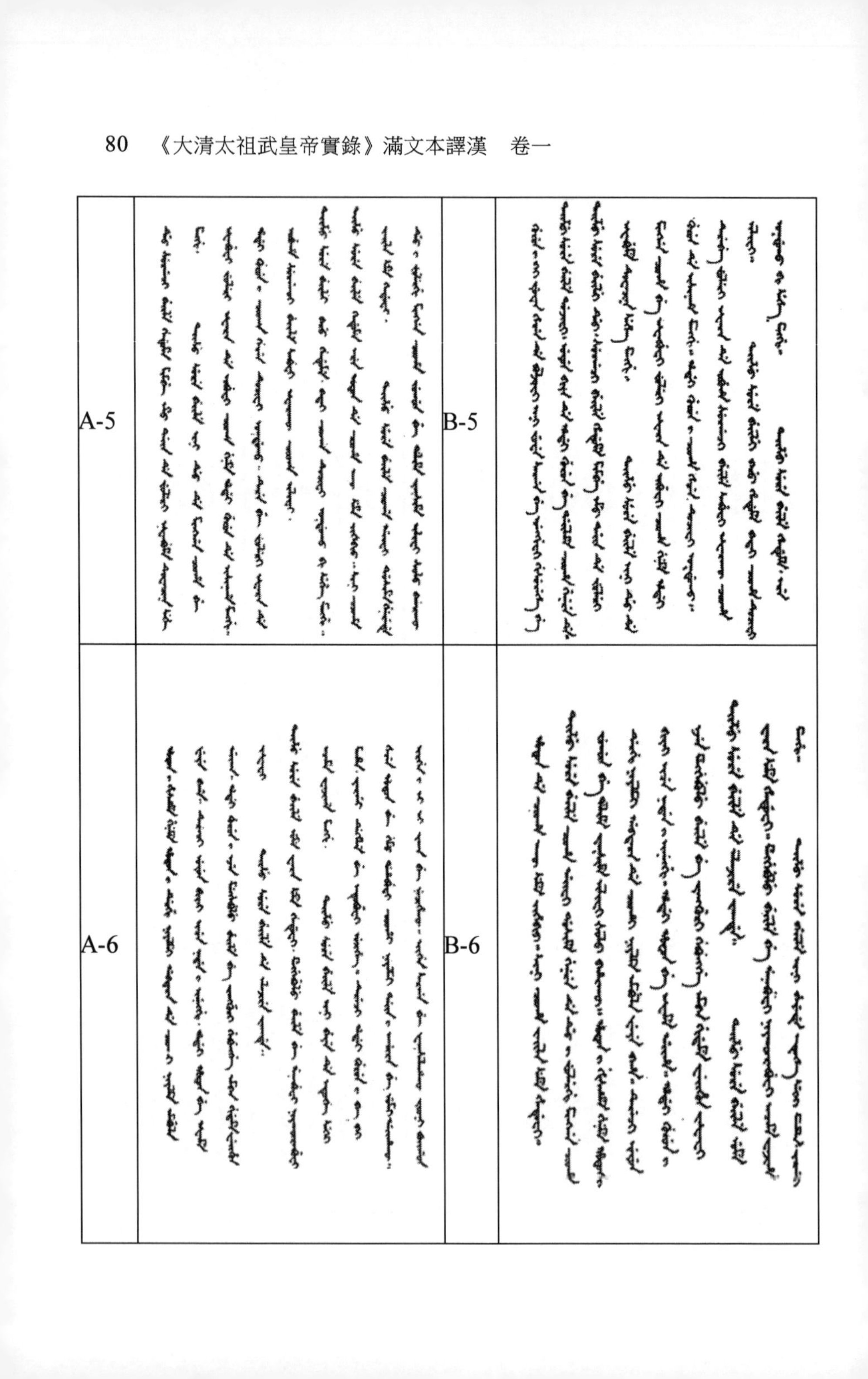

A-5	[illegible]	B-5	[illegible]
A-6	[illegible]	B-6	[illegible]

A-7	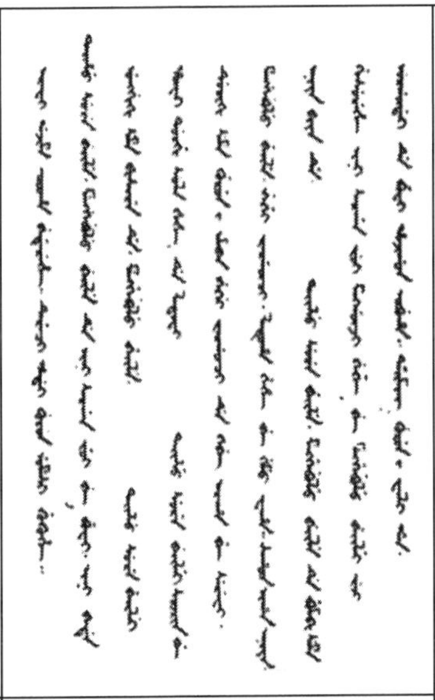	B-7	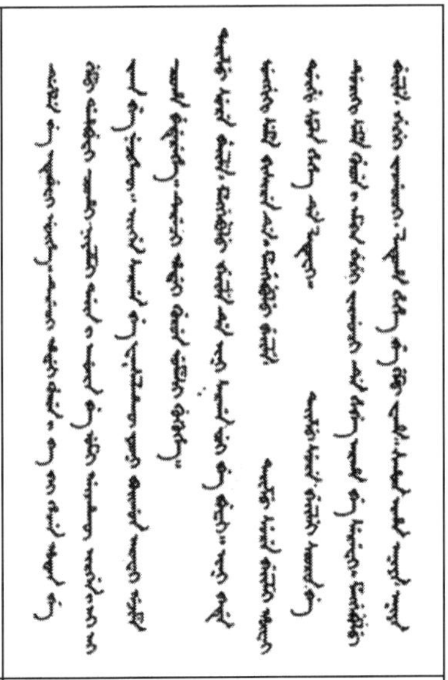
A-8		B-8	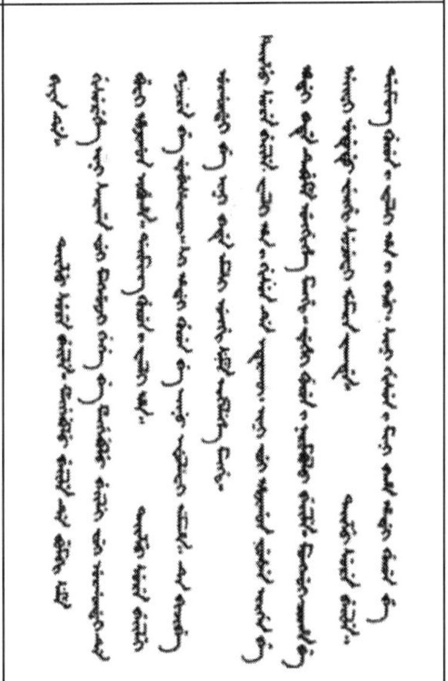

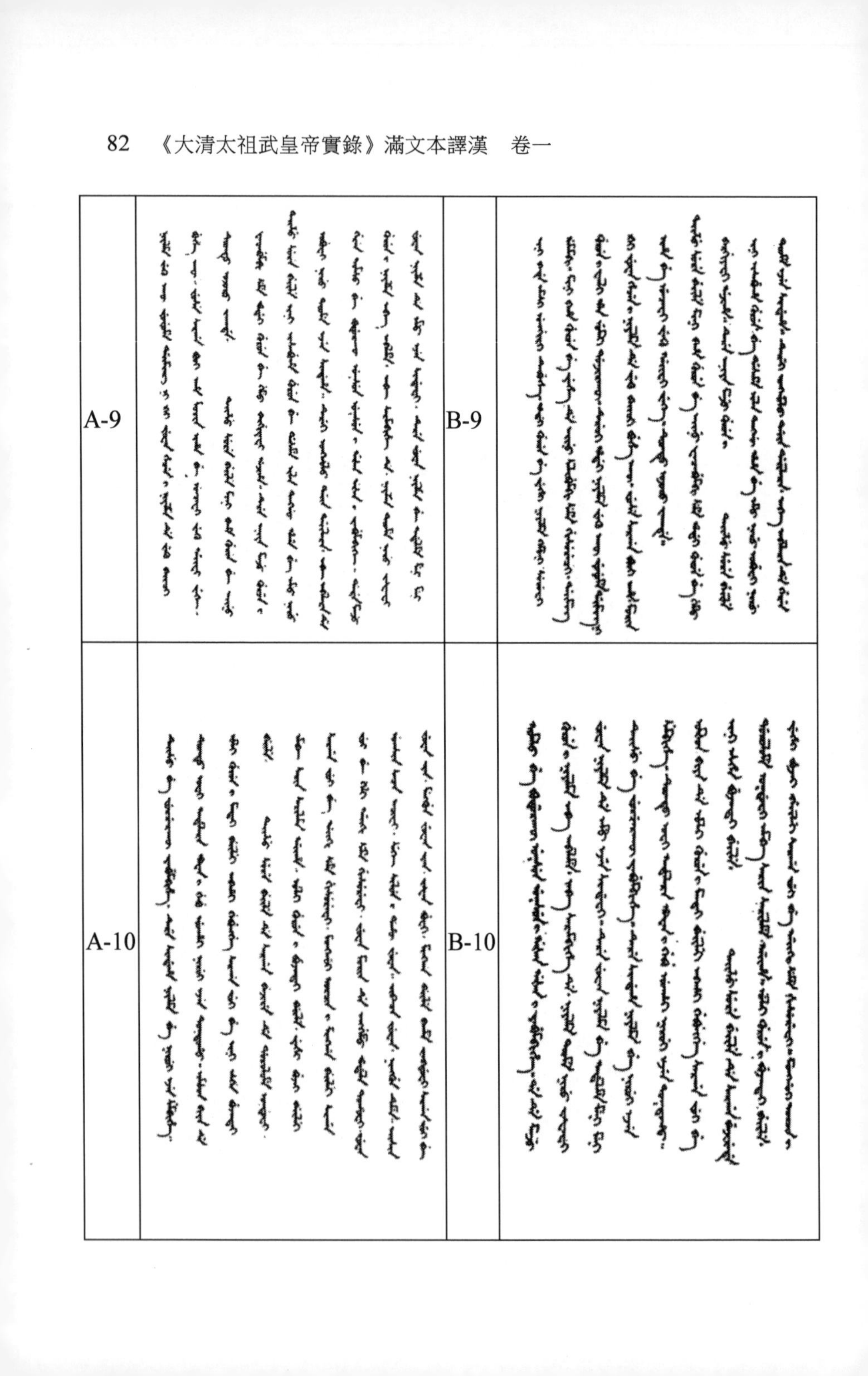

A-9	[illegible]	B-9	[illegible]
A-10	[illegible]	B-10	[illegible]

前列圖版包括：美國國會圖書館和北京圖書館本，對照臺北國立故宮博物院典藏本後，可知《大清太祖武皇帝實錄》滿文本有多種寫本，圖版中的美國國會圖書館本與臺北國立故宮博物院北平圖書館本是相同寫本，日本天理大學出版《東方學紀要》本，與北京圖書館本是相同寫本。質言之，北平圖書館本和北京圖書館本原藏地點相同，是來源相同的兩種不同寫本，將兩種寫本進行比較研究，是不可忽視的課題。為了便於比較說明，可將其中卷二，頁 1 至頁 10，分別影印如前。其中北京圖書館本因據《東方學紀要》刊本影印，故標明《東方學紀要》本。先將卷二，頁 1 分別轉寫羅馬拼音於後。

北平圖書館本 A-1 羅馬拼音	
1.	sohon ulgiyan aniya, aniya biya de dergi mederi wejei aiman i hūrgai goloi (13)
2.	wangge jangge gebungge juwe amban tanggū niyalma be gaifi, sahaliyan, šanggiyan, （11）
3.	fulgiyan ilan hacin i dobihi sahaliyan šanggiyan seke benjime （9）
4.	taidzu sure beile de hengkileme jihe. tereci wejei aiman i hūrgai goloi niyalma（13）
5.	aniya dari hengkileme jime bojiri gebungge amban ujulafi sargan gaiki sere jakade, （12）
6.	gurun i ambasai ninggun sargan jui be ujulaha ninggun amban de sargan bufi（13）
7.	niyalmai mujilen be elbihe. juwe biya de, （7）
8.	taidzu sure beile monggo bithe be kūbulime, manju gisun i araki seci, erdeni（13）
9.	baksi, g'ag'ai jargūci hendume, be monggoi bithe be taciha dahame sambi dere. （12）

《東方學紀要》本 B-1 羅馬拼音
1. sohon ulgiyan aniya. aniya biya de dergi mederi wejei aiman i hūrgai（12）
2. goloi wangge, jangge gebungge juwe amban tanggū niyalma be gaifi,（10）
3. sahaliyan šanggiyan, fulgiyan ilan hacin i dobihi sahaliyan, šangiyan seke benjime（11）
4. taidzu sure beile de hengkileme jihe. tereci wejei aiman i hūrgai goloi（12）
5. niyalma aniya dari hengkileme jime bojiri gebungge amban ujulafi sargan gaiki（11）
6. sere jakade gurun i ambasai ninggun sargan jui be ujulaha ninggun amban de（13）
7. sargan bufi niyalmai mujilen be elbihe. juwe biya de.（9）
8. taidzu sure beile monggo bithe be kūbulime, manju gisun i araki seci,（12）
9. erdeni baksi, g'ag'ai jargūci hendume, be monggoi bithe be taciha,（10）

以上將北平圖書館本 A—1 和《東方學紀要》本 B—1 互相對照後，可知北平圖書館本 A—1 和《東方學紀要》本 B—1 的滿文內容相同，每頁各九行，各行數字，彼此不同。北平圖書館本 A—1 第一行共十三字，《東方學紀要》本 B—1 第一行共十二字，將滿字“goloi”，移置第二行。A—1 第二行共十一字，B—2 第二行共十字，滿字“sahaliyan, šanggiyan”，移置第三行。A—1 第三行共九字，B—1 第三行共十一字。A—1 第四行共十三字，B—1 第四行共十二字，滿字“niyalma”，移置第五行。A—1 第五行共十二字，B—1 第五行共 11 字，滿字“sere jakade”，移置第六行。A—1 第六行共十三字，B—1 第六行共十三字，滿字“sargan bufi”，移置第七行。A—1 第七行共七字，B—1 第七

行共九字。A—1 第八行共十三字，B—1 第八行共十二字，滿字“erdeni”，移置第九行。北平圖書館本和《東方學紀要》本字體、字跡大致相近，可以說明北平圖書館本和《東方學紀要》本確實是來源相同的兩種不同寫本。

滿文書寫時，有連寫的習慣，A—2 北平圖書館本，“bithe sarkū niyalma inu gemu ulhimbikai.”句中“ulhimbikai”，B—2《東方學紀要》本作“ulhimbi kai”。A—3 北平圖書館本“suwe arame tuwa ombikai”，句中“ombikai”，B —3《東方學紀要》本作“ombi kai”。A—4 北平圖書館本，“tere be yehei narimbulo beile donjifi.”句中“tere be”，B—4《東方學紀要》本作“terebe”。A—4 北平圖書館本，“tuttu ohode sini gaji sehe sargan jui be sinde sargan bure.”句中“ohode”，B—4《東方學紀要》本作“oho de”。A—4 北平圖書館本 “taidzu sure beile i deo.”句中“beile i”，B—5《東方學紀要》本作“beilei”。A—5 北平圖書館本“tere be juleri afara de obuha šurgaci beile sabufi afarakū cooha ilifi.”句中“tere be”，B—5《東方學紀要》本作“terebe”。A—5 北平圖書館本“taidzu sure beile cooha gaifi dosime generede deo i julergi minggan cooha jugūn be dalime yaksime ilifi šolo baharakū”句中“generede”，B—6《東方學紀要》本作“genere de”。A—6 北平圖書館本“taidzu sure beile ini beye de etuhe sekei mahala.”句中“beyede”，B —6《東方學紀要》本作“beye de”。A—9 北平圖書館本“dade manju gurun i niyalma aba abalame.”句中“dade”，B —9《東方學紀要》本作“da de”。A—10 北平圖書館本“taidzu sure beile de sargan benjire de dorolome okdofi amba sarin sarilame gaiha.”句中

“benjire de”，B—10《東方學紀要》本作“benjirede”。

由以上所舉諸例可知北平圖書館本、《東方學紀要》本都有連寫的習慣。例如：北平圖書館本 A—2“ulhimbi”與語氣詞“kai”連寫作“ulhimbikai”；A—3 不及物動詞“ombi”與語氣詞“kai”連寫作“ombikai”；A—4 不及物動詞“oho”與格助詞“de”連寫作“ohode”；A—5 形動詞“genere”與格助詞“de”連寫作“generede”；A—9 名詞“da”與助詞“de”連寫作“dade”。《東方學紀要》本也有連寫的習慣，例如：《東方學紀要》本 B—4 代名詞“tere”與助詞“be”連寫作“terebe”；B—5 名詞“beile”與領屬格“i”連寫作“beilei”；B—6 名詞“beye”與助詞“de”連寫作“beyede”；B—10 形動詞“benjire”與助詞“de”連寫作“benjirede”。如上所舉諸例，北平圖書館本虛字連寫，《東方學紀要》本並不連寫，《東方學紀要》本虛字連寫，北平圖書館本並不連寫，可以說明《東方學紀要》本和北平圖書館本是兩種不同寫本。探討文獻，還原歷史，了解《大清太祖武皇帝實錄》滿文本的分佈地區、原藏地點、寫本異同，才能掌握滿文文獻的現況。

五、同音異譯

——《大清太祖武皇帝實錄》與《滿洲實錄》滿漢文本人名、地名的異同

《大清太祖武皇帝實錄》（daicing gurun i taidzu horonggo enduringge hūwangdi i yargiyan kooli），滿漢文本，各四卷，四冊，分裝二函，紅綾封面，白鹿紙，朱絲欄楷書。滿漢文各四部，每部各四冊。成書於崇德元年（1636）十一月，是爲清太祖實錄初纂本，書法質樸，譯名俚俗，於清人先世，俱直書不諱。康熙二十一年（1682）十一月，重修清太祖實錄，劃一人名、地名，規範譯名。乾隆四年（1739）十二月，重修告成，是爲清太祖實錄重修本，斟酌損益，整齊體裁，得失互見。《滿洲實錄》，共四部，每頁三欄，以滿、蒙、漢三體文字書寫，繪有圖。第一部繪寫本成書於天聰九年（1635），第二、三部繪寫於乾隆四十四年（1779），第四部繪寫於乾隆四十六年（1781），分別貯藏於乾清宮、上書房、盛京、避暑山莊[21]。可將其中人名、地名舉例列表於下。

---

[21] 《清實錄》，第一冊（北京，中華書局，1968 年 11 月），〈影印說明〉，頁 2。

滿漢文本人名對照表

順序	武皇帝實錄（滿文）	滿洲實錄（滿文）	武皇帝實錄（漢文）	滿洲實錄（漢文）	高皇帝實錄（漢文）	備註
1			王格	王格	王格	
2			張格	張格	張格	
3			菂吉里	博濟哩	博濟里	
4			榜識 厄兒得溺	巴克什 額爾德尼	巴克什 額爾德尼	

5			剛蓋	噶蓋	扎爾固齊 噶蓋	
6			孟革卜鹵	蒙格布祿	孟格布祿	
7			納林卜祿	納林布祿	納林布祿	
8			非英棟	費英東	扎爾固齊 費英東	
9			押哈木	雅喀木	雅喀木	

10			黍兒哈奇	舒爾哈齊	舒爾哈齊	
11			楊古里	揚古利	楊古利	
12		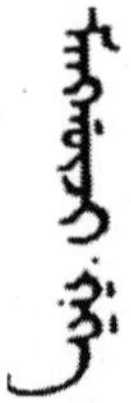	莽古姬	莽古吉公主		高皇帝實錄刪略公主名
13	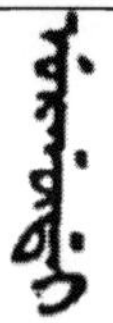		吳兒戶代	武爾古岱	武爾古代	
14			滿太	滿泰	滿太	

15			阿把亥	阿巴海		高皇帝實錄刪略人名
16			布戒	布齋	布寨	
17			明安	明安	明安	
18		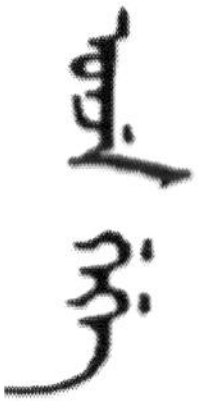	娥恩姐	娥恩哲		高皇帝實錄不載人名
19			南太	南太	南太	
20		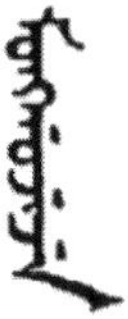	孟古姐姐	孟古哲哲		高皇帝實錄不載人名

21			恩格得力	恩格德爾	恩格德爾	
22			策穆德黑	策穆特赫	策穆特黑	
23			虎兒憨	扈爾漢轄	侍衛扈爾漢	
24			波可多	博克多	博克多	
25			常書	常書	常書	

26			納奇布	納齊布	納齊布	
27			擺銀達里	拜音達里	拜音達里	
28			瓮剛代	翁阿岱	瓮阿代	
29			木庫石公主	穆庫什公主		高皇帝實錄不載人名
30			康孤里	康古禮	康古禮	

31			康都里	喀克篤禮	喀克篤禮	
32			昂孤	昂古	昂古	
33			明剛吐	明噶圖	明噶圖	
34			惡落合	烏魯喀	烏路喀	
35			僧革	僧格	僧格	

36			尼哈里	尼喀里	尼喀里	
37			湯松剛	瑭松噶	瑭松噶	
38			夜革樹	葉克書	葉克書	
39			雄科落	碩翁科羅	碩翁科羅	
40			阿敏	阿敏	阿敏	

41	ᠵᠠᠰᠠᡴᡨᡠ	ᠵᠠᠰᠠᡴᡨᡠ	扎撒格吐	扎薩克圖	扎薩克圖	
42	ᡨᡠᠯᡠᠨ	ᡨᡠᠯᡠᠨ	土龍	圖倫	圖倫	
43	ᠵᠠᡳᠰᠠᠩᡤᡡ	ᠵᠠᡳᠰᠠᠩᡤᡡ	債桑孤	齋桑古	寨桑古	
44	ᠵᡳᡵᡤᠠᠯᠠᠩ	ᠵᡳᡵᡤᠠᠯᠠᠩ	吉兒剛郎	濟爾哈朗	濟爾哈朗	
45	ᡶᡳᠶᠠᠩᡤᡡ	ᡶᡳᠶᠠᠩᡤᡡ	非揚古	篇古	篇古	

46			呵呵里厄夫	何和里額駙	額駙何和里	
47			土勒伸	圖勒伸	土勒伸	
48			厄勒伸	額勒伸	額勒伸	
49			布陽姑蝦	布陽古轄	侍衛卜陽古	
50			阿東蝦	阿敦轄	侍衛阿敦	

資料來源：《大清太祖武皇帝實錄》滿漢文本；《滿洲實錄》滿漢文本；《大清太祖高皇帝實錄》漢文本。

對照表中的滿文人名，大致相合。表中 22，《大清太祖武皇帝實錄》滿文"semtehe"，《滿洲實錄》滿文作"ts'emtehe"，此外並無不同。《大清太祖武皇帝實錄》漢文人名，俚俗不雅者，並不罕見，如表中 4，"erdeni baksi"，《大清太祖武皇帝實錄》漢文譯作「榜識厄兒得溺」，《滿洲實錄》、《大清太祖高皇帝實錄》漢文改譯爲「巴克什額爾德尼」。表中 5，"g'ag'ai jargūci"，《大清太祖武皇帝實錄》漢文譯作「剛蓋」，《滿洲實錄》漢文改譯爲「噶蓋」，《大清太祖高皇帝實錄》漢文改譯爲「扎爾固齊噶蓋」，滿漢文讀音相近。表中 8，"fiongdon jargūci"，《大清太祖武皇帝實錄》漢文譯作「非英棟」，《滿洲實錄》漢文改譯爲「費英東」，《大清太祖高皇帝實錄》漢文改譯爲「扎爾固齊費英東」，滿漢文讀音相近。表中 23，"hūrgan hiya"，《大清太祖武皇帝實錄》漢文譯作「虎兒憨」，《滿洲實錄》漢文改譯爲「扈爾漢轄」，《大清太祖高皇帝實錄》漢文改譯爲「侍衛扈爾漢」，漢譯恰當。表中 49，"buyanggū hiya"，《大清太祖武皇帝實錄》漢文譯作「布陽姑蝦」，《滿洲實錄》漢文改譯爲「布陽古轄」，《大清太祖高皇帝實錄》漢文改譯爲「侍衛卜陽古」。表中 50，"adun hiya"，《大清太祖武皇帝實錄》漢文譯作「阿東蝦」，《滿洲實錄》漢文改譯爲「阿敦轄」，《大清太祖高皇帝實錄》漢文改譯爲「侍衛阿敦」，滿漢文義相合，譯文恰當。表中 12，"manggūji gege"，《大清太祖武皇帝實錄》漢文譯作「莽古姬」，《滿洲實錄》漢文改譯爲「莽古吉公主」。表中 15，"abahai"，《大清太祖武皇帝實錄》漢文譯作「阿把亥」，《滿洲實錄》漢文改譯爲「阿巴海」。表中 18，"onje gege"，《大清太祖武皇帝實錄》漢文譯作「娥恩姐」，

《滿洲實錄》漢文改譯爲「娥恩哲」。表中 20，“monggojeje”，《大清太祖武皇帝實錄》漢文譯作「孟古姐姐」，《滿洲實錄》漢文改譯爲「孟古哲哲」。表中 29，“mukusi gege”，《大清太祖武皇帝實錄》漢文譯作「木庫石公主」，《滿洲實錄》漢文改譯爲「穆庫什公主」，《大清太祖高皇帝實錄》以其不合漢俗，俱刪略不載。

滿漢文本地名對照表

順序	武皇帝實錄（滿文）	滿洲實錄（滿文）	武皇帝實錄（漢文）	滿洲實錄（漢文）	高皇帝實錄（漢文）	備註
1	ᠸᡝᠵᡳ ᠠᡳᠮᠠᠨ	ᠸᡝᠵᡳ ᡳ ᠠᡳᠮᠠᠨ	兀吉部	窩集部	渥集部	
2	ᡥᡡᡵᡥᠠ ᡤᠣᠯᠣ	ᡥᡡᡵᡥᠠ ᡤᠣᠯᠣ	虎兒哈部	瑚爾哈路	虎爾哈路	
3	ᡥᡡᠯᠠᠨ ᡥᠠᡩᠠ	ᡥᡡᠯᠠᠨ ᡥᠠᡩᠠ	虎欄哈達	呼蘭哈達	虎攔哈達	

4			黑禿阿喇	赫圖阿拉	赫圖阿喇	
5	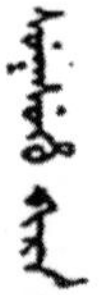		蘇蘇河	蘇克素護河	蘇克蘇滸	
6			加哈河	加哈河	加哈河	
7			護卜插	戶布察	戶布察	
8		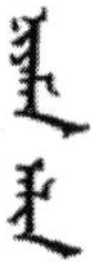	念木山	尼雅滿山	尼雅滿山岡	
9			阿氣郎	阿奇蘭	阿氣蘭	

10	ᠪᠠᠶᠠᠭᠤᠳ ᠠᠶᠢᠮᠠᠭ	ᠪᠠᠶᠣᡨ ᠠᡳᠮᠠᠨ	把岳衛	巴約特部	把岳忒部落	
11	[illegible]	[illegible]	蜚敖	斐優	蜚悠	
12	[illegible]	ᡥᡝᠰᡳᡥᡝ	黑十黑	赫席赫	赫席黑	
13	[illegible]	ᠣᠮᠣᡥᠣ ᠰᡠᡵᡠ	敖莫和所羅	鄂謨和蘇嚕	俄漠和蘇魯	
14	[illegible]	[illegible]	佛內黑	佛訥赫	佛訥赫	
15	[illegible]	ᡳᡥᠠᠨ ᠠᠯᡳᠨ	異憨山	宜罕山	宜罕阿麟	

16		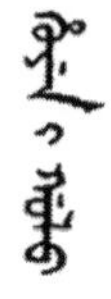	呼夜衛	瑚葉路	嘑野路	
17			瑞粉	綏芬	綏分	
18			那木都魯	那木都魯	那木都魯	
19			寧古塔	寧古塔	寧古塔	
20			尼媽乂	尼馬察	尼馬察	
21		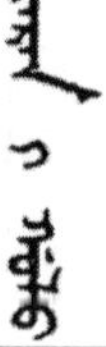	押攬衛	雅蘭路	雅攔路	

22			兀兒孤沉	烏爾古宸	烏爾古宸	
23			木冷	木倫	木倫	
24			扎古塔	扎庫塔	扎庫塔	
25			查哈量	薩哈連	薩哈連	
26			孫扎塔城	孫扎泰城	孫扎泰城	
27		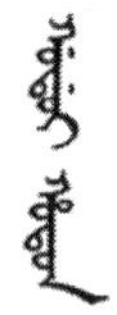	郭多城	郭多城	郭多城	

28	ᠣᠮᠣ ᡥᠣᡨᠣᠨ	ᠣᠮᠣ ᡥᠣᡨᠣᠨ	俄莫城	鄂謨城	俄漠城	
29	ᡠᠰᡠ ᡥᠣᡨᠣᠨ	ᡠᠰᡠ ᡥᠣᡨᠣᠨ	兀蘇城	烏蘇城	兀蘇城	
30	ᡤᡳᡩᠠᠩᡤᠠ ᡥᠣᡨᠣᠨ	ᡤᡳᡩᠠᠩᡤᠠ ᡥᠣᡨᠣᠨ	吉當剛城	吉當阿城	吉當阿城	
31	ᠶᠠᡥᠠ ᡥᠣᡨᠣᠨ	ᠶᠠᡥᠠ ᡥᠣᡨᠣᠨ	押哈	雅哈城	呀哈城	
32	ᡥᡝᡵᠰᡠ ᡥᠣᡨᠣᠨ	ᡥᡝᡵᠰᡠ ᡥᠣᡨᠣᠨ	黑兒蘇城	赫爾蘇城	黑兒蘇城	
33	ᡥᠣᡨᡠᠨ ᡳ ᡥᠣᡨᠣᠨ	ᡥᠣᡨᡠᠨ ᡳ ᡥᠣᡨᠣᠨ	何敦城	和敦城	何敦城	

34			胯布七拉城	喀布齊賚城	喀布齊賚城	
35			俄及塔城	鄂吉岱城	鄂吉岱城	
36			輝發	輝發	輝發	
37			實伯	錫伯	席北	
38			刮兒恰	掛勒察	卦爾察	
39			古勒	古呼	古勒	

40	ᠵᠠᡵᡠᡨ ᠠᡳᠮᠠᠨ	ᠵᠠᡵᡠᡨ ᠠᡳᠮᠠᠨ	扎倫衛	扎嚕特部	扎魯特部	
41	ᠴᠠᡳᡥᠠ	ᠴᠠᡳᡥᠠ	釵哈	柴河	柴河	
42	ᡶᠠᠨᠠᡥᠠ	ᡶᠠᠨᠠᡥᠠ	法納哈	撫安	撫安	
43	ᠰᠠᠨᠴᡳᠯᠠ	ᠰᠠᠨᠴᡳᠯᠠ	三七拉	三岔	三岔	
44	ᠮᡠᡴᡳ	ᠮᡠᡴᡳ	牧奇	穆奇	牧奇	
45	ᡝᡥᡝ ᡴᡠᡵᡝᠨ	ᡝᡥᡝ ᡴᡠᡵᡝᠨ	厄黑枯稜	額赫庫倫	額黑庫倫	

46			顧納哈枯稜	固納喀枯稜	顧納喀庫倫	
47			兀兒姜河	兀爾簡河	兀爾簡河	
48		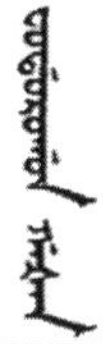	佛多落坤寨	佛多羅袞寨	佛多羅袞寨	
49			松岡里河	松阿里河	松噶里 烏拉河	

資料來源：《大清太祖武皇帝實錄》滿漢文本；《滿洲實 錄》滿漢文本；《大清太祖高皇帝實錄》漢文本。

《大清太祖武皇帝實錄》滿文地名與《滿洲實錄》滿文地名互相對照後，彼此大致相同。表中 1，“wejei aiman”，《滿洲實錄》滿文作“weji i aiman”。表中 13，“omohū suru”《滿洲實錄》滿文作“omoho suru”。表中26，“sunjadai hoton”，《滿洲實錄》滿文作“sunjatai hoton”。此外，並無不同。《大清太祖武皇帝實錄》地名與《滿洲實錄》、《大清太祖高皇帝實錄》的不同，主要是由於漢文地名的同音異譯。表中 2 “hūrgai golo”，《大清太祖武皇帝實錄》漢文作「虎兒哈部」，《滿洲實錄》漢文作「瑚爾哈路」，《大清太祖高皇帝實錄》漢文作「虎爾哈路」。表中 16，“huye i golo”，《大清太祖武皇帝實錄》漢文作「呼夜衛」，《滿洲實錄》漢文作「瑚葉路」，《大清太祖高皇帝實錄》漢文作「嘑野路」。表中 21，“yaran i golo”，《大清太祖武皇帝實錄》漢文作「押攬衛」，《滿洲實錄》漢文作「雅蘭路」，《大清太祖高皇帝實錄》漢文作「雅攬路」。表中 10，“bayot tatan”，《大清太祖武皇帝實錄》漢文作「把岳衛」，《滿洲實錄》漢文作「巴約特部」，《大清太祖高皇帝實錄》漢文作「把岳忒部落」。表中 40，“jarut tatan”，《大清太祖武皇帝實錄》漢文作「扎倫衛」，《滿洲實錄》漢文作「扎嚕特部」，《大清太祖高皇帝實錄》漢文作「扎魯特部」。滿文“golo”，《滿洲實錄》、《大清太祖高皇帝實錄》漢文多譯爲「路」。

表中 1，滿文“aiman”，《大清太祖武皇帝實錄》、《滿洲實錄》、《大清太祖高皇帝實錄》漢文俱作「部」。滿文“tatan”，意即「窩鋪」，又作「宿營地」、「下榻處」。《大清太祖武皇帝實錄》漢文作「衛」，《滿洲實錄》、《大清太祖高皇帝實錄》漢文作「部」。表中 5，“suksuhu bira”，《大清太祖武皇帝實錄》漢文作「蘇蘇河」，滿、漢文讀音不合。《滿洲實錄》漢文改譯爲「蘇克素護河」，滿、漢文讀音相近。《大清太祖高皇帝實錄》漢文作「蘇克蘇滸」，同音異譯。《大清太祖武皇帝實錄》漢文俚俗的地名，多經改譯。表中 4，“hetu ala”，《大清太祖武皇帝實錄》漢文作「黑禿阿喇」，《滿洲實錄》漢文改譯爲「赫圖阿拉」，《大清太祖高皇帝實錄》漢文作「赫圖阿喇」，同音異譯。表中 12，“hesihe”，《大清太祖武皇帝實錄》漢文作「黑十黑」，《滿洲實錄》漢文作「赫席赫」，《大清太祖高皇帝實錄》漢文作「赫席黑」。表中 15，“ihan alin”，《大清太祖武皇帝實錄》漢文作「異憨山」，《滿洲實錄》漢文改譯爲「宜罕山」，《大清太祖高皇帝實錄》漢文作「宜罕阿麟」。表中 17，“suifun”，《大清太祖武皇帝實錄》漢文作「瑞粉」，《滿洲實錄》漢文改譯爲「綏芬」，《大清太祖高皇帝實錄》漢文作「綏分」，同音異譯。表中 23，“muren”，《大清太祖武皇帝實錄》漢文作「木冷」，《滿洲實錄》、《大清太祖高皇帝實錄》漢文俱作「木倫」。表中 34，“kabcilai hoton”，《大清太祖武皇帝實錄》漢文作「胯布七拉城」，《滿洲實錄》、《大清太祖高皇帝實錄》漢文俱作「喀布齊賚城」。表中 37，“sibe”，《大清太祖武皇帝實錄》漢文作「實伯」，《滿洲實錄》漢文作「錫伯」，《大清太祖高皇帝實錄》漢文作「席北」，同音異譯，各不相同。表中 6，“giyaha bira”，各書漢文俱作「加哈河」。表中 19，“ningguta”，諸書漢文俱作「寧古塔」。表中 36，“hoifa”，諸書漢文俱作「輝發」，並未改譯。

六、滿語規範

——《大清太祖武皇帝實錄》與《滿洲實錄》滿文讀音及書法的比較

《大清太祖武皇帝實錄》的滿文，其讀音及書法的異同，頗受重視，可列簡表於後。

順序	武皇帝實錄		滿洲實錄	
	滿文	漢文詞義	滿文	漢文詞義
1		jeke bihe 曾服食		jekebihe 曾服食
2		abkai 天的		abka i 天的
3		bukdafi 折		bukdafi 折

4		ba i 地的		bai 地的
5		hala i 姓的		halai 姓的
6		jihebihe 曾來		jihe bihe 曾來
7		bilga 喉嚨		bilha 喉嚨
8		niyalma i gala 人的手		niyalmai gala 人的手
9		bihan 野地		bigan 野地

10		dooha 棲了	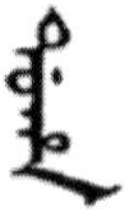	doha 棲了
11		doombio 棲嗎		dombio 棲嗎
12		fanca i 凡察的		fancai 凡察的
13		mengtemu 孟特穆		
14		ergide 方		ergi de 方
15		dubede 末尾		debe de 末尾

16		bade 地方		ba de 地方
17		cungšan 充善		
18	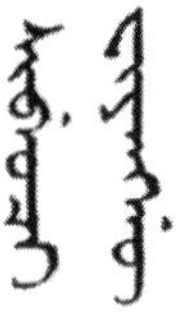	sibeoci fiyanggū 錫寶齊篇古		
19		fuman 福滿		
20		giocangga 覺昌安		
21		taksi 塔克世		

22	ᠪᠣᠣᡩᡝ	boode 家裡	ᠪᠣᠣ ᡩᡝ	boo de 家裡
23	ᡥᡝᠪᡝᡩᡝᠮᡝ	hebedeme 商議	ᡥᡝᠪᡩᡝᠮᡝ	hebdeme 商議
24	ᡤᡳᠰᡠᡵᡝᠮᠪᡳ ᡩᡝᡵᡝ	gisurembi dere 說吧	ᡤᡳᠰᡠᡵᡝᠮᠪᡳᡩᡝᡵᡝ	gisurembidere 說吧
25	ᡠᠯᡤᠠ	ulga 牲畜	ᡠᠯᡥᠠ	ulha 牲畜
26	ᡝᠮᡝᠵᡳ	emeji 厄墨氣		
27	ᠨᡠᡵᡥᠠᠴᡳ	nurhanci 努爾哈齊		

28		šurhanci 舒爾哈齊		šurgaci 舒爾哈齊
29		fulin bifi 有天命		fulingga bifi 有天命的
30		jiya jing 嘉靖	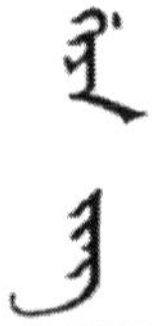	giya jing 嘉靖
31		tomorgon 清楚	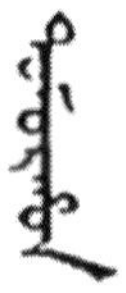	tomorhon 清楚
32		jibgenjerakū 不遲疑		jibgešerakū 不遲疑
33		suksuhu 蘇克蘇滸	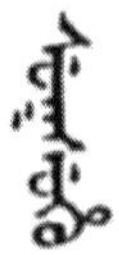	suksuhu 蘇克蘇滸

34		weje 渥集		weji 渥集
35		derseme 紛然	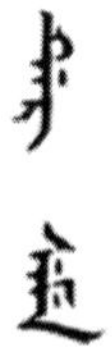	der seme 紛然
36		toome 每		tome 每
37		dosi 貪的		doosi 貪的
38		gogodome 裝飾	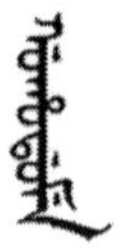	gohodome 裝飾
39		wan li han 萬曆帝		wan lii han 萬曆帝

40		taisy taiboo 太子太保		taidz taiboo 太子太保
41		li ceng liyang 李成梁		lii ceng liyang 李成梁
42		narimbolo 納林布祿		narimbulu 納林布祿
43		ejilefi 佔據		ejelefi 佔據
44		hoifa gurun 輝發國		hoifa i gurun 輝發國
45		caharai 察哈爾的		cahar i 察哈爾的

46		nukcike 逃竄		nukcike 逃竄
47		uksuni 族的		uksun i 族的
48		fu šun soo hecen 撫順所城		fušun šo hecen 撫順所城
49		uksin 甲		uksin 甲
50		sargūi hoton 薩爾滸城		sarhūi hoton 薩爾滸城
51		hoo k'ao tai 河口臺		ho keo tai 河口臺

52	ᠪᠠᠪᡳ	babi 只是	ᠪᠠᡳᠪᡳ	baibi 只是
53	ᡨᡠᠯᡤᡠᠨ	tulgun 陰晦	ᡨᡠᠯᡥᡠᠨ	tulhun 陰晦
54	ᡩᠣᠰᡳᡴᡳ ᠰᡝᡵᡝᡩᡝ	dosiki serede 欲入時	ᡩᠣᠰᡳᡴᡳ ᠰᡝᡵᡝ ᡩᡝ	dosiki sere de 欲入時
55	ᡩᡝᡵᡤᡳᠴᡳ	dergici 從東	ᡩᡝᡵᡤᡳ ᠴᡳ	dergi ci 從東
56	ᡥᠣᡵᡤᠣᡳ ᡶᡝᠵᡳᠯᡝ	horgoi fejile 櫃下	ᡥᠣᡵᡥᠣᡳ ᡶᡝᠵᡳᠯᡝ	horhoi fejile 櫃下
57	ᠠᠶᡠ	ayu 恐怕	ᠠᠶᠣᠣ	ayoo 恐怕

58		abka lok seme 天陰晦		abka luk seme 天陰晦
59		mukiyere lame 熄滅		mukiyerelame 熄滅
60		faijima 怪異		faijuma 怪異
61		hehesi cuban 女馬甲裙		hehesi cuba 女馬甲裙
62		ojorakū 不可		ojirakū 不可
63		bethe nihešulebufi 跣足		bethe niohušulebufi 跣足

64		sargū 薩爾滸		sarhū 薩爾滸
65		ibegen 弓梢		igen 弓梢
66		fekuke 跳了		fekuhe 跳了
67		noimohon 諾謨琿		nomhon 諾謨琿
68		hengkileme unggime 朝貢		hūwaliyasun doroi 通好
69		cingho 清河		cing ho 清河

70		ai yan 靉陽		ai yang 靉陽
71		ulin šang 貨商		ulin nadan 貨財
72		urgūha 受驚		urhūha 受驚
73		ejen ni gisun 主之言		ejen i gisun 主之言
74		seksi 塞克什		seksi 塞克什
75		feksime jifi 跑來		feksime jifi 跑來

76		amhambi 睡		amgambi 睡
77		fingjan 斐揚古		fiyanggū 斐揚古
78		jorhon biya 十二月		jorgon biya 十二月
79		soosafi 擄掠		sosafi 擄掠
80		cuyan taiji 出燕台吉		cuyeng taiji 褚英台吉

資料來源：《大清太祖武皇帝實錄》，滿文本，卷一。北京，民族出版社，2016 年 4 月；《滿洲實錄》，卷一、卷二。北京，中華書局，1986 年 11 月。

由前列簡表可知《武皇帝實錄》滿文本、《滿洲實錄》滿文本，書寫滿文時，都有連寫的習慣。表中《武皇帝實錄》滿文“abkai”、“jihebihe”、“boode”、“derseme”、“dergici”等等，都是連寫的滿文詞彙。《滿洲實錄》滿文“jekebihe”、“bai”、“halai”、“niyalmai”、“fancai”、“gisurembidere”等等，都是連寫的滿文詞彙。其中“abkai”是名詞“abka”與格助詞“i”連寫，意即「天的」。“jihebihe”，“jihe”，是不及物動詞“jimbi”的過去式；“bihe”，是不及物動詞“bimbi”的過去式。“jihebihe”是“jihe”與“bihe”的連寫，意即「曾來」。“boode”，是名詞“boo”與格助詞“de”連寫，意即「家裡」。“derseme”，是副詞“der”與“seme”的連寫詞彙，意即「紛然」。“dergici”是時位“dergi”與格助詞“ci”的連寫詞彙，意即「從東」。“jekebihe”，是及物動詞“jembi”過去式“jeke”與不及物動詞“bimbi”過去式“bihe”的連寫詞彙，意即「曾服食」。“gisurembidere”，是不及物動詞“gisurembi”與語助詞“dere”的連寫詞彙，意即「說吧」。“bai”、“halai”、“niyalmai”、“fancai”，都是名詞與格助詞連寫的詞彙。

《大清太祖武皇帝實錄》滿文本的滿文書面語，其讀音可以進行比較。表中「喉嚨」，《武皇帝實錄》滿文讀作“bilga”，《滿洲實錄》讀作“bilha”。「野地」，《武皇帝實錄》滿文讀作“bihan”，《滿洲實錄》讀作“bigan”。「棲了」，《武皇帝實錄》滿文讀作“dooha”，《滿洲實錄》讀作“doha”。「牲畜」，《武皇帝實錄》滿文讀作“ulga”，《滿洲實錄》讀作“ulha”。「舒爾哈齊」，《武皇帝實錄》滿文讀作“šurhanci”，

《滿洲實錄》讀作“šurgaci”。「有天命」，《武皇帝實錄》滿文讀作“fulin bifi”，《滿洲實錄》讀作“fulingga bifi”。「嘉靖」，《武皇帝實錄》滿文讀作“jiya jing”，《滿洲實錄》讀作“giya jing”。「清楚」，《武皇帝實錄》滿文讀作“tomorgon”，《滿洲實錄》讀作“tomorhon”。「不遲疑」，《武皇帝實錄》滿文讀作“jigenjerakū”，《滿洲實錄》讀作“jibgešerakū”。深山老林，稱為「渥集」，《武皇帝實錄》滿文讀作“weje”，《滿洲實錄》讀作“weji”。漢字「每」，《武皇帝實錄》滿文讀作“toome”，《滿洲實錄》讀作“tome”。「貪的」，《武皇帝實錄》滿文讀作“dosi”，易與漢文「向內」混淆，《滿洲實錄》讀作“doosi”。「裝飾」，《武皇帝實錄》滿文讀作“gogodome”，《滿洲實錄》讀作“gohodome”。「萬曆帝」，《武皇帝實錄》滿文讀作“wan li han”；「李成梁」，《武皇帝實錄》滿文讀作“li ceng liyang”，句中“li”，《滿洲實錄》讀作“lii”。「太子太保」，《武皇帝實錄》滿文讀作“taisy taiboo”，《滿洲實錄》讀作“taidz taiboo”。「納林布祿」，《武皇帝實錄》滿文讀作“narimbolo”，《滿洲實錄》讀作“narimbulu”。「佔據」，《武皇帝實錄》滿文讀作“ejilefi”，《滿洲實錄》讀作“ejelefi”。「察哈爾的」，《武皇帝實錄》滿文讀作“caharai”，《滿洲實錄》讀作“cahar i”。「撫順所城」，《武皇帝實錄》滿文讀作“fu šun soo hecen”，《滿洲實錄》讀作“fušun šo hecen”。「薩爾滸」，《武皇帝實錄》滿文讀作“sargū”，《滿洲實錄》讀作“sarhū”。「河口臺」，《武皇帝實錄》滿文讀作“hoo k’ao tai”，《滿洲實錄》讀作“ho keo tai”。「陰晦」，《武皇帝實錄》滿文讀作“tulgun”，《滿洲實錄》讀作“tulhun”。「櫃下」，《武皇帝實錄》滿文讀作“horgoi fejile”，《滿洲實錄》讀作“horhoi fejile”。「恐怕」，《武皇帝實錄》滿文讀作“ayu”，《滿洲實錄》讀作“ayoo”。「怪異」，《武皇帝實錄》滿文讀作“faijima”，《滿洲實錄》讀作“faijuma”。「女馬甲裙」，《武皇帝實錄》滿文讀作“hehesi cuban”，《滿洲實錄》讀作“hehesi cuba”。「不可」，《武皇帝實錄》滿文讀作“ojorakū”，《滿洲實錄》讀作“ojirakū”。「跣足」，《武皇帝實錄》滿文讀作“bethe nihešulebufi”，《滿洲實錄》讀作“bethe niohušulebufi”。「弓梢」，《武皇帝實錄》滿文讀作“ibegen”，《滿洲實錄》讀作“igen”。「跳了」，《武皇帝實錄》滿文讀作“fekuke”，《滿洲實錄》讀作“fekuhe”。「諾謨琿」，《武皇帝實錄》滿文讀作“noimohon”，《滿洲實錄》讀作“nomhon”。「斐揚古」，《武皇帝實錄》滿文讀作“fingjan”，《滿洲實錄》讀作“fiyanggū”。「十二月」，《武皇帝實錄》滿文讀作“jorhon biya”，《滿洲實錄》讀作“jorgon biya”。「擄掠」，《武皇帝實錄》滿文讀作“soosafi”，《滿洲實錄》讀作“sosafi”。「褚英台吉」，《武皇帝實錄》滿文讀作“cuyan taiji”，《滿洲實錄》讀作“cuyeng taiji”。

滿文書面語，其陽性字母與陰性字母，分別清楚。《武皇帝實錄》中的滿文詞彙，其陰、陽性，並不規範。譬如：「折」（bukdafi）、「蘇克蘇滸」（suksuhu）、「逃竄」（nukcike）、「族」（uksun）、「甲」（uksin）等詞彙中的“k”，《武皇帝實錄》滿文作陰性，《滿洲實錄》滿文作陽性。「塞克什」（seksi）、「跑」（feksime）等詞彙中的“k”，《武皇帝實錄》滿文作陽性，

《滿洲實錄》滿文作陰性。

清太祖努爾哈齊，《武皇帝實錄》滿文讀作“nurhanci”。其先世肇祖孟特穆（mengtemu）、肇祖長子充善（cungšan）、充善三子錫寶齋篇古（sibeoci fiyanggū）、錫寶齋篇古之子興祖福滿（fuman）、興祖四子景祖覺昌安（giocangga）、景祖四子顯祖塔克世（taksi）、宣皇后喜塔喇氏厄墨氣（emeci），《滿洲實錄》因避諱貼以黃簽，故不見滿漢文。

《武皇帝實錄》滿文本，保存頗多清朝入關以前的滿文特色，可與清朝入關後滿文進行比較，其中“g”與“h”，其書寫習慣或讀音，頗多差異，前列簡表中「喉嚨」，《武皇帝實錄》滿文讀作“bilga”，《滿洲實錄》讀作“bilha”。「牲畜」，《武皇帝實錄》滿文讀作“ulga”，《滿洲實錄》讀作“ulha”。「薩爾滸」，《武皇帝實錄》滿文讀作“sargū”，《滿洲實錄》讀作“sarhū”。「野地」，《武皇帝實錄》滿文讀作“bihan”，《滿洲實錄》讀作“bigan”。「睡」，《武皇帝實錄》滿文讀作“amhambi”，《滿洲實錄》讀作“amgambi”。「十二月」，《武皇帝實錄》滿文讀作“jorhon biya”，《滿洲實錄》讀作“jorgon biya”。大致而言，《滿洲實錄》的滿文反映的是清朝入關後較規範的滿文書面語。「擄掠」，《武皇帝實錄》滿文讀作“soosafi”，《滿洲實錄》讀作“sosafi”。“sosafi”，其動詞原形作“sosambi”，是舊清語，意即“tabcilame olji gaimbi”（掠奪人畜），《武皇帝實錄》滿文讀作“soosafi”，相對“sosafi”而言，《武皇帝實錄》的滿文更能反映舊清語的特色，同時也保存了更多的舊清語詞彙。

七、興師伐明

——以七宗惱恨為中心的滿文檔案文獻的比較

明神宗萬曆四十六年，金國天命三年（1618），是年四月十三日，清太祖興師攻打明朝，臨行前書寫七大恨告天。七大恨又稱七宗惱恨，《大清太祖武皇帝實錄》滿漢文本、《滿洲實錄》滿漢文本、《滿文原檔》、《內閣藏本老滿文檔》等官書，都記載了七宗惱恨的內容，爲便於比較，可將《大清太祖武皇帝實錄》滿文本、《滿洲實錄》滿文本、《滿文原檔》、《內閣藏本老滿文檔》中所載七宗惱恨的滿文內容依次影印於後，並轉寫羅馬拼音，照錄漢文。

2-1《大清太祖武皇帝實錄》
滿文

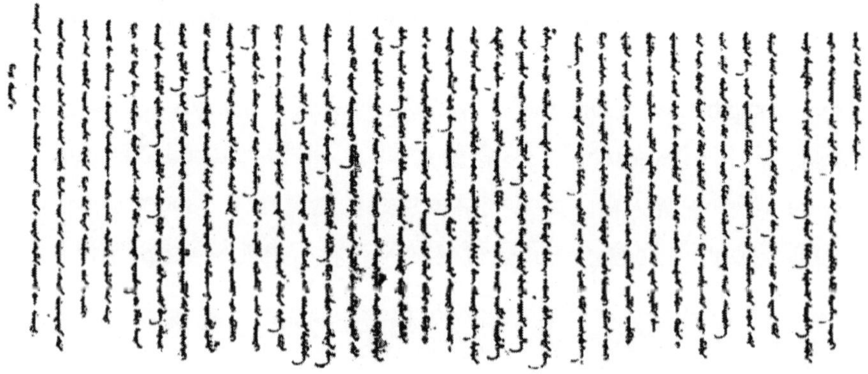

羅馬拼音

manju gurun i genggiyen han, daiming gurun be dailame, yafahan morin i juwe tumen cooha be gaifi, duin biyai juwan ilan de tasha inenggi meihe erin de juraka. tere jurandara de abka de habšame araha bithei gisun. mini ama mafa, daiming han i jasei orho be bilahakū boihon sihabuhakū. baibi jasei tulergi weile de dafi, mini ama mafa be daiming gurun waha. tere emu. tuttu wacibe, bi geli sain banjire be buyeme wehei bithe ilibume. daiming, manju yaya, han i jase be dabaci, dabaha niyalma be saha niyalma waki, safi warakū oci warakū niyalma de sui isikini seme gashūha bihe. tuttu gashūha gisun be gūwaliyafi, daiming ni cooha jase tucifi yehe de dafi tuwakiyame tehebi. tere juwe koro. jai cingho ci julesi giyang dalin ci amasi, aniya dari daiming gurun i niyalma hūlhame jase tucifi, manju i ba be durime cuwangname nungnere jakade, da gashūha gisun bihe seme jase tucike niyalma be waha mujangga. tuttu waha manggi, da gashūha gisumbe daburakū. ainu waha seme, guwangning de hengkileme genehe mini gangguri, fanggina be jafafi sele futa hūwaitafi, mimbe albalame mini juwan niyalma be gamafi jase de wa seme wabuha. tere ilan koro. jase tucifi cooha tuwakiyame tefi, mini jafan buhe sargan jui be monggo de buhe. ere duin koro. udu udu jalan halame han i jase tuwakiyame tehe caiha, fanaha, sancira, ere ilan goloi manju i tarifi yangsaha jeku be gaiburakū, daiming gurun i cooha tucifi bošoho. tere sunja koro. jasei tulergi abkai wakalaha yehei gisun be gaifi, ehe gisun hendume bithe arafi niyalma takūrafi, mimbe hacin hacin i koro arame giribuhe. tere ninggun koro. hadai niyalma yehe de dafi minde juwe jergi cooha jihe bihe. bi karu dailara jakade, abka hada be minde buhe. abkai buhe hada be daiming han geli hada de dafi, mimbe ergeleme ini bade unggi seme unggibuhe. mini unggihe hada i niyalma be yehei cooha ududu jergi sucufi gamaha. abkai fejile yaya gurun i niyalma ishunde dailambikai. abkai wakalaha niyalma anabumbi bucembi. abkai urulehe niyalma etembi banjimbikai. dain de waha niyalma be weijubure, baha olji be bederebure kooli bio. abkai sindaha amba gurun i han seci gubci gurun de gemu uhereme ejen dere, mini canggi de ainu emhun ejen. neneme hūlun gemu emu ici ofi, mimbe dailaha. tuttu dain deribuhe hūlun be abka wakalaha, mimbe abka urulehe. ere daiming han abka de eljere gese, abkai wakalaha yehe de dafi waka be uru, uru be waka seme ainu beidembi. tere nadan koro. ere daiming gurun mimbe gidašaha giribuhe ambula ofi bi dosurakū, ere nadan amba koro de dain deribumbi seme, bithe arafi abka de henggkileme, bithe dejihe [22].

漢文

帝將步騎二萬征大明，臨行書七大恨告天曰：吾父祖于大明禁邊寸土不擾，一草不折，秋毫未犯，彼無故生事于邊外，殺吾父祖，此其一也。雖有祖父之讐，尚欲修和好，曾立石碑，盟曰：大明與滿洲皆勿越禁邊，敢有越者，見之即殺，若見而不殺，殃及于不殺之人。如此盟言，大明背之，反令兵出邊衛夜黑，此其二也。自清河之南，江岸之北，大明人每年竊出邊，入吾地侵奪，我以盟言殺其出邊之人，彼負前盟，責以擅殺，拘我往謁都堂使者綱孤里、方吉納二人，逼令吾獻十人，于邊上殺之，此其三也。遣兵出邊為夜黑防禦，致使我已聘之女轉嫁蒙古，此其四也。將吾世守禁邊之釵哈(即柴河)，山七拉(即三岔)，法納哈(即撫安)三堡耕種田穀不容收穫，遣兵逐之，此其五也。邊外夜黑是獲罪于天之國，乃偏聽其言，遣人責備，書種種不善之語以辱我，此其六也。哈達助夜黑侵吾二次，吾返兵征之，哈達遂為我有，此天與之也。大明又助哈達逼令反國，後夜黑將吾所釋之哈達擄掠數次。夫天下之國，互相征伐，合天心者勝而存，逆天意者敗而亡；死于鋒刃者使更生，既得之人畜，令復返，此理果有之乎？天降大國之君，宜為天下共主，豈獨吾一身之主。先因糊籠部(華言諸部)會兵侵我，我始興兵，因合天意，天遂厭糊籠而佑我也。大明助天罪之夜黑，如逆天然，以是為非，以非為是，妄為剖斷，此其七也。凌辱至極，實難容忍，故以此七恨興兵。祝畢，拜天焚表[23]。

[22] 《大清太祖武皇帝實錄》，滿文本，卷二，頁 208-212。

[23] 《大清太祖武皇帝實錄》，漢文本，卷二，頁 33。

2-2《滿洲實錄》

滿文

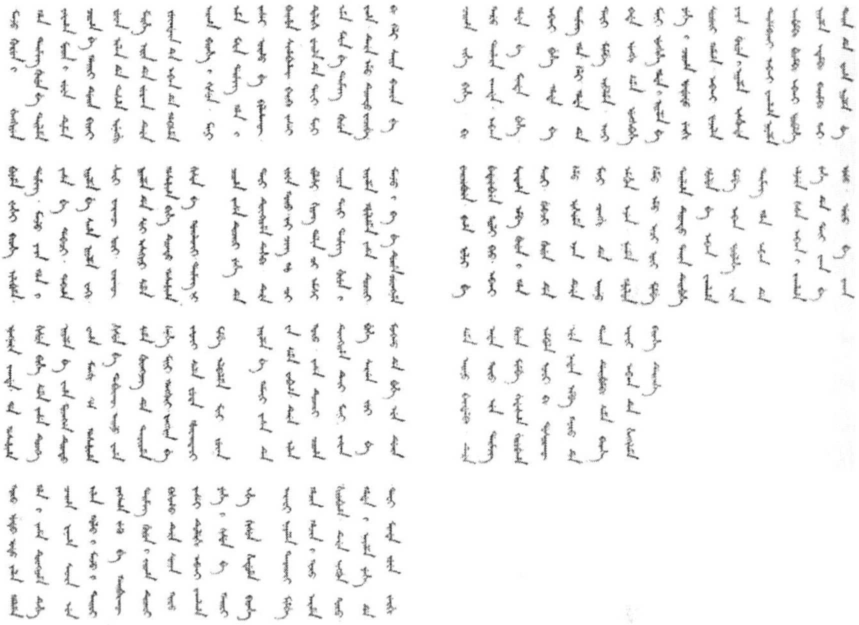

羅馬拼音

manju gurun i genggiyen han daiming gurun be dailame yafahan morin i juwe tumen cooha be gaifi duin biyai juwan ilan de tasha inenggi meihe erin de juraka, tere jurandara de abka de habšame araha bithe i gisun, mini ama mafa daiming han i jasei orho be bilahakū, boihon sihabuhakū, baibi jasei tulergi weile de dafi, mini ama mafa be daiming gurun waha. tere emu. tuttu wacibe, bi geli sain banjire be buyeme wehei bithe ilibume, daiming, manju yaya han i jase be dabaci, dabaha niyalma be saha niyalma waki, safi warakū oci, warakū niyalma de sui isikini seme gashūha bihe, tuttu gashūha gisun be gūwaliyafi, daiming ni cooha jase tucifi yehe de dafi tuwakiyame tehebi. tere juwe koro. jai cing ho ci julesi, giyang dalin ci amasi aniya dari daiming gurun i niyalma hūlhame jase tucifi, manju i ba be durime cuwangname nungnere jakade, da gashūha gisun bihe seme jase tucike niyalma be waha mujangga, tuttu waha manggi, da gashūha gisun be daburakū, ainu waha seme guwangning de takūrame genehe mini gangguri, fanggina be jafafi sele futa hūwaitafi mimbe albalame mini juwan niyalma be gamafi jase de wa seme wabuha. tere ilan koro. jase tucifi cooha tuwakiyame tefi, mini jafan buhe sargan jui be monggo de buhe. ere duin koro. udu udu jalan halame han i jase tuwakiyame tehe caiha, fanaha, sancara ere ilan golo i manju i tarifi yangsaha jeku be gaiburakū, daiming gurun i cooha tucifi bošoho. tere sunja koro. jasei tulergi abkai wakalaha yehe i gisun be gaifi ehe gisun hendume, bithe arafi niyalma takūrafi mimbe hacin hacin i koro arame girubuha. tere ninggun koro. hada i niyalma yehe de dafi minde juwe jergi cooha jihe bihe, bi karu dailara jakade, abka hada be minde buhe, abkai buhe hada be, daiming han geli hada de dafi mimbe ergeleme, ini bade unggi seme unggibuhe, mini unggihe hada i niyalma be yehe i cooha ududu jergi sucufi gamaha, abkai fejile yaya gurun i niyalma ishunde dailambikai, abkai wakalaha niyalma anabumbi bucembi, abkai urulehe niyalma etembi banjimbi kai, dain de waha niyalma be weijubure, baha olji be bederebure kooli bio. abkai sindaha amba gurun i han seci, gubci gurun de gemu uhereme ejen dere, mini canggi de ainu emhun ejen, neneme hūlun gemu emu ici ofi, mimbe dailaha, tuttu dain deribuhe, hūlun be abka wakalaha, mimbe abka urulehe, ere daiming han abka de eljere gese abka i wakalaha yehe de dafi waka be uru, uru be waka seme ainu beidembi, tere nadan koro, ere daiming gurun mimbe gidašaha giribuhe ambula ofi bi dosurakū, ere nadan amba koro de dain deribumbi seme, bithe arafi abka de henggkileme, bithe dejihe.

漢文

四月十三壬寅巳時，帝將步騎二萬征明國，臨行書七大恨告天曰：吾父祖於明國禁邊寸土不擾，一草不折，秋毫未犯，彼無故生事於邊外，殺吾父祖，此其一也。雖有祖父之讐，尚欲修和好，曾立石碑，盟曰：明國與滿洲皆勿越禁邊，敢有越者，見之即殺，若見而不殺，殃及於不殺之人。如此盟言，明國背之，反令兵出邊衛葉赫，此其二也。自清河之南，江岸之北，明國人每年竊出邊入吾地侵奪，我以盟言殺其出邊之人，彼負前盟，責以擅殺，拘我往謁巡撫使者綱古里、方古納二人，挾令吾獻十人於邊上，此其三也。遣兵出邊為葉赫防禦，致使我已聘之女轉嫁蒙古，此其四也。將吾世守禁邊之釵哈（即柴河）、山齊拉（即三岔）、法納哈（即撫安）三堡耕種田穀不容收穫，遣兵逐之，此其五也。邊外葉赫是獲罪於天之國，乃偏聽其言，遣人責備，書種種不善之語以辱我，此其六也。哈達助葉赫，侵吾二次，吾返兵征之，哈達遂為我有，此天與之也，明國又助哈達，令反國。後葉赫將吾所釋之哈達擄掠數次。夫天下之國互相征伐，合天心者勝而存，逆天意者敗而亡，死於鋒刃者，使更生，既得之人畜，令復返，此理果有之乎？天降大國之君宜為天下共主，何獨搆怨於我國。先因呼倫部（即前九部）會兵侵我，我始興兵，因合天意， 遂厭呼倫而佑我也。明國助天罪之葉赫如逆天然，以是為非，以非為是，妄為剖斷，此其七也。欺凌至極，實難容忍，故以此七恨興兵，祝畢，拜天焚表[24]。

2-3《內閣藏本滿文老檔》　　滿文

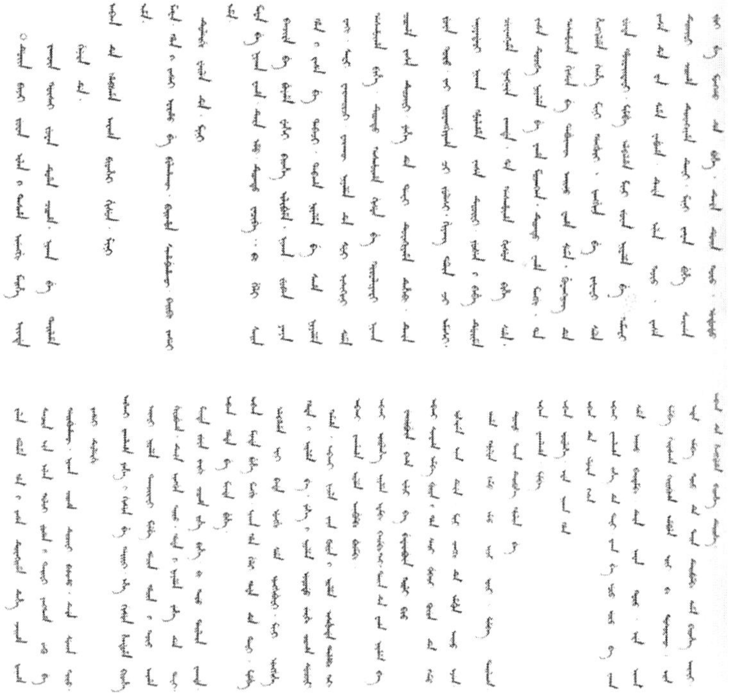

24 《滿洲實錄》，卷四，見《清實錄》（一），頁 198。

羅馬拼音

duin biyai juwan ilan i tasha inenggi meihe erinde, jakūn gūsai juwan tumen cooha, nikan be dailame genere de, abka de habšame araha bithei gisun, mini ama, mafa, han i jasei orho be bilahakū, boihon sihabuhakū, baibi jasei tulergi weile de, mini ama, mafa be nikan waha, ere emu, tuttu wacibe, bi geli sain banjire be buyeme wehei bithe ilibume, nikan, jušen yaya han i jase be dabaci, dabaha niyalma be saha niyalma waki, safi warakūci, warakū niyalma de sui isikini seme gashūha bihe, tuttu gashūha gisun be gūwaliyafi, nikan cooha jase tucifi, yehe de dafi tuwakiyame tehebi, tere juwe koro, jai niowanggiyaha ci julesi, giyang dalin ci amasi, aniyadari nikan hūlhame jase tucifi, jušen i babe durime cuwangname nungnere jakade, da gashūha gisun bihe seme, jase tucike niyalma be waha mujangga, tuttu waha manggi, da gashūha gisun be daburakū ainu waha seme, guwangning de hengkileme genehe mini gangguri, fanggina be jafafi sele futa hūwaitafi, mimbe albalame mini juwan niyalma be gamafi jase de wa seme wabuha, tere ilan koro, jase tucifi cooha tuwakiyame tefi, mini jafan buhe sargan jui be monggo de buhe, tere duin koro, ududu jalan halame han i jase tuwakiyame tehe caiha, fanaha, sancara ere ilan goloi jušen i tarifi yangsaha jeku be gaibuhakū, nikan cooha tucifi bošoho, tere sunja koro, jasei tulergi abkai wakalaha yehe i gisun be gaifi, ehe gisun hendume bithe arafi niyalma takūrafi, mimbe hacin hacin i koro arame girubuha, tere ninggun koro, hada i niyalma yehe de dafi, minde juwe jergi cooha jihe bihe, bi karu dailara jakade, abka hada be minde buhe, abka minde buhe manggi, nikan han, geli hada de dafi, mimbe albalame ini bade unggi seme unggibufi, mini unggihe hada i niyalma be, yehe i niyalma ududu jergi cooha sucufi gamaha, abkai fejile yaya gurun i niyalma ishunde dailambi kai, abkai wakalaha niyalma anabumbi bucembi, abkai urulehe niyalma etembi banjimbi kai, dain de waha niyalma be weijubure, baha olji be bederebure kooli bio, abkai sindaha amba gurun i han seci, gubci gurun de gemu uhereme ejen dere, mini canggi de emhun ainu ejen, neneme hūlun gemu emu ici ofi, mimbe dailaha, tuttu dain deribuhe hūlun be abka wakalaha, mimbe abka urulehe, ere nikan han, abka de eljere gese abkai wakalaha yehe de dafi, waka be uru, uru be waka seme ainu beidembi, tere nadan koro, ere nikan mimbe gidašaha girubuha ambula ofi, bi dosorakū, ere nadan amba koro de dain deribumbi seme bithe arafi, abka de hengkileme bithe deijihe.[25]

漢文

四月十三寅日巳時，將八旗兵十萬征明。臨行，告天文曰：我父祖於皇帝邊境一草不折，寸土不擾，明平白生事於邊外，殺我父祖，此一也。雖然如此殺戮，我仍願修好，曾立石碑盟曰：凡明國、諸申人等若越帝邊，見有越邊之人即殺之，若見而不殺，罪及於不殺之人。明國背此盟言派兵出邊，援助葉赫駐守，其恨二也。又自清河以南，江岸以北，因明人每年竊出邊界，侵擾掠奪諸申地方，是以按照原先盟言，殺其出邊之人是實，如此加誅之後，明國不遵原先誓言，責以擅殺，拘我往謁廣寧之剛古里、方吉納，縛以鐵索，逼令我獻十人解至邊界殺之，其恨三也。遣兵出邊駐守，致使我已聘之女轉嫁蒙古，其恨四也。數世駐守帝邊之柴河、法納哈、三岔此三處諸申耕種田糧，不容收穫，明國遣兵驅逐，其恨五也。偏聽邊外天譴葉赫之言，齎持繕寫惡言之書相責，以種種傷害我之言相辱，其恨六也。哈達人助葉赫，兩次出兵侵犯我，我返兵征之，天遂以哈達與我。天與我後，明帝又助哈達，逼令我釋還其地。後葉赫人數次遣兵擄掠我釋還之哈達人。夫天下諸國之人互相征伐，天非者敗而亡，天是者勝而存也。豈有使陣亡之人復生，既得之人畜令歸還之理乎？若謂天授大國之皇帝，天下諸國皆宜為共主，豈獨為我一己之主耶？先因扈倫會兵侵我，是以始興兵，天譴扈倫，天以我為是。明帝如此抗衡於天以助天譴之葉赫，以非為是，以是為非，妄為剖斷，其恨七也。因明凌辱我至極，我實難以容忍，故書此七大恨興兵，祝畢，拜天焚表。

---

25 《內閣藏本滿文老檔》（瀋陽，遼寧民族出版社，2009 年 12 月），第二函，第六冊，頁 249。

2-4《滿文原檔》

滿文

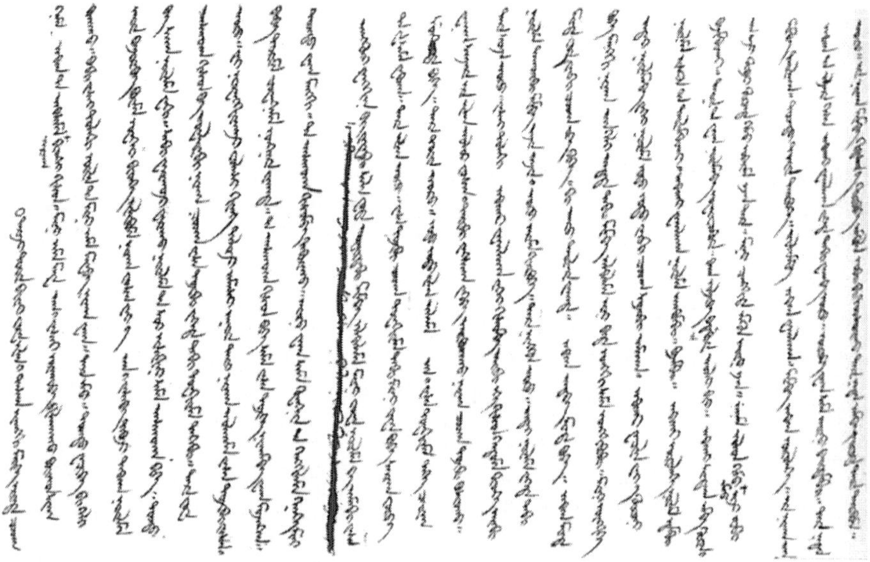

羅馬拼音

tereci duin biyai juwan ilan i tasha inenggi meihe erinde, cooha geneme abka de habšame araha bithei gisun, mini ama mafa, han i jasei orhobe bilahakū, boihon siha buhakū. babi jasei tulegi weile de mini ama mafabe nikan waha, tere emu. tuttu wacibe bi geli sain banjirebe buyeme wehei bithe ilibume nikan jušen yaya han i jasebe dabaci dabaha niyalma be saha niyalma waki. safi warakūci, warakū niyalma de sui isikini seme gashūha bihe, tuttu gashūha gisun be gūwaliyafi nikan cooha jase tucifi yehede dafi tuwakiyame tehebi. tere juwe koro. jai niowanggiyahaci julesi giyang dalinci amasi aniya dari nikan hūlhame jase tucifi jušen i babe durime cuwangname nungnere jakade. da gashūha gisun bihe seme jase tucike nikambe waha mujangga. tuttu waha manggi. da gashūha gisumbe daburakū. ainu waha seme guwangnin de hengkileme genehe mini gangguri fanggina be jafafi sele futa hūwaitafi mimbe albalame mini juwan niyalma be gamafi jase de wa seme wabuha. tere ilan koro. jase tucifi cooha tuwakiyame tefi mini jafan buhe sargan juibe monggode buhe. tere duin koro. udu udu jalan halame han i jase tuwakiyame tehe caiha fanaha sancara ere ilan goloi jušen i tarifi yangsaha jekube gaibuhakū nikan cooha tucifi bošoho. tere sunja koro. jasei tulegi abkai wakalaha yehei gisumbe gaifi ehe gisun hendume bithe arafi niyalma takūrafi mimbe hacin hacin i koro arame giribuhe. tere ninggun koro. hadai niyalma yehede dafi, minde juwe jergi cooha jihe bihe. bi karu dailara jakade. abka hadabe minde buhe. abka minde buhe manggi nikan han geli hadade dafi mimbe albalame ini bade unggi seme unggibufi. mini unggihe hadai niyalmabe yehei niyalma udu udu jergi cooha sucufi gamaha. abkai fejile yaya guruni niyalma ishun de dailambikai, abkai wakalaha niyalma anabumbi bucembi. abkai urulehe niyalma etembi banjimbikai. dain de waha niyalmabe weijubure. baha oljibe bederebure kooli bio. abkai sindaha amba gurun i han seci gubci gurunde gemu uhereme ejen dere. mini canggide emhun ainu ejen. neneme hūlun gemu emu ici ofi mimbe dailaha. tuttu dain deribuhe. hūlumbe abka wakalaha. mimbe abka urulehe. ere nikan han abka de eljere gese abkai wakalaha yehede dafi wakabe uru. urube waka seme ainu beidembi. tere nadan koro. ere nikan mimbe gidašaha girubuha ambula ofi, bi dosorakū tere nadan amba korode dain deribume.[26]

漢文

四月十三寅日巳時出兵，告天文曰：我父祖於皇帝邊境一草不折，寸土不擾，明國平白生事於邊外，殺我父祖，此一也。雖然如此殺戮，我仍願修好，曾立石碑盟曰： 凡明國、諸申等若越帝邊，見有越邊之人即殺之，若見而不殺，罪及於不殺之人。明國背此盟言，派兵出邊，援助葉赫駐守，其恨二也。又自清河以南，江岸以北，因明人每年竊出邊界，於諸申地方侵擾掠奪，是以按照原先盟言，殺其出邊明人是實，如此加誅之

26 《滿文原檔》(臺北，國立故宮博物院，2006 年 1 月)，第一冊，荒字檔，頁 79。

後，明國不遵原先誓言，責以擅殺，拘我往謁廣寧之剛古里、方吉納，縛以鐵索，逼令我獻十人解至邊界殺之，其恨三也。遣兵出邊駐守，致使我已聘之女轉嫁蒙古，其恨四也。數世駐守帝邊之柴河、法納哈、三岔此三處諸申耕種田糧，不容收穫，明國遣兵驅逐，其恨五也。偏聽邊外天譴葉赫之言，遣人齎持繕寫惡言之書相責，以種種傷害我之言相辱，其恨六也。哈達人助葉赫，兩次出兵侵犯我，我返兵征之，天遂以哈達與我。天與我後，明帝又助哈達，逼令我釋還其地。後葉赫人數次遣兵擄掠我釋還之哈達人。夫天下諸國之人互相征伐，天非者敗而亡，天是者勝而存也。豈有使陣亡之人復生，既得之人畜令歸還之理乎？若說天授大國之皇帝，天下諸國皆宜為共主，豈獨為我一己之主耶？先因扈倫會兵侵我，是以始興兵，天譴扈倫，天以我為是。明帝如此抗衡於天以助天譴之葉赫，以非為是，以是為非，妄為剖斷，其恨七也。因明凌辱我至極，我實難以容忍，故以此七大恨而興兵。

按照檔案文獻形成的過程，依次爲：《滿文原檔》、《大清太祖武皇帝實錄》滿文本、《滿洲實錄》滿文本、《內閣藏本滿文老檔》，其中所載七大恨的滿文內容，可以《滿文原檔》爲藍本，據《滿文原檔》記載，其第一大恨的滿文爲“mini ama mafa, han i jasei orhobe bilahakū, boihon siha buhakū. babi jasei tulegi weile de mini ama mafabe nikan waha.”句中“orhobe”，《內閣藏本滿文老檔》作“orho be”；“siha buhakū”，作“sihabuhakū”；“tulegi”，作“tulergi”；“mafabe”，作“mafa be”。《滿文原檔》中“han”，《大清太祖武皇帝實錄》滿文本、《滿洲實錄》滿文本俱作“daiming han”；“jasei tulegi weile de”，作“jasei tulergi weile de dafi”；“nikan”，作“daiming gurun”。《滿文原檔》記載第二大恨的滿文爲“tuttu wacibe bi geli sain banjirebe buyeme wehei bithe ilibume nikan jušen yaya han i jasebe dabaci dabaha niyalma be saha niyalma waki.

safi warakūci, warakū niyalma de sui isikini seme gashūha bihe. tuttu gashūha gisun be gūwaliyafi nikan cooha jase tucifi yehede dafi tuwakiyame tehebi.”句中“banjirebe”，《內閣藏本滿文老檔》作“banjire be”；“jasebe”，作“jase be”；“yehede”，作“yehe de”。《滿文原檔》所載第二大恨中“nikan”、“jušen”，《大清太祖武皇帝實錄》滿文本、《滿洲實錄》滿文本俱作“daiming”、“manju”；“warakūci”，作“warakū oci”；“nikan cooha”，作“daiming ni cooha”。《滿文原檔》所載第三大恨的滿文為“jai niowanggiyahaci julesi giyang dalinci amasi aniya dari nikan hūlhame jase tucifi jušen i babe durime cuwangname nungnere jakade. da gashūha gisun bihe seme jase tucike nikambe waha mujangga. tuttu waha manggi. da gashūha gisumbe daburakū. ainu waha seme guwangnin de hengkileme genehe mini gangguri fanggina be jafafi sele futa hūwaitafi mimbe albalame mini juwan niyalma be gamafi jase de wa seme wabuha.”句中“niowanggiyahaci”，《內閣藏本滿文老檔》作“niowanggiyaha ci”；“dalinci”，作“dalin ci”；“aniya dari”，作“aniyadari”；“niyalmabe”，作“niyalma be”；“gisumbe”，作“gisun be”；“guwangnin”，作“guwangning”。《滿文原檔》第三大恨中“niowanggiyaha”，《大清太祖武皇帝實錄》滿文本 作“cingho”，《滿洲實錄》滿文本作“cing ho”；“nikan hūlhame”，《大清太祖武皇帝實錄》滿文本、《滿洲實錄》滿文本作 “daiming gurun i niyalma hūlhame”；“jušen i babe”，作“manju i ba be.”《滿文原檔》第五大恨的滿文為“udu udu jalan halame han i jase tuwakiyame tehe caiha fanaha sancara ere ilan goloi jušen i tarifi yangsaha jekube gaibuhakū nikan cooha tucifi bošoho.”句中“udu udu”，《內閣藏本滿文老檔》作“ududu”；“jekube”，作“jeku be”。《滿文原檔》所載第五大恨中“sancara”，《大清太祖武皇帝實錄》滿文作“sancira”，漢字作「山七拉」，即三岔。《滿文原檔》記載第六大恨中“giribuhe”，《大清太祖武皇帝實錄》滿文作“girubuha”。《滿文原檔》記載第七大恨中“abka minde buhe manggi nikan han geli hadade dafi mimbe albalame ini bade unggi seme unggibufi. mini unggihe hadai niyalmabe yehei niyalma udu udu jergi cooha sucufi gamaha.”意即「天與我後，明帝又助哈達，逼令我釋還其地。後葉赫人數次遣兵擄掠我釋還之哈達人。」《大清太祖武皇帝實錄》滿文作“abkai buhe hada be daiming han geli hada de dafi mimbe ergeleme ini bade unggi seme unggibuhe. mini unggihe hada i niyalma be yehei cooha ududu jergi sucufi gamaha.”意即「天與之哈達，大明皇帝又助哈達逼令我釋還其地。後葉赫兵將我所釋哈達之人擄掠數次。」明帝，《滿文原檔》作“nikan han”，《大清太祖武皇帝實錄》作“daiming han”。通過比較，可知《滿文原檔》中的“nikan”，《大清太祖武皇帝實錄》滿文作“daiming”；“jušen”，作“manju”。多經改動，說明纂修《大清太祖武皇帝實錄》的上限是在清太宗天聰、崇德年間（1627-1643）。

八、撫順額駙

——以努爾哈齊致李永芳滿文書信為中心的比較

撫順城在渾河北岸，是明朝駐軍重地，城東是撫順關，是明朝與女真馬市所在。撫順所遊擊李永芳是遼東鐵嶺人。天命三年(1618)四月十五日，清太祖努爾哈齊率兵圍攻撫順城。《清史稿・李永芳傳》記載，「四月甲辰昧爽，師至撫順所，遂合圍，執明兵一使持書諭永芳曰：『明發邊疆外衛葉赫，我乃以師至，汝一遊擊耳，戰亦豈能勝？今諭汝降者，汝降，則我即日深入，汝不降，是誤我深入期也。汝多才智，識時務，我國方求才，稍足備任使，猶將舉而用之，與為婚媾，況如汝者，有不加以寵榮，與我一等大臣同列者乎？汝若欲戰，矢豈能識汝？既不能勝，死復何益？且汝出城降，我兵不復入，汝士卒皆安堵。若我師入城，男婦老弱，必且驚潰，亦大不利於汝民矣。勿謂我恫喝不可信也。汝思區區一城，且不能下，安用興師？失此弗圖，悔無及已。降不降，汝熟計之，毋不忍一時之忿，違我言而僨事也[27]。』」

27 《清史稿校註》，第十冊（臺北，國史館，1986 年），頁 8065。

3-1：《大清太祖武皇帝實錄》

滿文

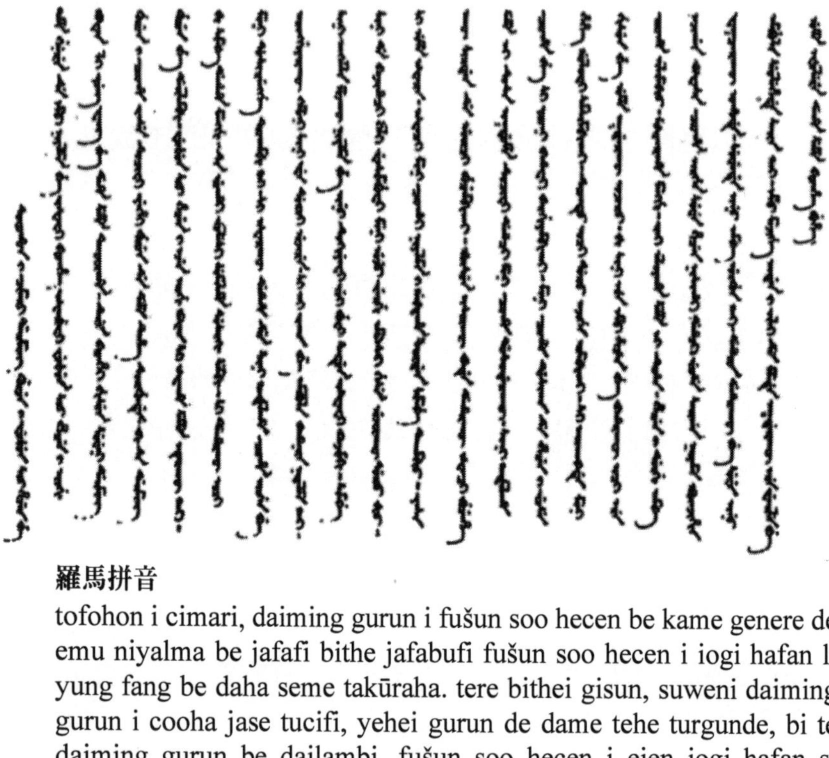

羅馬拼音

tofohon i cimari, daiming gurun i fušun soo hecen be kame genere de, emu niyalma be jafafi bithe jafabufi fušun soo hecen i iogi hafan li yung fang be daha seme takūraha. tere bithei gisun, suweni daiming gurun i cooha jase tucifi, yehei gurun de dame tehe turgunde, bi te daiming gurun be dailambi, fušun soo hecen i ejen iogi hafan si afaha seme eterakū kai. bi simbe dahaha manggi, te uthai julesi šumilame dosiki sembi, si daharakū oci mini dosirengge tookambi kai. si afarakū dahaha de sini kadalaha cooha irgen be acinggiyarakū, kemuni sini fe doroi ujire, si ai jaka be ambula bahanara niyalma kai. sini anggala mujakū niyalma be inu tukiyefi, jui bufi sadun jafafi banjimbi, simbe sini da banjihaci geli wesimbufi, mini uju jergi ambasai gese ujirakū doro bio. si ume afara, afaci mini coohai niyalma i gabtaha sirdan simbe takambio. yasa akū sirdan de goici bucembikai. hūsun isirakū bade daharakū afaci, bucehe seme ai tusa, okdome tucifi dahaci mini cooha dosindarakū, sini kadalaha cooha be si yooni bahafi bargiyambikai. mini cooha dosika de hecen i juse hehe golofi samsimbikai, tuttu oci doro ajigen ombikai. si aikabade mini gisun be ume akdarakū ojoro, bi sini ere emu hecen be baharakū oci, ere cooha ilimbio. ufaraha manggi, jai aliyaha seme ai tusa. hecen i dorgi amba ajigan hafasa cooha irgen suwe hecen nisihai dahaci juse sargan niyaman hūncihin fakcarakū ohode, suwende inu amba urgun kai. dahara daharakū be suwe inu ambula seolehede sain kai. emu majige andan i jili de mende akdarakū, ere weile be ume efulere, daha seme bithe buhe.[28]

漢文

十五日晨，往圍撫順城，執一人齎書與遊擊李永芳令之降。書曰：因爾大明兵助夜黑，故來征之，量爾撫順遊擊戰亦不勝。今欲服汝輒深向南下，汝設不降，悞我前進。若不戰而降，必不擾爾所屬軍民，仍以原禮優之。況爾乃多識見人也，不特汝然，縱至微之人，猶超拔之，結為婚姻，豈有不超陞爾職與吾大臣相齊之理乎？汝勿戰，若戰，則吾兵所發之矢，豈有目能識汝乎？倘中則必死矣。力既不支，雖戰死，亦無益。若出降，吾兵亦不入城，汝所屬軍民，皆得保全。假使吾兵攻入，城中老幼必致驚散，爾之祿位亦卑薄矣，勿以吾言為不足信。汝一城若不能拔，朕何以興兵為？失此機會，後悔無及，其城中大小官員軍民等果舉城納降，父母妻子親族，俱不使離散，是亦汝等之福也。降與不降，汝等熟思，慎勿以一朝之忿而不信，遂失此機也。[29]

3-2：《滿洲實錄》

滿文

---

[28] 《大清太祖武皇帝實錄》，滿文本，卷二，頁 215-218。

[29] 《大清太祖武皇帝實錄》，漢文本，卷二，頁 34。

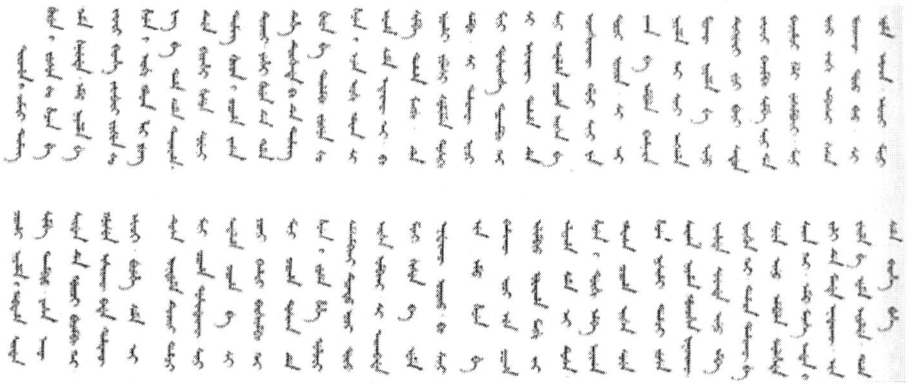

羅馬拼音

tofohon i cimari, daiming gurun i fušun šo hecen be kame generede, emu niyalma be jafafi bithe jafabufi fušun šo hecen i iogi hafan lii yung fang be daha seme takūraha. tere bithei gisun, suweni daiming gurun i cooha jase tucifi, yehei gurun de dame tehe turgunde, bi te daiming gurun be dailambi, fušun šo hecen i ejen iogi hafan si afaha seme eterakū kai. bi simbe dahaha manggi, te uthai julesi šumilame dosiki sembi, si daharakū oci mini dosirengge tookambi kai, si afarakū dahaha de sini kadalaha cooha irgen be acinggiyakū, kemuni sini fe doroi ujire, si ai jaka be ambula bahanara niyalma kai, sini anggala mujakū niyalma be inu tukiyefi jui bufi sadun jafafi banjimbi, simbe sini da banjihaci geli wesimbufi, mini uju jergi ambasai gese ujirakū doro bio. si ume afara, afaci mini coohai niyalma i gabtaha sirdan simbe takabio. yasa akū sirdan de goici bucembi kai. hūsun isirakū bade daharakū afaci, bucehe seme ai tusa, okdome tucifi dahaci mini cooha dosindarakū, sini kadalaha cooha be si yooni bahafi bargiyambi kai. mini cooha dosika de hecen i juse hehe golofi samsimbikai, tuttu oci doro ajigen ombikai. si aikabade mini gisun be ume akdarakū ojoro, bi sini ere emu hecen be baharakū oci, ere cooha ilimbio. ufaraha manggi, jai aliyaha seme ai tusa, hecen i dorgi amba ajigan hafasa cooha irgen suwe hecen nisihai dahaci juse sargan niyaman hūncihin fakcarakū ohode, suwende inu amba urgun kai, dahara daharakū be suwe inu ambula seolehede sain kai. emu majige andan i jili de mende akdarakū, ere weile be ume efulere, daha seme bithe buhe[30].

漢文

十五日晨，往圍撫順城，執一人齎書與遊擊李永芳令之降。書曰：因爾明國兵助葉赫，故來征之，量爾撫順遊擊戰亦不勝。今欲服汝輒深向南下，汝設不降，誤我前進。若不戰而降，必不擾爾所屬軍民，仍以原禮優之。況爾乃多識見人也，不特汝然，縱至微之人，猶超拔之，結為婚姻，豈有不超陞爾職與吾大臣相齊之理乎？汝勿戰，若戰，則吾兵所發之矢，豈有目能識汝乎？倘中則必死矣。力既不支，雖戰死，亦無益。若出降，吾兵亦不入城，汝所屬軍民，皆得保全。假使吾兵攻入，城中老幼必致驚散，爾之祿位亦卑薄矣，勿以吾言為不足信。汝一城若不能拔，朕何以興兵為？失此機會，後悔無及，其城中大小官員軍民等果舉城納降，父母妻子親族，俱不使離散，是亦汝等之福也。降與不降，汝等熟思，慎勿以一朝之忿而不信，遂失此機也。

將《大清太祖武皇帝實錄》滿文與《滿洲實錄》滿文互相比較後，可知兩者相近，其中“fušun soo”，《滿洲實錄》滿文作“fušun šo”；“coohai niyalmai gabtaha sirdan”，《滿洲實錄》滿文作“coohai niyalma i gabtaha sirdan”；“seolehe de”，《滿洲實錄》滿文作“seolehede”。其餘文字俱相同。兩者漢文則頗

30 《滿洲實錄》，卷四，見《清實錄》（一），頁 204。

有出入。其中「大明兵」，《滿洲實錄》漢文作「明國兵」；「夜黑」，《滿洲實錄》漢文作「葉赫」;「父母妻子親族」，滿文作“juse sargan niyaman hūncihin”，意即「婦孺親族」，滿漢文義略有出入；「是亦汝等之福也」，滿文作“suwende inu amba urgun kai”，意即「亦汝等之大喜也」。

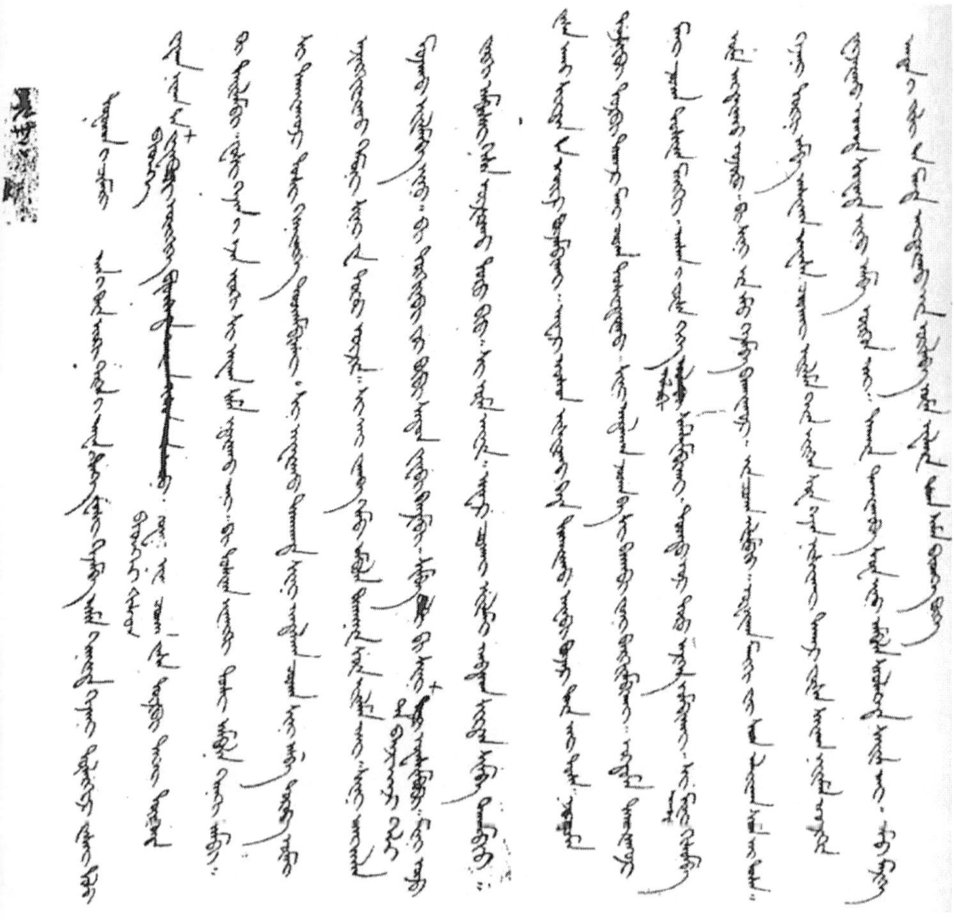

羅馬拼音

tofohon i cimari han i beye iogi hergen i hafan i tehe fusi hecembe kame generede, heceni tulergici jasei dolo jafaha nikan de bithe jafabufi unggihe, bithei gisun, suweni nikan cooha jase tucifi tehei turgunde, bi dailambi, fusi hecen i ejen iogi si afaha seme eterakū kai. bi dosika inenggi dosi ambula geneki sembi. si daharakūci, dosi generengge tookambikai. si afarakū dahahade sini kadalaha cooha, sini amba dorobe umai acinggiyarakū, kemuni sini fe doroi ujire, si ai jakabe gemu ambula bahanara sure niyalma kai. sini anggala, mujakū niyalmabe inu. bi tukiyefi jui bufi sadun jafafi banjimbi. simbe bi sini da banjihaci geli wesimbufi, mini uju jergi ambasai gese ujirakū doro bio. si ume afara, afaci coohai niyalmai gabtaha sirdan simbe takambio. yasa akū sirdan de goici, bucembikai. afaci hūsun isirakū bade, daharakū afafi buceci, tere ai tusa, okdome tucifi dahaci meni cooha dosindarakū, sini kadalaha cooha be si bahafi yoni bargiyambikai. okdome daharakūci, meni cooha dosika manggi, gašan i juse hehe golofi samsimbikai. tuttu oci, doro ajigen ombikai. si aikabade mini gisumbe ume akdarakū ojoro. bi sini ere emu hecembe baharakūci, ere cooha ilimbio. ufaraha manggi, jai aliyaha seme ai tusa. heceni dorgi amba asihan hafasa, coohai niyalma, geren irgen suwe hecen nisihai dahaci, juse sargan niyaman honcihin fakcarakū ohode, suwende inu amba urgun kai, dahara daharakūbe suwe inu ambula seolehede sain kai, emu majige andan i jili de mende akdarakū, ere weilebe ume efulere, daha seme bithe buhe[31].

漢文

十五日晨，汗親自往圍遊擊官所駐撫順城時，由城外執邊內漢人遣其齎書與遊擊官令之降。書曰：因爾明兵出邊駐守，故我來征討，爾撫順城主遊擊雖戰，亦不勝也。我進入之日即欲深入，爾設不降，則誤我進入。爾若不戰而降，則不擾爾所屬兵丁，爾之大禮並不更動，仍以原禮養之，況爾乃多識見聰明人也。不特爾也，縱至微之人亦超擢之，以女妻之，結為婚

31 《滿文原檔》，第一冊，荒字檔，頁 83。

姻，豈有不擢陞爾職，與我大臣相齊之理乎？爾勿戰，若戰，則我兵所發之矢，豈能識爾？倘中無目之矢，則必死矣。雖戰，力既不支，不降而戰死，亦有何益？若出城迎降，我兵亦不入城，爾所屬兵丁皆得保全矣。假使不肯迎降，我兵攻入後，村中婦孺必致驚散，如此，禮亦卑微矣。爾勿以我言為不足信，我若不能得爾此一城，此兵豈能罷休也？失此機會，後悔何益？城中大小官員、軍民人等果舉城納降，妻子親族不使離散，是亦爾等之大喜也。降與不降，爾等亦宜熟思，勿以一朝之忿而不信我，遂失此機也。

3-4：《內閣藏本滿文老檔》

滿文

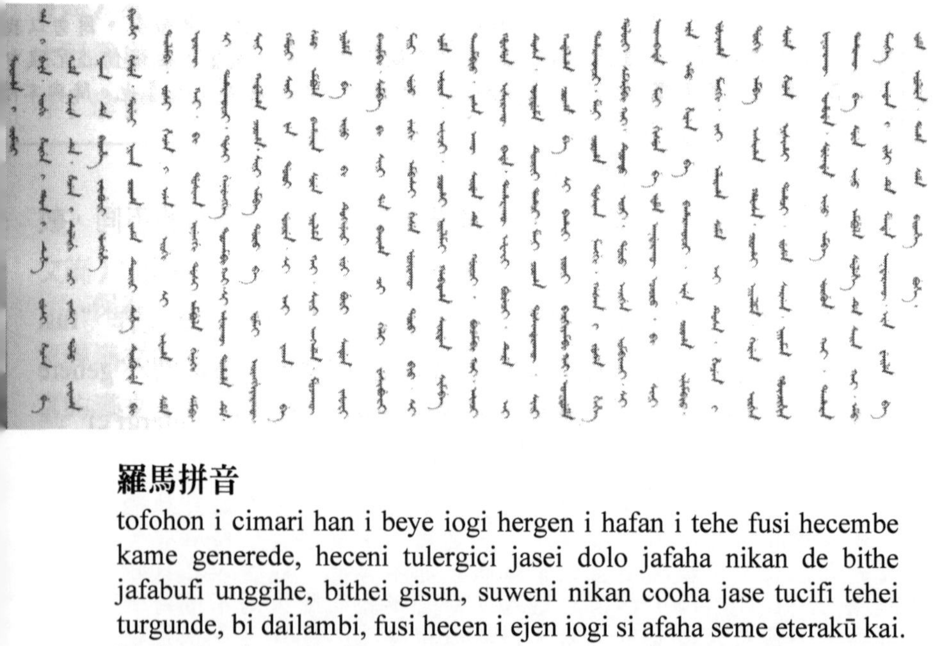

羅馬拼音

tofohon i cimari han i beye iogi hergen i hafan i tehe fusi hecembe kame generede, heceni tulergici jasei dolo jafaha nikan de bithe jafabufi unggihe, bithei gisun, suweni nikan cooha jase tucifi tehei turgunde, bi dailambi, fusi hecen i ejen iogi si afaha seme eterakū kai. bi dosika inenggi dosi ambula geneki sembi. si daharakūci, dosi generengge tookambikai. si afarakū dahahade sini kadalaha cooha, sini amba dorobe umai acinggiyarakū, kemuni sini fe doroi ujire, si ai jakabe gemu ambula bahanara sure niyalma kai. sini anggala, mujakū niyalmabe inu. bi tukiyefi jui bufi sadun jafafi banjimbi. simbe bi sini da banjihaci geli wesimbufi, mini uju jergi ambasai gese ujirakū doro bio. si ume afara, afaci coohai niyalmai gabtaha sirdan simbe takambio. yasa akū sirdan de goici, bucembikai. afaci hūsun isirakū bade, daharakū afafi buceci, tere ai tusa, okdome tucifi dahaci meni cooha dosindarakū, sini kadalaha cooha be si bahafi yoni bargiyambikai. okdome daharakūci, meni cooha dosika manggi, gašan i juse hehe golofi samsimbikai. tuttu oci, doro ajigen ombikai. si aikabade mini gisumbe ume akdarakū ojoro. bi sini ere emu hecembe baharakūci, ere cooha ilimbio. ufaraha manggi, jai aliyaha seme ai tusa. heceni dorgi amba asihan hafasa, coohai niyalma, geren irgen suwe hecen nisihai dahaci, juse sargan niyaman honcihin fakcarakū ohode, suwende inu amba urgun kai, dahara daharakūbe suwe inu ambula seolehede sain kai, emu majige andan i jili de mende akdarakū, ere weilebe ume efulere, daha seme bithe buhe[32].

漢文

十五日晨，汗親自往圍遊擊官所駐撫順城時，由城外執邊內漢人遣其齎書與遊擊官令之降。書曰：因爾明兵出邊駐守，故我來征討，爾撫順城主遊擊雖戰，亦不勝也。我進入之日即欲深入，爾設不降，則誤我進入。爾若不戰而降，則不擾爾所屬兵丁，爾之大禮並不更動，仍以原禮養之，況爾乃多識見聰明人也。不特爾也，縱至微之人亦超擢之，以女妻之，結為婚姻，豈有不擢陞爾職，與我大臣相齊之理乎？爾勿戰，若戰，則我兵所發之矢，豈能識爾？倘中無目之矢，則必死矣。雖戰，力既不支，不降而戰死，亦有何益？若出城迎降，我兵亦不入城，爾所屬兵丁皆得保全矣。假使不肯迎降，我兵攻入後，村中婦孺必致驚散，如此，禮亦卑微矣。爾勿以我言為不足信，我若不能得爾此一城，此兵豈能罷休也？失此機會，後悔何益？城中大小官員、軍民人等果舉城納降，妻子親族不使離散，是亦爾等之大喜也。降與不降，爾等亦宜熟思，勿以一朝之忿而不信我，遂失此機也。

32 《內閣藏本滿文老檔》，第二函，第六冊，頁 260。

《滿文原檔》滿文與《內閣藏本滿文老檔》滿文的不同，較常見的是滿文虛字連寫或不連寫的習慣，彼此不同。譬如：《滿文原檔》滿文“fusi hecembe”，《內閣藏本滿文老檔》滿文作“fusi hecen be”；“generede”，《內閣藏本滿文老檔》滿文作“genere de”；“tulergici”，《內閣藏本滿文老檔》滿文作“tulergi ci”。

《滿文原檔》滿文虛字連寫的習慣，頗爲常見。其次，由於讀音的差異，而有出入。譬如：《滿文原檔》滿文“yoni”；《內閣藏本滿文老檔》滿文作“yooni”；“niyaman honcihin”，《內閣藏本滿文老檔》滿文作“niyaman hūncihin”。兩者的內容，並無不同。將《大清太祖武皇帝實錄》滿文與《滿文原檔》滿文互相對照，有助於了解彼此的異同。《滿文原檔》滿文“fusi hecen”，《大清太祖武皇帝實錄》滿文作“fušun soo hecen”；“iogi hergen i hafan”，《大清太祖武皇帝實錄》滿文作“iogi hafan li yung fang”；“nikan cooha”，《大清太祖武皇帝實錄》滿文作“daiming gurun i cooha”；“jase tucifi tehei turgunde”，《大清太祖武皇帝實錄》滿文作“jase tucifi yehei gurun de dame tehe turgunde”；“si ai jakabe gemu ambula bahanara sure niyalma kai”，《大清太祖武皇帝實錄》滿文作“si ai jaka be ambula bahanara niyalma kai”；“gašan i juse hehe”，《大清太祖武皇帝實錄》滿文作“hecen i juse hehe”；“amba asihan hafasa”《大清太祖武皇帝實錄》滿文作“amba ajigan hafasa”。經過對照後，可知《大清太祖武皇帝實錄》滿文本的纂修，主要是取材於《滿文原檔》，保存了珍貴的史料。工欲善

其事，必先利其器。為了充實滿文基礎教學，編寫滿文教材，本書輯錄《大清太祖武皇帝實錄》滿文，編為五十個篇目，分別譯註，對於初學滿文者，或可提供一定的參考價值。

保存史料，是修史的主要目的。探討文獻，還原歷史，不能忽視滿文的檔案文獻，《大清太祖武皇帝實錄》滿文本，保存了豐富的滿文史料。探討《大清太祖武皇帝實錄》滿文本的分佈地區、原藏地點、寫本異同、史料價值，是掌握滿文文獻的基礎工作。

北京中國第一歷史檔案館藏《大清太祖武皇帝實錄》滿文本，全四卷，四冊。北京國家圖書館藏本，存三卷，三冊。臺北國立故宮博物院藏北平圖書館本，存三卷，三冊。日本《東方學紀要》影印滿文北京圖書館本，存三卷，三冊。此外，美國國會圖書館藏本，存三卷，三冊。在各種寫本中，美國國會圖書館藏本，與臺北國立故宮博物院藏北平圖書館本是相同寫本。日本《東方學紀要》本，與臺北國立故宮博物院藏北平圖書館本，原藏地點相同，其滿文內容相同，字體書法相近，而滿文虛字連寫或不連寫的習慣，彼此不同，是兩種不同寫本。

現藏《滿洲實錄》繪寫本，分別成書於天聰、乾隆年間。將《大清太祖武皇帝實錄》與乾隆年間繪寫本《滿洲實錄》滿漢文人名、地名互相對照後，可知滿文人名及滿文地名，彼此大致相同，所不同的是在漢文部分。《大清太祖武皇帝實錄》中的漢文人名，俚俗不雅者，屢見不鮮。譬如：滿文“erdeni baksi”，《大清太祖武皇帝實錄》漢文本譯作「榜識厄兒得溺」，《滿洲實錄》漢文改譯爲「巴克什額爾德尼」。滿文“hūrgan hiya”，《大清太祖武皇帝實錄》漢文譯作「虎憨兒」，《滿洲實錄》漢文改譯爲「扈爾漢轄」。漢文地名，或因俚俗，或因譯音不合，多有改譯。譬如：滿文"hetu ala"，《大清太祖武皇帝實錄》漢文作「黑禿阿喇」，《滿洲實錄》漢文改譯爲「赫圖阿拉」。滿文"suksuhu bira"，《大清太祖武皇帝實錄》漢文作「蘇蘇河」，滿、漢文讀音不合。《滿洲實錄》改譯爲「蘇克素護河」，滿、漢讀音相近。

滿文的創製，對滿洲民族共同體的形成，產生了凝聚的作用。《大清太祖武皇帝實錄》滿文本與《滿洲實錄》滿文本有關清太祖創製滿文經過的記載，其滿文內容，彼此相同。清太祖以七宗惱恨興兵伐明，《滿文原檔》、《大清太祖武皇帝實錄》滿文本、《滿洲實錄》滿文本、《內閣藏本滿文老檔》等檔案官書所載七宗惱恨的滿文內容，大致相同。《滿文原檔》、《內閣藏本滿文老檔》中的"nikan"（明）、"jušen"（諸申），《大清太祖武皇帝實錄》、《滿洲實錄》俱作"daiming"（大明）、"manju"（滿洲），其餘內容文字出入不大。清太祖率兵圍攻撫順城時，曾致書遊擊李永芳。「撫順城」，《滿文原檔》、《內閣藏本滿文老檔》俱作"fusi hecen"，《大清太祖武皇帝實錄》滿文本作"fušun soo hecen"。「遊擊李永芳」，《滿文原檔》、《內閣藏本滿文老檔》滿文俱作"iogi hergen i hafan"，《大清太祖武皇帝實錄》滿文作"iogi hafan li yung fang"。《大清太祖武皇帝實錄》滿文"daiming gurun i cooha jase tucifi yehei gurun de dame tehe turgunde"，漢文作「大明兵助夜黑」。《滿文原檔》滿文作"nikan cooha jase tucifi tehei turgunde"，句中"tehei"，《內閣藏本滿文老檔》滿文作"tehe"。由於《大清太祖武皇帝實錄》滿文本的纂修，主要是取材於《滿文原檔》等原始檔案，而保存了珍貴的第一手資料，對研究清朝前史提供了重要的參考史料，文獻足徵。

九、詞彙對照

——以二體《滿洲實錄》為中心的比較說明

《滿洲實錄》是研究滿洲崛起、由小變大的重要開國史料。現存《滿洲實錄》包括：三體《滿洲實錄》及二體《滿洲實錄》。1986 年 11 月，北京，中華書局影印出版《清實錄》，在影印說明中指出，《滿洲實錄》共有四部，每頁三欄，用滿、漢、蒙三體文字書寫，並有圖。第一部繪寫本成書於清太宗天聰九年（1635），第二、三部繪寫於乾隆四十四年（1779），第四部繪寫於乾隆四十六年（1781）。四部實錄分別收藏在乾清宮、上書房、盛京、避暑山莊。其中上書房本，收藏在北京中國第一歷史檔案館，中華書局即據原藏上書房本三體《滿洲實錄》影印出版。

遼寧省檔案館保存的《滿洲實錄》包括：滿、漢、蒙三體《滿洲實錄》，是乾隆四十四年（1779）奉旨重新繪寫本，計二函八冊，每頁分上、中、下三欄，上欄為滿文，中欄為漢文，下欄為蒙文，俱精工手寫；滿、漢二體《滿洲實錄》，書中未載繪寫年月，從開本的大小、形式、字體等方面來看，與三體《滿洲實錄》並無二致。

2012 年 6 月，瀋陽遼寧教育出版社影印出版二體《滿洲實錄》上、下。在出版說明中指出二體《滿洲實錄》的特徵如下：

一、二體《滿洲實錄》同滿、漢、蒙三體《滿洲實錄》在冊數、開本、裝幀、紙質、新舊程度、字體等方面完全一致，為原本的照寫本，保存了原本的面貌。

二、二體《滿洲實錄》無插圖，但附有插圖目錄。未附插圖而又有插圖目錄，這說明底本是有插圖的。

三、二體《滿洲實錄》每個頁面均分成上、下兩欄，上欄書寫滿文，下欄書寫漢文，因滿、漢文字形式不同，故滿文部分所佔頁面多於漢文部分。

四、二體《滿洲實錄》滿文字體和滿、漢、蒙三體《滿洲實錄》的滿文字體如出一轍，均屬乾隆時期檔案文獻的典型字體，在滿文中個別字仍保留某些老滿文的寫法，因為底本成書時正是老滿文向新滿文過渡時期。

在出版說明中進一步指出，二體《滿洲實錄》具有非常重要的史料價值，其要點如下：

一、三體《滿洲實錄》和二體《滿洲實錄》這兩種版本的內容幾乎完全一致，祇在一些語句上用字略有不同，二體《滿洲實錄》顯得更為原始。

二、二體《滿洲實錄》中的滿文，有一些字的寫法保留著老滿文的形式，在一些字句上保存著較為明顯的口語特徵，為研究滿族的語言文字提供了依據。

三、與三體《滿洲實錄》不同之處是，二體《滿洲實錄》在用於避諱的黃簽下寫有名字，為研究清朝前期人物提供了準確的依據。

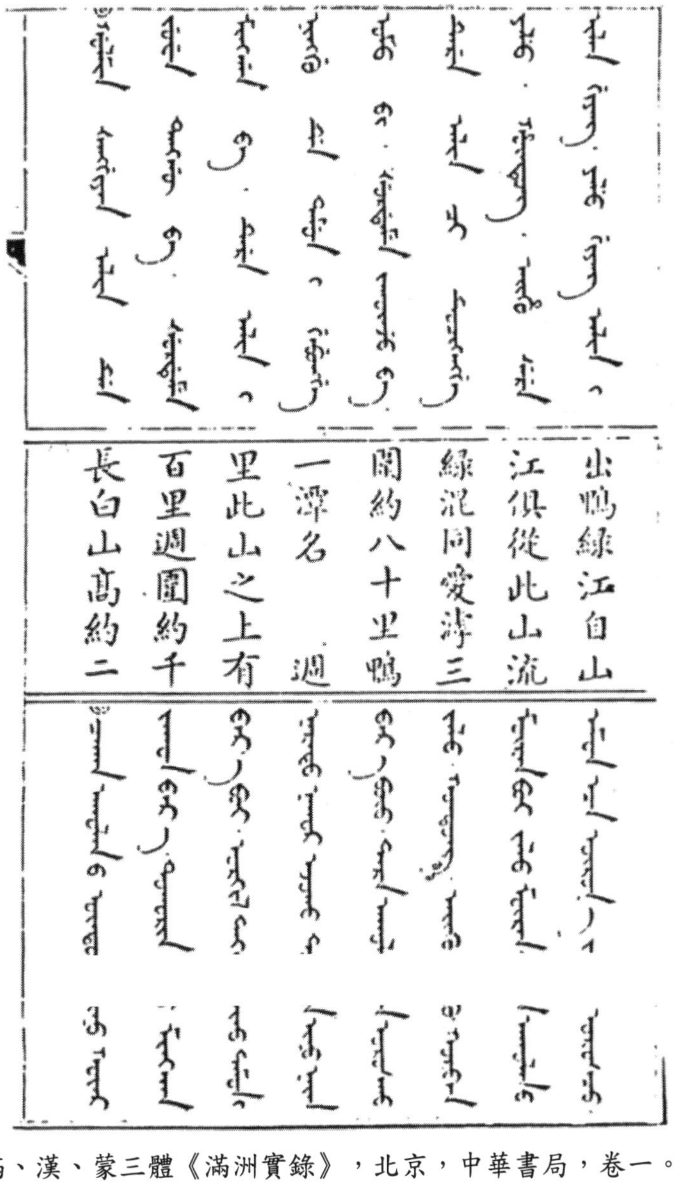
長白山高約二
百里週圍約千
里此山之上有
一潭名　週
闊約八十里鴨
綠混同愛滹三
江俱從此山流
出鴨綠江白山

滿、漢、蒙三體《滿洲實錄》，北京，中華書局，卷一。

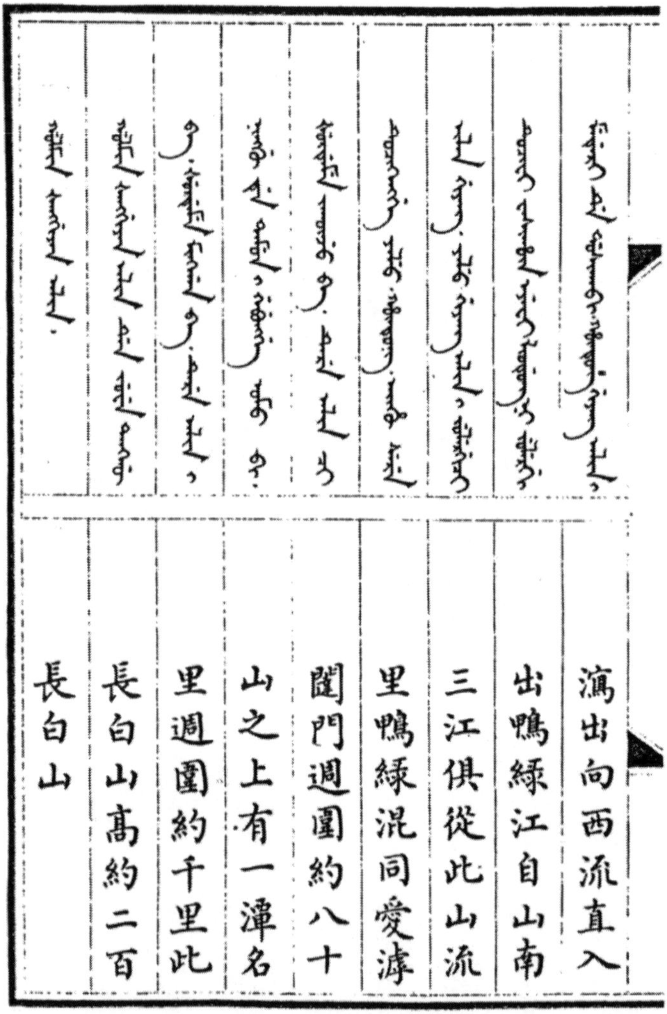
滿洲實錄

灞出向西流直入
出鴨綠江自山南
三江俱從此山流
里鴨綠混同愛滹
闥門週圍約八十
山之上有一潭名
里週圍約千里此
長白山高約二百
長白山

滿、漢二體《滿洲實錄》，瀋陽，遼寧教育出版社，卷一。

為了便於說明，可將實錄中的漢文、滿文，分別舉例列表如下。

一、實錄中漢文詞彙對照表

順次	武皇帝實錄	高皇帝實錄	三體《滿洲實錄》	二體《滿洲實錄》	備註
1	他們	闥門	闥門	闥門	
2	布兒湖里	布爾湖里	布勒瑚里	布爾湖里	
3	布庫里	布庫里	布庫哩	布庫里	
4	佛古倫	佛庫倫	佛庫倫	佛庫倫	
5	愛新覺落	愛新覺羅		愛新覺羅	

6	鰲莫惠	俄漠惠	鄂謨輝	俄漠惠	
7	鰲朶里	俄朶里	鄂多理	俄朶里	
8	布庫里英雄	布庫里雍順	布庫哩雍順	布庫里雍順	
9	范嗏	范察	樊察	范察	
10	蘇蘇河	蘇克蘇滸	蘇克素護河	蘓克蘓滸	
11	虎欄哈達	虎攔哈達	呼蘭哈達	虎欄哈達	

12	黑禿阿喇	赫圖阿喇	赫圖阿拉	赫圖阿喇	
13	除烟	褚宴	褚宴	褚宴	
14	拖落	妥羅	妥羅	妥羅	
15	脫一莫	妥義謨	妥義謀	妥義謀	
16	石報奇	錫寶齊篇古		錫寶齊篇古	
17	德石庫	德世庫	德世庫	德世庫	

18	劉諂	劉闔	瑠闔	劉闌	
19	曹常剛	索長阿	索長阿	索長阿	
20	豹郎剛	包朗阿	寶朗阿	包朗阿	
21	豹石	寶實	寶實	寶實	
22	覺里乂	覺爾察	覺爾察	覺爾察	
23	河洛剛善	河洛噶善	和洛噶善	河洛噶善	

24	尼麻蘭	尼麻喇	尼瑪蘭	尼麻喇	
25	張家	章甲	章佳	章甲	
26	蘇黑臣代夫	蘇赫臣代夫	蘇赫臣代夫	蘓赫臣代夫	
27	談吐	譚圖	譚圖	譚圖	
28	娘古	尼陽古篇古	尼揚古篇古	尼陽古篇古	
29	祿胡臣	陸虎臣	祿瑚臣	陸虎臣	

30	麻寧格	馬寧格	瑪寧格	馬寧格	
31	門土	門圖	們圖	門圖	
32	李太	李泰	禮泰	李泰	
33	武太	吳泰	武泰	吳泰	
34	綽氣阿朱古	綽奇阿注庫	綽奇阿珠庫	綽奇阿注庫	

35	非英敦	飛永敦	斐揚敦	非永敦	
36	寺敦把土魯	禮敦巴圖魯	禮敦巴圖魯	禮敦巴圖魯	
37	厄里衮	額爾袞	額爾袞	額爾袞	
38	界坎	界堪	齋堪	界堪	
39	塔叉	塔察篇古	塔察	塔察	
40	稜得恩	稜敦	稜敦	額爾機	

41	阿都接	阿篤齊	阿篤齊	阿篤齊	
42	朶里火揆	多爾郭齊	多爾和齊	多爾郭齊	
43	灼沙納	碩色納	碩色納	碩色納	
44	厄兒機	額爾機	額爾機	額爾機	
45	沙革達	薩克達	薩克達	薩克達	
46	東果部	董鄂部	棟鄂部	董鄂部	

47	阿布塔力嶺	阿布達里嶺	阿布達哩嶺	阿布達里嶺	
48	厄吐阿禄	額吐阿祿	額圖阿嚕	額吐阿禄	
49	兆里兎	卓禮克圖	卓里克圖	卓里克圖	
50	卿把土魯	青巴圖魯	青巴圖魯	青巴圖魯	

資料來源：《大清太祖武皇帝實錄》，臺北，國立故宮博物院；《大清太祖高皇帝實錄》，北京，中華書局；三體《滿洲實錄》，北京，中華書局；二體《滿洲實錄》，瀋陽，遼寧教育出版社。

簡表中將《大清太祖武皇帝實錄》、《大清太祖高皇帝實錄》、三體《滿洲實錄》、二體《滿洲實錄》卷一中的人名、地名列舉五十個詞彙，分別製成漢文、滿文對照表。其中漢文部分，因《大清太祖武皇帝實錄》成書較早，尚未規範，其詞彙較為俚俗原始。可以二體《滿洲實錄》為中心，分別與各實錄互相對照，其中「布庫里」、「虎欄哈達」兩個詞彙，二體《滿洲實錄》與《大清太祖武皇帝實錄》一致，僅佔百分之四。表中「闥門」、「布爾湖里」、「布庫里」、「佛庫倫」、「愛新覺羅」、「俄莫惠」、「俄朶里」、「布庫里雍順」、「范察」、「蘇克蘇滸」、「赫圖阿喇」、「褚宴」、「妥羅」、「錫寶齊篇古」、「德世庫」、「劉闡」、「索長阿」、「包朗阿」、「寶實」、「覺爾察」、「河洛噶善」、「尼麻喇」、「章甲」、「蘇赫臣代夫」、「譚圖」、「尼陽古篇古」、「陸虎臣」、「馬寧格」、「門圖」、「李泰」、「吳泰」、「綽奇阿注庫」、「禮敦巴圖魯」、「額爾袞」、「界堪」、「稜敦」、「阿篤齊」、「多爾郭齊」、「碩色納」、「額爾機」、「薩克達」、「董鄂部」、「阿布達里嶺」、「額吐阿祿」、「青巴圖魯」等四十五個詞彙，二體《滿洲實錄》與《大清太祖高皇帝實錄》一致，佔百分之九十。表中「妥義謀」、「塔察」、「卓里克圖」三個詞彙，二體《滿洲實錄》與《大清太祖高皇帝實錄》不一致，而與三體《滿洲實錄》一致，佔百分之六。就漢文部分而言，可知二體《滿洲實錄》確實是顯得更為原始。

乾隆年間，據《滿文原檔》重抄的本子有兩種：一種是依照乾隆年間通行的規範滿文繕寫並加簽注的重抄本；一種是倣照無圈點老滿文及過渡期字體抄錄而刪其重複的重抄本。為了便於說明，可將《大清太祖武皇帝實錄》、三體《滿洲實錄》、二體《滿洲實錄》中的人名、地名列出簡表如下。

二、實錄中滿文詞彙對照表

順次	武皇帝 實錄	三體 《滿洲實錄》	二體 《滿洲實錄》	備註
1	 tamun	 tamun	 tamun	
2	 bulhūri	 bulhūri	 bulhūri	
3	 bukūri	 bukūri	 bukūri	
4	 enggulen	 enggulen	 enggülen	
5	 jenggulen	 jenggulen	 jenggülen	

6	fekulen	fekulen	fekülen	
7	bukūri yongšon	bukūri yongšon	bukūri yongšon	
8	odoli	odoli	odoli	
9	fanca	fanca	fanca	
10	suksuhu	suksuhu	suksuhü	
11	hūlan hada	hūlan hada	hūlan hada	
12	hetu ala	hetu ala	hetu ala	

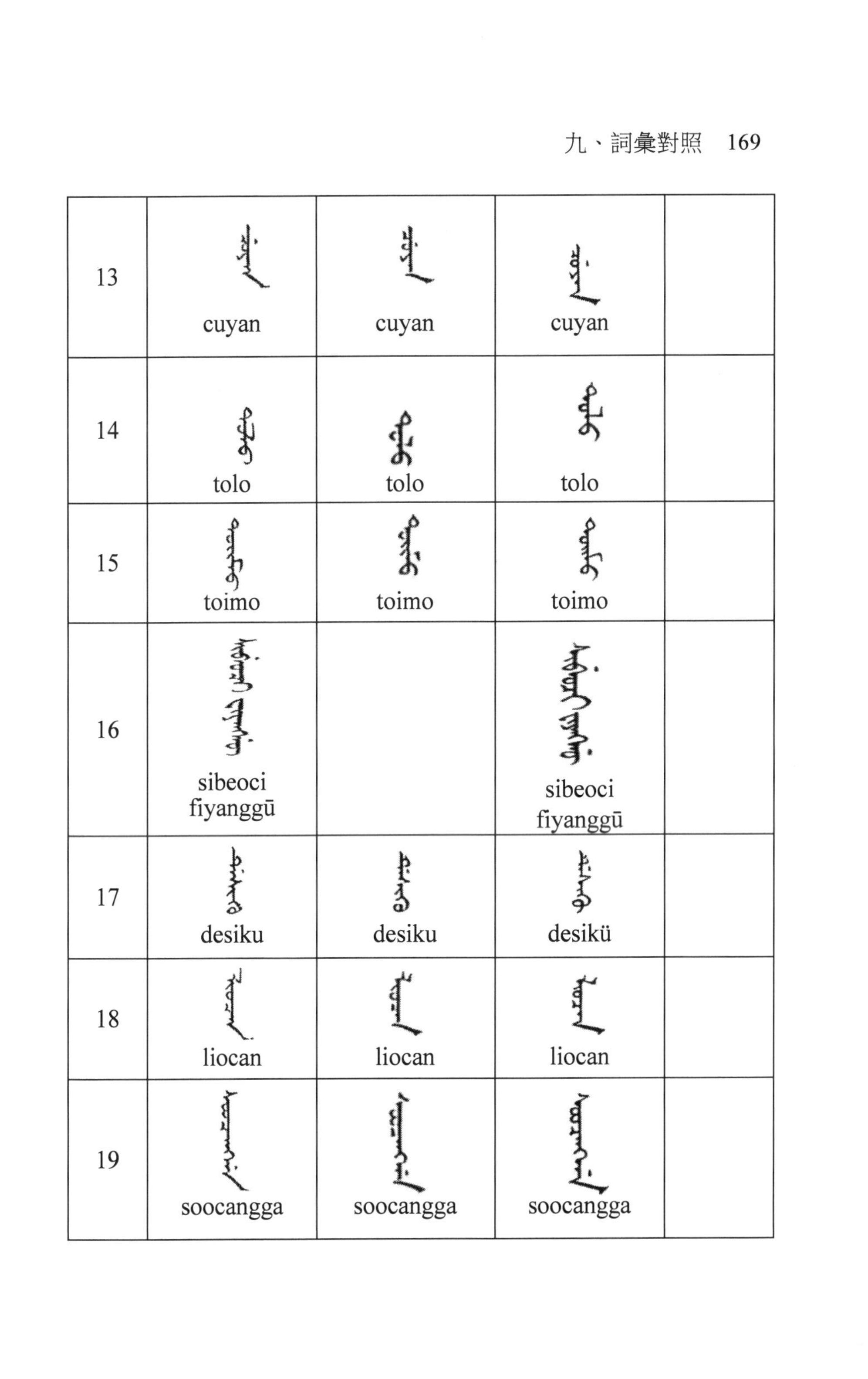

13	cuyan	cuyan	cuyan	
14	tolo	tolo	tolo	
15	toimo	toimo	toimo	
16	sibeoci fiyanggū		sibeoci fiyanggū	
17	desiku	desiku	desikü	
18	liocan	liocan	liocan	
19	soocangga	soocangga	soocangga	

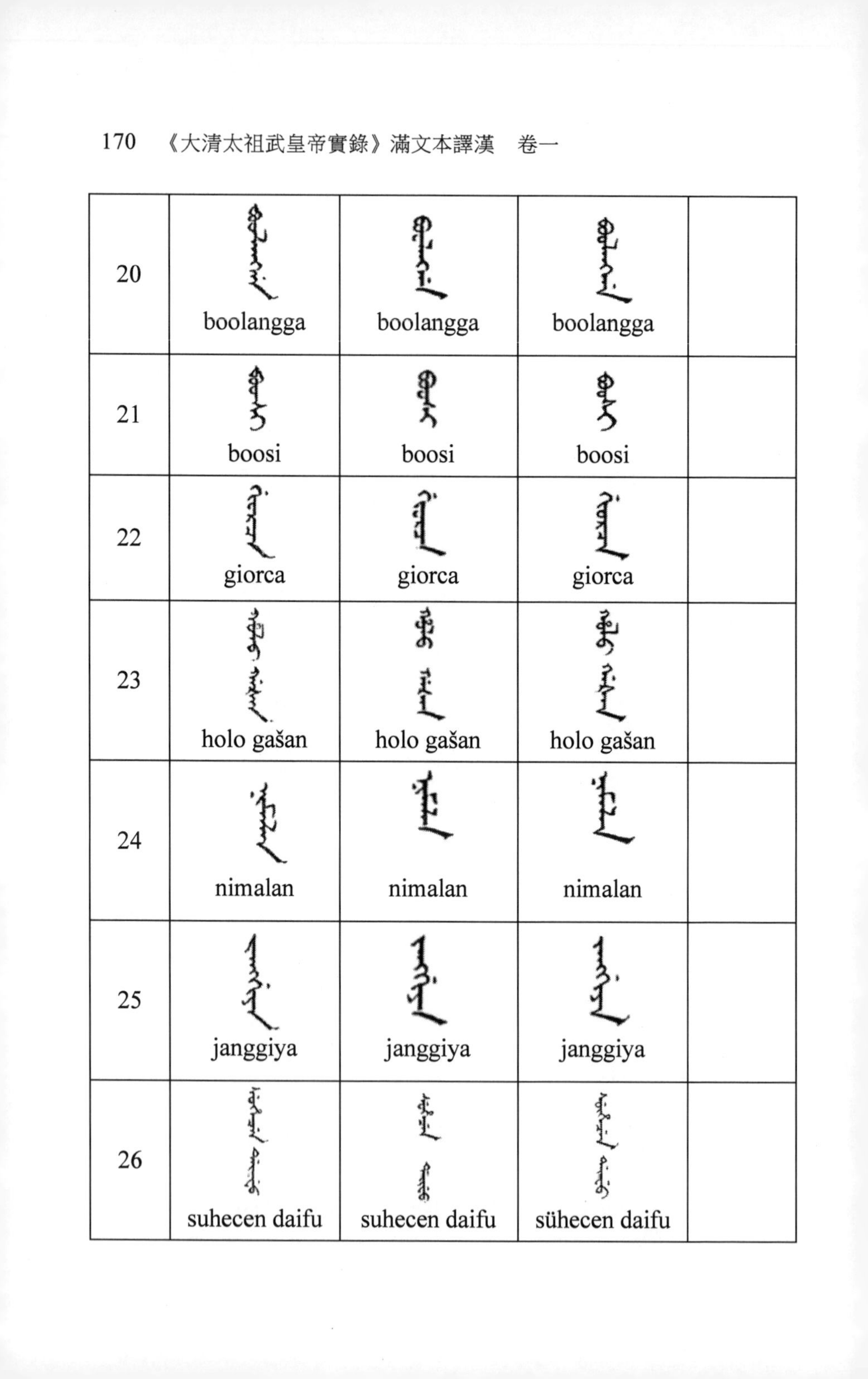

20	boolangga	boolangga	boolangga	
21	boosi	boosi	boosi	
22	giorca	giorca	giorca	
23	holo gašan	holo gašan	holo gašan	
24	nimalan	nimalan	nimalan	
25	janggiya	janggiya	janggiya	
26	suhecen daifu	suhecen daifu	sühecen daifu	

27	tantu	tantu	tantu	
28	niyanggu fiyanggū	niyanggu fiyanggū	niyanggü fiyanggū	
29	luhucen	luhucen	luhücen	
30	maningge	maningge	maningge	
31	mentu	mentu	mentu	
32	litai	litai	litai	

33	utai	utai	utai	
34	coki ajugu	coki ajugu	coki ajugū	
35	fiongdon	fiongdon	fiongdon	
36	lidun baturu	lidun baturu	lidun baturu	
37	erguwen	erguwen	ergüwen	
38	jaikan	jaikan	jaikan	

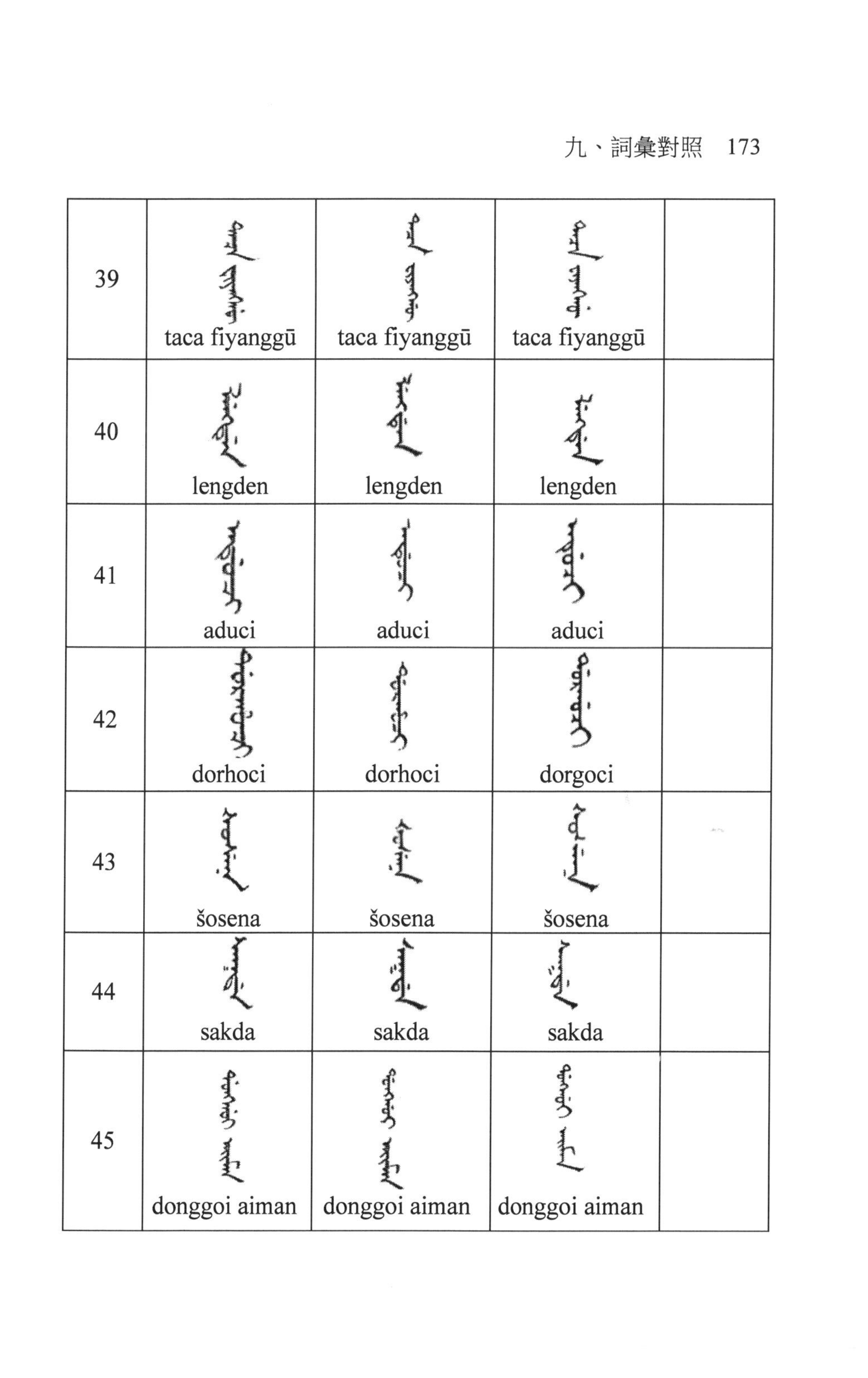

39	taca fiyanggū	taca fiyanggū	taca fiyanggū	
40	lengden	lengden	lengden	
41	aduci	aduci	aduci	
42	dorhoci	dorhoci	dorgoci	
43	šosena	šosena	šosena	
44	sakda	sakda	sakda	
45	donggoi aiman	donggoi aiman	donggoi aiman	

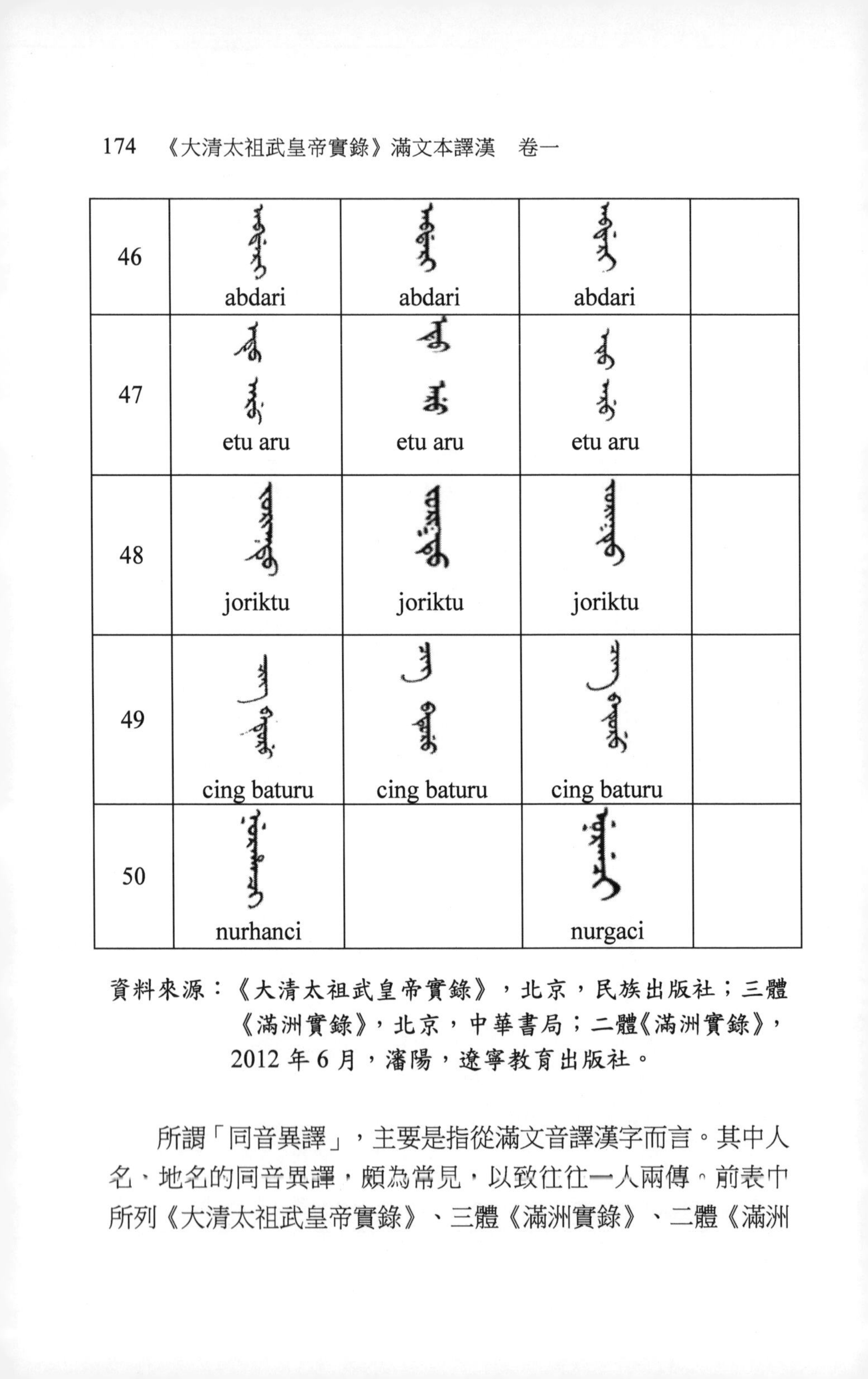

46	abdari	abdari	abdari	
47	etu aru	etu aru	etu aru	
48	joriktu	joriktu	joriktu	
49	cing baturu	cing baturu	cing baturu	
50	nurhanci		nurgaci	

資料來源：《大清太祖武皇帝實錄》，北京，民族出版社；三體《滿洲實錄》，北京，中華書局；二體《滿洲實錄》，2012 年 6 月，瀋陽，遼寧教育出版社。

所謂「同音異譯」，主要是指從滿文音譯漢字而言。其中人名、地名的同音異譯，頗為常見，以致往往一人兩傳。前表中所列《大清太祖武皇帝實錄》、三體《滿洲實錄》、二體《滿洲實錄》滿文詞彙，其字形、讀音，基本一致。譬如：「他們」、「闥門」，滿文俱讀作“tamun”；「布兒湖里」、「布勒瑚里」、「布爾湖里」，滿文俱讀作“bulhūri”；「布庫里英雄」、「布庫哩雍順」、「布庫里雍順」，滿文俱讀作“bukūri yongšon”；「虎欄哈達」、「呼蘭哈達」、「虎攔哈達」，滿文俱讀作“hūlan hada”；「黑禿阿喇」、「赫圖阿拉」、「赫圖阿喇」，滿文俱讀作“hetu ala”；「尼麻蘭」、「尼瑪蘭」、「尼麻喇」，滿文俱讀作“nimalan”；「沙革達」、「薩克達」，滿文俱讀作“sakda”。

對照滿漢文，或還原滿文，有助於理解其詞義。譬如：「蘇克素護河」、「蘇克蘇滸河」，滿文讀作“suksuhu bira”；是滿洲盛京東方的河名。句中“suksuhu”，意即「魚鷹」。「虎欄哈達」，或作「呼蘭哈達」，滿文讀作“hūlan hada”，意即「灶突山」，又作「烟筒峰　」，在永陵對面。「赫圖阿喇」，或作「赫圖阿拉」，滿文讀作“hetu ala”，意即「横崗」。「尼麻蘭」，或作「尼瑪蘭」，滿文讀作“nimalan”，意即「桑樹」。

前列簡表中二體《滿洲實錄》與《大清太祖武皇帝實錄》、三體《滿洲實錄》不同之處，是書寫過渡期的滿文，譬如：“enggulen”（恩古倫）、“jenggule”（正古倫），二體《滿洲實錄》書寫過渡期滿文，依次讀作“enggülen”、“jenggülen”。表中“suksuhü”、“desikü”、“niyanggü”、“luhücen”、“ajugü”、“ergüwen”等都是過渡期滿文，其字形、讀音，與現存《滿文原檔》中的過渡期滿文，基本一致。可將二體《滿洲實錄》、《滿文原檔》各影印於後，以供對照。

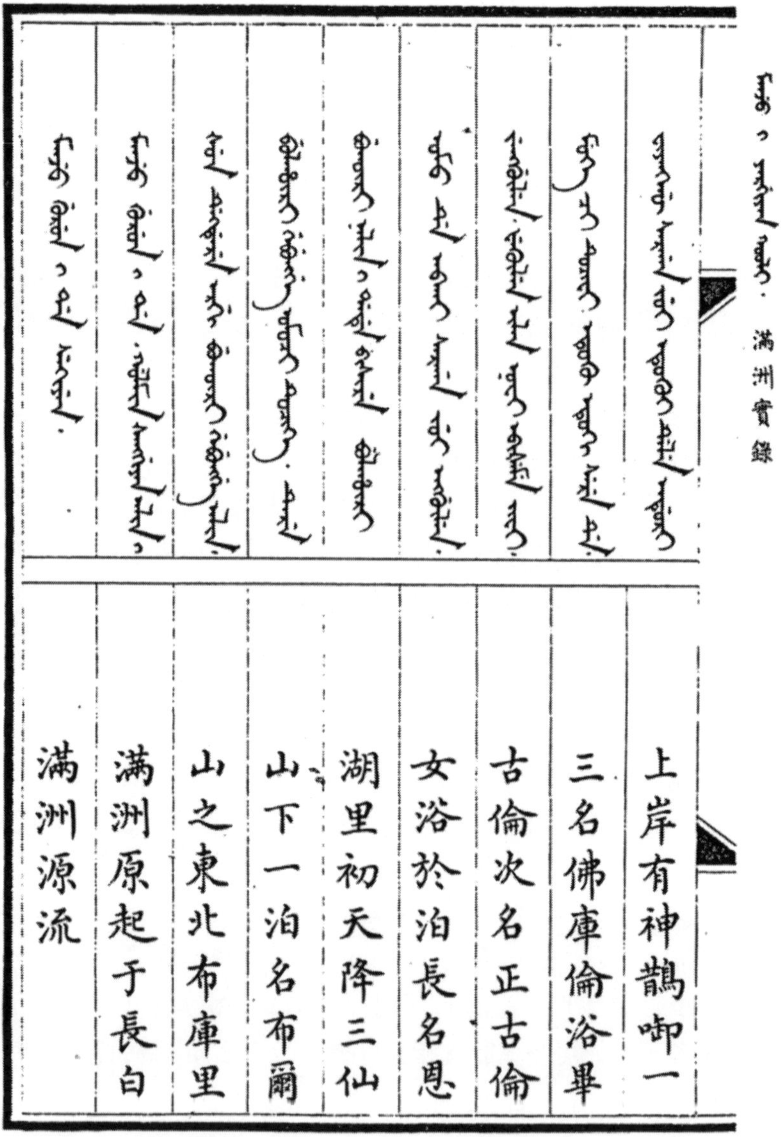

滿洲實錄

滿洲源流
滿洲原起于長白
山之東北布庫里
山下一泊名布爾
湖里初天降三仙
女浴於泊長名恩
古倫次名正古倫
三名佛庫倫浴畢
上岸有神鵲啣一

二體《滿洲實錄》，2012 年 6 月，瀋陽育出版社，卷一。

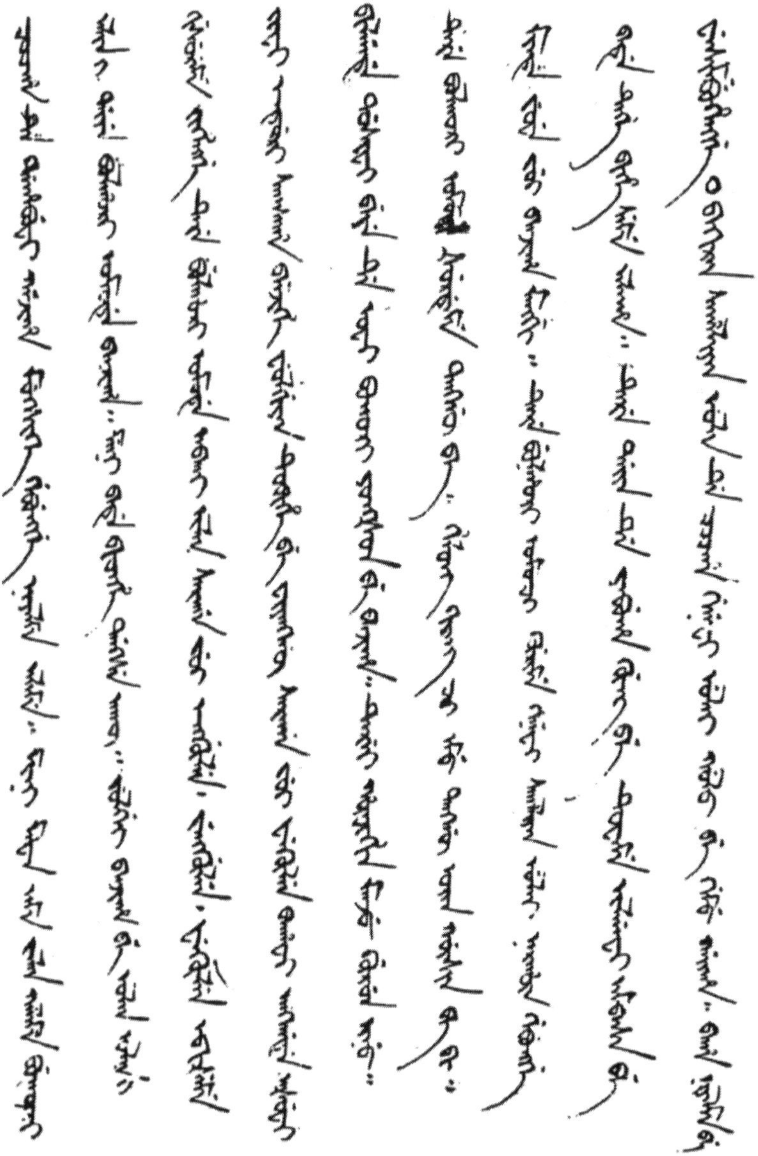

《滿文原檔》，臺北，國立故宮博物院，天聰九年五月初六日，記事。

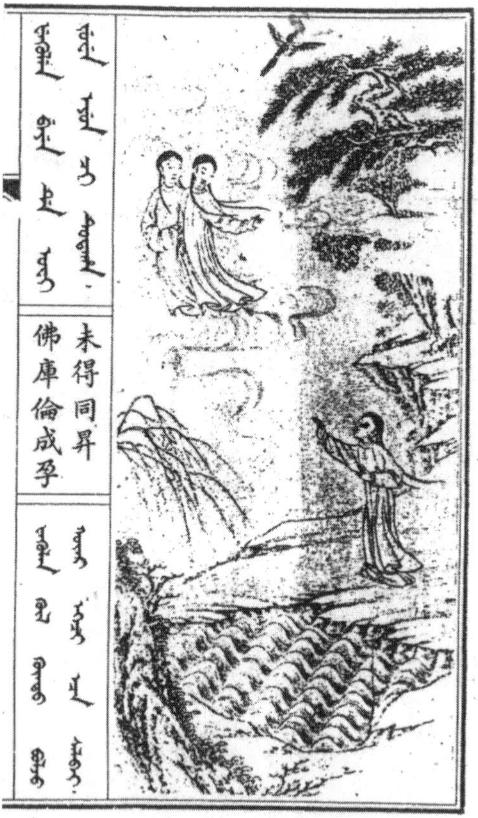
佛庫倫成孕未得同昇

十、天降仙女

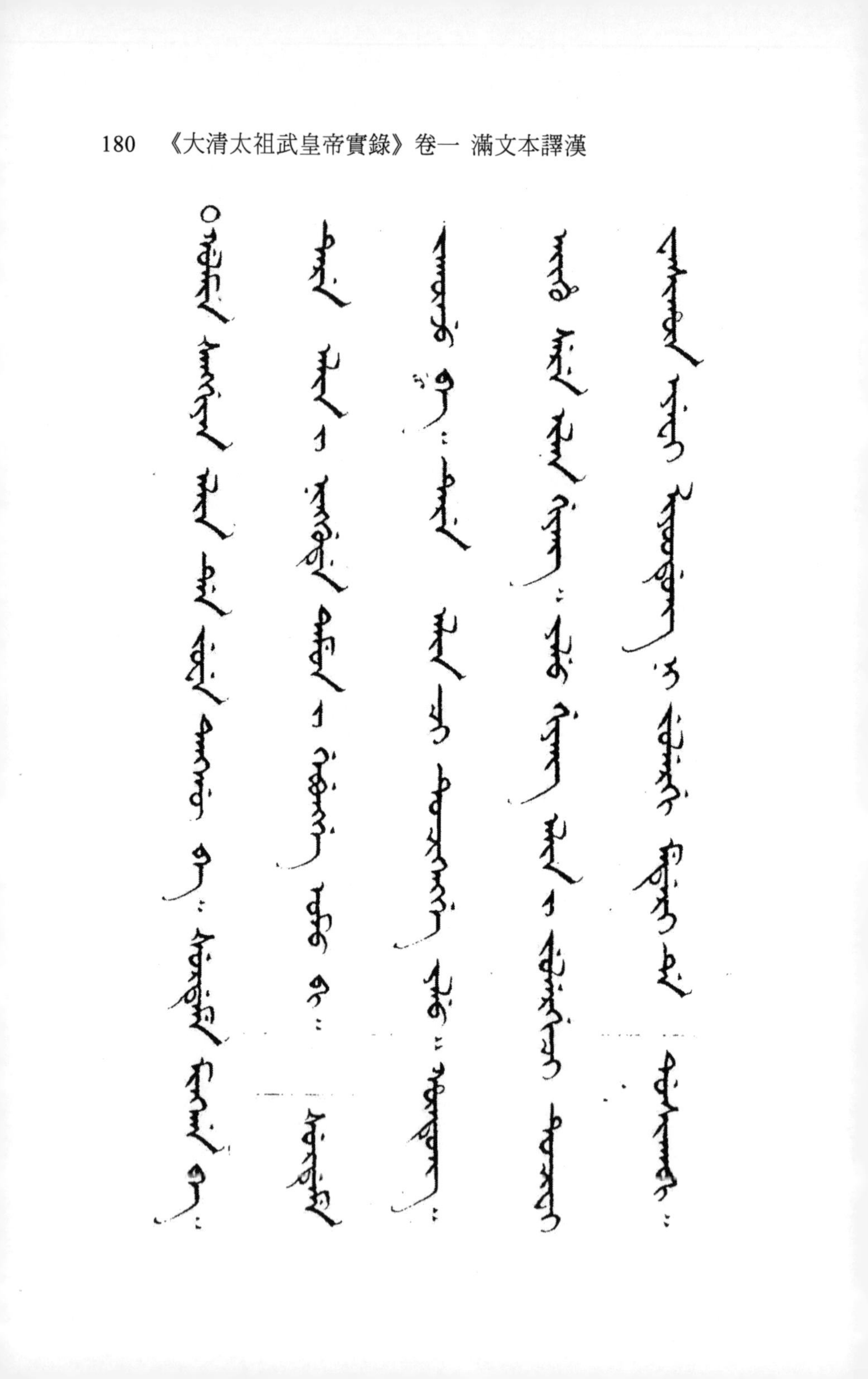

[illegible]

golmin šanggiyan alin den juwe tanggū ba, šurdeme minggan ba, tere alin i ninggude tamun i gebungge omo bi, šurdeme jakūnju ba, tere alin ci tucikengge yalu, hūntung, aihu sere ilan giyang, yalu giyang alin i julergici tucifi wasihūn eyefi liyooclung ni julergi mederi de dosikabi,

---

長白山高二百里，週圍千里，此山之上有一潭，名他們[33]，週圍八十里，鴉綠、混同、愛滹三江俱從此山流出。鴨綠江自山南瀉出，向西流，直入遼東之南海。

长白山高二百里，周围千里，此山之上有一潭，名他们[33]，周围八十里，鸦绿、混同、爱滹三江俱从此山流出。鸭绿江自山南泻出，向西流，直入辽东之南海。

---

33 他們，滿文讀如"tamun"，《滿洲實錄》音譯作「闥門」。

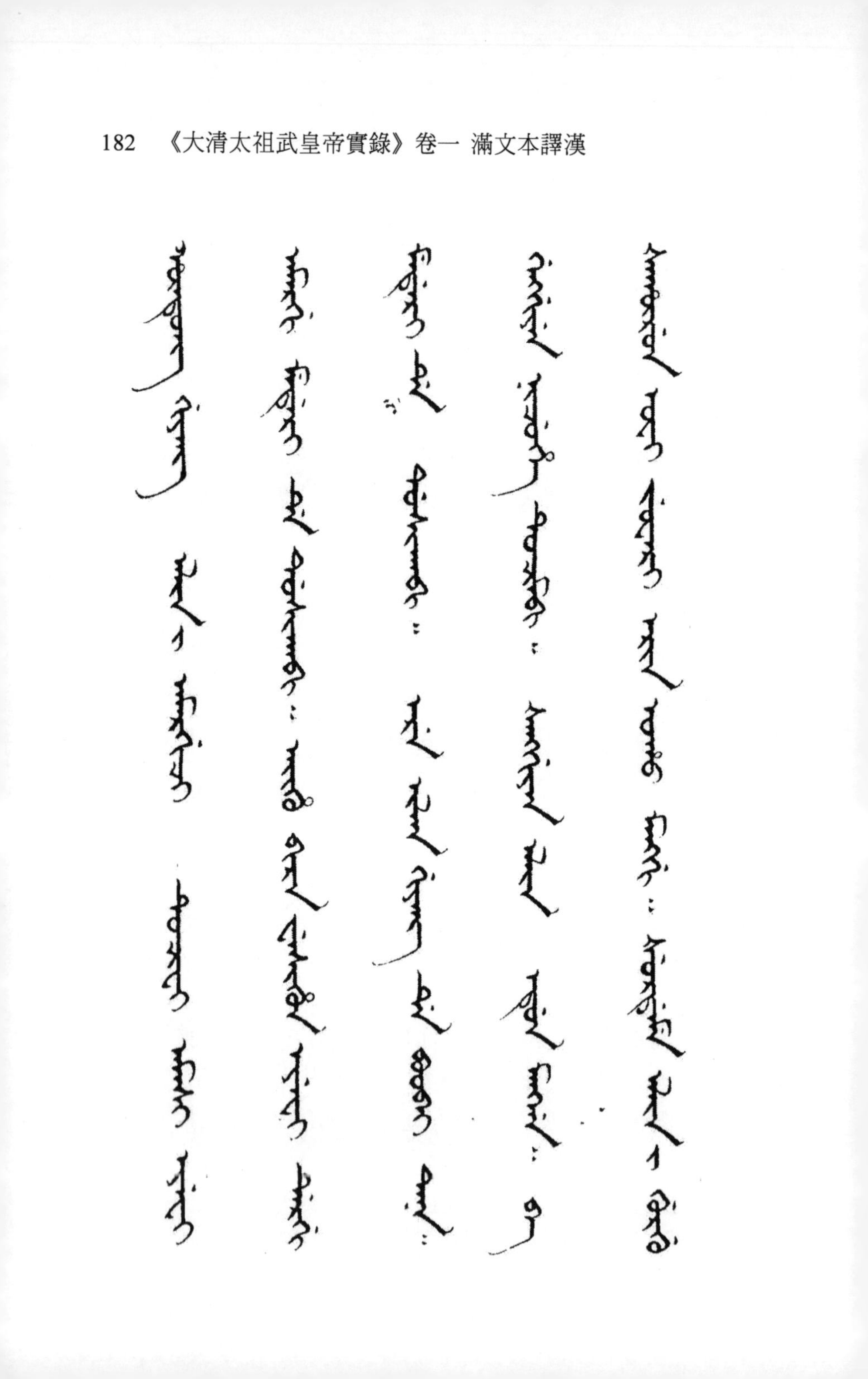

hūntung giyang alin i amargici tucifi amasi eyefi amargi mederi de dosikabi, aihu bira wesihun eyefi dergi mederi de dosikabi, ere ilan giyang de boobai tana, genggiyen nicuhe tucimbi, šanggiyan alin edun mangga, ba šahūrun ofi juwari erin oho manggi, šurdeme alin i gurgu

---

混同江自山北瀉出，向北流，直入北海。愛滹江向東流，直入東海。此三江中，每出珠寶。長白山山高地寒，風勁不休，夏日環山之獸

混同江自山北泻出，向北流，直入北海。爱滹江向东流，直入东海。此三江中，每出珠宝。长白山山高地寒，风劲不休，夏日环山之兽

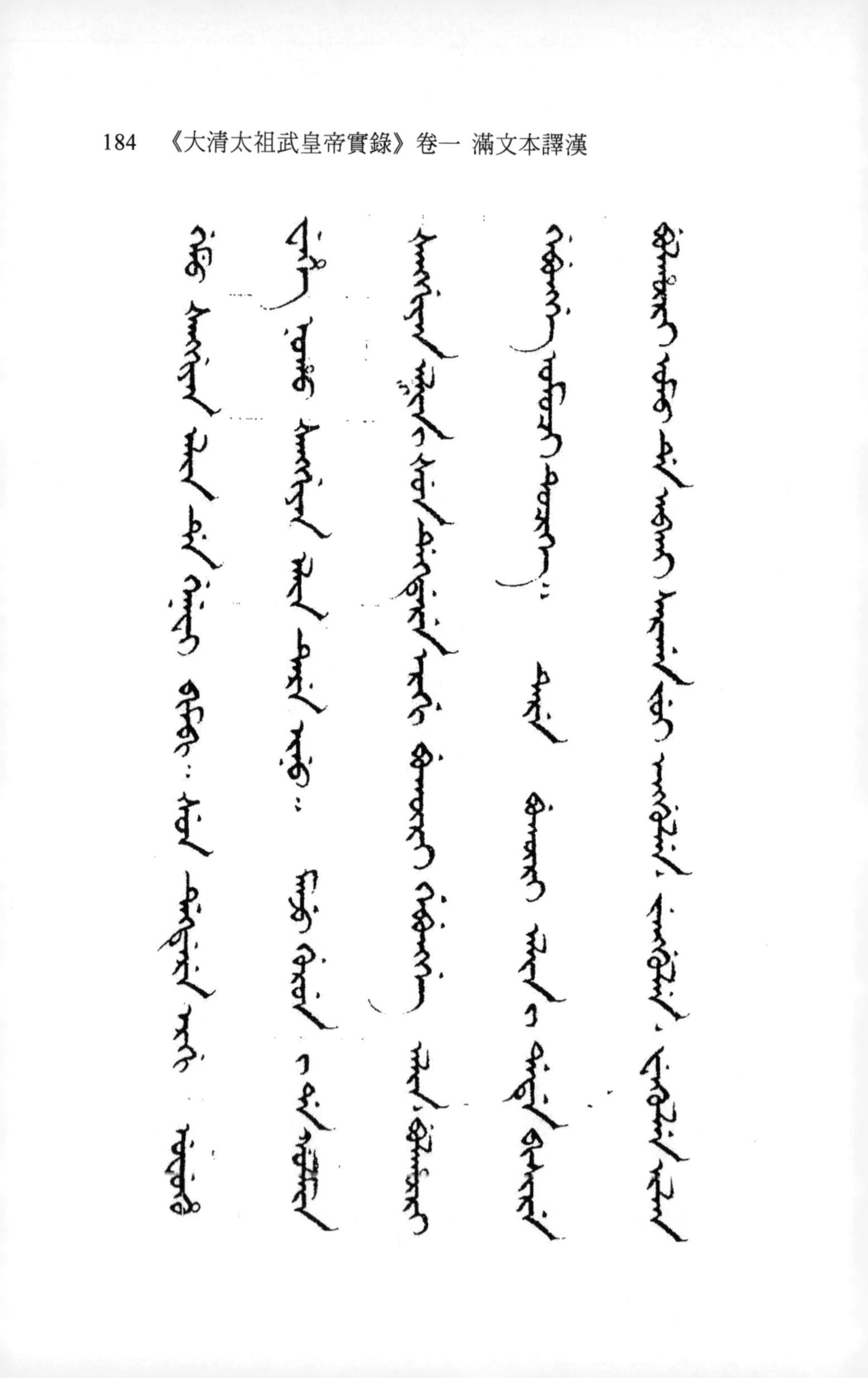

[illegible]

gemu šanggiyan alin de genefi bimbi, šun dekdere ergi ufuhu wehe noho šanggiyan alin tere inu, manju gurun i da golmin šanggiyan alin i šun dekdere ergi bukūri gebungge alin, bulhūri gebungge omoci tucike, tere bukūri alin i dade bisire bulhūri omo de abkai sargan jui enggulen, jenggulen, fekulen ilan

---

俱投憩此山中，此山盡是浮石，乃東北一名山也。滿洲源流，滿洲原起于長白山之東北布庫里山下一泊名布兒湖里[34]。初，天降三仙女浴於泊，長名恩古倫、次名正古倫、三名佛古倫[35]，

俱投憩此山中，此山尽是浮石，乃东北一名山也。满洲源流，满洲原起于长白山之东北布库里山下一泊名布儿湖里[34]。初，天降三仙女浴于泊，长名恩古伦、次名正古伦、三名佛古伦[35]，

---

[34]布兒湖里，滿文讀如"bulhūri"，《滿洲實錄》音譯作「布勒瑚里」。
[35]佛古倫，滿文讀如"fekulen"，《滿洲實錄》音譯作「佛庫倫」。

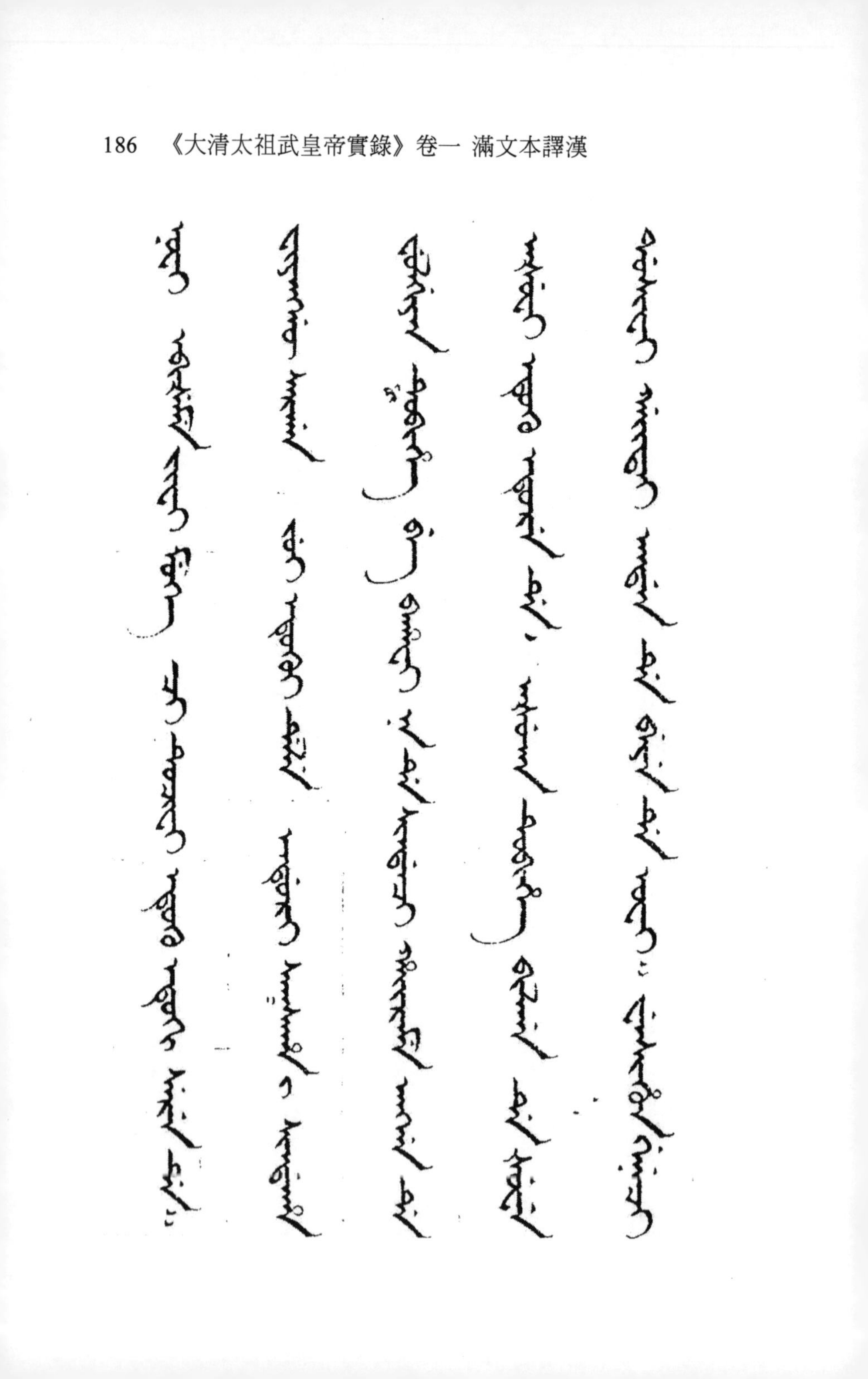

[illegible]

[illegible]

[illegible]

[illegible]

[illegible]

nofi ebišeme jifi muke ci tucifi etuku etuki sere de, fiyanggū sargan jui etukui dele enduri saksaha i sindaha fulgiyan tubihe be bahafi na de sindaci hairame angga de ašufi etuku eture de, ašuka tubihe bilga de šuwe dosifi gaitai andan de beye de ofi, wesihun geneci

---

浴畢上岸，有神鵲啣一朱果置佛古倫衣上，色甚鮮妍，佛古倫愛之不忍釋手，遂啣口中，甫着衣，其果入腹中，即感而成孕，

浴毕上岸，有神鹊衔一朱果置佛古伦衣上，色甚鲜妍，佛古伦爱之不忍释手，遂衔口中，甫着衣，其果入腹中，即感而成孕，

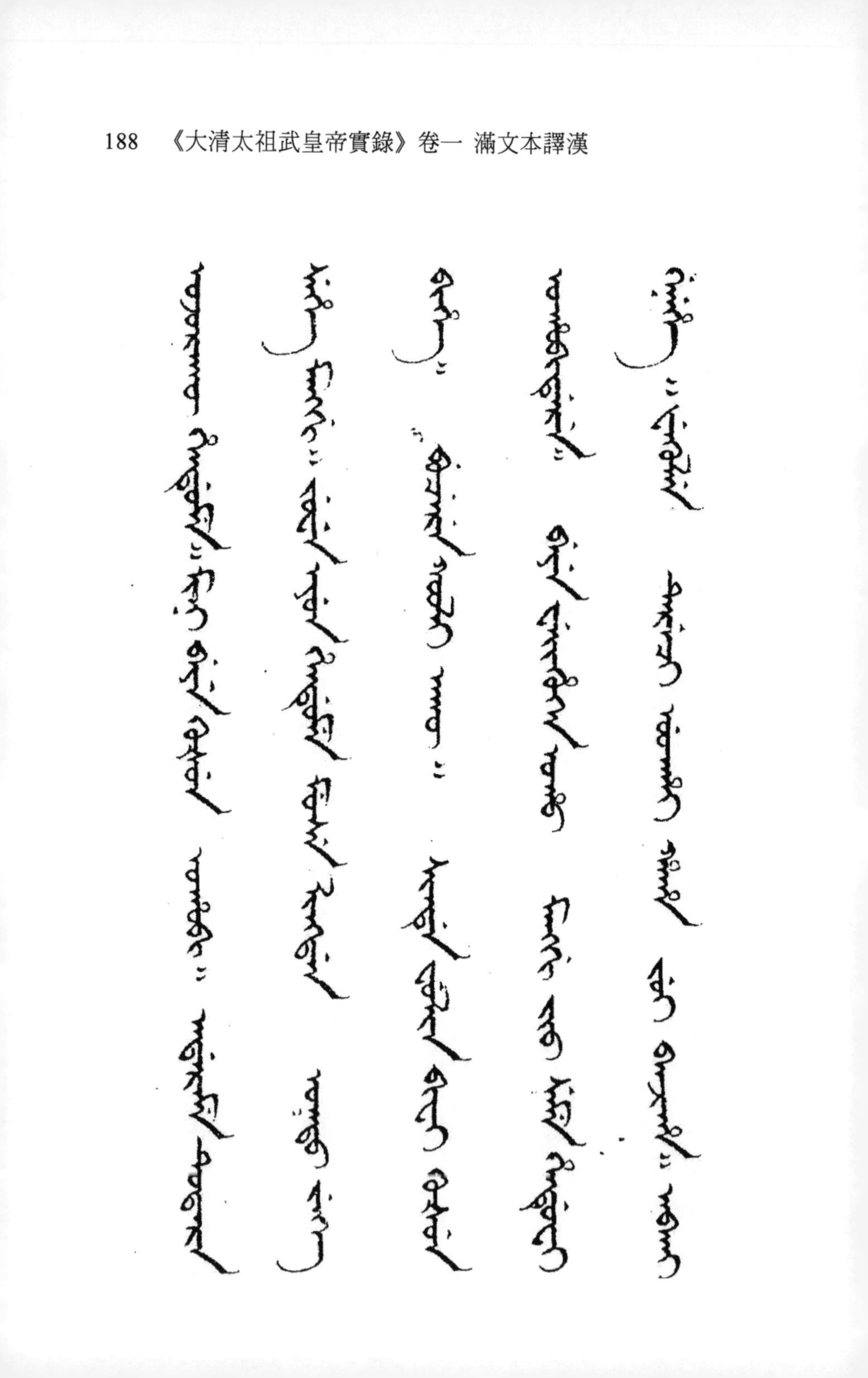

ojorakū hendume, mini beye kušun ohobi, adarame tutara sehe manggi, juwe eyun hendume muse lingdan okto jeke bihe, bucere kooli akū, sinde fulin bifi kušun ohobidere, beye weihuken oho manggi jio seme hendufi genehe, fekulen tereci uthai haha jui banjiha, abkai

---

告二姊曰：「吾覺腹重，不能同昇，奈何？」二姊曰：「吾等曾服丹藥，諒無死理，俟爾身輕上昇未晚。」遂別去。佛古倫後生一男，

告二姊曰：「吾觉腹重，不能同升，奈何？」二姊曰：「吾等曾服丹药，谅无死理，俟尔身轻上升未晚。」遂别去。佛古伦后生一男，

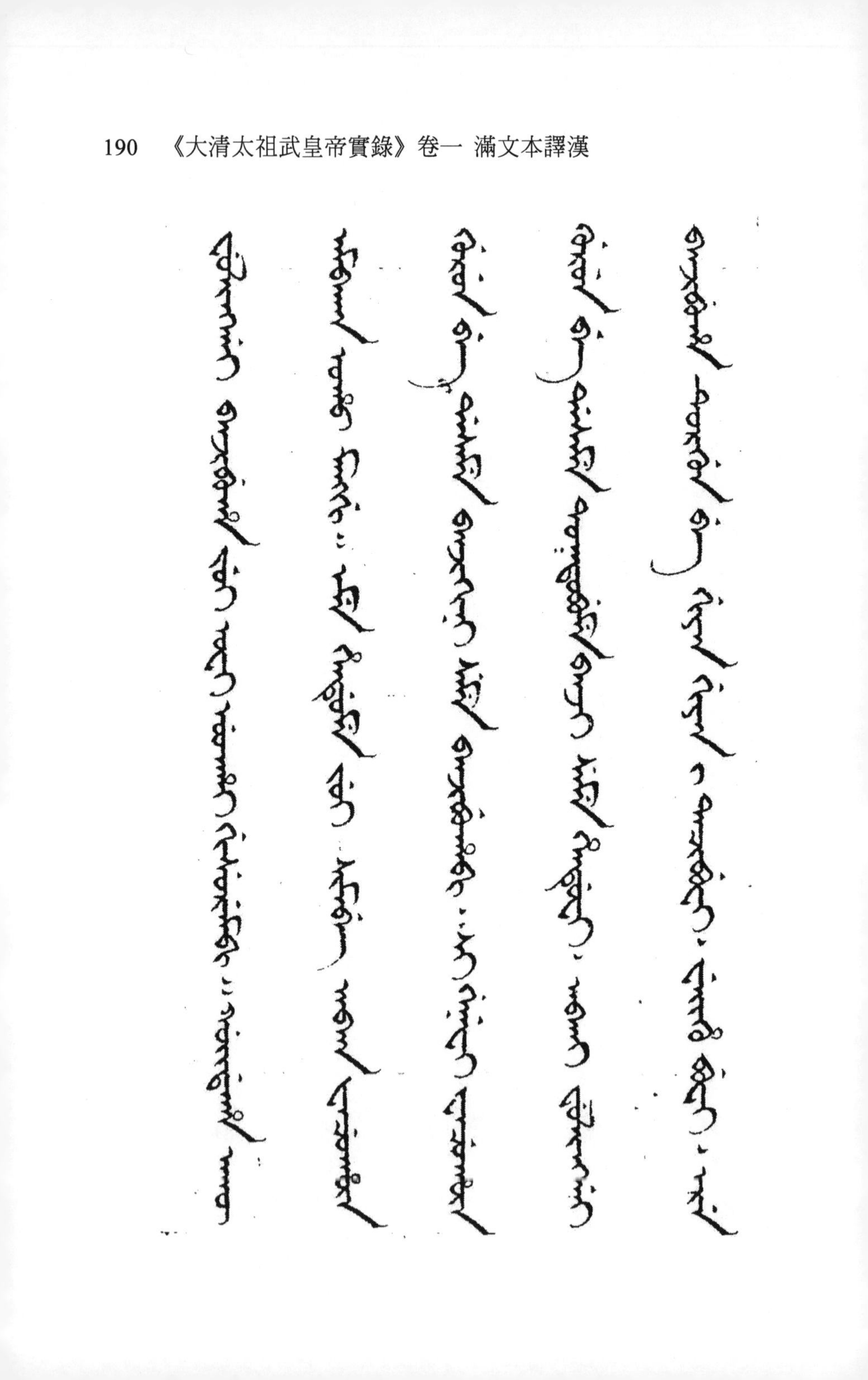

[illegible]

[illegible]

[illegible]

[illegible]

[illegible]

fulinggai banjibuha jui ofi uthai gisurembi, goidaha akū ambakan oho manggi, eme hendume jui simbe abka facuhūn gurun be dasame banjikini seme banjibuhabi, si genefi facuhūn gurun be dasame toktobume banji seme hendufi abkai fulinggai banjibuha turgun be giyan giyan i tacibufi, weihu bufi, ere

---

生而能言，倏而長成。母告子曰：「天生汝，實令汝為夷國主，可往彼處。」將所生緣由一一詳說，乃與一舟，

生而能言，倏而长成。母告子曰：「天生汝，实令汝为夷国主，可往彼处。」将所生缘由一一详说，乃与一舟，

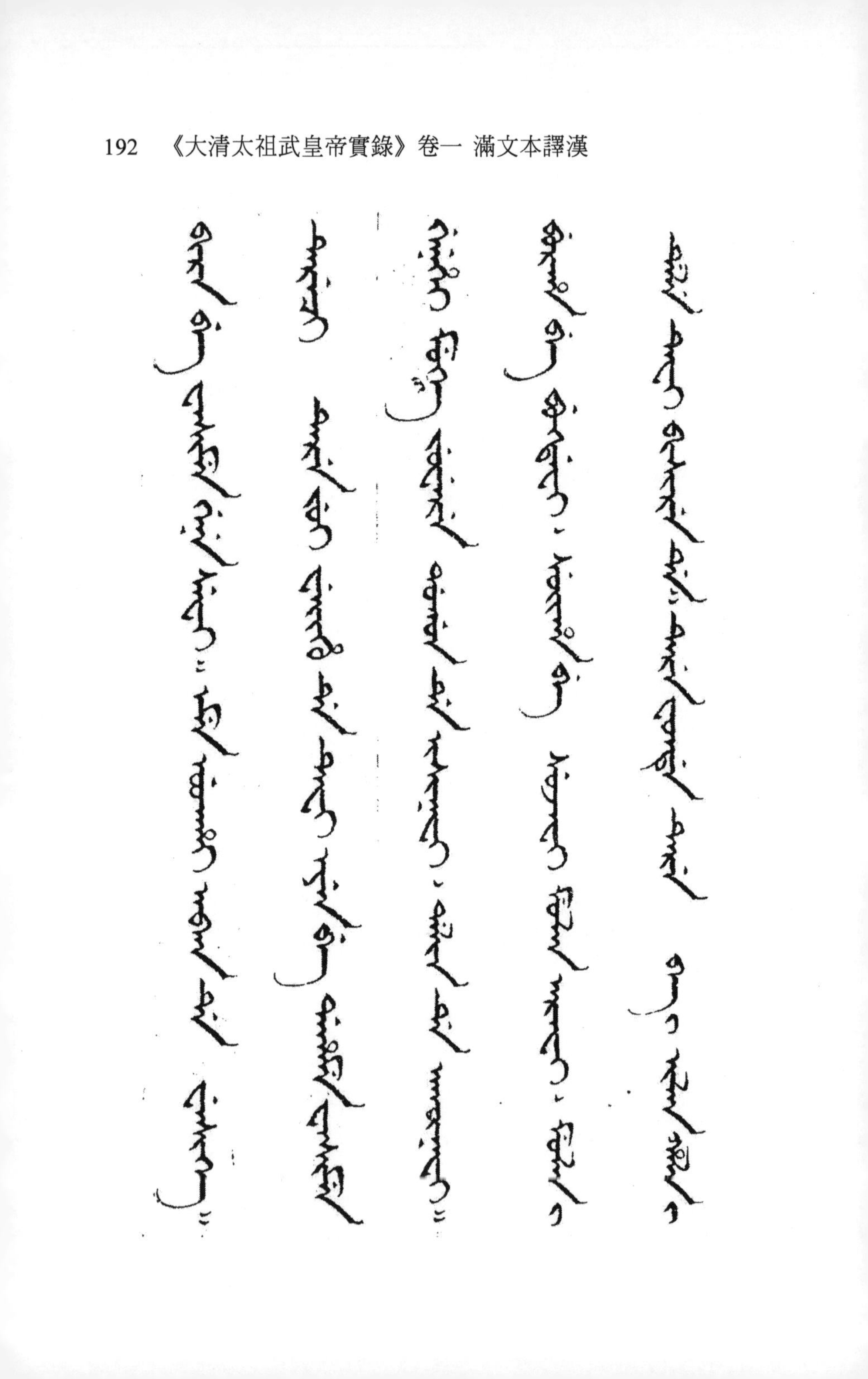

[illegible]

[illegible]

[illegible]

[illegible]

[illegible]

[illegible]

bira be wasime gene sefi, eme uthai abka de wesike, tereci tere jui weihu de tefi eyen be dahame wasime genehei muke juwere dogon de isinafi, dalin de akūnafi, burha be bukdafi, suiha be sujafi mulan arafi, mulan i dele tefi bisire de, tere fonde tere ba i ilan hala i

---

順水去即其地也。」言訖，忽不見。其子乘舟順流而下，至於人居之處，登岸，折柳條爲坐具，似椅形，獨踞其上。彼時長白山東南鰲莫惠[36]（地名）、鰲朵里[37]（城名），內有三姓

顺水去即其地也。」言讫，忽不见。其子乘舟顺流而下，至于人居之处，登岸，折柳条为坐具，似椅形，独踞其上。彼时长白山东南鰲莫惠[36]（地名）、鰲朵里[37]（城名），内有三姓

---

36 鰲莫惠，滿文讀如"omohoi"，《滿洲實錄》音譯作「鄂謨輝」。
37 鰲朵里，滿文讀如"odoli"，《滿洲實錄》音譯作「鄂多理」。

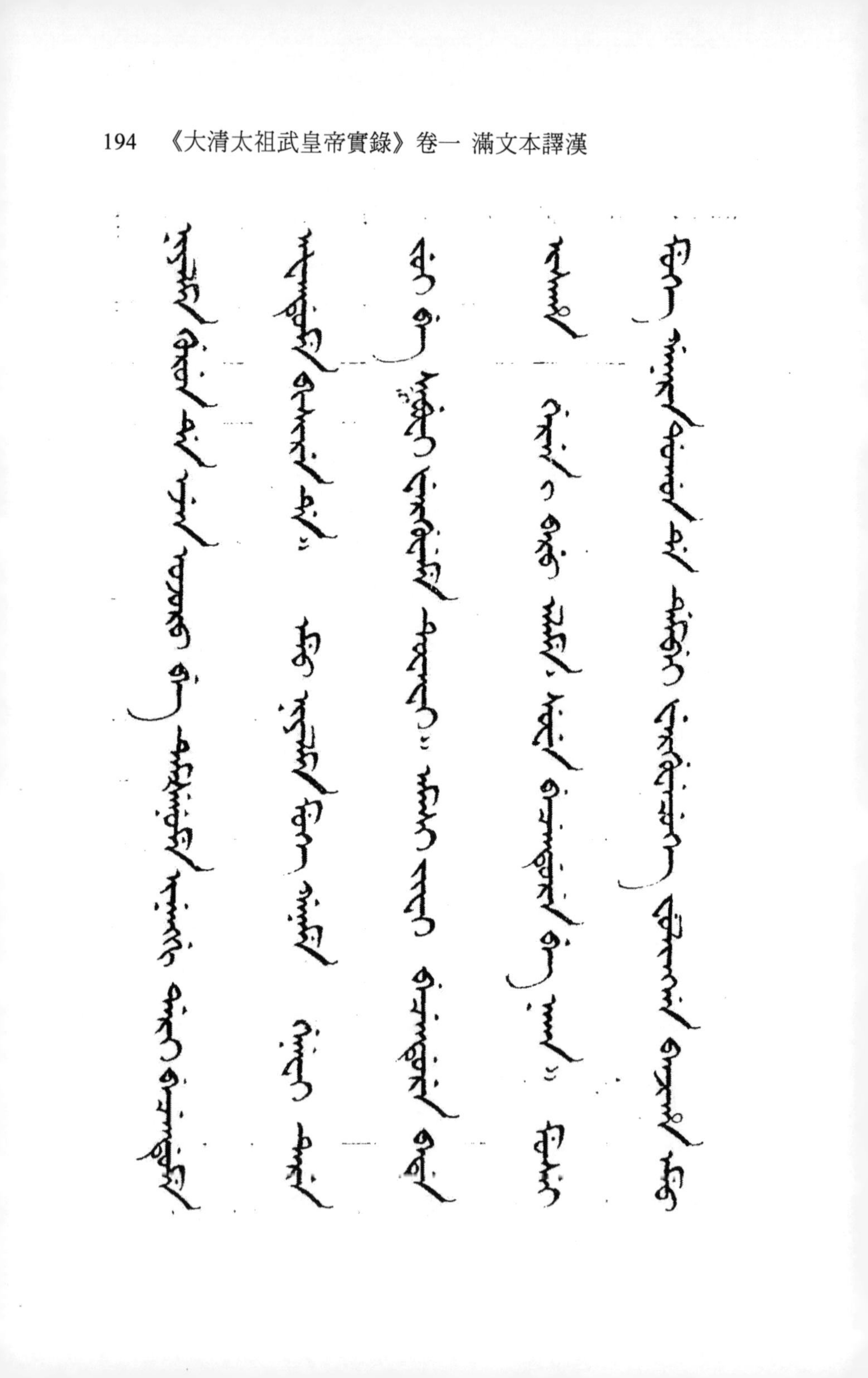

[illegible]

niyalma gurun de ejen ojoro be temšenume inenggi dari becundume afandume bisire de, emu niyalma muke ganame genefi tere jui be sabufi ferguweme tuwafi, amasi jifi becendure bade isaha geren i baru alame, suwe becendure be naka, musei muke ganara dogon de dembei ferguwecuke fulinggai banjiha emu

---

夷酋爭長，終日互相殺傷，適一人來取水，見其子舉止奇異，相貌非常，回至爭鬥之處，告衆曰：「汝等無爭，我於取水處遇一奇男子，非凡人也，

夷酋争长，终日互相杀伤，适一人来取水，见其子举止奇异，相貌非常，回至争斗之处，告众曰：「汝等无争，我于取水处遇一奇男子，非凡人也，

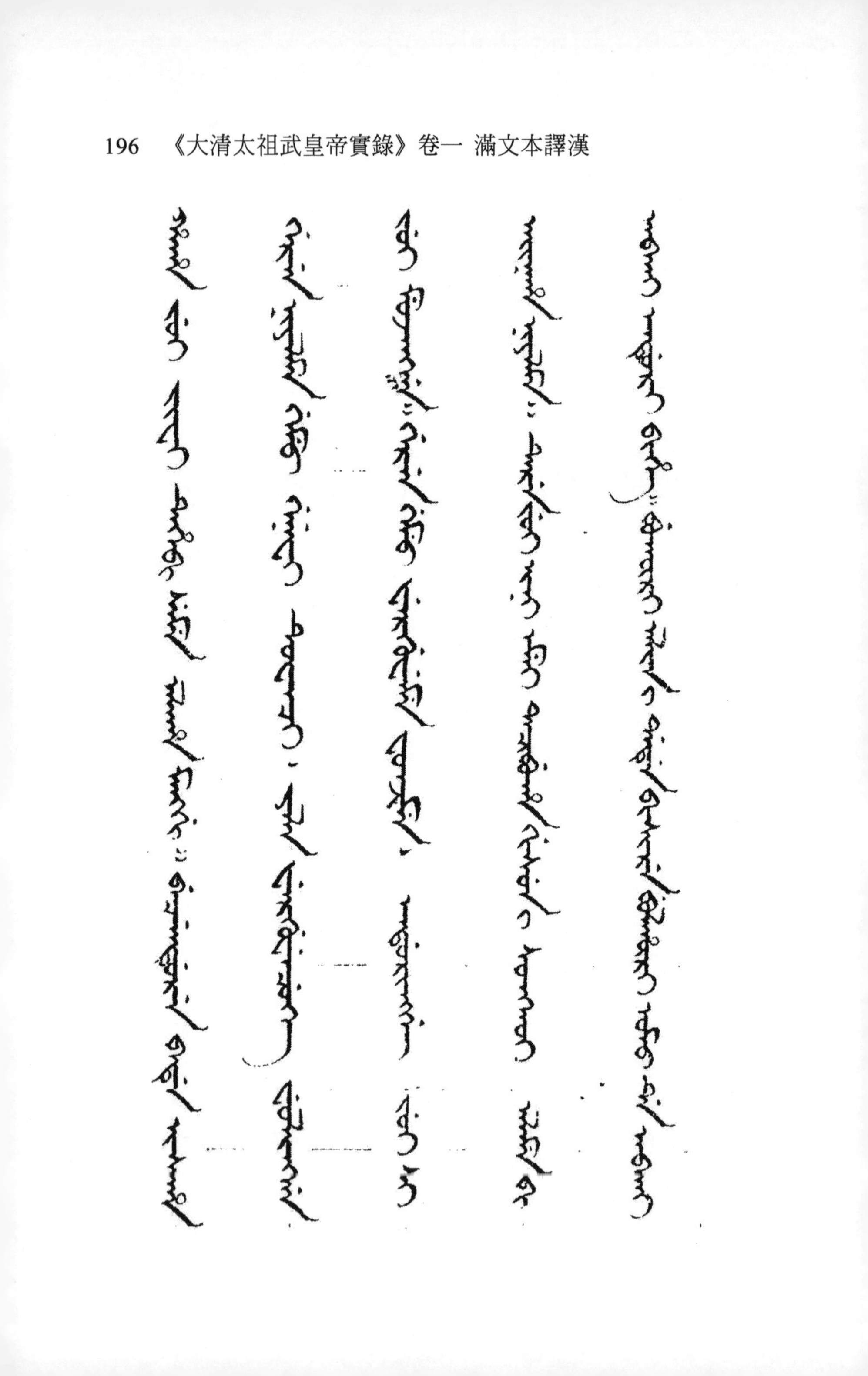

[illegible]

[illegible]

[illegible]

[illegible]

[illegible]

[illegible]

haha jui jifi tehebi seme alaha manggi, becendure bade isaha geren niyalma gemu genefi tuwaci, yala ferguwecuke fulingga jui mujangga, geren gemu ferguweme fonjime, enduringge jui si ainaha niyalma, tere jui ini emei tacibuha gisun i songkoi alame bi abkai enduri bihe, bukūri alin i dade bisire bulhūri omo de abkai

---

想天不虛生此人，盍往觀之？」三酋長聞言罷戰，同衆往觀。及見，果非常人，異而詰之。仙女子爾何許人？仙女子照其母所囑之言告之，我原是天女，布庫里山下一泊名布兒湖里，

想天不虚生此人，盍往观之？」三酋长闻言罢战，同众往观。及见，果非常人，异而诘之。仙女子尔何许人？仙女子照其母所嘱之言告之，我原是天女，布库里山下一泊名布儿湖里，

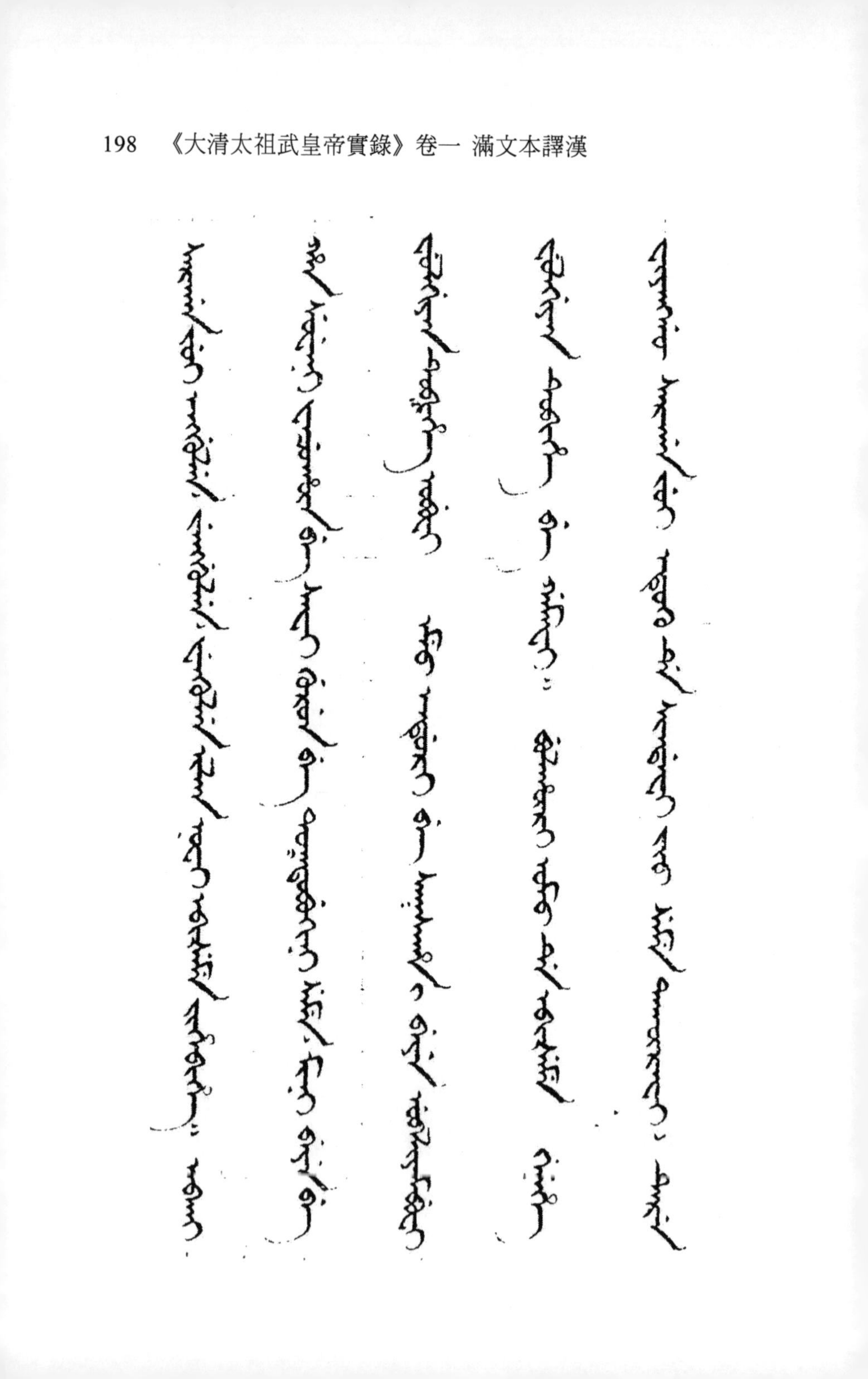

[illegible]

sargan jui enggulen, jenggulen, fekulen ilan nofi ebišeme jihebihe, abkai han suweni facuhūn be safi gurun be toktobukini seme, mini beye be fulgiyan tubihe obufi emu enduri be saksaha i beye ubaliyambufi fulgiyan tubihe be gamafi, bulhūri omo de ebišeme genehe fiyanggū sargan jui etuku de sindafi jio seme takūrafi, tere

---

天女恩古倫、正古倫、佛古倫三仙女浴於泊，天帝知汝等之亂，令我定國亂，將我變成朱果，有一神鵲啣朱果至布兒湖里湖置季女衣上，命我前來，

天女恩古伦、正古伦、佛古伦三仙女浴于泊，天帝知汝等之乱，令我定国乱，将我变成朱果，有一神鹊衔朱果至布儿湖里湖置季女衣上，命我前来，

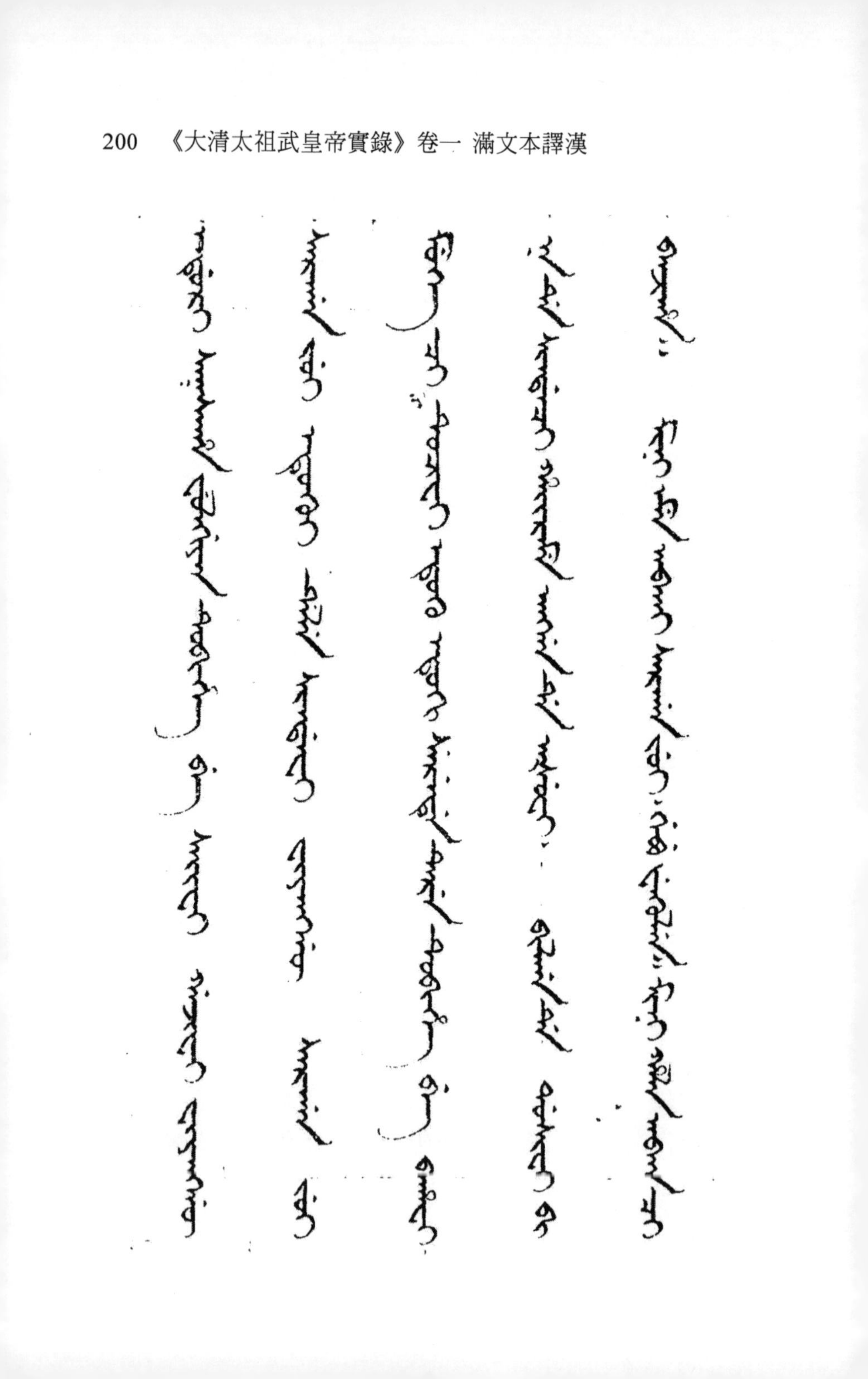

[illegible]

[illegible]

[illegible]

[illegible]

[illegible]

[illegible]

enduri saksaha fulgiyan tubihe be saifi gajifi fiyanggū sargan jui etukui dele sindafi fiyanggū sargan jui muke ci tucifi etuku etuki serede tere tubihe be bahafi na de sindaci hairame angga de ašufi, bilga de dosifi bi banjiha, mini eme abkai sargan jui, gebu fekulen, mini hala abka ci

---

神鵲啣朱果置季女衣上，季女浴畢上岸着衣時獲朱果，不忍置地上，啣口中，遂入腹中而成孕生下我，我母是仙女，名佛古倫，

神鹊衔朱果置季女衣上，季女浴毕上岸着衣时获朱果，不忍置地上，遂衔口中，遂入腹中而成孕生下我，我母是仙女，名佛古伦，

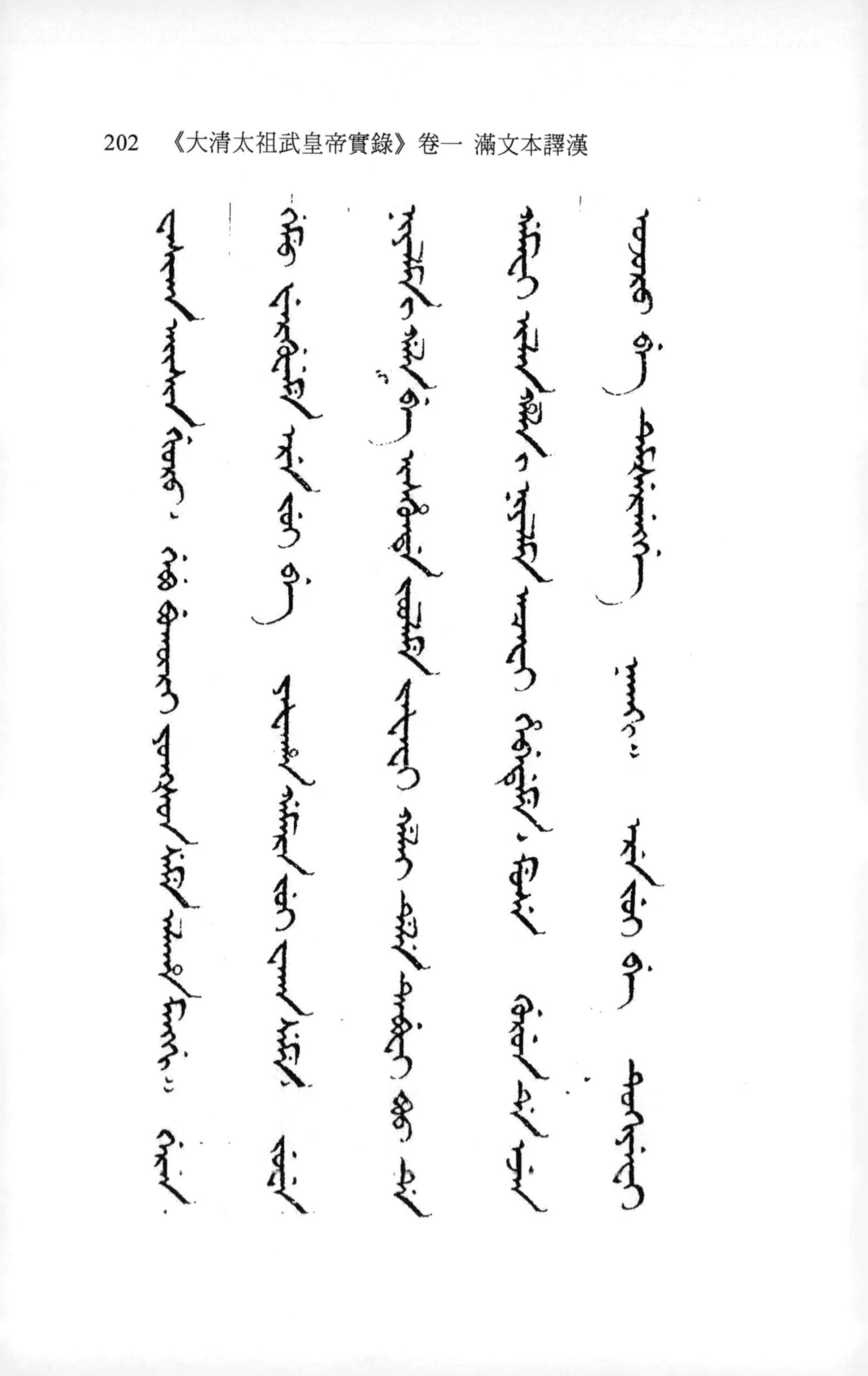

wasika aisin gioro, gebu bukūri yongšon some alaha manggi, geren gemu ferguweme ere jui be yafahan gamara jui waka seme, juwe niyalma i gala be ishunde joolame jafa galai dele tebufi boo de gamafi ilan hala i niyalma acafi hebedeme, mnse gurun de ejen ojoro be temšerengge nakaki, ere jui be tukiyefi

---

我姓乃天降爱新覺落，名布庫里雍順，詳告之後，衆皆驚異曰：「此子不可使之徒行。」遂二人相插手，使之坐於手上，擁捧而回。三姓之人會議共奉爲我國主以息爭，

我姓乃天降爱新觉落，名布库里雍顺，详告之后，众皆惊异曰：「此子不可使之徒行。」遂二人相插手，使之坐于手上，拥捧而回。三姓之人会议共奉为我国主以息争，

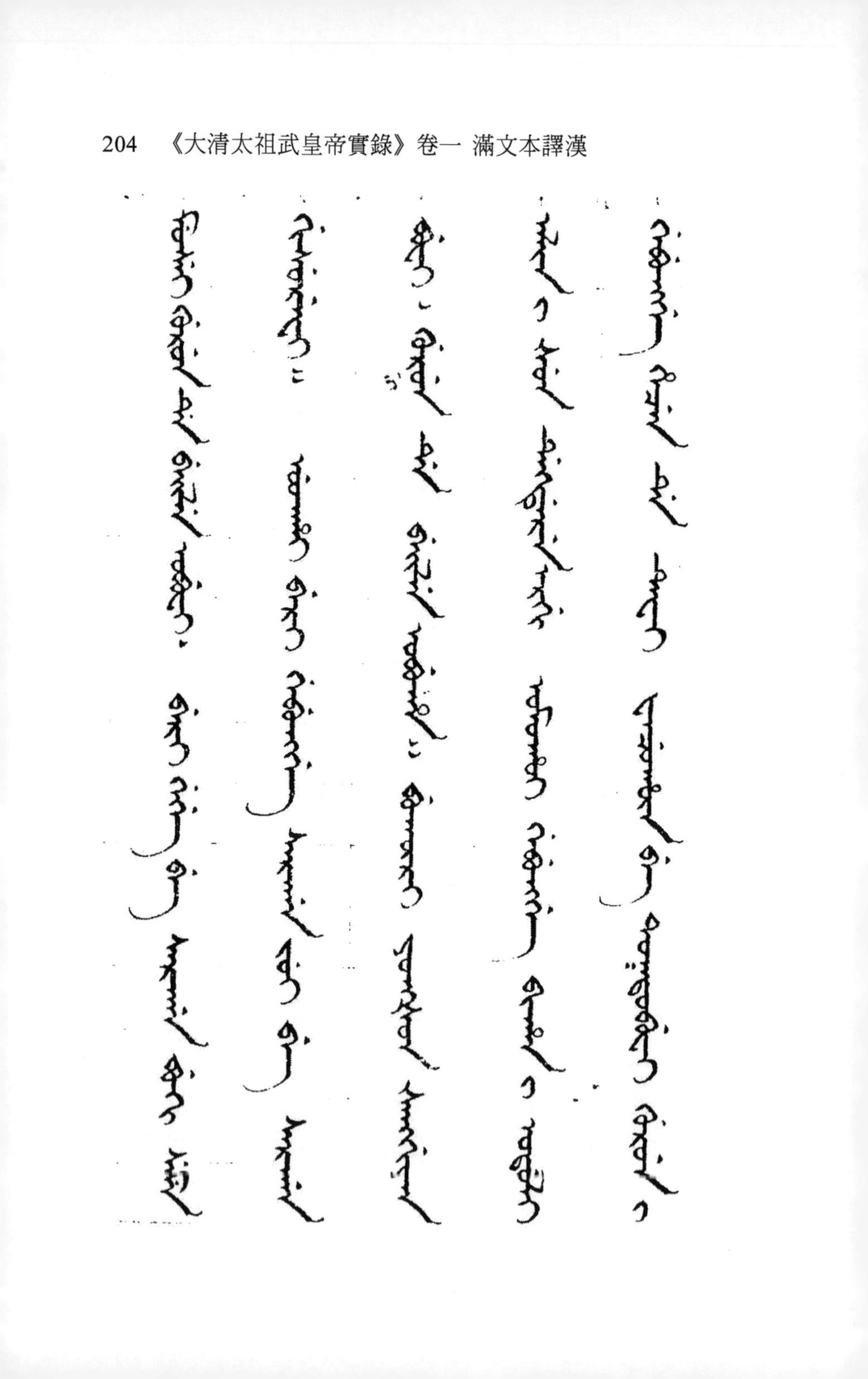

musei gurun de beile obufi, beri gege be sargan buki seme gisurefi, uthai beri gebungge sargan jui be sargan bufi, gurun de beile obuha, bukūri yongšon šanggiyan alin i šun dekdere ergi omohoi gebungge bihan i odoli gebungge hecen de tefi facuhūn be toktobufi gurun i

---

共議欲以此子爲我國貝勒，以百里格格妻之。即妻以百里女，爲國中貝勒。布庫里英雄居長白山東鰲莫惠之野鰲朵里城。

共议欲以此子为我国贝勒，以百里格格妻之。即妻以百里女，为国中贝勒。布库里英雄居长白山东鳌莫惠之野鳌朵里城。

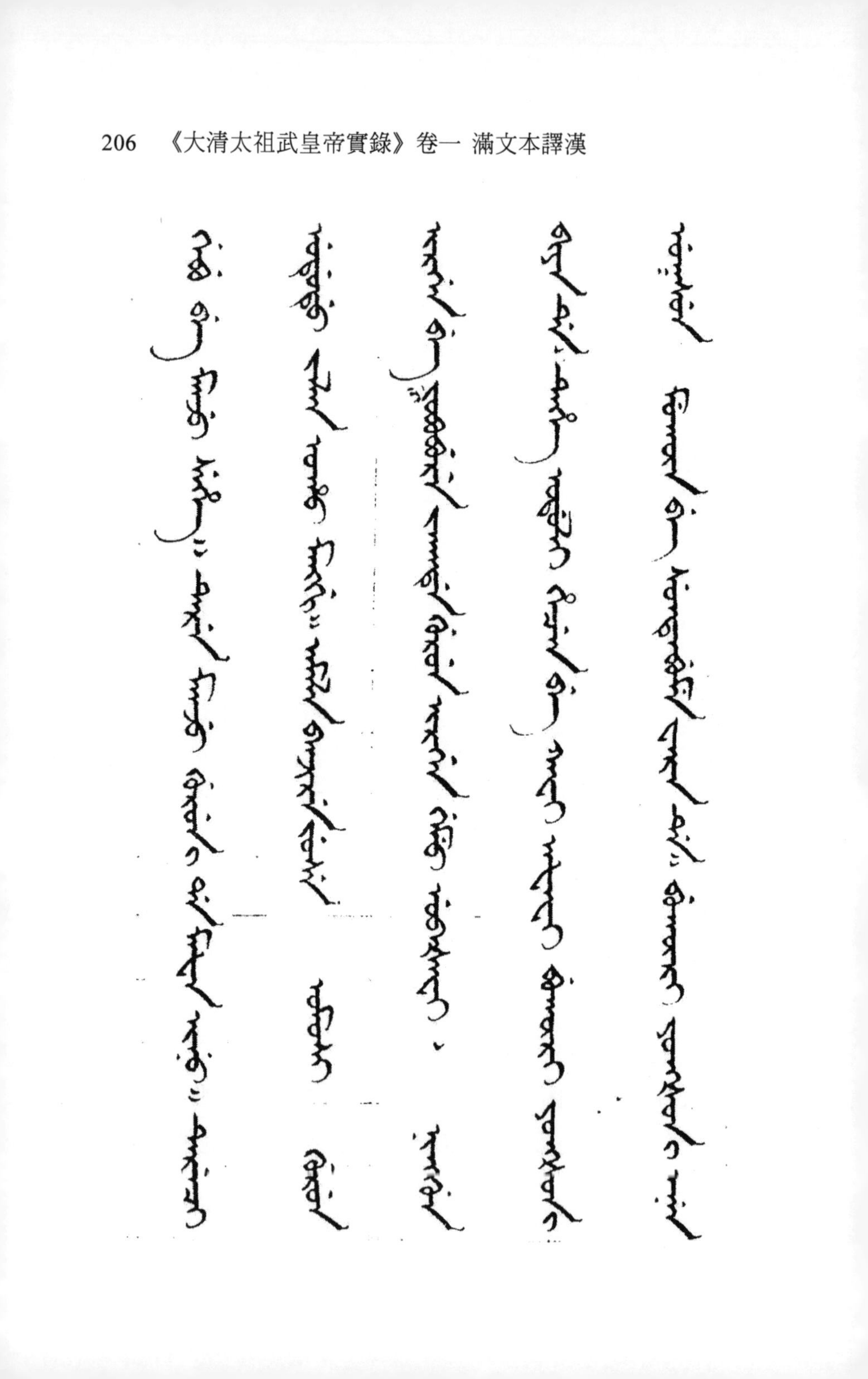

gebu be manju sehe, tere manju gurun i da mafa inu, tereci ududu jalan oho manggi, amala banjire juse omosi gurun irgen be jobobure jakade gurun irgen gemu ubašafi, ninggun biya de, tehe odoli hecen be kafi afafi bukūri yougšon i uksun mukūn be suntebume wara de, bukūri yongšon i enen

---

定亂後國後滿洲，乃滿洲國始祖也。歷數世後，其後世子孫暴虐國人，國人俱叛，於六月間，圍攻所居鰲朵里城，盡殺布庫里雍順闔族。

定乱后国后满洲，乃满洲国始祖也。历数世后，其后世子孙暴虐国人，国人俱叛，于六月间，围攻所居鳌朵里城，尽杀布库里雍顺阖族。

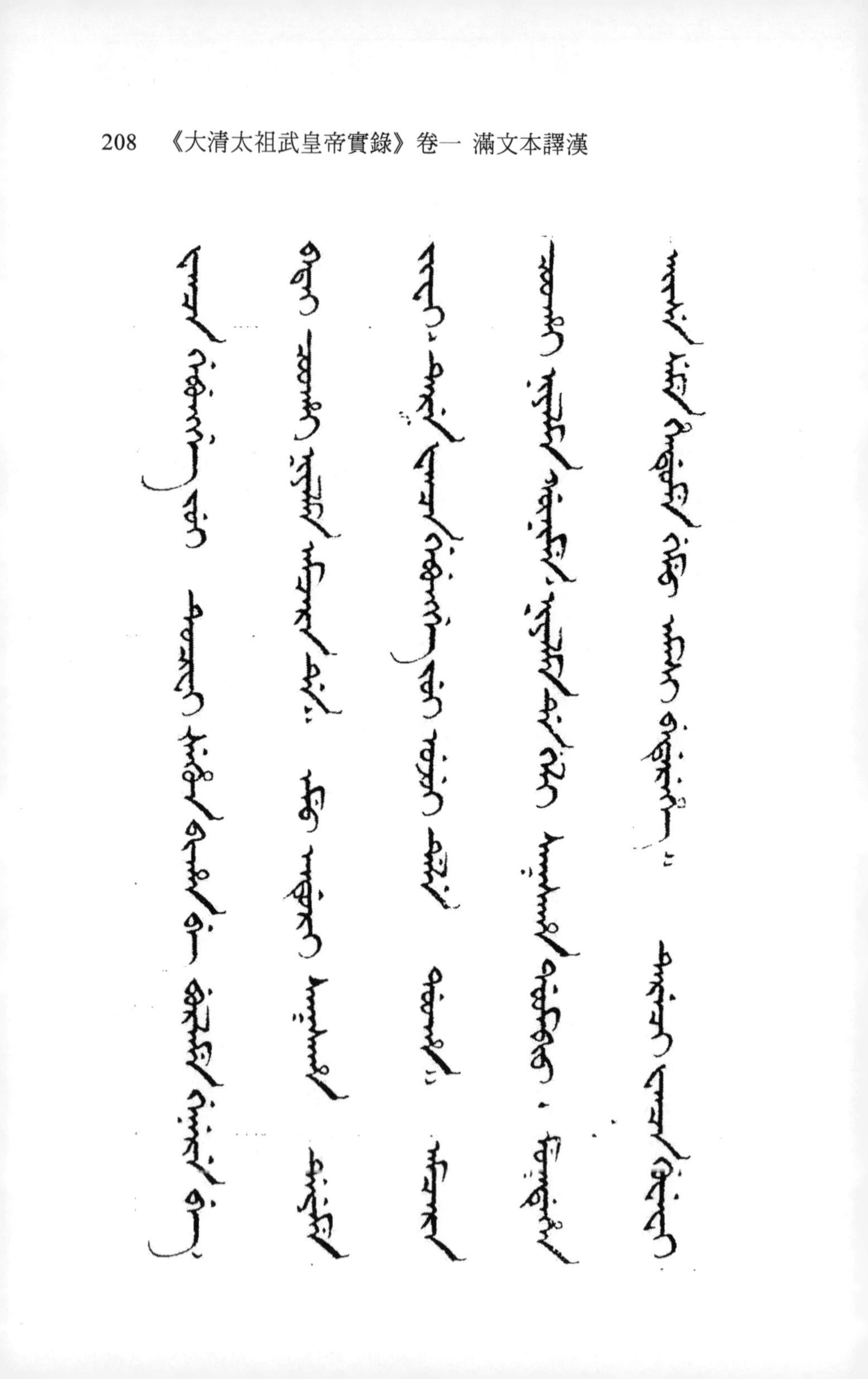

fanca gebungge jui tucifi šehun bihan be burlame genere be, batai coohai niyalma amcara de, emu enduri saksaha deyeme jifi, tere fanca gebungge jui ujui dele dooha, amcara coohai niyalma gūnime, niyalma de geli saksaha doombio, mukdehen aise seme hendume gemu amasi bederehe, tereci fanca guwefi

---

布庫里英雄子孫內有一幼兒名范嗏[38]，脱身走至曠野。敵兵追之，會有一神鵲飛來棲兒頭上，追兵謂人首無鵲棲之理，疑爲枯木樁，俱返回，於是范嗏得以脫出，

布库里英雄子孙内有一幼儿名范嗏[38]，脱身走至旷野。敌兵追之，会有一神鹊飞来栖儿头上，追兵谓人首无鹊栖之理，疑为枯木桩，俱返回，于是范嗏得以脱出，

---

[38] 范嗏，滿文讀如“fanca”，《滿洲實錄》音譯作「樊察」。

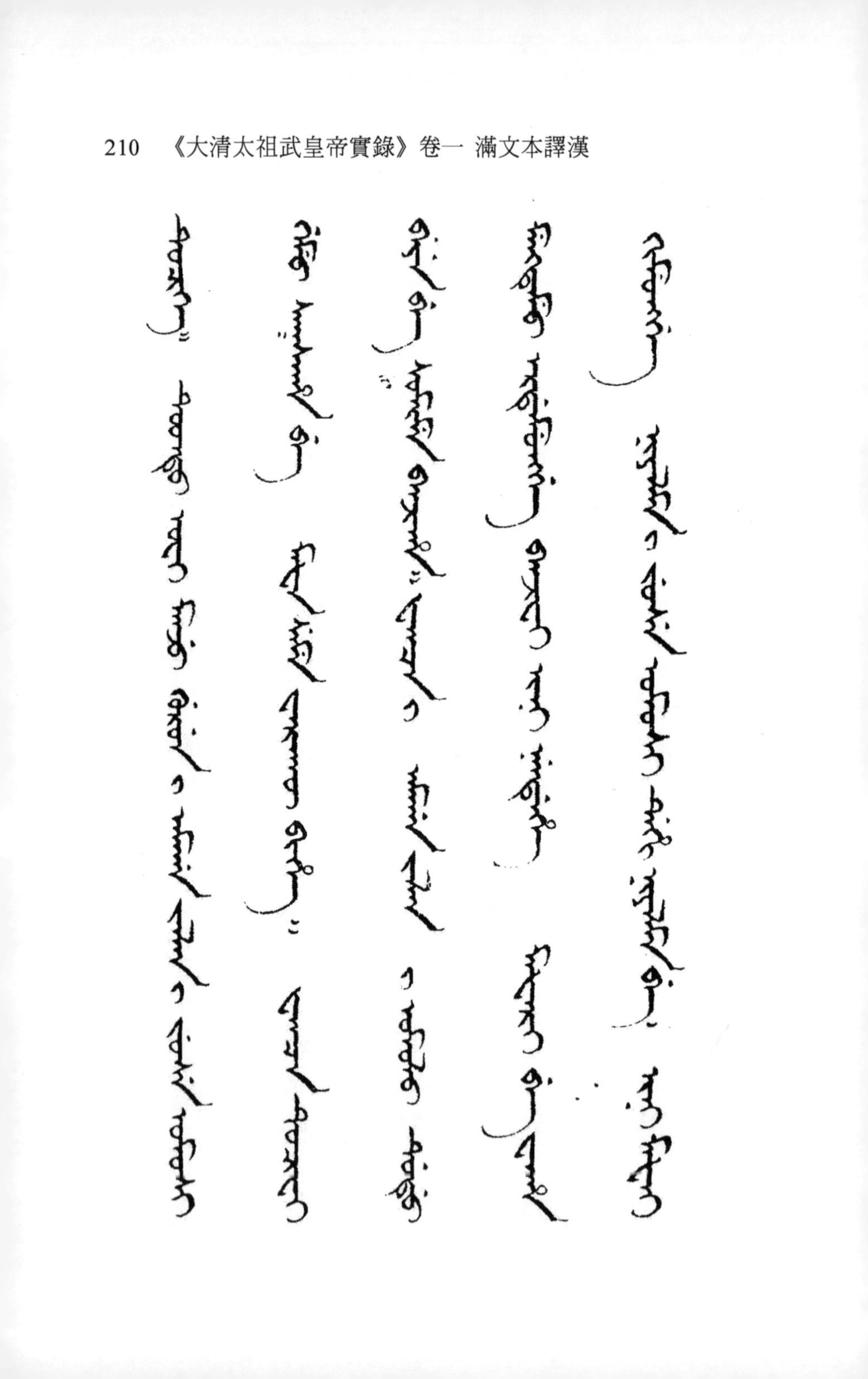

[illegible]

[illegible]

[illegible]

[illegible]

[illegible]

[illegible]

tucike, tuttu ofi manju gurun i amaga jalan i juse omosi gemu saksaha be mafa seme warakū bihe, fanca tucifi beye be somime banjiha, fanca i amaga jalan i omolo dudu mengtemu erdemungge banjifi ini nendehe mafari be waha kimungge niyalma i juse omosi dehi niyalma be, ini mafai

---

是故滿洲國後世子孫俱以鵲爲祖[39]，不加殺害。范嗏脱出後隱其身以終焉。范嗏後世之孫都督孟特木[40]，生有智略，將殺祖仇人之子孫四十人。

是故满洲国后世子孙俱以鹊为祖[39]，不加杀害。范嗏脱出后隐其身以终焉。范嗏后世之孙都督孟特木[40]，生有智略，将杀祖仇人之子孙四十人。

---

39 以鵲爲祖，滿文讀如“saksaha be mafa”，《滿洲實錄》音譯作「以鵲爲神」。

40 孟特木，滿文讀如“mengtemu”，《太祖高皇帝實錄》音譯作「孟特穆」。

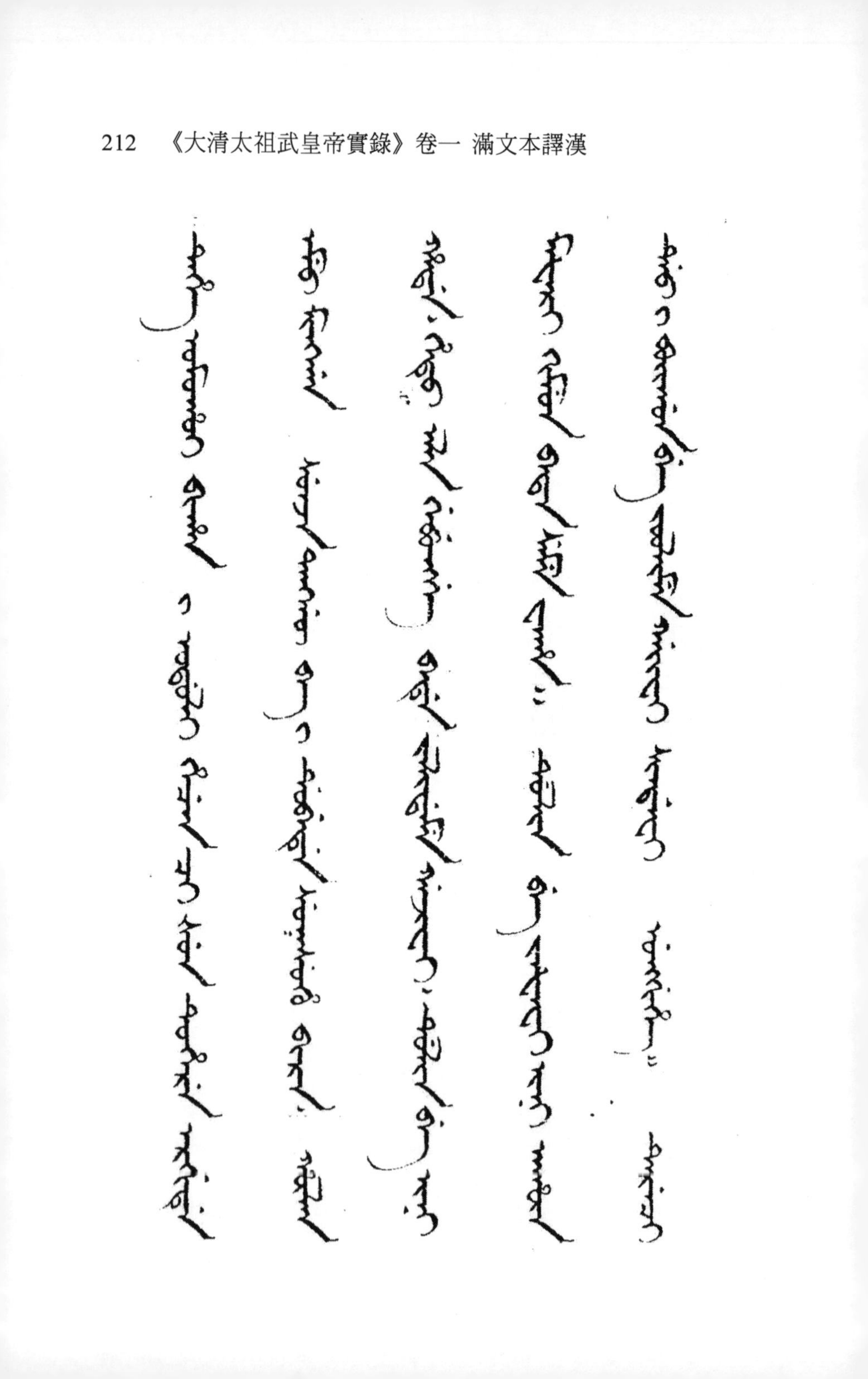

[illegible]

[illegible]

[illegible]

[illegible]

[illegible]

tehe omohoi bihan i odoli hecen ci šun tuhere ergide emu minggan sunja tanggū ba i dubede suksuhu bira, hūlan hada, hetu ala gebungge bade jalindame gajifi, dulin be ini mafari kimun bata seme waha, dulin be jafafi ini ahūn deo i boigon be joolime gaifi sindafi unggihe, tereci

---

計誘於其祖居鰲莫惠之野鰲朵里城四千五百餘里蘇蘇河、虎欄哈達、黑秃阿喇[41]，殺其半以雪祖仇，執其半以索兄弟眷族，既得，遂釋之，

计诱于其祖居鳌莫惠之野鳌朵里城四千五百余里苏苏河、虎栏哈达、黑秃阿喇[41]，杀其半以雪祖仇，执其半以索兄弟眷族，既得，遂释之，

---

41 蘇蘇河、虎欄哈達、黑秃阿喇，滿文讀如"suksuhu bira, hūlan hada, hetu ala"，《滿洲實錄》音譯作「蘇克素護河、呼蘭哈達、赫圖阿拉」。

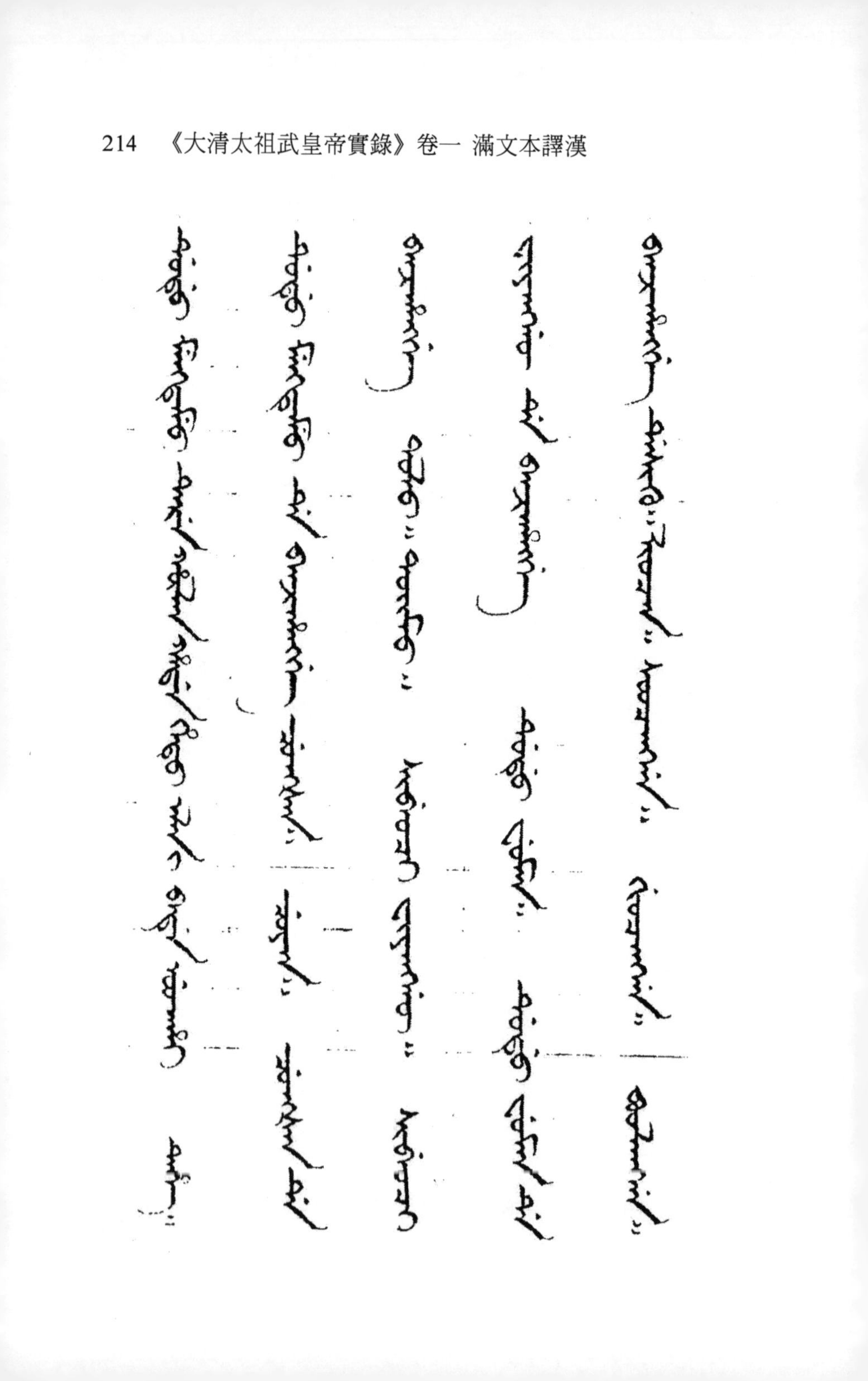

dudu mengtemu tere hūlan hada hetu ala i bade uthai tehe, dudu mengtemu de banjihangge cungšan, cuyan, cungšan de banjihangge toio, toimo, sibeoci fiyanggū, sibeoci fiyanggū de banjihangge dudu fuman, dudu fuman de banjihangge desiku, liocan, soocangga, giocangga, boolangga,

---

於是都督孟特木即居於虎欄哈達、黑禿阿喇地方。都督孟特木生充善、除烟[42]。充善生拖落、脱一莫、石報奇。石報奇生都督福滿。都督福滿生德石庫、劉謟、曹常剛、覺常剛[43]、豹郎剛、

于是都督孟特木即居于虎栏哈达、黑秃阿喇地方。都督孟特木生充善、除烟[42]。充善生拖落、脱一莫、石报奇。石报奇生都督福满。都督福满生德石库、刘谄、曹常刚、觉常刚[43]、豹郎刚、

---

42 除烟，滿文讀如“cuyan”，《太祖高皇帝實錄》音譯作「褚宴」。

43 覺昌剛，滿文讀如“giocangga”，《太祖高皇帝實錄》音譯作「覺昌安」。

ᡥᠣᡨᠣᠨ᠉ ᠠᡳᠰᡳᠨ ᡤᠣᠣᠯᡳ ᠨᡳᠶᠠᠯᠮᠠ ᠪᡝ ᠪᠠᡥᠠ᠉ ᡤᠣᠣᠯᡳ ᠮᡠᡩᠠᠨ

ᠨᡳᠶᠠᠯᠮᠠ ᠪᡝ ᠪᠠᡥᠠ᠉ ᡨᠣᠣᠯᡳᠶᠠᠨ ᠴᡳᡥᡝ ᠨᡳᠶᠠᠯᠮᠠ ᠪᡝ ᠪᠠᡥᠠ᠉

ᡤᠣᡴᠠᠰᡳᠨ ᡤᠠᡧᠠᠨ ᡳᠯᠠᡵᡤᠠ ᠵᠠᡥᡡ ᠮᡝᠩᡤᡳ ᠪᡝ ᠪᠠᡥᠠ᠉ ᠪᠣᡥᠣᡵᠣᠰᡳᠨ ᡥᡡᠯᠠᠨ

ᠨᡳᠶᠠᠯᠮᠠ ᠪᡝ ᠪᠠᡥᠠ᠉ ᡥᠣᡨᠣᠨ ᠠᠨᡳᠶᠠᠯᡳ ᠨᡳᠶᠠᠯᠮᠠ ᠪᡝ ᠪᠠᡥᠠ᠉

ᠠᠨᡳᠶᠠᠩᡤᠠ ᠠᠨᡳᠩᡤᡳ ᠠᠨᡳᠶᠠᠩᡤᠠ ᠪᡝ ᠶᠣᠣᡵᡳ ᠰᠠᡳᡨᠣ ᠪᠠᡥᠠ ᡤᡳᠶᠠᠨ᠉ ᠪᠠᡳᠯᡳᠰᡳ

boosi, desiku giorca gebungge bade tehe, liocan aha holo gebungge bade tehe, soocangga holo gašan gebungge bade tehe, giocangga mafai susu hetu ala de tehe, boolangga nimalan gebungge bade tehe, boosi janggiya gebungge bade tehe, ninggun niyalma ninggun bade hoton arafi tehe manggi, tereci

---

豹石。德石庫住覺里乂[44]地方，劉諂住阿哈河洛地方，曹常剛住河洛剛善地方，覺常剛住其祖居黑秃阿喇地方，豹郎剛住尼麻蘭地方，豹石住張家地方，六人六處，各立城池居住，

豹石。德石库住觉里乂[44]地方，刘谄住阿哈河洛地方，曹常刚住河洛刚善地方，觉常刚住其祖居黑秃阿喇地方，豹郎刚住尼麻兰地方，豹石住张家地方，六人六处，各立城池居住，

---

44 覺里乂，滿文讀如"giorca"，《滿洲實錄》音譯作「覺爾察」，《太祖高皇帝實錄》同。

神鵲救樊察

十一、稱王爭長

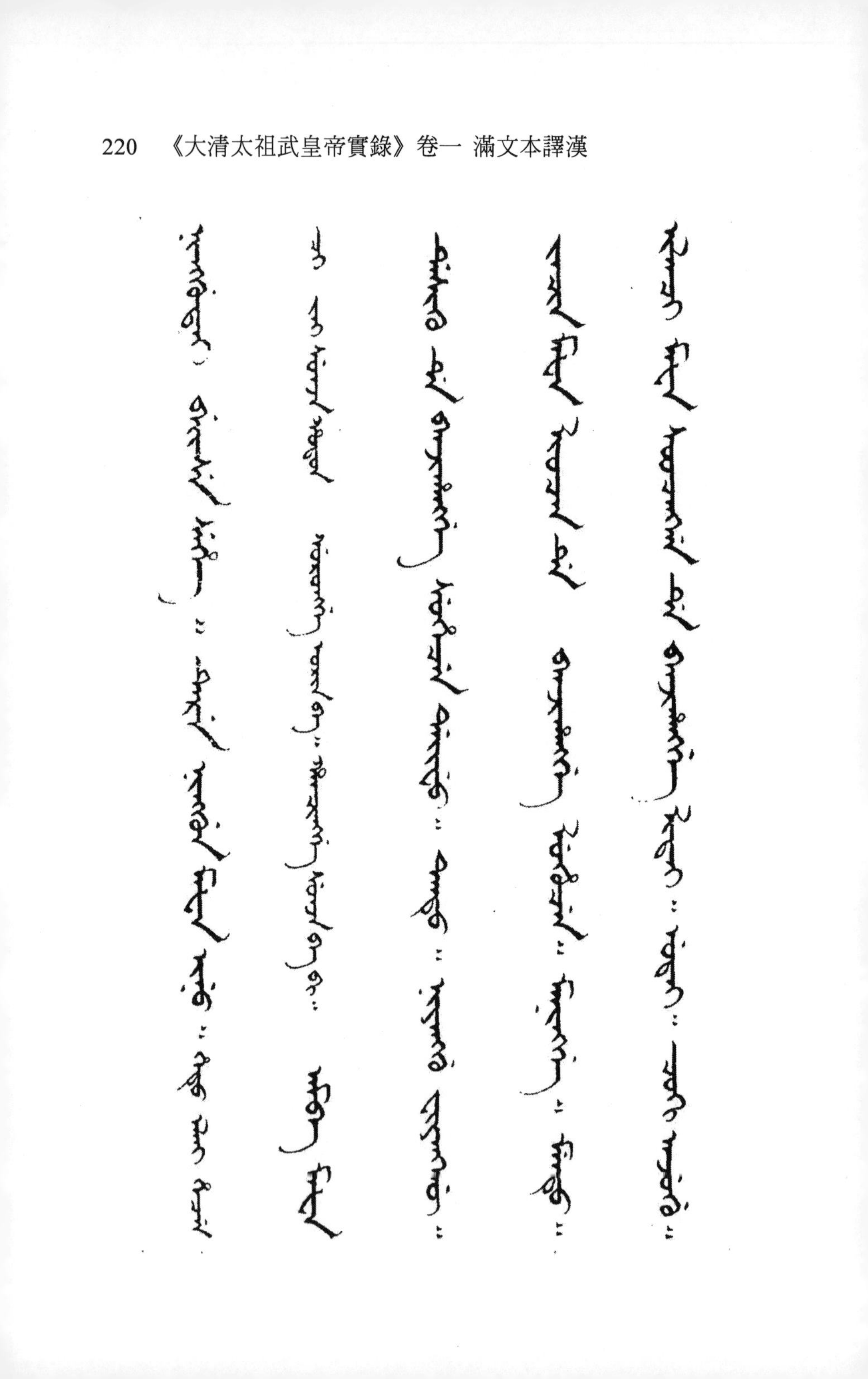

[illegible]

[illegible]

[illegible]

[illegible]

[illegible]

[illegible]

ninggutai beise sehe, tere ninggun mafa inu, hetu alai hecen ci jai sunja hoton gorongge orin ba, hancingge sunja ba bi, amba mafa desiku de banjihangge suhecen daifu, tantu, niyanggu fiyanggū, jacin mafa liocan de banjihangge luhucen, maningge, mentu, ilaci mafa soocangga de banjihangge litai, utai, coki ajugu,

稱爲六王，乃六祖也。五城距黑禿阿喇城遠者不過二十里，近者不過五哩。長祖德石庫生蘇黑臣代夫、談吐、娘古費揚古。二祖劉諂生祿胡臣、痲寧格、門土。三祖曹常剛生李太、武太、綽氣阿朱古、

称为六王，乃六祖也。五城距黑秃阿喇城远者不过二十里，近者不过五哩。长祖德石库生苏黑臣代夫、谈吐、娘古费扬古。二祖刘谄生禄胡臣、麻宁格、门土。三祖曹常刚生李太、武太、绰气阿朱古、

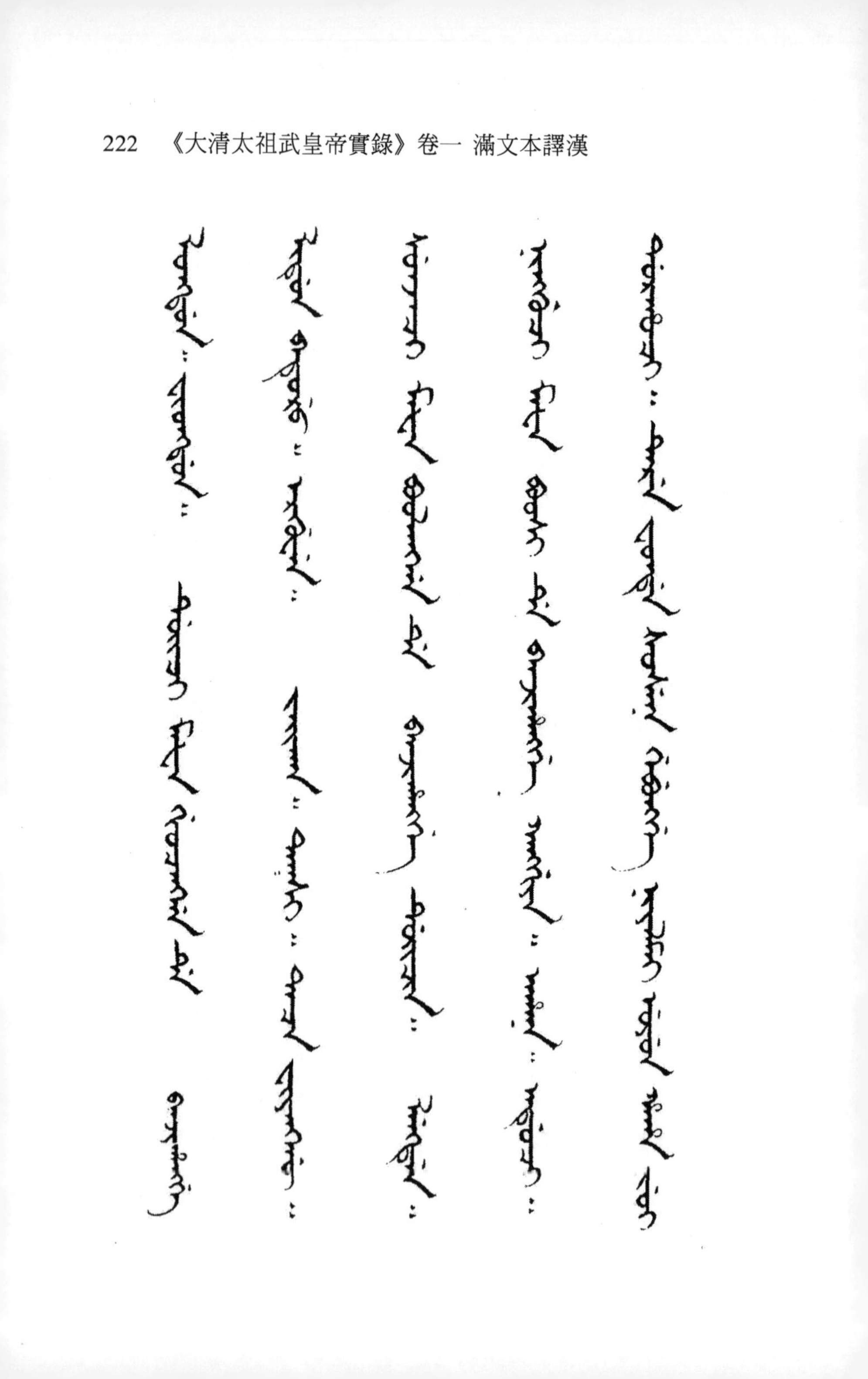

longdon, fiongdon, duici mafa giocangga de banjihangge lidun baturu, erguwen, jaikan, taksi, taca fiyanggū, sunjaci mafa boolangga de banjihangge duicin, lengden, ningguci mafa boosi de banjihangge kanggiya, ahana, aduci, dorhoci, tere fonde šosena gebungge niyalmai uyun haha jui

---

龍敦、非英敦。四祖覺常剛生李敦巴士魯、厄里袞、界坎、塔石[45]、塔乂費揚古。五祖豹郎剛生生對秦、稜得恩。六祖豹石生康嘉、阿哈納、阿都摟、朶里火摟。彼時有一人名灼沙納有九子，

龙敦、非英敦。四祖觉常刚生李敦巴士鲁、厄里衮、界坎、塔石[45]、塔乂费扬古。五祖豹郎刚生生对秦、棱得恩。六祖豹石生康嘉、阿哈纳、阿都摟、朶里火摟。彼时有一人名灼沙纳有九子，

---

45 塔石，滿文讀如"taksi"，《太祖高皇帝實錄》音譯作「塔克世」。

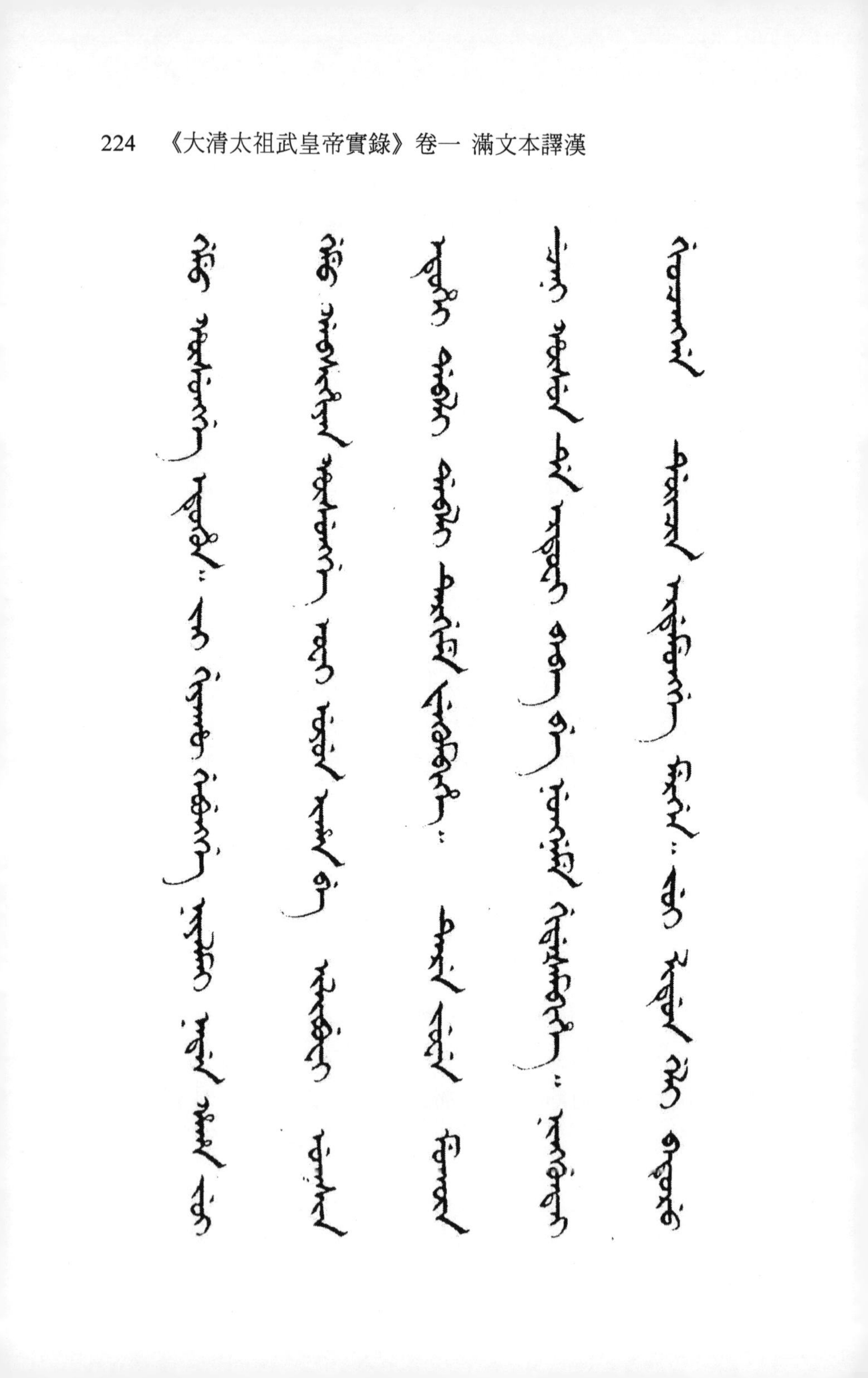

gemu hūsungge etuhun, jai giyahū gebungge niyalmai nadan haha jui gemu gabsihiyan hūsungge ofi uyun ihan be ilibufi uksin etuhei dabali dabali tergime fekumbihe, tere juwe mukūn ceni hūsun de ertufi baba be nungneme gidešambihe, ningguntai giocangga duicin erdemungge mergen, jui lidun geli baturu

---

皆強悍，又一人名加虎，其七子俱驍勇，常身披重鎧，連躍九牛。其二族怯其強勇，每各處擾害。時六王覺常剛、對秦有才智，其子李敦，又英勇，

皆强悍，又一人名加虎，其七子俱骁勇，常身披重铠，连跃九牛。其二族怯其强勇，每各处扰害。时六王觉常刚、对秦有才智，其子李敦，又英勇，

ᡤᡝᠨᡝᡥᡝ ᠣᡥᠣᠨ᠉ ᠨᡳᠶᠠᠯᠮᠠ ᠪᡠᡵᡝ ᠪᡝ ᠰᡳᠨᡳᠩᡤᡝ ᡨᡠᠴᡳᠨᡝ ᡳ ᠵᡠᠸᡝᠨ

ᠣᡥᠣᠨ ᡨᡠᠸᠠᠮᡝ ᠪᡝ ᠵᡳᠯᡤᠠᠨ᠉ ᡳᠰᡥᡠᠨ ᡳ ᠵᡝᡨᡝᡵᡝ ᡴᡝᠮᡠᠨ ᠪᡝ

ᡨᡠᡥᡝᠪᡠᡥᡝᠨ᠉ ᡨᡠᡵᡤᡝᠨ ᡨᡠᠸᠠᠪᡠᡵᡝ ᠠᡳ ᠵᡝᡨᡝᡥᡝᠪᡝ᠉ ᡨᡠᠸᠠᠪᡠᡵᡝ ᠪᡝᡵᡝᠨ ᠰᡳᠨᡳᠩᡤᡝ ᠠᡳ

ᠰᡳᠨᡳᠩᡤᡝᡥᡝ ᡠᡵᡝᠨ ᠪᠠᠨᡳᡥᠠ ᠪᡝ ᡳ ᡨᡠᡵᡤᡝᠨ ᠰᡳᠨᡳᡥᡝ ᠪᡝ ᡨᡠᠸᠠᠪᡠᡥᡝᠨ

ᡨᡠᠰᡳᠨᡝᠨ ᠨᡳᠶᠠᠯᠮᠠ ᠪᡝᠶᡝ ᡨᡠᠸᠠᠪᡠᡵᡝ᠉ ᠨᡳᠶᠠᠯᠮᠠ ᠪᡠᡳᡥᡝ

mangga ofi, ningguntai beise be gaifi dailame šosena i juse uyuntai mukūn be efulefi, giyahū i juse nadan ta be suntebufi, sunja dabagan ci wesihun, suksuhu birai sekiyen ci wasihūn juwe tanggū ba i dorgi aiman be dahabufi tereci ningguntai beise etenggi oho, ningguntai boosi

---

遂率其本族六王，將灼沙納之子九族盡滅之，殺絕加虎之子七族。自五嶺迤東，蘇克蘇護河迤西，二百里內諸部，盡皆賓服，六王自此強盛。

遂率其本族六王，将灼沙纳之子九族尽灭之，杀绝加虎之子七族。自五岭迤东，苏克苏护河迤西，二百里内诸部，尽皆宾服，六王自此强盛。

ᡤᡝᠨᡤᡳᠶᡝᠨ ᡳ ᠵᡠᠯᡝ ᠠᠮᠪᠠ ᡤᡝᡵᡝᠨ ᠠᠨᠠᡴᡳ ᡳᠴᡳ ᠪᡝ ᡩᠣᠰᡳᠮᡝ ᠮᡝᠨ ᡠᠵᡠ

ᠪᡠᡥᡝ ᠪᡳ ᠪᠣᡥᠣᡵᡳ ᡳ ᠪᡠᡥᡝ ᡳᠴᡳ ᡩᡝ ᠠᠨᠠᡴᡳ ᡳᠴᡳ ᠵᠠᡶᠠᡶᡳ ᠣᠰᠣᠮᡝ ::

ᠪᠠᡳᠮᡝ ᠪᡠᠮᠪᡳ ᠪᡠᠮᠪᡳᡥᡝ :: ᡳᠰᡳ ᡳᠯᡳᡥᠠᠪᡳ ᠪᠣᡥᠣᡵᡳ ᡳᠰᡳᠨᠵᡳᠮᡝ :: ᡳᠴᡳ ᠪᡠ

ᡤᡝᠰᡠᠨᡝᡶᡳ :: ᡳᠴᡳ ᡩᡝ ᠪᡠᡥᡝ ᡳᠴᡳ ᠠᠨᠠᡴᡳᠶᠠ :: ᠠᠮᠪᠠ ᠪᡝ ᡳᠰᡳᠨᠵᡳ

ᠠᠮᠠᠰᡳ ᡩᡝ ᡥᠣᠰᠣᠣ ᡩᡝ ᡤᡝᠨᡤᡳᠶᡝᠨ ᡳᠴᡳ ᡠᠵᡠ ᠵᡠᠯᡝᠰᡳ ᠪᡝ

ninggucin i jui ahana wejige sakda gebungge bade tehe goloi amban, bashan i non be yabuki seme genefi gisureci, bashan baturu hendume, si ningguitai beise mujangga, sini boo yadambi, mini non be burakū sere jakade, ahana bi sinci ainaha seme hokorakū seme hendufi ini ujui funiyehe be

---

六王豹石次子阿哈納居沙革達部，欲聘部長巴斯漢把土魯妹爲妻。巴斯漢把土魯曰：「爾雖六王子孫，惟爾家貧，吾妹必不妻汝。」阿哈納曰：「汝雖不允，吾決不甘心。」遂割其頭髮

六王豹石次子阿哈纳居沙革达部，欲聘部长巴斯汉把土鲁妹为妻。巴斯汉把土鲁曰：「尔虽六王子孙，惟尔家贫，吾妹必不妻汝。」阿哈纳曰：「汝虽不允，吾决不甘心。」遂割其头发

ᡤᡝᡵᡤᡝᠨ ᡤᡝᡵᡤᡝᠨ ᡤᡳᠰᡠᠨ ᠄ ᠠᠮᠠᡵᡳ ᠮᡝᠨᡳ ᠪᡝᡳᠯᡝ ᠪᡠᡥᡝ ᡝᠵᡝᠨ ᡳᠨᡳ ᠪᡝ

ᠪᡠᡴᡩᡠᠨ ᠮᠠᠨᡤᡤᡠ ᡳ ᡨᡝᡵᡝ ᠪᡝ ᡝᠮᡠ ᡳᠨᡝᠩᡤᡳ ᠪᡳᡥᡝ ᠪᡳᠰᡝᡵᡝ ᡳᠨᡝᠩᡤᡳᠰᡝᡵᡝ ᠄

ᡳᠨᡝᠩᡤᡳ ᡤᡝᡵᡤᡝᠨ ᠠᠯᡳᡶᡳ ᠪᡝ ᠮᡠᡴᡡᠨ ᠠᡳᠰᡳᠨ ᡤᡳᠣᡵᠣ ᡝᠵᡝᠨ ᠪᡠᠶᡝ ᡤᡳᠰᡠᡵᡝᠮᡝ ᠪᡝ ᠄

ᠮᡝᠨᡳ ᠪᠠᠨᡳᠨ ᡳ ᡩᡝ ᠪᡳᡥᡝ ᠪᡝ ᡳᠨᡝᠩᡤᡳ ᠪᡳ ᡤᡝᡵᡤᡝᠨ ᡝᠮᡠ ᠪᡠᡥᡝ

ᠨᡳᠶᠠᠯᠮᠠ ᠵᡠᡧᡝᠨ ᠮᡠᡴᡡᠨ ᡳ ᠨᡳᠶᠠᠯᠮᠠ ᡥᠣᡨᠣᠨ ᡩᡝ ᠪᠣᡩᠣᠨ ᡳᠨᡝᠩᡤᡳ ᡤᡝᡵᡤᡝᠨ ᠪᡝ

faitafi werifi jihe, terei amala bashan baturu ini non be donggoi aiman i ejen kece bayan i jui elgi warka de buhe, elgi warka sakda de dancalame genefi, amasi ini boode jidere de, tomoho gebungge bade tehe, etu, aru gebungge amban i harangga uyun hūlha abdari gebungge dabagan de tosofi elgi warka be

---

留擲而去。其後巴斯漢把土魯愛東果部長克轍殷富，遂以妹妻其子厄兒機瓦兒喀，厄兒機瓦兒喀至娘家，回家時，至阿布塔嶺時，被居於托莫河處，厄吐、阿祿部長屬下九賊截殺之，

留掷而去。其后巴斯汉把土鲁爱东果部长克辙殷富，遂以妹妻其子厄儿机瓦儿喀，厄儿机瓦儿喀至娘家，回家时，至阿布塔岭时，被居于托莫河处，厄吐、阿禄部长属下九贼截杀之，

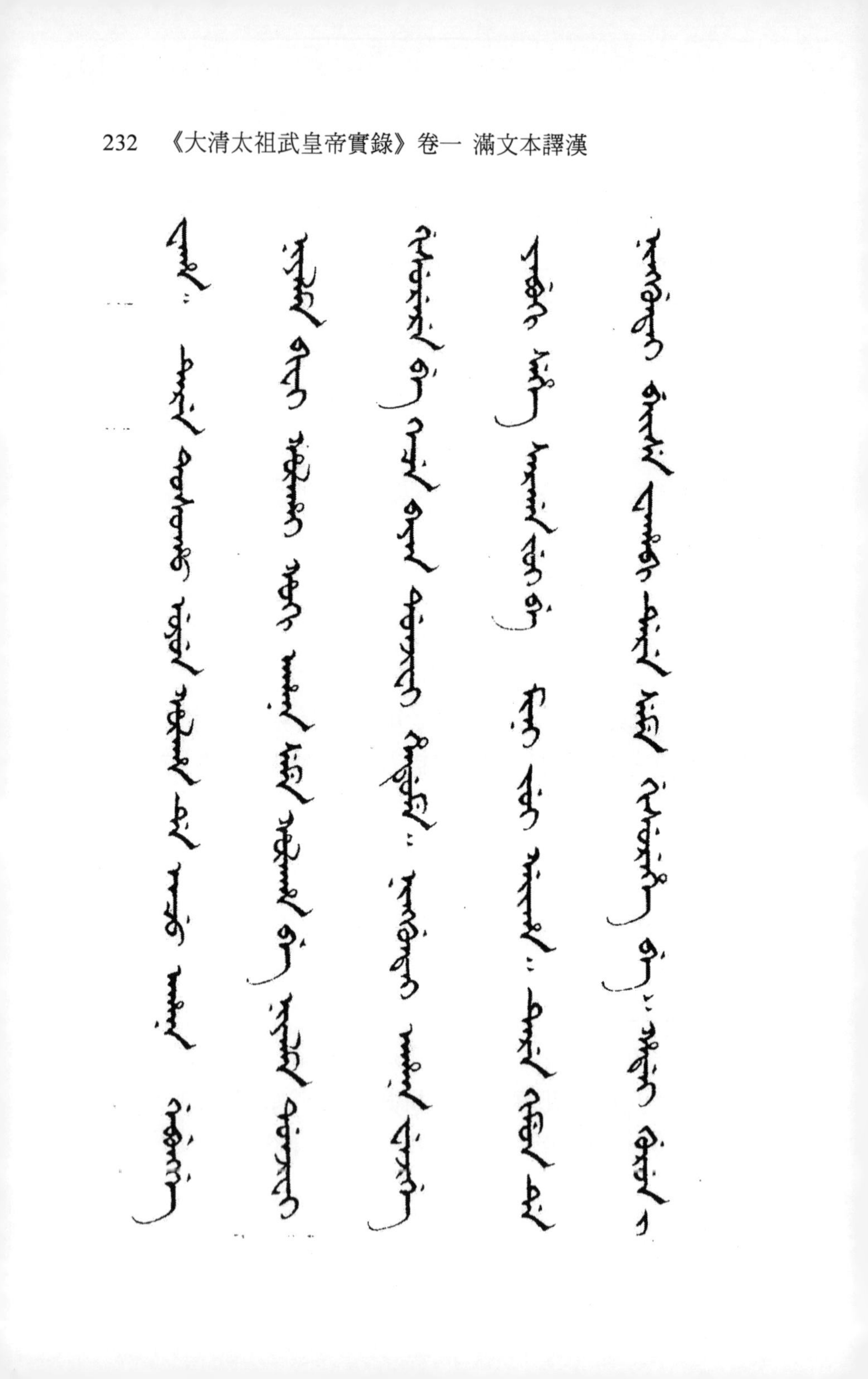

[illegible]

[illegible]

[illegible]

[illegible]

[illegible]

waha, tere tosoho uyun hūlha de encu ahana gebungge niyalma bifi hūlhai hoki ahana seme hūlaha be niyalma donjifi gisurere be kece bayan donjifi hendume, ningguntai ahana wejige yabuki sehe sargan jui be mini gaiha, tere kimun de ningguntai beise wahabi dere seme gisurehe be, hadai gurun i

---

托莫河九賊中有阿哈納同名之人，群賊相呼，路人悉傳阿哈納之名，克轍巴顏聞之曰：「六王阿哈納倭濟格欲聘吾兒婦，其兄不允，吾兒遂娶，今殺吾兒者，必此人也。」

托莫河九贼中有阿哈纳同名之人，群贼相呼，路人悉传阿哈纳之名，克辙巴颜闻之曰：「六王阿哈纳倭济格欲聘吾儿妇，其兄不允，吾儿遂娶，今杀吾儿者，必此人也。」

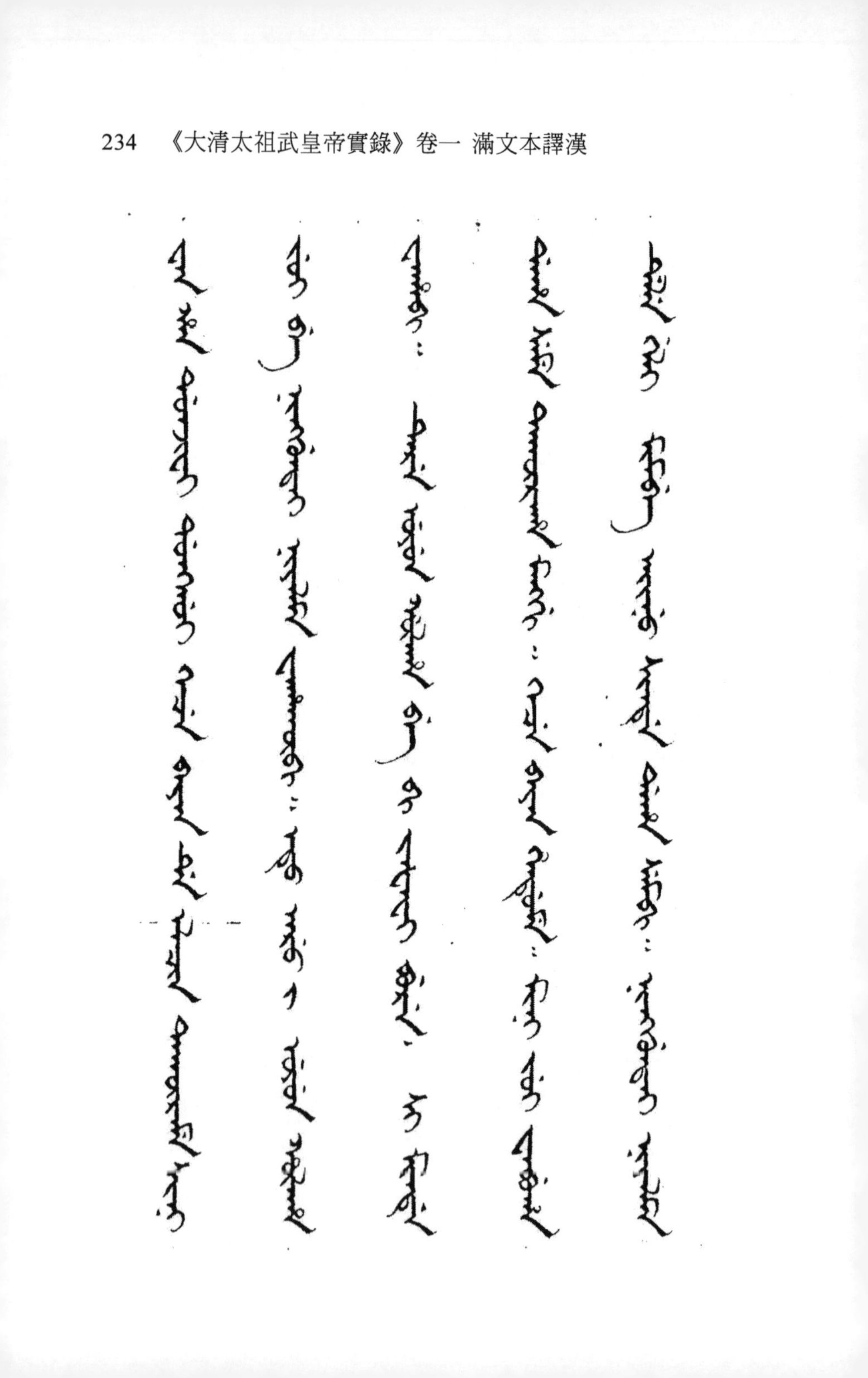

[illegible]

[illegible]

[illegible]

[illegible]

[illegible]

wan han donjifi donggoi kece bayan de elcin takūrame sini jui be ninggutai niyalma wahakūbi, etu aru i uyun hūlha wahabi, tere uyun hūlha be bi jafafi bure, si minde daha seme takūraha manggi, kece bayan hendume, mini jui wabuha dele geli mimbe ainu sinde daha sembi, ningguntai niyalma

---

時哈達國汗萬聞其言，遣使往告東果克轍巴顏曰：「汝子非六王之人所殺，乃厄吐阿祿部下九賊殺之，我擒此九賊與爾，爾當順我。」克轍巴顏曰：「吾兒被殺，何故又令我降？」

时哈达国汗万闻其言，遣使往告东果克辙巴颜曰：「汝子非六王之人所杀，乃厄吐阿禄部下九贼杀之，我擒此九贼与尔，尔当顺我。」克辙巴颜曰：「吾儿被杀，何故又令我降？」

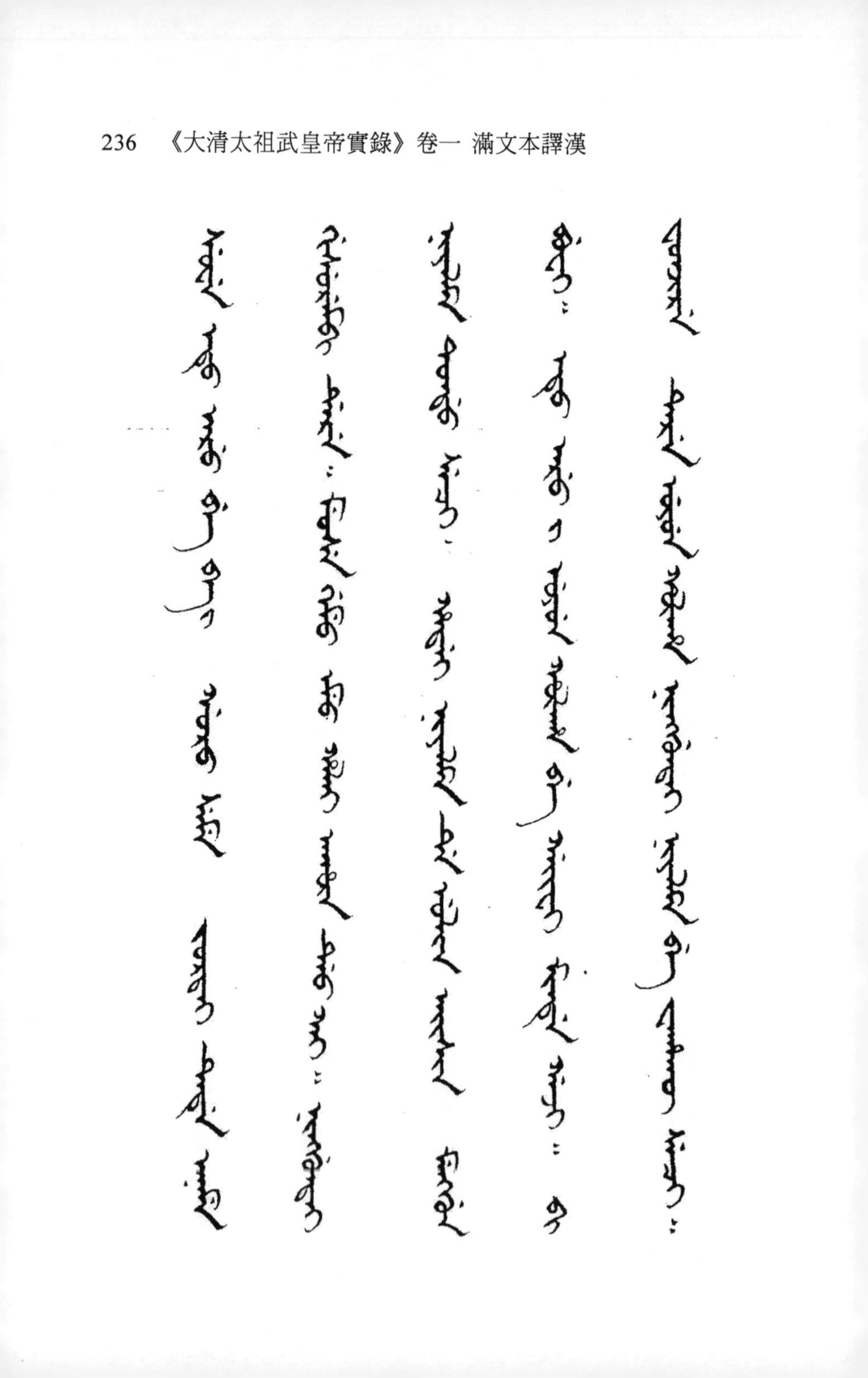

[illegible]

[illegible]

[illegible]

[illegible]

[illegible]

[illegible]

suwe etu aru be ba i goro seme jortai tede aname gisurembi dere, muse gemu emu halai ahūn deo kai, ningguntai niyalma tondo seci, hadai niyalma de ulin aisin menggun bufi, etu aru i uyun hūlha be gaifi minde gaji, bi fonjire tere uyun hūlha nigguntai niyalma be wahakū seci,

---

此不過爾等故意推托路遠之厄吐阿祿惟辭耳！吾等俱屬一姓之兄弟也，六王之人若言公平無私未殺吾兒，何不以金帛饋哈達之人，擒厄吐阿祿之九賊與我面質？若此九賊未殺六王之人，

此不过尔等故意推托路远之厄吐阿禄惟辞耳！吾等俱属一姓之兄弟也，六王之人若讼乎无私未杀吾儿，何不以金帛馈哈达之人，擒厄吐阿禄之九贼与我面质？若此九贼未杀六王之人，

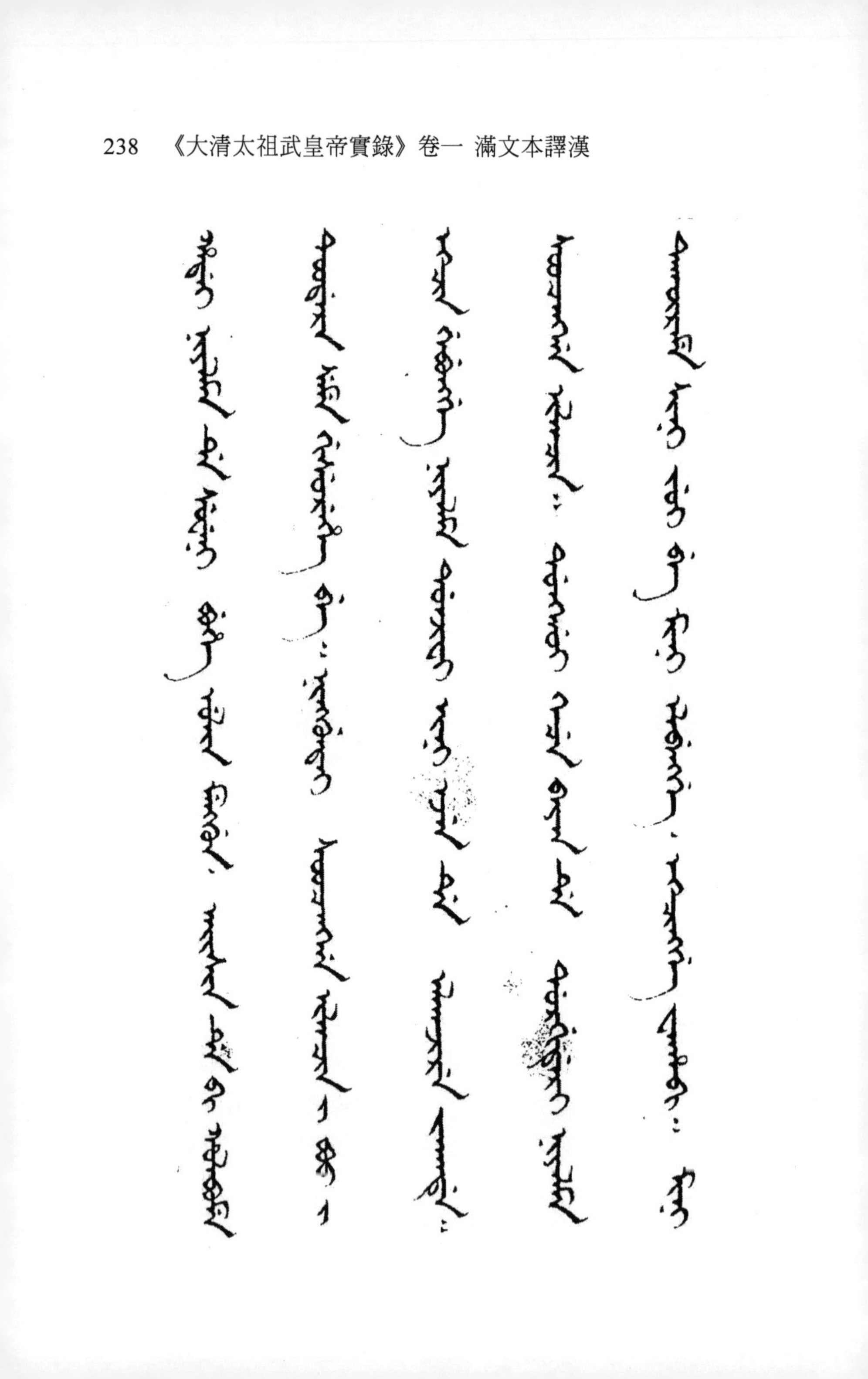

hadai niyalma de suweni buhe ulin menggun, aisin de bi holbome toodara seme gisurehe be, ningguntai soocangga ilacin i boo i ekcin gebungge niyalma donjifi ini ejen de alanjire jakade, soocangga ilacin, donggoi kece bayan de dorgideri niyalma takūrame sini jui be mini elbengge, ekcingge wahabi, mini

---

饋送哈達人之金帛吾當倍償。」時有六王曹常剛部落厄革奇尼聞之，即往告其主，曹常剛私遣人往誑東果克轍巴顏曰：「汝子是我部下兒崩革與厄革青格所殺，

馈送哈达人之金帛吾当倍偿。」时有六主曹常刚部落厄革奇尼闻之，即往告其主，曹常刚私遣人往诳东果克辙巴颜曰：「汝子是我部下儿崩华与厄华青格所杀，

ᠨᡳᠶᠠᠯᠮᠠ ᠪᡝ ᠪᡳ ᡨᡠᠸᠠᡵᡝ᠉ ᡨᡠᠴᡳᡴᡳ ᠨᡝᠨᡝᠮᡝ ᡤᡳᠰᡠᠨ ᠠᠯᡳᡥᠠ᠉ ᠴᡳ ᠴᠣᠣᡥᠠ

ᠣᠪᡠᡥᠠᡴᡡ᠉ ᠠᡳᠰᡳᠯᠠᠮᡝ ᠪᡠᡥᡝ ᡳ ᠠᠮᠠ ᠮᡝ ᠮᡠᡴᡡᠨ ᡤᡝᠮᡠ ᡳ ᡳᠯᡳᡥᠠ

ᠪᡝᠶᡝᠰᡝ ᠪᡝ ᠠᠮᠠ ᡳᠯᡳᡥᠠ᠉ ᠮᡠᡴᡡᠨᠰᡝ ᠨᡝ ᠣᡥᠣ ᡥᡝᠴᡝᠨ ᠪᡠᠰᡝᡵᡝ

ᠠᠪᠠᡴᠠᠨ ᠪᡝ ᠠᠮᠠ ᡳᠯᡳᡥᠠ᠉ ᡤᡳᠰᡠᠨ ᠮᡠᡴᡡᠨ ᠨᡳᠶᠠᠯᠮᠠ ᡳᠯᡳᠨᠵᡳ

ᠠᠮᠠᡵᡤᡳᡥᡠᠨ ᠨᡳᠶᠠᠯᠮᠠ ᡳᠯᡳᠨ ᠮᡠᡴᡡᠨᠰᡝ ᡤᡝᠨᡝᡥᡝ ᠮᡠᡴᡡᠨ᠉ ᡤᡳᠰᡠᠨ ᠪᡠᡥᡝ ᠨᡳᠶᠠᠯᠮᠠᡥᡠᠨ

niyalma be bi wara, minde ulin gaji sere jakade, kece bayan hendume, hadai gurun i wan han oci etu aru i uyun hūlha be waha sembi, soocangga si geli sini elbengge, ekcingge be waha sembi, gemu suweni ningguntai niyalma eiterembi nikai seme uthai dain ofi, kece bayan ningguntai

---

若以金帛遺我，我當殺此二人。」克轍巴顏曰：「哈達國萬汗言，厄吐阿祿部下九賊殺之，曹常剛爾又云爾兒崩革與厄革青格殺之，此皆汝等設計誑六王之人也。」於是遂成仇敵，

若以金帛遗我，我当杀此二人。」克辙巴颜曰：「哈达国万汗言，厄吐阿禄部下九贼杀之，曹常刚尔又云尔儿崩华与厄华青格杀之，此皆汝等设计诳六王之人也。」于是遂成仇敌，

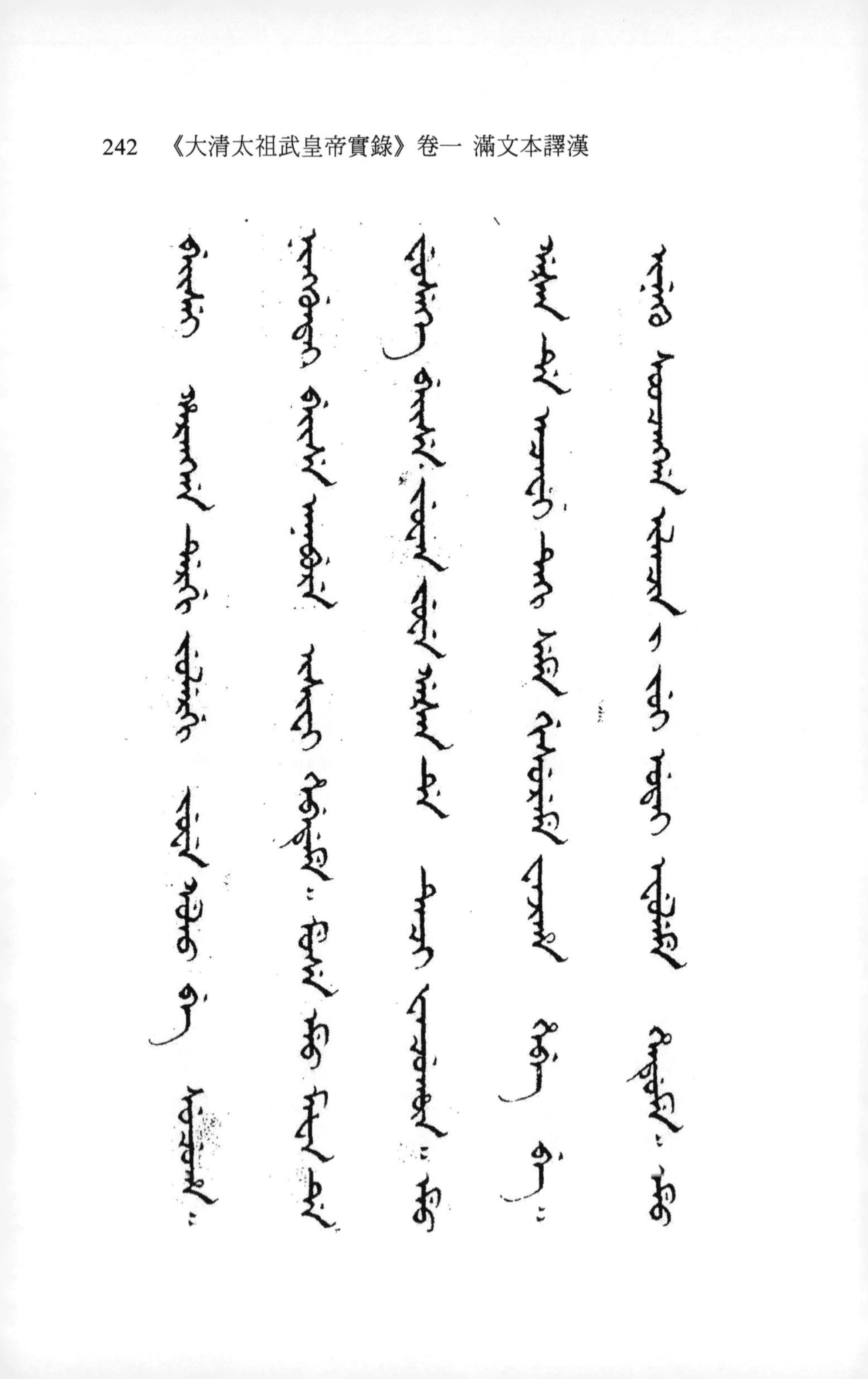

beisei harangga dergi julergi juwe golo be sucuha, ningguntai beise anabure isifi hebedeme, muse emu mafa de fuseke beise, juwan juwe gašan de teci facuhūn, emu gašan de acafi teki seme gisureme wajiha hebe be, ineku soocangga ilacin i jui utai efuleme hendume, emu

---

克轍巴顏引兵攻克六王東南所屬二處，六王不能支，相謀曰：「我等同祖所生諸王，今分居十二處，甚是渙散，何不聚居一處，共相保守。」衆議皆定，獨曹常剛第三子武太不從曰：

克辙巴颜引兵攻克六王东南所属二处，六王不能支，相谋曰：「我等同祖所生诸王，今分居十二处，甚是涣散，何不聚居一处，共相保守。」众议皆定，独曹常刚第三子武太不从曰：

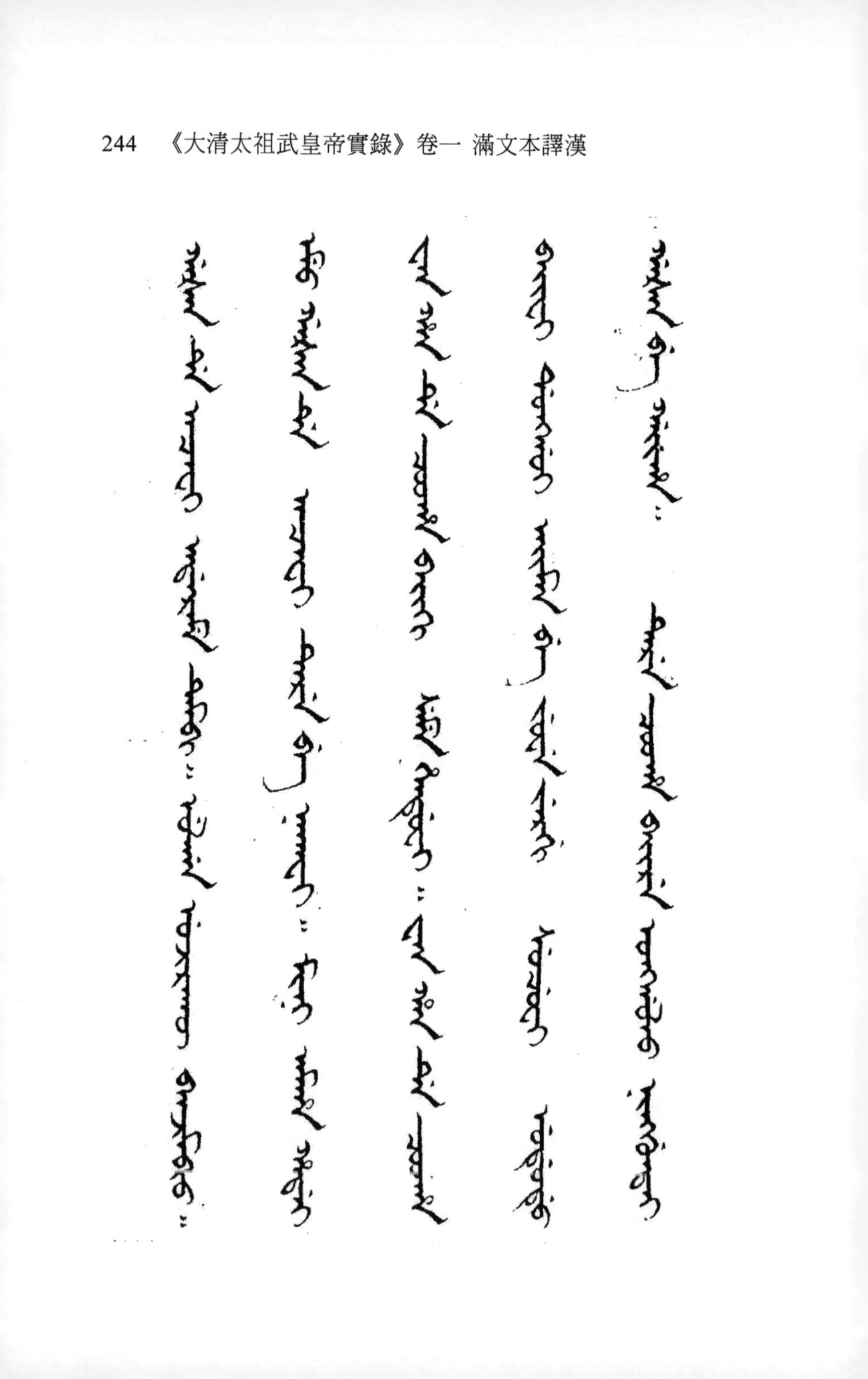

[illegible]

[illegible]

[illegible]

[illegible]

[illegible]

gašan de acafi adarame tembi, ulga ujirakū banjimbio, emu gašan de acafi tere be nakafi, mini amha hadai wan han de cooha baiki seme hendufi, wan han de cooda baifi donggoi aiman be juwe jergi sucufi ududu gašan be gaiha, tere cooha baire onggolo ningguntai

「我等如何同住一處，牲畜難以生息，勿同居一處。吾今詣妻父哈汗處，借兵報復。」於是向萬汗借兵，往攻棟果[46]部二次獲其數寨。初未借兵之先，

「我等如何同住一處，牲畜難以生息，勿同居一處。吾今詣妻父哈汗處，借兵報復。」於是向萬汗借兵，往攻棟果[46]部二次獲其數寨。初未借兵之先，

[46] 棟果，滿文讀如“donggo”，《太祖高皇帝實錄》音譯作「董鄂」。

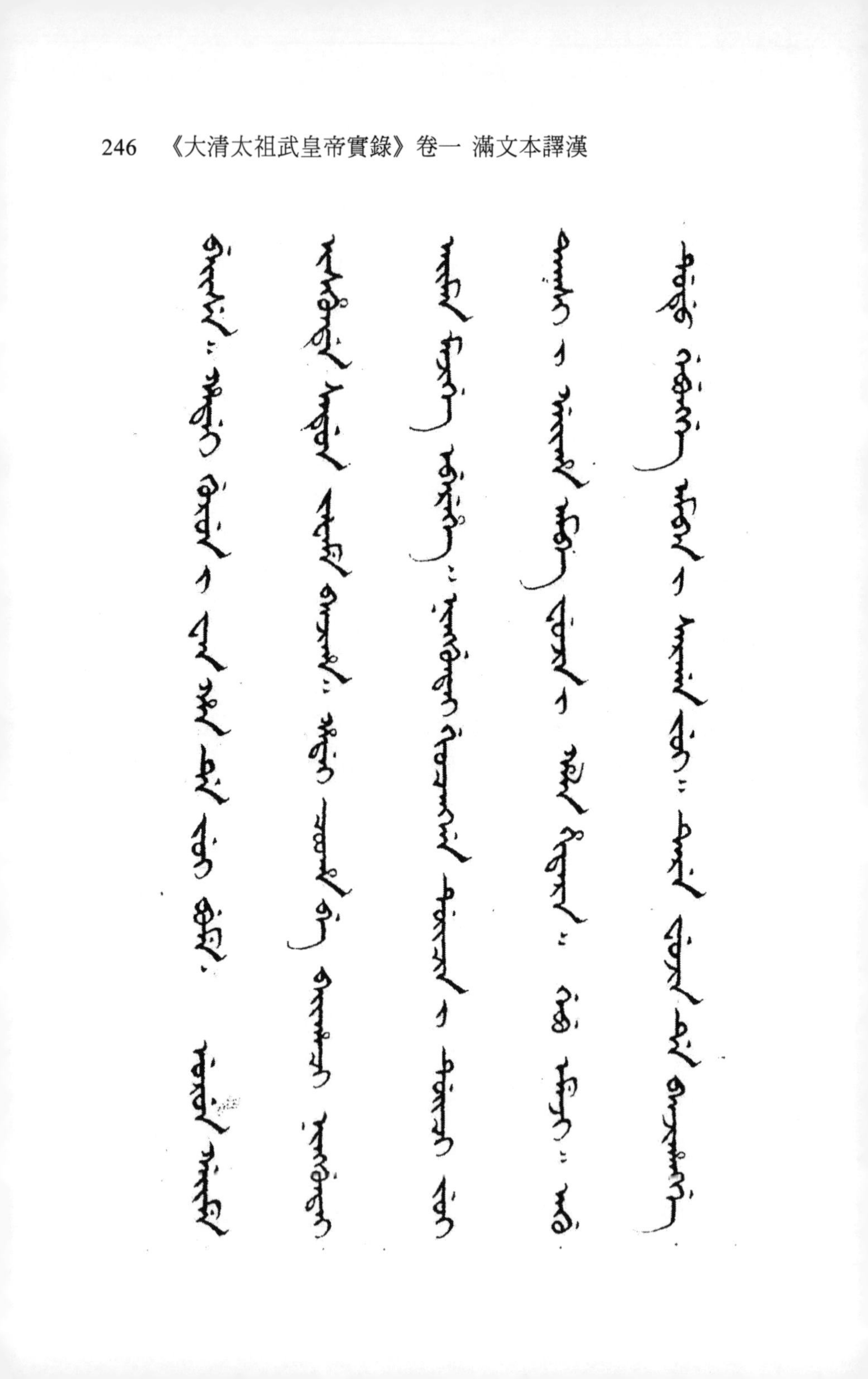

[illegible]

[illegible]

[illegible]

[illegible]

[illegible]

[illegible]

beise, hadai gurun i wan han de jui bume, urun gaime ishunde sadun jafame banjiha, hadai cooha be baihaci ningguntai aiman majige eberehe, ningguntai giocangga duicin i duici jui taksi i gaiha amba fujin i hala hitara, gebu emeji, agu dudu gebungge amban i sargan jui, tere fujin de banjhangge

---

六王與哈達國萬汗嫁女娶媳互相結親，自借哈達兵後，六王之勢漸衰，六王覺常剛第四子塔克石嫡夫人姓奚塔喇，名厄墨氣[47]，乃阿姑都督長女，

六王與哈達國萬汗嫁女娶媳互相結親，自借哈達兵後，六王之勢漸衰，六王覺常剛第四子塔克石嫡夫人姓奚塔喇，名厄墨氣[47]，乃阿姑都督長女，

---

47 姓奚塔喇，名厄墨氣，滿文讀如"hala hitara, gebu emeji"，《太祖高皇帝實錄》音譯作「喜塔喇氏」。

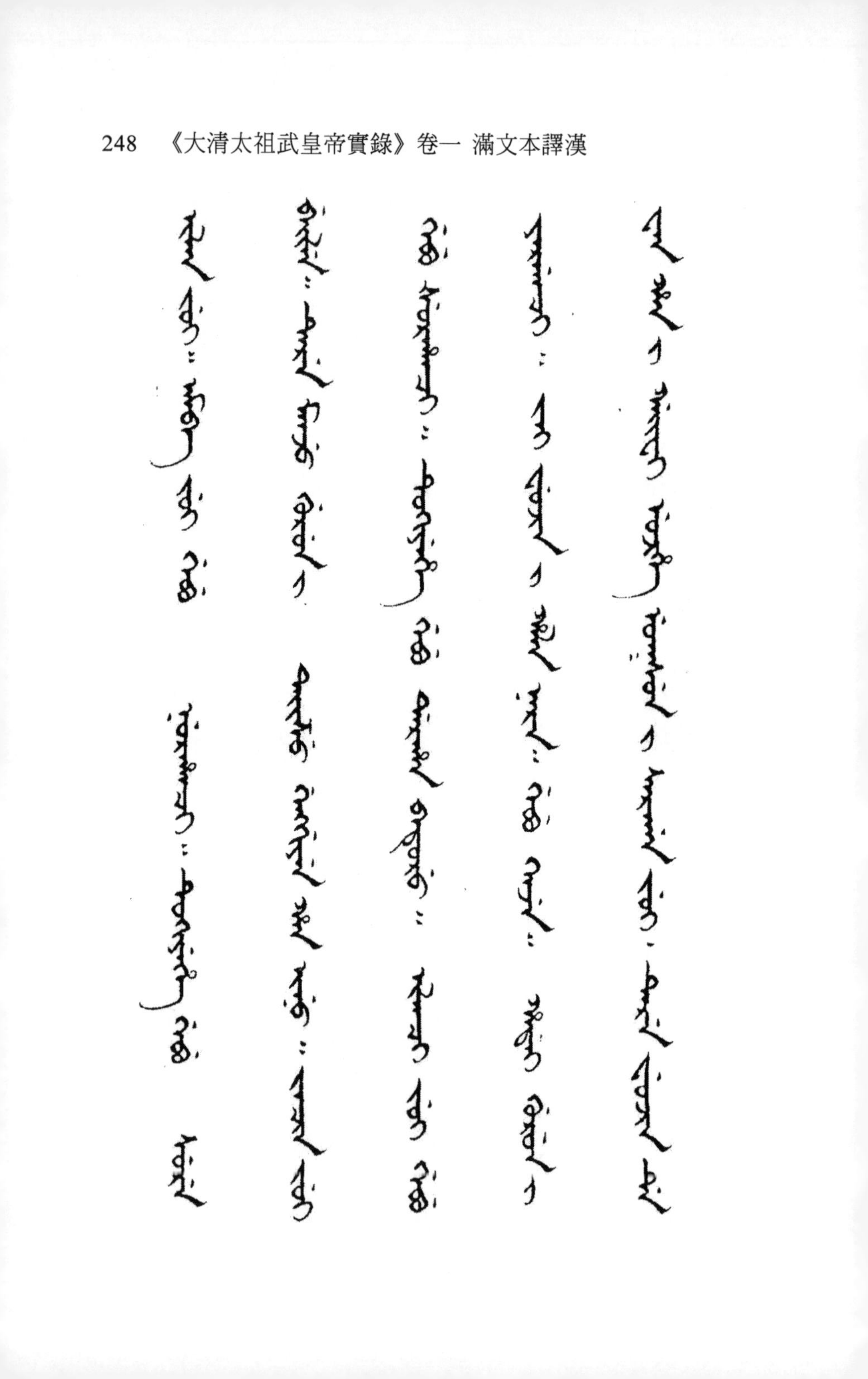

ilan jui, amba jui gebu nurhanci, tukiyehe gebu sure beile, tere manju gurun i taidz genggiyen han inu, jacin jui gebu šurhanci, tukiyehe gebu darhan baturu, ilaci jui gebu yargaci, jai fujin i hala nara, gebu kenje, hadai gurun i wan han i gaifi ujihe uksun i sargan jui, tere fujin de

---

生三子，長子名弩兒哈奇[48]，號淑勒貝勒，即滿洲國太祖聰睿汗。次子名黍兒哈奇，號打喇漢把土魯。第三子名牙兒哈奇。次夫人姓納喇，名掯姐，乃哈達國萬汗所養族女，此夫人

生三子，长子名弩儿哈奇[48]，号淑勒贝勒，即满洲国太祖聪睿汗。次子名黍儿哈奇，号打喇汉把土鲁。第三子名牙儿哈奇。次夫人姓纳喇，名掯姐，乃哈达国万汗所养族女，此夫人

---

48 弩兒哈奇，滿文讀如“nurhanci”，《太祖高皇帝實錄》音譯作「努爾哈齊」。又黍兒哈奇（šurhanci），作「舒爾哈齊」，牙兒哈奇（yargaci），作「雅爾哈齊」。

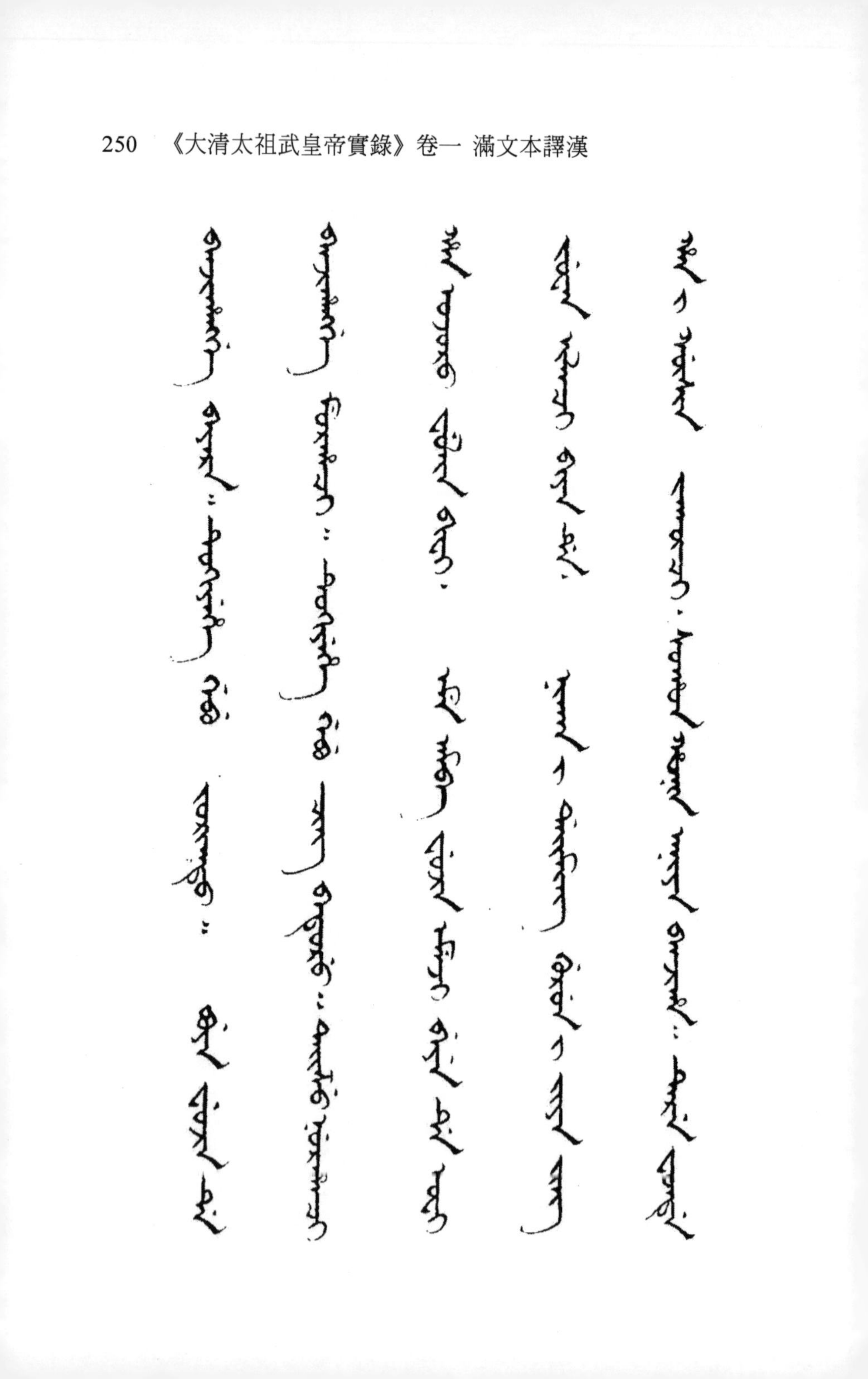

[illegible]

[illegible]

[illegible]

[illegible]

[illegible]

banjihangge bayara, tukiyehe gebu joriktu, buya fujin de banjihangge murhaci, tukiyehe gebu cing baturu, taidzu nurhanci han ojoro fulin bifi, eme amba fujin emeci beye de ofi juwan ilaci biya de, nikan i daiming gurun i jiya jing han i gūsin jakūci, sohon honin aniya banjiha, tere fonde

---

此夫人生把牙喇，號兆里兎[49]。測室生木兒哈奇，號卿把土魯。初母厄墨氣孕十三月，生太祖弩兒哈奇汗，時漢大明國嘉靖帝三十八年己未歲，

此夫人生把牙喇，號兆里兎[49]。測室生木兒哈奇，號卿把土魯。初母厄墨氣孕十三月，生太祖弩兒哈奇汗，時漢大明國嘉靖帝三十八年己未歲，

---

49 把牙喇，滿文讀如"bayara"，兆里兎，滿文讀如"joriktu"，《滿洲實錄》音譯作「巴雅喇」、「卓里克圖」，意即「能幹」。

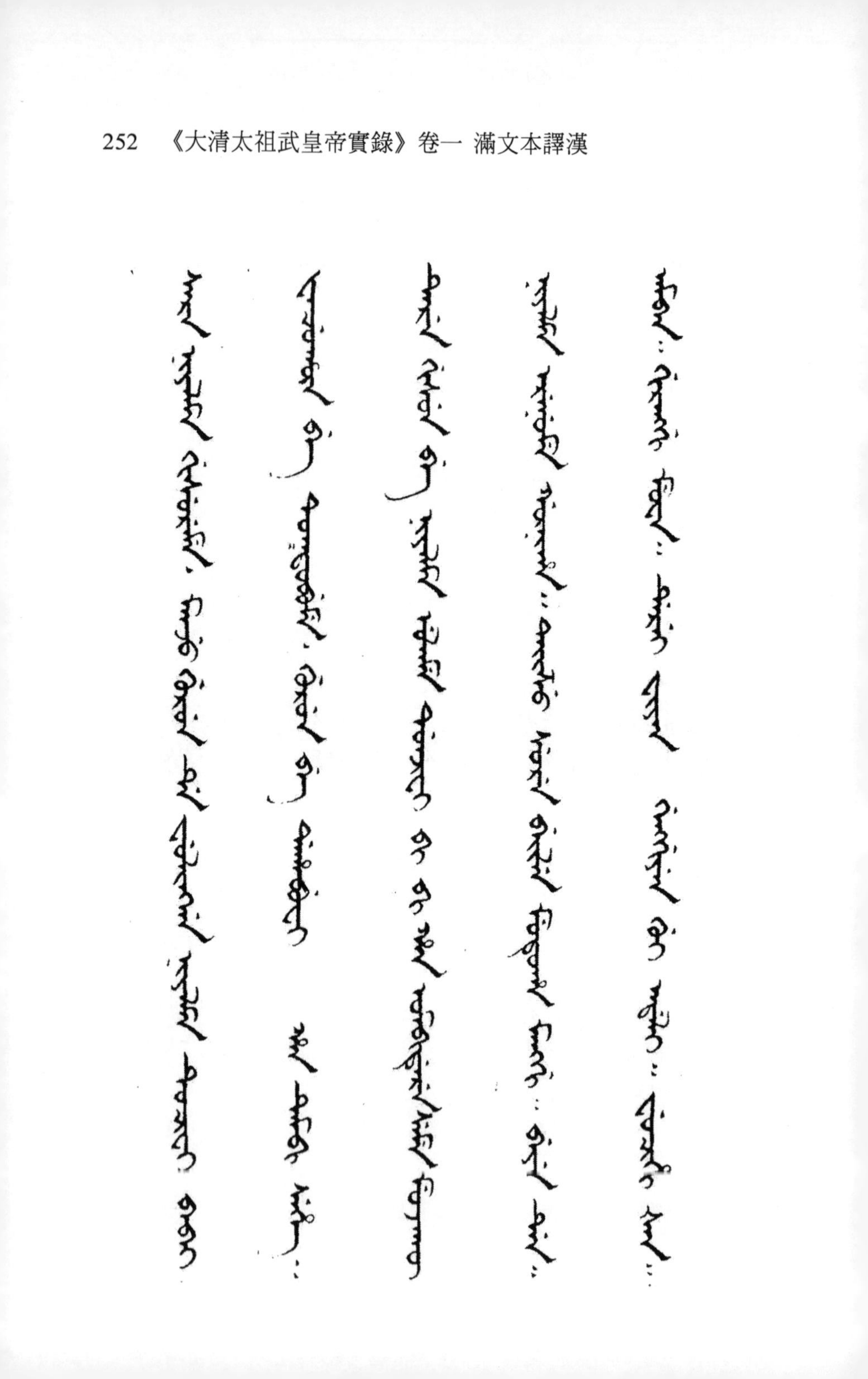

sara niyalma gisureme, manju gurun de fulingga niyalma tucifi babai facuhūn be toktobume, gurun be dahabufi han tembi sehe, tere gisun be niyalma ulame donjifi bi bi han ombidere seme mujakū niyalma erenume gūniha, taidzu sure beile mutuha manggi, beye den, amban, giranggi muwa, derei fiyan genggiyen gui adali, fucihi šan,

---

是時有識見之長者，言滿洲國有大賢人出，戡亂致治，服諸國而爲帝。此言傳聞，人皆妄自期許。太祖淑勒貝勒既長，身體高聳，骨格雄偉，面如冠王，佛耳，

是时有识见之长者，言满洲国有大贤人出，戡乱致治，服诸国而为帝。此言传闻，人皆妄自期许。太祖淑勒贝勒既长，身体高耸，骨格雄伟，面如冠王，佛耳，

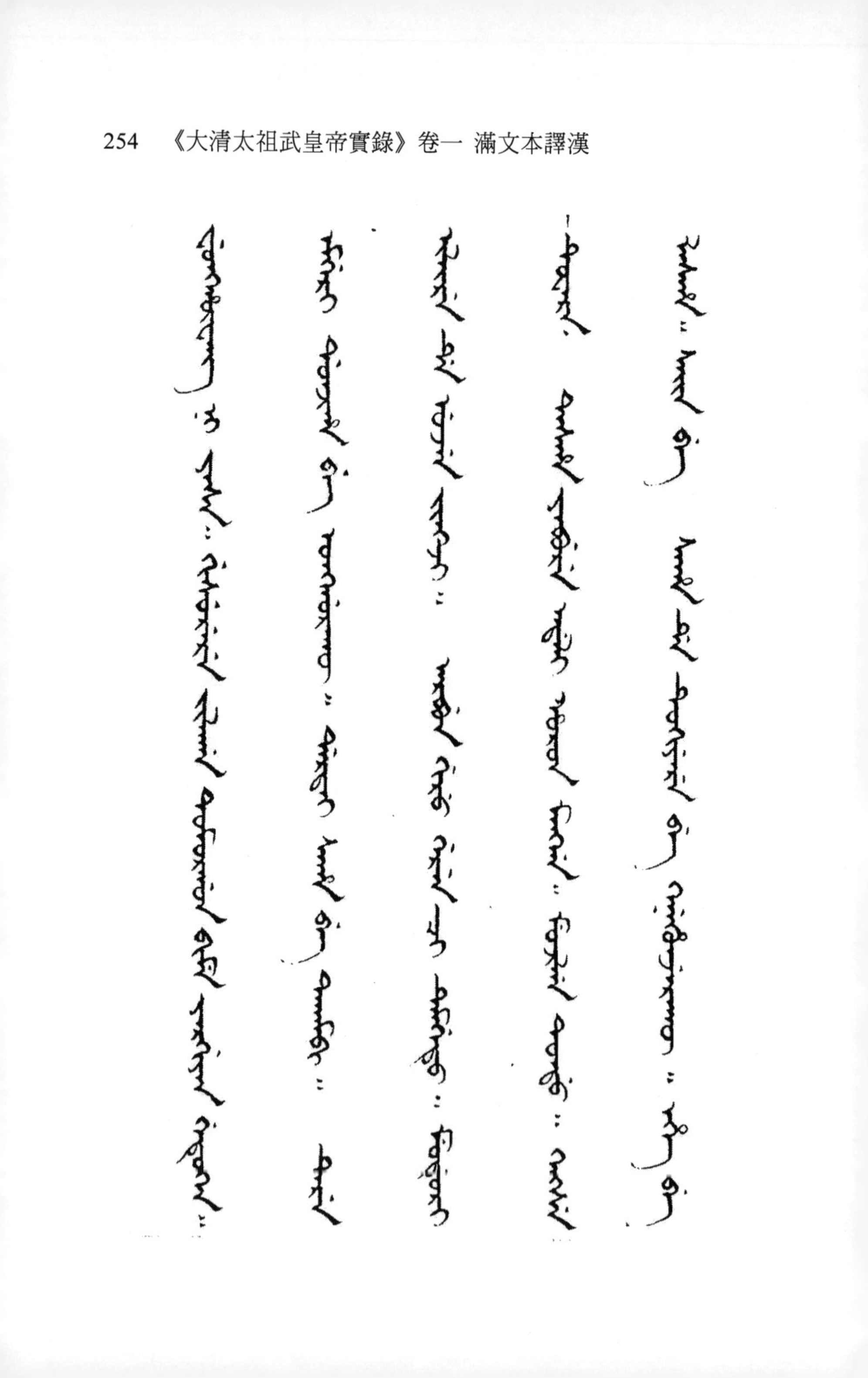

[illegible]

[illegible]

[illegible]

[illegible]

[illegible]

funghūwang ni yasa, gisurere jilgan tomorgon bime yargiyan getuken, emgeri donjiha be onggorakū, dartai saha be takambi, tere ilire de ujen jingji, arbun giru geren ci temgetu, muduri tuwara, tasha yabure adali horon mangga, mujilen tondo, kense lasha, sain be saha de tukiyere be kenehunjerakū, ehe be

---

鳳眼，言詞明爽，聲音響亮，一聽不忘，一見即識，舉止威重，儀度非常，龍行虎步，心性忠實剛果，任賢不二，

凤眼，言词明爽，声音响亮，一听不忘，一见即识，举止威重，仪度非常，龙行虎步，心性忠实刚果，任贤不二，

ᡨᡝᡵᡝ ᡨᡠᠸᠠᡴᡳᠶᠠᠮᡝ ᡨᡝᡥᡝ᠉ ᡨᡝᡵᡝ ᠪᠣᡩᠣᠮᡝ ᡤᡝᠨᡝᡥᡝ ᠵᡝ ᠵᡠᠸᡝ ᡨᡝᡵᡝ ᠪᡠᡩᠠᡥᡝᠣ ᠵᠠᡴᠠ ᠪᡝ

ᠪᠠᡥᠠᡴᡡ ᠵᡠᠸᡝ ᠪᡠᡥᡳᠶᡝᠮᡝ ᠵᡝᡴᡝ ᡨᡝ ᡨᡝᡵᡝ᠉ ᠪᡝᠶᡝ ᡨᡝᡵᡝ ᠰᠠᡵᠠ ᡨᡠᡵᡤᡠᠨ᠉ ᠠᡴᡡᡥᡝ

ᡨᡠᠮᡝᠨ ᠪᡝᡳᡩᡝᠮᡝᠨᡝᠮᡝᠩᡤᡝ ᠮᡠᠵᡳᠯᡝᠨ ᡤᡳᠰᡠᠨ᠉ ᡥᠣᠣᡥᠠᠨ ᠮᡠᡨᡝᠨ ᡤᡳᠰᡠᡵᡝᡴᡝ ᡨᡝᡥᡝ ᡤᡝᠮᡠ᠉

ᡥᠠᠨᠴᡳᡴᡳ ᠪᠣᡩᠣᡥᠣ ᠮᡠᡨᡝᡥᡝ ᡨᡝᠮᡝ ᡨᡝ ᠰᠠᡵᠠᡴᡡ᠉ ᠠᡵᠠᡴᡡ ᠪᡝᡩᡝᡵᡝᡴᡝ ᡨᡠᡨᠠᡥᡝ᠈

ᠠᠮᠠᡵᡤᡳ ᡨᡝᡵᡝ ᠪᡝᡳᡤᡝᡵᡝᡴᡝ ᠪᡝ ᡨᠣᠪᠣᡥᠣᠨᡳᡵᡝᠮᠣ᠉ ᡨᡠᠮᡝᠨ ᠮᡠᡨᡝᠪᡠ᠈ ᠠᡵᡤᠠᠪᡠᡥᠠ

saha de bederebure be jibgenjerakū, coohai erdemu, gabtara niyamniyara baturu hūsun jalan ci lakcahabi, arga bodogon šumin, cooha baitalarangge enduri gese, tuttu ofi genggiyen han sehe. taidzu sure beilei juwan se de, banjiha eme akū ofi, sirame eme oshon ehe, ama taksi sargan i gisun de dosifi jui be

---

去邪無疑，武藝超群，騎射軼倫，英勇蓋世，深謀遠略，用兵如神，因此號爲明汗。太祖淑勒貝勒十歲時，生母崩，繼母暴虐兇惡，父塔石惑於繼母言，

去邪无疑，武艺超群，骑射轶伦，英勇盖世，深谋远略，用兵如神，因此号为明汗。太祖淑勒贝勒十岁时，生母崩，继母暴虐凶恶，父塔石惑于继母言，

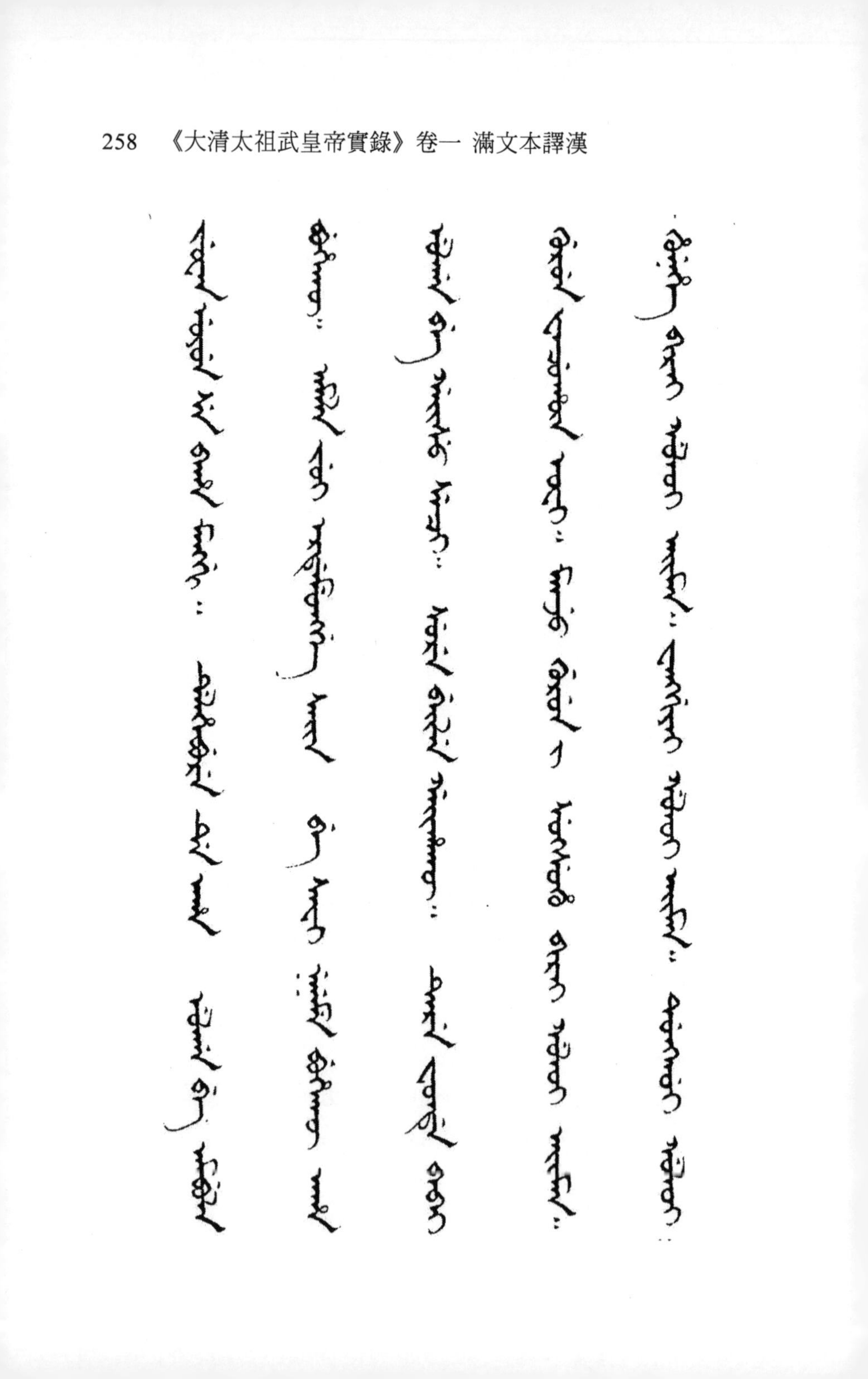

[illegible]

[illegible]

[illegible]

[illegible]

[illegible]

juwan uyun se baha manggi, delhebure de aha ulga be ambula buhekū, amala jui erdemungge sain be safi neneme buhekū aha ulga be gaisu seci, sure beile gaihakū, tere fonde babai gurun facuhūn ofi, manju gurun i suksuhu birai goloi aiman, hunehe birai goloi aiman, wanggiyai goloi aiman, donggoi goloi

---

遂分居，子年已十九，奴僕牲口止給些須，後見其子有才智，復以先前未給之奴僕牲口與之，淑勒貝勒未受。時各部擾亂，環滿洲國者，有蘇蘇河部、渾河部、王家部[50]、東果部、

遂分居，子年已十九，奴仆牲口止给些须，后见其子有才智，复以先前未给之奴仆牲口与之，淑勒贝勒未受。时各部扰乱，环满洲国者，有苏苏河部、浑河部、王家部[50]、东果部、

---

[50]王家部，滿文讀如"wanggiyai golo"，《滿洲實錄》音譯作「完顏部」，《太祖高皇帝實錄》音譯作「王甲部」。

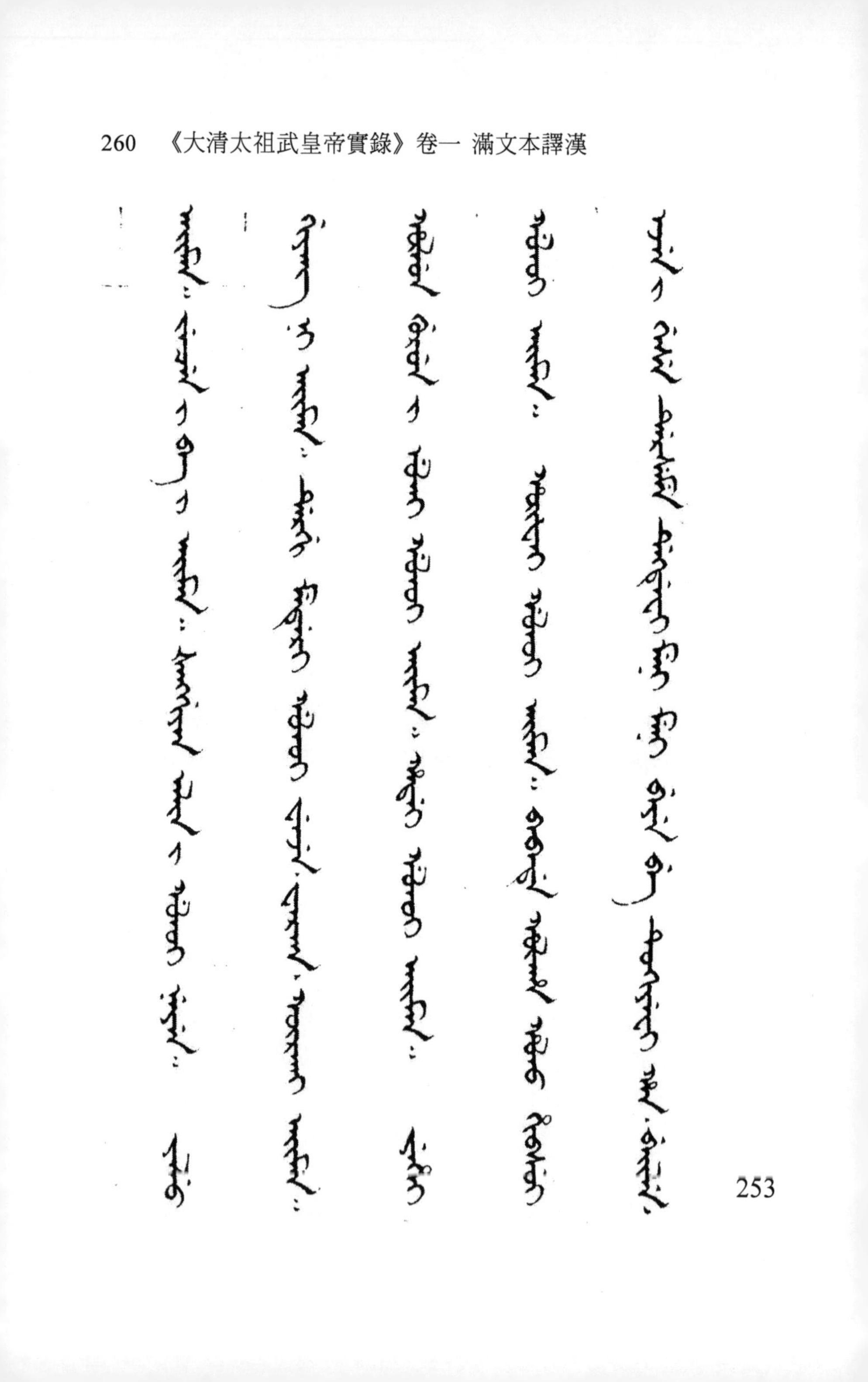

253

aiman, jecen i ba i aiman, šanggiyan alin i goloi neyen, yalu giyang ni aiman, dergi mederi goloi weje, warka, kūrkai aiman, hūlun gurun i ulai goloi aiman, hadai goloi aiman, yehei goloi aiman, hoifai goloi aiman, babade hūlha holo hibsui ejen i gese derseme dekdefi meni meni beye be tukiyefi han, beile,

---

折陳部、長白山內陰部、鴨綠江部、東海兀吉部、斡兒哈部、虎兒哈部、胡籠國中兀喇部、哈達部、夜黑部[51]、輝發部，各部盜賊蜂起，皆稱王爭長，

折陈部、长白山内阴部、鸭绿江部、东海兀吉部、斡儿哈部、虎儿哈部、胡笼国中兀喇部、哈达部、夜黑部[51]、辉发部，各部盗贼蜂起，皆称王争长，

---

51 夜黑部，滿文讀如"yehei goloi aiman"，《滿洲實錄》音譯作「葉赫部」，《太祖高皇帝實錄》同。

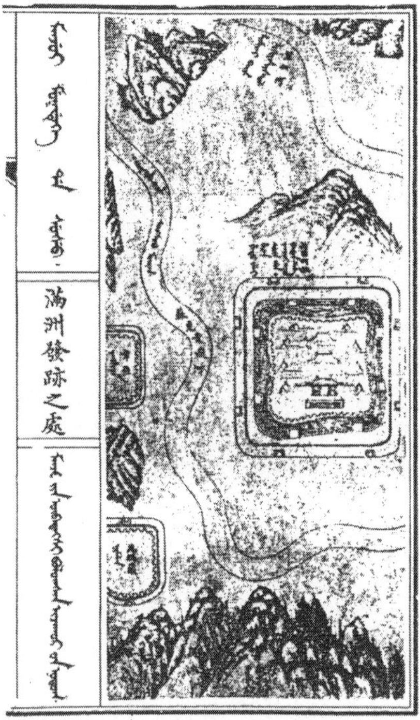
滿洲發跡之處

十二、滿洲發跡

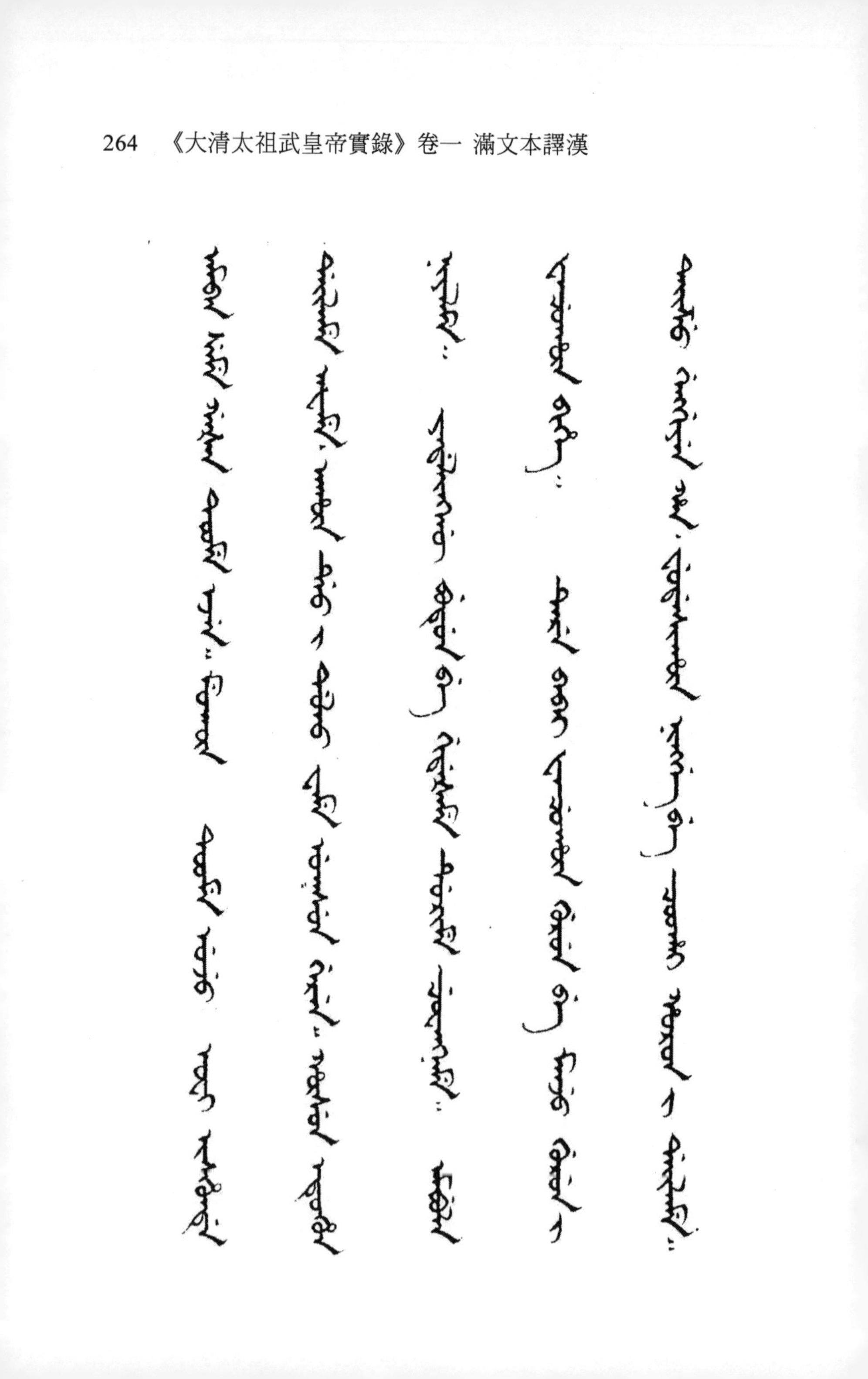

[illegible]

[illegible]

[illegible]

[illegible]

[illegible]

amban seme gašan toome ejen, mukūn toome uju ofi ishunde dailame afame, ahūn deo i dolo wame uksun geren, hūsun etuhun niyalma, yadalinggū budun be gidašame durime cuwangname, ambula facuhūn bihe, tere babai facuhūn gurun be manju gurun i taidzu genggiyen han, fudasihūn ningge be coohai horon i dailame,

---

各主其地，互相攻戰，甚且兄弟自殘，強凌弱，衆暴寡，爭奪無已時，滿洲國太祖英明汗能恩威並行，逆者以兵臨，

各主其地，互相攻战，甚且兄弟自残，强凌弱，众暴寡，争夺无已时，满洲国太祖英明汗能恩威并行，逆者以兵临，

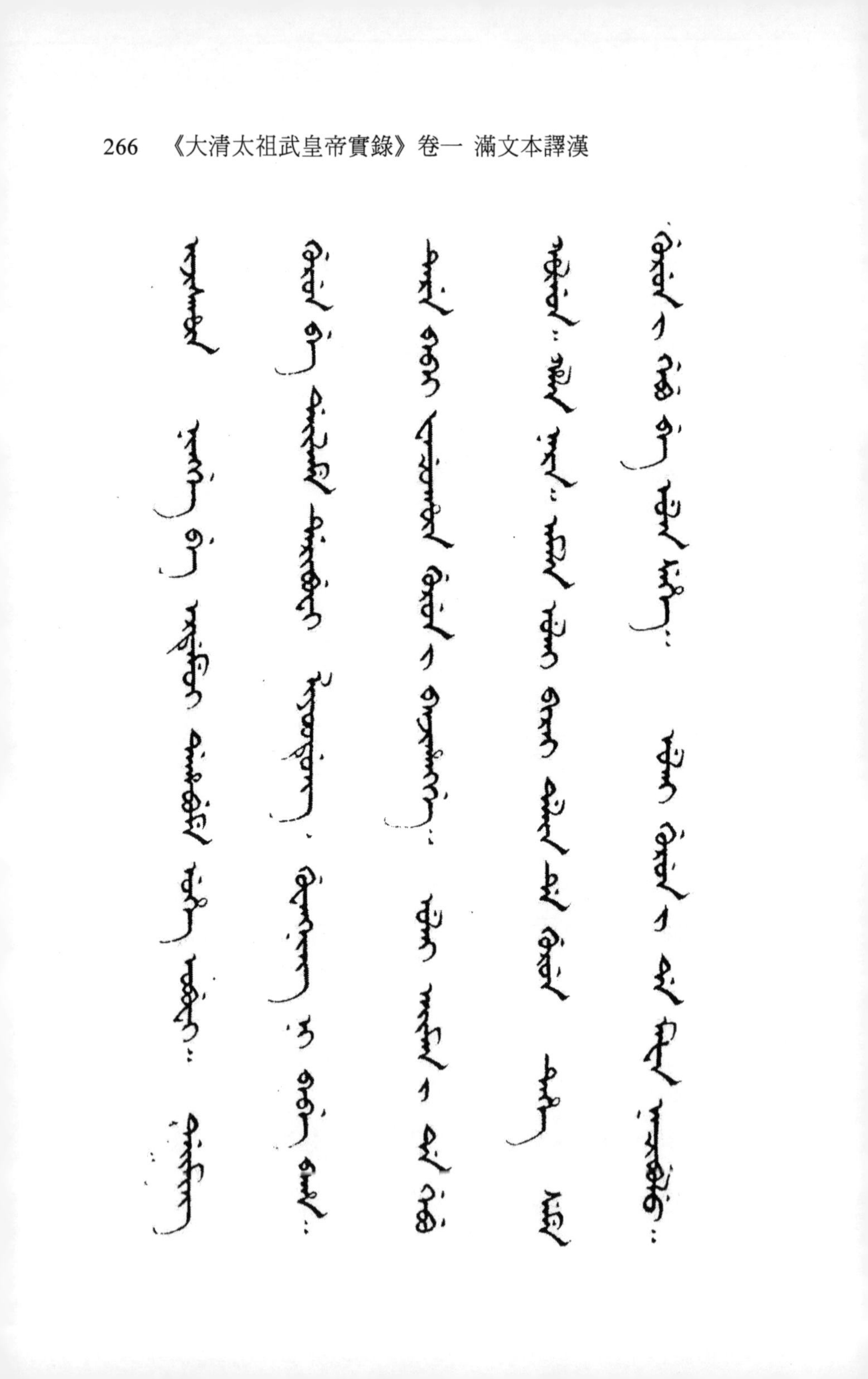

[illegible]

[illegible]

[illegible]

[illegible]

[illegible]

[illegible]

ijishūn ningge be erdemui dahabume uhe obufi, daiming gurun be dailame deribufi liyoodung, guwangning ni babe baha, tere babai facuhūn gurun i banjihangge. ulai aiman i da gebu hūlun, hala nara, amala ulai birai dalin de gurun tehe seme gurun i gebu be ula sehe, ulai gurun i da mafa nacibulu,

---

順者以德服，於是削平諸部而統一之，繼攻尅大明國遼東、廣寧諸城。兀喇部本名胡籠[52]，姓納喇，後因居兀喇河岸，故國名兀喇。兀喇國始祖名納奇卜祿，

顺者以德服，于是削平诸部而统一之，继攻克大明国辽东、广宁诸城。兀喇部本名胡笼[52]，姓纳喇，后因居兀喇河岸，故国名兀喇。兀喇国始祖名纳奇卜禄，

---

[52]兀喇部本名胡籠，句中「兀喇部」，滿文讀如“ulai aiman”，「胡籠」，滿文讀如“hūlun”，《滿洲實錄》音譯作「烏拉國」、「呼倫」。

ᠠᠮᠪᠠᠯᡳᠩᡤᡡ ᡩᡝ ᠪᠠᠨᠵᡳᠨᠠᠩᡤᡝ ᡳᠵᡳᠰᡥᡡᠨ ᡶᡠᡩᠠᠰᡳᡥᡡᠨ᠉ ᡳᠵᡳᠰᡥᡡᠨ ᡶᡠᡩᠠᠰᡳᡥᡡᠨ ᡩᡝ

ᠪᠠᠨᠵᡳᠨᠠᠩᡤᡝ ᠨᡳᠶᠠᠯᠮᠠ ᡨᠣᠮᠣᠰᡠ᠉ ᠨᡳᠶᠠᠯᠮᠠ ᡨᠣᠮᠣᠰᡠ ᡩᡝ ᠪᠠᠨᠵᡳᠨᠠᠩᡤᡝ

ᡨᡠᠰᡳᠩᡤᠠ᠉ ᡨᡠᠰᡳᠩᡤᠠ ᡩᡝ ᠪᠠᠨᠵᡳᠨᠠᠩᡤᡝ ᡤᡳᠰᡠᠨ᠉ ᡤᡳᠰᡠᠨ ᡩᡝ ᠪᠠᠨᠵᡳᠨᠠᠩᡤᡝ

ᠰᡝᠶᡝᠨ ᡩᠣᠰᠣᠪᠣ᠉ ᠪᠣᡥᠣᠨ ᡨᡠᠮᡝᠨ᠉ ᠰᡝᠶᡝᠨ ᡩᠣᠰᠣᠪᠣ ᡩᡝ ᠪᠠᠨᠵᡳᠨᠠᠩᡤᡝ ᠠᡳᠰᡳᠯᠠᠪᠣ᠉

ᠠᡳᠰᡳᠯᠠᠪᠣ ᡩᡝ ᠪᠠᠨᠵᡳᠨᠠᠩᡤᡝ ᡨᠠᠨ᠉ ᠪᠣᡥᠣᠨ ᡨᡠᠮᡝᠨ ᡩᡝ ᠪᠠᠨᠵᡳᠨᠠᠩᡤᡝ ᠮᡠᠴᡝᠨ᠉

nacibulu de banjihangge šanggiyan dorhoci, šanggiyan dorhoci de banjihangge giyamaka šojugū, giyamaka šojugū de banjihangge suitun, suitun de banjihangge dulagi, dulagi de banjihangge kesine dudu, gudei juyan, kesine dudu de banjihangge cecemu, cecemu de banjiangge wan, gudei juyan de banjihangge tairan,

---

納奇卜祿生上江朶里和氣[53]，上江朶里和氣生加麻哈芍朱户，加麻哈芍朱户生瑞呑，瑞呑生杜兒機，杜兒機生克世納都督、庫堆朱顏，克世納都督生轍轍木，轍轍木生萬，庫堆朱顏生太欒，

纳奇卜禄生上江朵里和气[53]，上江朵里和气生加麻哈芍朱户，加麻哈芍朱户生瑞吞，瑞吞生杜儿机，杜儿机生克世纳都督、库堆朱颜，克世纳都督生辙辙木，辙辙木生万，库堆朱颜生太栾，

---

53 上江朶里和氣，滿文讀如“šanggiyan dorhoci”，《滿洲實錄》音譯作「商堅多爾和齊」。

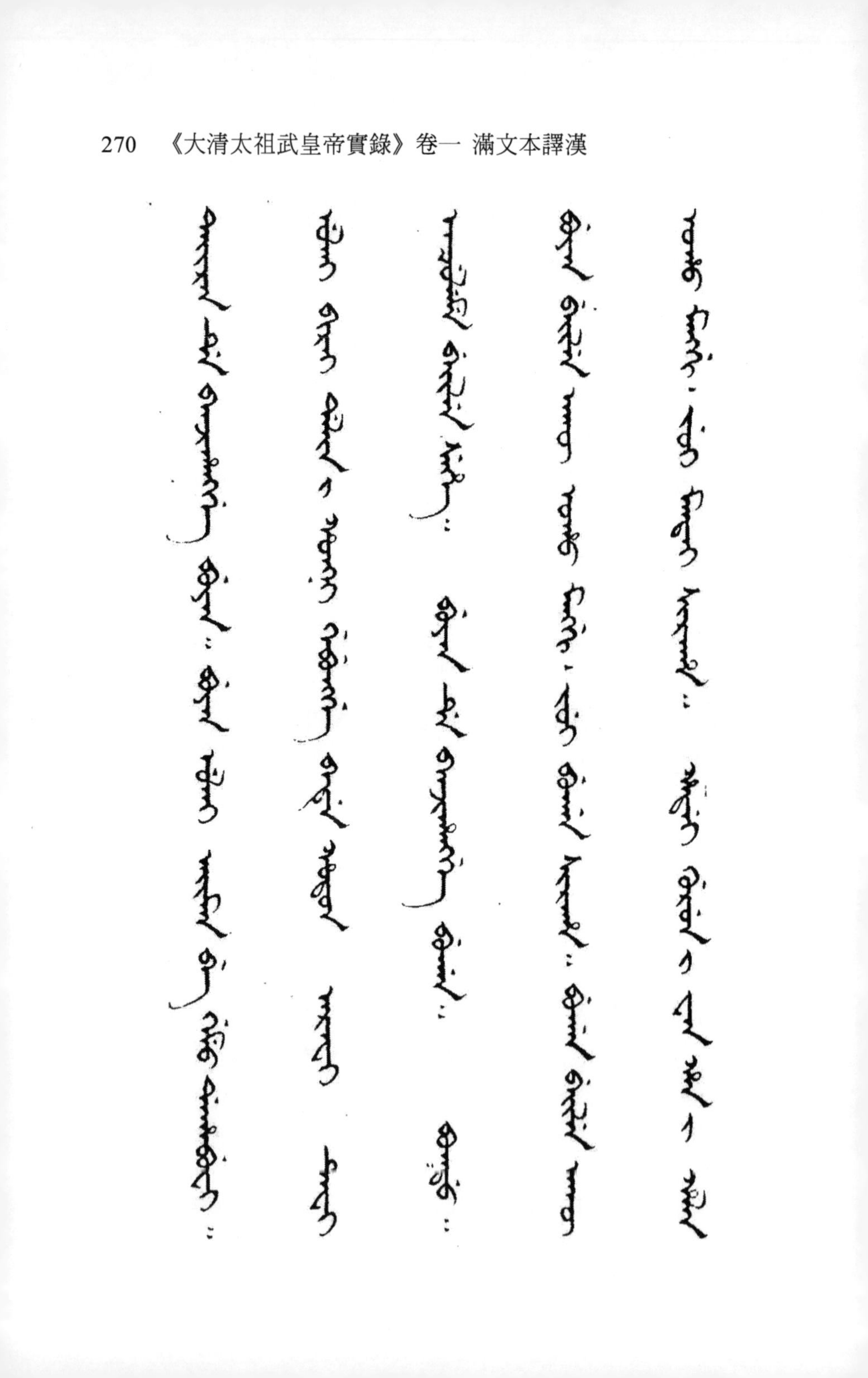

tairan de banjihangge buyan, buyan ulai aiman be gemu dahabufi, ulai birai dalin i hongni gebungge bade hoton arafi tefi enculeme beile sehe, buyan de banjihangge bugan, bokdo buyan beile akū oho manggi, jui bugan siraha, bugan beile akū oho manggi, jui mantai siraha. hadai gurun i wan han i hala

---

太欒生補煙，補煙盡收兀喇諸部，率衆於兀喇河岸洪尼處築城居住，另行稱王。補煙生補干，博克多補煙貝勒卒後，子補干繼之，補干貝勒卒後，子滿太[54]繼之。哈達國萬汗

太栾生补烟，补烟尽收兀喇诸部，率众于兀喇河岸洪尼处筑城居住，另行称王。补烟生补干，博克多补烟贝勒卒后，子补干继之，补干贝勒卒后，子满太[54]继之。哈达国万汗

---

54 滿太，滿文讀如"mantai"，《滿洲實錄》音譯作「滿泰」。

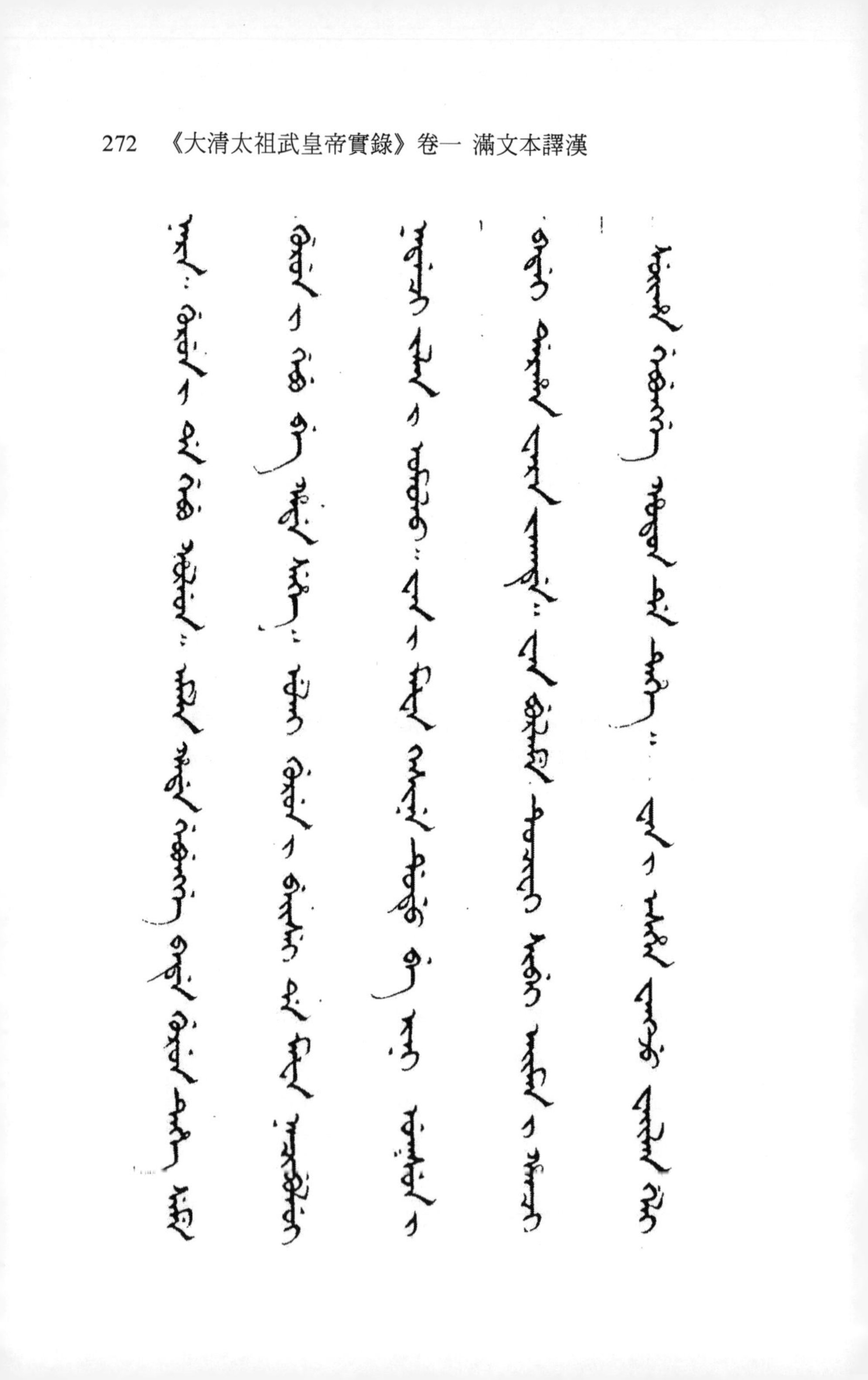

nara,gurun i da gebu hūlun, amala hada gebungge bade gurun tehe seme gurun i gebu be hada sehe, ulai gurun i beisei da mafa nacibului nadaci jalan i omolo, wan i mafa kesine dudu be ini uksun i badai darhan wara jakade, wan burlame tucifi sibei aiman i hanci suiha gebungge hoton de tehe, wan i eshen wangju wailan geli

---

姓納喇，國名本胡籠族，後因住哈達處，故國名哈達，乃兀喇國諸王始祖納奇卜祿第七代孫也。萬之祖克世納都督，被族人八太打喇漢所殺，萬遂逃出住什白部附近瑞哈城[55]，

姓纳喇，国名本胡笼族，后因住哈达处，故国名哈达，乃兀喇国诸王始祖纳奇卜禄第七代孙也。万之祖克世纳都督，被族人八太打喇汉所杀，万遂逃出住什白部附近瑞哈城[55]，

---

55 瑞哈，滿文讀如“suiha”，《滿洲實錄》音譯作「綏哈」。

ᠪᠣᡥᠣᡵᡳᠶᠠᠨ ᠨᡳᡴᠠᠨ ᡤᡝᠪᡠ ᡤᡠᡵᡠᠨ ᡳ ᡨᡝᠮᡝ ᡨᡠᠸᠠᠮᡝ :: ᠰᡠᡵᡝ ᡤᡝᠪᡠ ᡤᡠᡵᡠᠨ

ᡥᠠᠯᡳᠮᡠᡴᡡᡴᡳᠨ ᡥᠠᡵᡤᠠ ᡥᠠᠯᡥᠠᠨ ᠪᡝ ᡥᠠᠨ ᠰᡝᡵᡝ :: ᡥᠠᡵᡤᠠ ᡥᠠᠯᡥᠠᠨ ᡳ ᡩᡝ

ᠪᡠᡵᡤᡳᠶᠠᠮᡝ ᡥᡝᡩᡝᡵᡝ ᠪᡳᠰᡳ ᠪᡳᠴᡳ ᠪᡝ ᡥᠠᡥᠠᡳ᠂ ᠰᠠᡵᡤᠠᠨ ᡥᠠᠨ ᠪᡝ ᡨᡠᡴᡳᠶᡝᠮᡝ ᡨᡠᠸᠠᠮᡝ ᡨᡝᡵᡝ

ᡝᠮᡠᡴᡳ ᡨᡠᠪᡳᠰᡳ ᡤᡝᠪᡠ ᡤᡠᡵᡠᠨ ᡨᡠᡳᡴᡝᠨ :: ᡥᠠᠨ ᡝᠮᡠᡴᡳᡥᡝ ᠪᡝ ᡨᡝᠨᡳᠨᡳᡥᡝ ::

ᡨᡠᠸᠠᠮᡝ ᠪᡝ ᡤᡳᠰᡠᡵᡝᠮᡝ ᡨᡠᠸᠠᡥᠠ ᡨᡠᠸᠠᠮᡝ ᠰᡝᡵᡝ :: ᡥᠠᠨ ᠰᡝᠮᡝᡨᡝᡵᡝ ᡝᠮᡠ ᡨᡠᡴᡳ ::

burlame genefi hadai aiman de ejen oho, amala hadai aiman facuhūrafi wangju wailan be waha manggi, wangju wailan i jui bolkon šejin amai bata be wafi, ahūn wan be suiha hoton de ganafi uthai aiman de ejen obuha, wan hanciki be dailame, goroki be dahabume etenggi oho manggi, wan enculeme han ofi,

---

萬之叔王住外廊[56]，逃至哈達部爲主，後哈達部判，王住外郎被殺，王住外郎之子泊兒混殺父仇人，請兄萬至瑞哈城即爲主，萬於是近者攻取，遠者招徠，其勢愈盛，萬遂另行自稱汗，

万之叔王住外廊[56]，逃至哈达部为主，后哈达部判，王住外郎被杀，王住外郎之子泊儿混杀父仇人，请兄万至瑞哈城即为主，万于是近者攻取，远者招徕，其势愈盛，万遂另行自称汗，

---

56 王住外廊，滿文讀如“wangju wailan”，《滿洲實錄》音譯作「旺住外蘭」。

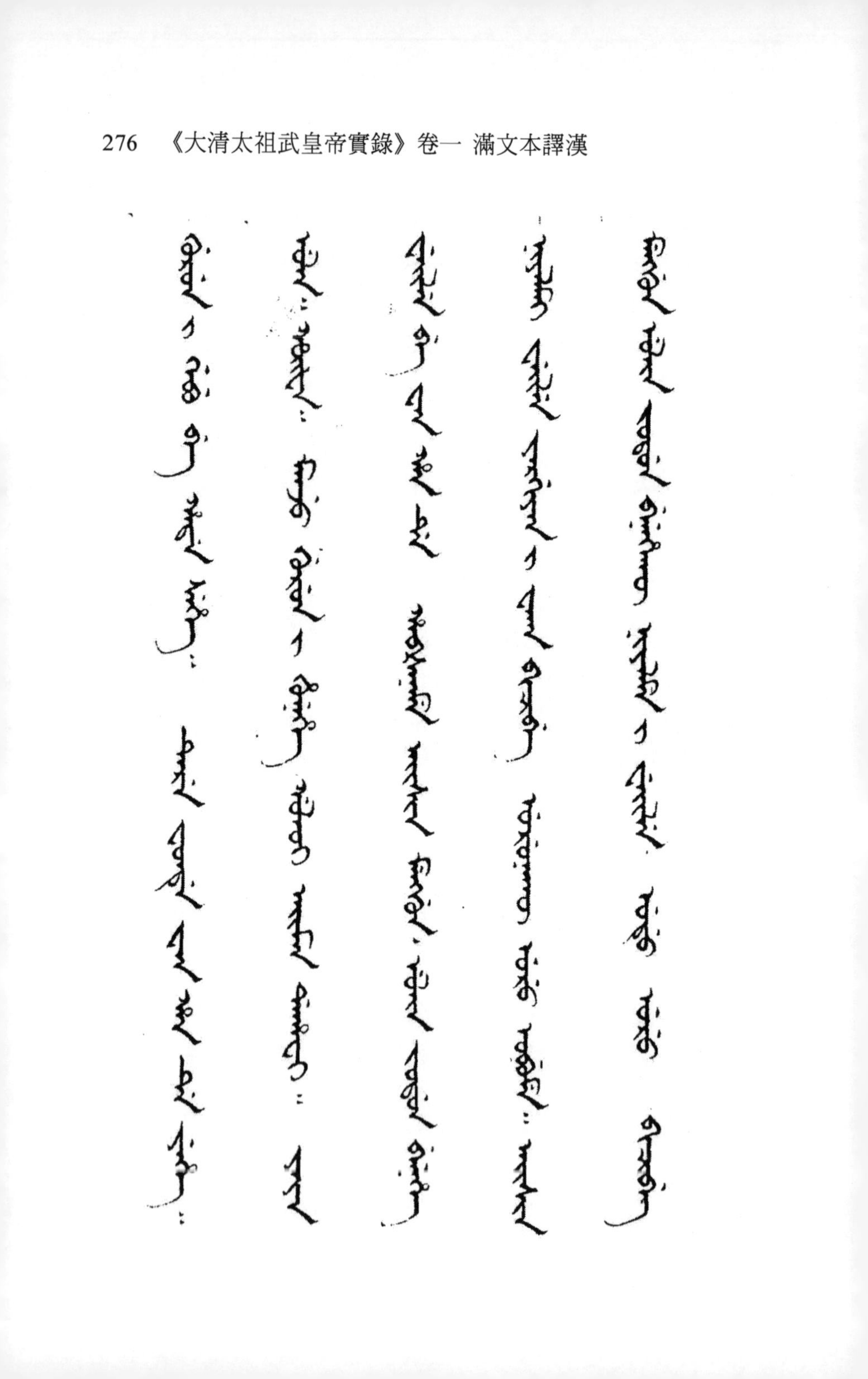

gurun i gebu be hada sehe, tere fonde wan han de yehe, ula, hoifa, manju gurun i hunehe goloi aiman dahafi, yaya weile be wan han de habšaname aisin menggun, ulin jodon benehe niyalmai weile yargiyan i waka bicibe urunakū uru obume, aisin menggun ulin jodon beneheku̅ niyalma i weile udu uru bicibe,

---

國名哈達。彼時夜黑、兀喇、輝發，及滿洲國所屬渾河部，萬汗盡皆服之，凡有詞訟，悉聽萬汗處分，賄賂公行，其送金銀財帛之人雖有罪屬實必以非爲是，凡未送金銀財帛之人雖是必爲非審訊其罪，

国名哈达。彼时夜黑、兀喇、辉发，及满洲国所属浑河部，万汗尽皆服之，凡有词讼，悉听万汗处分，贿赂公行，其送金银财帛之人虽有罪属实必以非为是，凡未送金银财帛之人虽是必为非审讯其罪，

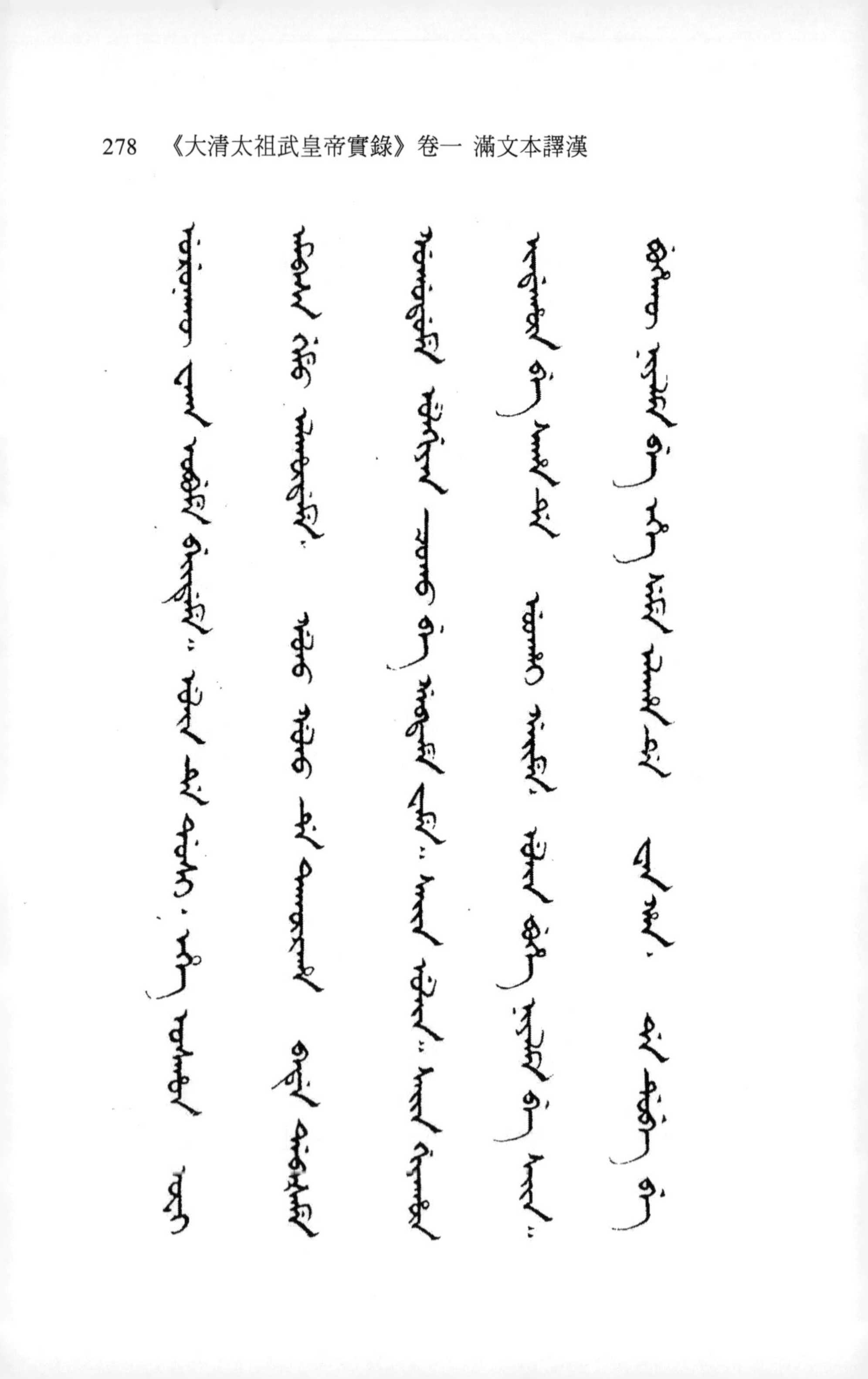

[illegible]

[illegible]

[illegible]

[illegible]

[illegible]

urunakū waka obume beideme, ulin de dosi, ehe oshon ofi ambasa gemu alhūdame, golo golo de takūraha bade dabašame gogodome ulgiyan coko be gabtame wame, sain ulin, sain giyahūn indahūn be saha de uthai gaime, ulin buhe niyalma be sain, buhekū niyalma be ehe seme alaha de wan han, da dube be

---

上既貪婪，下亦效由。凡差遣人役，侵漁諸部，射殺猪鷄，但見好財帛、好鷹犬可意者，莫不索取，給財帛之人譽之，不給之人毀之，

上既贪婪，下亦效由。凡差遣人役，侵渔诸部，射杀猪鸡，但见好财帛、好应犬可意者，莫不索取，给财帛之人誉之，不给之人毁之，

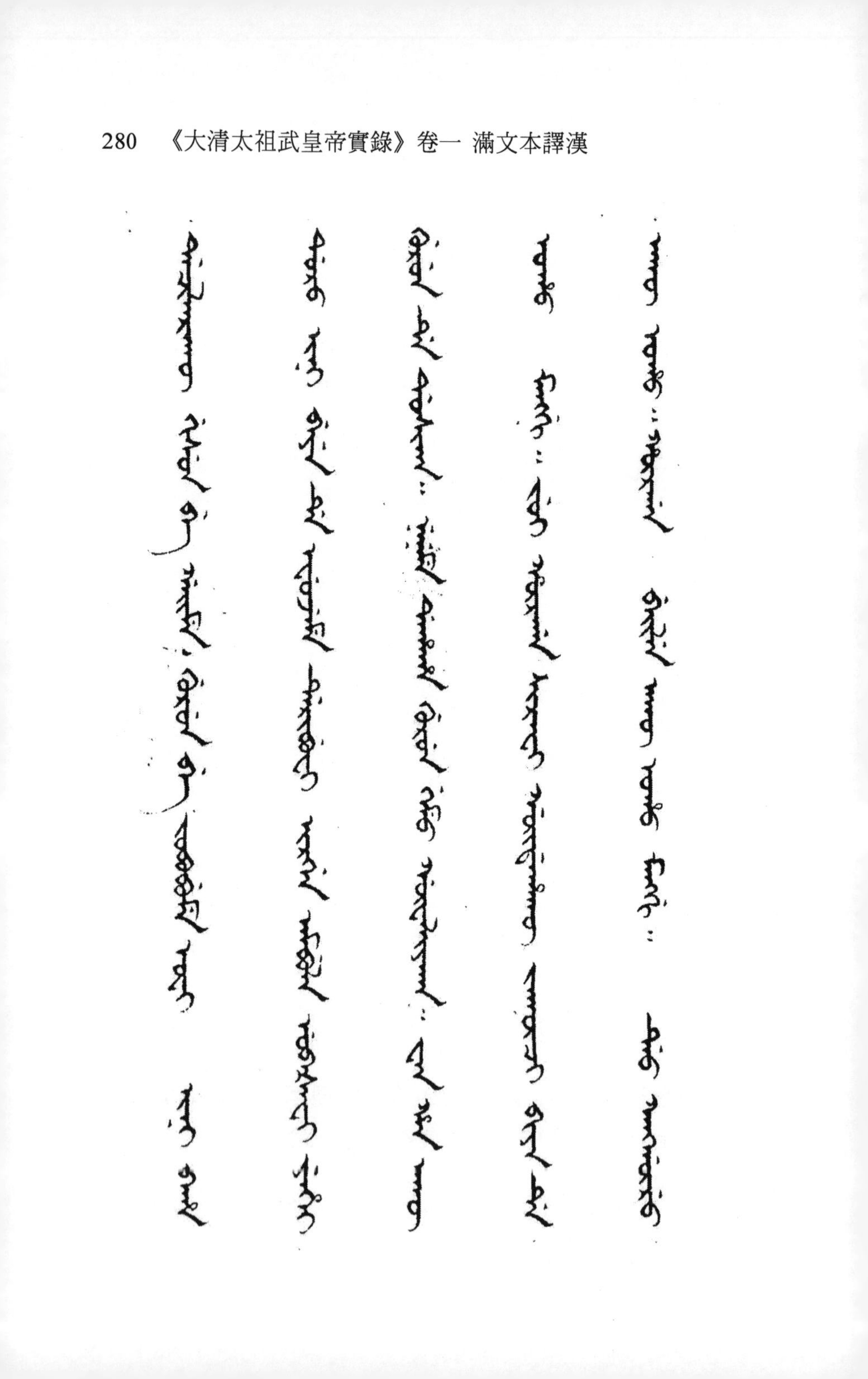

[illegible]

[illegible]

[illegible]

[illegible]

[illegible]

dacilarakū gisun be gaime, gurun be jobobume ofi ini baha doro ini beye de efujeme deribufi irgen ambula ubašafi yehei gurun de dosika, neneme dahaha gurun gemu gūwaliyaka, wan han akū oho manggi, jui hūrgan sirafi goidahakū jakūci biya de akū oho, hūrgan beile akū oho manggi, deo kanggūru

---

萬汗不察民隱，惟聽譖言，自毀其原先所得之道而毀其國，民不堪命，民多叛投夜黑，先附諸部亦皆盡叛。萬汗卒，子胡里干[57]襲位未久八月而卒，胡里干貝勒卒後，弟康古魯襲之，

万汗不察民隐，惟听谮言，自毁其原先所得之道而毁其国，民不堪命，民多叛投夜黑，先附诸部亦皆尽叛。万汗卒，子胡里干[57]袭位未久八月而卒，胡里干贝勒卒后，弟康古鲁袭之，

---

57 胡里干，滿文讀如“hūrgan”，《滿洲實錄》音譯作「扈爾漢」。

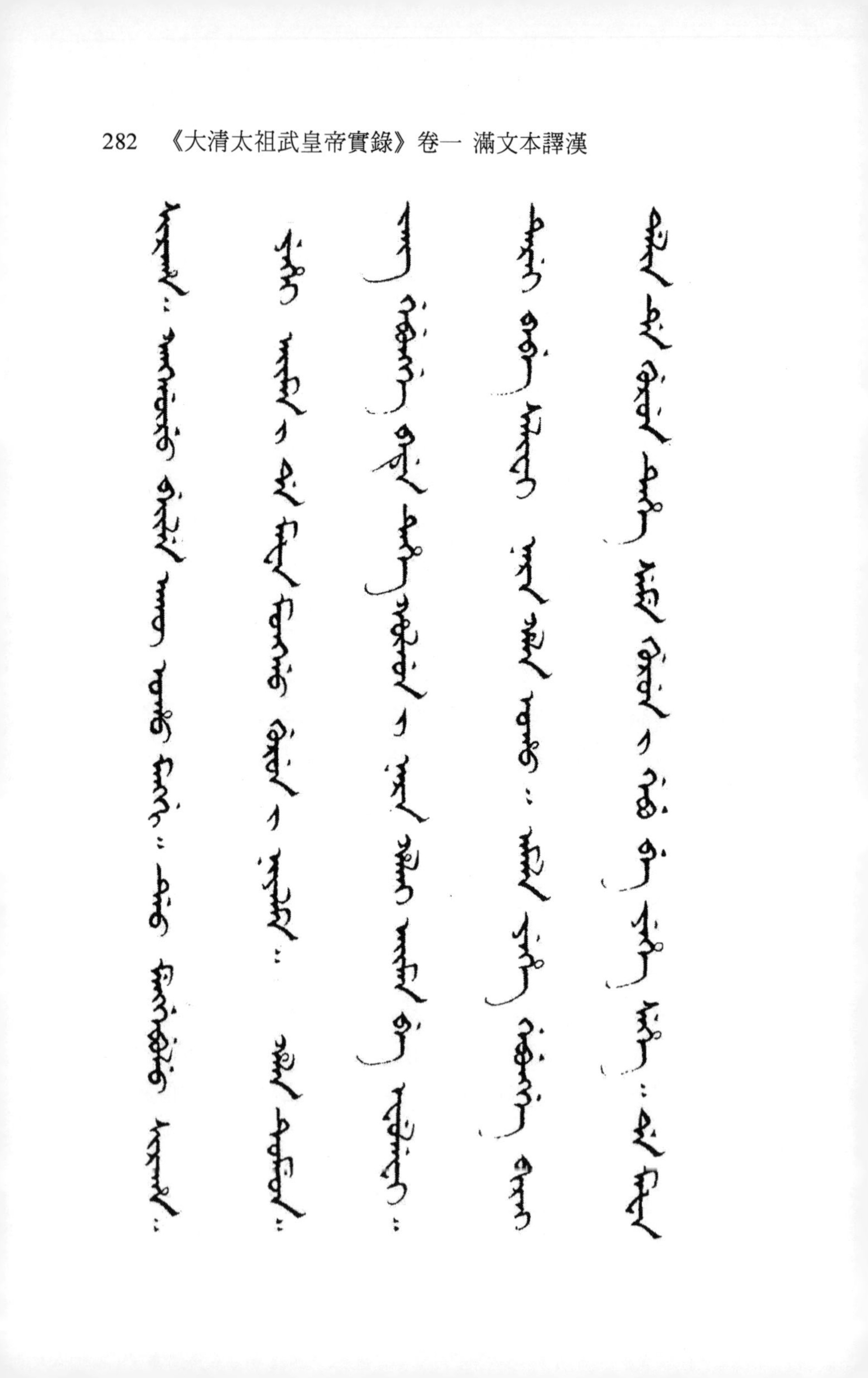

[illegible]

siraha kanggūru beile akū oho manggi deo menggebulu siraha. yehei aiman i da mafa monggo gurun i niyalma, hala tumet, jang gebungge bade tehe hūlun i nara halai aiman be efulefi, terei babe salifi nara hala oho, amala yehe gebungge birai dalin de gurun tehe seme gurun i gebu be yehe sehe, da mafa

---

康古魯貝勒卒，弟孟革卜鹵襲之。夜黑國之始祖蒙古人，姓土墨忒[58]，所居地名曰張，滅胡籠國內納喇姓部，遂居其地，因姓納喇，後移居夜黑河岸，故國名夜黑，始祖

康古鲁贝勒卒，弟孟革卜卤袭之。夜黑国之始祖蒙古人，姓土墨忒[58]，所居地名曰张，灭胡笼国内纳喇姓部，遂居其地，因姓纳喇，后移居夜黑河岸，故国名夜黑，始祖

---

58 土墨忒，滿文讀如“tumet”，《滿洲實錄》音譯作「土默特」。

ᠠᠯᡳᡶᡳ ᠪᡝ ᠵᡠᡳ ᠪᠠᠨᠵᡳᡥᠠ᠉ ᠠᠯᡳᡥᠠ ᠪᡝ ᠵᡠᡳ ᠪᠣᡥᠣᠯᡳ ᠵᡠᡳ ᠪᠣᠣ ᠶᠠᠰᡳ᠉

ᠪᠠᠨᠵᡳᡥᠠ ᡤᡳᠣᠴᠠᠩᡤᠠ᠉ ᡤᡳᠣᠴᠠᠩᡤᠠ᠉ ᡤᡳᠣᠴᠠᠩᡤᠠ᠈ ᡤᡳᠣᠴᠠᠩᡤᠠ ᠵᡠᡳ

ᡨᠣᠣᡥᠠᠨ᠉ ᡨᠣᠣᡥᠠᠨ ᠵᡠᡳ ᠪᠠᠨᠵᡳᡥᠠ ᠪᠣᠣᠴᠣᠣ᠉ ᠪᠣᠣᠴᠣᠣ ᠵᡠᡳ

ᡤᡝᠨᡝᡥᡝᠩᡤᡝ ᠵᡠᡳ ᠪᠠᠨᠵᡳᡥᠠ ᠣᠣᡵᡳᠨ᠉ ᠣᠣᡵᡳᠨ ᠵᡠᡳ ᠪᠠᠨᠵᡳᡥᠠ

ᠮᡝᠩᡤᡠᠨ ᠪᠣᠣᠮᡝ᠉ ᠮᡝᠩᡤᡠᠨ ᠪᠣᠣᠮᡝ ᠵᡠᡳ ᠪᠠᠨᠵᡳᡥᠠ ᠮᡝᠩᡤᡝ ᡤᡝᠨᡝᡥᡝᠩᡤᡝ᠉ ᠮᡝᠩᡤᡝ

singgen darhan, singgen darhan de banjihangge sirke minggatu, sirke minggatu de banjihangge cirgani, cirgani de banjihangge cukungge, cukungge de banjihangge taicu, taicu de banjihangge cinggiyanu, yangginu, cinggiyanu, yangginu yehei aiman be gemu dahabufi, ahūn deo emte hoton de tehe manggi,

---

勝根打喇漢，勝根打喇漢生石兒刻命剛兎，石兒刻命剛兎生奇里哈尼，奇里哈尼生出空格，出空格生太杵，太杵生卿家奴、楊機奴[59]。卿家奴、楊機奴征服夜黑諸部，兄弟各居一城，

胜根打喇汉，胜根打喇汉生石儿刻命刚兎，石儿刻命刚兎生奇里哈尼，奇里哈尼生出空格，出空格生太杵，太杵生卿家奴、杨机奴[59]。卿家奴、杨机奴征服夜黑诸部，兄弟各居一城，

---

59 卿家奴、楊機奴，滿文讀如"cinggiyanu、yangginu"，《滿洲實錄》音譯作「清佳努、揚吉努」。

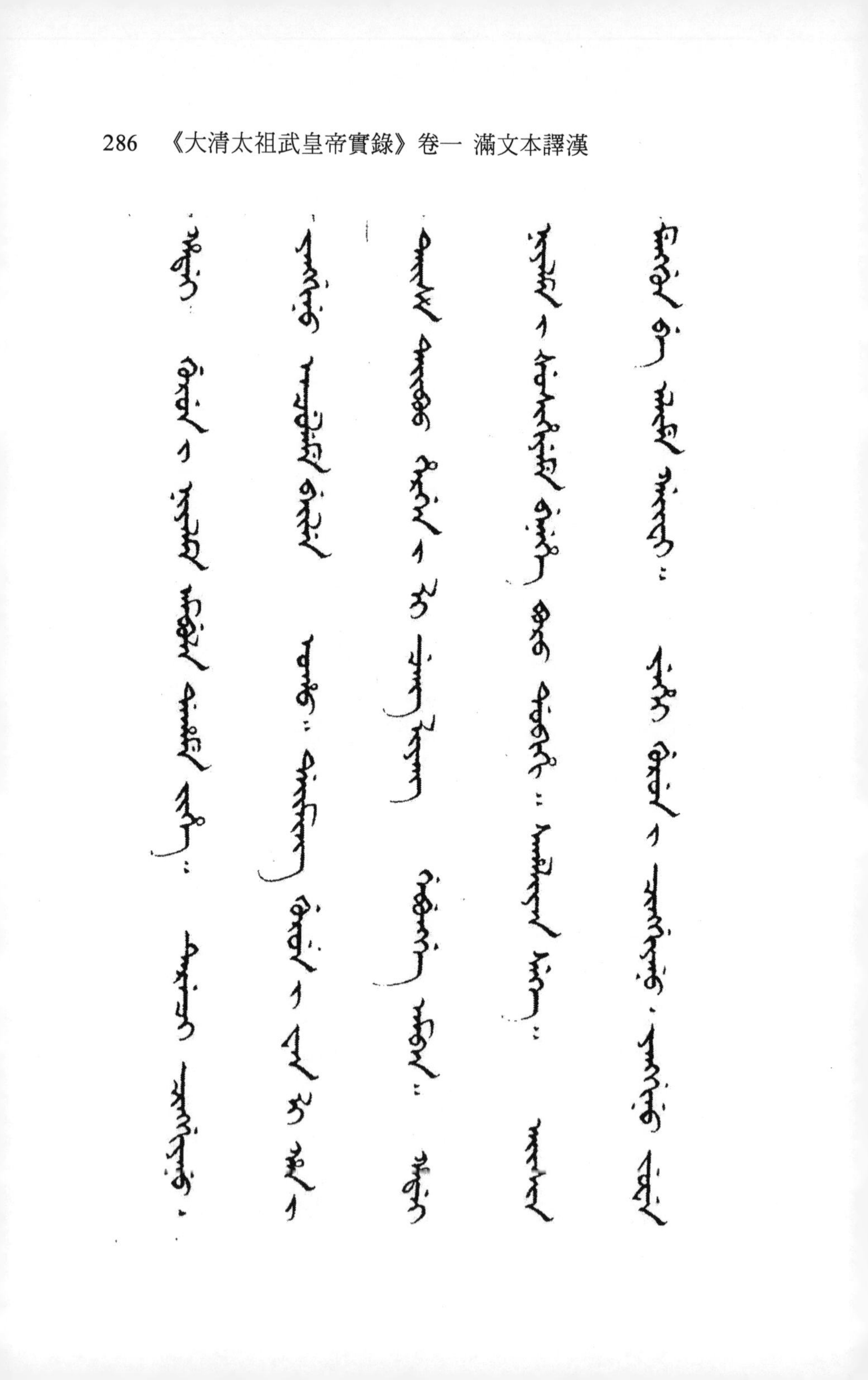

[illegible]

[illegible]

[illegible]

[illegible]

[illegible]

[illegible]

hadai gurun i niyalma ambula dahame jihe, tereci cinggiyanu, yangginu enculeme beile oho, daiming gurun i wan li han i taisy taiboo hergen i li ceng liyang gebungge amban, hadai niyalma i šusihiyeme benehe boro dobihi, sahaliyan seke, aisin menggun be alime gaifi, yehei gurun i cinggiyanu, yangginu juwe

---

哈達國之人多來歸，卿家奴、楊機奴遂皆另行稱王。大明國萬曆帝太師太保李成梁大臣，接受哈達人挑唆送來青狐皮、黑貂、金銀，

哈达国之人多来归，卿家奴、杨机奴遂皆另行称王。大明国万历帝太师太保李成梁大臣，接受哈达人挑唆送来青狐皮、黑貂、金银，

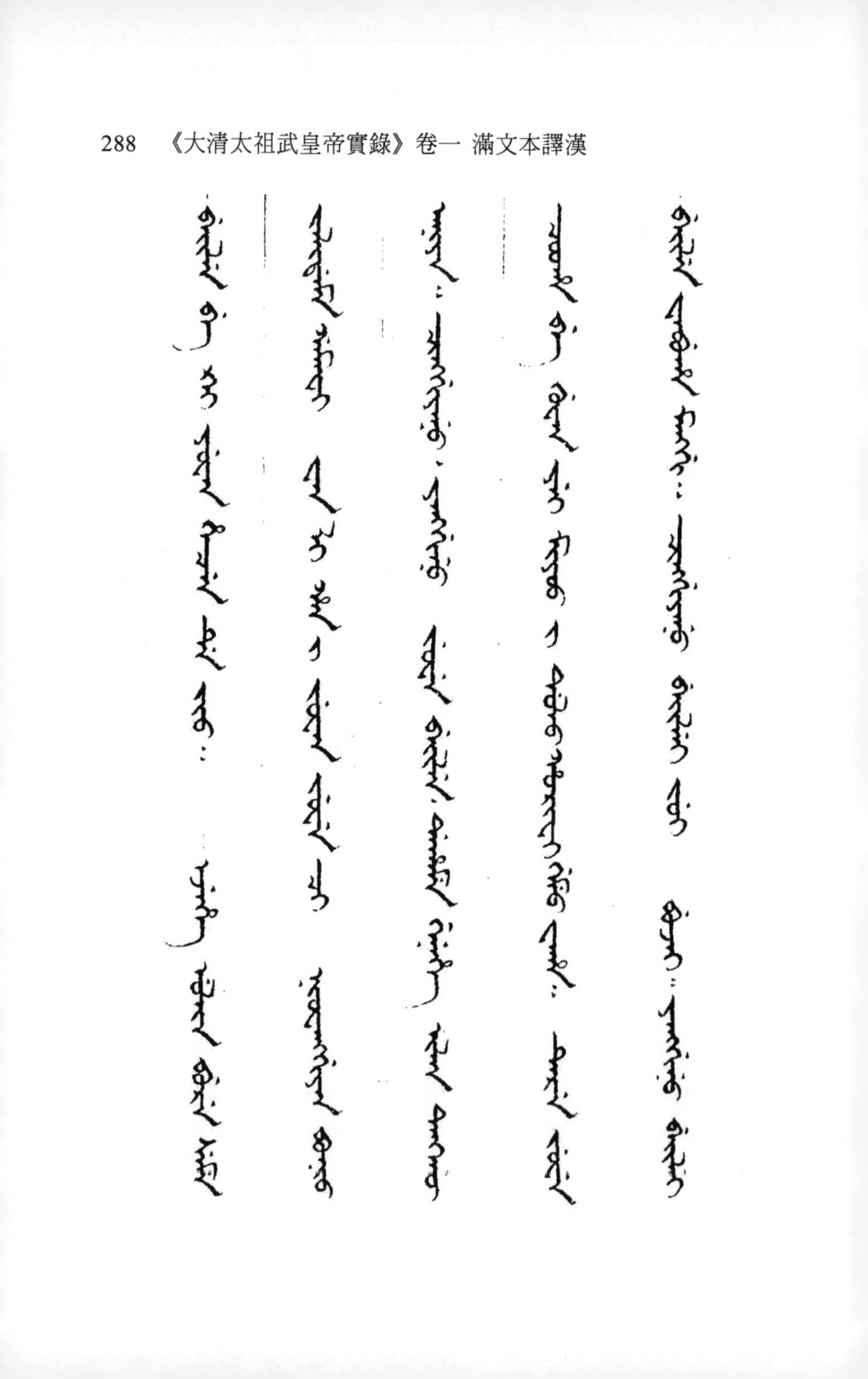

[illegible]

[illegible]

[illegible]

[illegible]

[illegible]

beile be k'ai yuwan hecen de jio, ejehe ulin bure seme jalidame gamafi wan li han i juwan juwe ci niowanggiyan bonio aniya, cinggiyanu, yangginu juwe beile, dahame genehe ilan tanggū cooha be guwan yei miyoo i dolo horifi gemu waha, tere juwe beile wabuha manggi, cinggiyanu beilei jui bujai, yangginu beilei

---

以賜勅書財貨為由，誘卿家奴、楊機奴二貝勒於甲申歲萬曆十二年至開原城，並所帶兵三百，監禁於關爺廟內，皆殺之。其二貝勒被殺後，卿家奴貝勒子布戒[60]，楊機奴貝勒

以赐勅书财货为由，诱卿家奴、杨机奴二贝勒于甲申岁万历十二年至开原城，并所带兵三百，监禁于關爷庙内，皆杀之。其二贝勒被杀后，卿家奴贝勒子布戒[60]，杨机奴贝勒

---

60 布戒，滿文讀如"bujai"，《滿洲實錄》音譯作「布齋」。

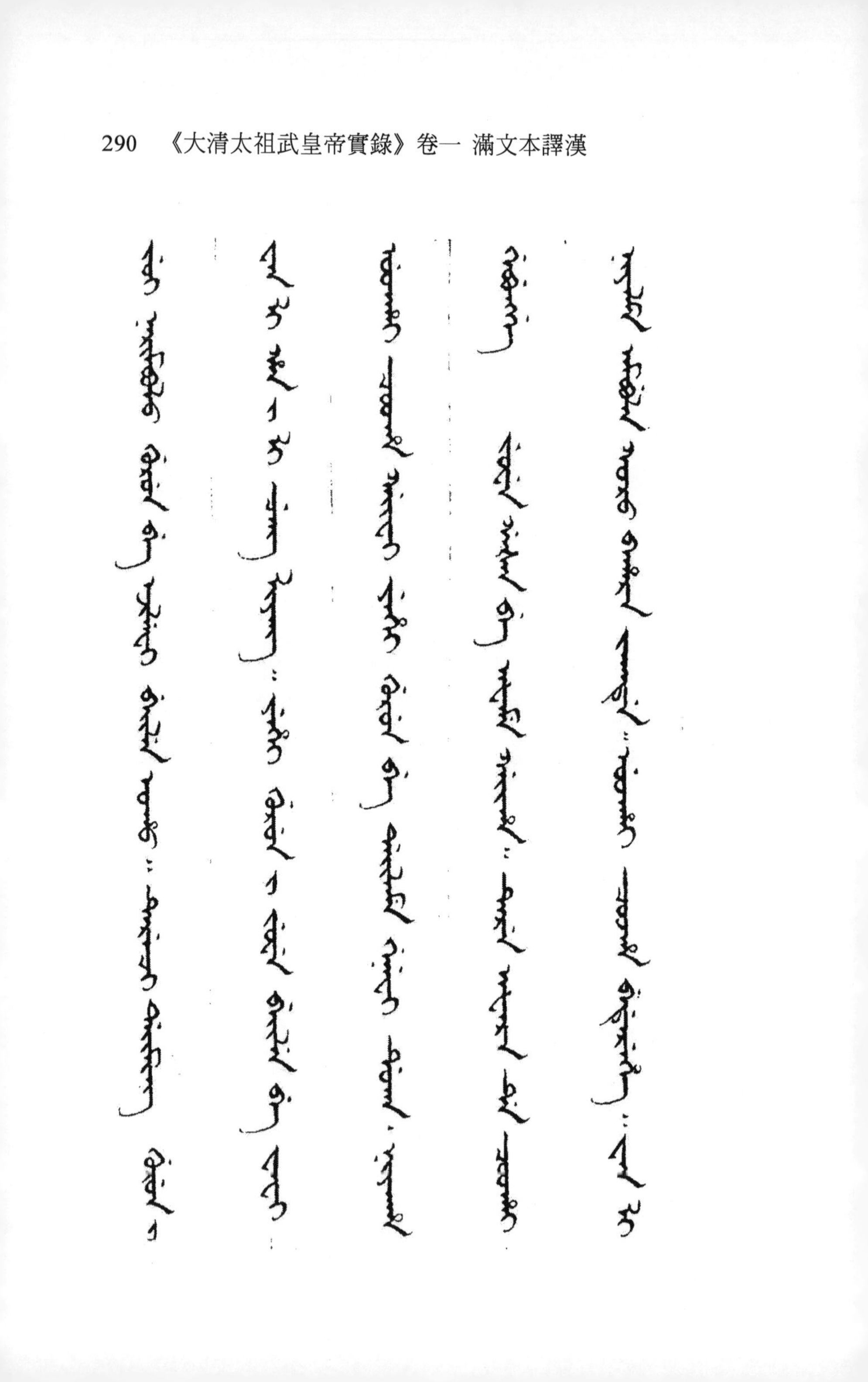

[illegible]

[illegible]

[illegible]

[illegible]

[illegible]

jui narimbolo gurun be ejilefi beile oho, tereci daiming gurun i wan li han i li ceng liyang, yehei gurun i juwe beile be wafi uthai cooha gaifi yehei gurun be dailame genefi duka, niyahan gebungge juwe gašan be afame gaiha, tere afara de coohai niyalma ambula koro bahara jakade, uthai cooha bederehe, wan li

子納林卜祿，各繼父位，後大明國萬曆帝李成梁復率兵殺夜黑國二貝勒，攻克杜哈、尼牙罕[61]二寨，攻戰時漢兵亦損傷甚多，即退兵，

子纳林卜禄，各继父位，后大明国万历帝李成梁复率兵杀夜黑国二贝勒，攻克杜哈、尼牙罕[61]二寨，攻战时汉兵亦损伤甚多，即退兵，

61 杜哈、尼牙罕，滿文讀如“duka, niyahan”，《滿洲實錄》音譯作「都喀、尼雅罕」。

ᠴᠣᠣᡥᠠ ᡳᠰᡳᠨᠵᡳᡶᡳ ᠮᡝᠨᡝᡥᡝ ᠰᡝᡵᡝ ᠰᠠᡳᠨ:: ᠰᡝ ᠪᠠᡳᠮᡝ ᠨᡳᠶᠠᠯᠮᠠ ᡩᠣᠪᠣᡥᠣ

ᠨᡳᠩᡤᡠᠨ ᠨᡳᠶᠠᠯᠮᠠ ᠪᡠᡥᡝ ᠪᡝ ᠪᡠᠰᡝᠨᡳᠶᡝ ᠨᡳᠩᡤᡠ:: ᠮᡠᡴᡡᠨ ᠪᡝᠶᡝ ᠪᠣᠣ ᠪᡠᠨᡳ

ᠰᡠᠯᠠ ᠪᡝ ᠠᠮᠠᠯᠠ ᠠᠮᠪᡠᠯᠠ ᡨᡠᠮᡝᠨ ᡳᠨᡳ ᠪᠠᡳᡨᠠ ᡨᡠᠮᡝᠨ ᠪᡠᡥᡝ ᠠᠮᠪᠠ

ᠪᡠᡩᡠᠮᡝᡨᡝ ᡨᡠᠮᡝᠨ ᠪᡝᡩᡝᡵᡝᠮᡝ:: ᡨᡝᡵᡝ ᠪᡝᡳᡤᡝ ᡳ ᡝᠵᡝ ᡝᠮᡝᡳ ᡨᡠᡵᡤᡝᠨ::

ᠮᠠᠩᡤᠠᠰᠠᠨ ᠮᡝᡵᡤᡝᠨ ᠮᠠᠩᡤᠠᠰᠠᠨ ᠮᡝᡵᡤᡝᠨ ᡩᠣᡥᠣᠨ ᡤᡳᠰᡠᠨ ᠪᡳᡥᡝ:: ᠪᡝᠶᡝ ᠰᡳᠨᡩᠠᡵᠠ ᡝᡵᡤᡳ ᡩᠣᠪᠣᡥᠣ::

juwan ningguci suwayan singgeri aniya, li ceng liyang geli cooha gaifi yehei gurun be dailame genefi, narimbolo beilei tehe dergi hecen be kafi afame coohai niyalma ambula koro bahafi afame muterakū cooha bederehe. hoifa gurun i da hala ikderi sahaliyan ulai, (sahaliyan ula helung giyang inu, terei da šanggiyan alin ci tucikebi,)

李成梁又於戊子歲萬曆十六年率兵圍攻夜黑國納林卜祿所居東城，兵丁損傷甚多，失利而回。輝發國本姓益革得里，原係沙哈梁兀喇江[62]（沙哈梁兀喇即黑龍江，此源從長白山發出）

李成梁又于戊子岁万历十六年率兵围攻夜黑国纳林卜禄所居东城，兵丁损伤甚多，失利而回。辉发国本姓益革得里，原系沙哈梁兀喇江[62]（沙哈梁兀喇即黑龙江，此源从长白山发出）

---

[62] 沙哈梁兀喇，滿文讀如“sahaliyan ula”，《滿洲實錄》音譯作「薩哈連烏拉」。

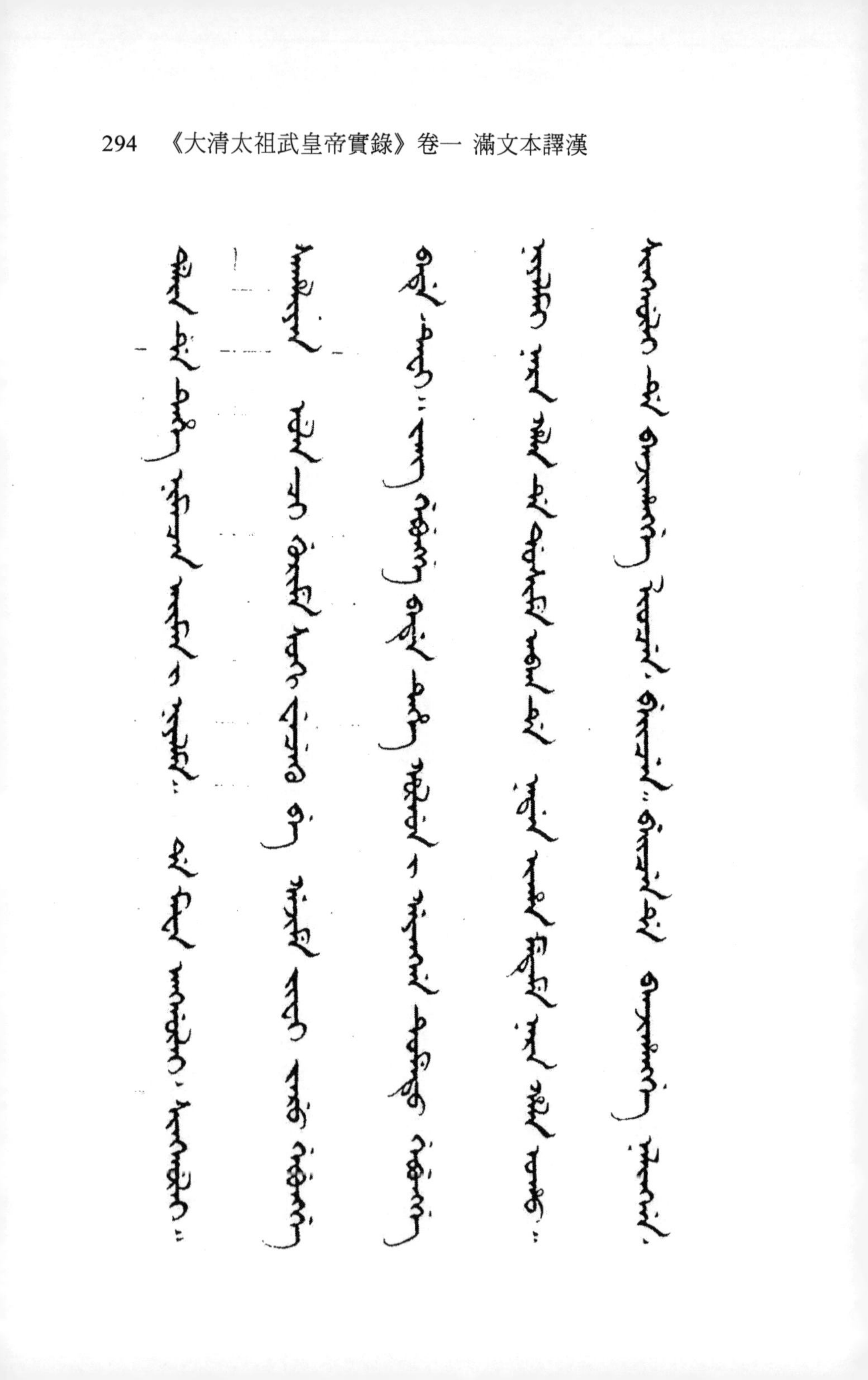

[illegible]

[illegible]

[illegible]

[illegible]

[illegible]

dalin de tehe nimacan aiman i niyalma, da mafa anggūli, singgūli, sahaliyan ula ci gurime soki weceku be gajime jifi jaru gebungge bade tefi, jang gebungge bade tehe hūlun i gayangga tumetu gebungge niyalmai nara hala de dosime abkade nadan ihan meteme nara hala oho, singgūli de banjihangge liocen, beicen, beicen de banjihangge naligga,

---

居住岸邊尼馬諂部人，始祖昂古力、勝古力從沙哈梁兀喇携帶神祇移居渣魯，居住張地方胡籠人哈羊干、禿墨兎二人殺七牛祭天，遂改姓納喇。勝古力生流陳、背陳，背陳生納靈剛、

居住岸边尼马谄部人，始祖昂古力、胜古力从沙哈梁兀喇携带神祇移居渣鲁，居住张地方胡笼人哈羊干、秃墨兎二人杀七牛祭天，遂改姓纳喇。胜古力生流陈、背陈，背陈生纳灵刚、

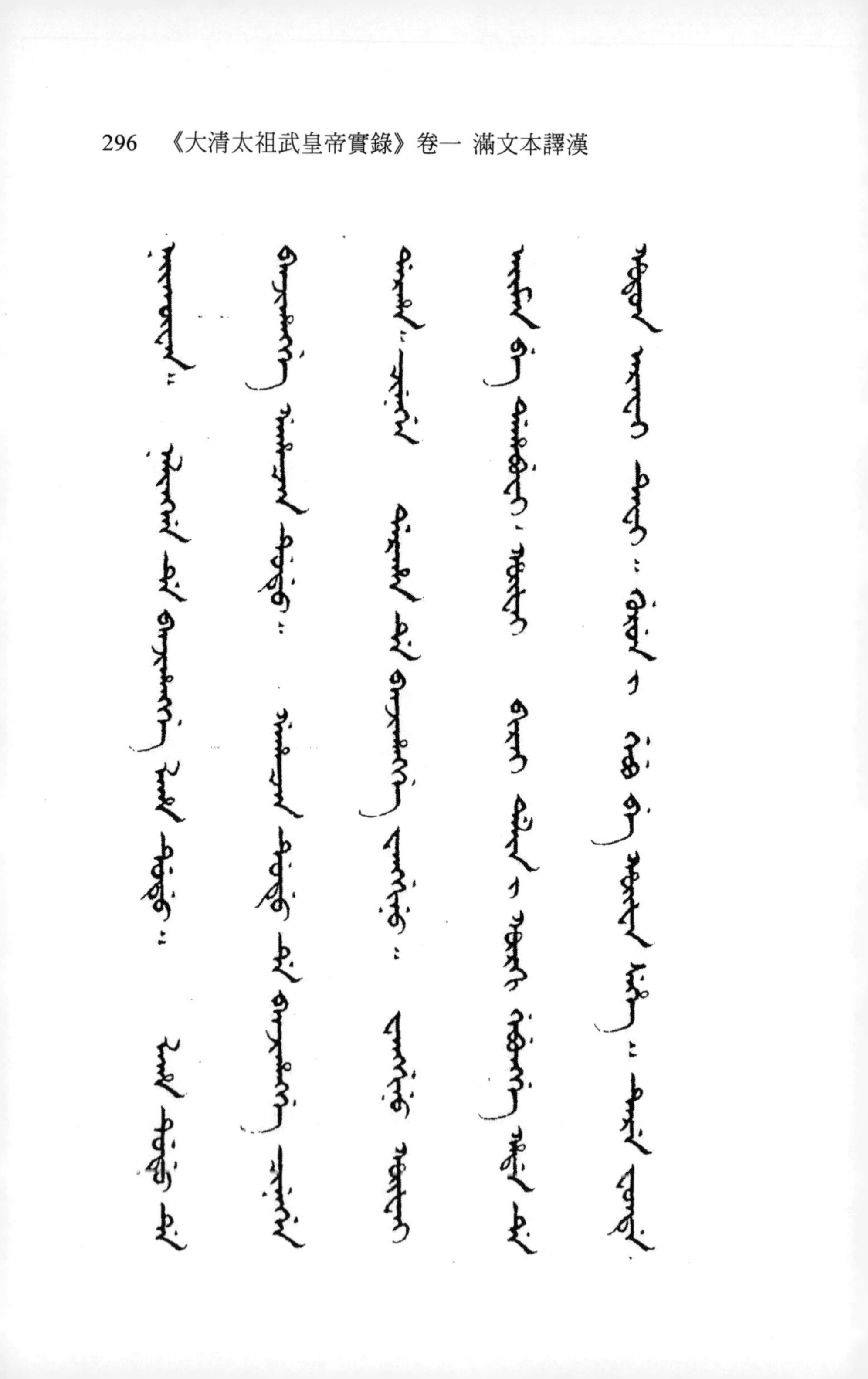

naikūwan, nalingga de banjihangge laha dudu, laha dudu de banjihangge gahacan dudu, gahacan dudu de banjihangge cinegen darhan, cinegen darhan de banjihangge wangginu, wangginu hoifai aiman be dahabufi, hoifai birai dalin i hūrki gebugge hada de hoton arafi tefi, gurun i gebu be hoifa sehe. tere fonde

---

耐呼頑。納靈剛生拉哈都督，拉哈都督生剛哈諂都督，剛哈諂都督生奇內根打喇漢，奇內根打喇漢生往機奴，往機奴征服輝發部，於輝發河邊賀里氣[63]山築城居之，故國名輝發。彼時

耐呼顽。纳灵刚生拉哈都督，拉哈都督生刚哈谄都督，刚哈谄都督生奇内根打喇汉，奇内根打喇汉生往机奴，往机奴征服辉发部，于辉发河边贺里气 [63] 山筑城居之，故国名辉发。彼时

---

63 賀里氣，滿文讀如“hūrki”，《滿洲實錄》音譯作「呼爾奇」。

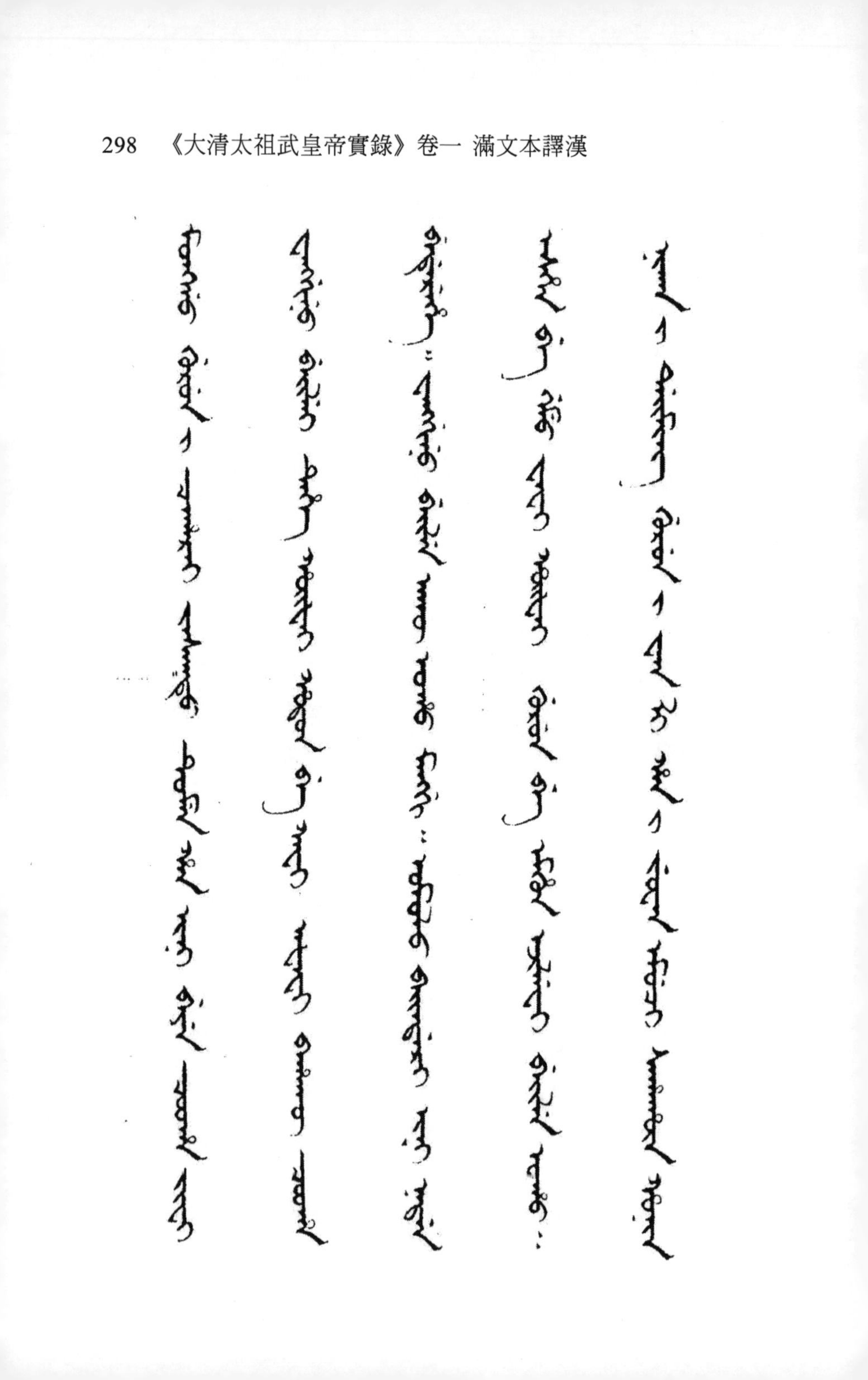

monggo gurun i caharai jasaktu tumen han ini beye cooha jifi wangginu beilei tehe hoifai hoton be kafi afafi bahakū cooha bederehe, wangginu beile akū oho manggi, omolo baindari ini nadan eshen be gemu wafi hoifai gurun be emhen ejilefi beile oho. nikan i daiming gurun i wan li han i juwan emuci sahahūn honin

---

蒙古插哈拉國土門渣沙兎汗[64]，自將來圍攻往機奴貝勒所居輝發城，攻不能克，遂回兵。往機奴貝勒卒後，孫擺銀答里俱殺其叔七人，自爲貝勒。大明國萬曆十一年癸未歲

蒙古插哈拉国土门渣沙兎汗[64]，自将来围攻往机奴贝勒所居辉发城，攻不能克，遂回兵。往机奴贝勒卒后，孙摆银答里俱杀其叔七人，自为贝勒。大明国万历十一年癸未岁

---

64 插哈拉國土門渣沙兎汗，滿文讀如"caharai jasaktu tumen han"，《滿洲實錄》音譯作「察哈爾國土門扎薩克圖汗」。

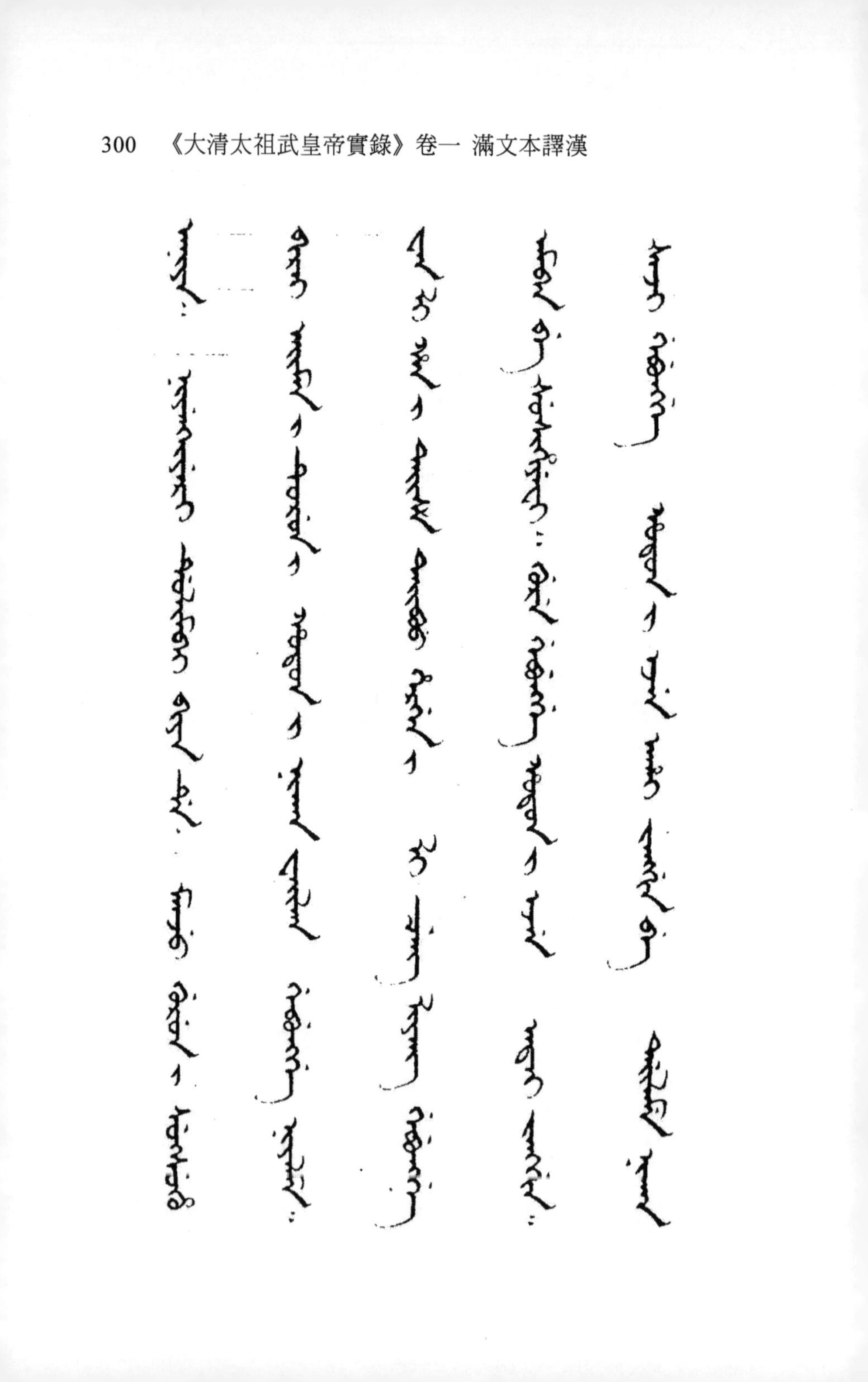

aniya niyengniyeri dulimbai biya de, manju gurun i suksuhu birai aiman i turun i hoton i nikan wailan gebungge niyalma, wan li han i taisy taiboo hergen i li ceng liyang gebungge amban be šusihiyefi, gure gebungge hoton i ejen atai janggin, šaji gebungge hoton i ejen ahai janggin be dailame nikan

---

仲春，滿洲國蘇蘇河部內禿隆城[65]，有尼康外郎[66]者，唆搆萬曆帝太師太保李成梁攻古勒城主阿太章京、夏吉城主阿亥章京，

仲春，满洲国苏苏河部内秃隆城[65]，有尼康外郎[66]者，唆构万历帝太师太保李成梁攻古勒城主阿太章京、夏吉城主阿亥章京，

---

65 禿隆城，滿文讀如"turun i hoton"，《滿洲實錄》音譯作「圖倫城」。
66 尼康外郎，滿文讀如"nikan wailan"，《滿洲實錄》音譯作「尼堪外蘭」。

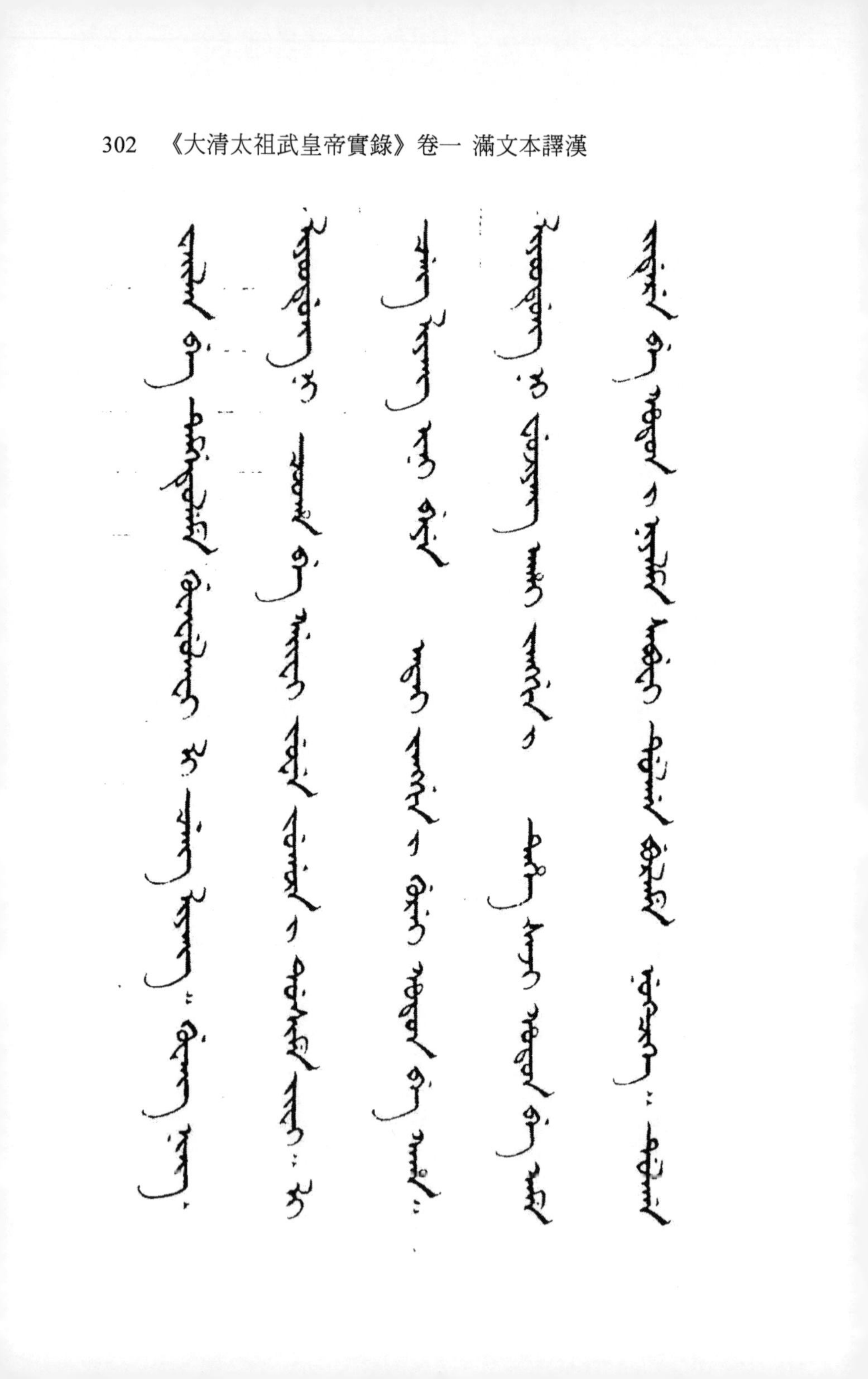

[illegible]

[illegible]

[illegible]

[illegible]

[illegible]

wailan be temgetuleme guwafulafi li ceng liyang, guwang ning, liyoodung ni cooha be gaifi juwe jugūn i dosime jifi, li ceng liyang ini beye atai janggin i gurei hoton be kaha, liyoodung ni fujiyang ahai janggin i tehe šaji hoton be kame jidere be hoton i niyalma sabufi dulga burlame nukcike, dulga

---

李成梁率廣寧、遼東兵，與尼康外郎約，以號帶爲記，二路進攻，李成梁親圍阿太章京古勒城，命遼東副將圍阿亥章京所居夏吉城，城中之人見兵至，遂棄遁，半得脫出，

李成梁率广宁、辽东兵，与尼康外郎约，以号带为记，二路进攻，李成梁亲围阿太章京古勒城，命辽东副将围阿亥章京所居夏吉城，城中之人见兵至，遂弃遁，半得脱出，

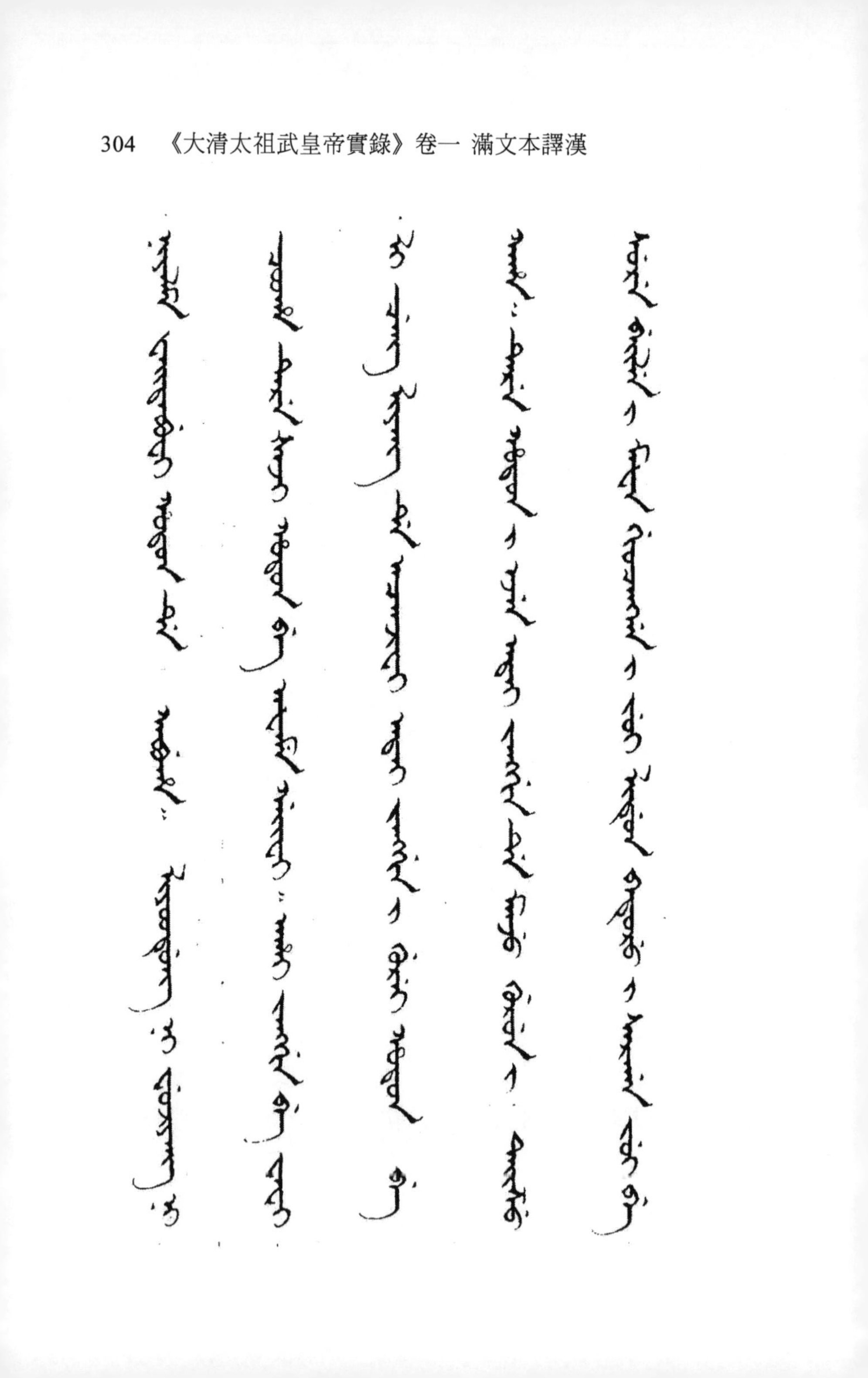

[illegible] [illegible] ᡳ [illegible] [illegible] ᡳ [illegible] [illegible] [illegible] ᡳ [illegible] ᠪᡝ

[illegible] ᠉ [illegible] [illegible] ᡳ [illegible] [illegible] [illegible] [illegible] [illegible] [illegible] ᡳ [illegible]

[illegible] [illegible] [illegible] [illegible] [illegible] [illegible] [illegible] ᡳ [illegible] [illegible] ᠪᡝ

[illegible] [illegible] [illegible] [illegible] ᠪᡝ [illegible] [illegible] ᠉ [illegible] [illegible] ᠪᡝ [illegible]

[illegible] [illegible] [illegible] [illegible] [illegible] ᠉ [illegible] [illegible] [illegible] niyalma faitabufi hoton de kabuha, liyoodung ni fujiyang ni cooha tere šaji hoton be afame gaifi, ahai janggin be wafi li ceng liyang de acanjifi atai janggin i gurei hoton be kaha, tere hoton i ejen atai janggin de manju gurun i taidzu sure beile i mafa giocangga i jui lidun baturu i sargan jui be

---

半被截困於城，遼東副將之兵遂尅夏吉城，殺阿亥章京，復與李成梁合兵，圍古勒城[67]。其城主阿太章京係滿洲國太祖淑勒貝勒祖覺常剛之子李敦巴圖魯之女妻之，

半被截困于城，辽东副将之兵遂克夏吉城，杀阿亥章京，复与李成梁合兵，围古勒城[67]。其城主阿太章京系满洲国太祖淑勒贝勒祖觉常刚之子李敦巴图鲁之女妻之，

---

67 古勒城，滿文讀如"gurei hoton"，《滿洲實錄》音譯作「古呼城」。

十三、誤殺父祖

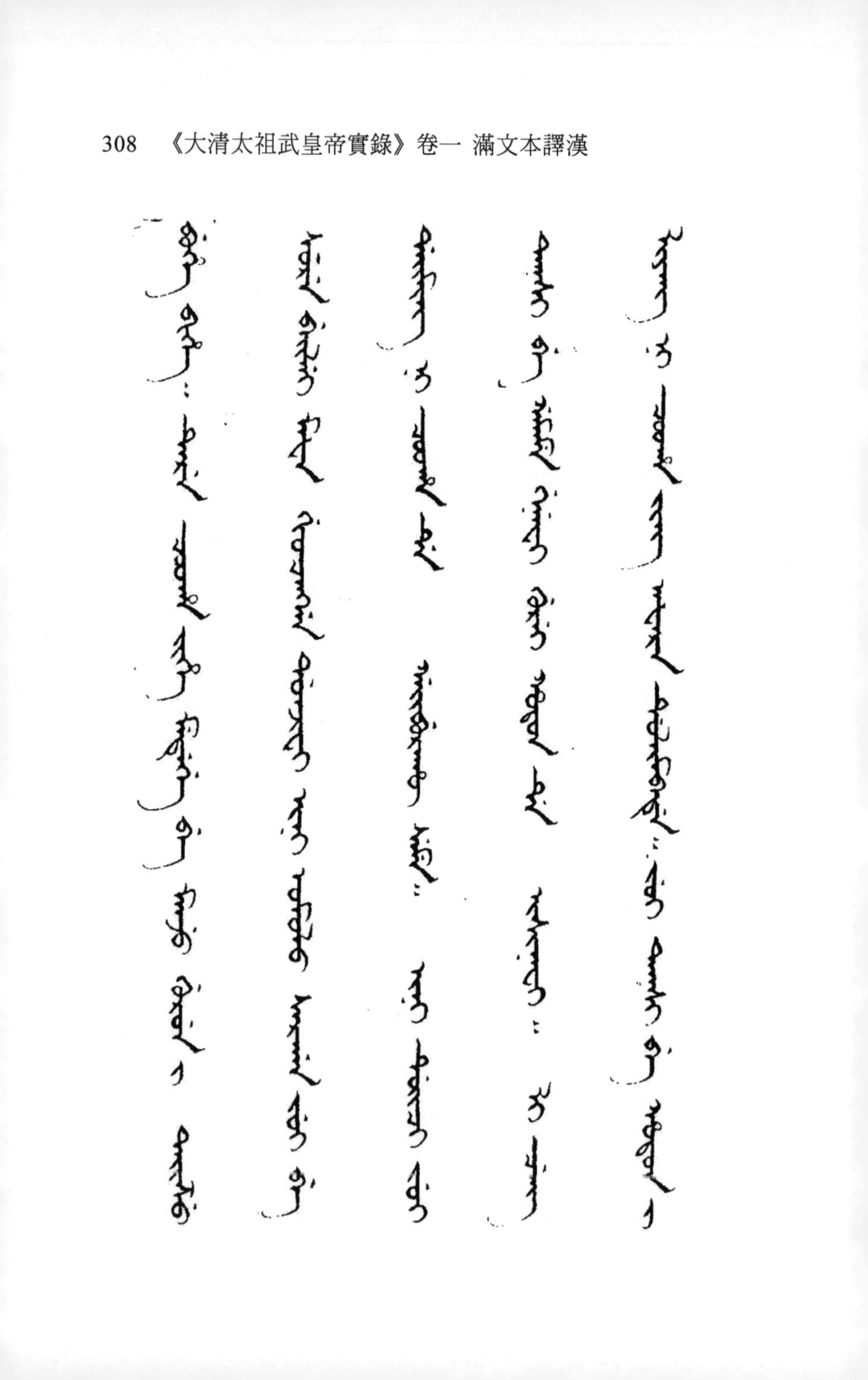

[illegible]

[illegible]

[illegible]

[illegible]

[illegible]

buhe bihe, tere cooha jihe medege be manju gurun i taidzu sure beilei mafa giocangga donjifi ini omolo sargan jui be daiming ni cooha de gaiburahū seme, ini duici jui taksi be gamame genefi gurei hoton de isinafi, li ceng liyang ni cooha jing afara dulimbade, jui taksi be hoton i

---

滿洲國太祖淑勒貝勒祖覺常剛聞其兵前來之信，恐其孫女被陷於大明兵，率其第四子塔石同往古勒城，李成梁之兵正圍攻中，

满洲国太祖淑勒贝勒祖觉常刚闻其兵前来之信，恐其孙女被陷于大明兵，率其第四子塔石同往古勒城，李成梁之兵正围攻中，

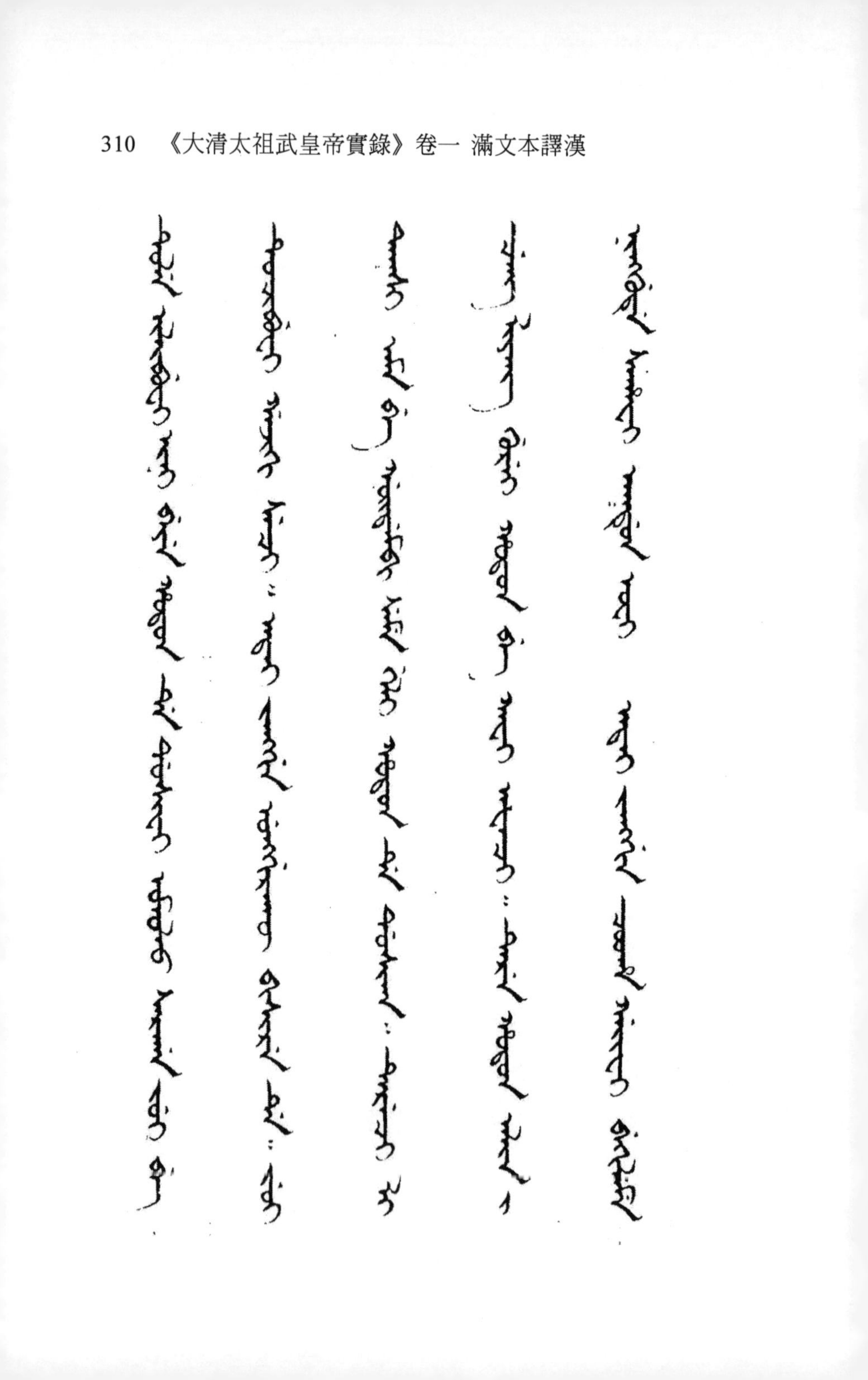

tule ilibufi ini beye hoton de dosifi omolo sargan jui be tucibufi gajiki seci, atai janggin unggirakū bisire de, jui taksi ama be goidambi seme geli hoton de dosika, tereci li ceng liyang gurei hoton be kafi afaci, tere hoton alin i ninggude sahafi akdun ofi atai janggin cooha gaifi bekileme

---

遂令塔石候於城外，獨身進城，欲携孫女出城，阿太章京不從。子塔石候父良久，亦進城，彼時李成梁圍攻古勒城。其城倚山上砌築，甚堅固，阿太章京率兵固守，

遂令塔石候于城外，独身进城，欲携孙女出城，阿太章京不从。子塔石候父良久，亦进城，彼时李成梁围攻古勒城。其城倚山上砌筑，甚坚固，阿太章京率兵固守，

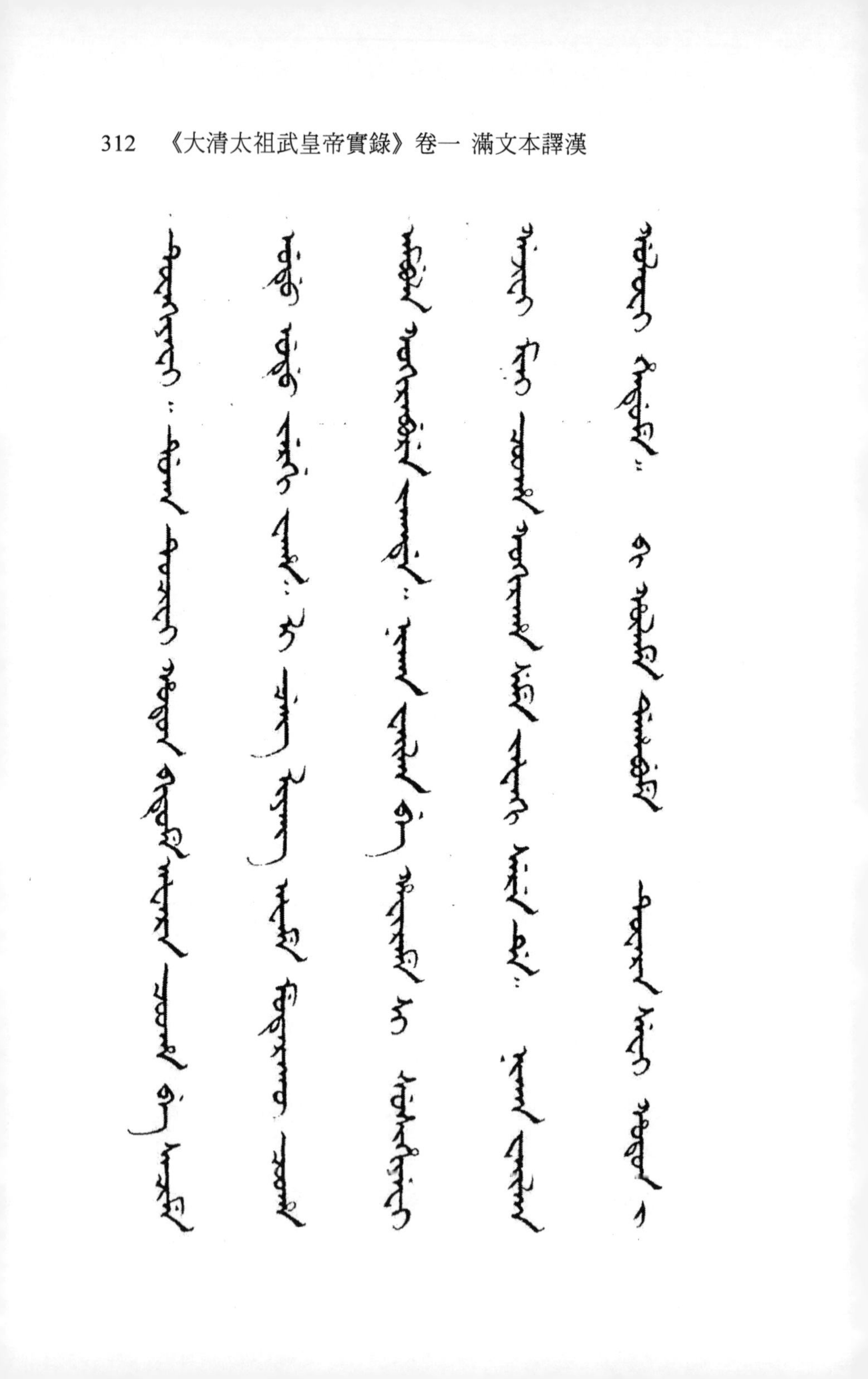

[illegible]

[illegible]

[illegible]

[illegible]

[illegible]

tuwakiyafi, duka tucifi hoton bitume afara cooha be sacime udu udu jergi waha, li ceng liyang afame muterakū cooha ambula kokirabure jakade, nikan wailan be hafirame si šusihiyefi gajifi mini cooha kokiraha seme jafaki sere de, nikan wailan golofi hendume, bi hūlame dahabume tuwara sefi hoton i

---

李成梁屢屢出門遶城衝殺，圍兵折傷甚多，不能攻克，因數尼康外郎讒搆，以致我兵折傷，欲縛之。尼康外郎懼曰：「我願往招撫。」

李成梁屡屡出门遶城冲杀，围兵折伤甚多，不能攻克，因子尼康外郎谗构，以致我兵折伤，欲缚之。尼康外郎惧曰：「我愿往招抚。」

ᠨᡳᡴᠠᠨ ᡳ ᠴᠣᠣᡥᠠ ᠠᡶᠠᠨᠵᡳᠮᡝ ᠪᠣᡧᠣᠮᡝ ᡳᠨᡳ ᠪᠠᡳᠮᡝ ᠪᠣᡳᡤᠣᠨ ᠪᡝᡳᡥᡝ ᡳ ᡨᡠᠪᡳᠰᡝ ᠠᠮᠪᠠ

ᠪᠣᡩᠣᠮᡝ ᠠᠮᠴᠠᠮᡝ ᠨᡠᡴᠴᡳᠮᡝ ᠄ ᡨᠣᠣᡴᠠᠪᡠᠮᡝ ᠨᡳᡴᠠᠨ ᠵᡳᡥᡝ ᠠᠮᠪᠠ ᠪᡝ ᠠᠮᠪᠠ

ᠵᡠᡳᠰᡝ ᠄ ᠠᠮᠠᡵᡳ ᡨᠣᡴᠣᠰᠣ ᡳᠨᡳ ᡳ ᠪᡠᠴᡝᠪᡠᡥᡝᠩᡤᡝ ᠠᠮᠪᡠᠯᠠ ᠪᡝ ᡤᡳᠰᡠᠨ ᠨᡳᡴᠠᠰᠠ ᠪᡝ

ᠪᠣᡨᠣᡴᠣ ᠨᡳᠩᡤᡠᠨ ᡤᡳᠰᡠᠨᡝ ᠪᡳᡶᡳ ᠨᡳᠩᡤᡠ ᠪᡠᡨᠣᡥᡠᠨ ᡨᠣᡴᠰᠣ ᠄ ᠵᡠᡳᠰᡝ ᠪᡳᡥᡝᠩᡤᡝ ᠠᠮᠠᡵᡳ

ᠪᠣᡩᠣᠨ ᡳ ᠪᠣᠣᡳᡤᠣᠨ ᠨᡳᡴᠠᠰᠠ ᠠᠮᠠᠰᡳ ᠪᡳᡥᡝ ᠨᡳᡴᠠᠨ ᠠᠮᠠᡵᡳ ᠪᡠᡵᡤᡳᠮᡝ ᠪᡝ ᠠᠮᠪᠠ

niyalma i baru jalidame hūlame ere amba gurun i cooha jifi suwembe sindafi genembio, coohai niyalma suwe atai be wafi daha, jihe coohai ejen i hendurengge atai be waha niyalma be uthai ere hecen de ejen obure sembi, seme hūlara jakade, hoton i dorgi niyalma akdafi ini ejen atai janggin be wafi

---

即謂城中之人賺之曰：「大國之兵既來，豈有釋汝班師之理？汝等兵丁不如殺阿太歸順，來兵之主有令，若有殺阿太者，即令爲此城之主，城中人信其言，遂殺其主阿太章京而降

即谓城中之人赚之曰：「大国之兵既来，岂有释汝班师之理？汝等兵丁不如杀阿太归顺，来兵之主有令，若有杀阿太者，即令为此城之主，城中人信其言，遂杀其主阿太章京而降

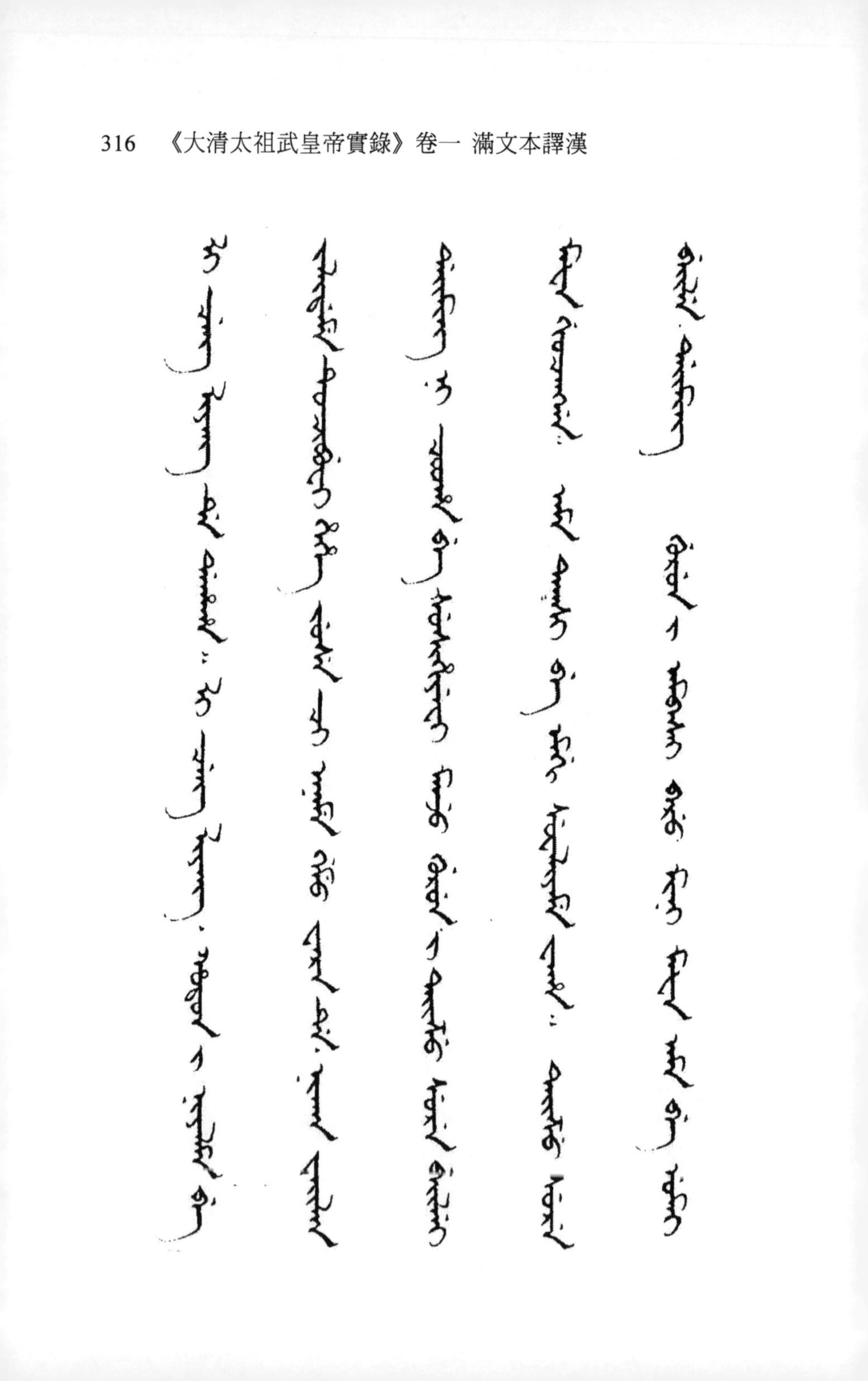

[illegible]

li ceng liyang de dahaha, li ceng liyang, hoton i niyalma be jalidame tucibufi hehe juse ci aname gemu wara de, nikan wailan daiming ni cooha be šusihiyefi manju gurun i taidzu sure beilei mafa giocangga, ama taksi be emgi suwaliyame waha, taidzu sure beile daiming gurun i ambasai baru mini mafa ama be umai

---

於李成梁，李成梁誘城內人出，不分男婦老幼，盡屠之。」尼康外郎唆使大明兵，併殺滿洲國太祖淑勒貝勒祖覺常剛、父塔石。太祖淑勒貝勒向大明國衆大臣曰：

于李成梁，李成梁诱城内人出，不分男妇老幼，尽屠之。」尼康外郎唆使大明兵，并杀满洲国太祖淑勒贝勒祖觉常刚、父塔石。太祖淑勒贝勒向大明国众大臣曰：

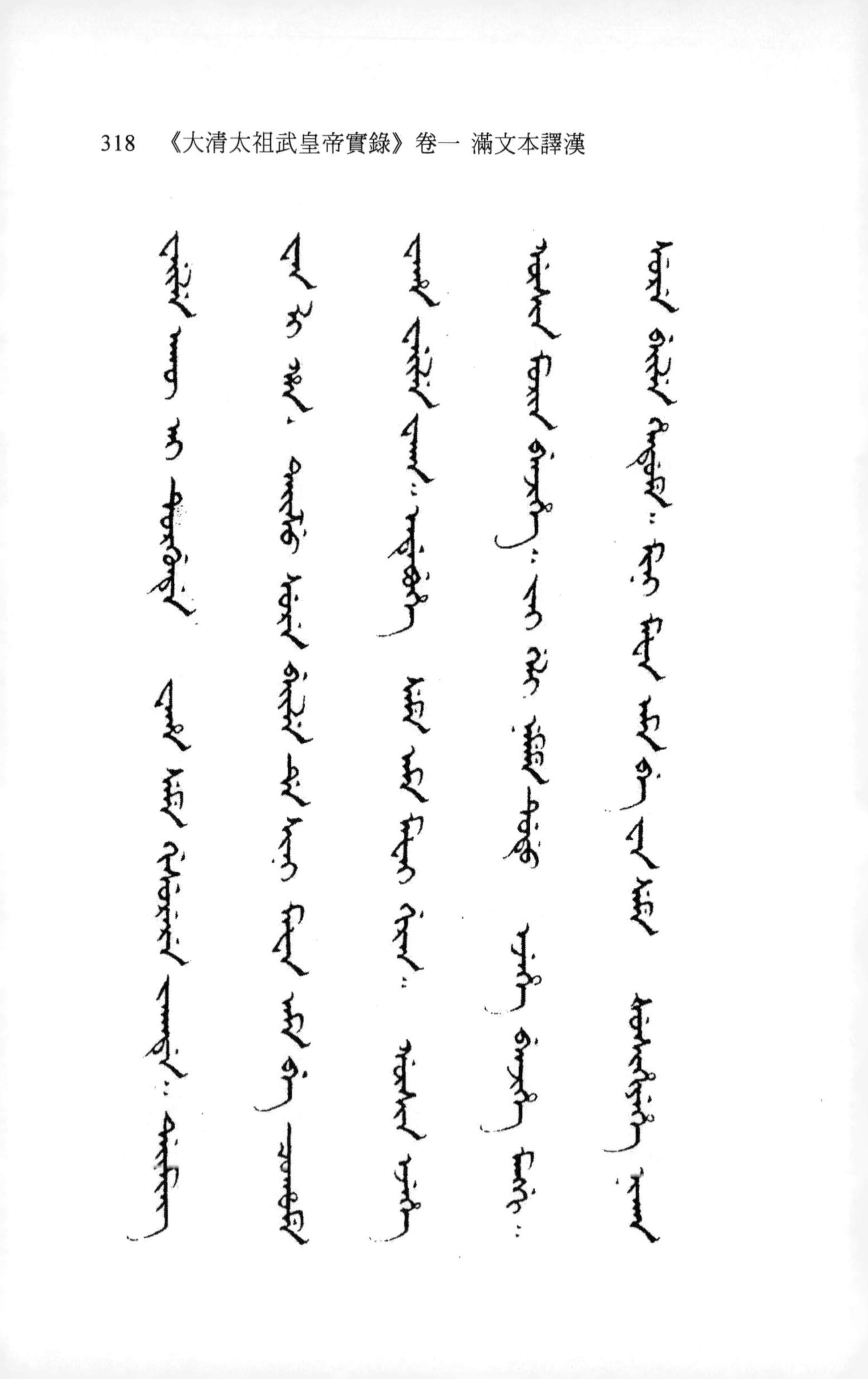

weile akū ai turgunde waha seme gisurere jakade, daiming wan li han, taidzu sure beile de sini mafa ama be cohome waha weile waka, endebuhe seme ama mafai giran, gūsin ejehe gūsin morin benjihe, jai geli nememe dudu ejehe benjihe manggi, sure beile hendume, mini mafa ama be wa seme šusihiyehe nikan

---

「祖父無罪，何故殺之？」大明萬曆帝言，太祖淑勒貝勒汝祖父非因罪，實是誤殺，遂還父祖之屍，送來勑書三十道、馬三十匹，復又送來加賜都督勑書。淑勒貝勒曰：「殺我祖父者，

「祖父无罪，何故杀之？」大明万历帝言，太祖淑勒贝勒汝祖父非因罪，实是误杀，遂还父祖之尸，送来勑书三十道、马三十匹，复又送来加赐都督勑书。淑勒贝勒曰：「杀我祖父者，

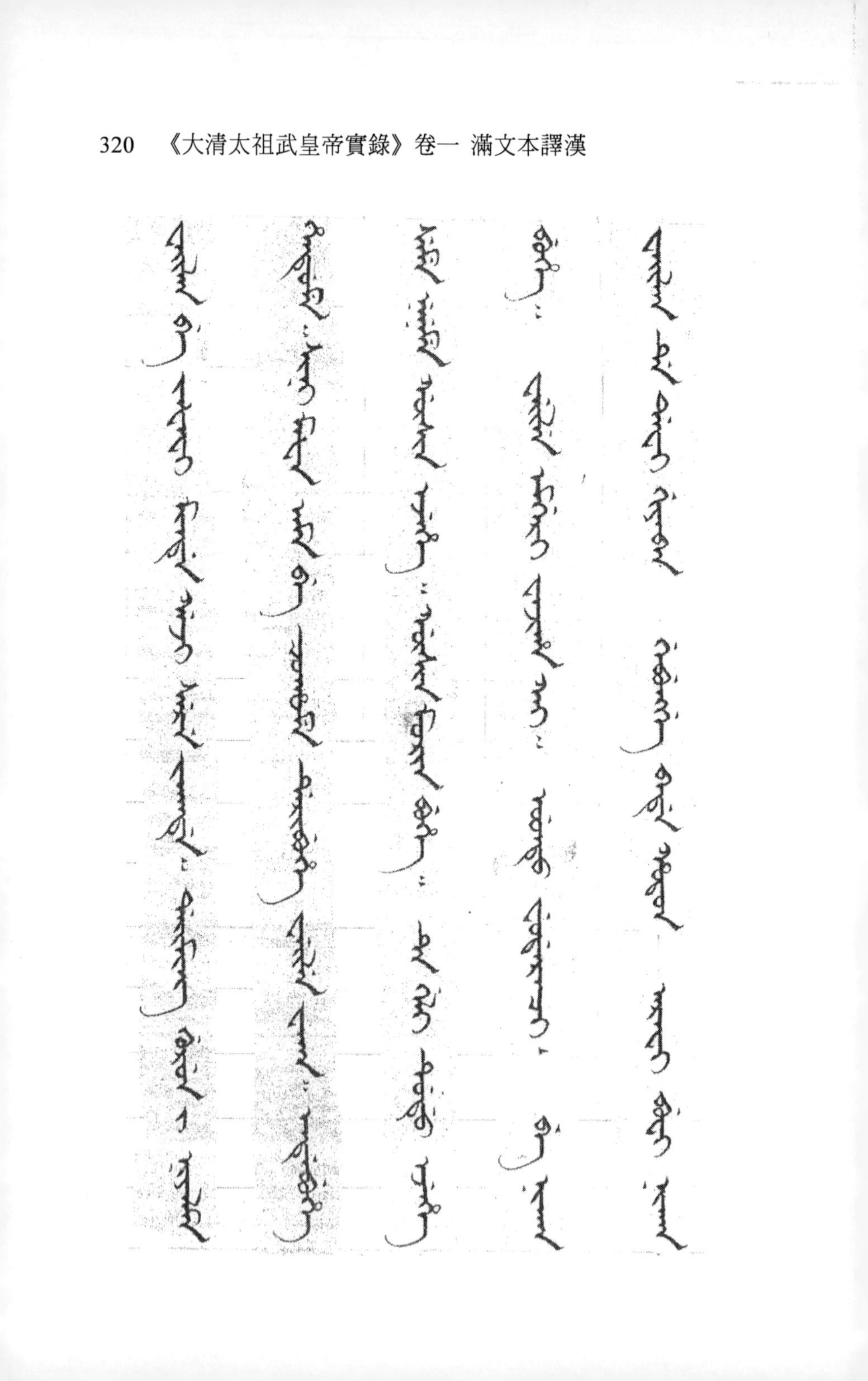

[illegible]

[illegible]

[illegible]

[illegible]

[illegible]

wailan be jafafi minde gaji sere jakade, daiming gurun i niyalma hendume, sini mafa ama be cohome deribuhe weile waka, endebuhe seme neneme gūsin ejehe, gūsin morin buhe, te geli dudu ejehe buhe, weile emgeri wajiha kai, uttu fudaraci, be nikan wailan de dafi giyaban gebungge bade hoton arafi bufi nikan

---

實尼康外郎唆使之也，但執此人與我。」，大明國之人曰：「爾祖父非因罪被殺，因我兵誤殺，故先以勅書三十道、馬三十匹與汝，今復賜以都督勅書，事已完矣，今復如是，吾等即助尼康外郎，築城於甲版[68]，

实尼康外郎唆使之也，但执此人与我。」，大明国之人曰：「尔祖父非因罪被杀，因我兵误杀，故先以勃书三十道、马三十匹与汝，今复赐以都督勑书，事已完矣，今复如是，吾等即肋尼康外郎，筑城于甲版[68]，

---

68 甲版，滿文讀如"giyaban"，《滿洲實錄》音譯作「嘉班」。

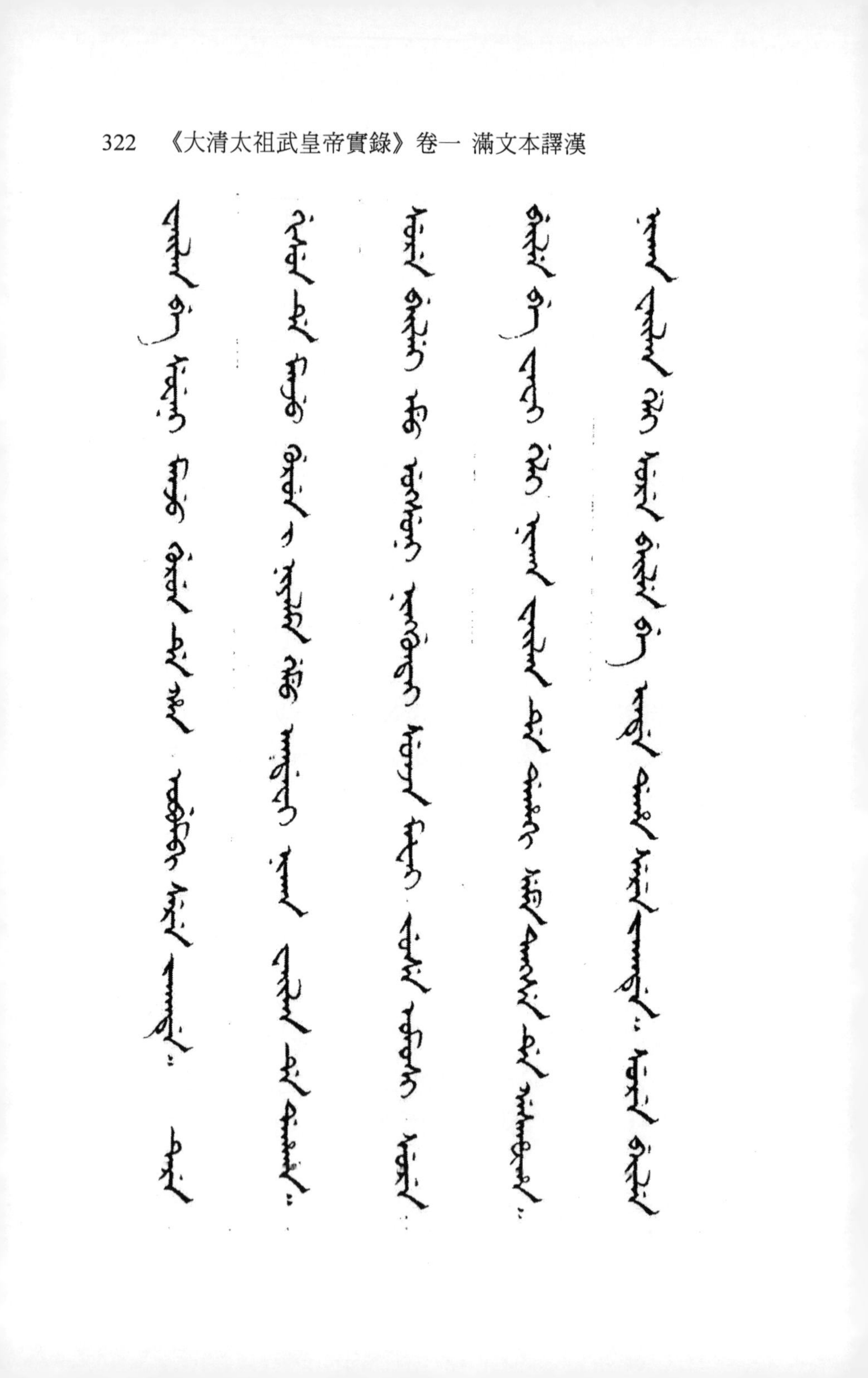

wailan be suweni manju gurun de han obumbi sere jakade, tere gisun de manju gurun i niyalma gemu akdafi nikan wailan de dahaha, sure beilei emu uksuni ningguntai sunja mafai juse omosi sure beile be wafi geli nakan wailan de dahaki seme tangse de gashūha, nikan wailan geli sure beile be inde daha sere jakade, sure beile

---

令爲爾滿洲國汗，於是滿洲國之人信其言，皆歸尼康外郎。淑勒貝勒一族六王五祖子孫於堂子立誓，亦欲殺淑勒貝勒以歸之。尼康外郎又迫淑勒貝勒歸附，

令为尔满洲国汗，于是满洲国之人信其言，皆归尼康外郎。淑勒贝勒一族六王五祖子孙于堂子立誓，亦欲杀淑勒贝勒以归之。尼康外郎又迫淑勒贝勒归附，

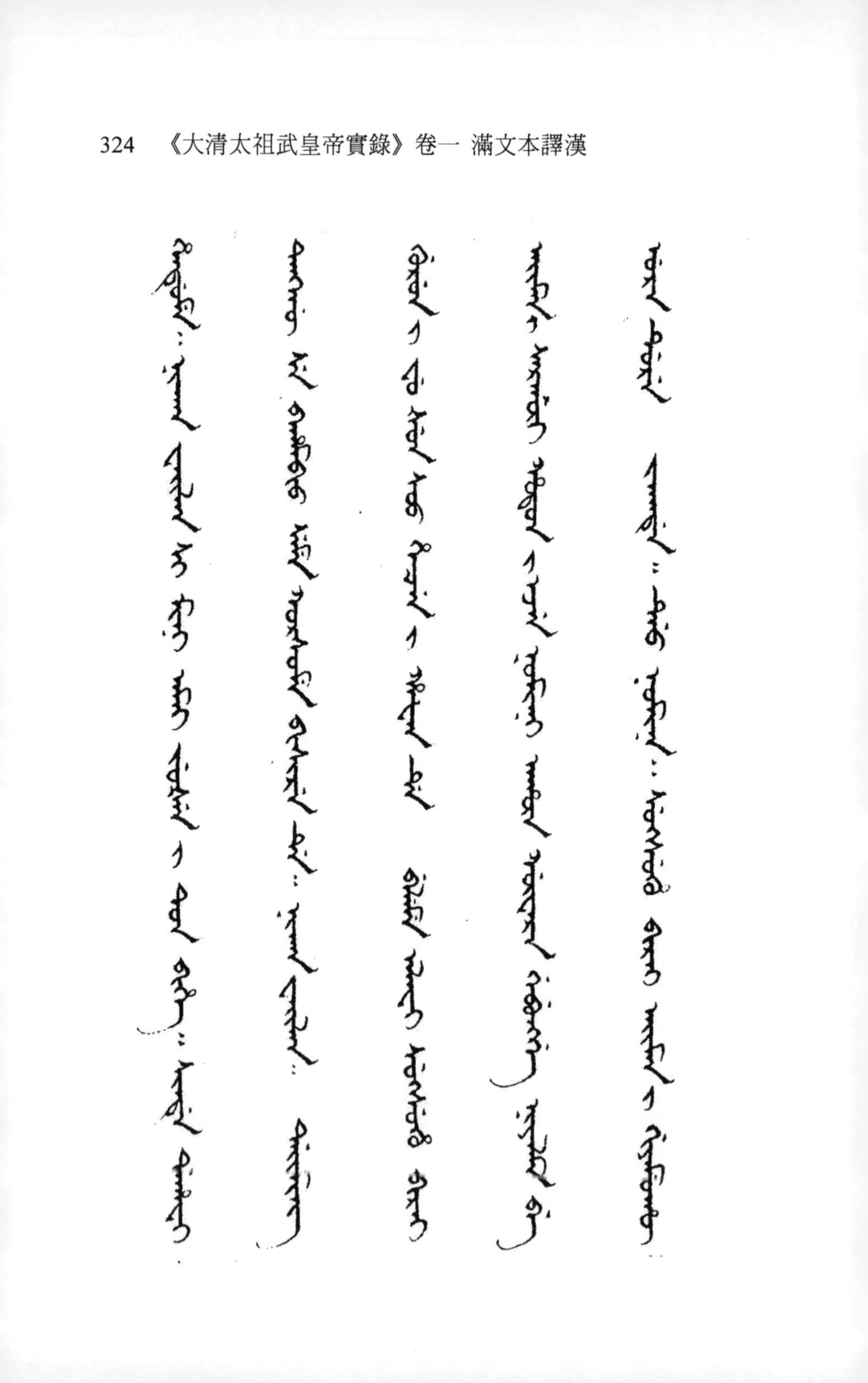

[illegible]

[illegible]

[illegible]

[illegible]

[illegible]

hendume, nikan wailan si mini amai jušen i ton bihe, sinde dahafi tanggū se badambio seme korsome bisire de, nikan wailan, daiming gurun i fu šun soo hecen i hafan de beleme alafi suksuhu birai aiman i sargūi hoton i ejen nominai ahūn gūwara gebungge niyalma be ura dure jakade, deo nomina, sukuhu biral aiman i giyamuhū

淑勒貝勒曰：「尼康外郎爾乃吾父部下珠申之人，反令我順爾，世豈有百歲不死之人？」終懷恨不服。又蘇蘇河部內撒兒湖城[69]主諾米納之兄瓜喇被尼康外郎譖於大明國撫順所城將官前，責治之，

淑勒贝勒曰：「尼康外郎尔乃吾父部下珠申之人，反令我顺尔，世岂有百岁不死之人？」终怀恨不服。又苏苏河部内撒儿湖城 [69] 主诺米纳之兄瓜喇被尼康外郎谮于大明国抚顺所城将官前，责治之，

---

[69] 撒兒湖城，滿文讀如"sargūi hoton"，《滿洲實錄》音譯作「薩爾滸」。

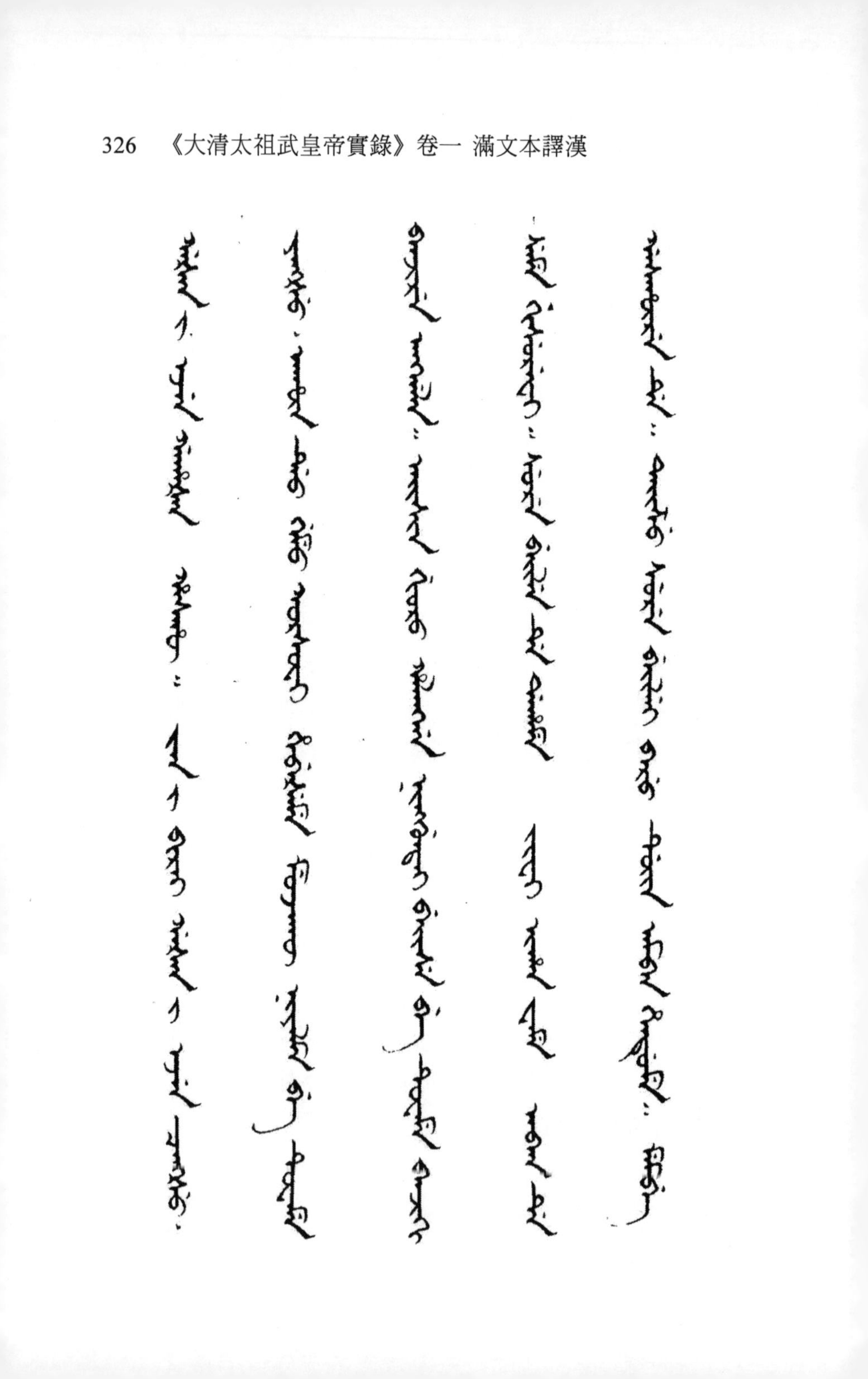

gašan i ejen gahašan hashū, jan i birai gašan i ejen cangšu, yangšu, ahūn deo gemu korsofi hebešeme mujakū niyalma be tuwame banjire anggala, aisin gioro halangga ningguntai beise be tuwame banjiki seme gisurefi, sure beile de dahame jifi ihan wame abka de gashūre de, taidzu sure beilei baru duin amban hendume, membe

---

其弟諾米納與蘇蘇河部內加木河寨主剛哈鄯哈斯虎、沾河寨主常書、楊書兄弟俱忿恨相識曰：「與其仰望此等人，不如投愛新覺落[70]姓六王子孫。」議定，遂來附淑勒貝勒，殺牛，祭天立誓，四大臣謂太祖淑勒貝勒曰：「

其弟诺米纳与苏苏河部内加木河寨主刚哈鄯哈斯虎、沾河寨主常书、杨书兄弟俱忿恨相识曰：「与其仰望此等人，不如投爱新觉落[70]姓六王子孙。」议定，遂来附淑勒贝勒，杀牛，祭天立誓，四大臣谓太祖淑勒贝勒曰：「

---

[70] 愛新覺落，滿文讀如“aisin gioro”，《滿洲實錄》音譯作「愛新覺羅」。

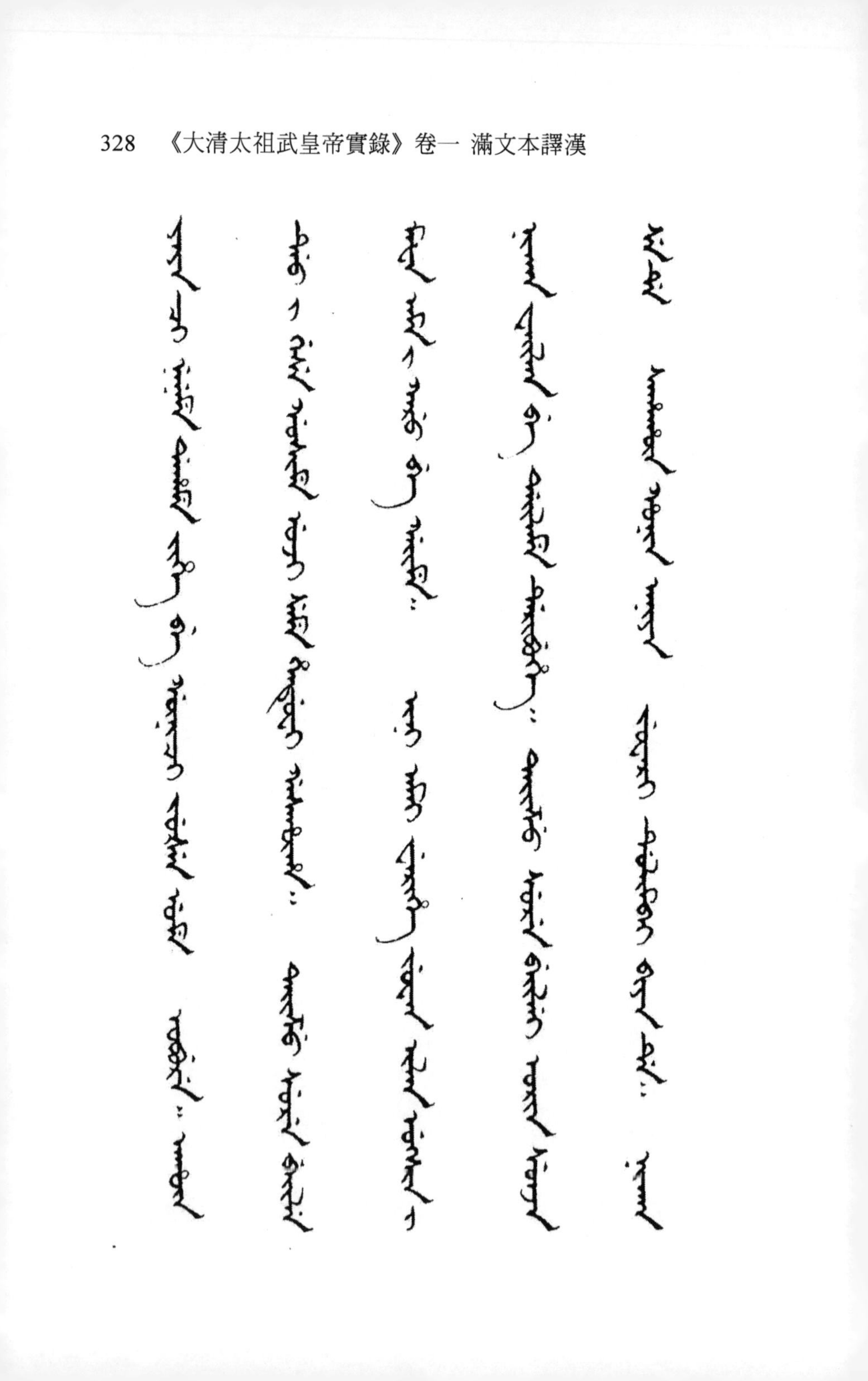

yaya ci neneme dahame jihe be gūnici jušen ume obure, ahūn deo i gese gosime uji seme hendufi gashūha. taidzu sure beile mafa ama i karu be gaime, ini amai werihe juwan ilan uksin i nikan wailan be dailame deribuhe, taidzu sure beilei orin sunja se de sahahūn honin aniya juwari dulimbai biya de, nikan

---

念吾等先衆來歸，毋視爲珠申編氓，望待之如骨肉手足。」遂以此言，對天盟誓。太祖淑勒貝勒欲報祖父之仇，止有其父遺甲十三副，起兵攻尼康外郎。時癸未歲夏五月，太祖淑勒貝勒二十五歲。

念吾等先众来归，毋视为珠申编氓，望待之如骨肉手足。」遂以此言，对天盟誓。太祖淑勒贝勒欲报祖父之仇，止有其父遗甲十三副，起兵攻尼康外郎。时癸未岁夏五月，太祖淑勒贝勒二十五岁。

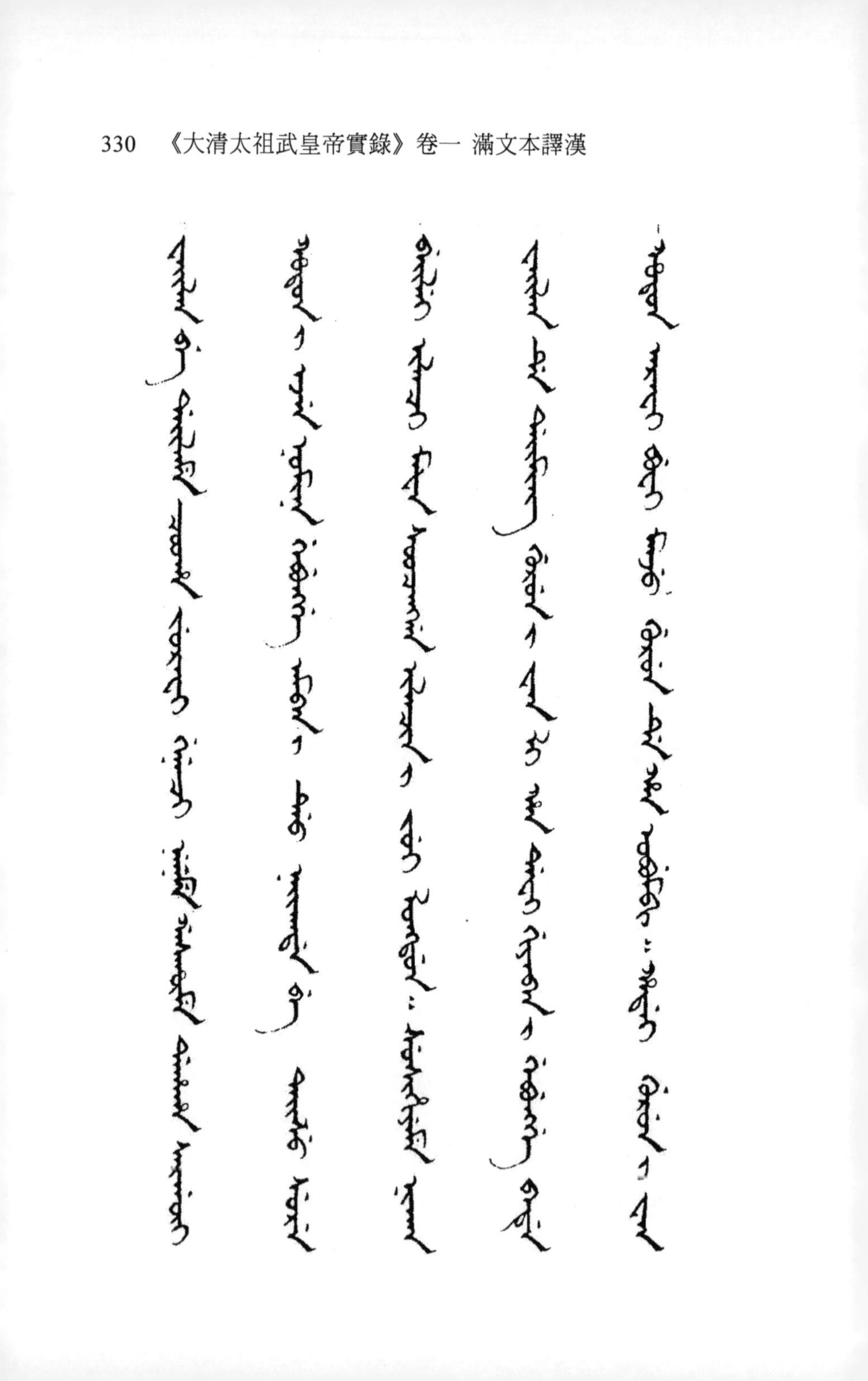

[illegible]

[illegible]

[illegible]

[illegible]

[illegible]

wailan be dailame cooha jurafi geneci neneme gashūme dahaha sargūi hoton i ejen nomina gebungge amban i deo naikada be taidzu sure beilei ilaci mafa soocangga ilacin i jui longdon, šusihiyeme nikan wailan de daiming gurun i wan li han dafi giyaban i gebungge bade hoton arafi bufi manju gurun de han obumbi, hadai gurun i wan

---

首先來附盟誓起兵攻打尼康外郎，太祖淑勒貝勒三祖曹常剛第三子龍敦唆撒兒湖城主諾米納大臣之弟奈哈答[71]曰：「大明國萬曆帝尚欲助尼康外郎，築城於甲版，令爲滿洲國汗。」

首先来附盟誓起兵攻打尼康外郎，太祖淑勒贝勒三祖曹常刚第三子龙敦唆撒儿湖城主诺米纳大臣之弟奈哈答[71]曰：「大明国万历帝尚欲助尼康外郎，筑城于甲版，令为满洲国汗。」

---

[71] 奈哈答，滿文讀如“naikada”，《滿洲實錄》音譯作「鼐喀達」。

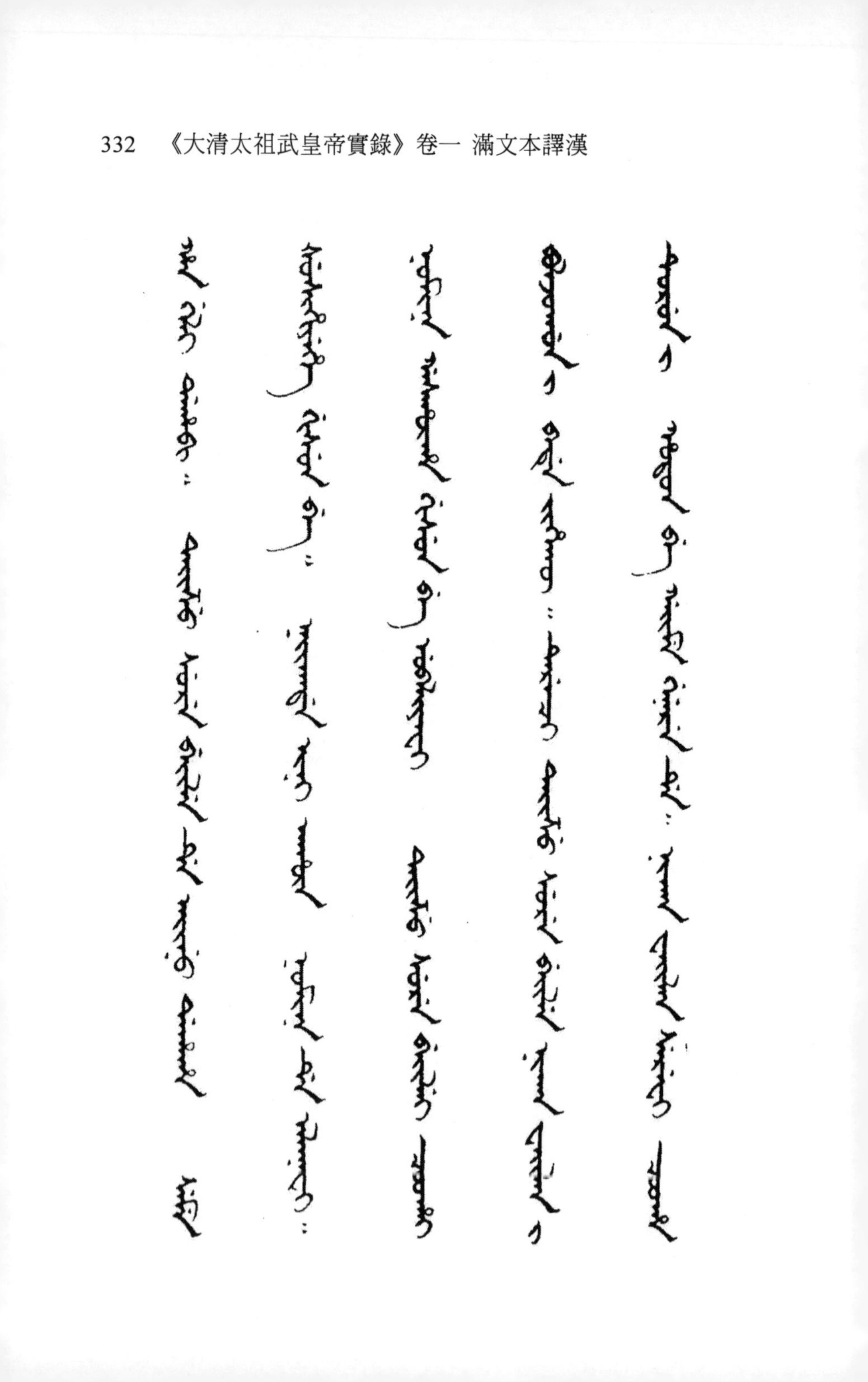

[illegible]

[illegible]

[illegible]

[illegible]

[illegible]

[illegible]

han geli dahabi, taidzu sure beile de ainu dahaha seme šusihiyehe gisun be, naikada ini ahūn nomina de alanafi, nomina gashūha gisun be ubaliyafi taidzu sure beilei coohai boljogon i bade jihekū tereci taidzu sure beile nikan wailan i turun i hoton be gaime genere de, nikan wailan serefi cooha

---

況哈達國萬汗又助之爾何故順太祖淑勒貝勒耶？奈哈達將挑唆之言往告其兄諾米納，諾米納遂背盟誓之言，不赴太祖淑勒貝勒兵約定之地，於是太祖淑勒貝勒乃攻取尼康外郎禿隆城，

况哈达国万汗又助之尔何故顺太祖淑勒贝勒耶？奈哈达将挑唆之言往告其兄诺米纳，诺米纳遂背盟誓之言，不赴太祖淑勒贝勒兵约定之地，于是太祖淑勒贝勒乃攻取尼康外郎秃隆城，

ᠰᠠᡵᡤᠠᠨ ᠪᡝ ᡤᠠᡳᠵᠠᡵᠠᡴᡡ ᡨᡠᠸᠠᠮᡝ ᠰᠠᡵᡤᠠᠨ ᠪᡝ ᠪᡠᡥᡝ ᡤᡳᠰᡠᠨ ᠪᡝ ᡩᠠᡥᠠᡵᠠᡴᡡ ᠪᡝ ᠰᠠᡥᠠ᠉

ᡩᠣᠰᡳᡶᡳ ᡨᡝᡵᡝ ᠪᡠᠴᡝᡵᡝ ᡩᠣᠰᡳ ᡝᠵᡝᠨ ᡳ ᠮᡝᠩᡤᡠᠨ ᠪᡝ ᡥᡡᠯᡥᠠ ᠨᡳᡴᠠᠨ ᡩᡝ ᡤᡝᠮᡠ ᡥᠠᡵᡤᠠᡧᠠᡵᠠ᠉

ᠪᡠᠴᡝᠴᡳ ᠪᡠᠴᡝᡥᡝ ᡩᠣᠰᡳ ᡨᡝᡵᡝ ᠪᡠᠴᡝᡵᡝ ᡳ ᡝᠵᡝᠨ ᠪᡝ ᡤᡠᠰᡠᠴᡝᠮᡝ ᡨᡝᡵᡝ ᠪᡠᠴᡝᡵᡝ ᠪᡳᠮᡝ᠉ ᡥᠠᡵᡤᠠᠰᠠᡵᠠ

ᡤᡳᠰᡠᡥᡝ ᡧᡠᡵᡤᠠᠨ ᠪᡝ᠉ ᠪᡠᡥᡝᡶᡳ ᠪᡳᡥᡝ ᡳ ᡝᠵᡝᠨ ᡤᡝᠯᡝᡥᡝ ᠪᡝ ᠪᡠᠴᡝᡥᡝ ᠪᡝ ᡝᠵᡝᡥᡝᠩᡤᡝ ᠮᡝᠩᡤᡠᠨ ᠨᡳᠶᠠᠯᠮᠠ ᠪᡝ᠉

ᡤᡳᠰᡠᡵᡝᠮᡝ ᡝᠵᡝᠨ ᡳ ᡥᡡᠯᡥᠠᡵᠠ ᡤᡝᡵᡝᠨ ᠪᡝ ᠰᡝᠮᡝ ᠮᡝᠩᡤᡠᠨ ᠨᡳᠶᠠᠯᠮᠠ᠉

irgen be werifi juse sargan be gamame giyaban gebungge bade genehe. taidzu sure beile tere turun i hoton be afame gaifi bederehe, tere fonde taidzu sure beile i cooha emu tanggū, uksin gūsin bihe, bolori dulimbai biya de taidzu sure beile geli cooha ilifi nikan wailan be dailame giyaban de genere de,

---

預知，遂遺軍民，携妻孥，走甲版。太祖淑勒貝勒克禿隆而回。彼時太祖淑勒貝勒兵一百，甲三十副，秋八月，太祖淑勒貝勒復率兵往甲版攻尼康外郎，

预知，遂遗军民，携妻孥，走甲版。太祖淑勒贝勒克秃隆而回。彼时太祖淑勒贝勒兵一百，甲三十副，秋八月，太祖淑勒贝勒复率兵往甲版攻尼康外郎，

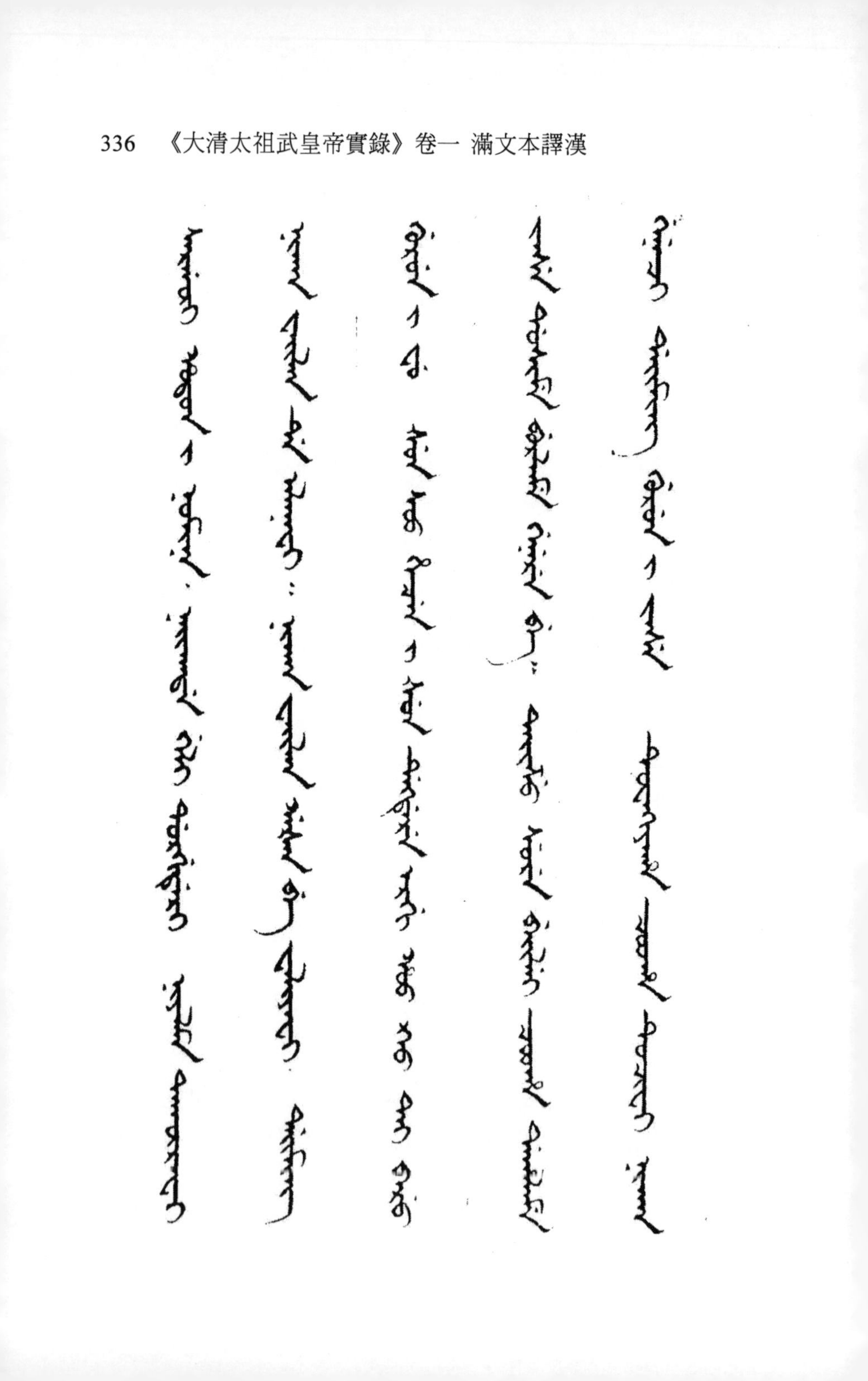

[illegible]

[illegible]

[illegible]

[illegible]

[illegible]

sargūi hoton i nomina, naikada geli dorgideri niyalma takūrafi nikan wailan de alanafi, nikan wailan gašan be waliyafi daiming gurun i fu šun soo hecen i šun dekdere ergi hoo k'ao tai baru jase dosime burlame genere be, taidzu sure beilei cooha dahalame geneci daiming gurun i jase tuwakiyaha cooha tucifi nikan

---

不意撒兒湖城諾米納、奈哈達復暗遣人往報尼康外郎，尼康外郎棄寨逃至大明國撫順所城東河口臺，進邊逃走，太祖淑勒貝勒之兵尾隨追趕，大明國守邊之兵

不意撒儿湖城诺米纳、奈哈达复暗遣人往报尼康外郎，尼康外郎弃寨逃至大明国抚顺所城东河口台，进边逃走，太祖淑勒贝勒之兵尾随追赶，大明国守边之兵

ᠠᡵᠠᠨ ᠪᡝ ᡤᡳᠰᡠᠨ ᠴᠣᠣᡥᠠ ᡳ ᡨᡠᡵᡤᡠᠨ ᡩᠣᠪᠣᡵᡳ ᠨᡳᡴᠠᠨ ᠰᠠᡳᠨ

ᠪᡝᡳᠰᡝ ᠪᠣᠣᠨᠣᠪᡳ ᡳ ᡤᡳᠰᡠᠨ ᠨᠣᠣᠰᡝ ᡳᠴᡳ ᡥᠣᠰᡳ ᠨᡳᠩᡤᡠ ᠨᡳᠮᠠᠰᡳ ᠣᡵᠣ ᠰᡳᠨᠠ

ᠮᡳᠨᡳ ᡥᠣᠰᡳ ᠪᡝᡳᠯᡳᠨ ᠨᠠᠨ ᠮᡳᠰᠠᠮᡝ᠉ ᡩᡝᠨᡳ ᡩᠣᠪᠣᡵᡳ ᠨᡳᠩᡤᡝ ᠠᠨᡳᠶᠠ ᡳ ᡨᡝᡳ

ᡩᡝᠨᡤᡝᠨᠠᠨ ᠪᡝᡳᠰᡝ ᡳ ᡨᡠᡵᡤᡠᠨ ᡩᡝᠨᡳ ᠨᡳᠩᡤᡝ ᠠᠨᡳᠶᠠ ᠪᡝ ᠮᡳᠶᠠᠨ ᡥᠣᠰᡳ ᠮᡳᠨᡤᡝᠮᡝ

ᠠᠨᡳᠶᠠ ᠪᡝ ᡤᡝᠪᡠᡴᡝᠨ ᡩᡝᠨᡳᠯᡝ ᠪᡝ ᡩᡝᠪᠣᡴᠣ ᡩᡠᠯᡝᠨ ᠪᡝᡳᠰᡝ ᡨᡠᡵᡤᡠᠨ ᡨᡝᡴᡝ

wailan be halburakū tantara be, taidzu sure beilei cooha sabufi daiming gurun i cooha dafi nikan wailan be afa seme kadalambi aise seme bederefi ing iliha. tere dobori nikan wailan i emgi burlaha boigon i niyalma ukame jifi suwe ainu afaha akū, nikan wailan be daiming gurun i cooha halburakū tantaha seme alaha

---

不容尼康外郎進邊，正攔阻時，太祖淑勒貝勒兵見之，疑爲大明國之兵助尼康外郎來戰，遂退兵紮營。是夜，與尼康外郎一同逃走部下一人來投，告曰：「尼康外郎被大明國之兵阻攔，不容入邊，汝等何故不戰而退？」

不容尼康外郎进边，正拦阻时，太祖淑勒贝勒兵见之，疑为大明国之兵助尼康外郎来战，遂退兵扎营。是夜，与尼康外郎一同逃走部下一人来投，告曰：「尼康外郎被大明国之兵阻拦，不容入边，汝等何故不战而退？」

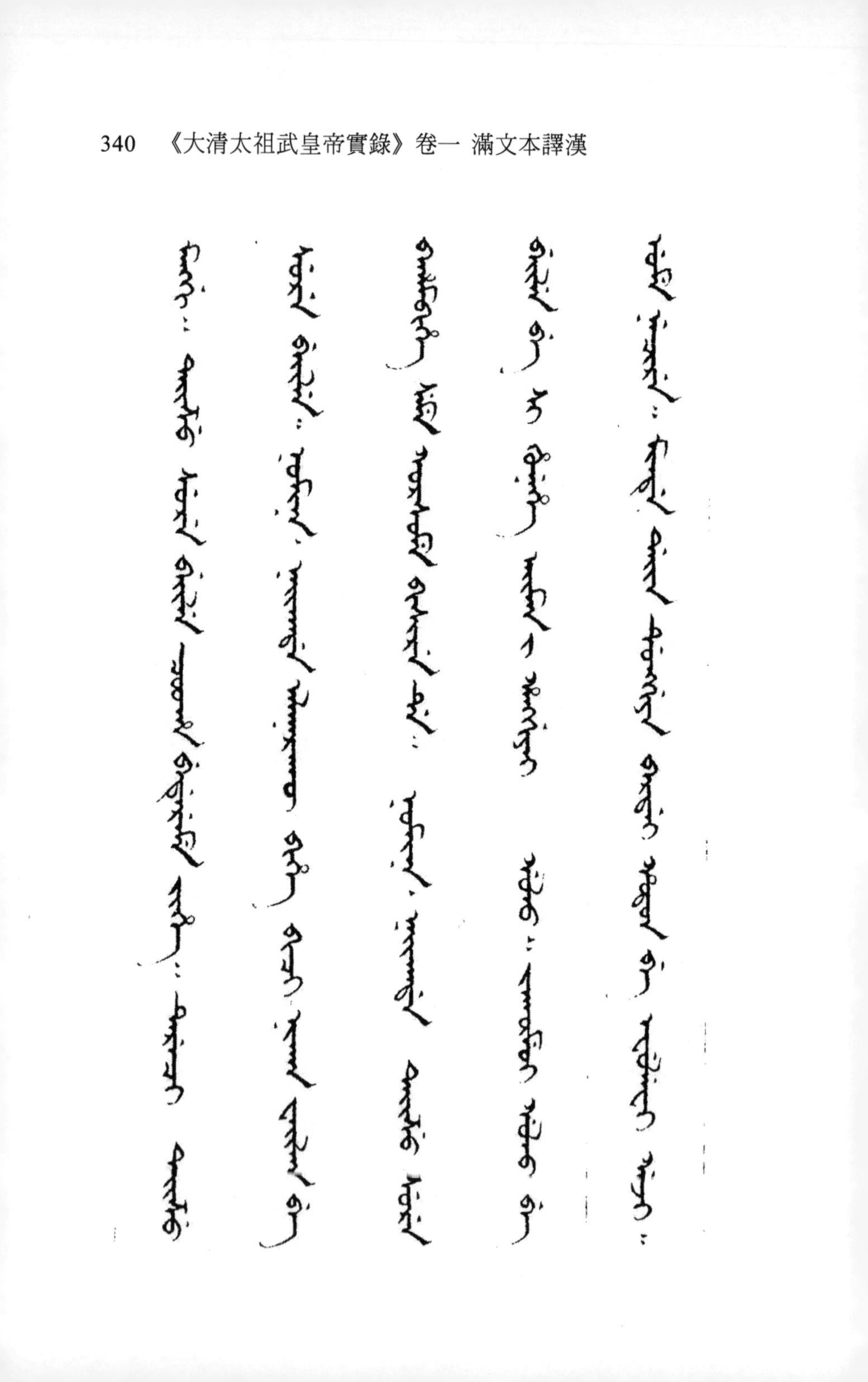

manggi, taidzu sure beile cooha bedereme jihe, tereci taidzu sure beile, nomina, naikada alanarakū bihe bici nikan wailan be bahambihe seme korsome bisire de, nomina, naikada taidzu sure beile be si hunehe aiman i hanggiyai golo, jakūmui golo be ume necire, minde dain dunggiya bardai hoton be efulefi gaji,

---

太祖淑勒貝勒乃還，恨曰：「諾米納、奈哈答二人，若二暗送消息，尼康外郎必成擒矣。」正恨間，諾米納、奈哈答遣使來曰：「渾河部夯家、甲孔木二處，不許侵犯，其東加與把里答[72]城乃吾讐敵，太祖淑勒貝勒爾若攻破與我則已，

太祖淑勒贝勒乃还，恨曰：「诺米纳、奈哈答二人，若二暗送消息，尼康外郎必成擒矣。」正恨间，诺米纳、奈哈答遣使来曰：「浑河部夯家、甲孔木二处，不许侵犯，其东加与把里答[72]城乃吾雠敌，太祖淑勒贝勒尔若攻破与我则已，

---

72 東加、把里答，滿文讀如“dunggiya、barda”，《滿洲實錄》音譯作「棟嘉、巴爾達」。

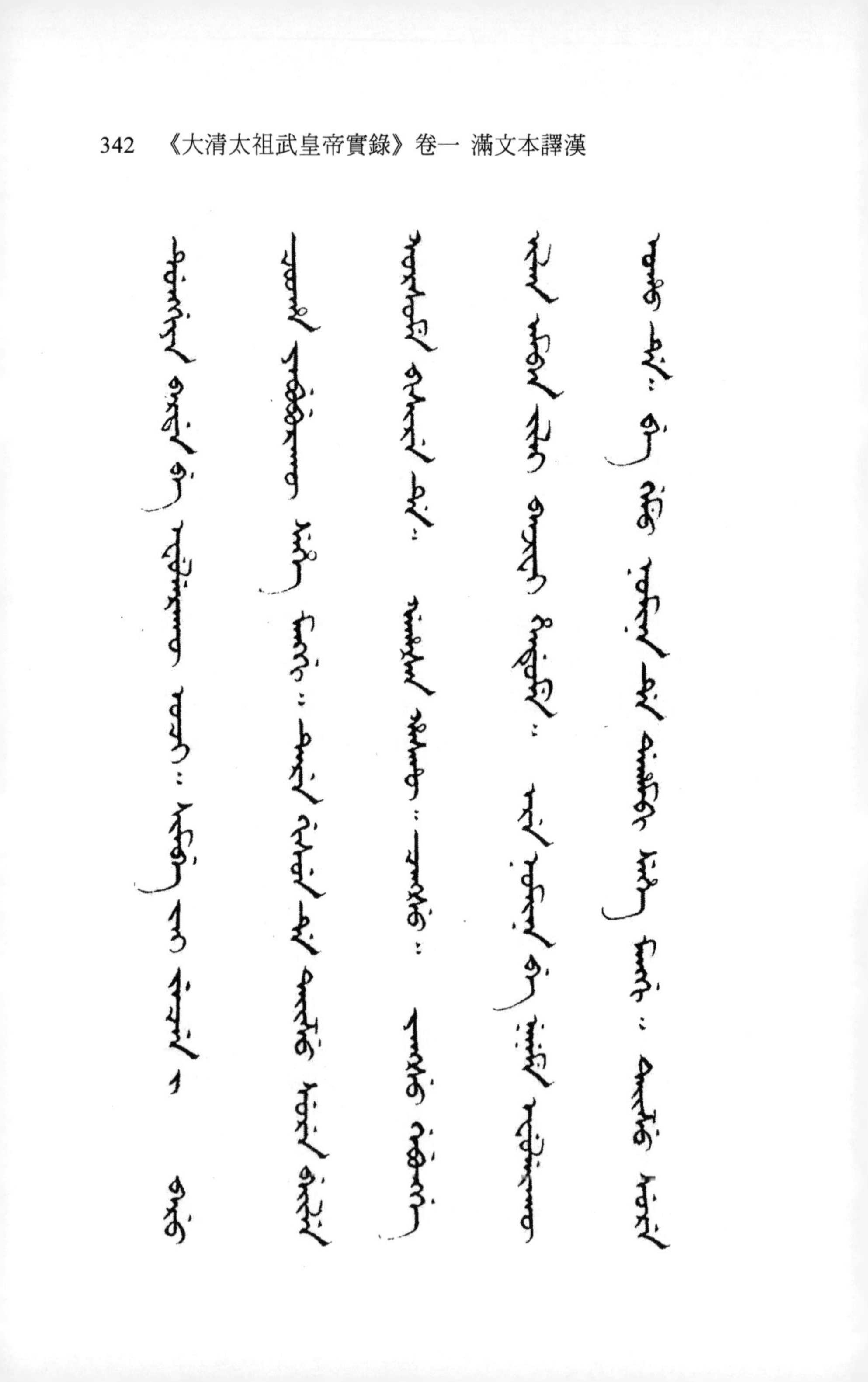

[illegible]

dunggiya barda be efulerakū oci, simbe jai jecen i baru cooha yabuburakū sehe manggi, tere gisun de taidzu sure beile korsome bisire de, gahašan hashū, cangšu, yangšu gebungge ilan amban jili banjifi hendume, ere nomina be neneme efulerakū oho de, be gemu nomina de dahambi sehe manggi, taidzu sure

---

若不攻破東加與把里答，吾當阻其邊路，不容爾行兵。」太祖淑勒貝勒聞其言，正恨間，剛哈鄯哈思虎、常書、楊書三大臣亦忿甚曰：「若不先破諾米納，吾等必皆附諾米納矣。」

若不攻破东加与把里答，吾当阻其边路，不容尔行兵。」太祖淑勒贝勒闻其言，正恨间，刚哈鄯哈思虎、常书、杨书三大臣亦忿甚曰：「若不先破诺米纳，吾等必皆附诺米纳矣。」

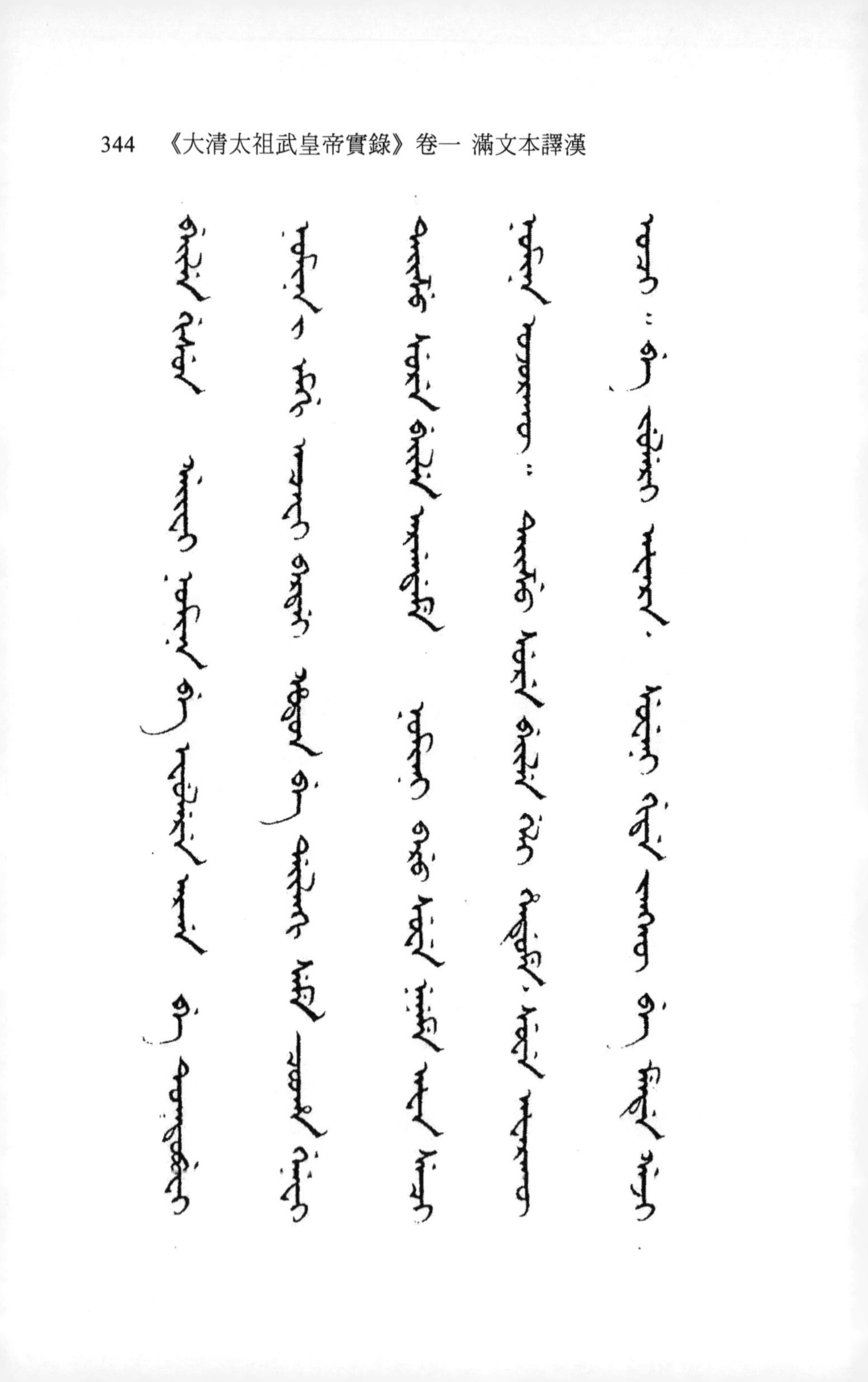

[illegible]

beile gisun gaifi nomina be efulere arga be toktobufi nomina i emgi acafi bardai hoton be dailaki seme cooha genefi taidzu sure beile argadame nominai baru suwe neneme afa seci nomina ojorakū, taidzu sure beile geli hendume, suwe afarakū oci, be juleri afara, suweni gida jangkū be mende gaji

---

太祖淑勒貝勒從言，遂陰定破諾米納之計，陽與諾米納合兵，攻把兒答城，太祖淑勒貝勒謂諾米納曰：「爾兵可先攻，諾米納不從。」太祖淑勒貝勒復曰：「爾既不攻，可將盔甲器械與我兵先攻。」

太祖淑勒贝勒从言，遂阴定破诺米纳之计，阳与诺米纳合兵，攻把儿答城，太祖淑勒贝勒谓诺米纳曰：「尔兵可先攻，诺米纳不从。」太祖淑勒贝勒复曰：「尔既不攻，可将盔甲器械与我兵先攻。」

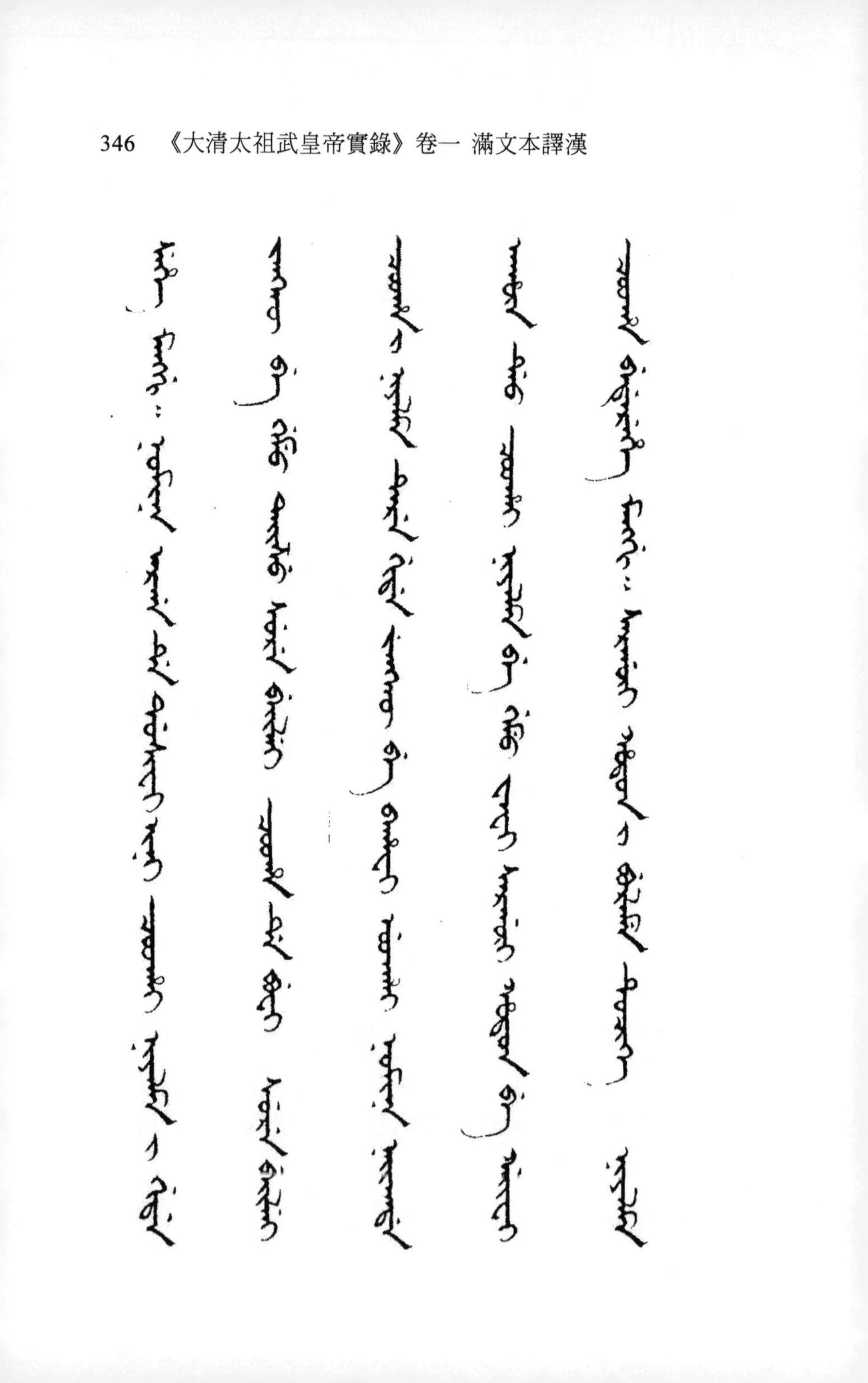

sehe manggi, nomina arga de dosifi ini coohai niyalma i gida jangkū be gemu taidzu sure beilei cooha de bufi sure beilei cooha i niyalma tere gida jangkū be bahafi uthai nomina naikada ahūn deo coohai niyalma be gemu wafi sargūi hoton be gaifi cooha bederehe manggi, sargūi hoton i burlame tucike niyalma

---

諾米納不識其計，將其兵丁盔甲器械盡付太祖淑勒貝勒之兵，淑勒貝勒之兵丁既得盔甲器械，盡殺諾米納、奈哈達兄弟兵丁，遂取撒兒湖而回兵，

諾米納不識其計，將其兵丁盔甲器械盡付太祖淑勒貝勒之兵，淑勒貝勒之兵丁既得盔甲器械，盡殺諾米納、奈哈達兄弟兵丁，遂取撒兒湖而回兵，

ᡩᠣᠨᠵᡳᡶᡳ ᡤᡝᠨᡝᡶᡳ ᠪᠠᡥᠠ᠉ ᡩᠣᠰᡳᡶᡳ ᡨᡠᡵᡤᡠᠨ ᠪᡝ ᡨᠣᠪᡳ ᠪᡝᠶᡝ

ᡤᡝᠮᡠ᠉ ᠠᠮᠠᠰᡳ ᡠᠵᡠᠯᠠᡥᠠ ᠪᡝ ᡩᠠᡥᠠᠮᡝ ᡤᡝᠨᡝᡥᡝ ᠪᡝ ᡳᠨᡝᠩᡤᡳ ᠰᡳ

ᡠᠰᡥᡝᡶᡳ᠉ ᡩᠠᡥᠠᡶᡳ ᡳᠨᡝᠩᡤᡳ ᡩᡠᠯᡝᡵᡝ ᡳ ᡠᠵᡠᠯᠠᡶᡳ ᠶᠠᠪᡠᡶᡳ᠉ ᡩᡝᡵᡤᡳ ᠪᠣᡳᡥᠣᠨ

ᡳᠯᡳᡶᡳ ᡩᡝᡵᡤᡳᠴᡳ ᠪᠣᡳᡥᠣᠨ ᡳ ᡤᡠᠪᠴᡳ᠉ ᠮᡠᡨᡝᡵᡝ ᡩᡝ ᠪᡳᡥᡝ ᡩᡝᡵᡤᡳᠴᡳ ᠪᠣᠵᡳᠯᡳ ᠪᡳᠮᡝ

ᠣᠵᠣᡵᡳᠩᡤᠠ ᡳᠯᡳᡥᠠ ᡳ ᠪᡝᠶᡝ ᠣᠵᠣᡵᡳᠩᡤᠠ ᠮᡠᡴᡝᠨ ᠪᠣᡳᡥᠣᠨ ᡳᠯᡳᡥᠠ᠉ ᠪᡝᠶᡝ ᡩᡝᡵᡤᡳ

dahame jidere jakade, tesei juse sargan be gemu bufi unggihe manggi, sargūi hoton be dasafi taidzu sure beile ci geli ubašaha, tereci nikan wailan i uksuni niyalma, dahaha gurun gemu daiming gurun i han, nikan wailan be manju gurun de ejen obufi giyaban i bade hoton arafi bure anggala, dain jifi

---

其逃散之人有復歸者，盡還其妻孥，仍令居撒兒湖城，衆修整其城，復叛太祖淑勒貝勒。尼康外郎部族，並先附之人，皆相謂曰：「大明國之帝，欲令尼康外郎爲滿洲國主，築城於甲版，爲敵兵所逼，

其逃散之人有复归者，尽还其妻孥，仍令居撒儿湖城，众修整其城，复叛太祖淑勒贝勒。尼康外郎部族，并先附之人，皆相谓曰：「大明国之帝，欲令尼康外郎为满洲国主，筑城于甲版，为敌兵所逼，

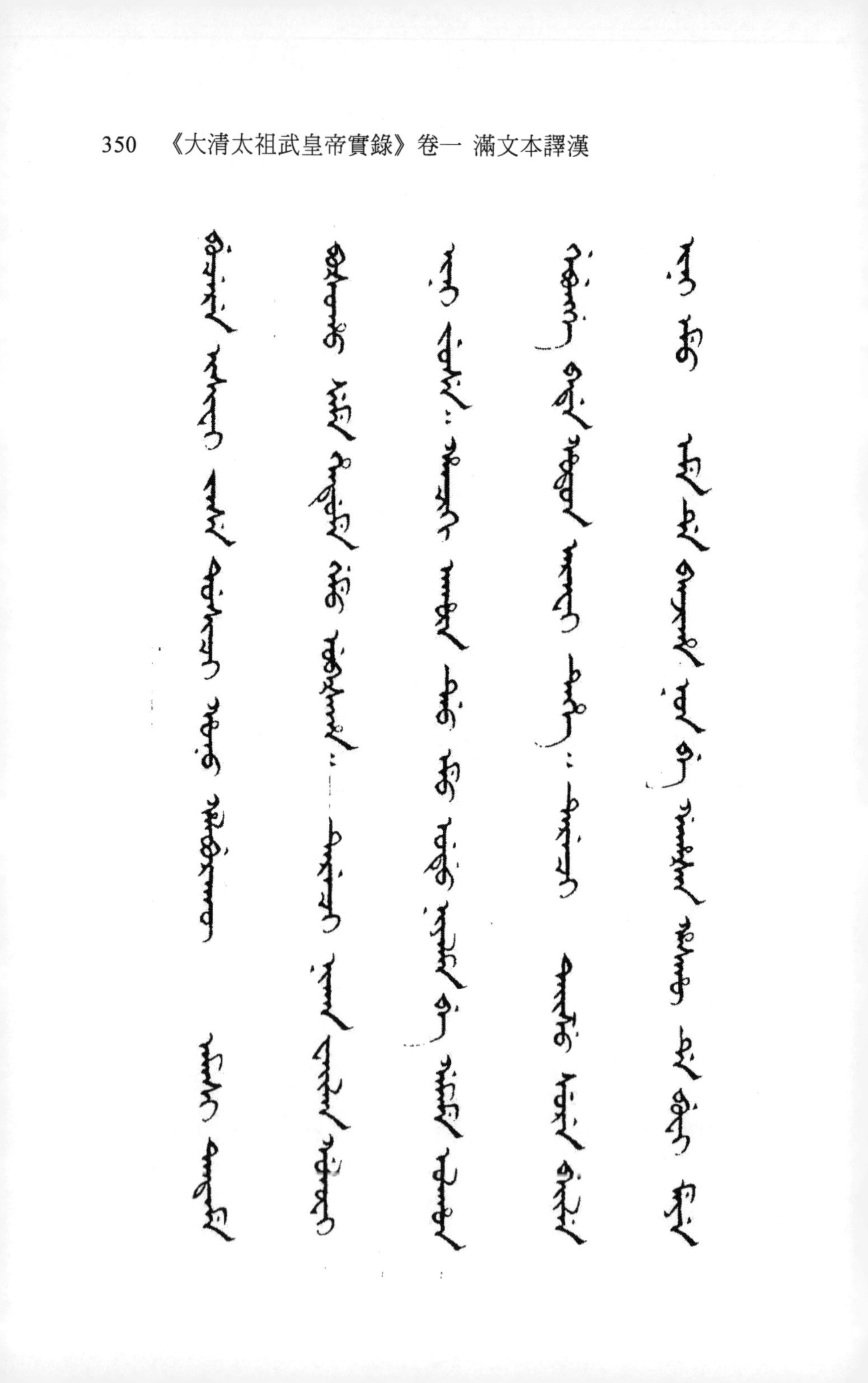

bucere isifi jase dosici hono halburakū amasi tantame bošoho seme hendume gemu ubašaha, tereci nikan wailan golofi ini juse, hanciki ahūn deo emu udu niyalma be gamame olhon gebungge bade hoton arafi tehe. tereci taidzu sure beile ini emu eme de banjiha non be gahašan hashū de bufi meye

---

值垂亡之際，尚爾不容入邊，而加攔阻。」遂叛之。於是尼康外郎懼，携妻孥親屬兄弟數人逃於汎納哈所屬鵝兒渾地方，築城居住。太祖淑勒貝勒以同母妹妻剛哈鄯哈思虎

值垂亡之际，尚尔不容入边，而加拦阻。」遂叛之。于是尼康外郎惧，携妻孥亲属兄弟数人逃于泛纳哈所属鹅儿浑地方，筑城居住。太祖淑勒贝勒以同母妹妻刚哈鄯哈思虎

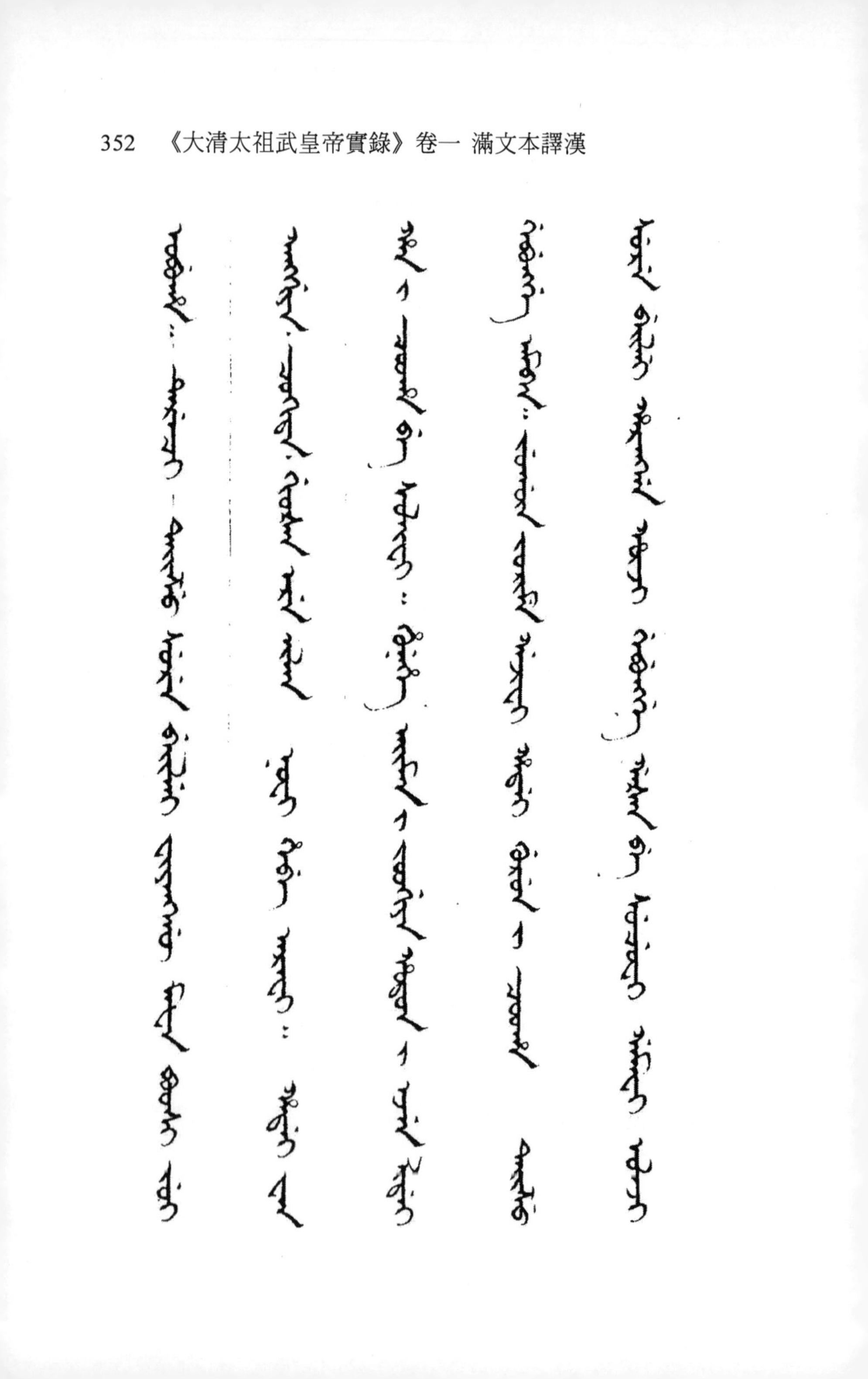

obuha, tereci taidzu sure beilei fiyanggū mafa boosi jui kanggiya, cokita, giošan ere ilan nofi hebe arafi, hadai wan han i cooha be solifi, hunehe aiman i joogiya hoton i ejen lidai gebungge amban, jugūn jorime gajifi hadai gurun i cooha taidzu sure beilei harangga hūji gebungge gašan be sucufi gamafi olji

---

而爲妹夫。太祖淑勒貝勒六祖豹石之子康嘉，與綽奇達、焦鄯此三人同謀，請哈達萬汗兵，令渾河部招加城主李岱大臣導引哈達國兵刼太祖淑勒貝勒所屬胡吉寨而去，

而为妹夫。太祖淑勒贝勒六祖豹石之子康嘉，与绰奇达、焦鄯此三人同谋，请哈达万汗兵，令浑河部招加城主李岱大臣导引哈达国兵刼太祖淑勒贝勒所属胡吉寨而去，

十四、心神不寧

ᠠᠮᠪᠠᠯᡳᠩᡤᡡ ᡤᡳᠰᡠᠨ ᠪᡝ ᠠᠮᠪᠠᠯᡳᠩᡤᡡ ᡤᡳᠰᡠᠨ ᠪᡳᡨᡥᡝ ᠰᡳᠮᡝ ᠣᠣᠩᡤᡳᠮᡝ ᠪᡠᡥᡝ᠉

ᠮᡳᠨᡳ ᠪᠠᡨᠠ ᡳ ᠰᡠᡴᡩᡠᠨ ᡳᠯᡝᠩᡤᡠ ᡤᡝᠨᡝ ᠨᡳᠶᠠᠯᠮᠠ ᡩᠣᠰᠣᠮᠪᡳᠣ ᡤᡝᠨᡝ ᡤᡝᠨᡝ

ᠨᡳᠶᠠᠯᠮᠠ ᠪᡝ ᠮᡠᠵᡳᠯᡝᠨ ᡨᡠᠮᡝᠨ ᡨᡠᡨᡝᠮᠪᡠᡥᡝ ᡩᡝ ᡩᠠᡥᠠᡵᠠᡴᡡ ᡩᠠᡥᠠᠮᡝ ᡝᠵᡝᠮᡝ ᠪᡝ

ᡤᡝᠨᡝᡥᡝ ᠪᠠᡨᠠ ᠨᡳᠶᠠᠯᠮᠠ ᠪᡝ ᠰᡝᡥᡝ᠉ ᡳᠯᠠᠨ ᠮᡝᡵᡤᡝᠨ ᠪᡝ ᠰᡳᠮᡝ ᠪᡠᡥᡝ᠉

ᠠᠮᠪᠠᠯᡳᠩᡤᡡ ᡤᡳᠰᡠᠨ ᠪᡳᡨᡥᡝ ᡳ ᠮᡝᡳᡥᡝ ᠮᡠᠰᡝ ᠣᠪᡠᡥᠠ᠉ ᡨᡝᡵᡝ ᠮᡝᡳᡥᡝ ᠰᡠᠩᡤᠠᡵᡳ᠉

dendeme iliha bade taidzu sure beilei amban šongkoro baturu, jai basun i gebungge niyalma juwe nofi ujulafi juwan juwe niyalma be gaifi amcanafi holkon de dosifi hadai cooha be gidafi dehi niyalma be waha, gamara olji be gemu amasi baha, taidz sure beile i amba mafa desiku, jacin mafa liocan,

---

至中途甫分人畜，太祖淑勒貝勒部將雄科落把土魯與巴宗[73]二人領十二人追至其處，突然而入，哈達兵遂敗，殺四十餘人，盡獲所掠人畜而回。有太祖淑勒貝勒長祖德石庫、次祖劉闡、

至中途甫分人畜，太祖淑勒貝勒部將雄科落把土魯與巴宗[73]二人領十二人追至其處，突然而入，哈達兵遂敗，殺四十餘人，盡獲所掠人畜而回。有太祖淑勒貝勒長祖德石庫、次祖劉闡、

73　雄科落把土魯、巴宗，滿文讀如"šongkoro baturu, basun"，《滿洲實錄》音譯作「碩翁科羅巴圖魯、巴遜」。

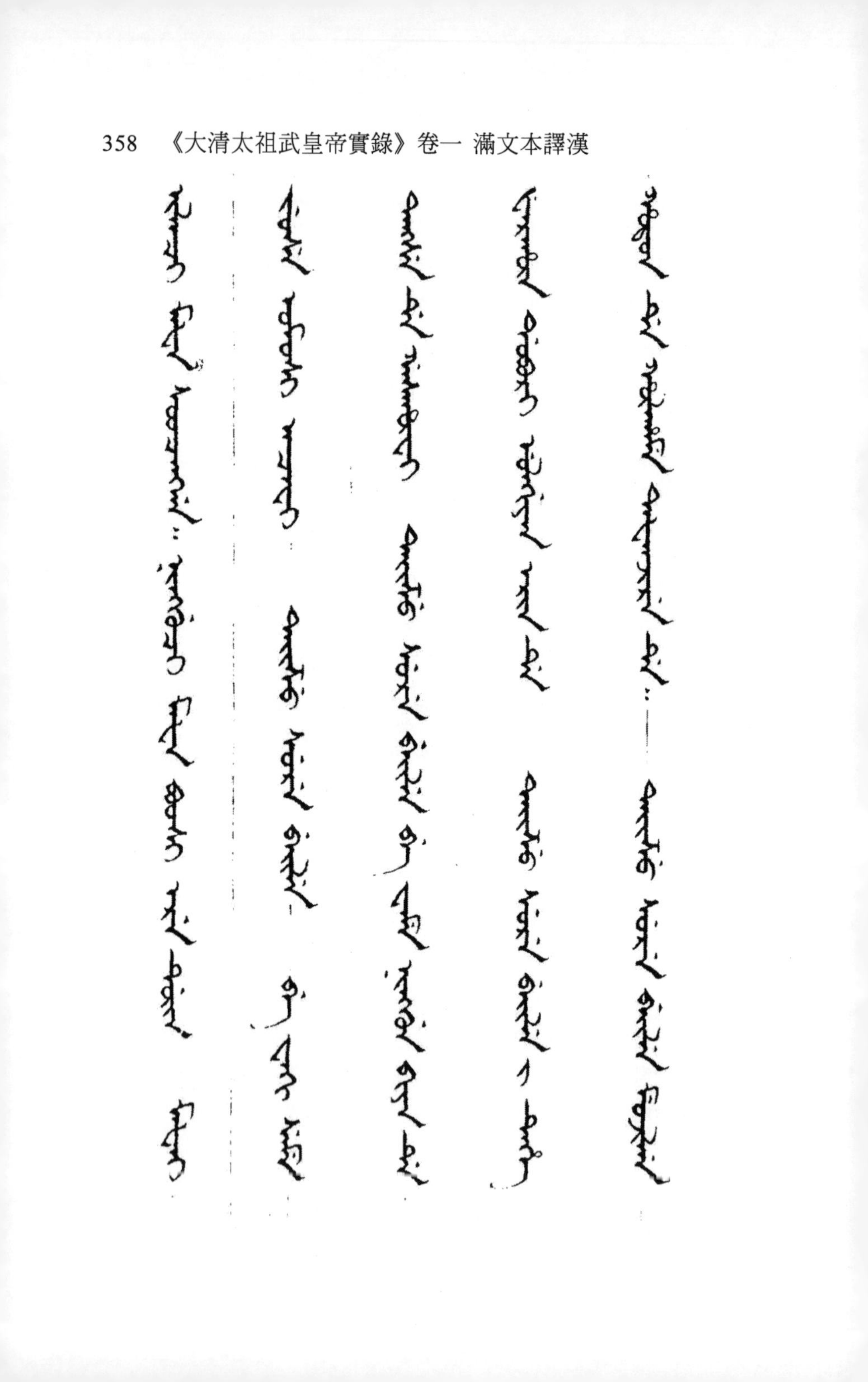

ilaci mafa soocangga, ningguci mafa boosi ere duin mafai juse omosi acafi taidzu sure beile be waki seme tangse de gashūfi taidzu sure beile be wame ninggun biya de farhūn dobori ulgiyan erin de taidzu sure beile i tehe hoton de hūlhame tafanjire de, taidzu sure beile mujilen

---

三祖曹常剛、六祖豹石，此四祖之子孫，同誓於堂子，欲謀殺太祖淑勒貝勒。夏六月，晦暝之夜，亥時，偷豎梯攀登太祖淑勒貝勒所住之城時，

三祖曹常刚、六祖豹石，此四祖之子孙，同誓于堂子，欲谋杀太祖淑勒贝勒。夏六月，晦暝之夜，亥时，偷竖梯攀登太祖淑勒贝勒所住之城时，

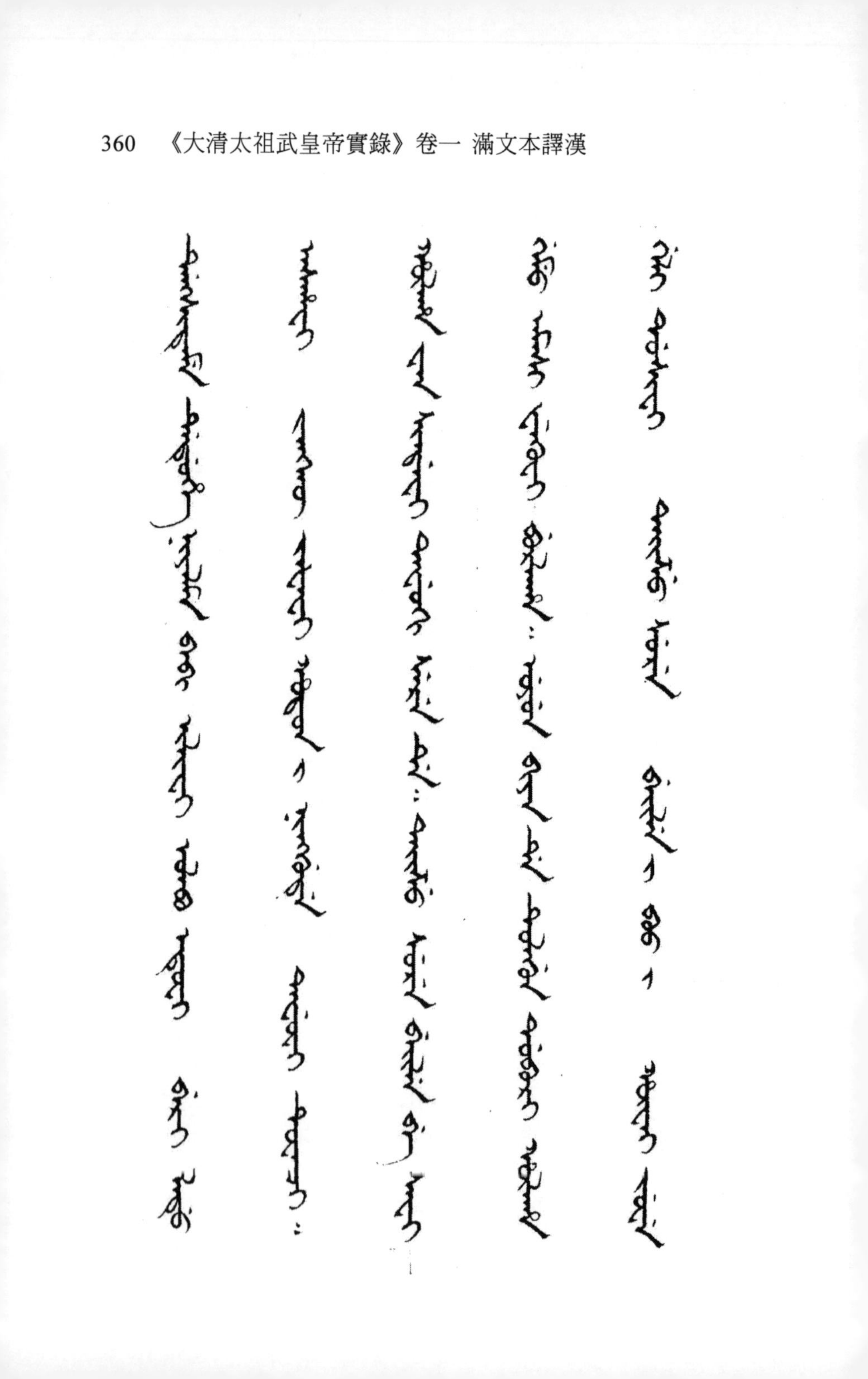

[illegible]

[illegible]

[illegible]

[illegible]

[illegible]

dengsiteme deduhe niyalma babi ilifi olbo etufi beri ladu ashafi jangkū jafafi hoton i ninggude tafufi tuwaci, hūlha wan sindafi tafuki sere de, taidzu sure beile be safi gemu amasi fekufi burlaha. uyun biya de tulgun dobori hūlha geli dosifi taidzu sure beile i boo i hūwai juwe

---

太祖淑勒貝勒睡臥心神不寧，因起穿着馬褂，帶弓矢持刀，登城上觀之，賊豎梯攀登時，見太祖淑勒貝勒墜城而遁。九月內，賊乘夜陰晦，復進入拔太祖淑勒貝勒住宅院內二栅木，

太祖淑勒贝勒睡卧心神不宁，因起穿着马褂，带弓矢持刀，登城上观之，贼竖梯攀登时，见太祖淑勒贝勒坠城而遁。九月内，贼乘夜阴晦，复进入拔太祖淑勒贝勒住宅院内二栅木，

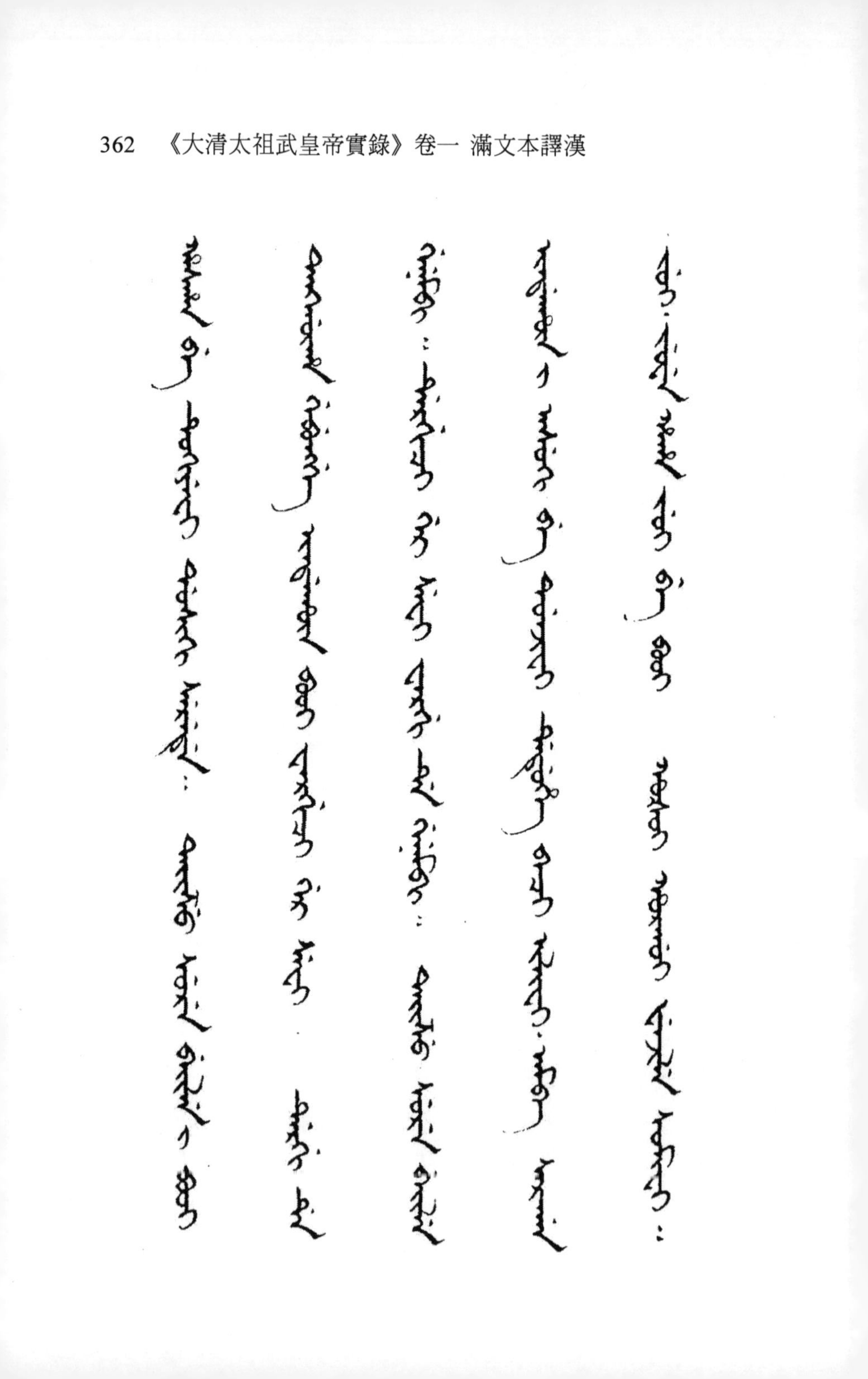

[illegible]

[illegible]

[illegible]

[illegible]

[illegible]

hashan be tukiyefi dosiki serede, taidzu sure beile i booi tanggūha gebungge indahūn booi wargici ger sefi dergi de genembi, dergici ger sefi wargi de genembi, taidzu sure beile indahūn i asuki be donjifi deduhe baci ilifi, amba sargan jui, juwe haha jui be booi hošoi horgoi fejile somifi,

---

欲進入時，太祖淑勒貝勒家有犬名湯古哈由房屋西邊吠前往東邊，由東邊吠前往西邊，四顧驚吠，太祖淑勒貝勒聞犬動靜，從臥處起來，將大女兒、兩個兒子匿於屋內角落櫃下，

欲进入时，太祖淑勒贝勒家有犬名汤古哈由房屋西边吠前往东边，由东边吠前往西边，四顾惊吠，太祖淑勒贝勒闻犬动静，从卧处起来，将大女儿、两个儿子匿于屋内角落柜下，

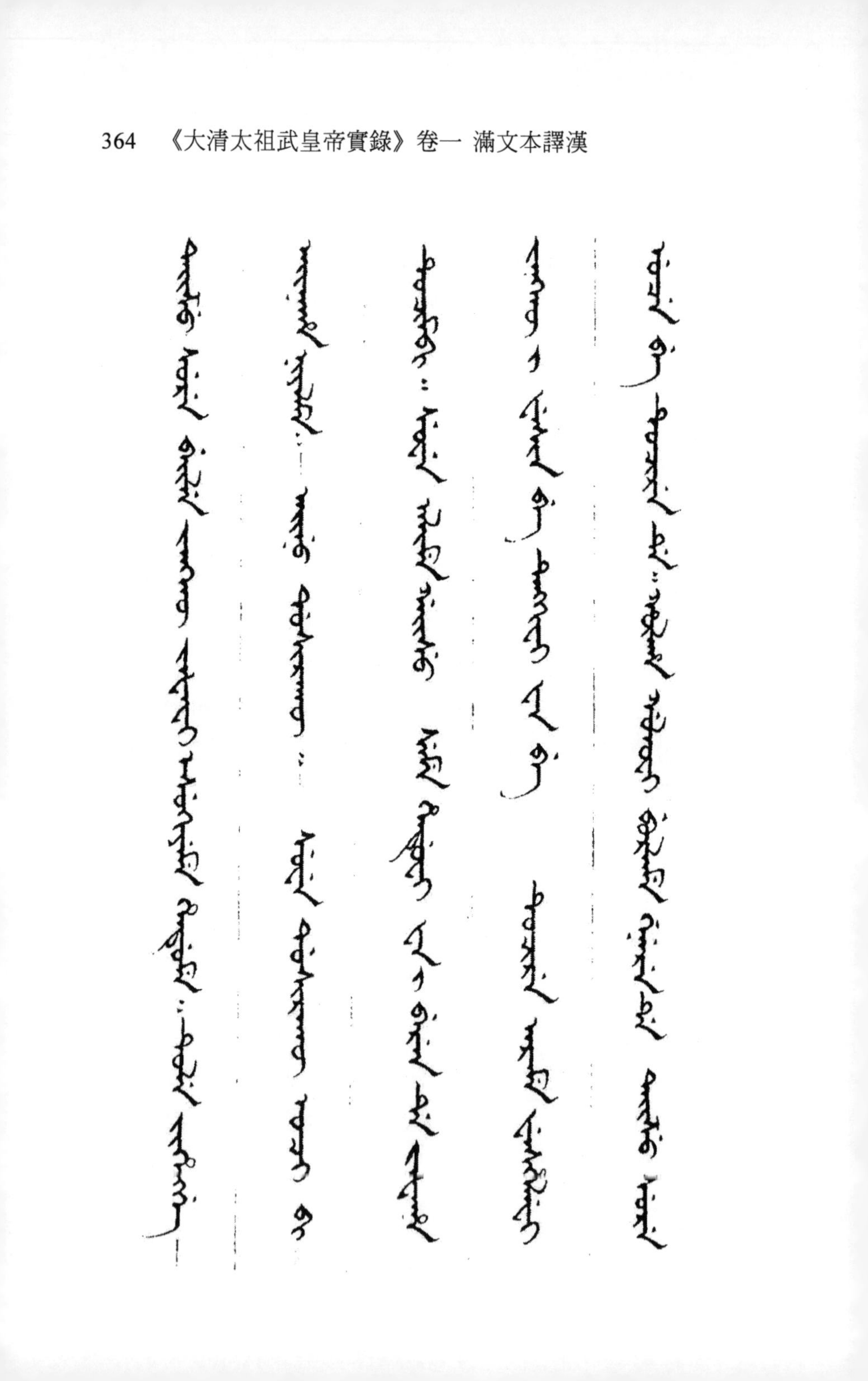

taidzu sure beile jangkū jafafi esukiyeme hendume: tule jihengge ainaha niyalma, ainu dosirakū, suwe dosirakū oci bi tucimbi, suwe alime gaisu seme hendufi fa i beren de jafahe jangkū i fesin be tungkifi fa be tucire arame feshelefi uce be tucire de, hūlha golofi burlame genere de taidzu sure

---

太祖淑勒貝勒乃執刀怒嚇曰：「外邊來者何許人？爲何不入，汝不入，我即出，毋得退縮。」言畢，即將刀柄，擊打窗框有聲，作由窗而出之勢，仍由戶出，賊懼皆遁去。

太祖淑勒贝勒乃执刀怒吓曰：「外边来者何许人？为何不入，汝不入，我即出，毋得退缩。」言毕，即将刀柄，击打窗框有声，作由窗而出之势，仍由户出，贼惧皆遁去。

ᠪᡝᡩᡝᡵᡝᠪᡠᡶᡳ ᠪᠣᠣ ᡳ ᠪᠣᡳᡤᠣᠨ ᠨᡳᡴᠠᠨ ᡳᠨᡝᡴᡠ ᡨᡝᡵᡝ ᠪᠣᠣᡥᠣ ᡳ ᠠᡴᡩᡠᠨ ᡩᡝᡵᡤᡳ ᠪᡝ

ᠪᡝᡩᡝᡵᡝᠮᡝ ᡤᡡᠰᡳᠨ ᠠᠮᠪᠠ ᠨᡳᠶᠠᠯᠮᠠ ᠄

ᠨᡳᡴᠠᠨ ᠰᡳᡵᡤᡝ ᠪᡠᡥᡝ ᠠᠰᠠᡵᠠ ᠄ ᠠᠰᠠᡵᠠ ᠪᡳᡥᡝ ᡩᡝ ᠄ ᠰᠠᡵᡤᠠᠨ ᡤᡝᠯᡝᡵᠠ ᠪᡳᠶᠠᠩᠰᡳ ᠄ ᠨᡳᠩᠨᡳᠶᠠᠩ

ᡤᡝᡵᡝᠨ ᠵᠣᠪᠣᠮᡝ ᠪᡝ ᡨᡠᡥᡝᡴᡝ ᡨᠣᠪᡨᠣᡥᠣ ᡳᠨᡝᡴᡠᠨ ᡨᠣᠮᠣᠯᠣ ᡳ ᡳᠨᡝᡴᡠ ᠪᡝ

ᡨᠠᡵᡤᠠᠨ ᠵᠣᠪᠣᠮᡝ ᠨᡳᡴᠠᠨ ᠪᡝ ᡤᡝᡵᡝᠨ ᡥᡝᠰᡝ ᡨᠣᠮᠣ ᠄ ᡳᠨᡝᡴᡠ ᠨᡳᠶᠠᠯᠮᠠ ᠠᠮᠪᡠᡥᠠ

beilei boo i pahai gebungge niyalma ini booi fa i jakade deduhe be dartai gidalame wafi genehe. niowanggiyan bonio aniya, aniya biya de, taidzu sure beile, neneme hadai cooda be jugūn jorime gajiha joogiyai hoton i lidai be dailame cooha genere de nimanggi amban ofi, gaha gebungge dabagan

---

時有太祖淑勒貝勒家名趴海之人，睡於其家窗下，瞬間被刺死而去。
甲申歲，正月，太祖淑勒貝勒起兵征先前導引哈達兵之招加城李岱，時值大雪，兵至剛哈嶺[74]，

时有太祖淑勒贝勒家名趴海之人，睡于其家窗下，瞬间被刺死而去。
甲申岁，正月，太祖淑勒贝勒起兵征先前导引哈达兵之招加城李岱，时值大雪，兵至刚哈岭[74]，

---

[74] 剛哈嶺，滿文讀如"gaha dabagan"，《滿洲實錄》音譯作「噶哈嶺」。

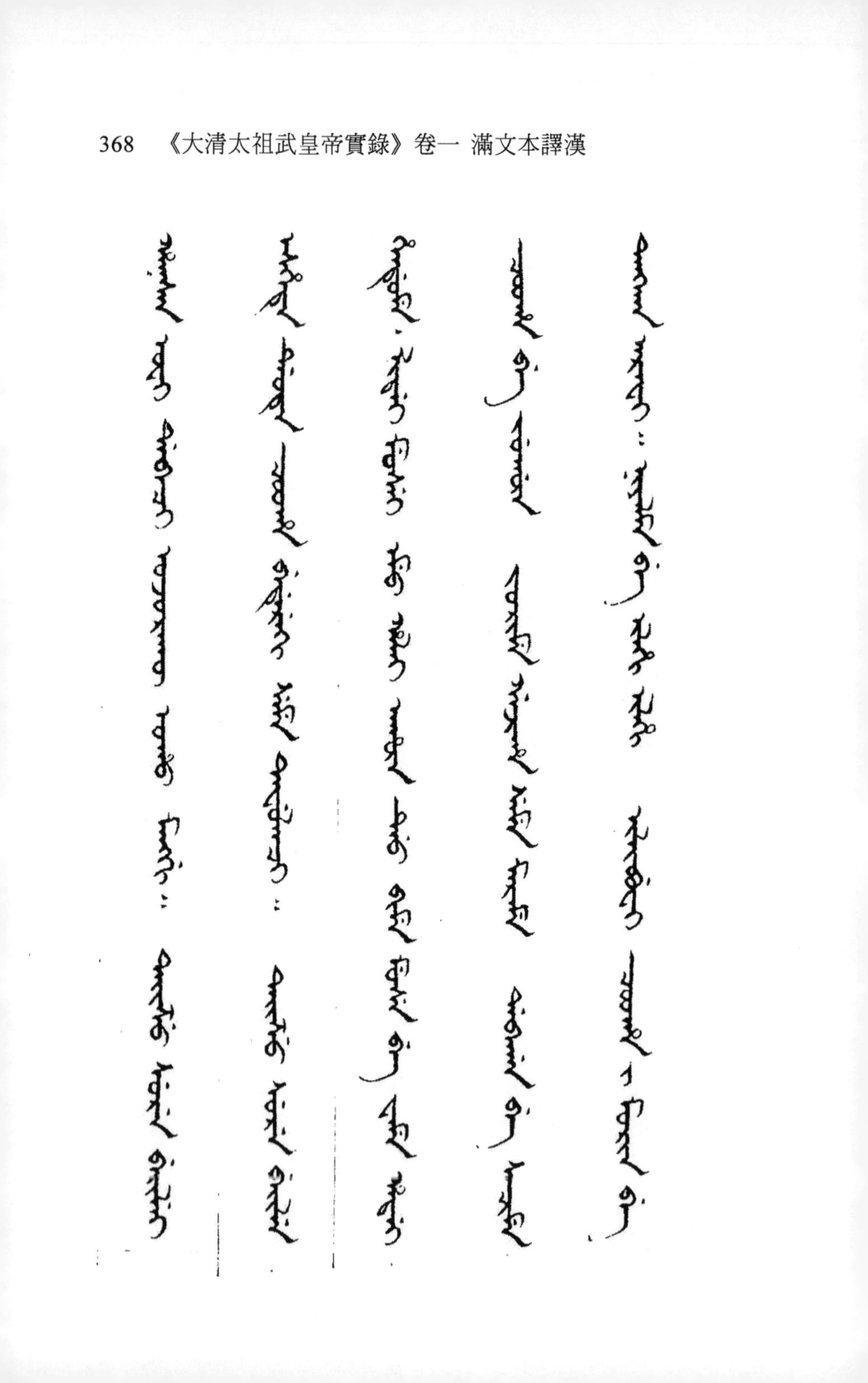

haksan ofi dabaci ojorakū oho manggi, taidzu sure beilei eshete deote cooha bedereki seme tafulaci, taidzu sure beile hendume, lidai musei emu halai ahūn deo bime muse be wame hadai cooha be jugūn jorime gajiha seme marame dabagan be sacime tangkan arafi, niyalma be ilhi ilhi ilibufi cooha i morin be

---

因山險，兵難進。太祖之叔暨兄弟輩，同勸回兵。太祖淑勒貝勒曰：「李岱係我同姓兄弟，乃忍心引哈達兵害我，我豈甘心。」遂鑿嶺爲磴，魚貫而上，

因山险，兵难进。太祖之叔暨兄弟辈，同劝回兵。太祖淑勒贝勒曰：「李岱系我同姓兄弟，乃忍心引哈达兵害我，我岂甘心。」遂凿岭为磴，鱼贯而上，

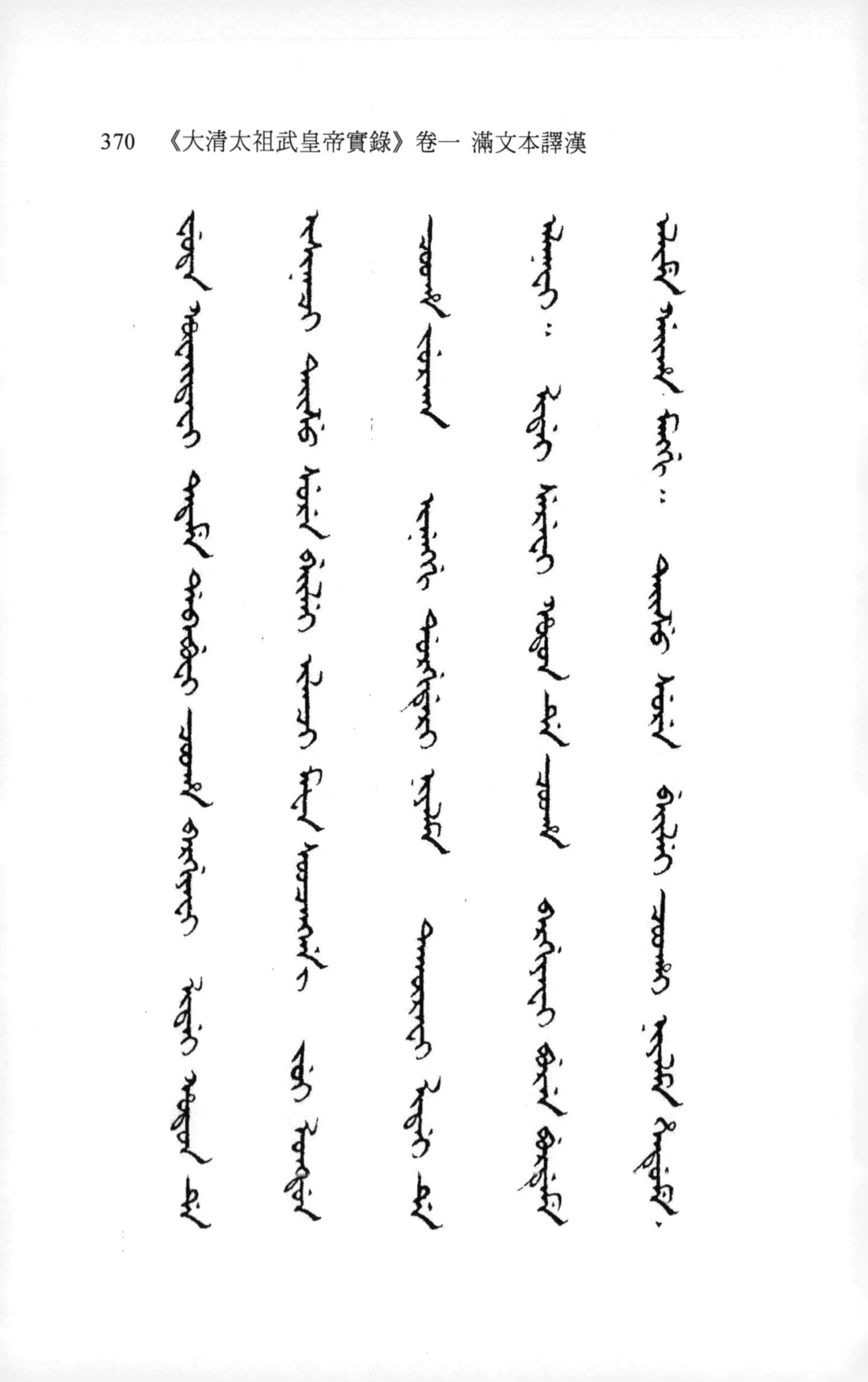

futa hūwaitafi tatame dababufi cooha bargiyafi lidai hoton de isinaci taidzu sure beilei ilaci mafa soocangga i jui longdon cooha juraka inenggi dorgideri niyalma takūrafi lidai de alanafi, lidai serefi hoton de cooha bargiyafi buren burdeme alime gaiha manggi, taidzu sure beilei coohai niyalma hendume,

---

將馬以索繫拽上嶺，至李岱城下，太祖淑勒貝勒三祖曹常剛之子龍敦，於兵丁啓程之日預差人報與李岱。李岱遂聚兵登城，張號待敵。太祖淑勒貝勒之兵丁曰：「

将马以索系拽上岭，至李岱城下，太祖淑勒贝勒三祖曹常刚之子龙敦，于兵丁启程之日预差人报与李岱。李岱遂聚兵登城，张号待敌。太祖淑勒贝勒之兵丁曰：「

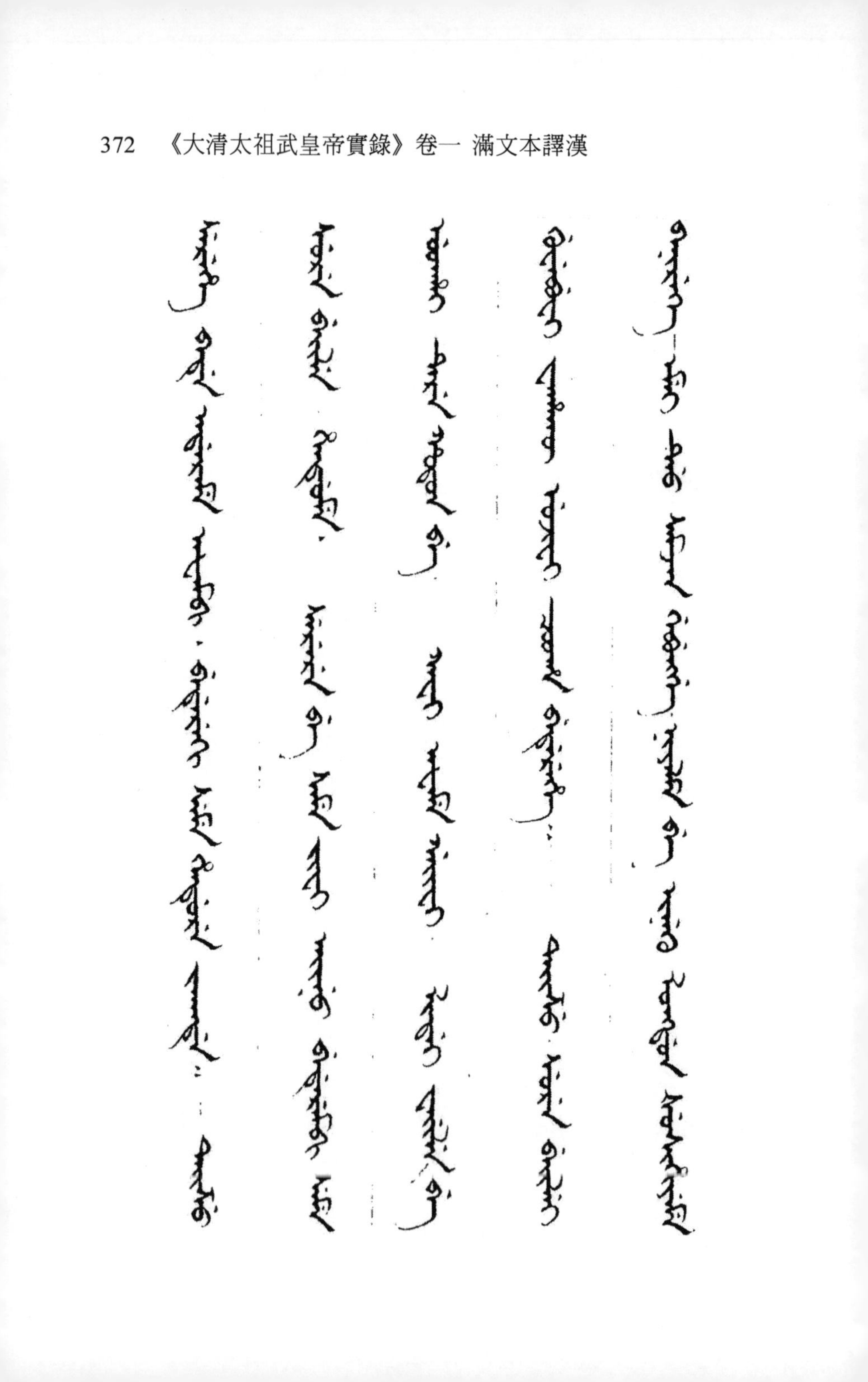

[illegible]

[illegible]

[illegible]

[illegible]

[illegible]

serehe bade adarame afambi, bedereki seme hendure jakade, taidzu sure beile hendume, serere be same jifi ainu bederembi seme uthai tere hoton be kafi afame gaifi lidai weile be guwebufi wahakū ujifi cooha bederehe, taidzu sure beilei banireke emei deo samjan gebungge niyalma be ineku longdon šusihiyeme

---

城內有備，何以攻之，不如回兵。」太祖淑勒貝勒曰：「我明知有備而來，何以回兵？」即督兵圍城攻尅之，宥李岱之罪未殺而養之，遂回兵。太祖淑勒貝勒庶母之弟沙木張[75]原受龍敦挑唆，

城内有备，何以攻之，不如回兵。」太祖淑勒贝勒曰：「我明知有备而来，何以回兵？」即督兵围城攻克之，宥李岱之罪未杀而养之，遂回兵。太祖淑勒贝勒庶母之弟沙木张[75]原受龙敦挑唆，

75　沙木張，滿文讀如“samjan”，《滿洲實錄》音譯作「薩木占」。

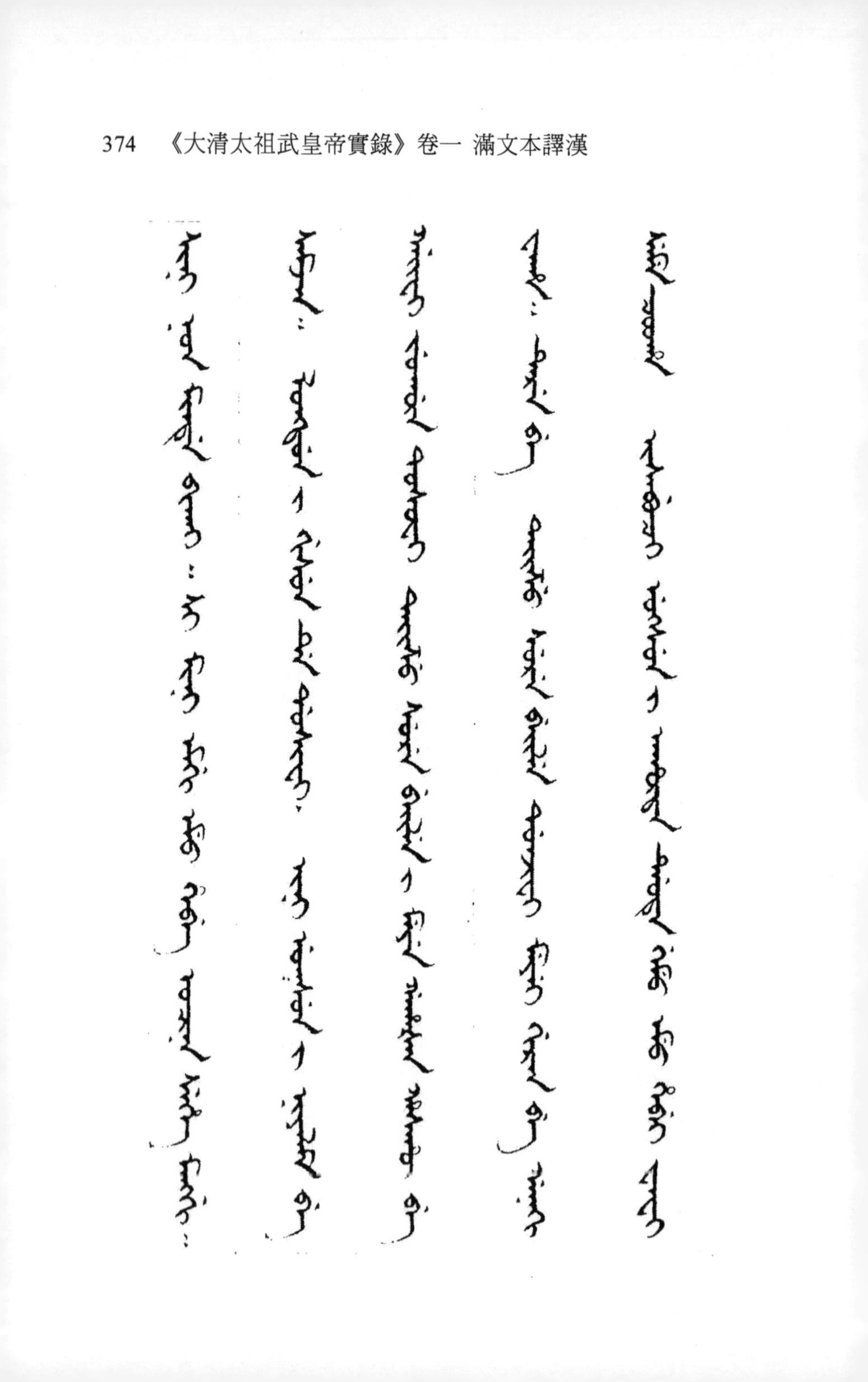

[illegible]

[illegible]

[illegible]

[illegible]

[illegible]

[illegible]

sini non minde bikai, si mini emgi emu hebe ocina sehe manggi, samjan longdon i gisun de dosifi, ini uksun i niyalma be gaifi jugūn tosofi taidzu sure beile i meye gahašan hashū be waha, tere be taidzu sure beile donjifi meyei giran be ganaki seme cooha isabuci uksun i ahūta deote gemu emu hebei wafi

---

爾妹見在我家，汝可與我同謀。沙木張聽信龍敦之言，帶領其族人，遮殺於路，殺害太祖淑勒貝勒妹夫剛哈鄯哈思虎，太祖淑勒貝勒聞之，欲聚兵收妹夫之屍，族中兄弟俱同謀殺之，

尔妹见在我家，汝可与我同谋。沙木张听信龙敦之言，带领其族人，遮杀于路，杀害太祖淑勒贝勒妹夫刚哈鄯哈思虎，太祖淑勒贝勒闻之，欲聚兵收妹夫之尸，族中兄弟俱同谋杀之，

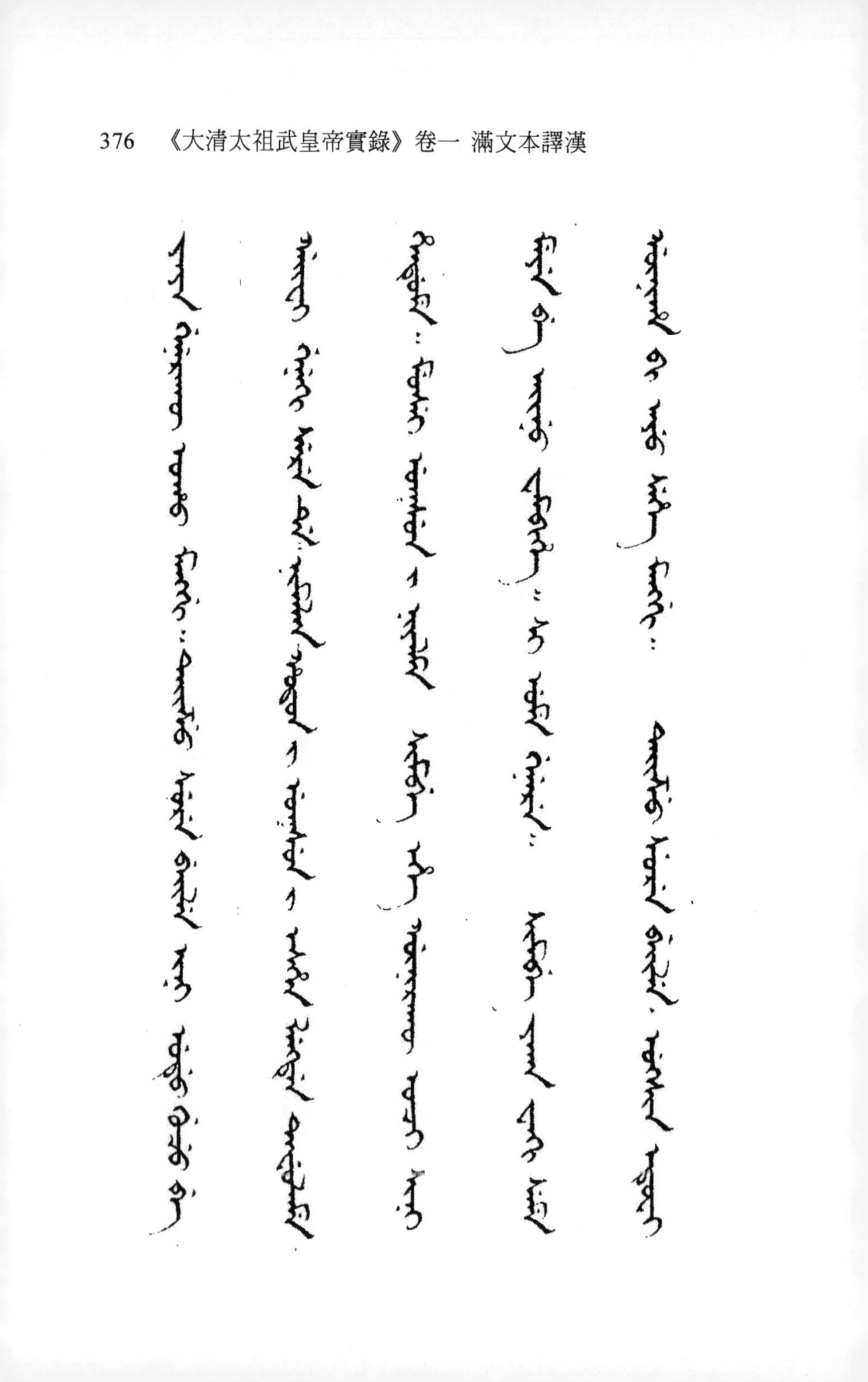

yaya generakū oho manggi, taidz sure beile ini udu gucu be gaifi geneki sere de, nimalan hoton i uksun i eshen lengden tafulame hendume, musei uksun i niyalma simbe ehe gūnirakū oci sini meye be ainu wambihe, si ume genere, simbe yaka waki seme gūniha bi ayu sehe manggi, taidzu sure beile uksin etufi

---

竟無同往者。太祖淑勒貝勒欲帶僚友數人往尋之，尼馬蘭城族叔稜登勸止之曰：「吾等族人若不怨汝，焉肯殺汝妹夫，汝且勿往，恐被人殺害。」太祖淑勒貝勒大怒，遂披甲

竟无同往者。太祖淑勒贝勒欲带僚友数人往寻之，尼马兰城族叔棱登劝止之曰：「吾等族人若不怨汝，焉肯杀汝妹夫，汝且勿往，恐被人杀害。」太祖淑勒贝勒大怒，遂披甲

ᡤᡡᠨᡳᠨ ᡠᠪᠠᡩᡝ ᠣᠮᡳᠮᡝ ᡳ ᡤᡳᠰᡠᠨ ᠪᡝ ᡝᠵᡝᠮᡝ ᡤᡝᠨᡝᡥᡝ ᡝᠮᡠ ᡤᠣᠰᡳᠩᡤᠠ

ᠮᡠᠰᡝᡳ ᠵᡠᡧᡝᠰᡝ ᡝᠵᡝᠨ ᡳ ᡤᡳᠰᡠᠨ ᡳᠯᡳᡥᠠ :: ᡨᡝᡵᡝ ᡤᡝᠨᡝᡥᡝ ᡩᡝ ᠠᠮᠠᡤᠠ ᡥᡡᠰᡠᠨ ᠪᡠᡥᡝ

ᠠᠮᠠᡤᠠ ᡩᡝᡵᡝ ᠵᡳᡥᡝ ᡩᡝ ᠪᠣᡩᠣᠮᡝ ᡨᡝᠰᡝ ᡥᡡᠰᡠᠨ ᡤᡳᠰᡠᠨ ᡤᡝᠮᡠ ᠪᡝ ᡤᡝᠨᡝᡥᡝ

ᡤᡝᠨᡝᡥᡝ, ᠪᡝᡩᡝᡵᡝᡶᡳ ᡨᡝᡵᡝᡳ ᡠᠯᡥᡳᡶᡳ ᠪᡝ ᠠᠮᠠ ᡤᡝᠨᡝᡥᡝ ᠵᡠᡧᡝᠨ ᠠᠮᠠᠰᡳ ᠵᡠᠯᡝᠰᡳ

ᠪᠣᡧᠣᡥᠣ :: ᠣᠯᡥᠣᡶᡳ ᡨᡝᡵᡝᡳ ᡠᠵᡠᠩᡤᠠ, ᡨᡠᠸᠠᠮᡝ ᠪᡝᠶᡝ ᡤᡝᡵᡝᠨ ᡤᡝᠮᡠ ᠪᡝ ᠰᡝᠮᡝ

morin yalufi hecen i julergi hetu ala de genefi beri tatame amasi julesi jilidame leofi, amasi gašan de jifi hendume, mimbe waki sere niyalma te tucinu seme hendufi meyei giran be ganafi gajici, taidzu sure beile be waki sehe niyalma yaya geleme tucikekū, taidzu sure beile, sadun halai meyei giran be ini

---

躍馬，登城南橫崗，彎弓盤旋，復回城內，大呼曰：「有欲殺吾者，今可速出。」言畢，取妹夫之屍。欲殺太祖淑勒貝勒之人皆懼，無敢出者。

跃马，登城南横岗，弯弓盘旋，复回城内，大呼曰：「有欲杀吾者，今可速出。」言毕，取妹夫之尸。欲杀太祖淑勒贝勒之人皆惧，无敢出者。

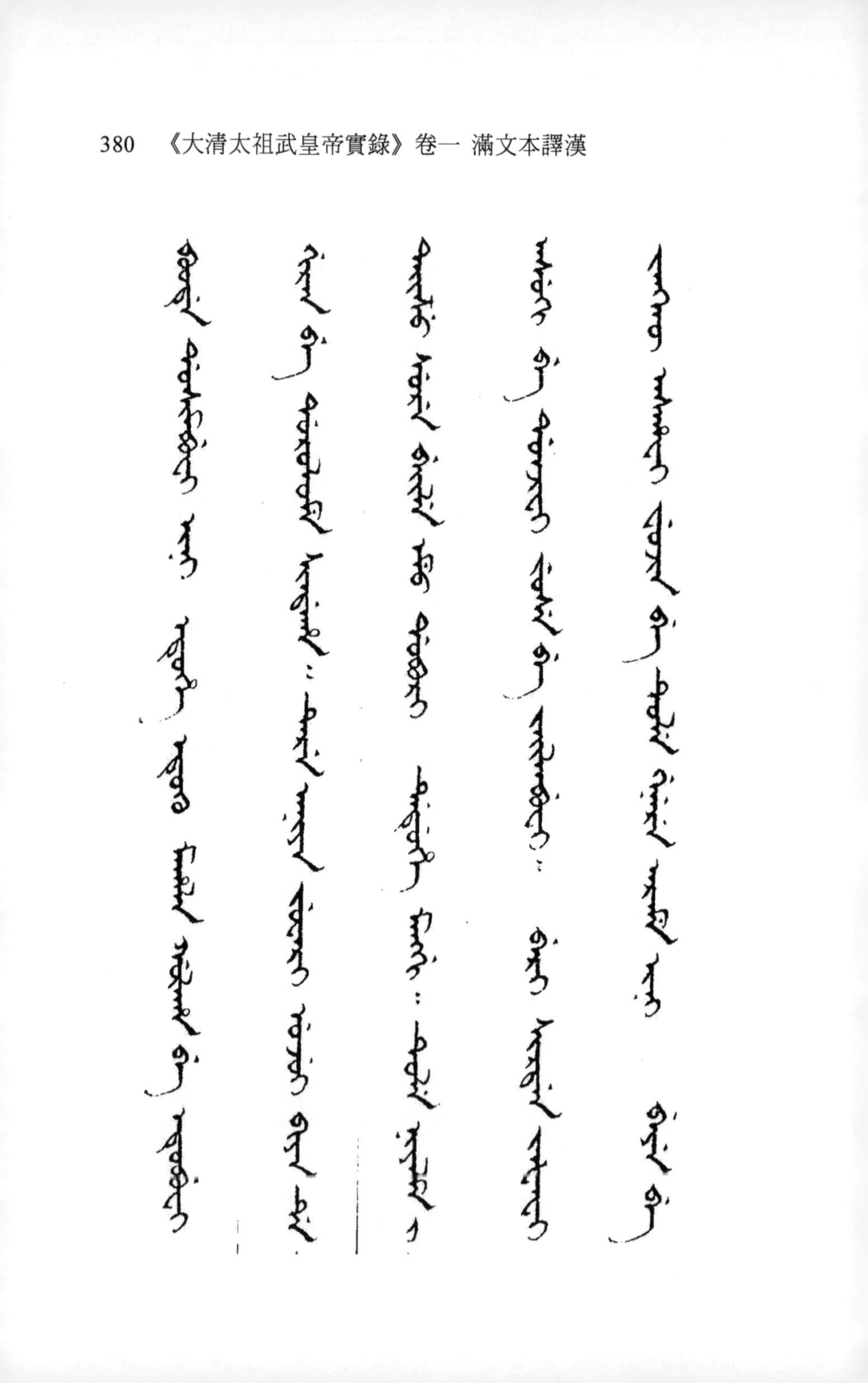

boode dosimbufi ini etuhe etuku mahala gūlha be etubufi giran be dorolome sindaha. tere aniya juwari ujui biya de taidzu sure beile emu dobori deduhe manggi, tule niyalma i asuki be donjifi juse be jailabufi beri sirdan jafafi jangku ashafi fujin be tule genere arame ini beye be

---

太祖淑勒貝勒取親家妹夫之屍，納入室中，解其所穿衣服靴帽，厚葬之。是年夏四月內，太祖淑勒貝勒有一夜睡後，聞門外有步履動靜，即將子女藏於僻處，執弓佩刀，令后假意如厠，

太祖淑勒贝勒取亲家妹夫之尸，纳入室中，解其所穿衣服靴帽，厚葬之。是年夏四月内，太祖淑勒贝勒有一夜睡后，闻门外有步履动静，即将子女藏于僻处，执弓佩刀，令后假意如厕，

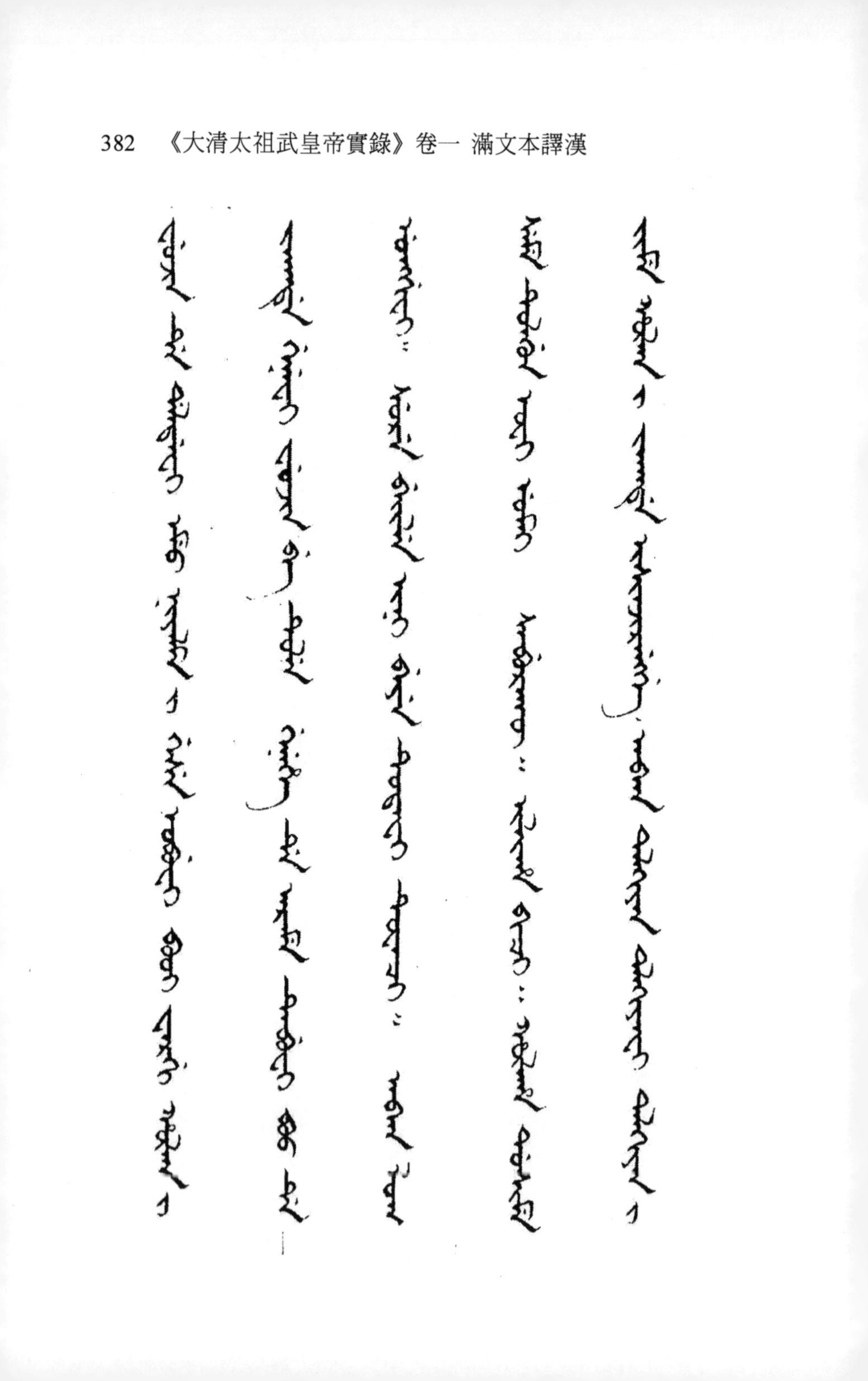

[illegible]

fujin de daldafi emu niyalma i gese obufi booi wargi hūlan jakade genefi fujin be tule genehe de arame tebufi boo de unggifi, sure beile ini beye tutafi tuwaci, abka lok seme tulgun ofi umai saburakū, iliha bici, hūlan dosime jime hūlan i jakade isinjirengge, abka talkiyan talkiyafi talkiyan i

---

以后體蔽己身如同一人，潛伏於烟突側，假裝如廁後回室，淑勒貝勒自身留下，見天色陰晦看不見，忽電光一燭，見賊進入，即來至賊跟前，

以后体蔽己身如同一人，潜伏于烟突侧，假装如厕后回室，淑勒贝勒自身留下，见天色阴晦看不见，忽电光一烛，见贼进入，即来至贼跟前，

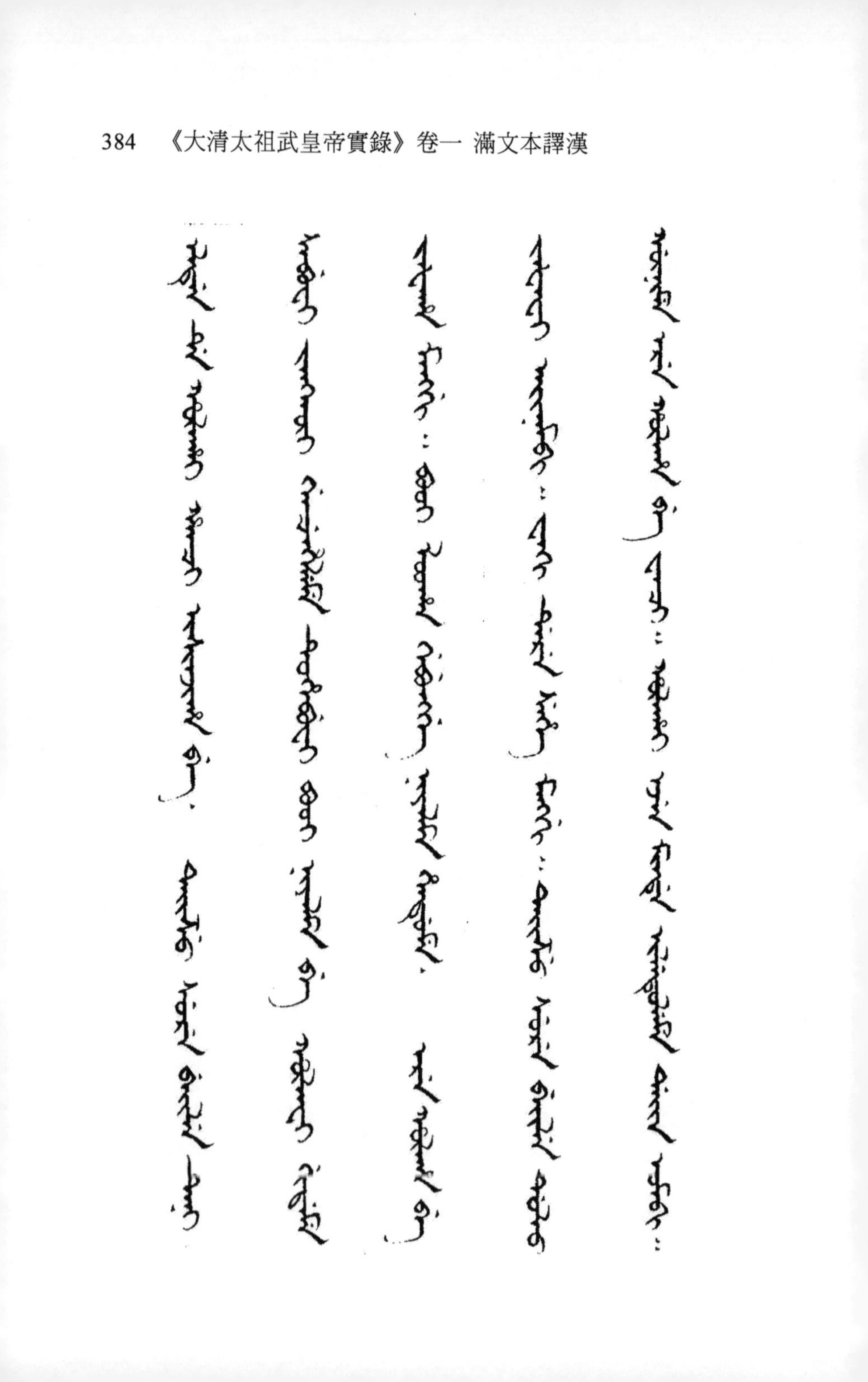

[illegible]

[illegible]

[illegible]

[illegible]

[illegible]

[illegible]

elden de hūlhai hanci isinjiha be, taidzu sure beile teni sabufi jangkūi genceheleme tuhebufi booi niyalma be hūlafi gidame jafaha manggi, booi loohan gebungge niyalma hendume, ere hūlha be jafafi ainambi, waki dere sehe manggi, taidzu sure beile dolo gūnime ere hūlha be waci, hūlhai ejen minde iletuleme dain ombi,

---

太祖淑勒貝勒因電光見賊將近，即以刀背擊撲，喝令家人縛之。家人老漢[76]曰：「縛賊何用？當殺之。」太祖淑勒貝勒暗思若殺此賊，賊主必以殺人爲名，加兵於我，

太祖淑勒贝勒因电光见贼将近，即以刀背击扑，喝令家人缚之。家人老汉[76]曰：「缚贼何用？当杀之。」太祖淑勒贝勒暗思若杀此贼，贼主必以杀人为名，加兵于我，

---

[76] 老漢，滿文讀如“loohan”，《滿洲實錄》音譯作「洛漢」。

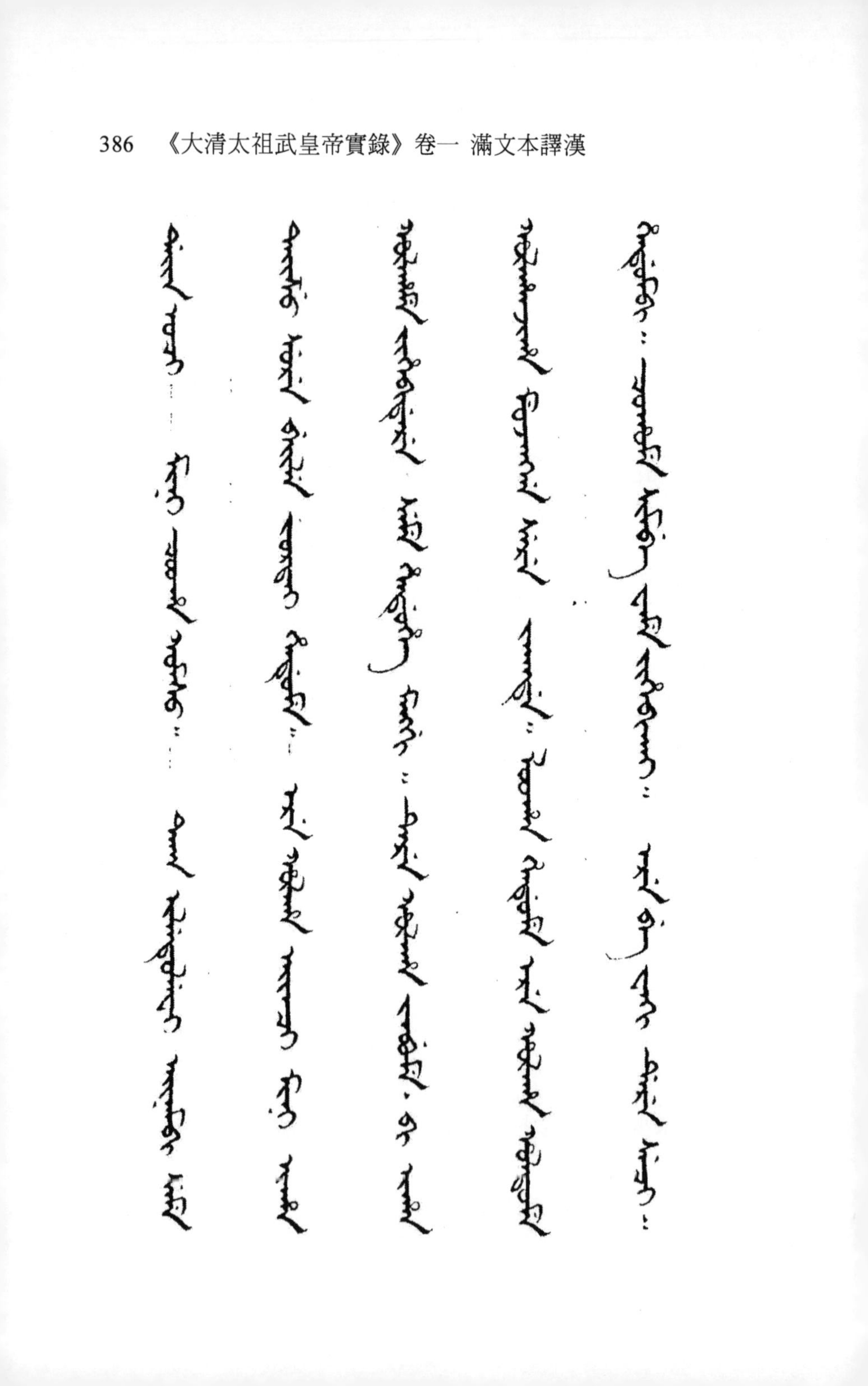

dain oci mini cooha komso, taka iletulefi ainambi seme taidzu sure beile jortai hendume, ere hūlha ainci mini ihan hūlhame jihebidere seme henduhe manggi, tere hūlha jabume, bi ihan hūlhame jihebidere seme henduhe manggi, tere hūlha jabume, bi ihan hūlhanjiha mujangga sere jakade, loohan hendume ere hūlha holtome hendumbi, cohome simbe wame jihebikai, ere be waki dere seci,

---

自料兵少難敵，太祖淑勒貝勒乃佯言曰：「此賊必來偷我牛。」其賊答以：「我來偷牛是實，並無他意。」老漢曰：「此賊詐言偷牛，實來殺汝，可殺之。」

自料兵少难敌，太祖淑勒贝勒乃佯言曰：「此贼必来偷我牛。」其贼答以：「我来偷牛是实，并无他意。」老汉曰：「此贼诈言偷牛，实来杀汝，可杀之。」

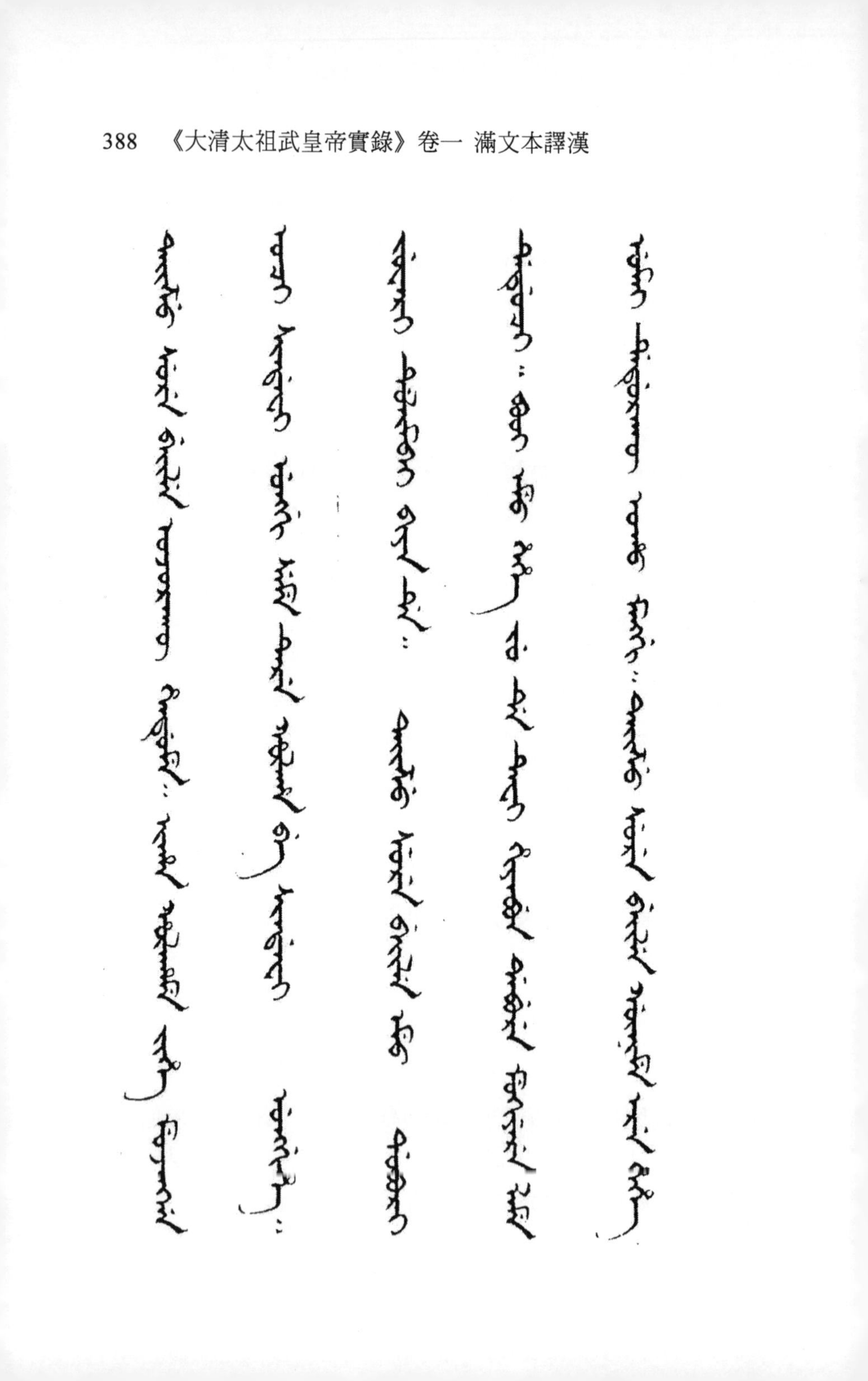

taidzu sure beile ojorakū hendume, ihan hūlhame jihe mujangga oci sindafi unggi seme tere hūlha be sindafi unggihe. juwari dulimbai biya de, taidzu sure beile emu dobori deduci, booi emu hehe ju de tefi hiyabun dabure mukiyere lame umai dedurakū oho manggi, taidzu sure beile gūnime ere hehe

---

太祖淑勒貝勒以爲不可曰：「實係來偷牛，諒無別意，可釋放。」遂釋之。夏五月，太祖淑勒貝勒夜宿，有一侍婢不寐，在灶燃燈，忽燃忽滅，太祖淑勒貝勒

太祖淑勒贝勒以为不可曰：「实系来偷牛，谅无别意，可释放。」遂释之。夏五月，太祖淑勒贝勒夜宿，有一侍婢不寐，在灶燃灯，忽燃忽灭，太祖淑勒贝勒

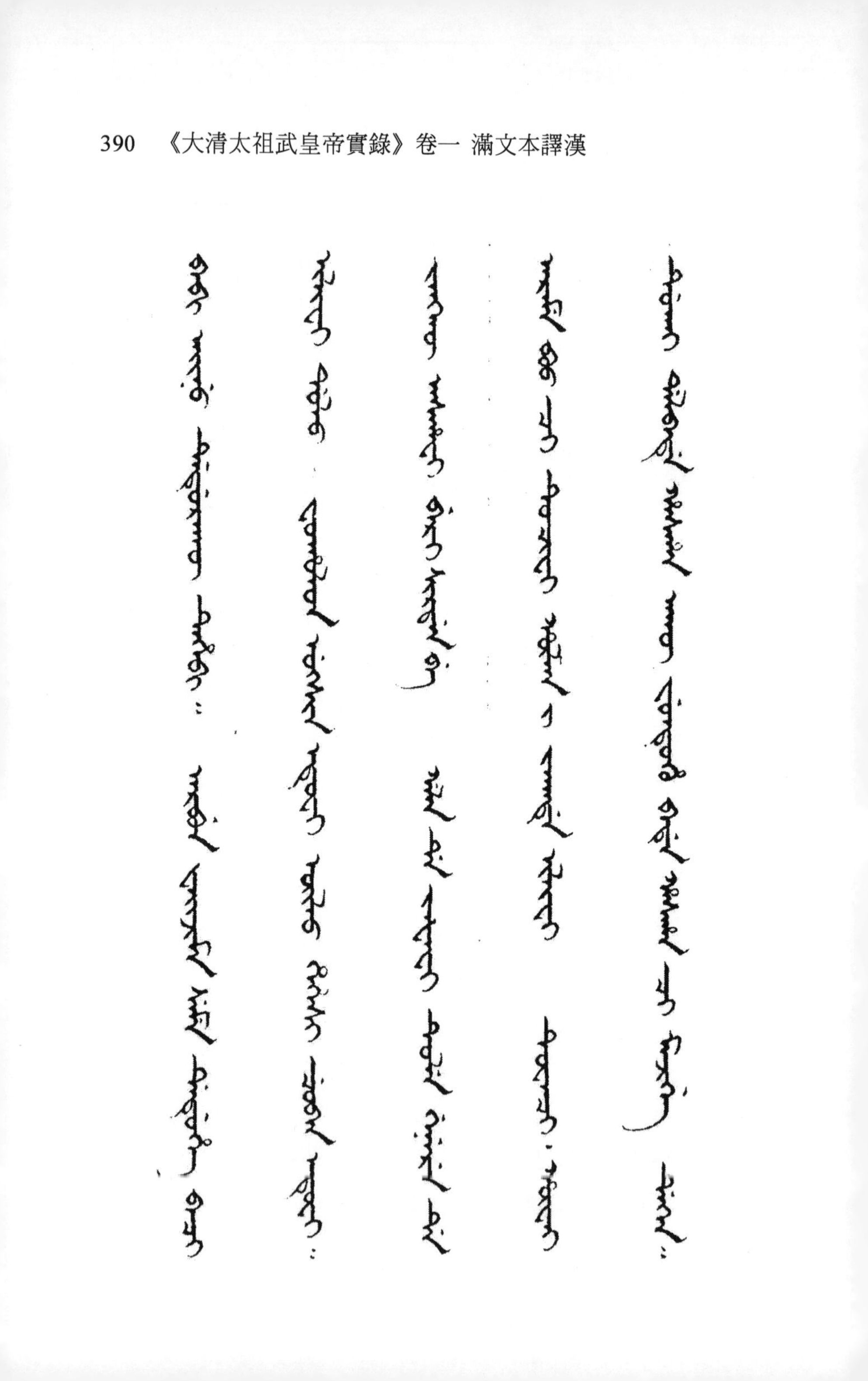

babi ainu dedurakū tehebi, arban faijima seme deduhe baci ilifi dolo foholon uksin etufi oilo hehesi cuban etufi, jangkū ashafi beri sirdan be gala de jafafi tule genere de arame boo ci tucifi hūlan i jakade ilifi tuwaci, hūwai dukai dalbade hashan akū funtuhu bade hashan ci majige deken,

---

爲何坐着不寐，見而疑之，乃由臥處起來着短甲於服內，外着女齊肩朝褂，手執弓箭佩刀，作外便狀，立於賊跟前，見院門側無柵稍高空處，

为何坐着不寐，见而疑之，乃由卧处起来着短甲于服内，外着女齐肩朝褂，手执弓箭佩刀，作外便状，立于贼跟前，见院门侧无栅稍高空处，

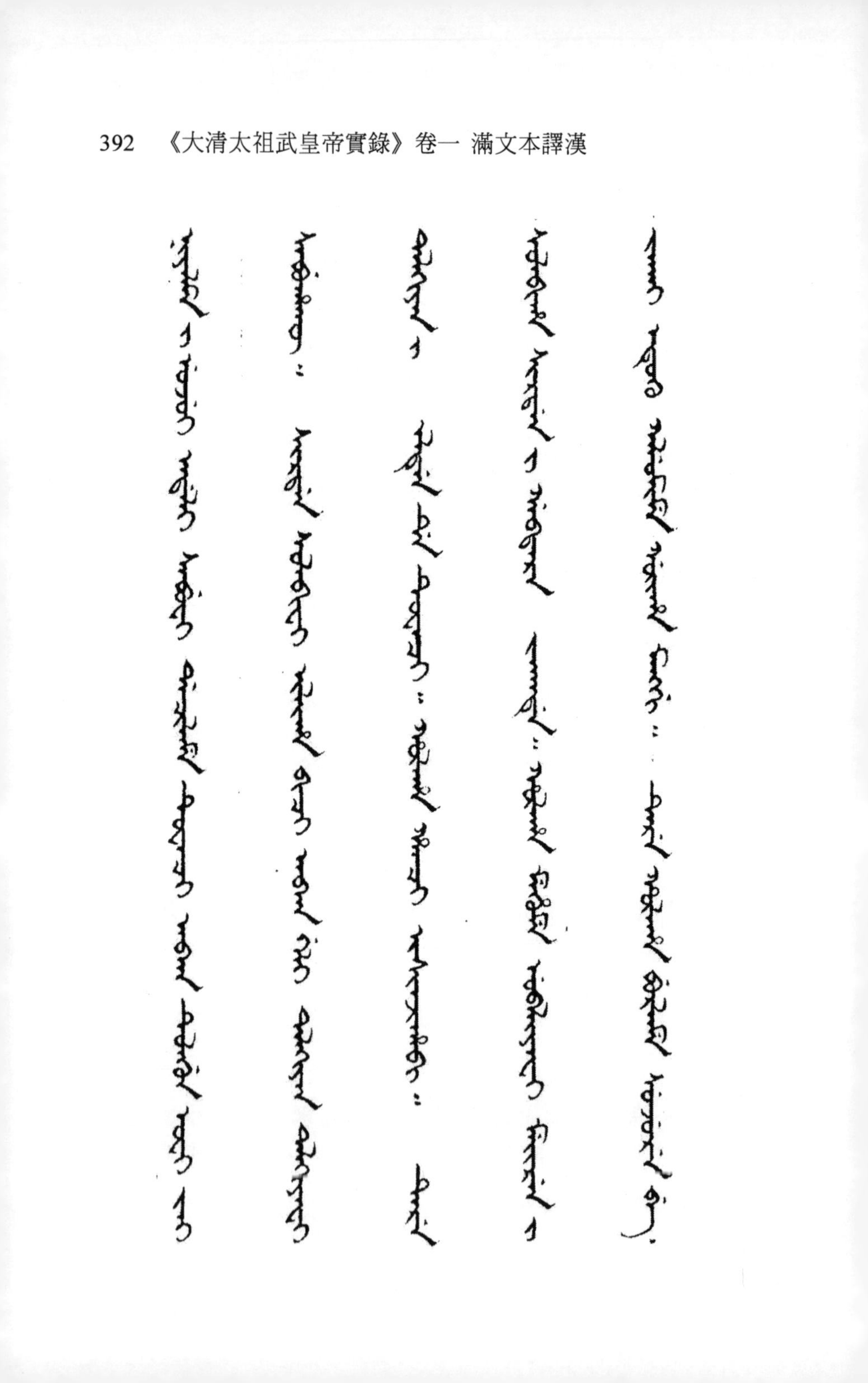

niyalma i ujui adali sabufi dacilame tuwaci abka tulgun ofi jai sabuhakū, sirdan solbifi iliha bici abka geli talkiyan talkiyafi talkiyan i elden de tuwaci, hūlha hanci isinjihabi, tere solbiha sirdan i gabtara jakade, hūlha mehume ubaliyafi meiren i jakai etuku kalumime goiha manggi, tere hūlha burlame sujure be,

---

隱隱似人首，詳視之，則無矣，時天色甚晦，忽有電光，見賊已逼近，遂發一矢，被賊躲過，中其肩衣，該賊逃走，

隐隐似人首，详视之，则无矣，时天色甚晦，忽有电光，见贼已逼近，遂发一矢，被贼躲过，中其肩衣，该贼逃走，

ᠰᠠᠪᡠᡶᡳ ᡝᡵᡳ ᠪᡝᠶᡝᠨᡳ ᡥᡝᡶᡝᠯᡳᠶᡝᠨᡝᡥᡝ ᠮᡠᡨᡝᡵᠠᡴᡡ ᠪᡠᠰᡝ ᠪᠠᠨᠵᡳᡥᠠ ᡳᠰᡳᠨᠵᡳ

ᡶᡠᠯᡤᡳᠶᠠᠨ ᡨᡠᠪᡳᡥᡝ ᡝᠮᡠ ᡶᡠᠯᡤᡳᠶᠠᠨ ᡤᡳᠰᡠᠨ :: ᠪᡳᡵᡤᠠ ᡩᡝ ᡩᠣᠰᡳᡶᡳ ᡤᠠᡳᡨᠠᡳ ᡝᡵᡳᠨ ᡩᡝ

ᠨᡳᠶᠠᠯᠮᠠᡳ ᠪᠠᡳᠮᡝ ᠪᠣᠯᡤᠣᡥᠣᠨ ᠰᡝᡵᡝᡴᡝ :: ᠪᡝᠶᡝ ᠰᡠᠩᡤᡳᠨ ᡤᡝᠮᡠᠨᡳ ᠪᡳᡥᡝ

ᡥᡝᠨᡩᡠᠮᡝ ᠪᡳ ᡩᡝ ᡥᡝᡶᡝᠯᡳᠶᡝᠨᡝᡥᡝ ᠪᡳ ᠮᡠᡨᡝᡵᠠᡴᡡ ᠴᡳᡴᡝᠮᡝ ᡶᡠᠯᡳᠩᡤᠠ ᡝᠮᡠᠰᡳᠨ ᠪᡳᡥᠠ

ᠮᡳᠨᡳ ᠪᡝᠶᡝ ᠮᡠᡨᡝᡵᠠᡴᡡ ᠰᡝᡥᡝᠪᡳ :: ᠵᡠᠸᡝ ᡝᠶᡠᠨ ᡥᡝᠨᡩᡠᠮᡝ ᠮᡠᠰᡝ ᠠᡳᠨᠠ

taidzu sure beile bošome amcanaf gabtara jakade, hūlhai juwe bethe siderime goifi tuheke manggi, uju be jangkūi genciheleme liyeliyebufi jafafi huthufi tantara de, buya deote gucuse booi niyalma gemu ere hūlha be tantafi ainambi, waki dere seci taidzu sure beile ojorakū hendume, ere be waha de, erei ejen ini

---

太祖淑勒貝勒復追射一矢，穿賊兩足，以刀背擊其首，昏絕於地，遂縛之。有弟兄親族俱至，言撻之無益，不如殺之。太祖淑勒貝勒以為不可曰：「我若殺之，

太祖淑勒贝勒复追射一矢，穿贼两足，以刀背击其首，昏绝于地，遂缚之。有弟兄亲族俱至，言挞之无益，不如杀之。太祖淑勒贝勒以为不可曰：「我若杀之，

ᠵᡠᡧᡝᠨ ᠪᡝ ᠵᠠᠯᠠᠨ ᡤᡝᠮᡠ ᠪᡝᡳᠯᡝ ᡤᡝᡵᡝᠨ ᡩᡝ ᡥᡝᠨᡩᡠᠮᡝ ᠨᡳᠶᠠᠯᠮᠠ ᠪᡝ

ᠵᡝᠴᡝᠨ ᠰᡳᠨᡳ ᠵᡠᠸᡝ ᡤᡳᠰᡠᠨ ᡝᠵᡝᠨ ᠰᡝᡵᡝ ᠨᡳᠶᠠᠯᠮᠠ ᡩᡝ ᠪᠠᡳᡨᠠ ᠪᡝ

ᠠᠮᠠᠰᡳ ᠰᡝ ᠵᡝᡴᡝ ᠮᡠᠰᡝ ᡥᡝᠨᡩᡠᠮᡝ ᡤᡝᠨᡝᡶᡳ ᠪᡝᡳᠯᡝ ᡨᡠᠮᡝᠨ ᡤᡝᠨᡝᠨ ᠰᡝᠮᡝ ᠪᡝ

ᠠᠮᠠᠰᡳ ᠰᡝ ᡝᠵᡝᠨ ᠰᡝᡵᡝ ᡨᡠᠸᠠᡶᡳ ᡥᡝᠨᡩᡠᠮᡝ ᡳᠰᡳᠨᠵᡳᡶᡳ ᠵᡠᡴᡝ ᡤᡝᠮᡠ ᠪᡝ ᡩᡝ

ᠠᠮᠠᠰᡳ ᠰᡝ ᡝᠵᡝᠨ ᡤᡝᠮᡠ ᡥᡝᠨᡩᡠᠮᡝ ᠪᡝ ᠰᡝᠮᡝ ᠪᡝᡳᠯᡝ ᡨᡠᠸᠠᠮᡝ ᡤᡝᠨᡝᡴᡝ ᠰᡝᠮᡝ

niyalma be waha seme iletu dain ofi musei jekui eye be gemu fetefi gamambi, jetere jeku akū oci musei jušen gemu ubašambi kai, jušen gemu ubašaci musei beyei teile oho manggi, hoton be kaha de adarame eljembi, muse de sirdan udu bi, ere be waha de, gurun gemu muse be neneme dain deribuhe sembikai seme

---

其主假殺人爲名，必來加兵，掠我糧石，糧石被掠，部屬珠申缺食，必至叛散，部屬珠申俱散，則我孤立矣，彼必乘虛來攻圍城，我等弓箭器械不足，何以禦敵，又恐別部議先殺人啓釁，

其主假杀人为名，必来加兵，掠我粮石，粮石被掠，部属珠申缺食，必至叛散，部属珠申俱散，则我孤立矣，彼必乘虚来攻围城，我等弓箭器械不足，何以御敌，又恐别部议先杀人启衅，

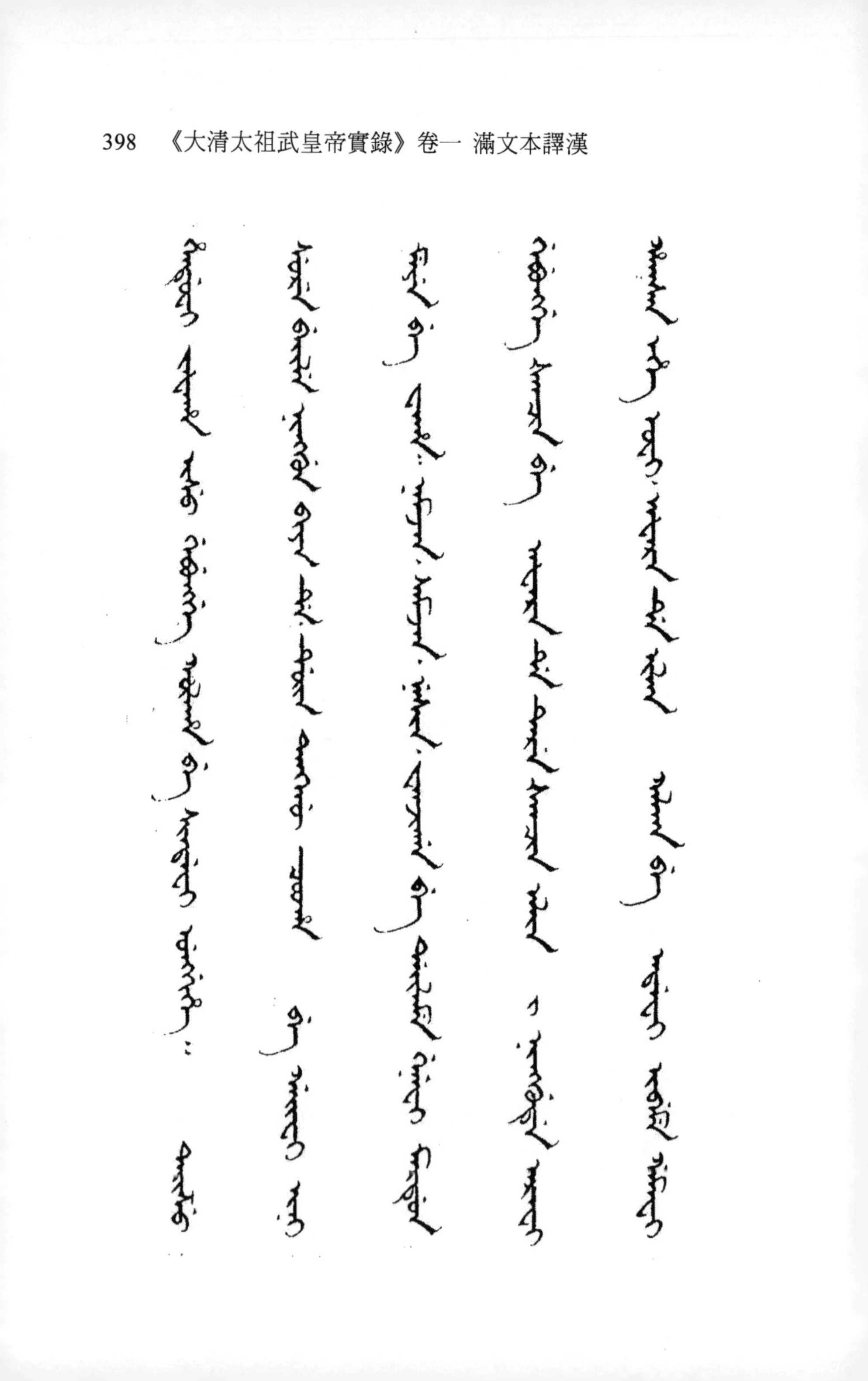

hendufi jafaha isu gebungge hūlha be sindafi unggihe, taidzu sure beile niggun biya de duin tanggū cooha be gaifi ini meye be waha, namjan, samjan, nesin, wanjigan be dailame genefi mardun gebungge šancin be afara de tere šancin alin i niggude arafi haksan ehe ofi, afara de ilan kalka be adafi ibeme gamafi

---

不如釋之爲便。」遂將名義東之賊縱放。太祖淑勒貝勒率兵四百爲殺妹夫復讐，往攻納木張、沙木張、內申、灣吉干，直抵名馬兒墩寨下，其寨築於山上，山勢陡峻，乃以戰車三輛並進，

不如释之为便。」遂将名义東之贼纵放。太祖淑勒贝勒率兵四百为杀妹夫复雠，往攻纳木张、沙木张、内申、湾吉干，直抵名马儿墩寨下，其寨筑于山上，山势陡峻，乃以战车三辆并进，

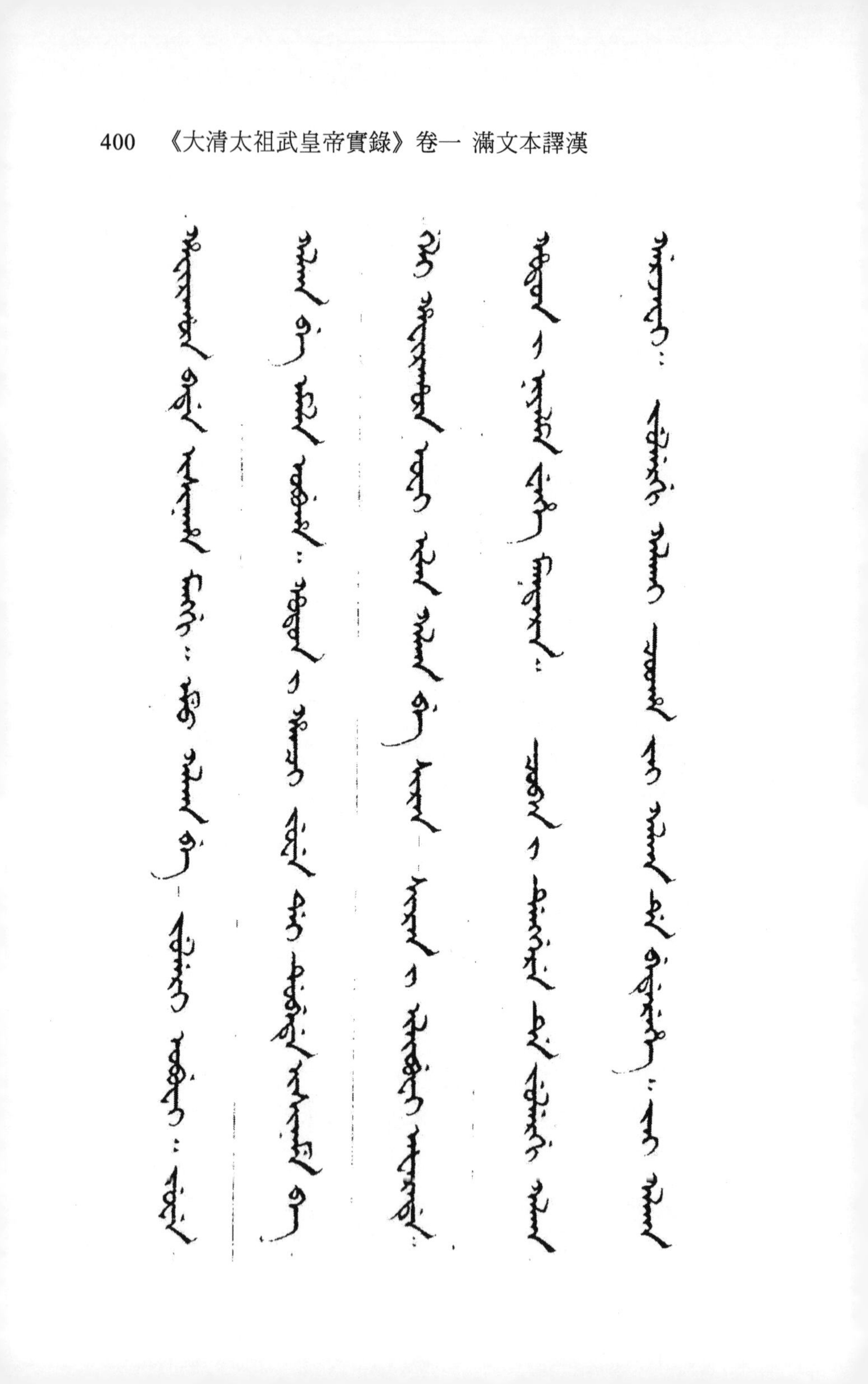

hafirahūn bade isinaha manggi, emu kalka be juleri obufi, juwe kalka be amala obuha, hoton i hanci juwe dai dubede isiname ba geli hafirahūn ofi ilan kalka be siran siran i ilibufi afarade hoton i niyalma wehe maktara, coban i denggere de julergi kalka garjafi, julergi kalkai cooha jai kalka de bederehe, jai kalka

---

路漸隘，一車前進，二車隨之。將近城下，路愈隘，令三車前後聯絡上攻。城上飛石擊之，復用木撞其車，前車被摧，前車之兵與車俱退，

路渐隘，一车前进，二车随之。将近城下，路愈隘，令三车前后联络上攻。城上飞石击之，复用木撞其车，前车被摧，前车之兵与车俱退，

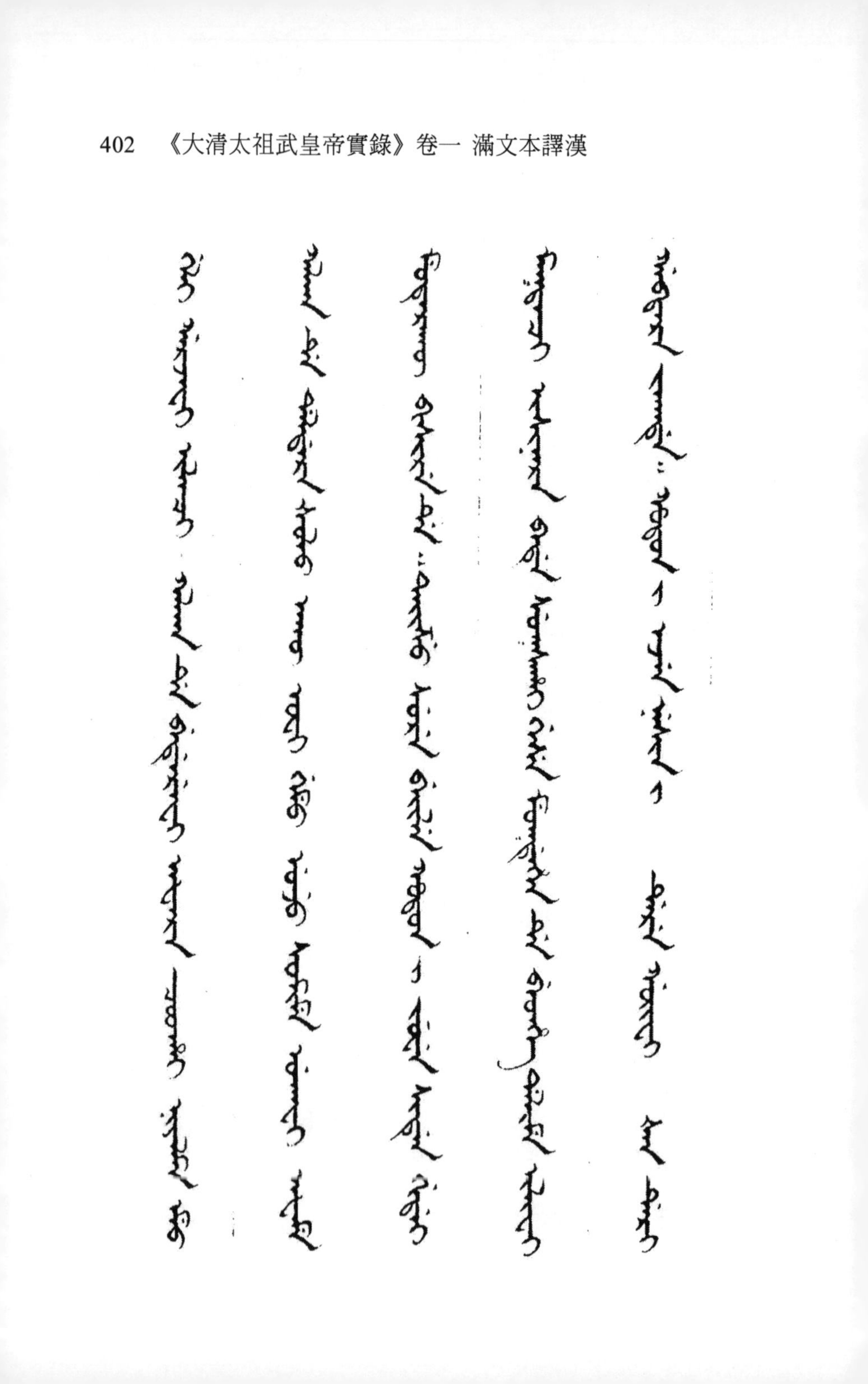

geli garjafi ilaci kalka de bederefi afara coohai niyalma emu kalka de daldara šolo akū ofi gemu uju somime ukafi afame muterekū bisire de, taidzu sure beile hoton i juwe siden gidai maktaci isinara bade suksahai gese mukdehen de bethe dalime ilifi gabtara jakade, hoton i ejen nesin i dere goifi šan deri

---

第二車被摧，第三車退回，進攻之兵丁皆蔽身於一車之後，縮首不能上攻。太祖淑勒貝勒奮勇當前，距城丈許，乃蔽於木樁後，射一矢，正中城主內申之面，

第二车被摧，第三车退回，进攻之兵丁皆蔽身于一车之后，缩首不能上攻。太祖淑勒贝勒奋勇当前，距城丈许，乃蔽于木桩后，射一矢，正中城主内申之面，

敗哈達兵
碩翁科羅巴遜

十五、鋒鏑餘生

ᠪᠣᠳᠣᡥᠣ :: ᡨᡝᡵᡝ ᠪᠣᡩᠣᠮᡝ ᠮᡝᡵᡤᡝᠨ ᠪᡝ ᡠᡵᡤᡠᠨ ᠪᡠᠯᡝᡴᡠᡧᡝᠮᡝ :: ᠪᠣᠯᠣᡵᡳ ᡠᡵᡤᡠᠨ ᡳ

ᠪᠠᠨᠵᡳᡥᠠ ᠮᡠᡴᡡᠨ ᠪᡝᡳᡵᡝᠮᡝ ᠮᡠᡴᡡ ᠪᡝ :: ᠪᠠᡳᡨᠠᠯᠠᠮᡝ ᡤᡝᠮᡠ ᠪᡝᡳᡵᡝᠨ ᠨᡳᠶᠠᠯᠮᠠ ᡠᠮᠠᡳ ᠪᡝ

ᠮᡠᡴᡡᠨ ᠪᡝᡳᡳᡩᡝᡥᡝᠨ ᠰᡳᠮᠠᡵᡤᡠᠨ ᠪᡝ ᡨᡠᠮᡝᠨ ᡳ ᠮᠠᡵᡤᡠᠨ ᡳ ᠪᡝᠶᡝ ᡨᡠᠮᡝᠨ ᠪᡝ ᡩᡝᠨ

ᠠᠮᠪᠠᡥᡠᠯᠠᠮᠪᡳ ᠵᡳᠯᡤᠠᠨ ᠵᡳᡤᡝᠨ ᡝᠵᡝᡥᡝ ᠮᡠᠵᡳᠯᡝᠨ ᠪᡝᡳᡳᡩᡝᠮᡝ ᠪᠣᡩᠣᡥᠣ ᡠᠵᡠ

ᠨᡳᠶᠠᠯᠮᠠ ᠪᡝ ᠪᡠᡥᡝ ᠵᡠᠯᡤᡝᡥᡝᡵᡳ ᡝᠵᡝᠨ ᠪᡝ ᠪᠣᠯᠣᡵᡳᠩᡤᡝ ᠪᡳᡨᡥᡝᡥᡝᠨ ᡤᡳᠰᡠᠨ ᠪᡝ

tucike, jai duin niyalma be gabtame tuhebuhe, tereci hoton i cooha amasi bederehe manggi, taidzu sure beile ini cooha be amasi bederebufi, hoton be kafi hoton i dorgi niyalma be muke gaiburakū ilan inenggi kafi afafi duici dobori coohai niyalma be bethe nihešulebufi hada be tuhašame dosimbufi šancin be

---

直貫其耳，矢從耳出，復射倒四人，城上之兵皆却。太祖淑勒貝勒令其兵稍退，遠圍其城，絶其汲水之路，圍攻三日，至四日夜，密令兵丁跣足走獨木橋進入哈達，

直贯其耳，矢从耳出，复射倒四人，城上之兵皆却。太祖淑勒贝勒令其兵稍退，远围其城，絶其汲水之路，围攻三日，至四日夜，密令兵丁跣足走独木桥进入哈达，

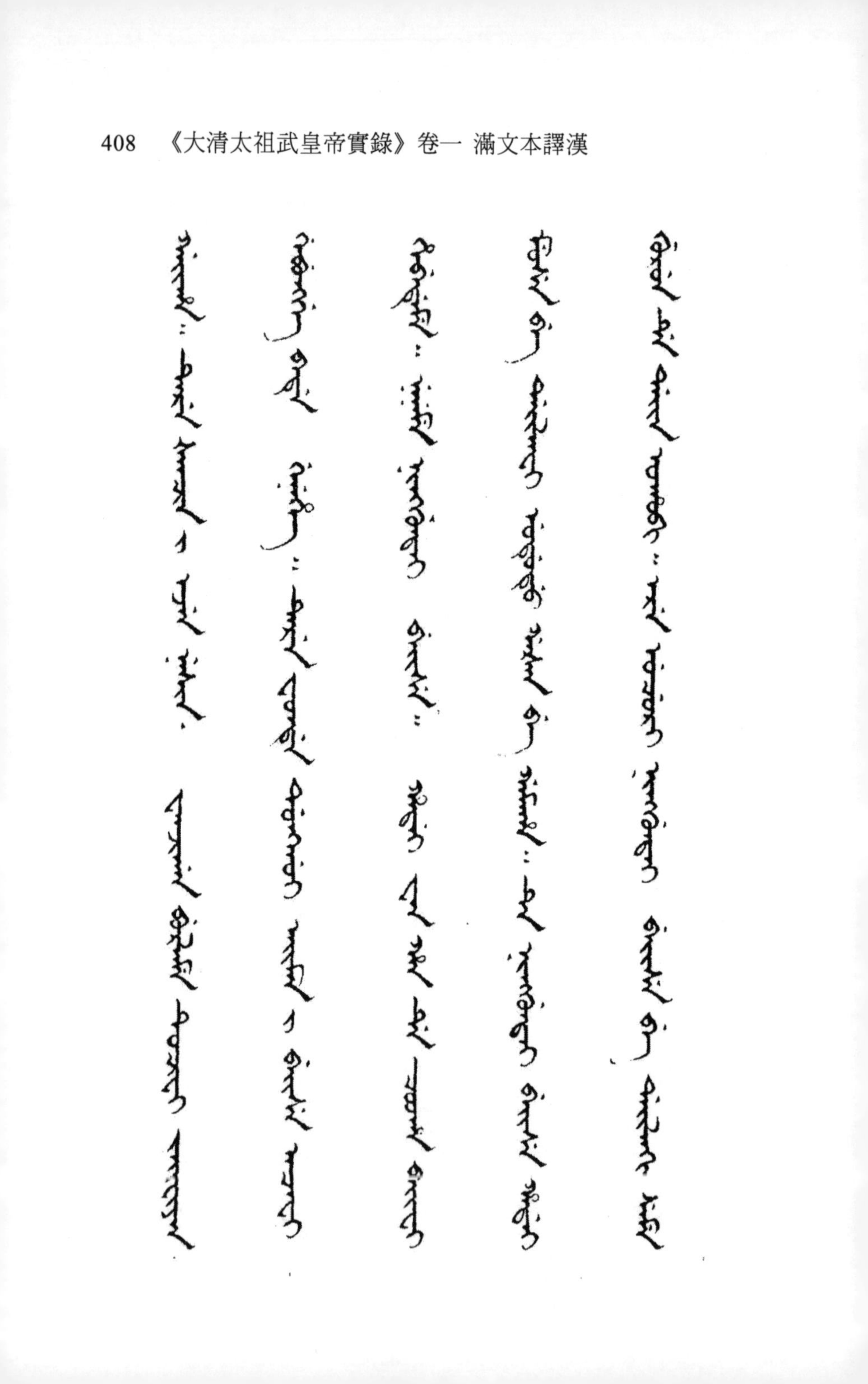

[illegible] :: [illegible] ᡳ [illegible]

[illegible] :: [illegible]

[illegible] :: [illegible] :: [illegible]

[illegible] :: [illegible]

[illegible] :: [illegible]

gaiha, tere šancin i ejen nesin, wanjigan burlame tucifi jaifiyan gebungge bade genehe, tere fonde donggoi aiman i beise acafi hebedeme, neneme ningguntai beise, hadai wan han de cooha baifi muse be dailafi ududu gašan be gamaha, te ningguntai beise hadai gurun de dain ohobi, ere ucuri ningguntai beise be dailaki seme

---

襲破山寨，寨主內申、灣吉干棄城逃出，走界凡，遂取其城而回。時東果部諸王相議曰：「昔六王族衆，借哈達萬汗兵，掠取吾等數寨。今六王族衆與哈達國，已成讐隙，我等乘此機會，宜攻六王族衆。」

袭破山寨，寨主内申、湾吉干弃城逃出，走界凡，遂取其城而回。时东果部诸王相议曰：「昔六王族众，借哈达万汗兵，掠取吾等数寨。今六王族众与哈达国，已成雠隙，我等乘此机会，宜攻六王族众。」

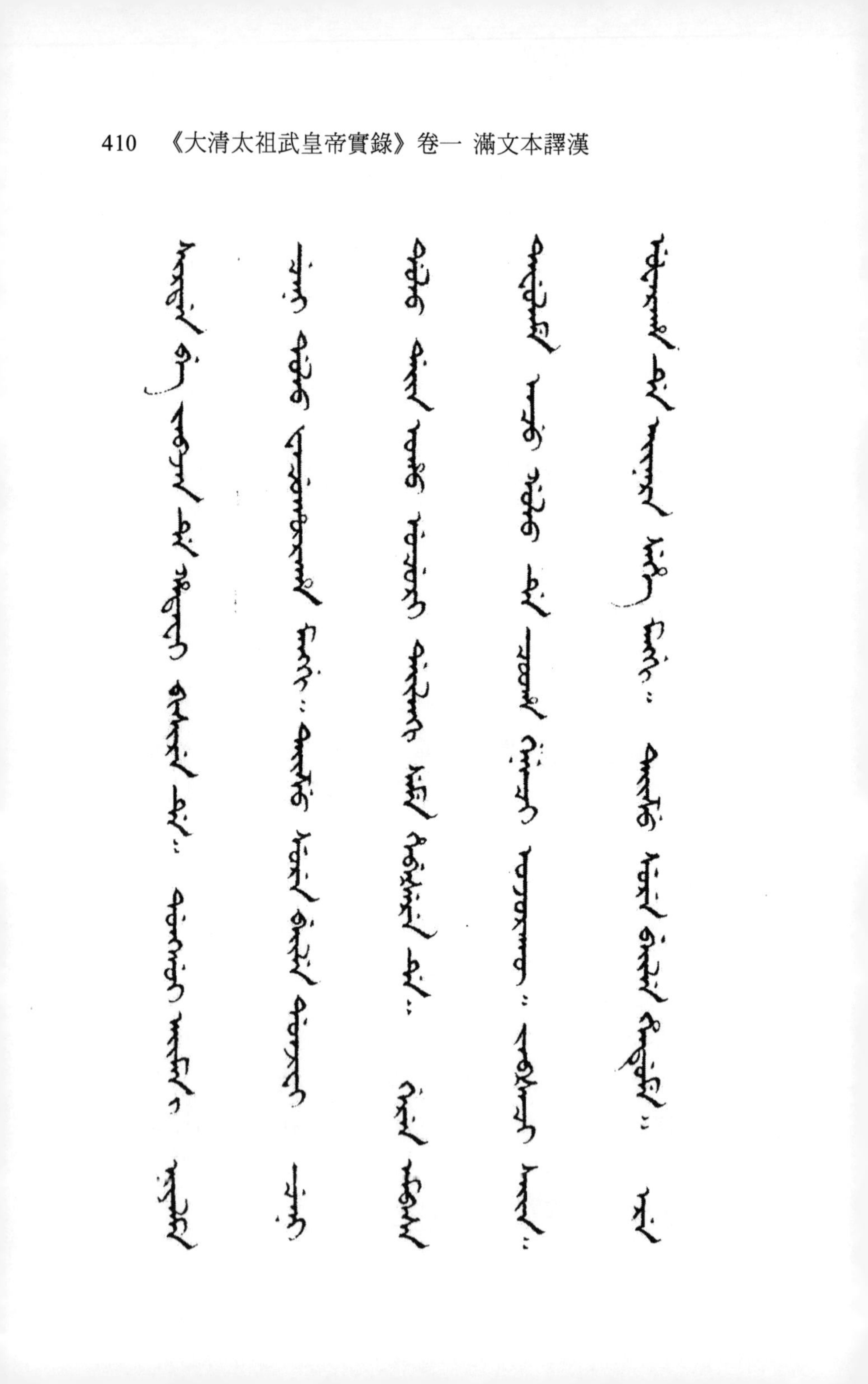

sirdan be jabjan de hatafi bisire de, donggoi aiman i niyalma ceni dolo facuhūraha manggi, taidzu sure beile donjifi ceni dolo dain oho ucuri dailaki seme hebešere de, geren ambasa tafulame encu golo de cooha geneci ojorakū, jabšaci sain, ufaraha de ainara sehe manggi, taidzu sure beile hendume, ere

---

遂以蟒血淬箭以備用。其後，東果部中人自相擾亂。太祖淑勒貝勒聞之，謂諸將曰：「東果部自亂，我輩宜乘時往攻。」諸將諫曰：「兵不可輕入他人之境，勝則可，倘有疏失，奈何？」太祖淑勒貝勒曰：

遂以蟒血淬箭以备用。其后，东果部中人自相扰乱。太祖淑勒贝勒闻之，谓诸将曰：「东果部自乱，我辈宜乘时往攻。」诸将谏曰：「兵不可轻入他人之境，胜则可，倘有疏失，奈何？」太祖淑勒贝勒曰：

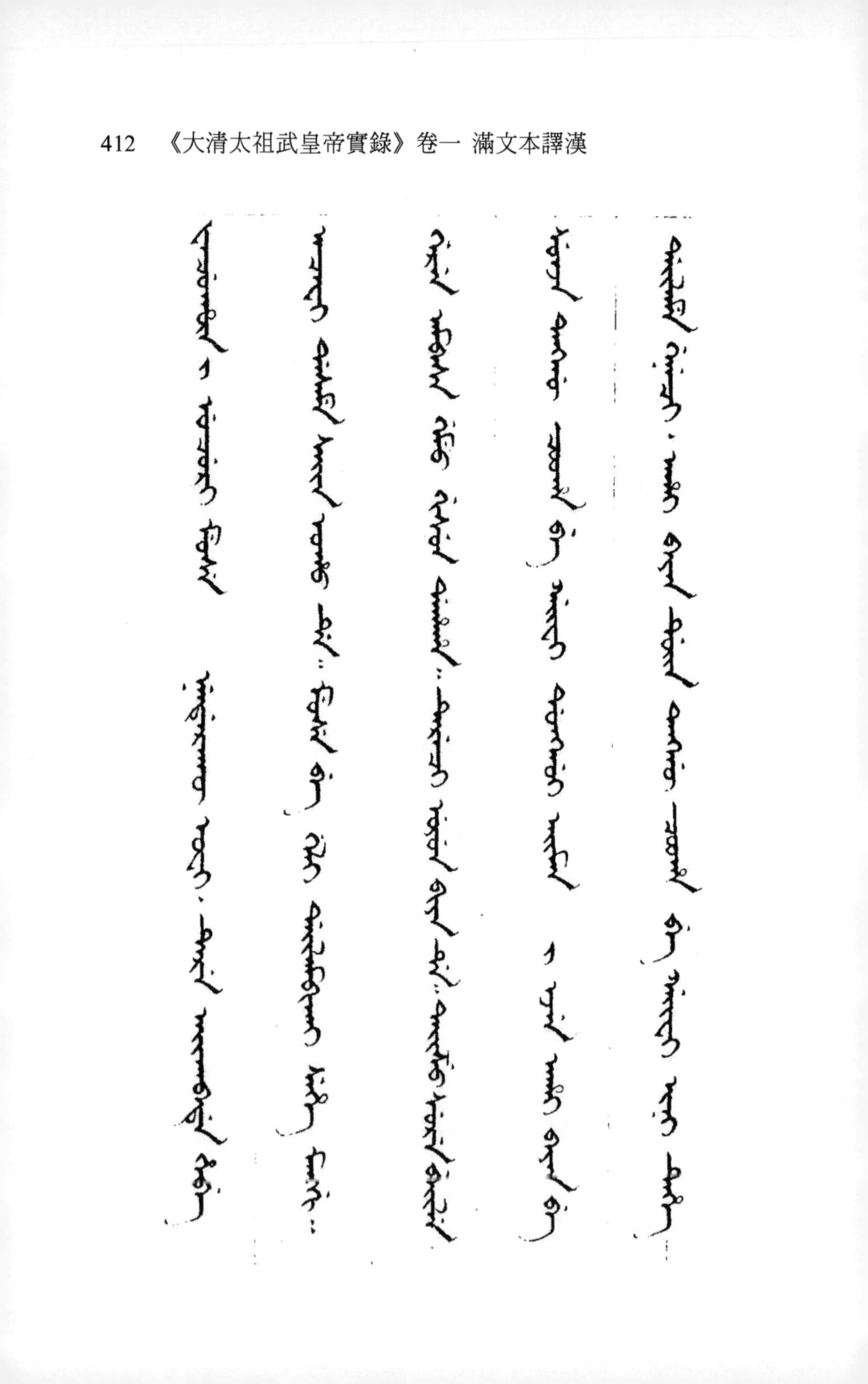

[illegible]

[illegible]

[illegible]

[illegible]

[illegible]

[illegible]

facuhūn i ucuri muse nenderakū ofi, tere aikabade hebe acafi dasame sain oho de, muse be geli dailambikai sehe manggi, geren ambasa gemu gisun dahaha. tereci uyun biya de, taidzu sure beile sunja tanggū cooha be gaifi donggoi aiman i ejen ahai bayan be dailame geneci, ahai bayan duin tanggū cooha be gaifi ini tehe

---

「我不乘亂先發，倘彼重相和睦，必加兵於我矣。」諸將皆從之，於九月內，太祖淑勒貝勒率兵五百，往攻東果部長阿亥巴顏[77]，阿亥巴顏聚兵四百，

「我不乘乱先发，倘彼重相和睦，必加兵于我矣。」诸将皆从之，于九月内，太祖淑勒贝勒率兵五百，往攻东果部长阿亥巴颜[77]，阿亥巴颜聚兵四百，

---

77 阿亥巴顏，《滿洲實錄》滿文同，漢文作「阿海」。

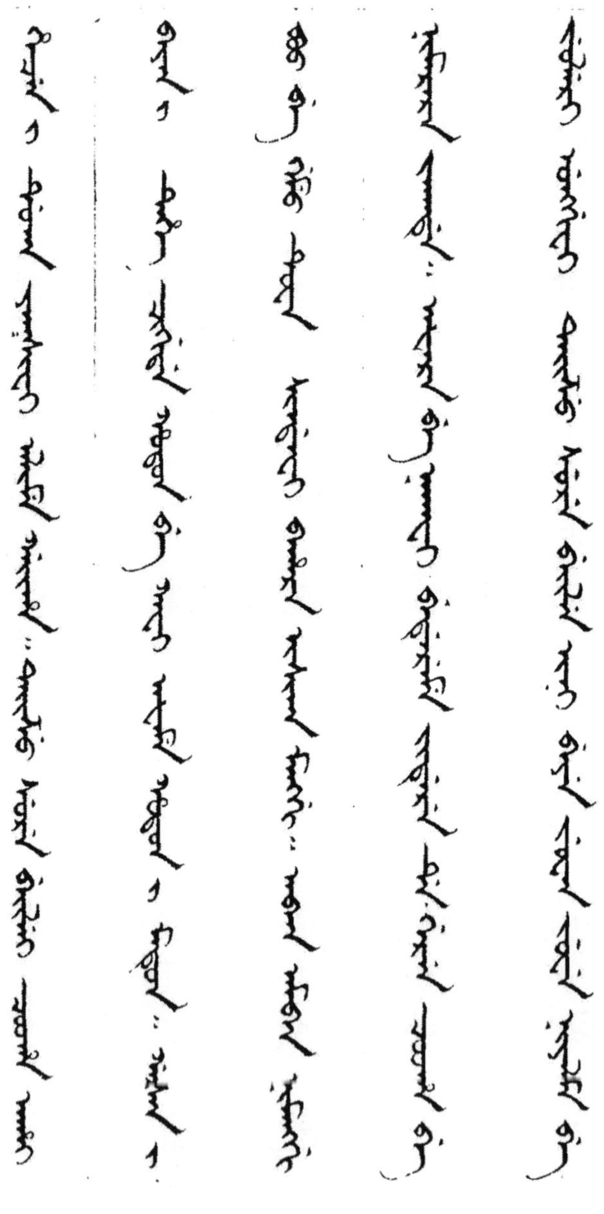

hecen i duka yaksifi alime gaiha, taidzu sure beilei cooha ahai bayan i tehe cigida hoton be kafi afame hoton i matun, gašan i boo be gemu tuwa sindafi bahara isika manggi, abka amban nimanggi nimarara jakade, afara be nakafi bedereme jidere de geren cooha be juleri unggifi taidzu sure beile ini beye juwan juwe niyalma be

---

閉城以待。太祖淑勒貝勒之兵至，圍攻阿亥巴顏所居奇吉答城，將城上懸樓，並城外村落房屋，放火盡焚之。城將陷，會大雪，遂罷攻退回，令兵先行，太祖淑勒貝勒帶十二人，

闭城以待。太祖淑勒贝勒之兵至，围攻阿亥巴颜所居奇吉答城，将城上悬楼，并城外村落房屋，放火尽焚之。城将陷，会大雪，遂罢攻退回，令兵先行，太祖淑勒贝勒带十二人，

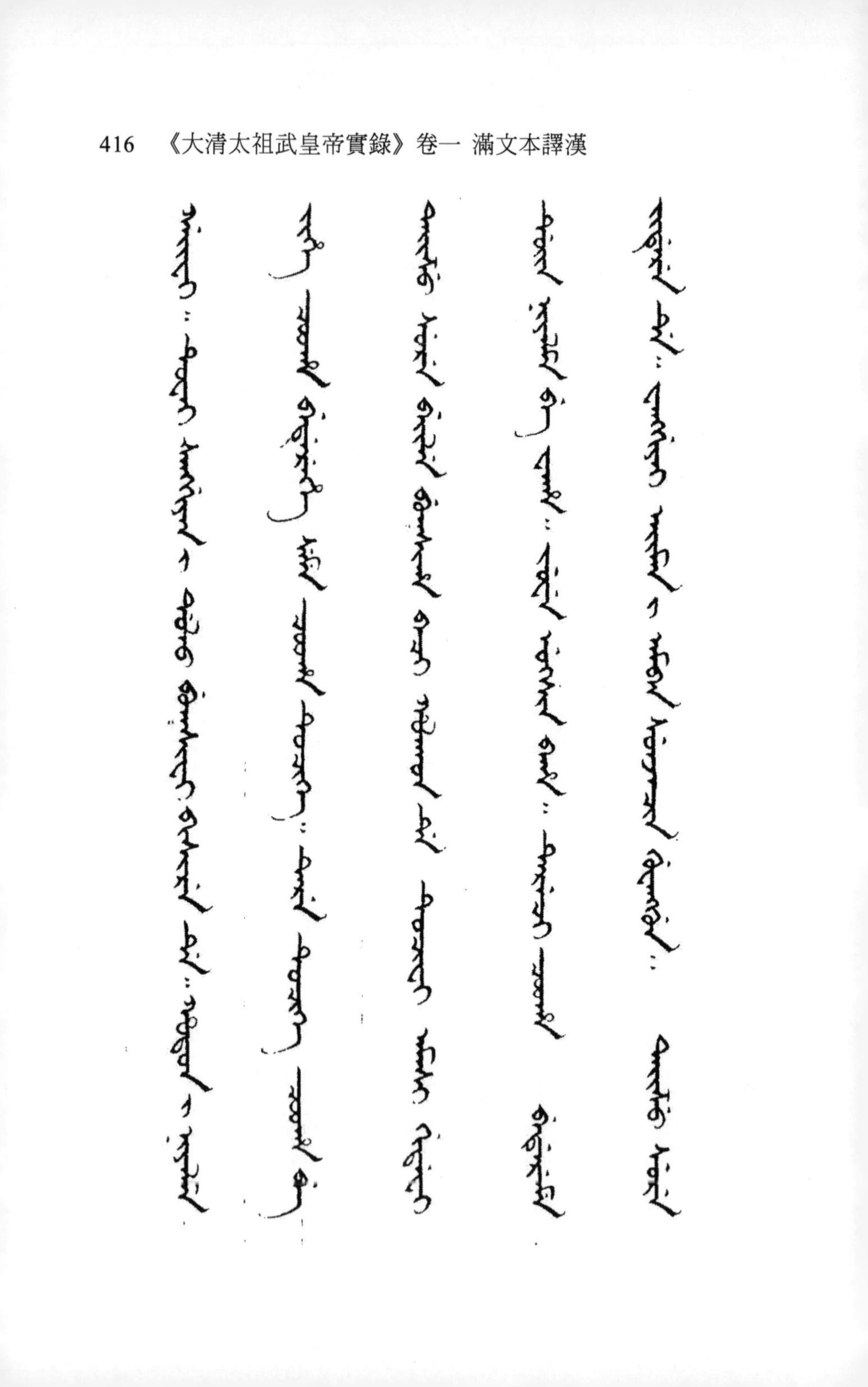

gaifi, tuwai šanggiyan i dolo buksifi bisire de, hoton i niyalma jihe cooha bederehe seme cooha tucike, tere tucike cooha be taidzu sure beile buksiha baci holkon de tucifi amasi gidafi duin niyalma be waha, juwe uksin baha, tereci cooha bedereme jidere de, wanggiyai aiman i amban sunjacin guwanggun, taidzu sure

伏於火烟籠罩之處，城內之人以爲來兵退却，乃遣軍出城。太祖淑勒貝勒突自埋伏處破其衆，斬四人，獲甲二副而回。時有王家部內大臣名孫扎七光滾[78]，

伏于火烟笼罩之处，城内之人以为来兵退却，乃遣军出城。太祖淑勒贝勒突自埋伏处破其众，斩四人，获甲二副而回。时有王家部内大臣名孙扎七光滚[78]，

[78] 孫扎七光滾，滿文讀如“sunjacin guwanggun”，《滿洲實錄》音譯作「遜扎秦光袞」。

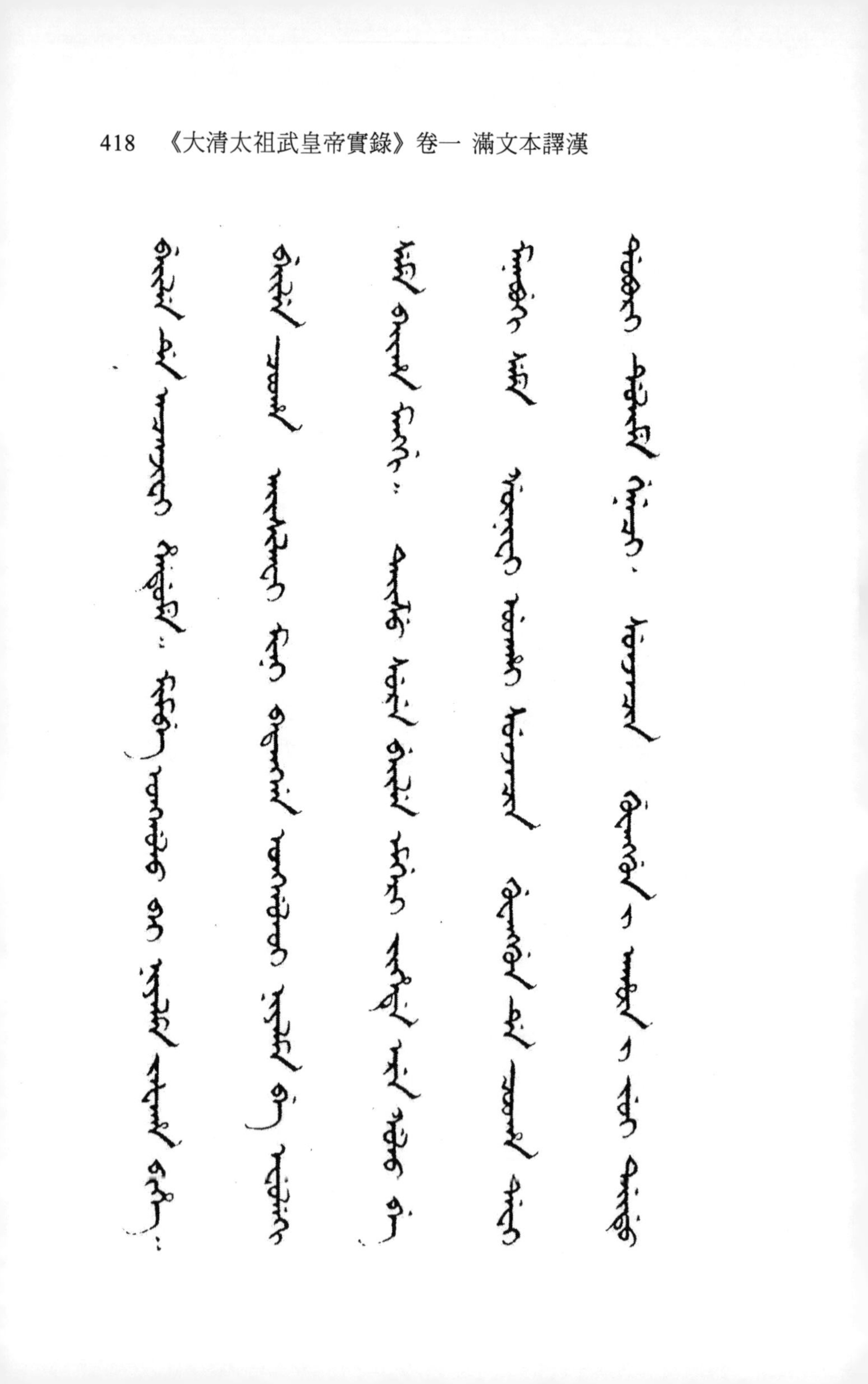

[illegible]

[illegible]

[illegible]

[illegible]

[illegible]

beile de acanjifi hendume, mimbe onggolo bai niyalma jafaha bihe, beile cooha aisilafi mini batangga onggoloi niyalma be efuleki seme baiha manggi, taidzu sure beile emgeri jihede ere golo be manabuki seme gūnifi uthai sunjacin guwanggun de cooha dafi dobori dulime geneci, sunjacin guwanggun i ahūn i jui daidu

---

來謁太祖淑勒貝勒曰：「吾曾被瓮哥落處人所擒，乞貝勒助一旅之師，破瓮哥落敵人爲我雪讐。」太祖淑勒貝勒聞其言，默思吾既興兵至此，當乘玆以蹂躪一方，遂助兵孫扎七光滚，星夜前進。孫扎七光滚兄子

来谒太祖淑勒贝勒曰：「吾曾被瓮哥落处人所擒，乞贝勒助一旅之师，破瓮哥落敌人为我雪雠。」太祖淑勒贝勒闻其言，默思吾既兴兵至此，当乘兹以蹂躏一方，遂助兵孙扎七光滚，星夜前进。孙扎七光滚兄子

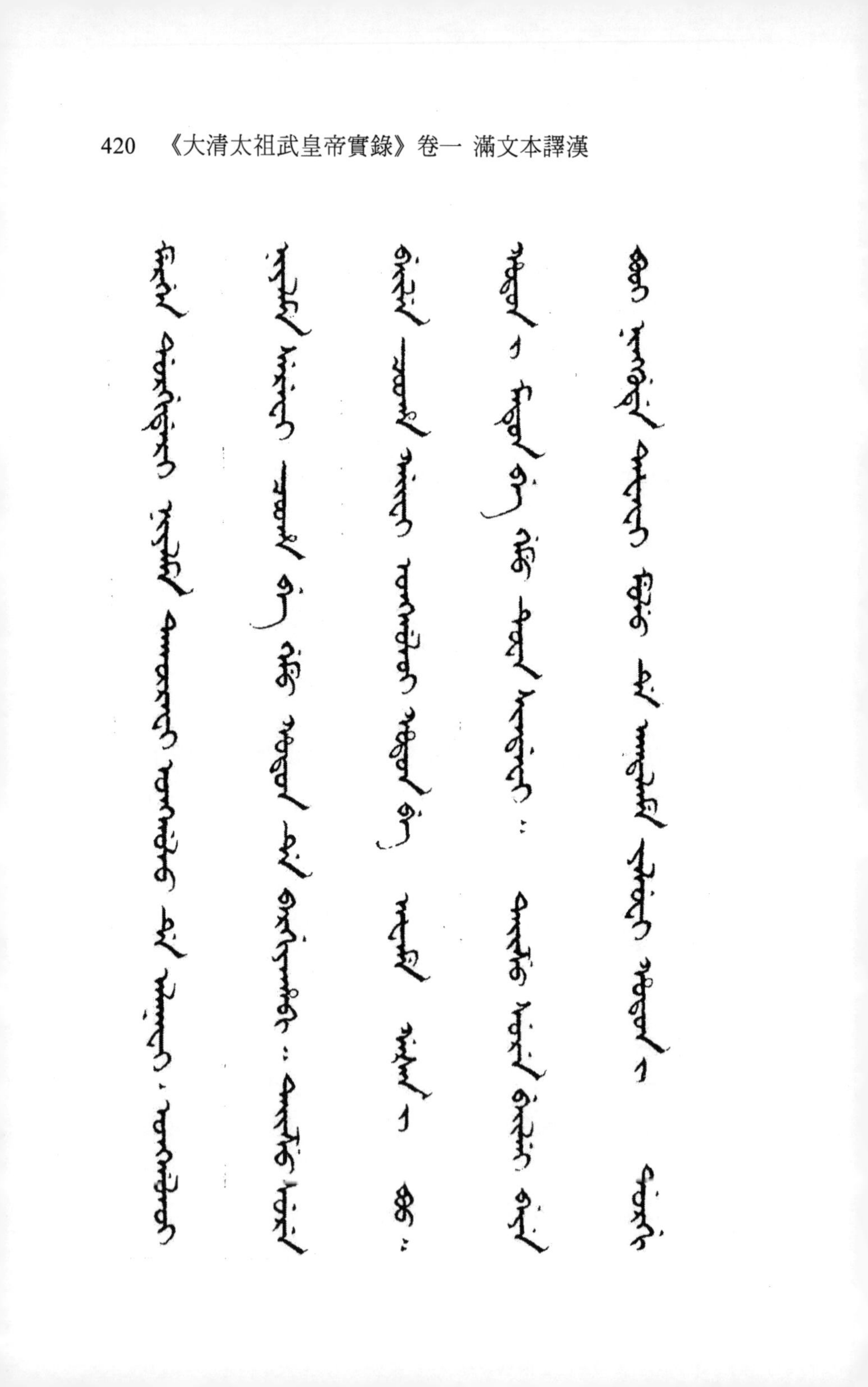

[illegible]

[illegible]

[illegible]

[illegible]

[illegible]

mergen dorgideri niyalma takūrafi onggolo de alanafi, onggoloi niyalma serefi cooha be gemu hoton de bargiyahabi, taidzu sure beile cooha gaifi onggolo hoton be afame gašan i boo, hoton i matun be gemu tuwa sindafi, taidzu sure beilei beye booi ninggude tafafi mulu de aktalame yalufi hoton i dorgi

---

帶度默爾根密令人往告瓮哥落，瓮哥落人知之，遂斂兵於城。太祖淑勒貝勒兵臨瓮哥落城下攻之，村莊房屋並其城懸樓俱放火焚之，太祖淑勒貝勒親自登房，跨脊上，

带度默尔根密令人往告瓮哥落，瓮哥落人知之，遂敛兵于城。太祖淑勒贝勒兵临瓮哥落城下攻之，村庄房屋并其城悬楼俱放火焚之，太祖淑勒贝勒亲自登房，跨脊上，

ᡳᠰᡳᠨᠵᡳᡥᠠ ᠪᡝ ᠨᠣᡴᠣᡵᡳ ᠪᡝ᠉ ᠨᠣᡥᠣᠨ ᡳ ᡩᠣᡵᡤᡳ ᡨᡠᠸᠠᠮᡝ ᠨᡳᡴᠠᠨ ᡳᠰᡳᠨᠵᡳᡶᡳ

ᠨᡠᡴᡨᡝ ᠰᠣᠩᡤᠣᡵᡝ ᠪᠠᡩᡝ —— ᡩᠠᡥᠠᠮᡝ ᡨᠣᠨᡩᠣ —— ᡤᡠᡵᡠᠨ ᠣᡴᠣ ᠠᠮᠪᠠᠨ ᡨᡝᡵᡝ᠉

ᡩᠣᠣᡥᠠᠨ ᠨᡳᠶᠠᠯᠮᠠ᠉ ᡨᡠᠸᠠᡶᡳ ᠠᠩᡤᠠ ᡳ ᠪᠣᡳᡤᠣᠨ ᡤᡝᠮᡠ ᠶᠣᠣᠨᡳ ᠪᡝᡳᠯᡝ ᠪᡝ ᠪᠣᠣ

ᡩᠣᠪᠣᡵᡳ ᠠᠮᠠᡤᠠ᠉ ᡩᡝᡵᡤᡳ ᡨᠠᡴᡡᡵᠠᡶᡳ ᡳ ᠪᠣᡳᡤᠣᠨ ᠰᡠᠨᠵᠠᠴᡳ ᡨᠣᡴᠰᠣ ᡤᡝᡵᡤᡠᠨ ᠪᡝ ᠪᡠᡥᡝ

ᡥᠣᡨᠣᠨ ᡳ ᡩᡝᡵᡤᡳ ᡨᡠᡵᡤᡠᠨ ᠪᡝ —— ᠠᡶᠠᡵᠠ ᠨᡠᡴᠠᡨᡝ ᡩᠣᠰᡳᡴᠠ ᠪᡠᠩᡤᠠᠯᠠᠮᡝ ᠵᡳᠯᠠᡴᠠᠨ

niyalma be gabtara de, hoton i dorgi orgoni gebungge niyalma gabtaha sirdan de taidzu sure beilei uju goifi saca fondojofi yali emu urgun daha, taidzu sure beile sirdan be tatame gaifi, tere sirdan i batai niyalma sujume genere be, booi hūlan i juwe siden be arcame gabtafi juwe suksaha siderime

---

射城內之人，被城內鵝兒古尼[79]一箭，正中太祖淑勒貝勒之首，透盔傷肉，深一指許。太祖淑勒貝勒拔箭，見城內一人，奔走於煙突僻處，即以所拔之箭射之，穿兩腿，

射城内之人，被城内鹅儿古尼 [79] 一箭，正中太祖淑勒贝勒之首，透盔伤肉，深一指许。太祖淑勒贝勒拔箭，见城内一人，奔走于烟突僻处，即以所拔之箭射之，穿两腿，

---

[79] 鵝兒古尼，滿文讀如“orgoni”，《滿洲實錄》音譯作「鄂爾果尼」。

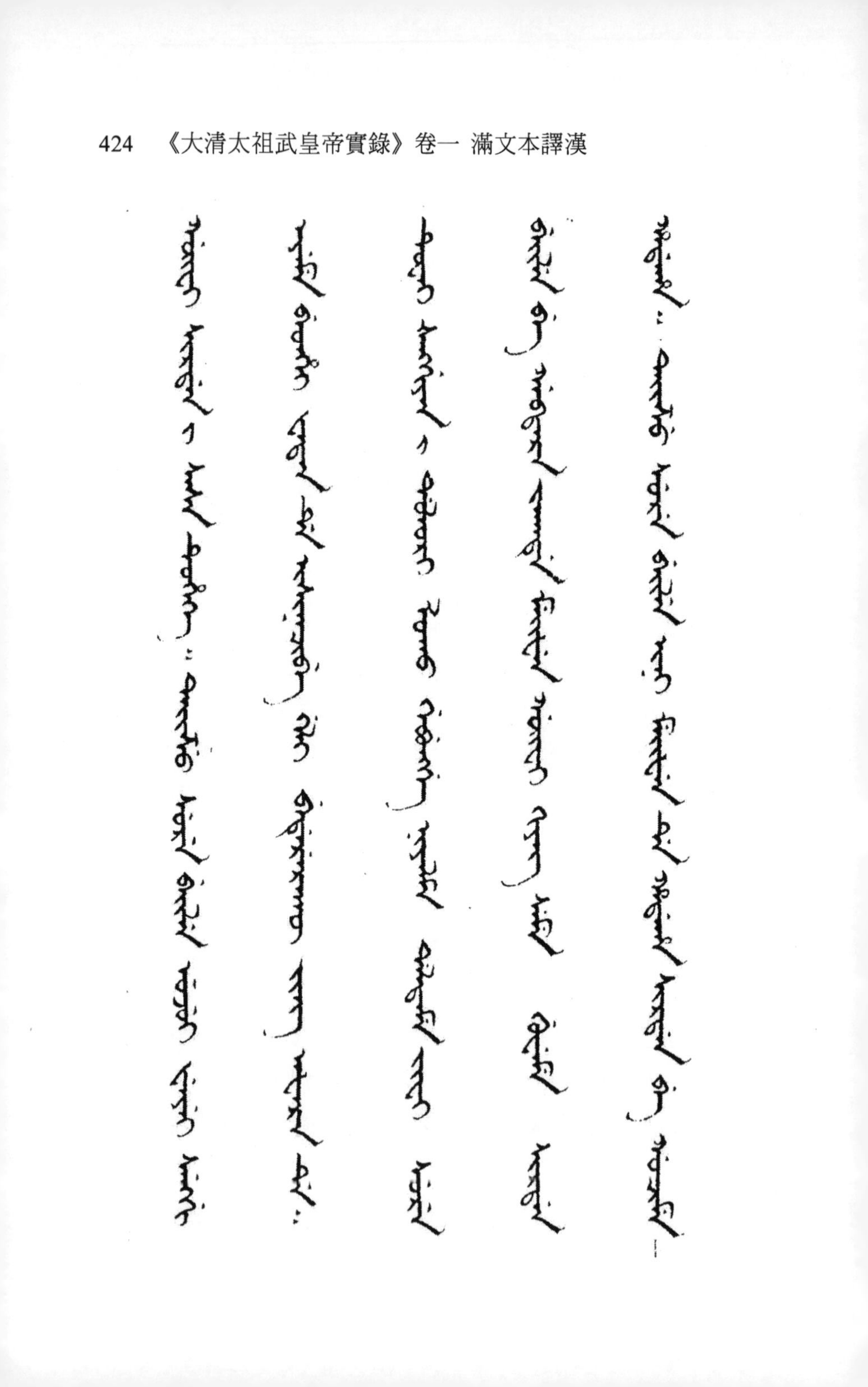

goifi sirdan i sasa tuheke, taidzu sure beile ujui feyei senggi eyeme bethei fatan de isinacibe geli bedererakū jing afara de tuwai šanggiyan i dolori loko gebungge niyalma daltame jifi sure beile be gabtara jakade meifen goifi kiyang seme guweme sirdan hadaha, taidzu sure beile ini meifen de hadaha sirdan be gocime

---

應弦而倒。太祖淑勒貝勒頭上傷口，血流至足底，猶彎射不已，正當進攻時，有一人名老科[80]乘火烟，暗發一矢，正中太祖淑勒貝勒項，鏃卷如鈎，

应弦而倒。太祖淑勒贝勒头上伤口，血流至足底，犹弯射不已，正当进攻时，有一人名老科[80]乘火烟，暗发一矢，正中太祖淑勒贝勒项，镞卷如钩，

---

[80] 老科，滿文讀如“loko”，《滿洲實錄》音譯作「洛科」。

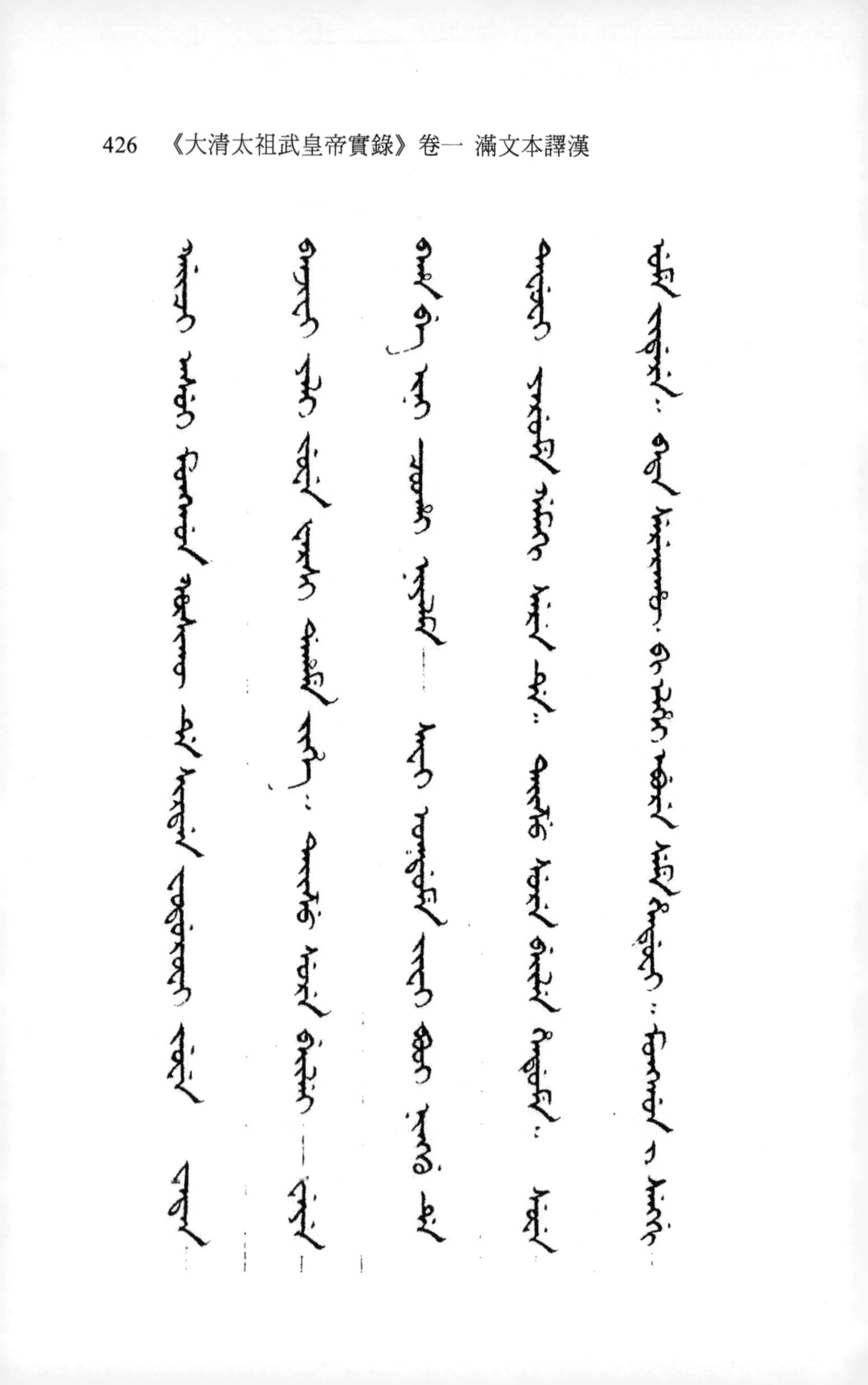

gaici asui monggon hūsikū de sirdan fodorofi juwe watan banjifi yali juwe farsi dahame jihe, taidzu sure beilei feye baha be ini coohai niyalma safi okdome jifi booi ninggu de tafufi yarume gamaki sere de, taidzu sure beile hendume, suwe ume jidere, bata sererahū, bi elhei ebure seme hendufi, monggon i senggi

---

鏃卷如鈎有聲，拔出帶肉兩塊。兵丁見太祖淑勒貝勒被傷，俱登屋，欲扶回。太祖淑勒貝勒曰：「爾等勿來，恐敵知覺，待我從容自下，」

镞卷如钩有声，拔出带肉两块。兵丁见太祖淑勒贝勒被伤，俱登屋，欲扶回。太祖淑勒贝勒曰：「尔等勿来，恐敌知觉，待我从容自下，」

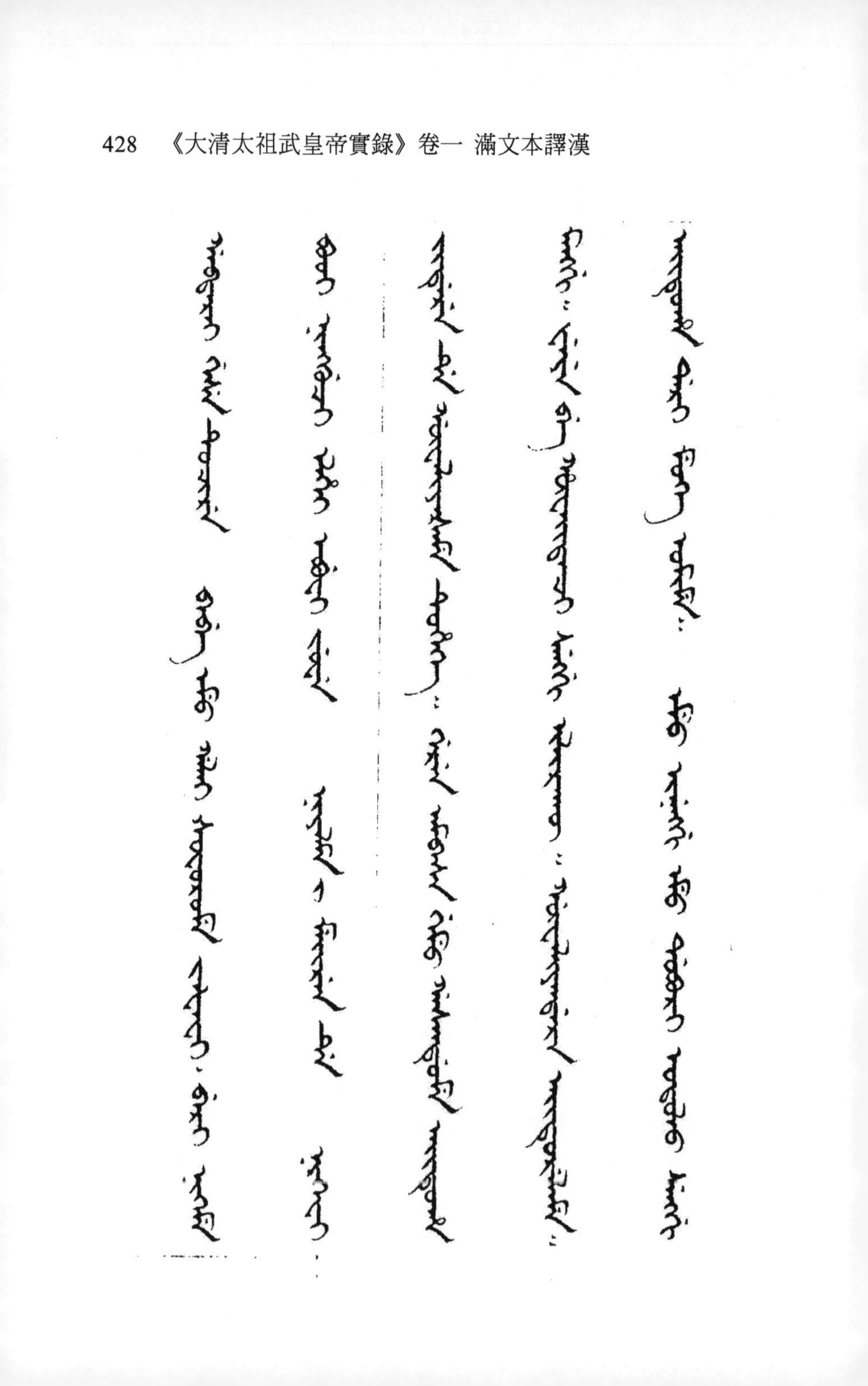

gabtarai gese tucire babe emu galai šoforome jafafi, beri nikeme booi ningguci elhei ebufi juwe niyalma i meiren de nikefi jidere de hūwaliyašame tuheke, geren ambasa gemu gasandume aituha manggi, feye be hūwaitaci senggi ilirakū hūwaliyandara aiturelame aituha dari muke omime, emu inenggi emu dobori otolo senggi

---

項血湧出，太祖淑勒貝勒以手搵箭眼，拄弓下屋，伏二人肩上，昏撲於地，諸將俱懊悔不已，及復甦，將箭痕傷口裹束，血仍不止，昏迷累次，每甦時，輙飲水，一日一夜血猶不止，

项血涌出，太祖淑勒贝勒以手搵箭眼，拄弓下屋，伏二人肩上，昏扑于地，诸将俱懊悔不已，及复苏，将箭痕伤口裹束，血仍不止，昏迷累次，每苏时，輙饮水，一日一夜血犹不止，

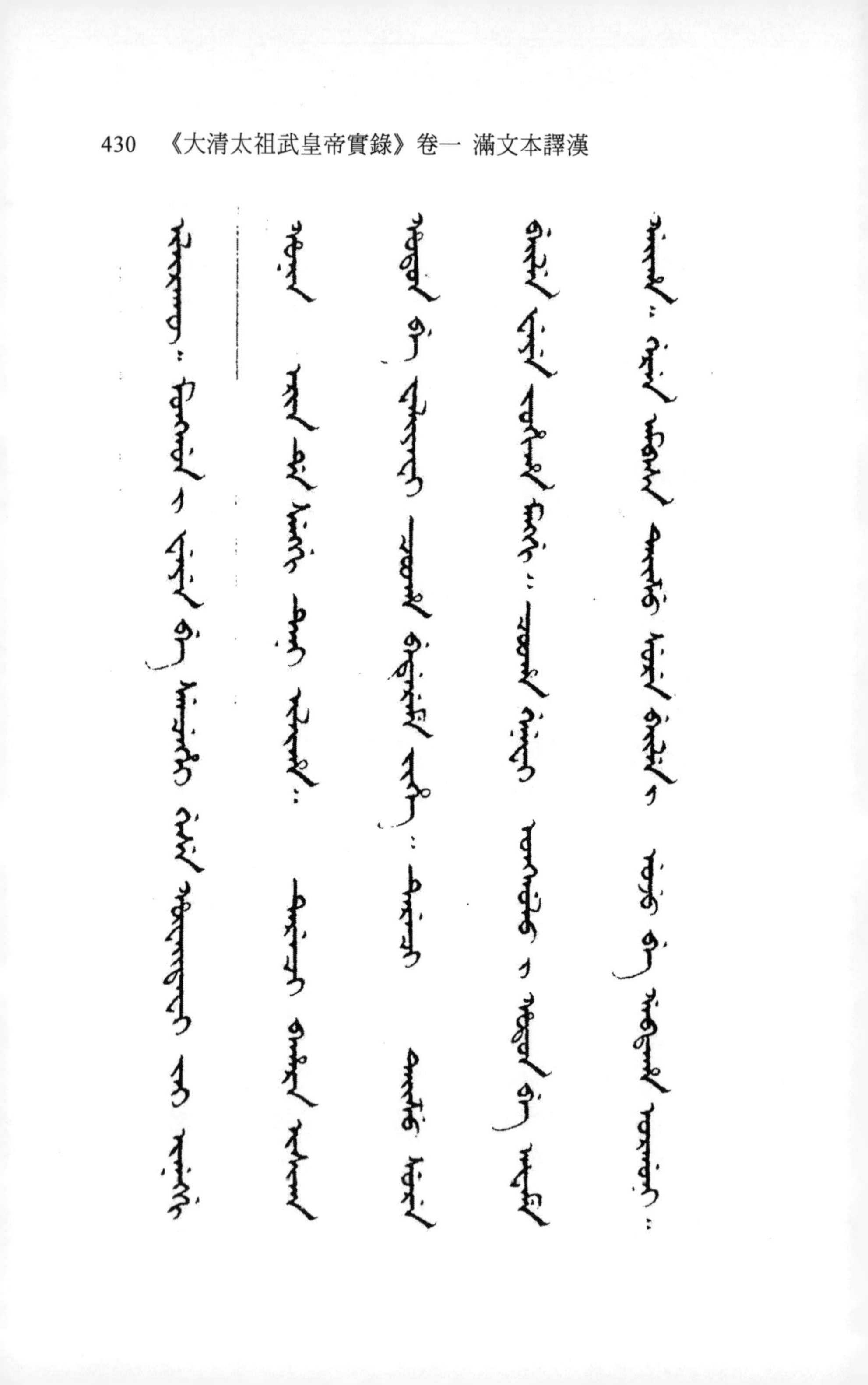

ilirakū, monggon i feye be sencehei gese hūwaitafi jai inenggi honin erin de senggi teni iliha, tereci bahara isika hoton be waliyafi cooha bedereme jihe. tereci taidzu sure beile feye johiha manggi, cooha genefi onggolo i hoton be afame gaiha, geren ambasa taidzu sure beile i uju be gabtaha orgoni,

---

將項下傷口如同下頦裹束，至次日未時，其血方止，於是棄將得之城而回兵。太祖淑勒貝勒瘡癒，率兵復攻瓮哥落城，尅之。衆將欲殺射太祖淑勒貝勒首之鵝兒古尼、

将项下伤口如同下颏裹束，至次日末时，其血方止，于是弃将得之城而回兵。太祖淑勒贝勒疮愈，率兵复攻瓮哥落城，克之。众将欲杀射太祖淑勒贝勒首之鹅儿古尼、

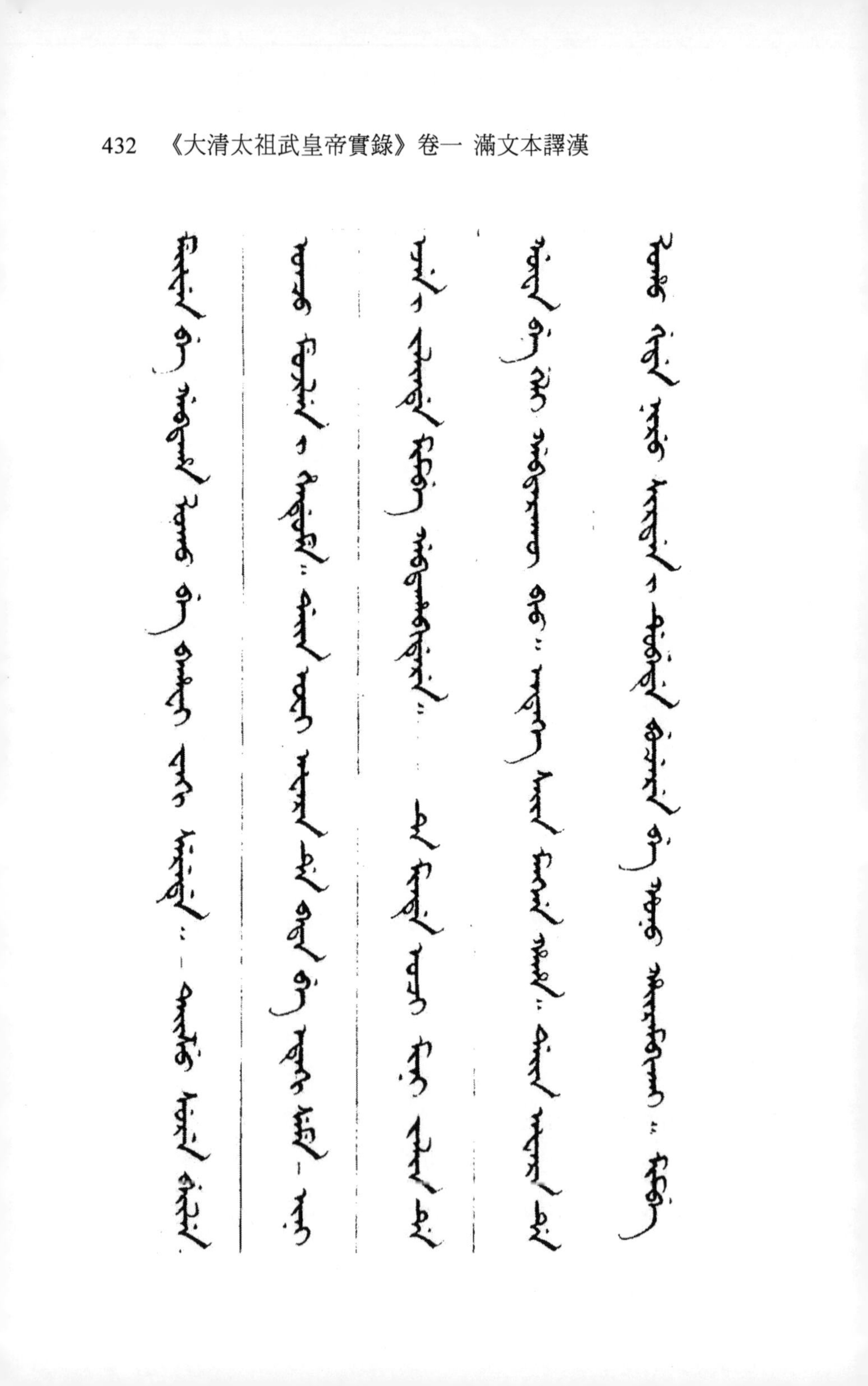

meifen be gabtaha loko be bahafi waki serede, taidzu sure beile onco mujilen i hendume, dain ofi afara de bata be eteki seme ini ejen i jalinde mimbe gabtahabidere, te minde oci mini jalin de gūwa be geli gabtarakū bio, enteke sain mangga haha, dain afara de loho gida niru sirdan i dubede bucere be hono hairambikai, mimbe

---

射頸項之老科，太祖淑勒貝勒以寬厚之心曰：「二人射我，乃鋒鏑之下，各爲其主，孰不欲勝，吾今釋而用之，後或遇敵，彼豈不爲我用命哉！如此善射男子，死於鋒鏑者，尤當惜之，

射颈项之老科，太祖淑勒贝勒以宽厚之心曰：「二人射我，乃锋镝之下，各为其主，孰不欲胜，吾今释而用之，后或遇敌，彼岂不为我用命哉！如此善射男子，死于锋镝者，尤当惜之，

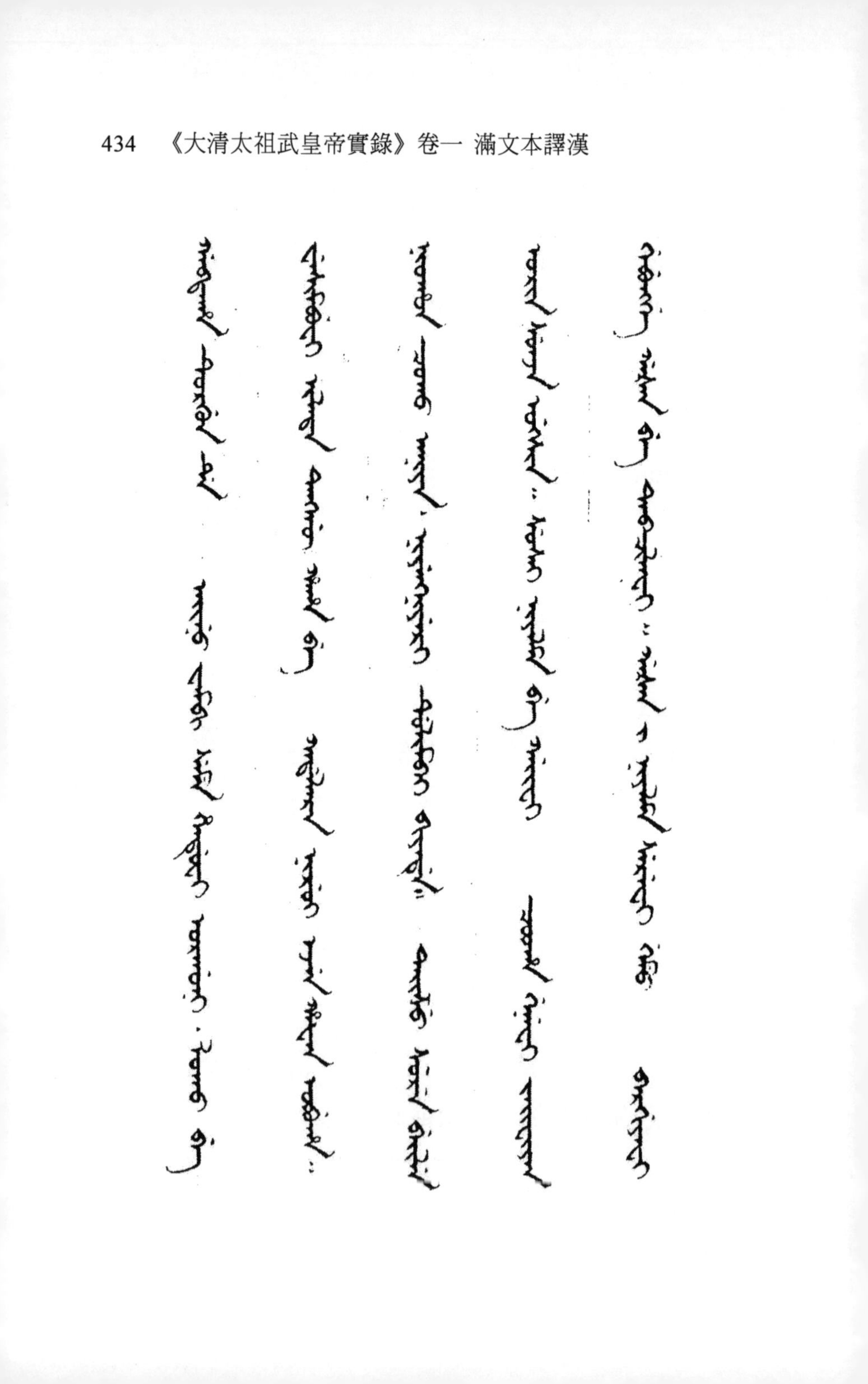

[illegible]

gabtaha turgun de ainu wambi seme hendufi orgoni, loko be wesimbufi ilata tanggū haha be kadalara nirui ejen hafan obuha. niohon coko aniya, niyengniyeri dulimbai biyade, taidz sure beile orin sunja uksin, susai niyalma be gaifi cooha genefi jaifiya gebungge gašan be tabcilafi, gašan i niyalma serefi gemu bargiyafi

---

何忍因射我而殺之也。」賜鵝兒古尼、老科各屬三百人牛彔額眞之爵。乙酉年二月，太祖淑勒貝勒率五十人、甲二十五副，略界凡寨[81]，不意界凡寨人預知，

何忍因射我而杀之也。」赐鹅儿古尼、老科各属三百人牛录额真之爵。乙酉年二月，太祖淑勒贝勒率五十人、甲二十五副，略界凡寨[81]，不意界凡寨人预知，

---

[81] 界凡寨，滿文讀如“jaifiya gašan”，《滿洲實錄》音譯作「界藩寨」。

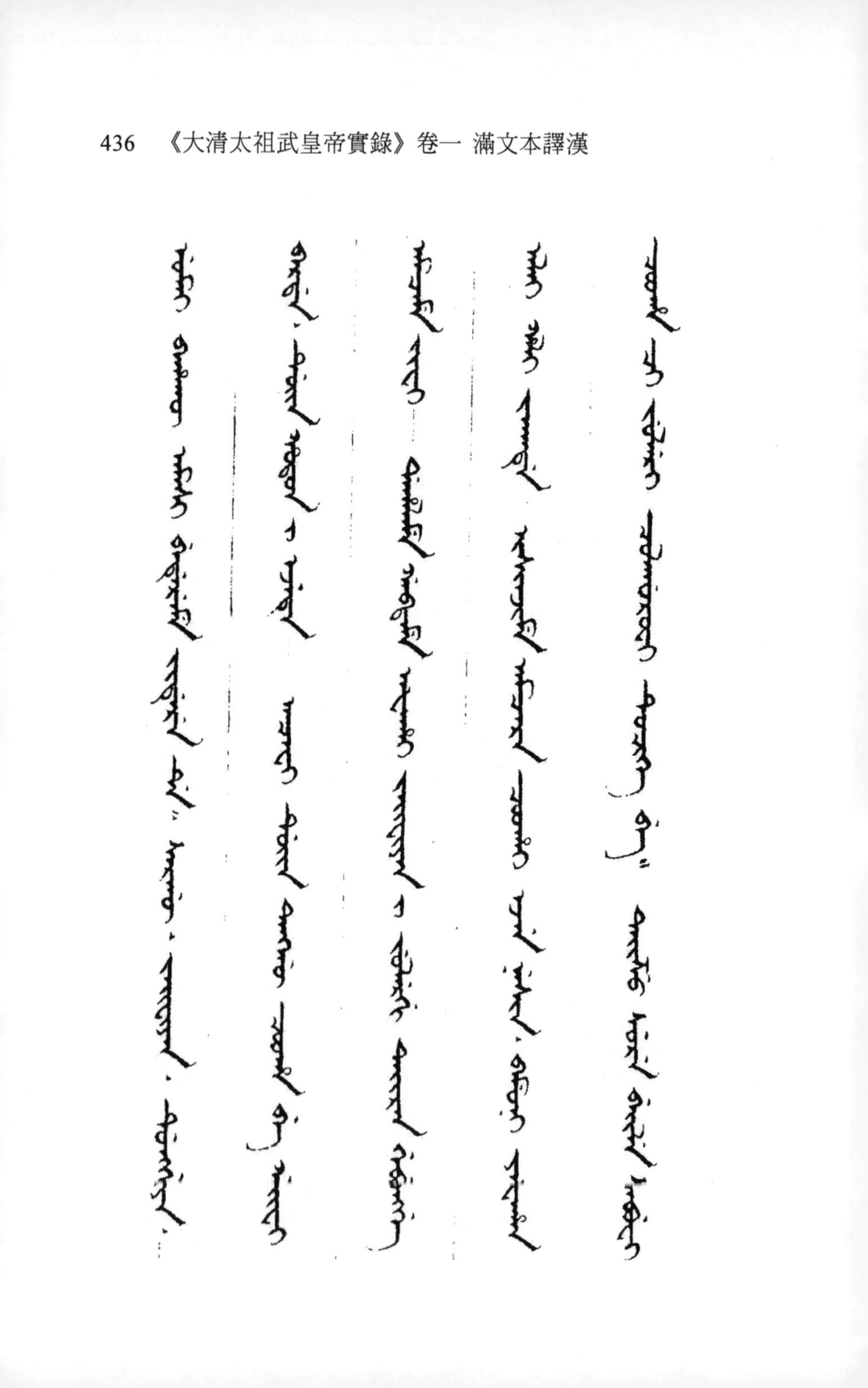

umai bahakū amasi bedereme jidere de, sargū, jaifiyan, dunggiya, barda, duin hoton i ejete acafi duin tanggū cooha be gaifi amcame jifi dahalame gabtame afahai jaifiyan i julergi tairan gebungge alai hali jakade isinjime amcara coohai ejen nesin, bamuni yafahan cooha ci juleri colgorofi tucike be, taidzu sure beile sabufi

---

已有備，竟無所獲。回兵時，有界凡、撒兒湖、東家、八兒答四城主，會兵四百，追射至界凡南，太欒之野，追兵之主內申、把木尼在步兵前當先追至，太祖淑勒貝勒一見，

已有备，竟无所获。回兵时，有界凡、撒儿湖、东家、八儿答四城主，会兵四百，追射至界凡南，太栾之野，追兵之主内申、把木尼在步兵前当先追至，太祖淑勒贝勒一见，

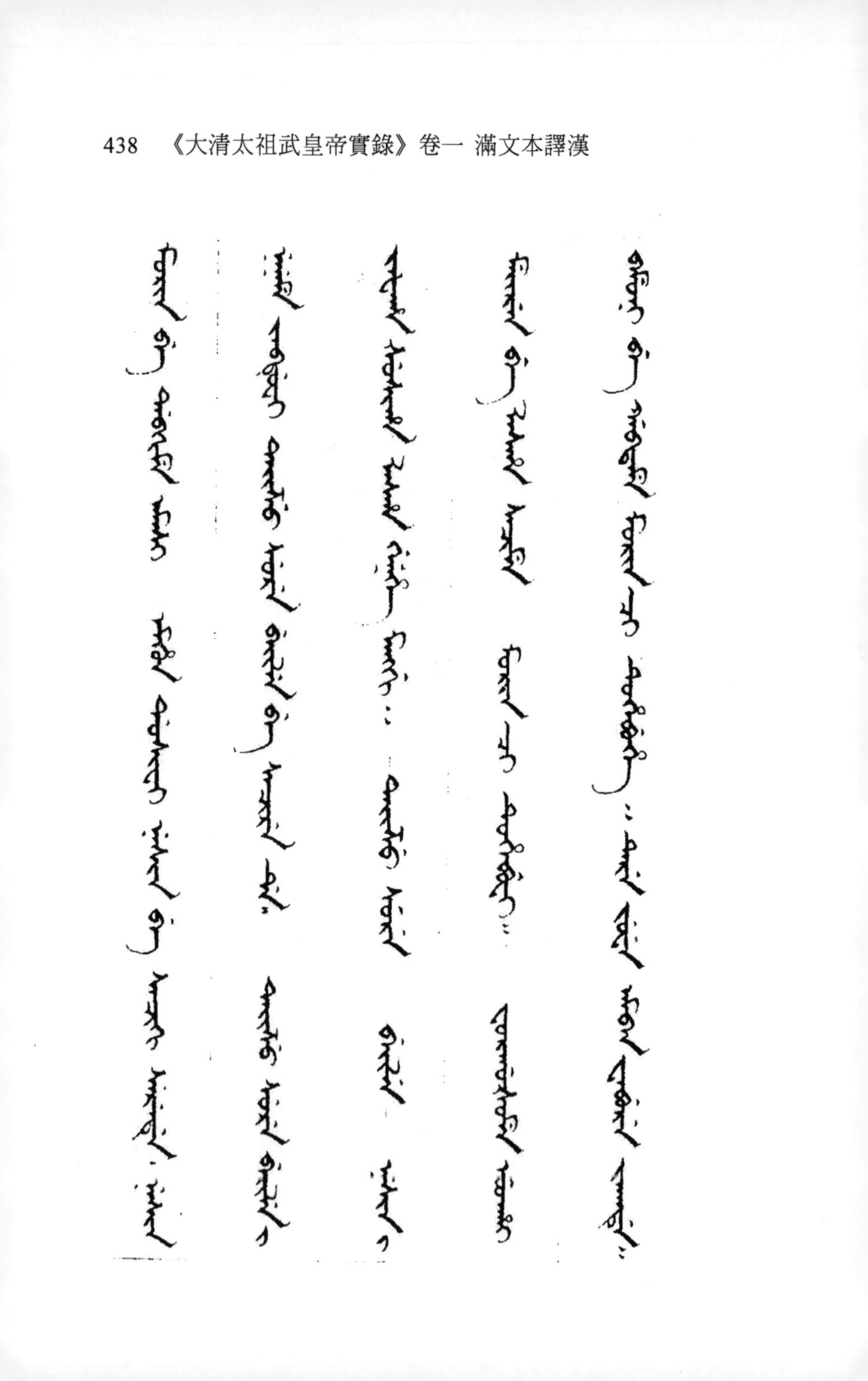

[illegible]

morin be dabkime amasi emhun dosifi nesin be saciki serede, nesin neneme jabdufi taidzu sure beile be sacire de, taidzu sure beile i jafaha šusiha lasha genehe manggi, taidzu sure beile nesin i meiren be lasha sacime morin ci tuhebufi, forgošome uthai bamuni be gabtame morin ci tuhebuhe, tere juwe amban wabure jakade,

---

即單身撥馬，欲斬內申，內申先以刀斷太祖淑勒貝勒鞭，太祖淑勒貝勒奮力一刀，揮內身肩背為兩段落馬，隨轉身射把木尼[82]於馬下，因二將被殺，

即单身拨马，欲斩内申，内申先以刀断太祖淑勒贝勒鞭，太祖淑勒贝勒奋力一刀，挥内身肩背为两段落马，随转身射把木尼[82]于马下，因二将被杀，

---

[82] 把木尼，滿文讀如"bamuni"，《滿洲實錄》音譯作「巴穆尼」。

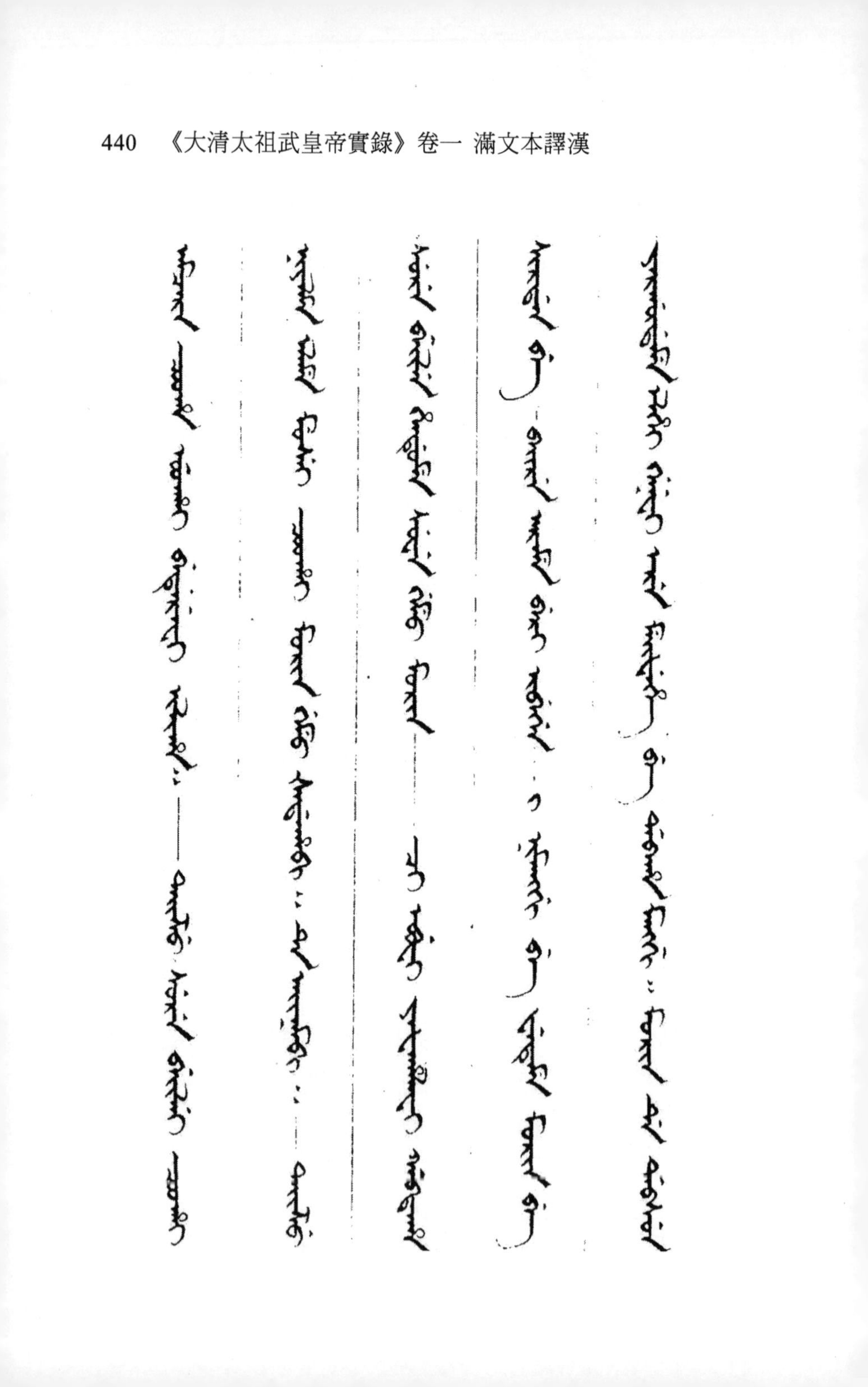

[illegible]

[illegible]

[illegible]

[illegible]

[illegible]

amcara cooha uthai bederefi iliha, taidzu sure beilei coohai niyalma alame musei coohai morin gemu šadahabi, te ainambi, taidzu sure beile hendume suwe gemu morin ci ebufi yafahalafi gabtaha sirdan be baire arame beri ibegen i nimanggi be feteme morin be yargūdame elhei genefi ere meifehe be dabaha manggi, morin de dabsun

---

追兵即退却而立，太祖淑勒貝勒兵丁曰：「我軍馬俱疲弱，今爲之奈何？」太祖淑勒貝勒曰：「衆可下馬，佯以弓弰拂雪，作拾箭狀，徐徐靷馬而退，待過嶺，

追兵即退却而立，太祖淑勒贝勒兵丁曰：「我军马俱疲弱，今为之奈何？」太祖淑勒贝勒曰：「众可下马，佯以弓弰拂雪，作拾箭状，徐徐靷马而退，待过岭，

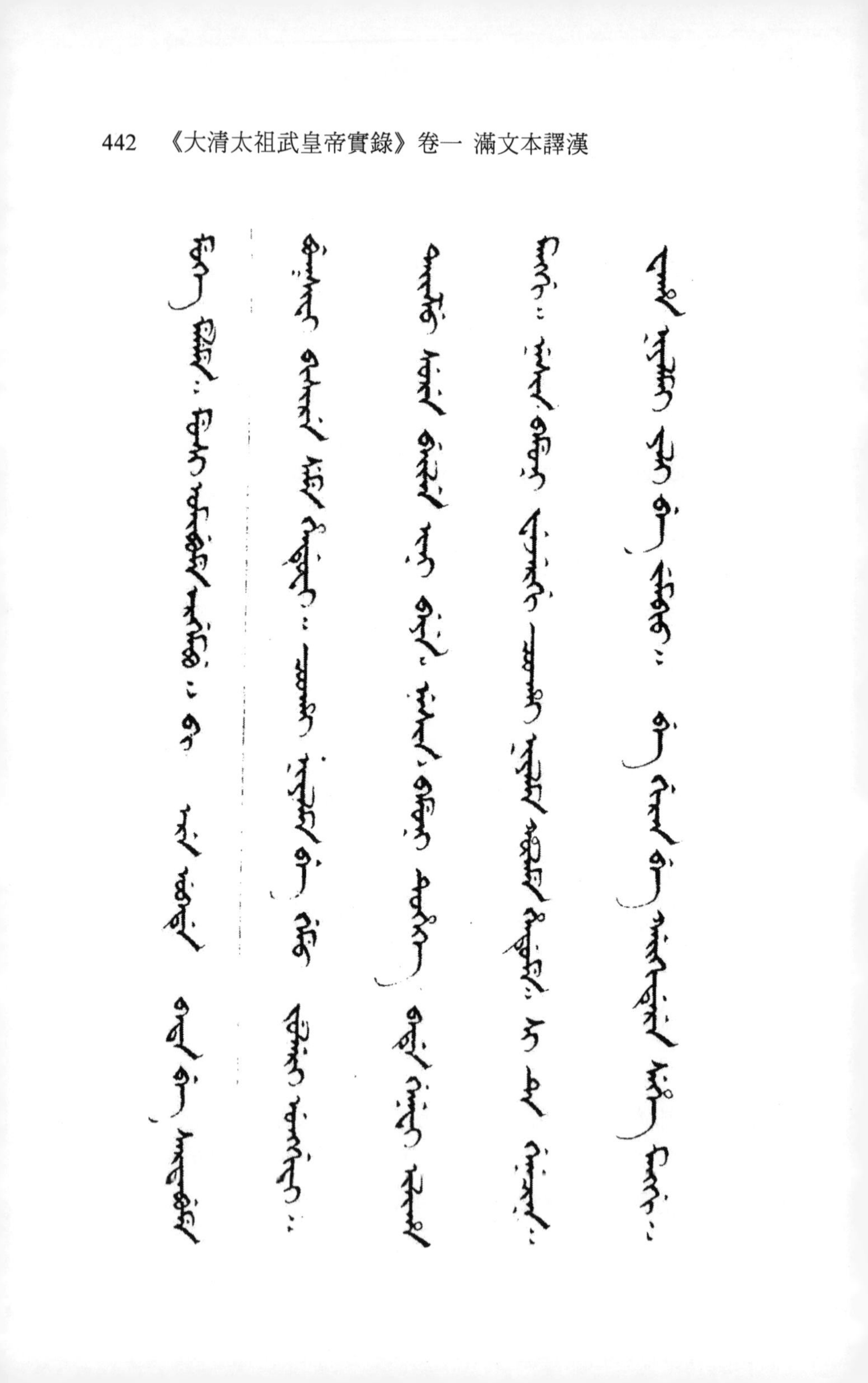

[illegible]

muke meleme, musi omibume ergembu, bi ere ubade bata be sartabume buksifi bisire seme hendufi, coohai niyalma be gemu juleri unggifi, taidzu sure beile ini beye, nesin, bamuni tuheke bade genefi iliha manggi, nesin, bamuni fejergi coohai niyalma hūlame hendume, si te genecina, waha niyalmai yali be jembio, be giran be gaikidere sehe manggi,

---

以鹽水炒麵飲馬，解其疲，我自殿後，爲疑兵計。」言畢，令兵丁俱先行，太祖淑勒貝勒自己立於斬內申、把木尼處，內申、把木尼部下兵丁呼曰：「汝今回去，欲食被殺人之肉耶？我輩欲收主屍。」

以盐水炒面饮马，解其疲，我自殿后，为疑兵计。」言毕，令兵丁俱先行，太祖淑勒贝勒自己立于斩内申、把木尼处，内申、把木尼部下兵丁呼曰：「汝今回去，欲食被杀人之肉耶？我辈欲收主尸。」

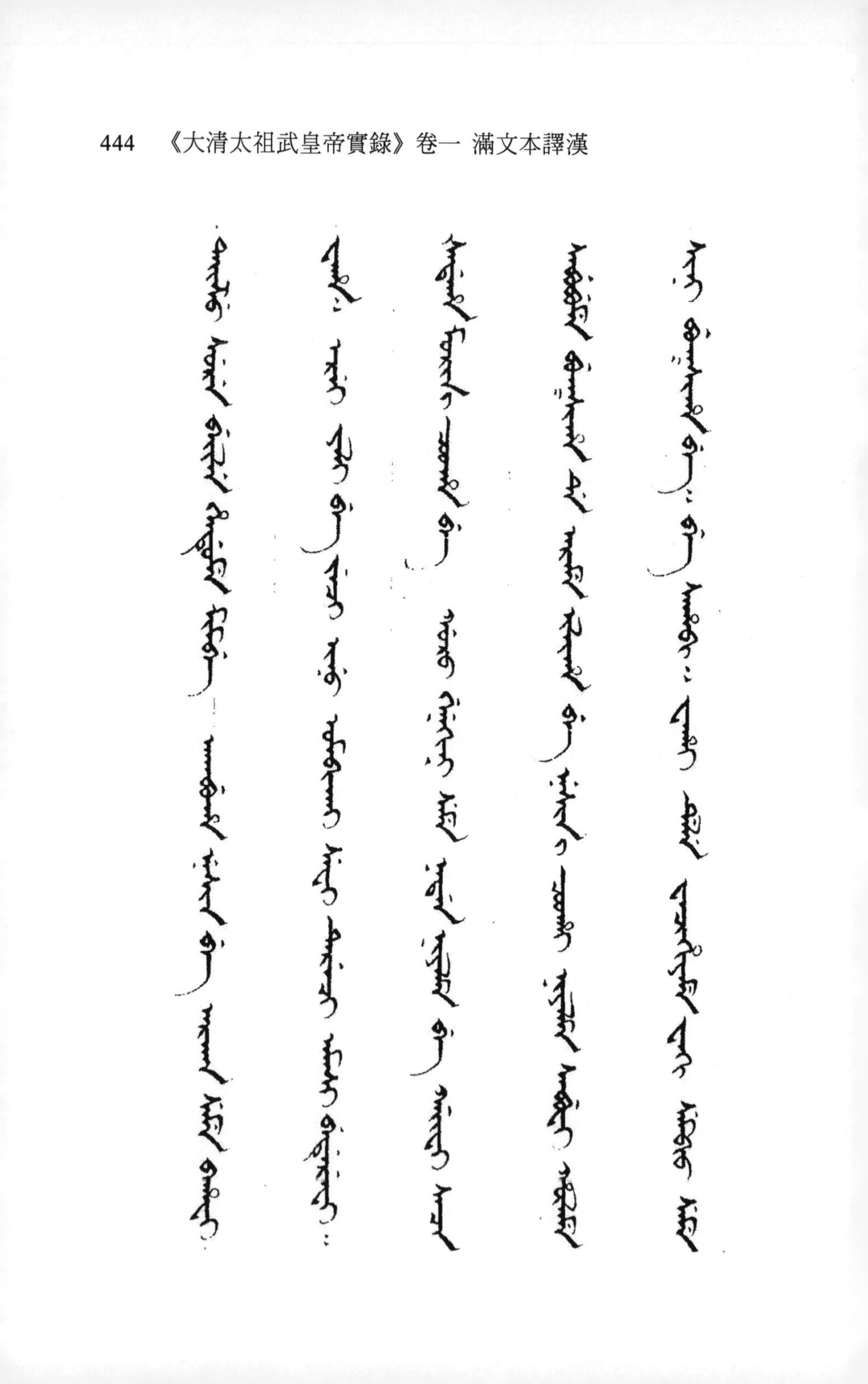

taidzu sure beile hendume mimbe akabuha nesin be arkan seme bahafi waha, erei yali be jeci inu ombikai sefi tereci amasi bederefi, šadaha morin i cooha be goro genekini seme nadan niyalma be gaifi saca sabubume buksiha de arame iliha be nesin i coohai niyalma sabufi hūlame sini buksiha be, be sahabi, wahai dele wacihiyame waki sembio seme

---

太祖淑勒貝勒言內申係我讐，幸得殺之，其肉亦可食，言迄遂回，欲令疲弱之兵遠行，乃率七人，將身隱僻處，露其盔，似伏兵之勢，內申之兵丁見之又呼曰：「汝有伏兵，我等知之，二主已被殺，猶欲盡殺我等耶？」

太祖淑勒贝勒言内申系我雠，幸得杀之，其肉亦可食，言迄遂回，欲令疲弱之兵远行，乃率七人，将身隐僻处，露其盔，似伏兵之势，内申之兵丁见之又呼曰：「汝有伏兵，我等知之，二主已被杀，犹欲尽杀我等耶？」

十六、以寡擊眾

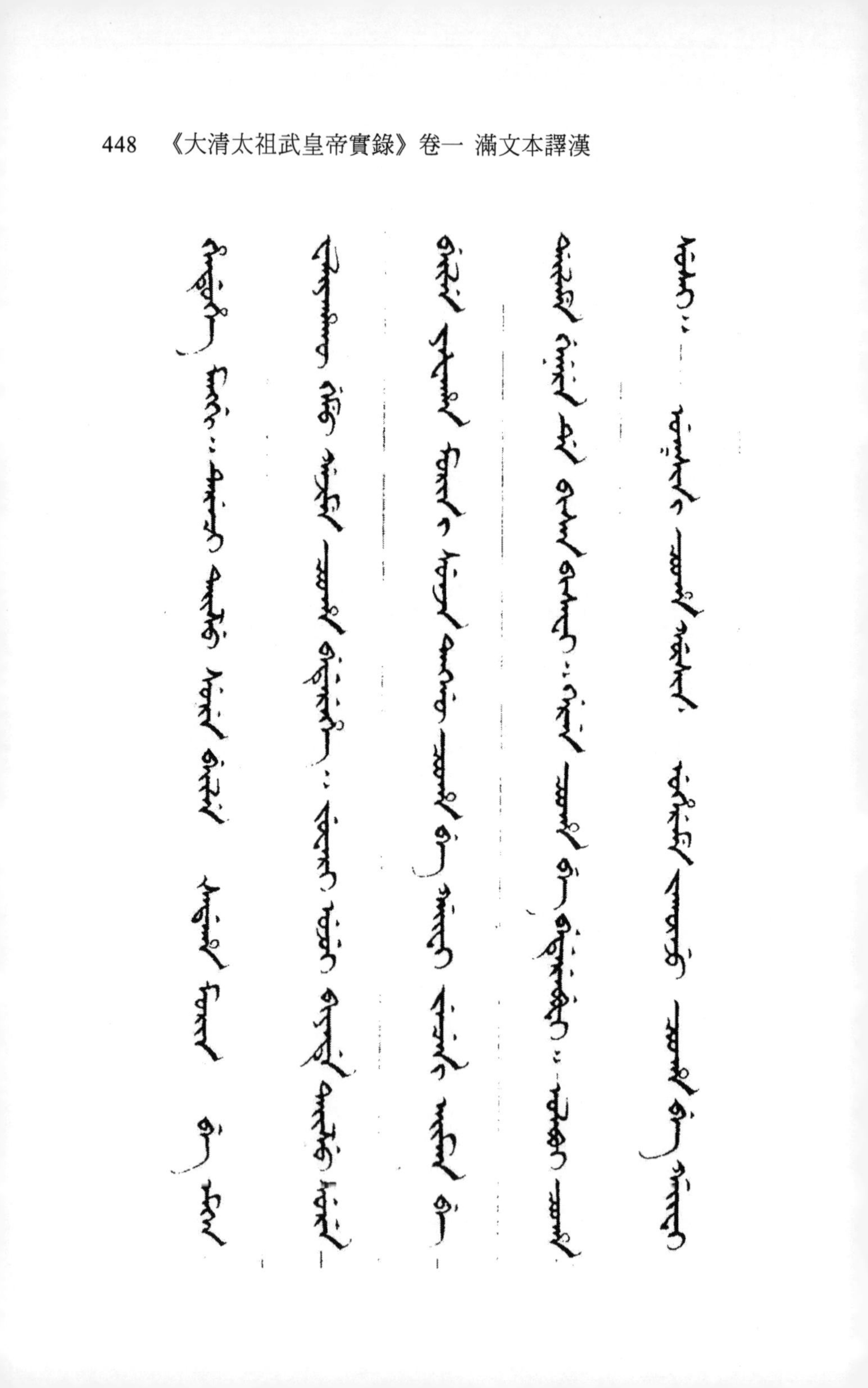

[illegible]

[illegible]

[illegible]

[illegible]

[illegible]

henduhe manggi, tereci taidzu sure beile šadaha morin be emken waliyahakū gemu gajime cooha bederehe, juwari ujui biyade taidzu sure beile yafahan morin i sunja tanggū cooha be gaifi jecen i aiman be dailame genere de bisan bisafi, geren cooha be bedebufi, olboi cooha susai, uksin i cooha gūsin, uhereme jakūnju cooha be gaifi

---

於是太祖淑勒貝勒全其羸馬未失一卒而回。夏四月，太祖淑勒貝勒率馬步兵五百，征折陳部[83]，時大水，令衆兵回，止帶綿甲五十人、鐵甲三十人，總共帶兵八十人，

于是太祖淑勒贝勒全其羸马未失一卒而回。夏四月，太祖淑勒贝勒率马步兵五百，征折陈部[83]，时大水，令众兵回，止带绵甲五十人、铁甲三十人，总共带兵八十人，

---

[83] 折陳部，滿文讀如“jecen i aiman”，《滿洲實錄》音譯作「哲陳部」。

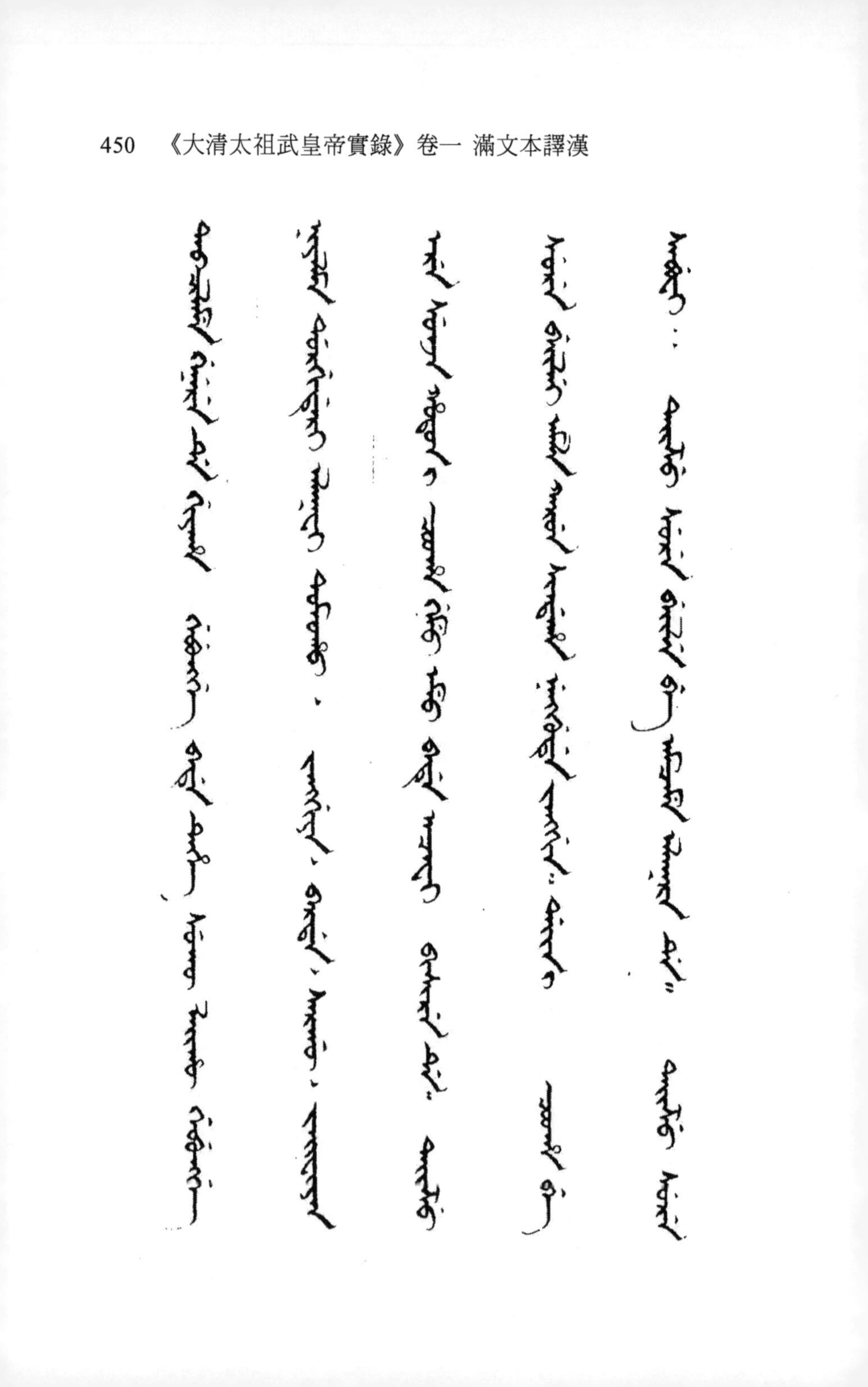

tabcilame genere de giyaha gebungge bade tehe sukū laihū gebungge niyalma dorgideri alanafi tomoho, janggiya, barda, sargū, jaifiyan ere sunja hoton i cooha gemu emu bade acafi bisire de, taidzu sure beilei amala karun sindaha nenggude janggin, dain i cooha be sabufi, taidzu sure beile be amcame alanara de, taidzu sure

---

進略，有住加哈地方名蘇枯來虎之人密令人報與托木河、張佳、八兒答、撒兒湖、界凡知之，遂合兵一處，有太祖淑勒貝勒後哨章京能古得[84]一見敵兵，即飛報太祖淑勒貝勒，

进略，有住加哈地方名苏枯来虎之人密令人报与托木河、张佳、八儿答、撒儿湖、界凡知之，遂合兵一处，有太祖淑勒贝勒后哨章京能古得[84]一见敌兵，即飞报太祖淑勒贝勒，

---

84 能古得，滿文讀如"nenggude"，《滿洲實錄》音譯作「能古德」。

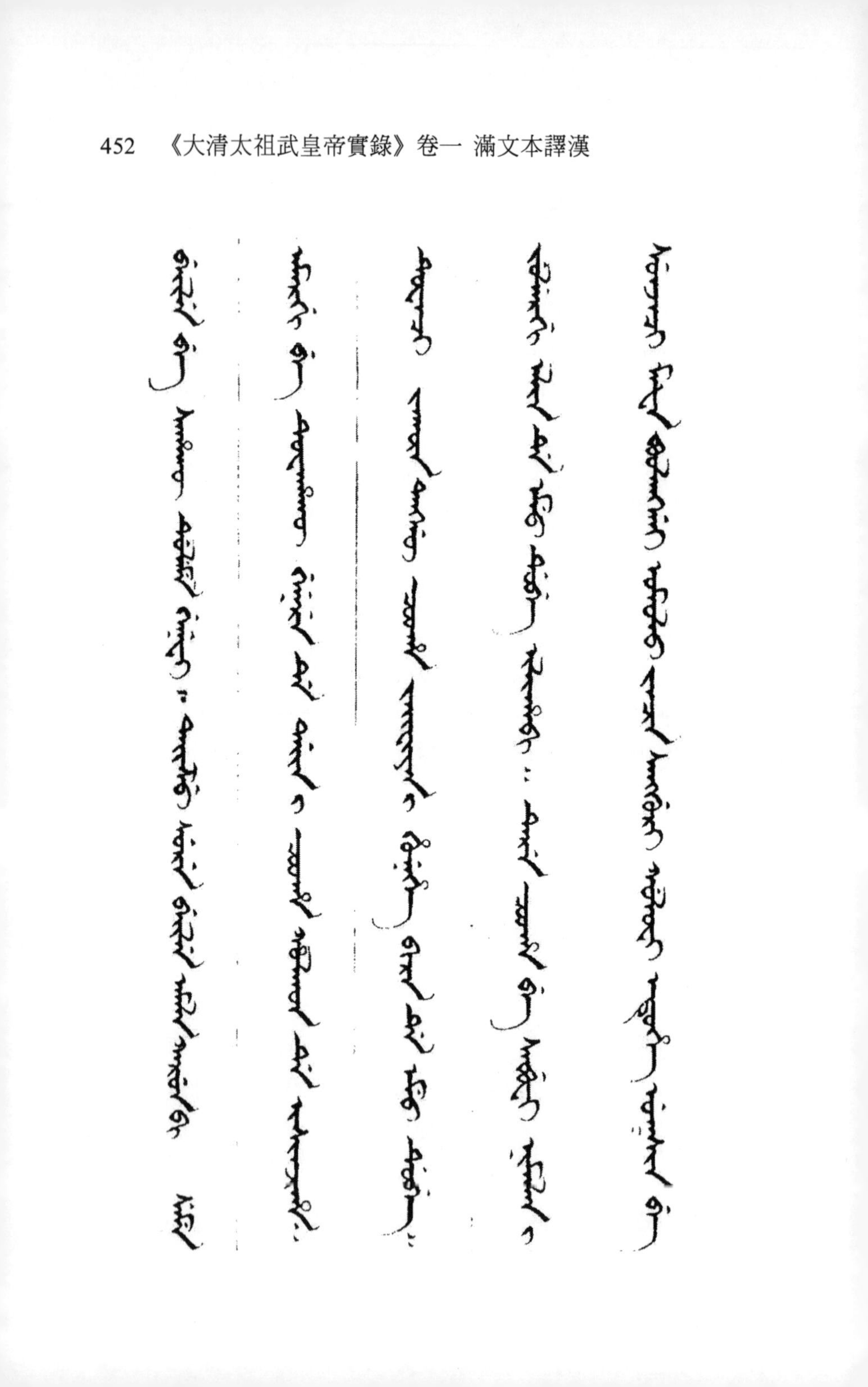

[illegible]

beile be sahakū duleme genefi taidzu sure beile amala karun bi seme amargi be tuwahakū genere de dain i cooha holkon de isinjiha, tuwaci jakūn tanggū cooha jaifiyan i hunehe bira de emu dube, julergi alin de emu dube ilihabi, tere cooha be sabufi nimalan i sunjaci mafa boolanggai omolo jacin sangguri golofi etuhe uksin be

---

不意誤失太祖淑勒貝勒處，太祖淑勒貝勒恃有後哨，亦不深備，不意敵兵忽至，太祖淑勒貝勒見其兵陣於界凡渾河直至南山約八百餘，有尼麻蘭五祖豹郎剛之孫夾陳、桑古里見敵兵，大恐，

不意误失太祖淑勒贝勒处，太祖淑勒贝勒恃有后哨，亦不深备，不意敌兵忽至，太祖淑勒贝勒见其兵阵于界凡浑河直至南山约八百余，有尼麻兰五祖豹郎刚之孙夹陈、桑古里见敌兵，大恐，

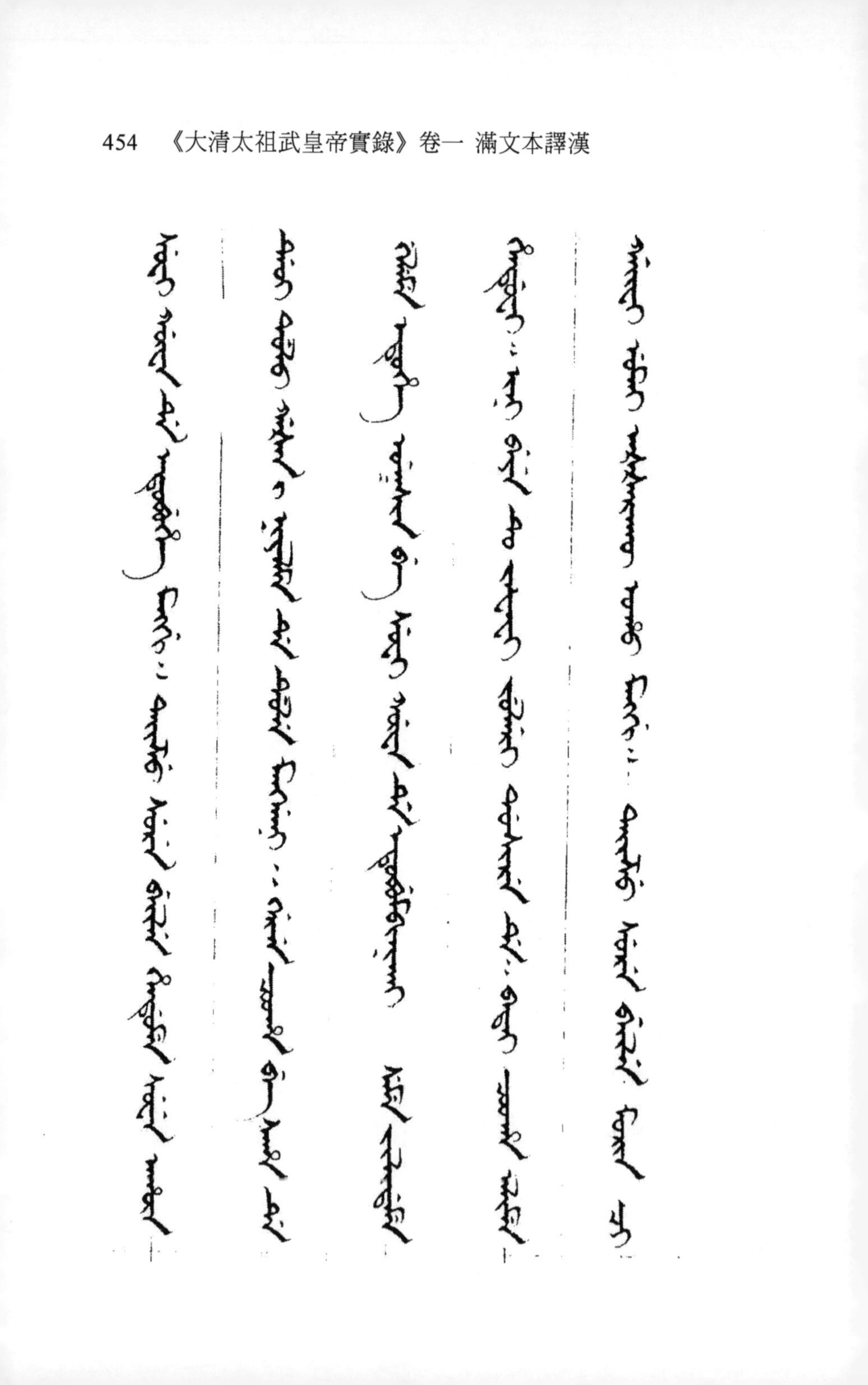

[illegible]

[illegible]

[illegible]

[illegible]

[illegible]

sufi gūwa de etubuhe manggi, taidzu sure beile hendume suwe ahūn deoi dolo gašan i niyalma de dule manggani, geren cooha be saha de geleme etuhe uksin be sufi gūwa de etubumbinikai seme jilidame hendufi, ini beye tu jafafi juleri dosire de, batai cooha alime gaifi umai aššarakū oho manggi, taidzu sure beile morin ci

---

解其甲與人穿。太祖淑勒貝勒怒曰:「汝等兄弟平昔在家，每自稱雄於族中，今見敵兵，何故心怯，解所穿之甲與人穿耶？」言訖，自執旗先進，見敵兵不動，太祖淑勒貝勒遂下馬，

解其甲与人穿。太祖淑勒贝勒怒曰:「汝等兄弟平昔在家，每自称雄于族中，今见敌兵，何故心怯，解所穿之甲与人穿耶？」言讫，自执旗先进，见敌兵不动，太祖淑勒贝勒遂下马，

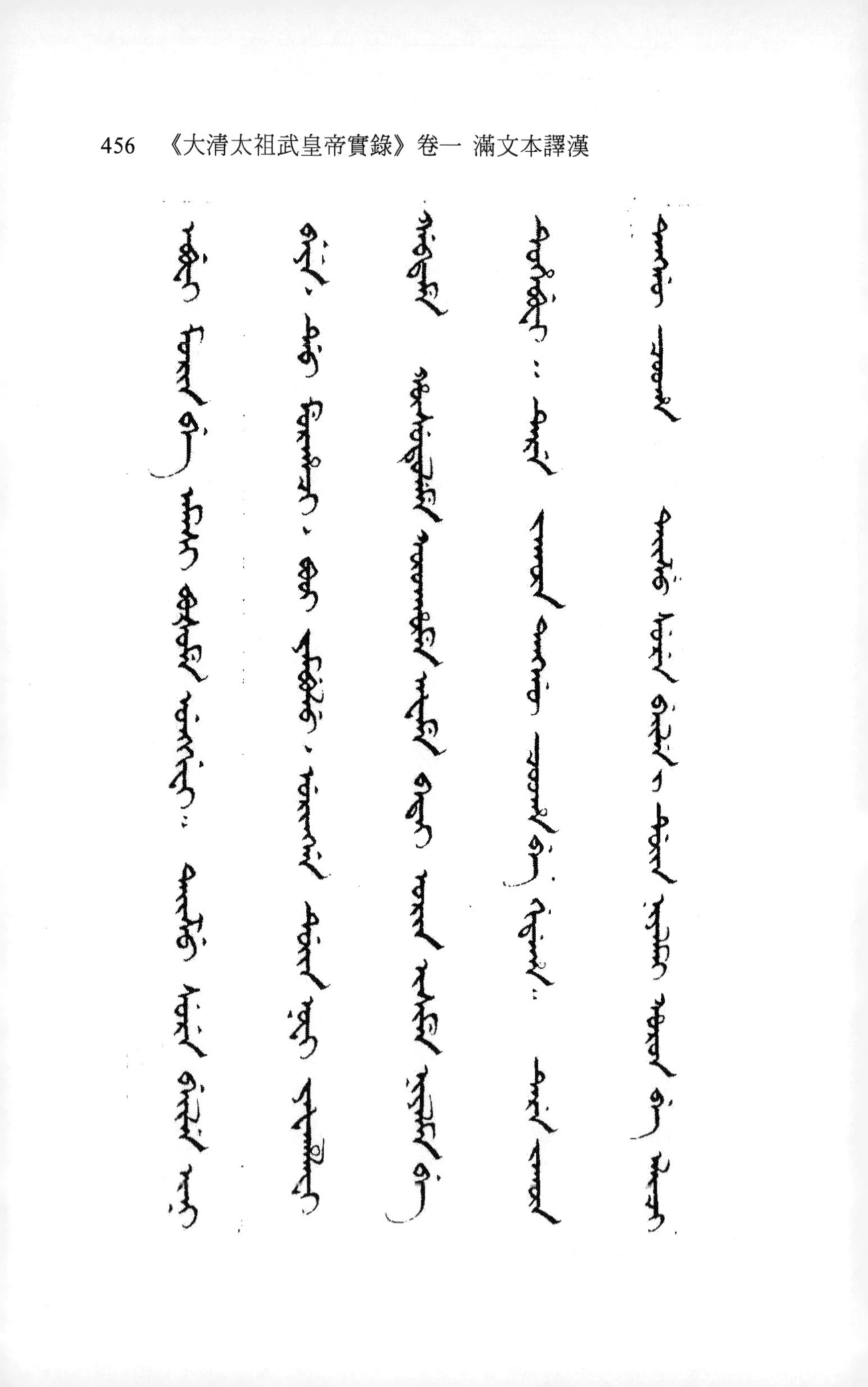

[illegible]

ebufi morin be amasi bošome unggifi, taidzu sure beile ini beye, deo murhaci, booi yambulu, uringga duin nofi yafahalafi gabtame hūsutuleme kūthūme afame batai orin isime niyalma be tuhebufi, tere jakūn tanggū cooha be gidaha, tere jakūn tanggū cooha taidzu sure beile i duin niyalmai horon be alici

將馬逐回，太祖淑勒貝勒自身、弟木兒哈奇、家人楊布祿、鵝凌剛[85]四人，奮勇步射，直入重圍，混殺敵兵二十人，遂敗其兵八百人，其兵八百人不能抵擋太祖淑勒貝勒四人之威，

將馬逐回，太祖淑勒貝勒自身、弟木兒哈奇、家人楊布祿、鵝凌剛[85]四人，奮勇步射，直入重圍，混殺敵兵二十人，遂敗其兵八百人，其兵八百人不能抵擋太祖淑勒貝勒四人之威，

[85] 木兒哈奇、楊布祿、鵝凌剛，滿文讀如"murhaci、yambulu、uringga"，《滿洲實錄》音譯作「穆爾哈齊、延布祿、武凌噶」。

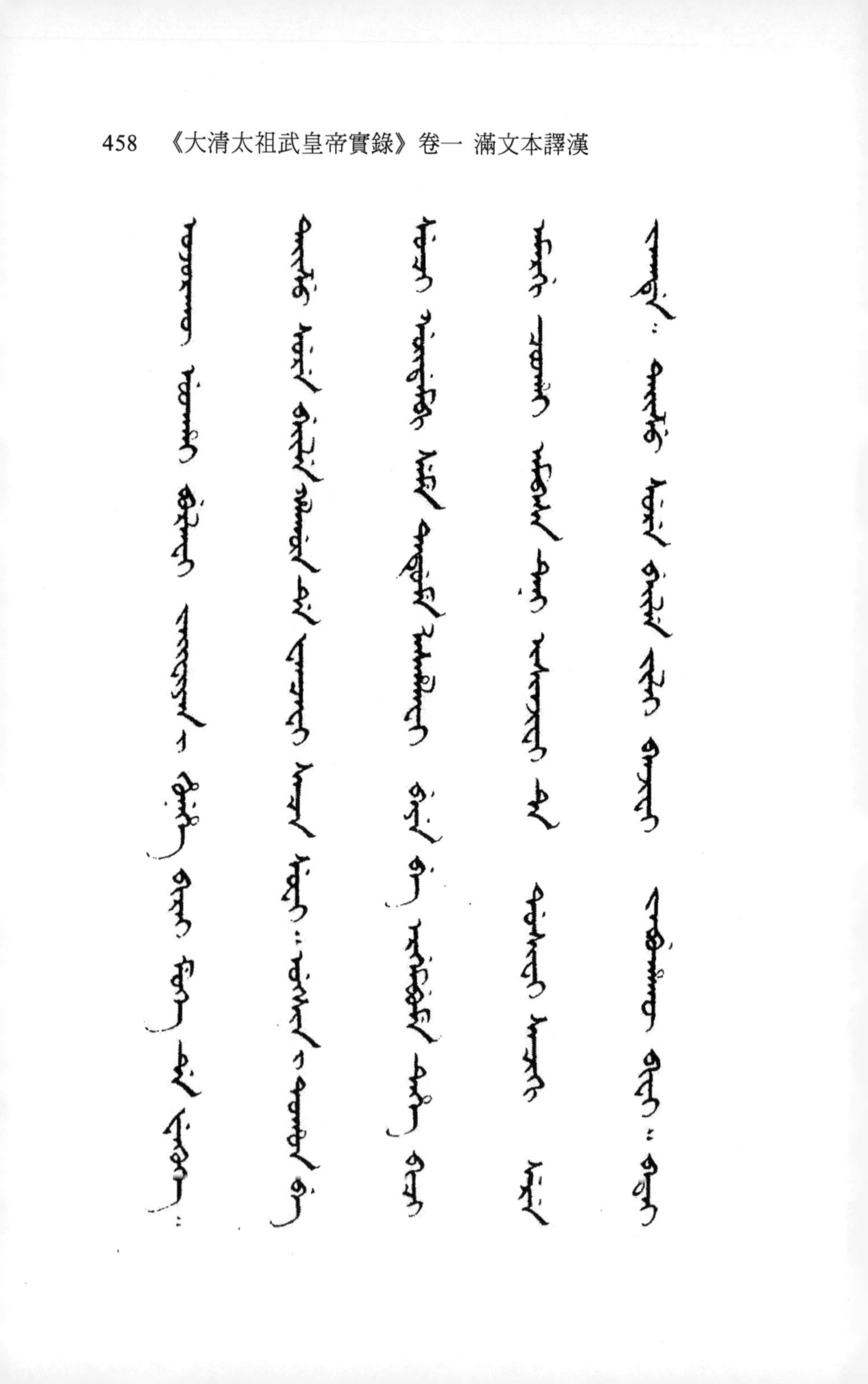

[illegible]

ojorakū uthai burlafi jaifiyan i hunehe birai muke de fekuke, taidzu sure beile halgūn de fancafi saca sufi, uksin i tohon be suci goidambi seme tadume lashalafi beye be ergembume tehe bici amargi coohai ambasa teni isinjifi te dosifi saciki sere jakade, taidzu sure beile jili banjifi jabuhakū bifi, batai

---

皆涉渾河而走。時太祖淑勒貝勒戰酣甚疲，喘息不定，卸其兜鍪，遂解甲不及，以手斷其扣，正憩時，後之兵將方至。衆曰：「今乘此勢，可追殺之。」太祖淑勒貝勒怒而不應，

皆涉浑河而走。时太祖淑勒贝勒战酣甚疲，喘息不定，卸其兜鍪，遂解甲不及，以手断其扣，正憩时，后之兵将方至。众曰：「今乘此势，可追杀之。」太祖淑勒贝勒怒而不应，

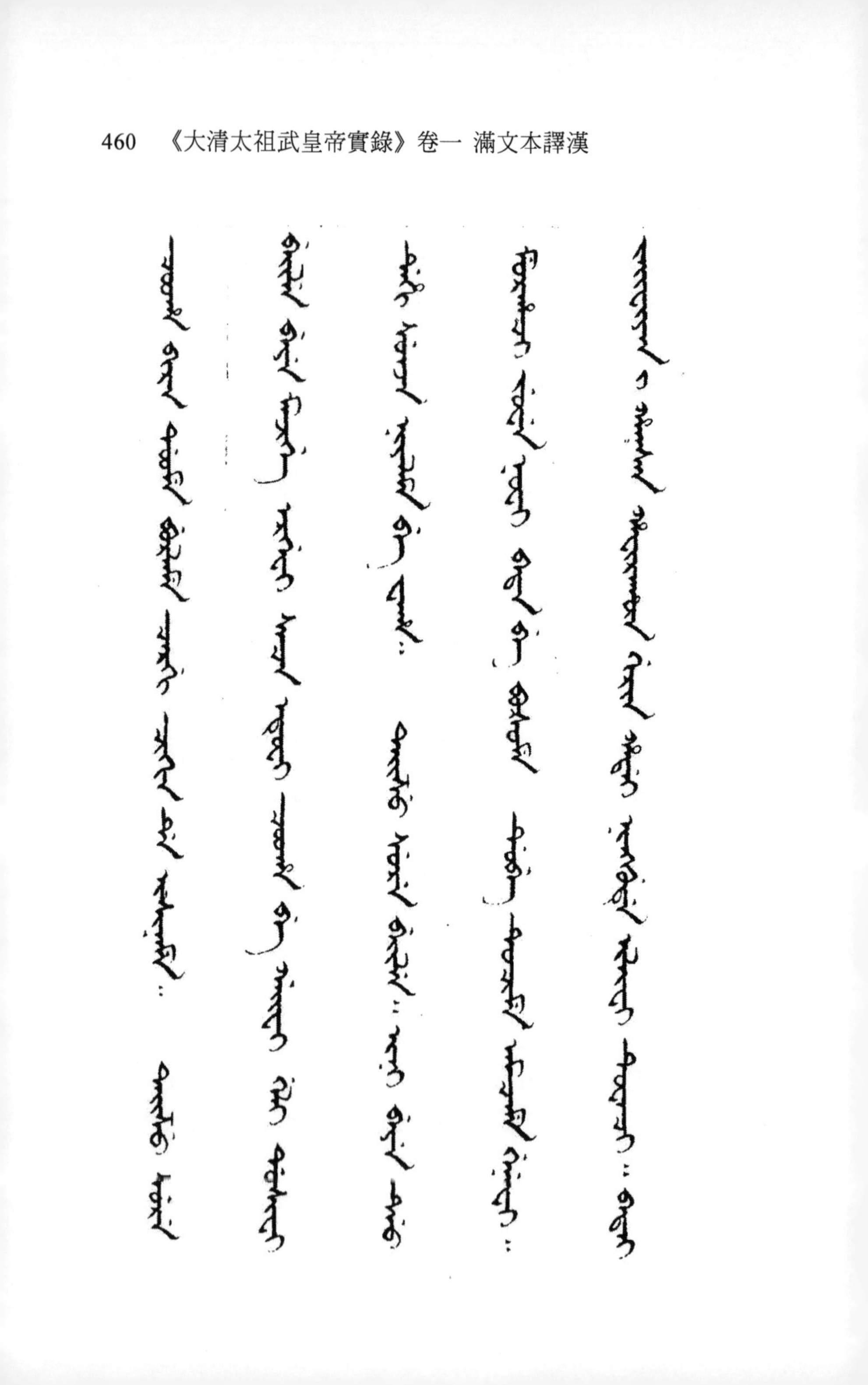

cooha bira doome burlame cargi cikin de isiname, taidzu sure beile beye majige ergefi saca etufi cooha be gaifi geli dosifi dehi sunja niyalma be waha. taidzu sure beile, ini beye deo murhaci juwe nofi bata be bošome dube tucime amcame genefi, jaifiyan i haksan hafirahūn girin hadai ninggude ilifi tuwaci, batai

敵兵已渡渾河敗走至對岸。太祖淑勒貝勒稍息，重整盔甲，又率兵追殺四十五人，太祖淑勒貝勒與弟木兒哈奇追至界凡，有一險隘山名極陵[86]，立於其上，

敵兵已渡渾河敗走至對岸。太祖淑勒貝勒稍息，重整盔甲，又率兵追殺四十五人，太祖淑勒貝勒與弟木兒哈奇追至界凡，有一險隘山名極陵[86]，立於其上，

86 極陵，滿文讀如“girin”，《滿洲實錄》音譯作「吉林」。

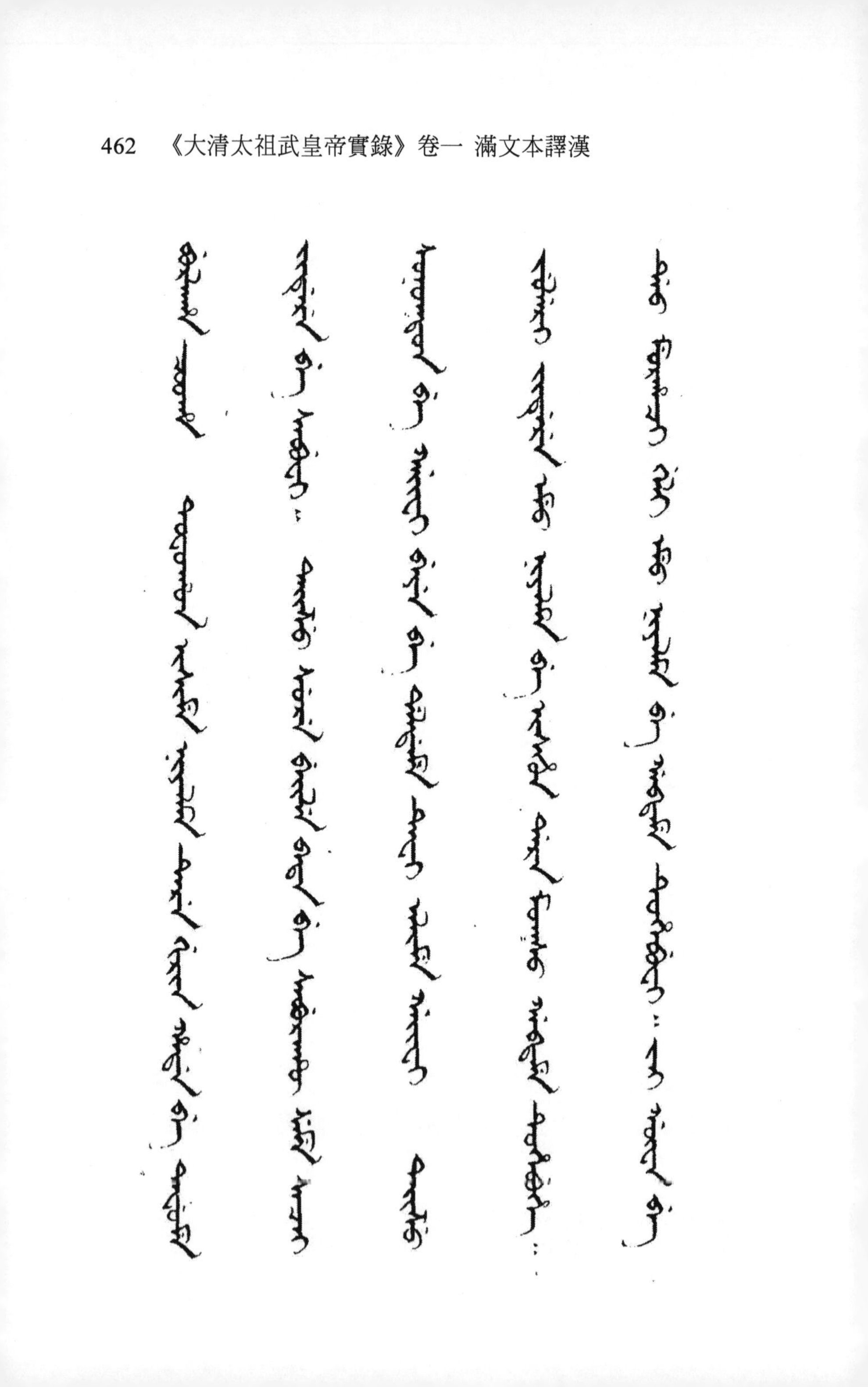

[illegible]

[illegible]

[illegible]

[illegible]

[illegible]

burlaha cooha tofohon isime niyalma tere girin hada be tafume jidere be sabufi, taidzu sure beile bata be saburahū seme sacai sonokton be gaifi beye be daldame tefi alime gaifi taidzu juleri jidere emu niyalma be ishun dara mokso gabtame tuhebuhe, deo murhaci geli emu niyalma be gabtame tuhebufi, jai gūwa be

---

見敗兵十五人，來登極陵山，太祖淑勒貝勒恐敵見之，去其盔纓，隱身而待。太祖先射爲首一人，中其腰撲地，弟木兒哈奇又射死一人，

见败兵十五人，来登极陵山，太祖淑勒贝勒恐敌见之，去其盔缨，隐身而待。太祖先射为首一人，中其腰扑地，弟木儿哈奇又射死一人，

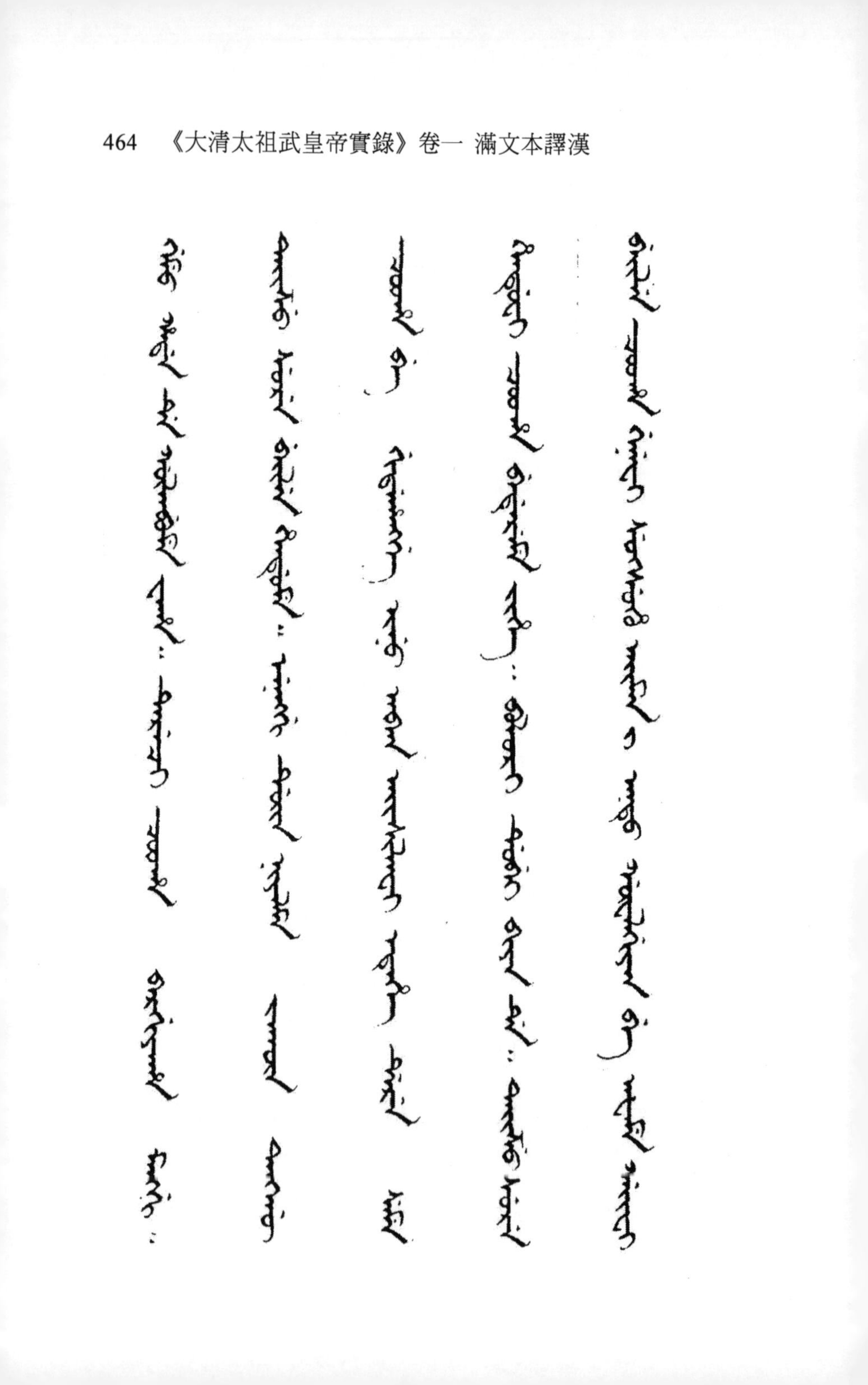

[illegible]

[illegible]

[illegible]

[illegible]

[illegible]

gemu hada de gūlabume waha, tereci cooha bargiyaha manggi, taidzu sure beile hendume, enenggi duin niyalma jakūn tanggū cooha be gidahangge inu abka aisilafi etehe dere seme hendufi cooha bedereme jihe, bolori dubei biya de, taidzu sure beile cooha genefi suksuhu aiman i antu gūwalgiyan be afame gaifi

---

餘皆墜崖而死，太祖淑勒貝勒收兵曰：「今以四人敗兵八百人，實天助之也，全勝而回。」秋九月內，太祖淑勒貝勒率兵往攻蘇蘇河部所屬按兎瓜兒簡寨[87]，

余皆坠崖而死，太祖淑勒贝勒收兵曰：「今以四人败兵八百人，实天助之也，全胜而回。」秋九月内，太祖淑勒贝勒率兵往攻苏苏河部所属按兎瓜儿简寨[87]，

---

87 按兎瓜兒簡寨，滿文讀如“antu gūwalgiyan”，《滿洲實錄》音譯作「安圖瓜爾佳寨」。

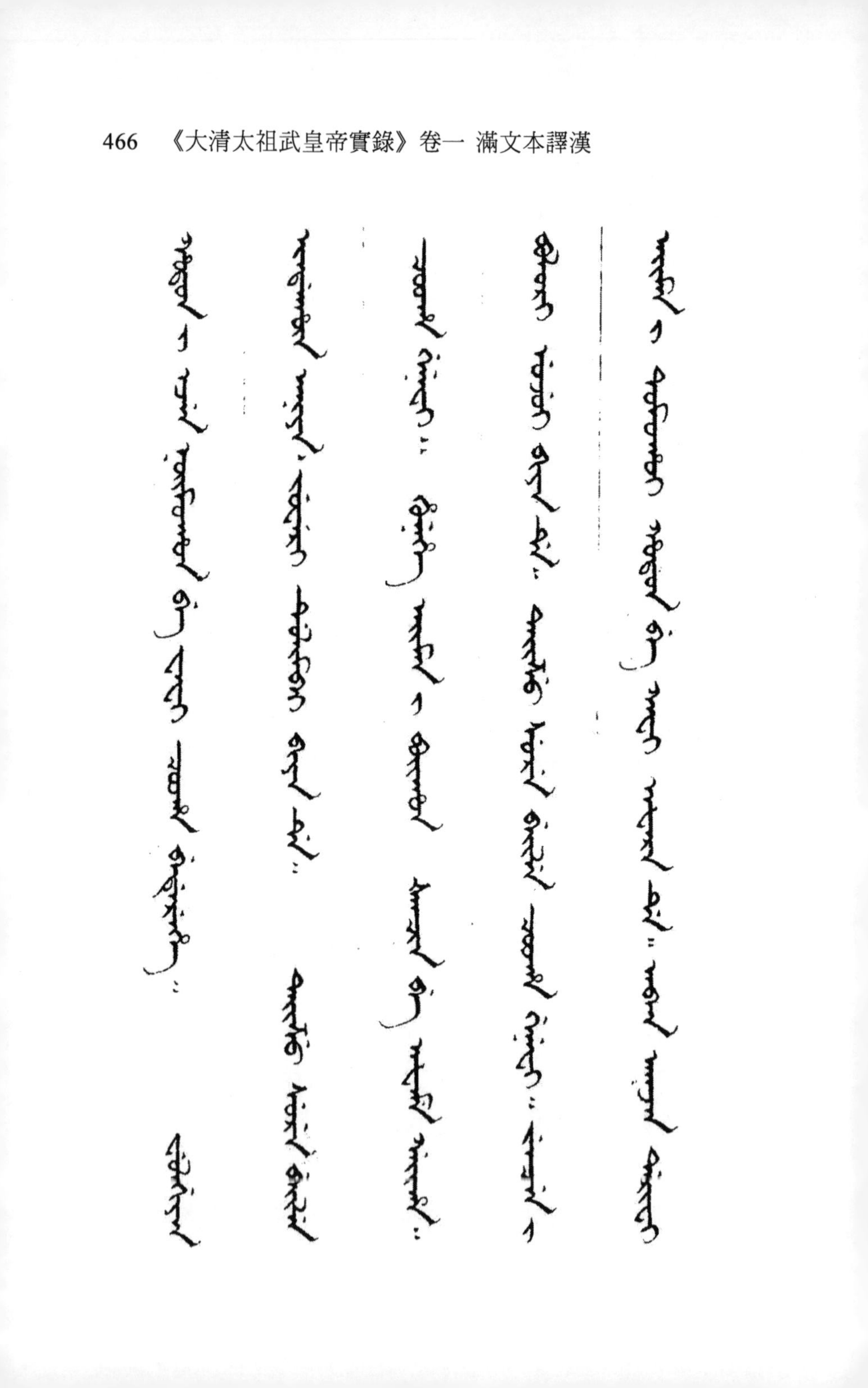

hoton i ejen noimohon be wafi cooha bederehe, fulgiyan indahūn aniya, juwari dulimbai biya de, taidzu sure beile cooha genefi, hunehe aiman i boihon šancin be afame gaiha, bolori ujui biya de, taidzu sure beile cooha genefi, jecen i aiman i tomohoi hoton be kafi afara de, abka akjan darifi

破之，殺其城主內莫昏而回兵，丙戌年，夏五月，太祖淑勒貝勒出兵，攻克渾河部所屬播一混山城[88]。太祖淑勒貝勒率兵環攻折陳部所屬托木河城，

破之，杀其城主内莫昏而回兵，丙戌年，夏五月，太祖淑勒贝勒出兵，攻克浑河部所属播一混山城[88]。太祖淑勒贝勒率兵环攻折陈部所属托木河城，

[88] 播一混山城，滿文讀如"bolhon šancin"，《滿洲實錄》音譯作「貝歡寨」。

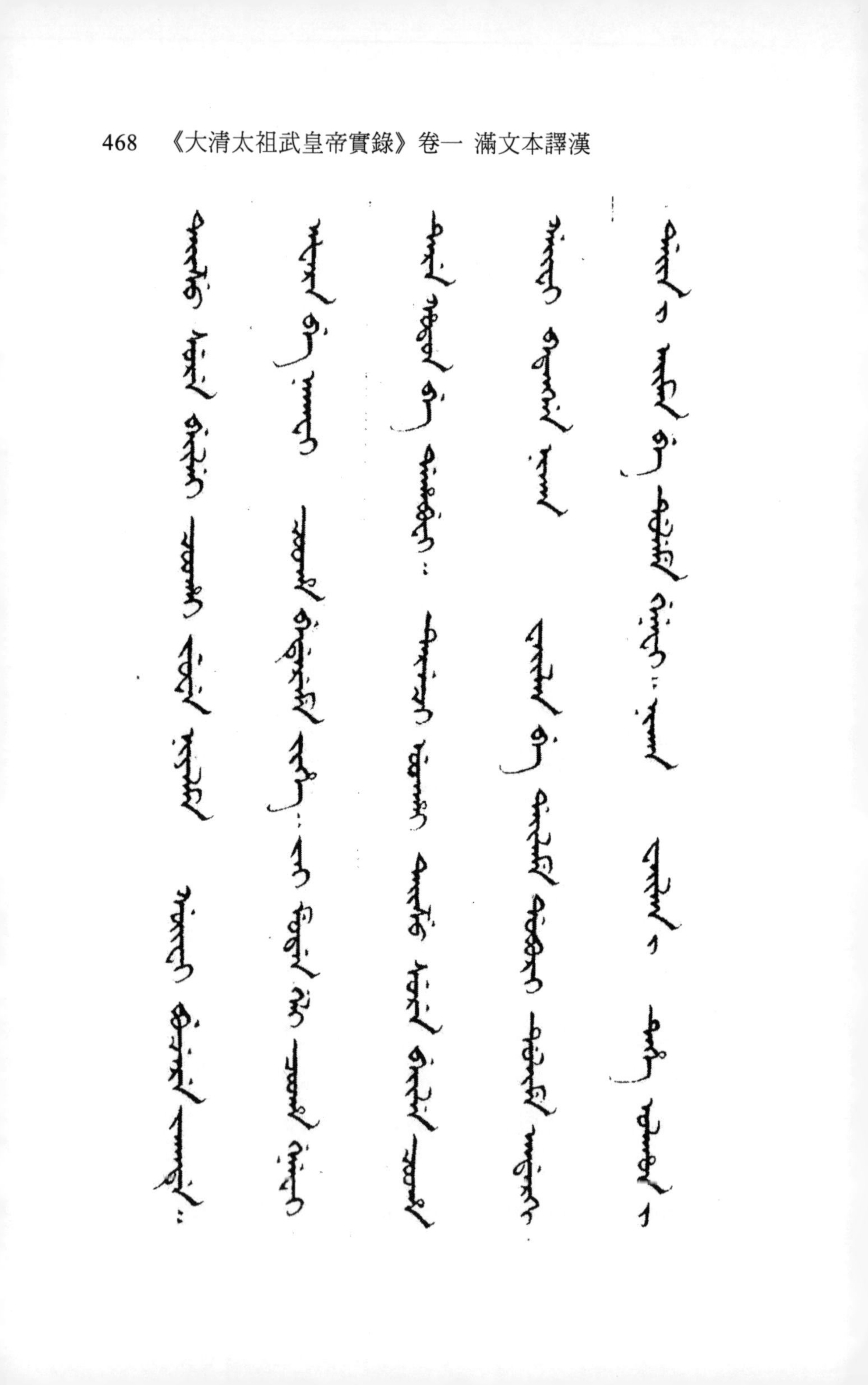

[illegible]

[illegible]

[illegible]

[illegible]

[illegible]

taidzu sure beilei coohai juwe niyalma goifi bucere jakade, afara be nakafi cooha bedereme jihe, jai mudan geli cooha genefi tere hoton be dahabufi, tereci uthai taidzu sure beile cooha gaifi batangga nikan wailan be dailame dobori dulime andarki dain i aiman be duleme genefi, nikan wailan i tehe olhon i

---

時暴雷擊死太祖淑勒貝勒兵二人，遂罷攻而回。後復率兵招服其城。太祖淑勒貝勒乘便率兵往攻讐人尼康外郎，沿途諸部，皆是讐敵，星夜越進，

时暴雷击死太祖淑勒贝勒兵二人，遂罢攻而回。后复率兵招服其城。太祖淑勒贝勒乘便率兵往攻雠人尼康外郎，沿途诸部，皆是雠敌，星夜越进，

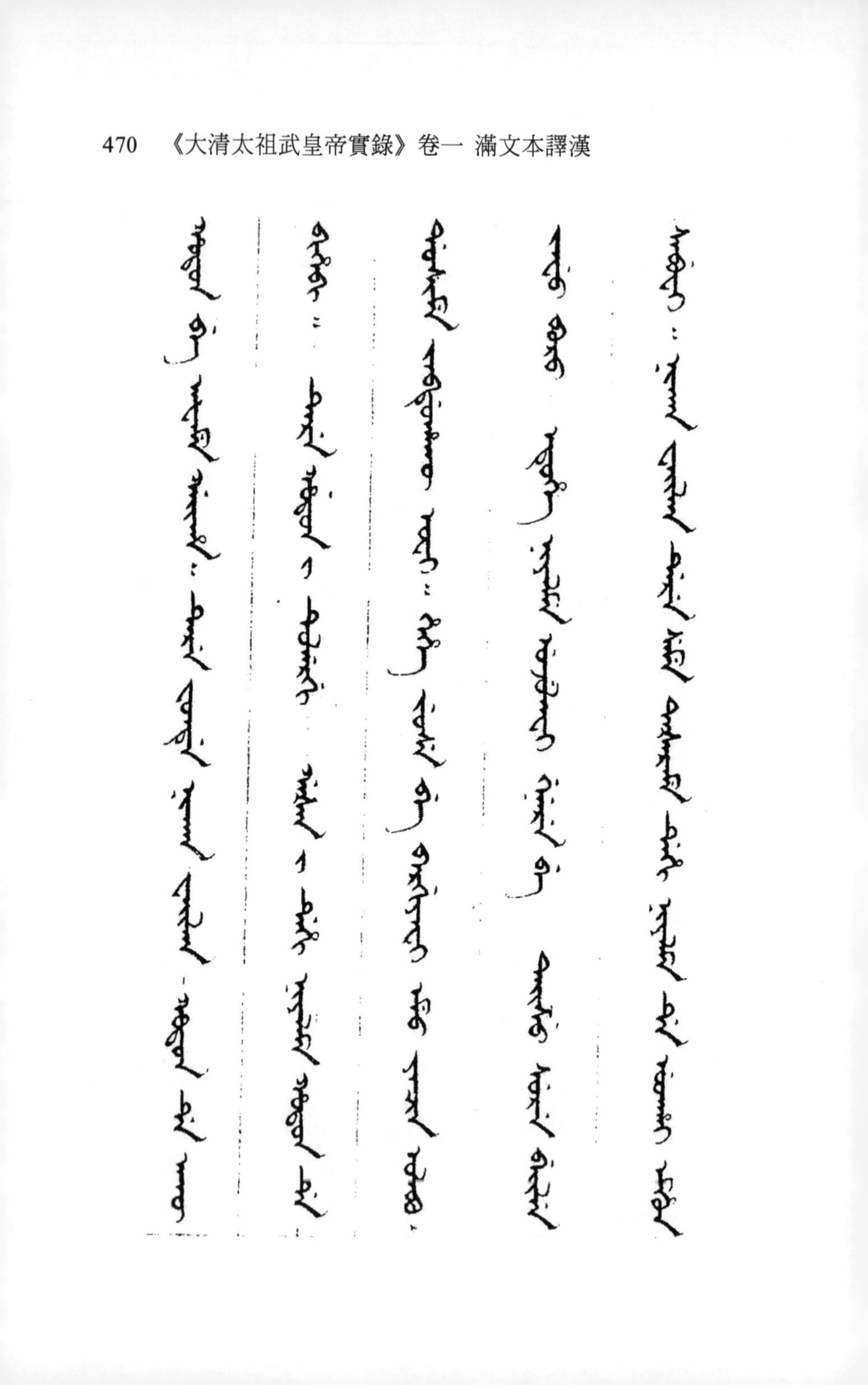

hoton be afame gaiha, tere fonde nikan wailan hoton de akū bihebi, tere hoton i tulergi gašan i dehi niyalma hoton de dosime jabduhakū ofi, hehe juse be bargiyafi emu yacin olbo, jafu boro etuhe niyalma ujulafi genere be taidzu sure beile sabufi, nikan wailan dere seme tašarame dehi niyalma de uthai emhūn

---

攻尼康外郎所居鵝兒渾城，時尼康外郎不在城中。初城外有四十餘人，不及進城，帶妻子逃走，爲首一人，穿青綿甲，帶氈帽，太祖淑勒貝勒見之，疑是尼康外郎，即單身直入四十人中，

攻尼康外郎所居鹅儿浑城，时尼康外郎不在城中。初城外有四十余人，不及进城，带妻子逃走，为首一人，穿青绵甲，带毡帽，太祖淑勒贝勒见之，疑是尼康外郎，即单身直入四十人中，

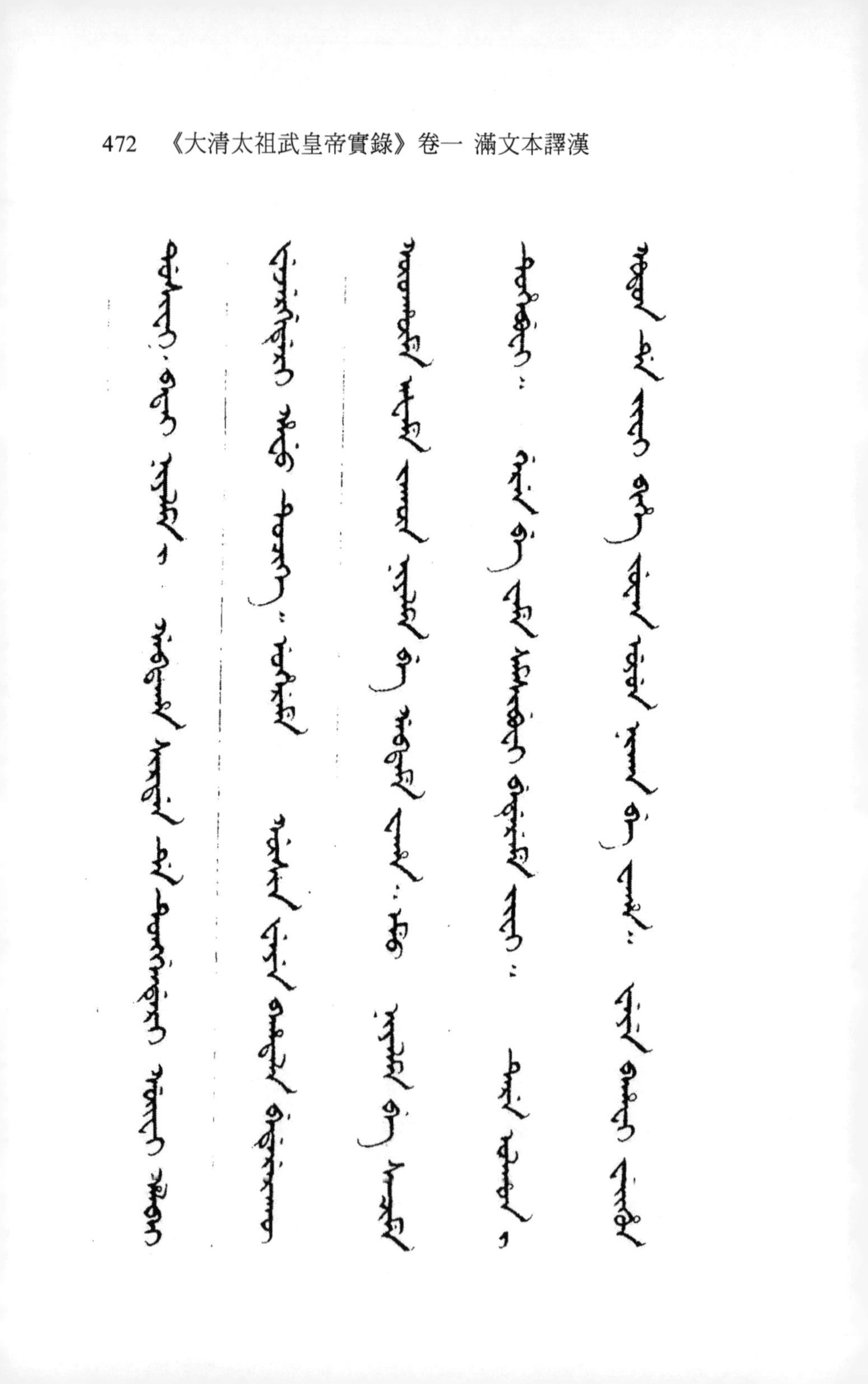

[illegible]

[illegible]

[illegible]

[illegible]

[illegible]

dosifi, batai niyalma i gabtaha sirdan de tunggenderi goifi halbai fejergideri hafu tucike, uhereme gūsin feye bahatala bedererakū kūthūme afame jakūn niyalma be gabtame waha, emu niyalma be sacime tuhebufi, geren be wame samsibufi bedereme jifi, tere olhon i hoton de jifi bihe juwan uyun nikan be waha, feye bahafi weihun

---

敵人內一人箭射太祖淑勒貝勒胸旁，從肩後露鏃，共中傷三十處，猶不退怯，奮勇射死八人，復斬一人，餘衆皆散，鵝兒渾城內有漢人十九名，亦殺之，

敌人内一人箭射太祖淑勒贝勒胸旁，从肩后露镞，共中伤三十处，犹不退怯，奋勇射死八人，复斩一人，余众皆散，鹅儿浑城内有汉人十九名，亦杀之，

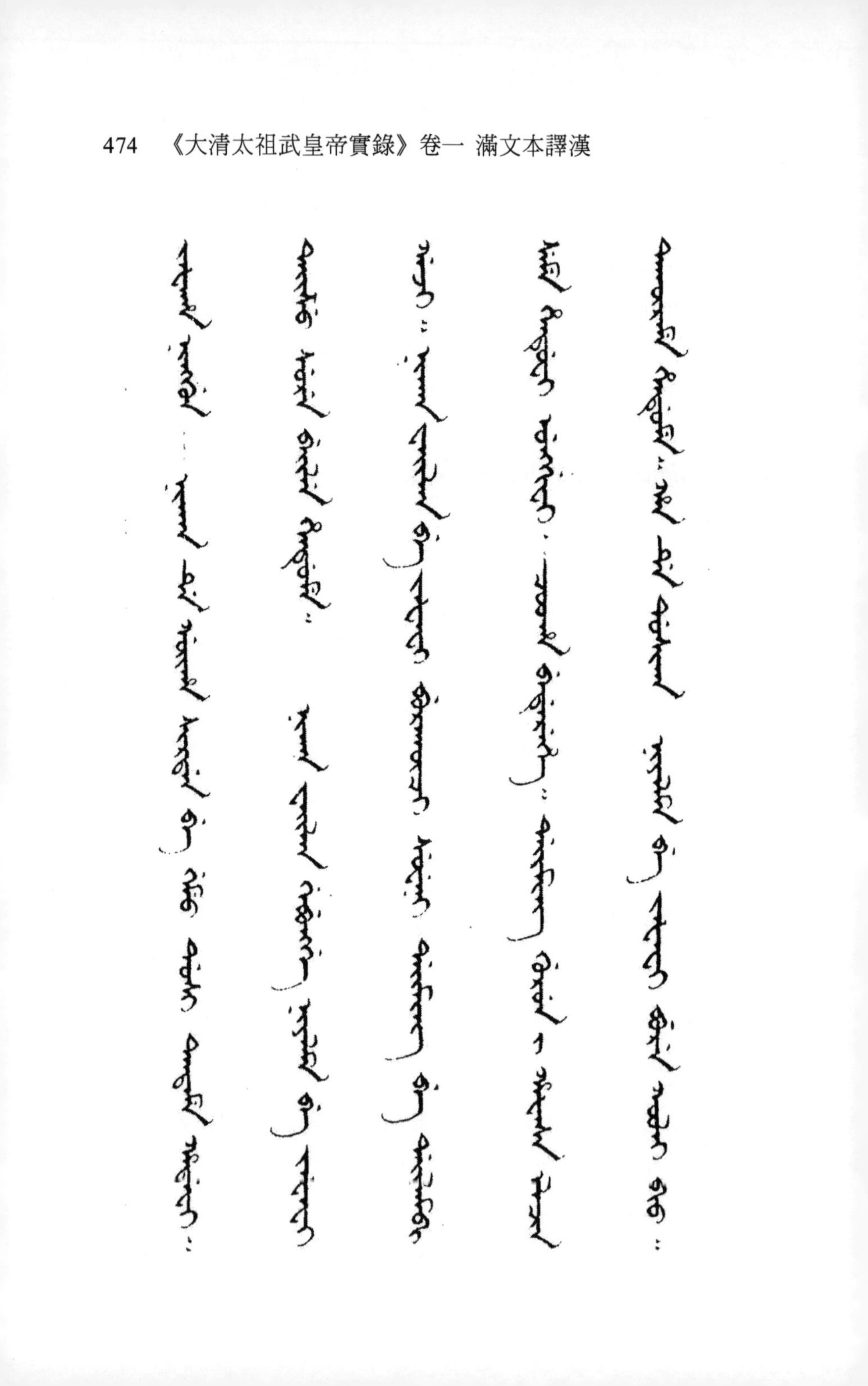

[illegible]

[illegible]

[illegible]

[illegible]

[illegible]

jafaha ninggun nikan de goiha sirdan be gemu dosi tantame hadafi, taidzu sure beile hendume, nikan wailan gebungge niyalma be jafafi gaji, nikan wailan be jafafi burakūci suweni daiming be dailambi seme hendufi unggifi, cooha bederehe, daiming gurun i hafasa elcin takūame hendume, han de dosika niyalma be jafafi bure kooli bio,

---

又活捉中箭傷者六人，太祖淑勒貝勒復深入其箭，令帶箭前往明朝傳信，可將名尼康外郎之人解來，若不將尼康外郎解來，我必征汝大明矣，遂回兵。大明國官遣使言，既入漢境之人，豈有送出之理？

又活捉中箭伤者六人，太祖淑勒贝勒复深入其箭，令带箭前往明朝传信，可将名尼康外郎之人解来，若不将尼康外郎解来，我必征汝大明矣，遂回兵。大明国官遣使言，既入汉境之人，岂有送出之理？

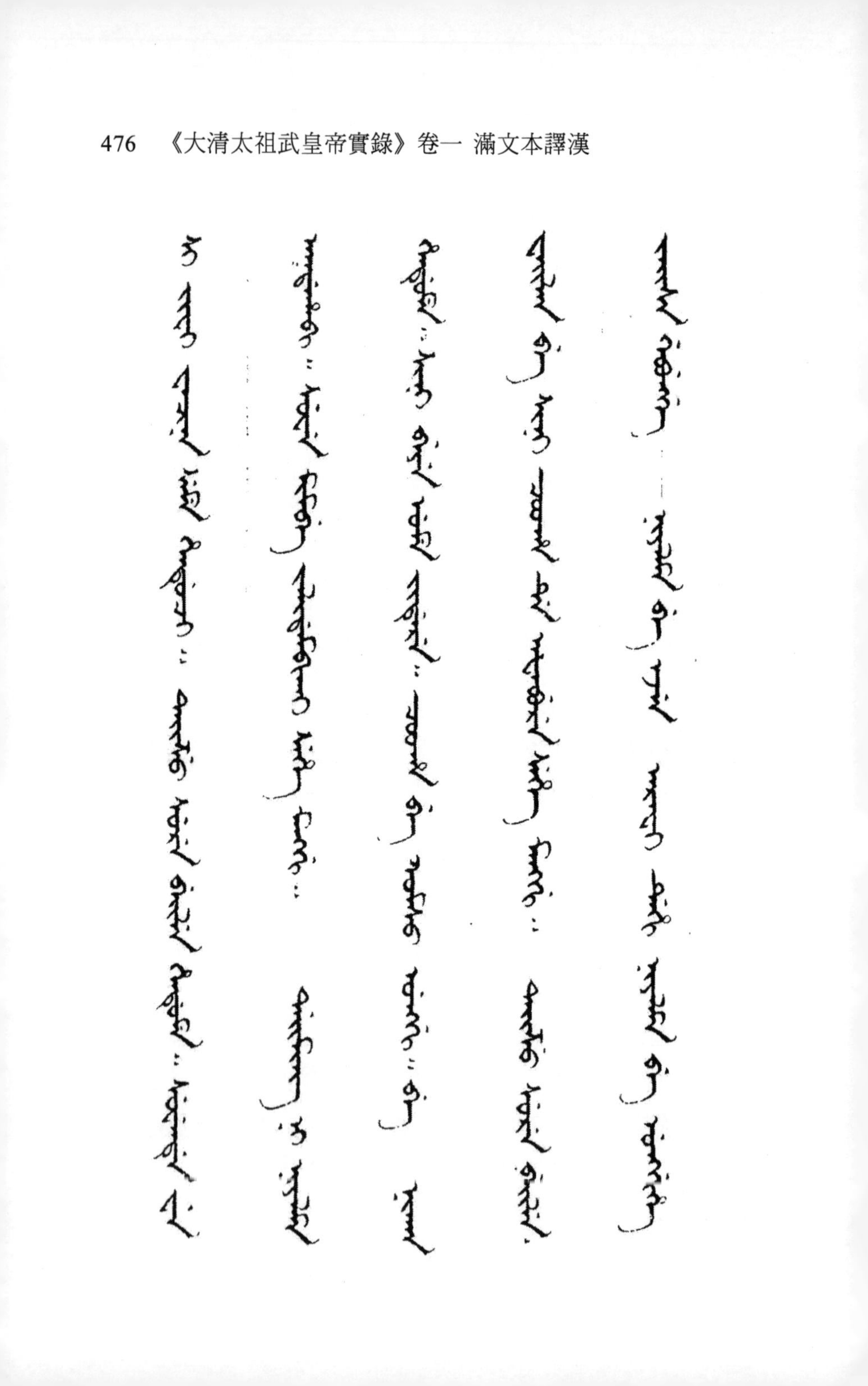

[illegible]

[illegible]

[illegible]

[illegible]

[illegible]

si jifi wacina seme henduci, taidzu sure beile hendume, suwende we akdahabi, suwe mimbe jalidambikai sehe manggi, daiming ni niyalma hendume, sini beye ume jidere, cooha be komso unggi, be nikan wailan be sini cooha de afabure sehe manggi. taidzu sure beile, jaisa gebungge niyalma be ejen arafi dehi niyalma be unggihe

---

爾可自來殺之。太祖淑勒貝勒曰：「汝言不足信，莫非誘我入耶？」使者又言，若不親往，可少遣兵去，即將尼康外郎與汝兵。太祖淑勒貝勒令戒沙[89]爲主帶四十人往大明，

尔可自来杀之。太祖淑勒贝勒曰：「汝言不足信，莫非诱我入耶？」使者又言，若不亲往，可少遣兵去，即将尼康外郎与汝兵。太祖淑勒贝勒令戒沙[89]为主带四十人往大明，

---

[89] 戒沙，滿文讀如"jaisa"，《滿洲實錄》音譯作「齋薩」。

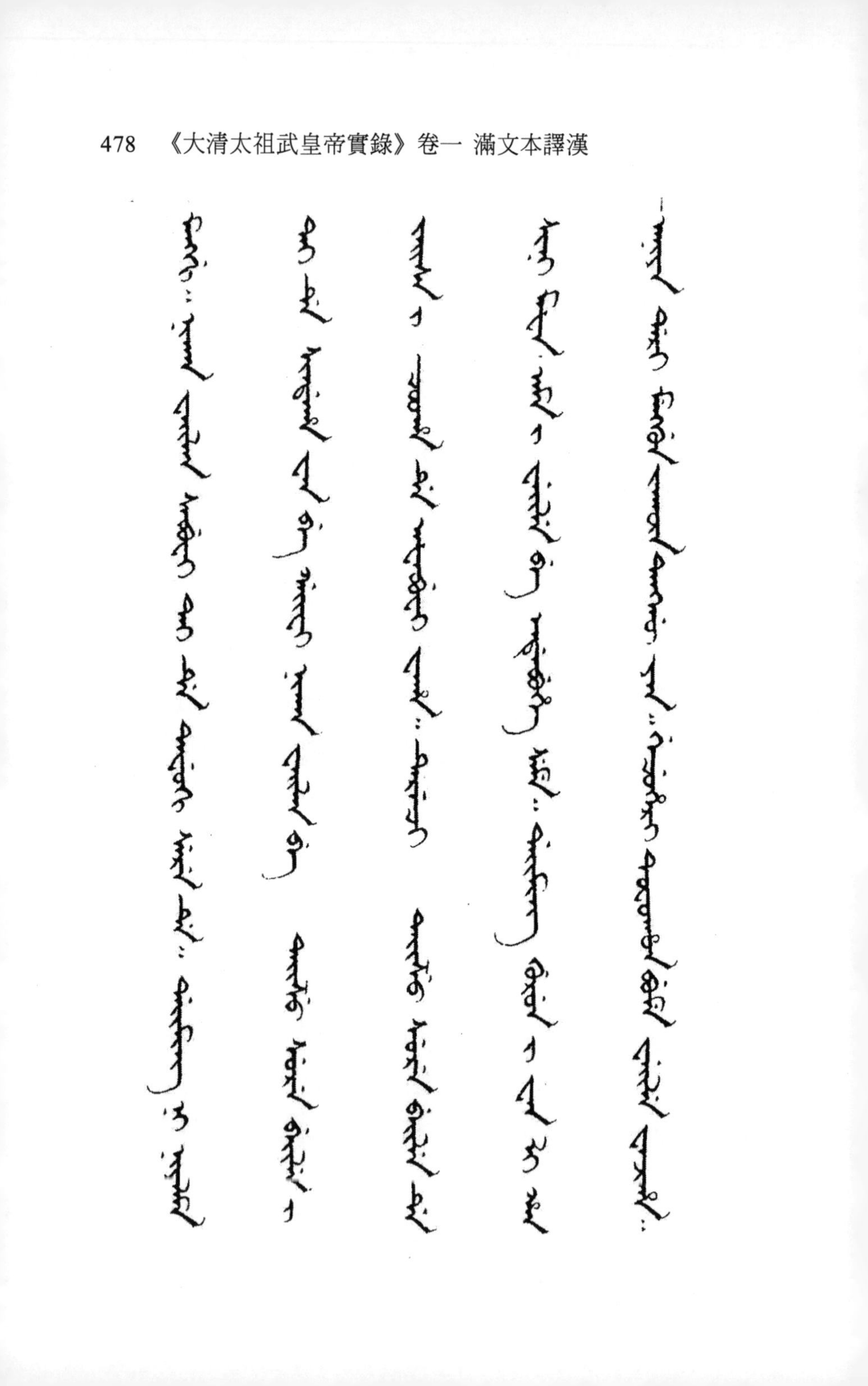

manggi, nikan wailan sabufi tai de tafuki sere de, daiming ni niyalma tai de sindaha wan be gaifi nikan wailan be taidzu sure beile i jaisa i cooha de afabufi waha, tereci taidzu sure beile de sini mafa ama i weile be endebuhe seme, daiming gurun i wan li han aniya dari menggun jakūn tanggū yan, gecuheri tofohon bume weile wajiha.

及至，尼康外郎一見，即欲登臺趨避，而臺上大明人已去其梯，尼康外郎遂被太祖淑勒貝勒戒沙兵斬之而回。大明國萬曆帝因前誤殺太祖淑勒貝勒父祖，每年與銀八百兩，蟒緞十五疋，以了其事。

及至，尼康外郎一见，即欲登台趋避，而台上大明人已去其梯，尼康外郎遂被太祖淑勒贝勒戒沙兵斩之而回。大明国万历帝因前误杀太祖淑勒贝勒父祖，每年与银八百两，蟒缎十五疋，以了其事。

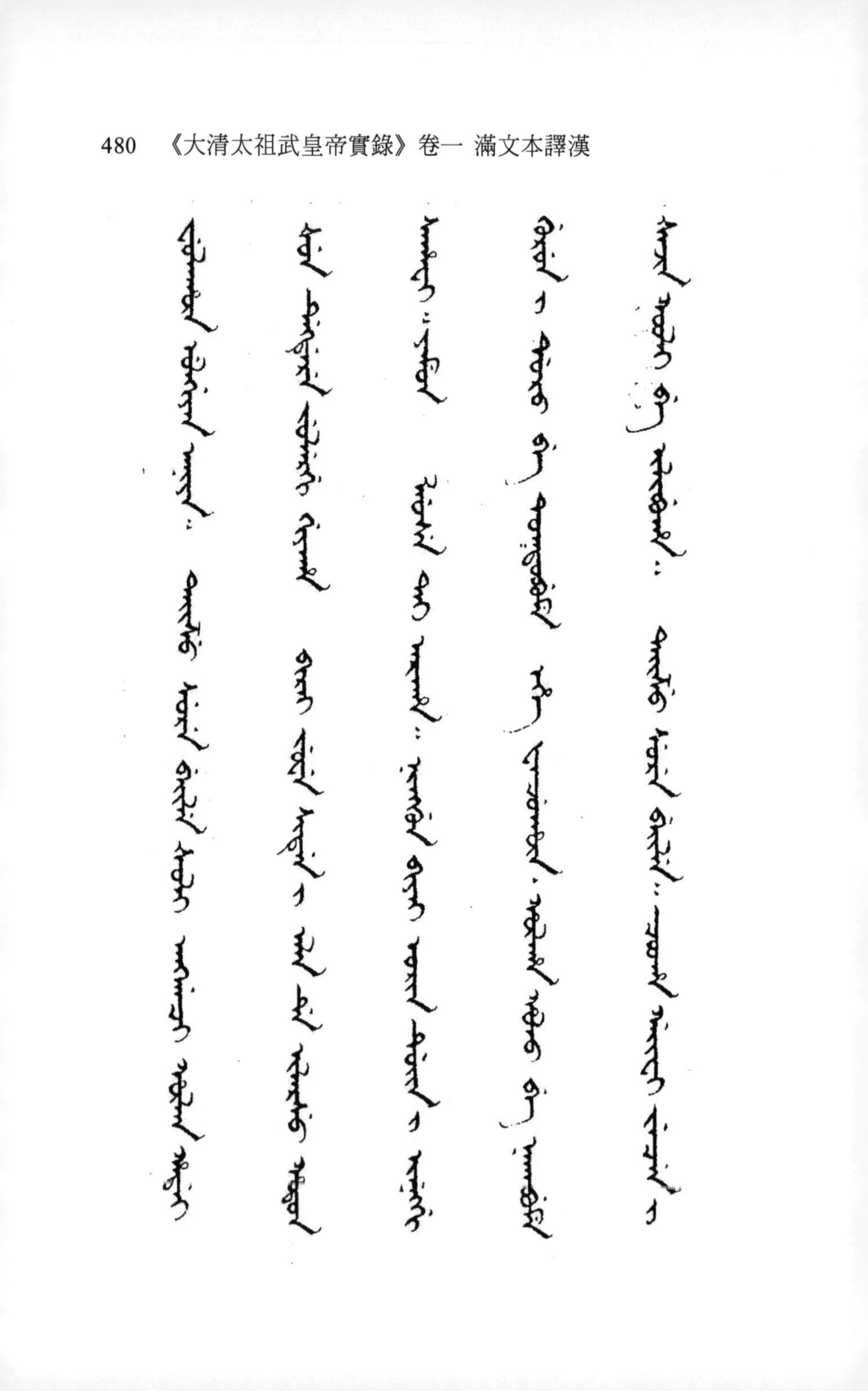

[illegible]

[illegible]

[illegible]

[illegible]

[illegible]

fulahūn ulgiyan aniya, taidzu sure beile šoli anggaci hūlan hadai šun dekdere julergi giyaha bira juwe siden i ala de ilarsu hoton sahafi, yamun leose tai araha, ninggun biyai orin duin i inenggi gunun i doro be toktobume ehe facuhūn, hūlha holo be nakabume šajin kooli be ilibuha, taidzu sure beile, cooha gaifi jecen i

---

丁亥年，太祖淑勒貝勒於首里口虎攔哈達[90]下東南河二道：一名夾哈河；一名首里河，夾河中一平山，築城三層，啓建樓臺。六月二十四日，定國政，凡作亂竊盜欺詐，悉行嚴禁。太祖淑勒貝勒率兵

丁亥年，太祖淑勒贝勒于首里口虎拦哈达[90]下东南河二道：一名夹哈河；一名首里河，夹河中一平山，筑城三层，启建楼台。六月二十四日，定国政，凡作乱窃盗欺诈，悉行严禁。太祖淑勒贝勒率兵

---

90 首里口虎攔哈達，滿文讀如“šoli anggaci hūlan hada”，《滿洲實錄》音譯作「碩里口呼蘭哈達」。

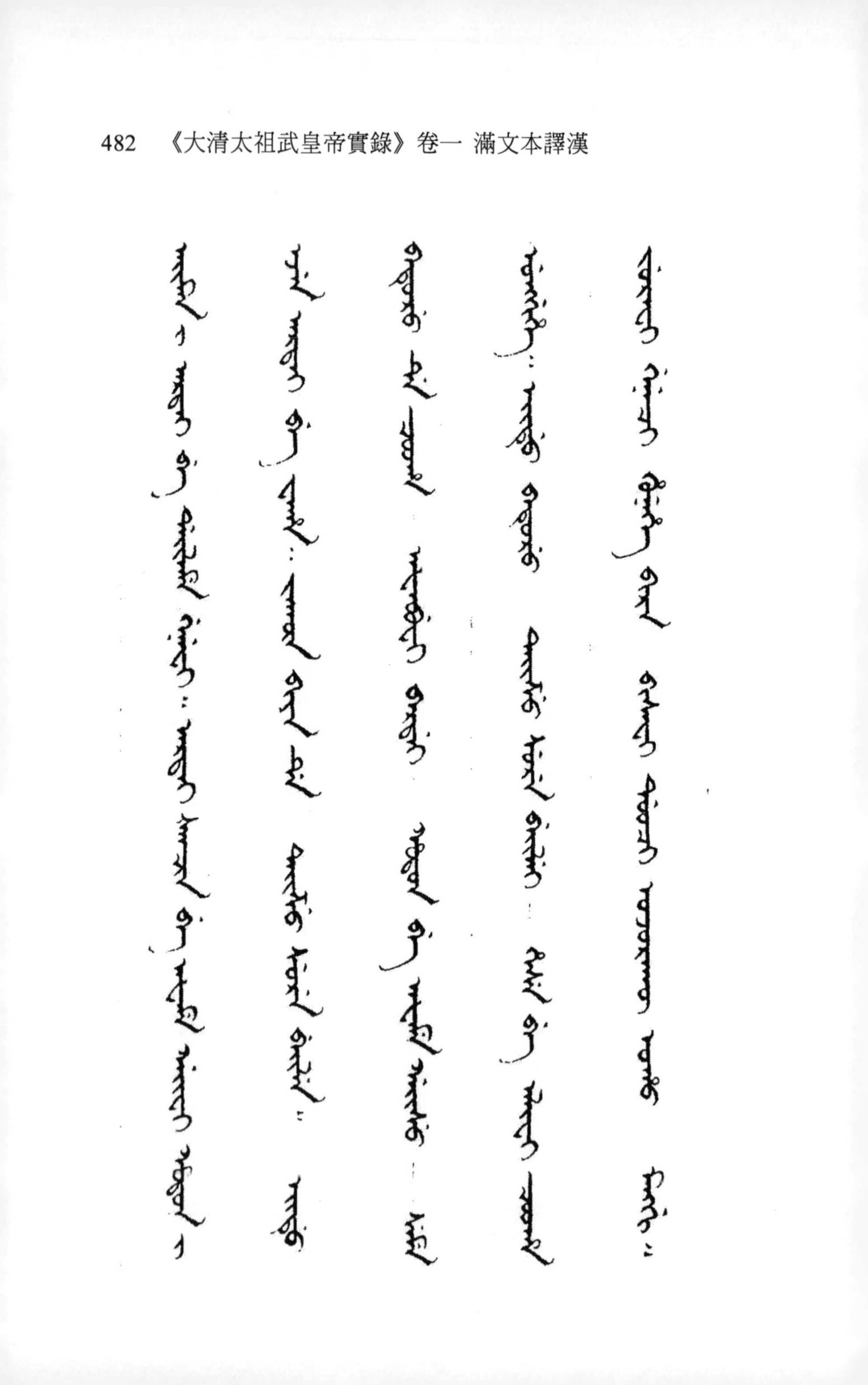

[illegible]

[illegible]

[illegible]

[illegible]

[illegible]

[illegible]

aiman i artai be dailame genefi, artai šancin be afame gaifi hoton i ejen artai be waha. jakūn biya de taidzu sure beile, eidu baturu de cooha afabufi bardai hoton be afame gaisu seme unggihe, eidu baturu taidzu sure beilei hese be alifi cooha jurafi geneci hunehe bira bisafi dooci ojorakū oho manggi,

---

征折陳部阿兒太，尅其山城，殺城主阿兒太。八月內，太祖淑勒貝勒令厄一都把土魯[91]領兵攻取巴里代城，厄一都承太祖淑勒貝勒之命領兵啓程前進至渾河，因水氾漲不能渡，

征折陈部阿儿太，克其山城，杀城主阿儿太。八月内，太祖淑勒贝勒令厄一都把土鲁[91]领兵攻取巴里代城，厄一都承太祖淑勒贝勒之命领兵启程前进至浑河，因水泛涨不能渡，

---

[91] 厄一都把土魯，滿文讀如“eidu baturu”，《滿洲實錄》音譯作「額亦都巴圖魯」。

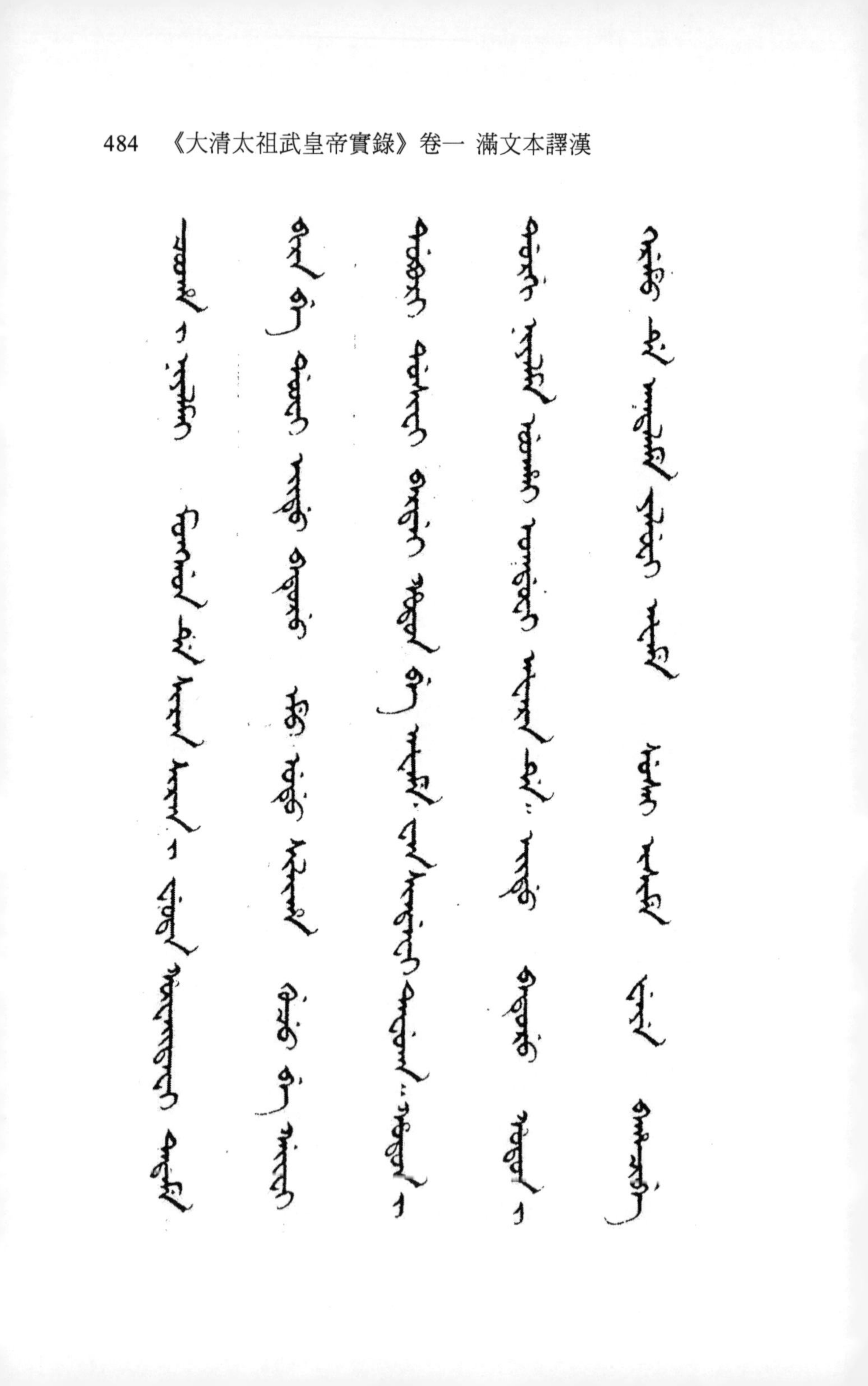

cooha i niyalmai monggon de siran siran i futa hūwaitafi tatame bira be doofi eidu baturu emu udu siliha gucu be gaifi dobori dosifi bardai hoton be afame, wan sindafi tafuka, hoton i dorgi niyalma uthai okdofi afara de, eidu baturu hoton i keremu de aktalame yalufi afame susai isime feye bahacibe

---

遂以繩連軍士之頸，拽而渡河，厄一都把土魯領壯士數人，入夜後進攻巴里代城，豎梯攻之，及登城，城上之人迎敵。厄一都把土魯跨坐城堞而戰，中傷約五十處，

遂以绳连军士之颈，拽而渡河，厄一都把土鲁领壮士数人，入夜后进攻巴里代城，竖梯攻之，及登城，城上之人迎敌。厄一都把土鲁跨坐城堞而战，中伤约五十处，

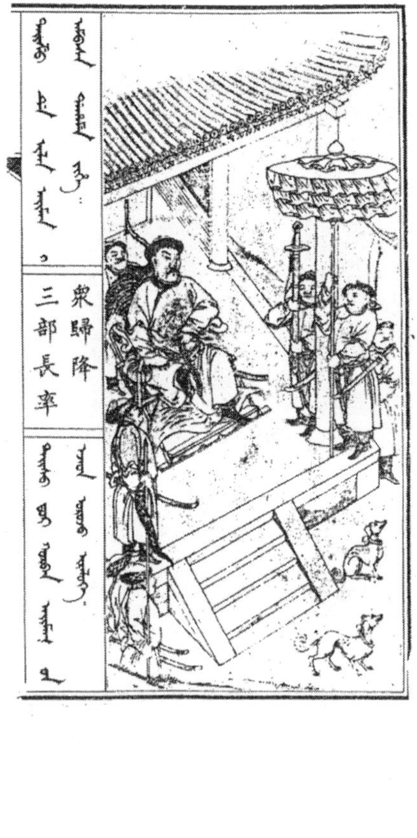
三部長率眾歸降

十七、締結姻親

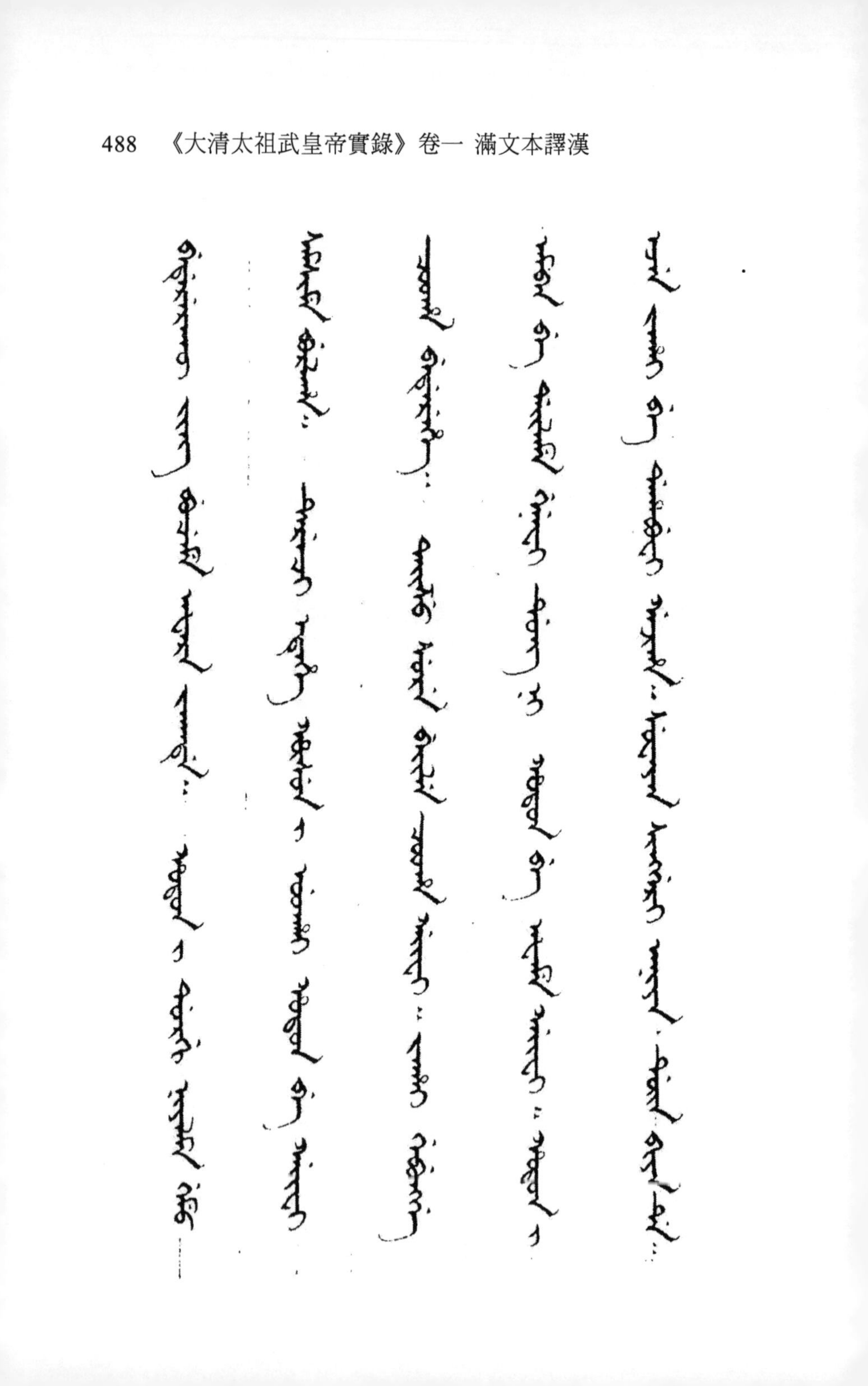

bedererakū jing buceme afara jakade, hoton i dorgi niyalma gemu samsime burlaha, tereci etehe hūsun i uthai hoton be gaifi cooha bederehe, taidzu sure beile cooha gaifi, jahai gebungge amban be dailame genefi dung ni hoton be afame gaifi, hoton i ejen jahai be dahabufi gajiha, suwayan singgeri aniya, duin biya de,

---

猶死戰不退，城中人遂皆潰走，即乘勢取其城而回。太祖淑勒貝勒領兵往攻甲海[92]大臣，尅洞城，降其城主甲海而回。戊子年四月，

犹死战不退，城中人遂皆溃走，即乘势取其城而回。太祖淑勒贝勒领兵往攻甲海[92]大臣，克洞城，降其城主甲海而回。戊子年四月，

---

92 甲海，滿文讀如“jahai”，《滿洲實錄》音譯作「扎海」。

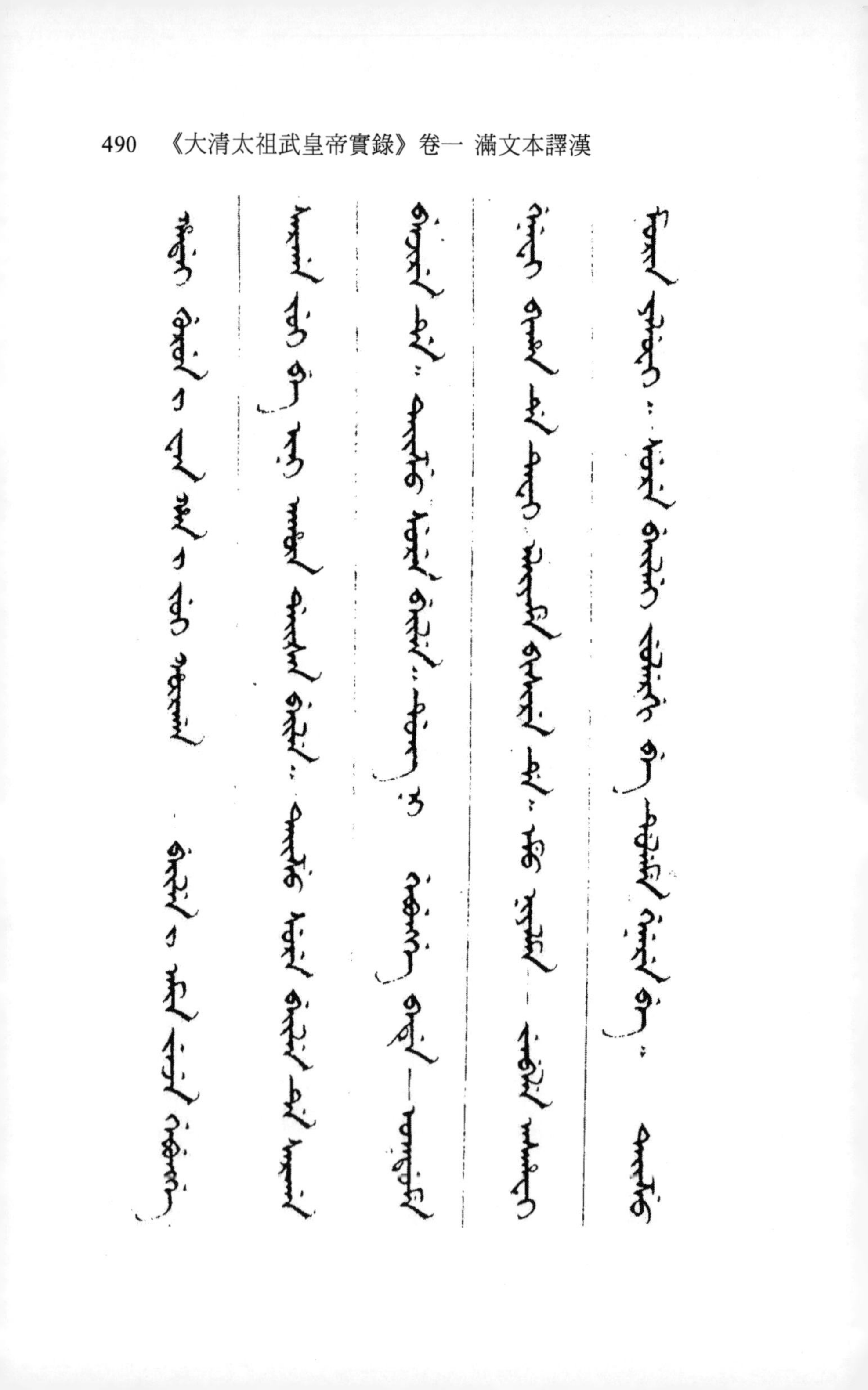

[illegible]

[illegible]

[illegible]

[illegible]

[illegible]

[illegible]

hadai gurun i wan han i jui hūrgan beile i amin jeje gebungge sargan jui be ini ahūn daišan beile, taidzu sure beile de sargan benjire de, taidzu sure beile, dung ni gebungge bade okdome genefi. bihan de tefi aliyame bisire de, emu niyalma jebele ashafi morin yalufi, sure beilei julergi be duleme genere be, taidzu

---

有哈達國萬汗子胡里罕貝勒阿敏姐姐[93]，其兄戴鄯貝勒送妹與太祖爲妃，太祖淑勒貝勒親迎至於洞，坐曠野以待，時有一人乘馬帶弓矢，過於淑勒貝勒前，

有哈达国万汗子胡里罕贝勒阿敏姐姐[93]，其兄戴鄯贝勒送妹与太祖为妃，太祖淑勒贝勒亲迎至于洞，坐旷野以待，时有一人乘马带弓矢，过于淑勒贝勒前，

---

93 阿敏姐姐，滿文讀如“amin jeje”，《滿洲實錄》音譯作「阿敏哲哲」。

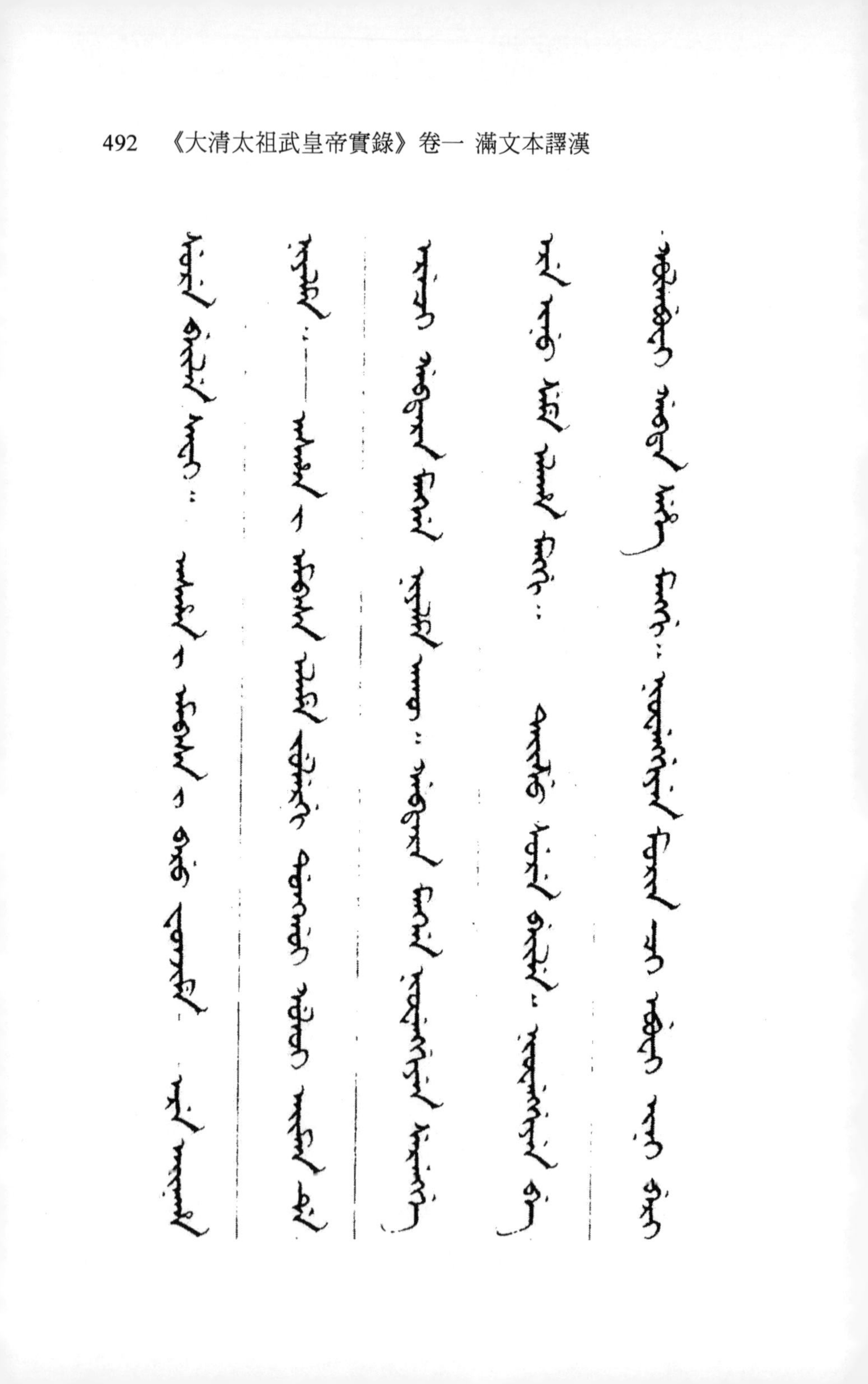

sure beile safi, ashan i ambasa i baru fonjime ere ainaha niyalma, ashan i ambasa alame julergi donggoi goloi aiman de ereci gabtara mangga niyalma akū, gabtara mangga niowenggiyen serengge ere inu seme alaha manggi, taidzu sure beile, niowenggiyen be hūlabufi gabta sehe manggi, niowenggiyen morin ci ebufi ini beri

---

太祖淑勒貝勒見之，訊左右爲誰？左右對曰：「東果部人，名紐妄肩[94]，善射，本部無出其右者。」太祖淑勒貝勒遂令喚紐妄肩至，紐妄肩下馬

太祖淑勒贝勒见之，讯左右为谁？左右对曰：「东果部人，名纽妄肩[94]，善射，本部无出其右者。」太祖淑勒贝勒遂令唤纽妄肩至，纽妄肩下马

---

94 紐妄肩，滿文讀如“niowenggiyen”，《滿洲實錄》音譯作「鈕翁錦」。

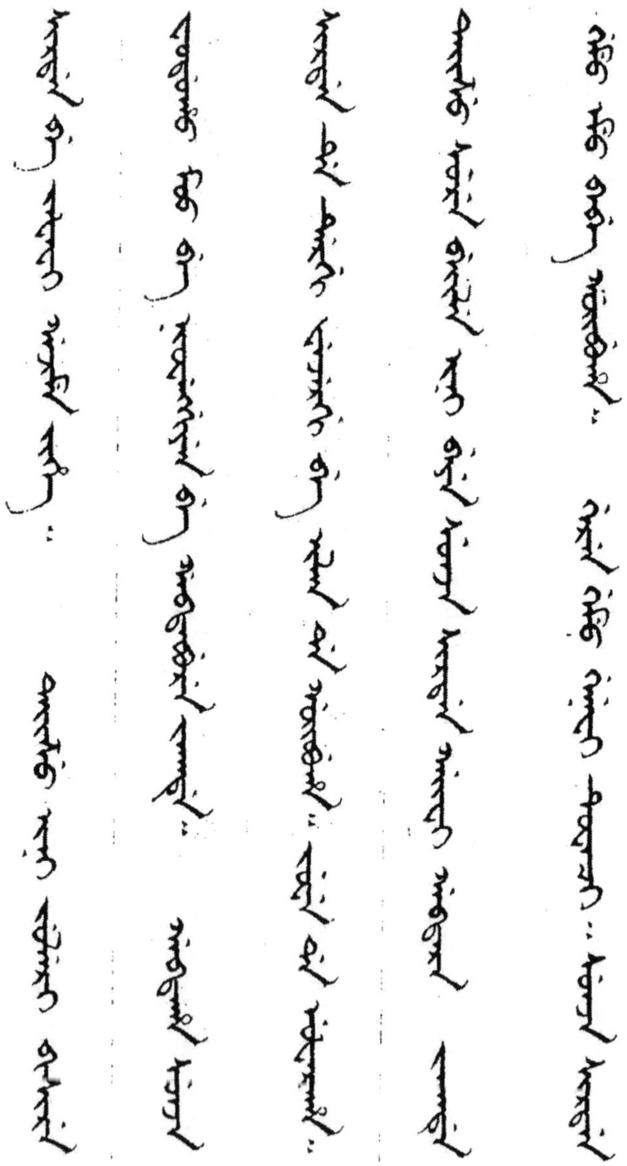

sirdan be jafafi gajime jihe, taidzu ini juleri bisire fodoho moo be niowenggiyen be gabtabure jakade, gabtaha sunja sirdan de dergi fejergi be ilan da goibuha, juwe da ufaraha, taidzu sure beile ini beye sunja sirdan gaifi gabtara jakade gemu emu babe goibuha, geren gemu genefi tuwaci, sunja sirdan

1

挽弓，太祖令紐妄肩射對面柳樹，射五矢，止中三矢，上下不一，二矢未中。太祖淑勒貝勒連發五矢，皆中於一處，衆人皆前往視之，

挽弓，太祖令纽妄肩射对面柳树，射五矢，止中三矢，上下不一，二矢未中。太祖淑勒贝勒连发五矢，皆中于一处，众人皆前往视之，

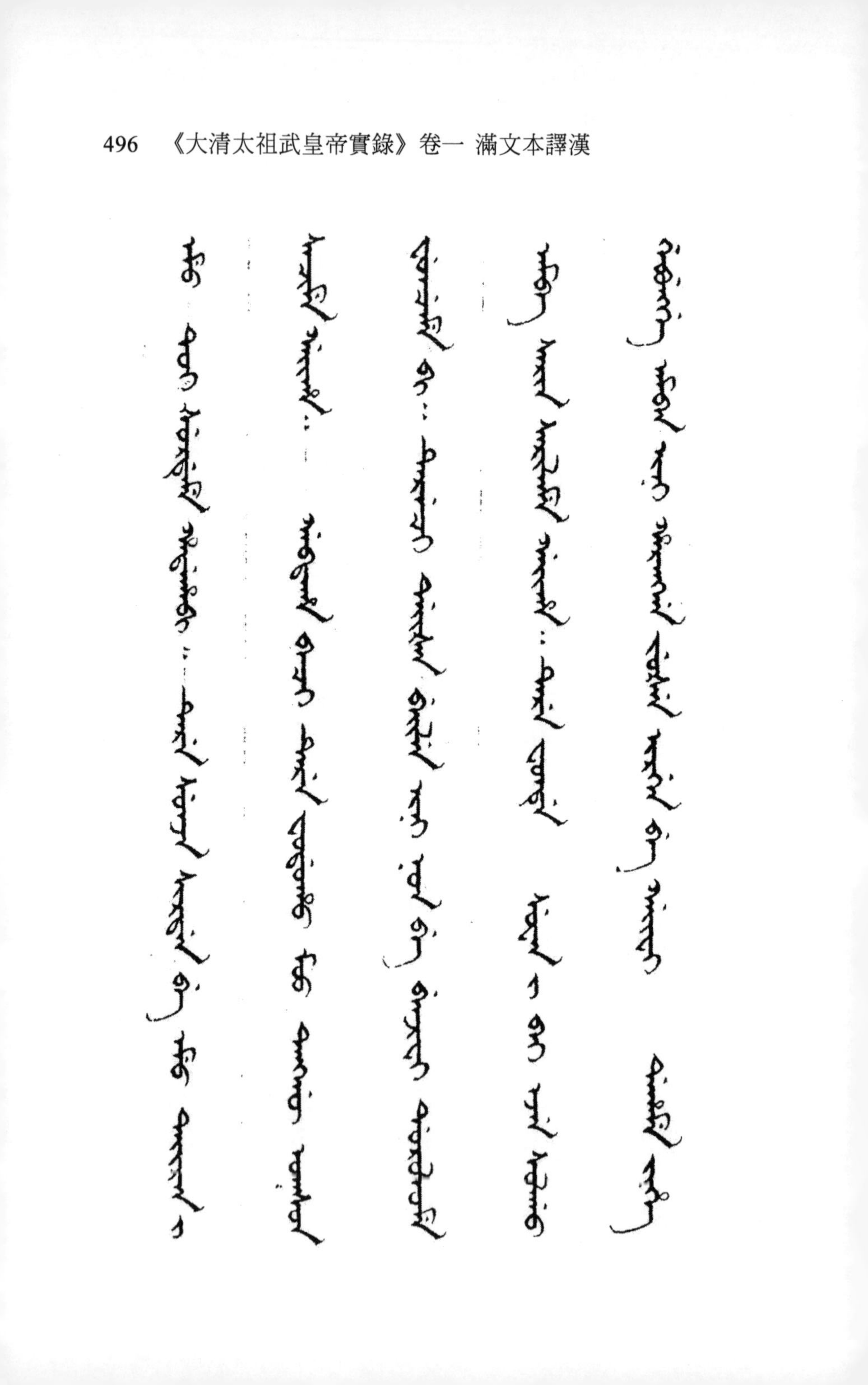

emu toi šurdeme hadahab, tere sunja sirdan be emu tairan i sacime gaiha, gabtaha baci tere fodoho moo tanggū okson funceme bi, tereci daišan beile ini non be benjifi dordome amba sarin sarilame gajiha, tere fonde suwan i bai ejen solgo gebungge amban ini harangga jušen irgen be gaifi dahame jihe

---

五矢攢於一處，鑿落塊木，而五矢始出，射箭處相距柳樹百餘步。戴鄯送妹至，設大宴成禮，遂納之。時有酸[95]地之主唆兒戈[96]率本部軍民來歸。

五矢攒于一处，凿落块木，而五矢始出，射箭处相距柳树百余步。戴鄯送妹至，设大宴成礼，遂纳之。时有酸[95]地之主唆儿戈[96]率本部军民来归。

---

[95] 酸，滿文讀如"suwan"，《滿洲實錄》音譯作「蘇完」。

[96] 唆兒戈，滿文讀如"solgo"，《滿洲實錄》音譯作「索爾果」。

ᠪᠣᡳᡥᠣᠨ · ᠨᡝᡴᡠ ᠵᡳᡥᡝ ᠮᠣᡵᡳᠨ ᠪᠣᡳᡥᠣᠮᠪᡳ᠉ ᠵᡳᡥᡝᠪᡝ ᡳ ᠨᡳᠶᠠᠯᠮᠠ ᡳ ᠪᠣᡳᡥᠣᠨᠪᡝ ᡤᡝᠨᡝᡥᡝ
ᠶᠣᠨᡳ ᠪᡝᠶᡝ ᠵᡳᡥᡝ ᠮᠣᡵᡳᠨ ᠠᠮᠠᠰᡳ ᠵᡳᡥᡝ ᠨᡝᡴᡠ ᠨᡳᠶᠠᠯᠮᠠ ᠪᡝ ᡥᡡᠯᠠᡶᡳ ᠪᠣᠣᡥᠣᠨᠪᡝ
ᠵᡳᡥᡝ ᠠᠮᠠᠰᡳᠨᡳᠯᠠᠮᠪᡳ ᠵᡳᡴᡠᠨ ᠵᡳᡥᡝᠨᡳ ᠪᡝ ᠠᠮᠠᠰᡳᠮᡝ ᠪᠣᡳᡥᠣᠨ ᠵᡳᡥᡝ ᠪᡝᡳᡥᡝ᠉ ᠪᠣᡳᡥᠣᠮᠪᡳ
ᠪᠣᠣᡥᠣᠨ ᠠᠮᠠᠰᡳᡥᡝ ᡳ ᠮᡝᠨᡳ ᠨᡳᠶᠠᠯ ᠪᡝᡳ ᡳ ᠪᠣᡳᡥᠣᠮᠪᡳ ᠪᠣᡳᡥᠣᠮᡳᠨ ᠨᡳᠪᠣᡥᠣᠨ ᠮᠣᡵᡳᠨ
ᠪᡝᡳᡥᡝ᠉ ᠵᡳᡥᡝᠨ ᠵᡳᡥᡝ ᠵᡳᡥᡝᠪᠣᡥᠣᠮᠪᡳ ᠪᡝ ᠨᡝᡴᡠ ᠵᡳᡥᡝ ᠮᠣᡵᡳᠨ ᠪᠣᡳᡥᠣᠮᠪᡳ᠉ ᠵᡳᡥᡝ ᠨᡳᡥᡝ

manggi, terei jui fiongdon be uju jergi amban obuha, jai geli donggoi aiman i ejen kece bayan i omolo hohori gebungge amban ini harangga jušen irgen be gaifi dahame jihe manggi, taidzu sure beile ini amba sargan jui nunje gege be bufi hojigon obufi, uju jergi amban obuha, yargū i gašan i hūlahū gebungge

---

太祖淑勒貝勒以其子非英凍[97]爲頭等大臣。又東果部主克轍巴顏孫呵呵里，亦率本部軍民來歸，太祖淑勒貝勒以長女嫩哲格格妻之爲婿，授以頭等大臣之職。

太祖淑勒贝勒以其子非英冻[97]为头等大臣。又东果部主克辙巴颜孙呵呵里，亦率本部军民来归，太祖淑勒贝勒以长女嫩哲格格妻之为婿，授以头等大臣之职。

---

[97] 非英凍，滿文讀如"fiongdon"，《滿洲實錄》音譯作「費英東」。

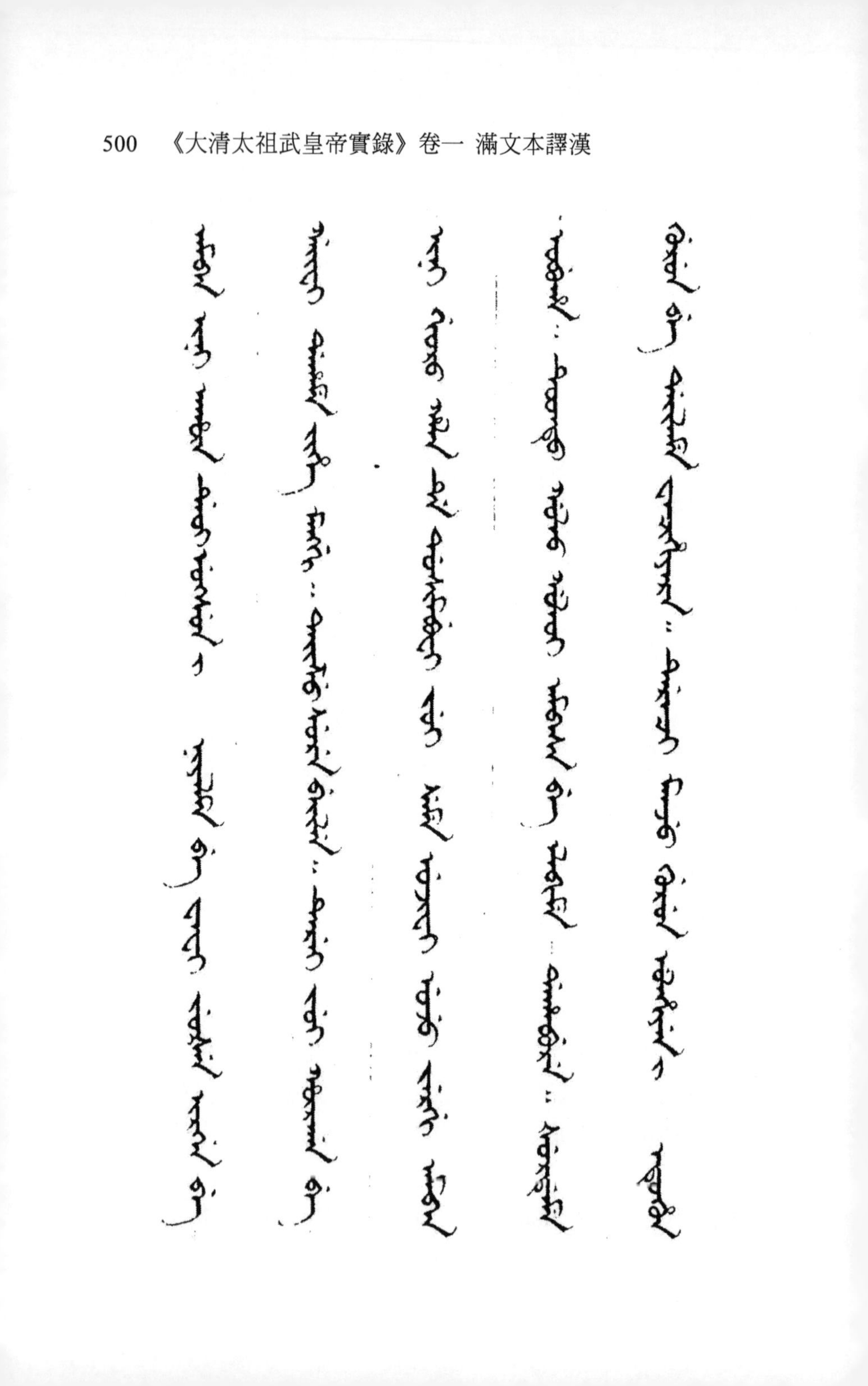

amban ini ahūn deoi uksun i niyalma be wafi jušen irgen be gaifi dahame jihe manggi, taidzu sure beile, terei jui hūgan be ini gioro hala de dosimbufi jui seme ujifi uju jergi amban obuha, tuttu golo goloi ambasa be elbime dahabure, šurdeme gurun be dailame wacihiyara, tereci manju gurun ulhiyen i etuhun

---

鴨里古村大臣胡喇虎殺其兄弟族衆，率軍民來歸，太祖淑勒貝勒將其子胡里罕賜姓覺落[98]爲養子，亦授頭等大臣之職。太祖淑勒貝勒遂招徠各部，環滿洲國而居者，皆爲削平，自此滿洲國勢日盛，

鸭里古村大臣胡喇虎杀其兄弟族众，率军民来归，太祖淑勒贝勒将其子胡里罕赐姓觉落[98]为养子，亦授头等大臣之职。太祖淑勒贝勒遂招徕各部，环满洲国而居者，皆为削平，自此满洲国势日盛，

---

98 覺落，滿文讀如"gioro"，《滿洲實錄》音譯作「覺羅」。

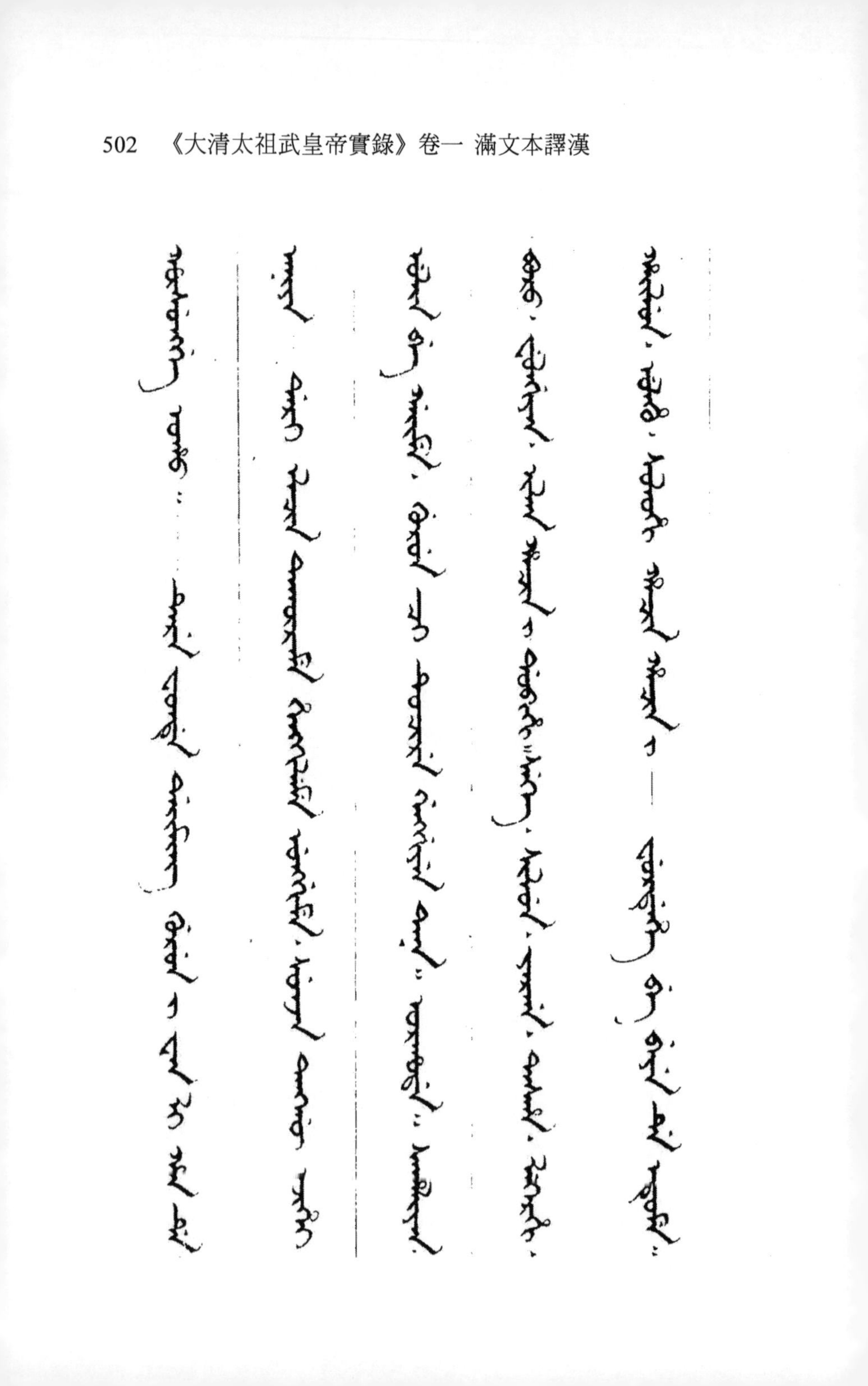

hūsungge oho, tere fonde daiming gurun i wan li han de aniya dari elcin takūrame hengkileme unggime, sunja tanggū ejihei ulin be gaime, gurun ci tucire genggiyen tana, orhoda, sahaliyan, boro, fulgiyan, ilan hacin i dobihi, seke, silun, yarga, tasha, lekerhi, hailun, ulhu, solohi hacin hacin i furdehe be beye de etume,

---

其時與大明國萬曆帝通好，每年遣使朝貢，執五百道勅書，領年例賞物，國中所產，有明珠、人參、黑狐、青狐、紅狐三種狐，貂鼠、猞猁猻、豹、虎、海獺、水獺、青鼠、黃鼠等種種毛皮以備自己穿用。

其时与大明国万历帝通好，每年遣使朝贡，执五百道勅书，领年例赏物，国中所产，有明珠、人参、黑狐、青狐、红狐三种狐，貂鼠、猞猁狲、豹、虎、海獭、水獭、青鼠、黄鼠等种种毛皮以备自己穿用。

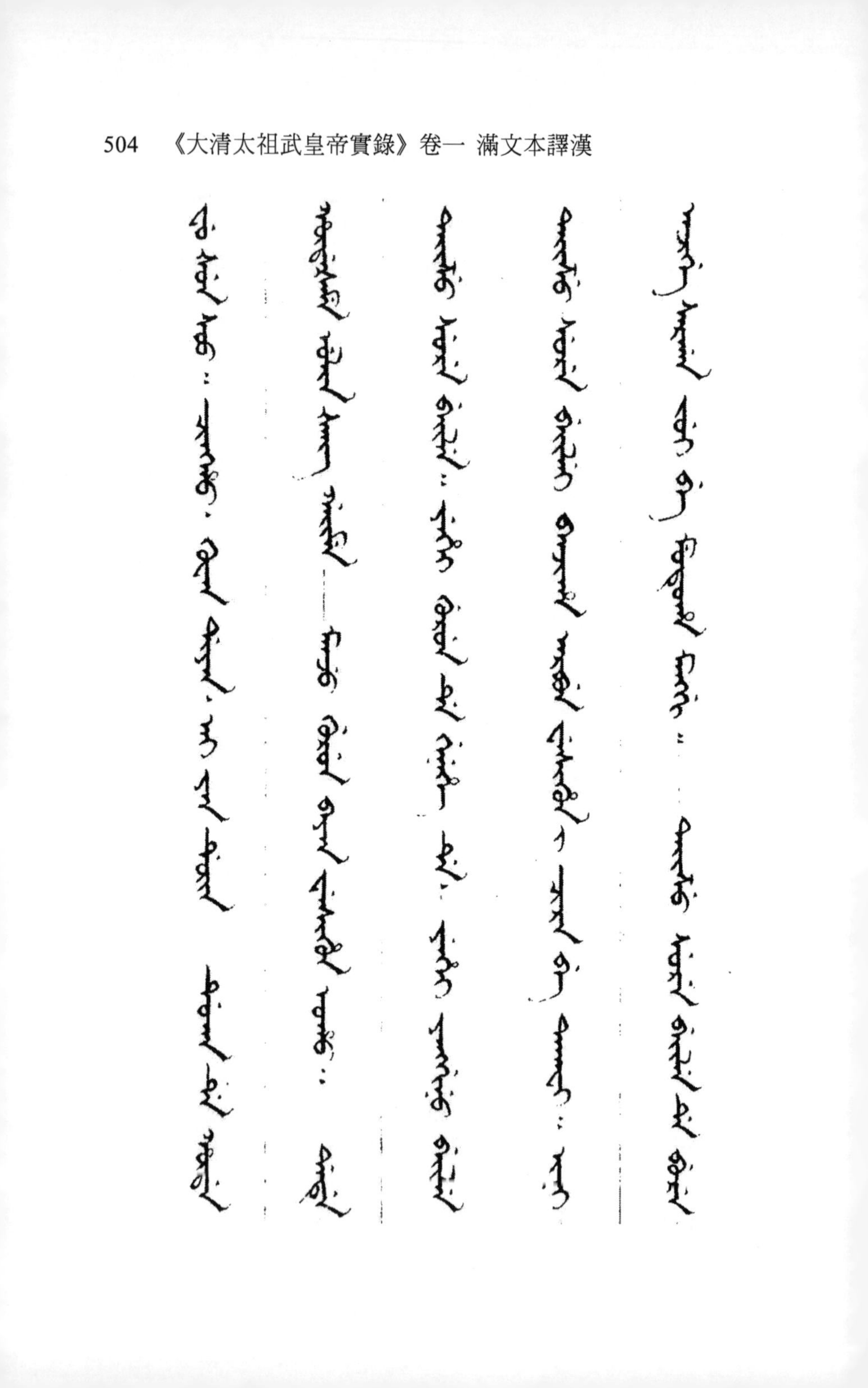

fu šun soo, cingho, kuwan diyan, ai yan duin duka de hūda hūdašame ulin šang gaime manju gurun bayan wesihun oho. dade taidzu sure beile, yehei gurun de genehe de, yehei yangginu beile taidzu sure beilei banjiha arbun wesihun i cira be takafi, ini ajige sargan jui be mutuha manggi, taidzu sure beile de bure

---

撫順、清河、寬奠[99]、靉陽四處關口，互市交易，照例取賞，因此滿洲國民殷國富。初太祖淑勒貝勒如夜黑，夜黑楊機奴見太祖淑勒貝勒相貌非常，言其小女待長堪為太祖淑勒貝勒姻配，

抚顺、清河、宽奠[99]、叆阳四处関口，互市交易，照例取赏，因此满洲国民殷国富。初太祖淑勒贝勒如夜黑，夜黑杨机奴见太祖淑勒贝勒相貌非常，言其小女待长堪为太祖淑勒贝勒姻配，

---

[99] 寬奠，滿文讀如"kuwan diyan"，《滿洲實錄》音譯作「寬甸」。

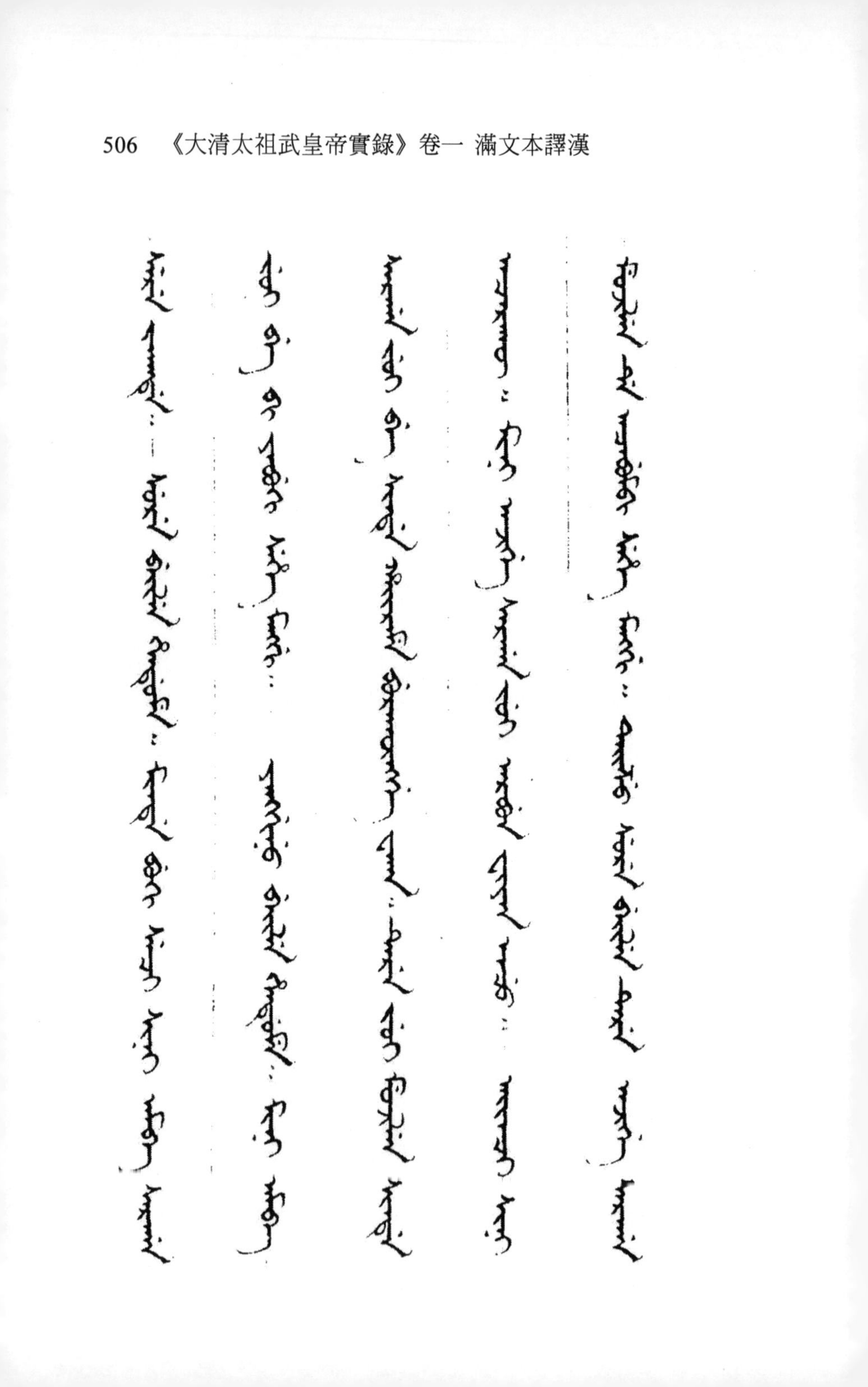

sere jakade, sure beile hendume, minde buki seci sini amba sargan jui be bi yabuki sehe manggi, yangginu beile hendume, mini amba sargan jui be sinde hairame burakūngge waka, tere jui mujilen sinde acarakū, mini ajige sargan jui arbun fiyan encu, ainci sini mujilem de acabumbi sehe manggi, taidzu sure beile tere ajige sargan

---

淑勒貝勒曰：「若締姻，吾願聘汝長女。」楊機奴貝勒答云：「我非惜長女不與，恐長女不可君意，我小女容貌奇異，或者於君可稱佳偶耳！」太祖淑勒貝勒遂聘其小女。

淑勒贝勒曰：「若缔姻，吾愿聘汝长女。」杨机奴贝勒答云：「我非惜长女不与，恐长女不可君意，我小女容貌奇异，或者于君可称佳偶耳！」太祖淑勒贝勒遂聘其小女。

ᠵᡝᠣ ᠪᡝ ᡴᡝᠮᡠᠨᡳ ᠪᠣᡧᠣᡴᠣᠪᡠ ᠄ ᡴᠠᡵᡠᠨ ᠪᡝᠶᡝ ᠠᡴᡡ ᠨᠣᠨᡤᡳᡥᠠ ᠄ ᠨᡳᡴᠠᠨ ᠵᡝᠣ

ᠠᠮᠠᡨᠠᡥᡡᡩᡠ ᠪᡝᠶᡝᠪᡝ ᡨᡠᡨᡨᡠᡴᠠᠨ ᡨᠠᡥᡡᡵᠠᠮᡝ ᠠᠮᠠᡵᡤᡳ ᠪᠣᡨᠣ ᠪᡝᡳ ᡩᡝ ᠄ ᡨᡝᡵᡝ ᡨᡝᡵᡝ ᠪᡝ

ᠰᠣᠨᠵᠣᡥᠣ ᠨᡝᠨᡝᠮᡝ ᠪᡝᠶᡝᡳ ᡩᡝ ᠠᠮᠠᡵᡳ ᠪᡝᠶᡝᡵᡳ ᡩᡝ ᠄ ᠰᠣᠨᠵᠣᡥᠣ ᠨᡝᠨᡝᠮᡝ ᠪᡝᠶᡝᡳ ᠄ ᠪᡝᠶᡝᡳ

ᠠᡳᠰᡳᠯᠠᡵᠠ ᠪᡝ ᠨᡝᡴᡝᠯᡳᠮᡝ ᡨᡠᡵᡤᡠᠨᡳ ᠨᡳᠶᠠᠮᠠ ᠠᠮᠠᠰᡳ ᠠᠮᠠᡵᡤᡳ ᠠᡵᠠᡴᡡᠯᠠᡵᠠ ᠪᠣᡥᠣᠯᠠᡥᠣᠯᠣᡵᠣ ᠨᡝᡴᡝᠯᡝᡵᡝ ᠄

ᠪᠠᡥᠠᡳ ᠵᡠᡵᡤᠠᠨ ᡨᡠᡵᡤᡳᠨ ᡩᡝ ᡳ ᡝᠵᡝᠨ ᠵᡝᡴᡠ ᠄ ᠪᠠᡥᠠᡳ ᠨᡳᠶᠠᠯᠮᠠ ᠰᠣᠨᠵᠣᡥᠣ ᠨᡝᠨᡝᠮᡝ ᠪᡝᠶᡝᡳ

jui be yabume toktoho, yangginu beile akū oho manggi, amala jui narimbolo beile suwayan singgeri aniya uyu biya de, ini non be taidzu sure beile de sargan benjire de, taidzu sure beile, beise ambasa be gaifi okdome genefi amba sarin sarilame dorolome gaiha, tere fujin, sure han i eme inu. tere aniya taidzu sure beile

---

楊機奴貝勒故後，子納林卜祿貝勒於戊子年九月內，親送妹于歸。太祖淑勒貝勒率諸王臣迎之，大宴成婚，此福金即天聰皇帝之母也。是年，太祖淑勒貝勒

杨机奴贝勒故后，子纳林卜禄贝勒于戊子年九月内，亲送妹于归。太祖淑勒贝勒率诸王臣迎之，大宴成婚，此福金即天聪皇帝之母也。是年，太祖淑勒贝勒

十八、禁止擄掠

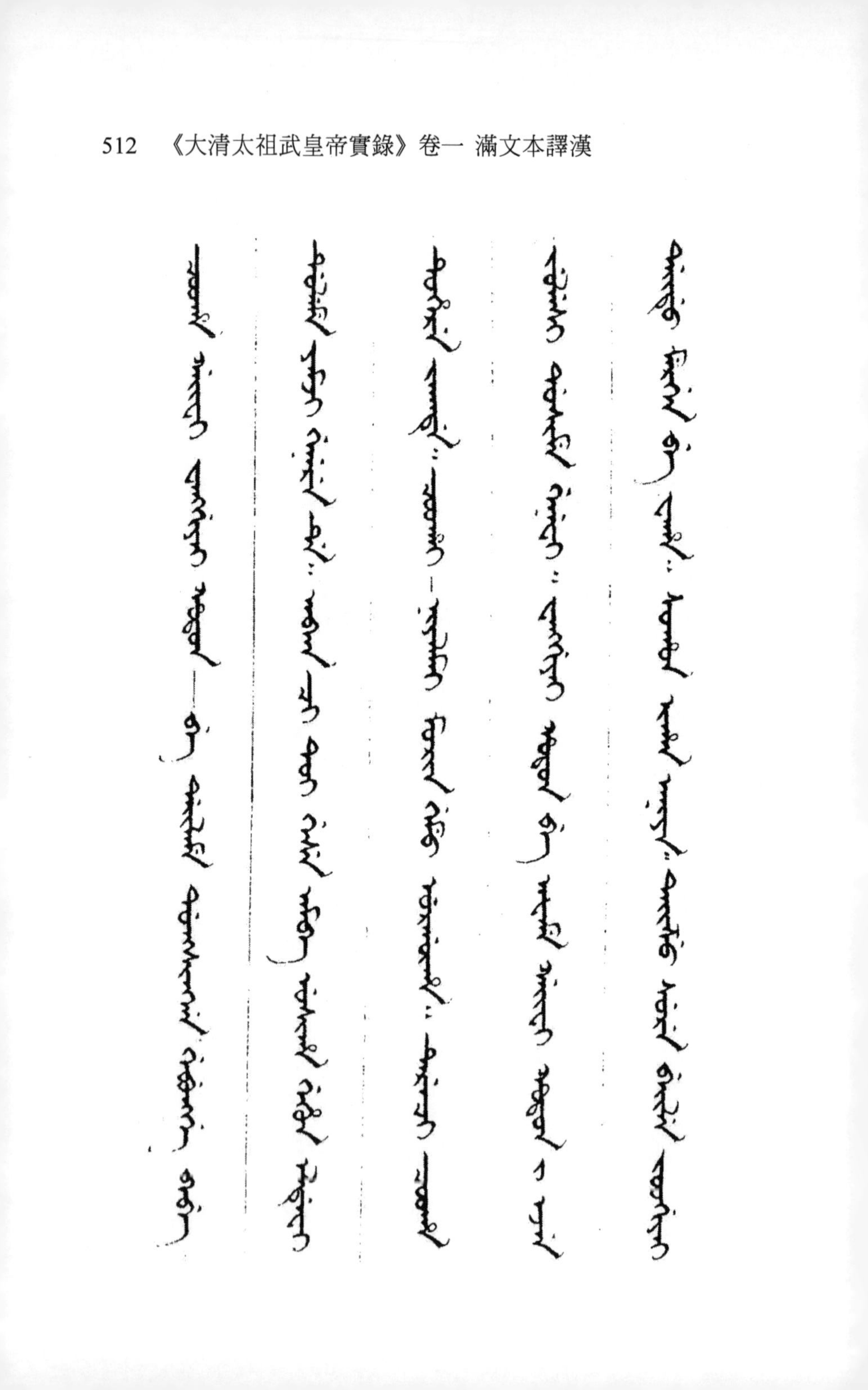

cooha gaifi wanggiyai hoton be dailame dongsingga gebungge babe duleme yamji genere de, abka ci toi gese amba usiha gehun eldefi tuhere jakade, coohai niyalmai morin gemu urgūha, tereci cooha julesi dosime genefi, wanggiyai hoton be afame gaifi hoton i ejen daidu mergen be waha. sohon ihan aniya, taidzu sure beile joogiyai

—

率兵攻王家城，夕過東勝崗，忽天隕一星，其大如斗，光芒徹地，衆兵馬皆驚，兵前進至王家城，攻尅王家城，殺城主帶肚墨兒根[100]。己丑年，太祖淑勒貝勒

率兵攻王家城，夕过东胜岗，忽天陨一星，其大如斗，光芒彻地，众兵马皆惊，兵前进至王家城，攻克王家城，杀城主带肚墨儿根[100]。己丑年，太祖淑勒贝勒

---

100 帶肚墨兒根，滿文讀如"daidu mergen"，《滿洲實錄》音譯作「岱度墨爾根」。

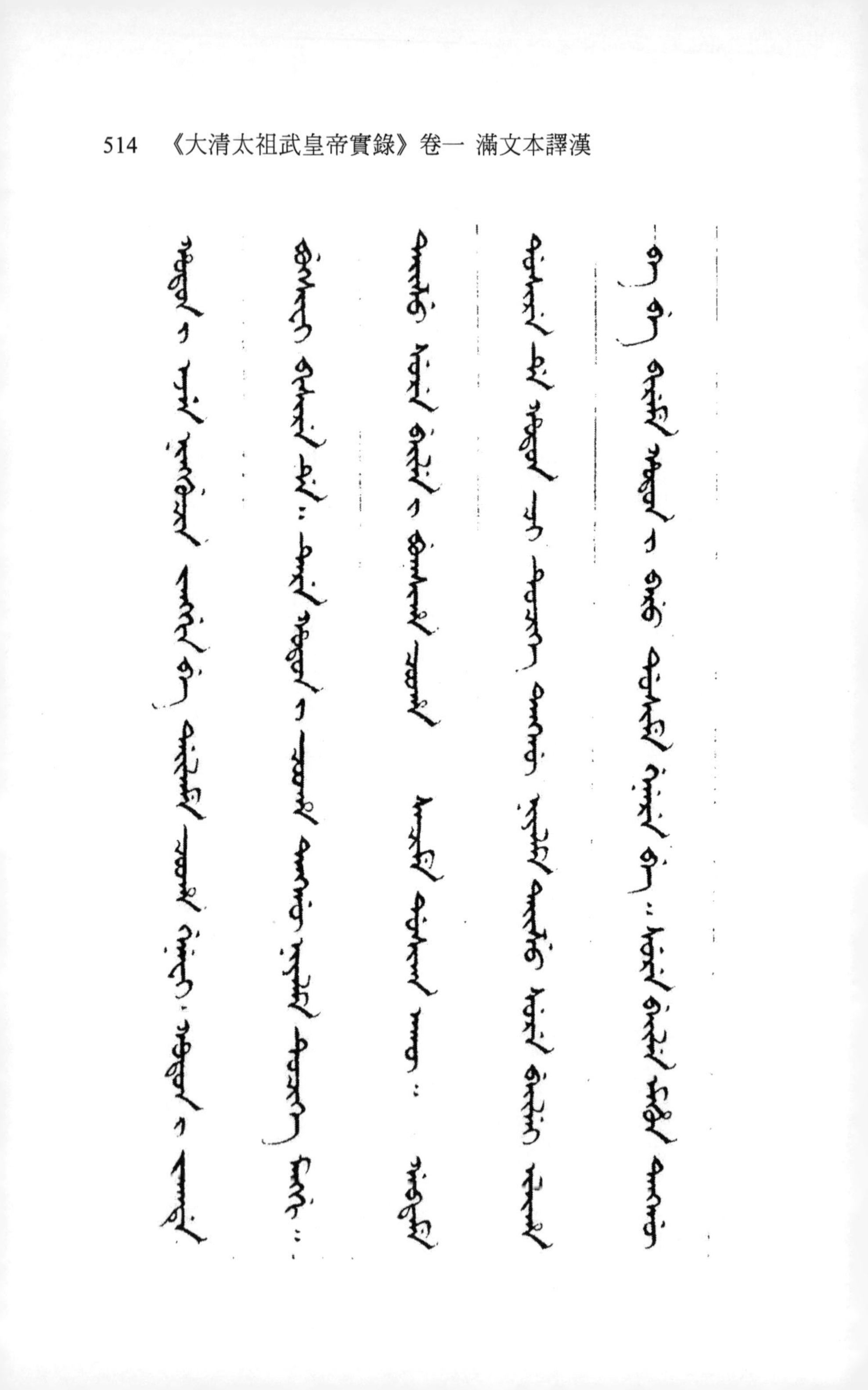

hoton i ejen ninggucin janggin be dailame cooha genefi, hoton i jakade buksifi bisire de, tere hoton i cooha tanggū niyalma tucike manggi, taidzu sure beile i buksiha cooha sacime dosika akū, gabtame dosire de hoton ci tucike tanggū niyalma taidzu sure beilei iliha ba be bireme hoton i baru dosime genere be, sure beile emhun tanggū

率兵往攻趙家城主寧古欽章京。伏兵城下，城內兵百餘人出遇太祖淑勒貝勒伏兵，射之，敵兵百人出城直衝太祖淑勒貝勒所立之處，欲奔入城，

率兵往攻赵家城主宁古钦章京。伏兵城下，城内兵百余人出遇太祖淑勒贝勒伏兵，射之，敌兵百人出城直冲太祖淑勒贝勒所立之处，欲奔入城，

ᠨᡳᠶᠠᠯᠮᠠ ᡩᡝ ᠪᡠᠰᡠᡵᡝ ᠣᠮᡳ ᠨᡳᠶᠠᠯᠮᠠ ᠪᡝ ᠠᠯᡳᠪᡠᠮᡝ ᠠᡳᠰᡳᠯᠠᡵᠠ ᠪᡝᠶᡝ ᠠᠮᠪᠠ ᠪᡝ

ᠠᠨᡳᠶᠠᠪᡠᡥᠠᠩᡤᡝ ᠣᠪᡠᡥᠠ ᡩᡝ ᠪᡠᡵᡝᡵᡝᡴᡠᠪᡠᡥᠠᠪᡳ ᠪᠠᡳᡨᠠᠯᠠᡶᡳ ᠣᠪᡠᡥᠠ ᠪᡝ ᡝᡵᡝᠨ ᡝᠵᡝᠨ

ᠪᡠᡵᡝᡵᡝᡴᡠ ᠨᡳᡴᠠᠨ ᠪᡠᡵᡝᡵᡝ ᠰᡳᠨᡳᡥᡝ ᡤᡝᠨᡝᡥᡝ ᡨᡠᠮᡝᠨ ᠨᡳᡴᡝᠷᡝ ᠪᠣᡵᠣ ᠪᡝ ᠪᡠᡵᡝᡵᡝᡴᡠᠣ

ᠨᡳᡴᡝᡵᡝ ᠪᡠᡵᡝᡵᡝᡴᡠᡥᡝ ᠠᠨᡳᠶᠠ ᠪᡝ ᠪᠠᡳᡨᠠᠯᠠᠮᡝ ᠪᡝᡳᠰᡳ ᠪᡝᠶᡝ ᡥᡝᠨᡩᡠᡥᡝ ᠵᡠᠸᡝ ᡨᡠᠮᡝᠨ

ᠨᠣᠮᡠᡥᡠᠨ ᠪᡝ ᠪᡳᡥᡝ ᠨᡳᡴᠠᠨ ᠪᠣᡵᠣᠨ ᡥᡝᠰᡝᠪᡠᡥᡝ ᠪᡝ ᡨᡠᠮᡝᠨ ᠨᡳᡴᡝᡵᡝ

niyalma de dosifi uyun niyalma be sacime wafi, tere cooha be facabufi hoton de dosimbuhakū, tereci hoton be kafi afame duici inenggi bahara isika manggi, coohai niyalma bata be tuwarakū, olji tamšeme jamarara be taidzu sure beile safi, ini etuhe uksin be sufi naigū gebungge amban de etubufi, coohai niyalma

---

淑勒貝勒獨入百人中，手刃九人，餘衆四散，未得進城。圍四日，其城將陷，兵丁稍懈，四出擄掠牲畜財物，喧嘩爭奪。太祖淑勒貝勒見之，解甲與大將奈虎[101]曰：

淑勒贝勒独入百人中，手刃九人，余众四散，未得进城。围四日，其城将陷，兵丁稍懈，四出掳掠牲畜财物，喧哗争夺。太祖淑勒贝勒见之，解甲与大将奈虎[101]曰：

---

101 奈虎，滿文讀如"naigū"，《滿洲實錄》音譯作「鼐護」。

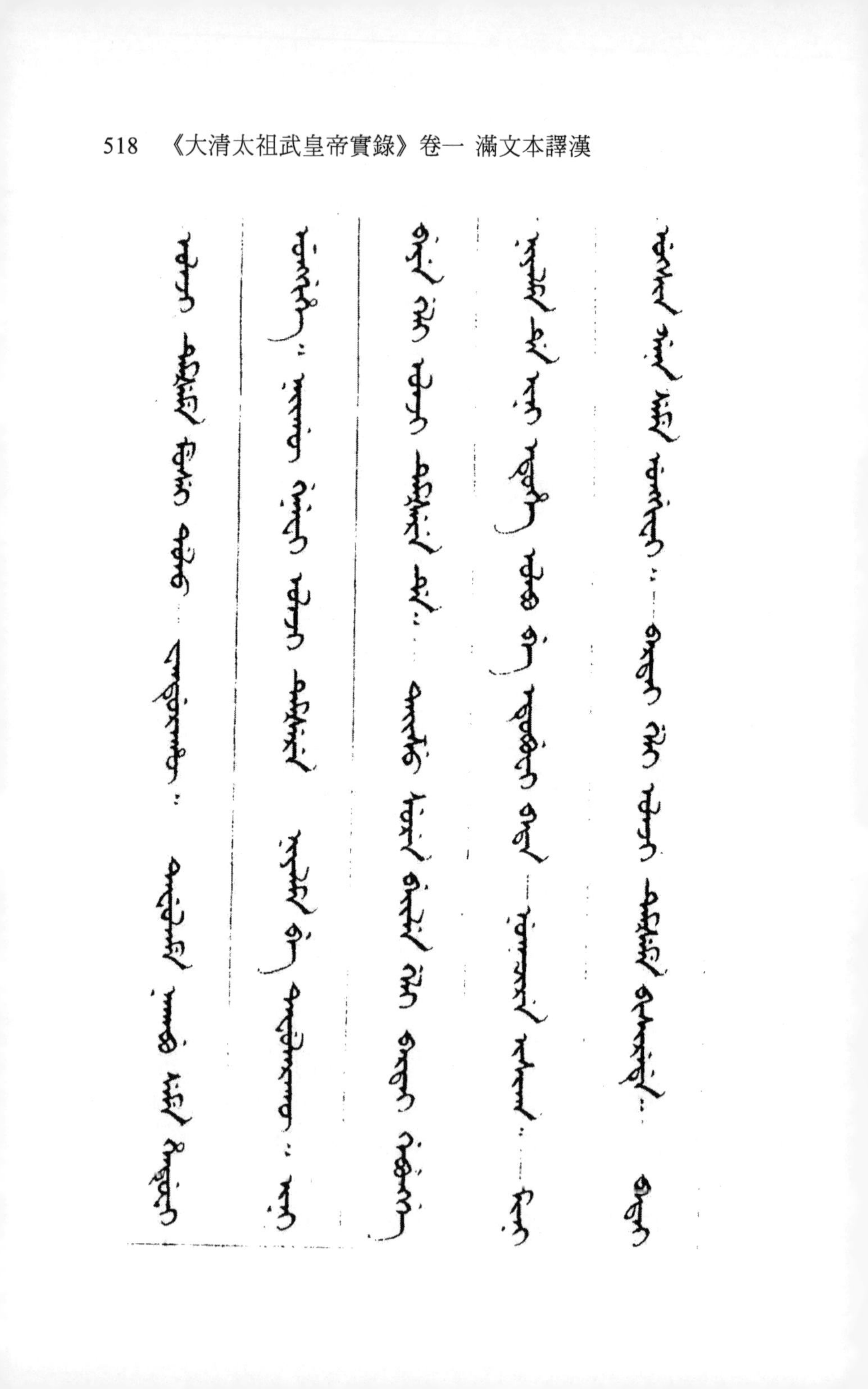

olji temšeme musei dolo wandurahū, tafulame nakabu seme hendufi unggihe, naigū genefi olji temšere niyalma be tafularakū , ini beye geli olji temšere de, taidzu sure beile geli bartai gebungge niyalma de ini etuhe olbo be etubufi bata nukcire isika, mini uksin gana seme unggifi, bartai geli olji temšeme bisirede, batai

「我兵爭此微物，恐自相殘害，爾往諭禁之。」奈虎至，不禁人之擄掠，亦隨衆掠之。太祖淑勒貝勒將己所穿綿甲脫與把兒代[102]令往取奈虎鐵甲來，以備城內衝突，把兒代復隨衆擄掠，

「我兵争此微物，恐自相残害，尔往谕禁之。」奈虎至，不禁人之掳掠，亦随众掠之。太祖淑勒贝勒将己所穿绵甲脱与把儿代[102]令往取奈虎铁甲来，以备城内冲突，把儿代复随众掳掠，

[102]把兒代，滿文讀如“bartai”，《滿洲實錄》音譯作「巴爾太」。

ᠴᠣᠣᡥᠠ ᡤᡠᡵᡠᠨ ᠨᡳᠶᠠᠯᠮᠠ ᡩᠣᠰᡳᡴᠠ᠉ ᡩᠣᡵᡤᡳ ᠨᡳᠶᠠᠯᠮᠠ ᠪᡠᡵᡝᠨ ᡳ ᠪᡝᠶᡝ

ᡥᡝᠴᡝᠨ ᡩᡝ ᠪᡠᠴᡝᡥᡝ ᠴᠣᠣᡥᠠ ᡥᡝᠴᡝᠨ ᠠᡵᡤᠠᡩᠠᠮᡝ ᡤᡝᠨᡝᡥᡝ ᡤᡳᠶᠠᠨ ᠪᡠᡩᡠᠮᡝ ᡤᡝᠨᡝᡥᡝ᠉

ᡩᡝᡵᡤᡳ ᠨᡳᠶᠠᠯᠮᠠ ᠪᡝᠶᡝᡳ ᠮᡠᠯᡳᠶᠠᠨ ᡠᠯᡥᡳᠮᡝ ᠰᠠᠮᡝ ᠨᡳᠶᠠᠯᠮᠠᡳ ᡩᠣᡵᡤᡳᡩᡝ᠉

ᡥᡝᠴᡝᠨ ᡩᡝ ᠠᡵᡤᠠᠯᠠᠮᡝ ᡤᡝᠨᡝᡥᡝ ᠨᡳᠶᠠᠯᠮᠠ ᡩᡝ ᡥᡝᠴᡝᠨ ᡤᡠᠰᡠᡵᡝᡥᡝ ᡩᡝ ᠠᠮᠠᡤᠠ

ᡨᠣᡴᠰᠣᠨ ᡥᡝᠴᡝᠨ ᡩᡝ ᡨᠣᡴᠰᠣᠪᡠᡥᠠ᠉ ᡨᡠᠴᡳᡴᡝ ᠪᡠᡥᡝ ᡩᡝ ᠠᠨᡳᠶᠠ ᠠᠨᡳᠶᠠ

cooha juwan niyalma tucifi, taidzu sure beilei uksun i deo wangšan be batai cooha fahafi aktalame yalufi gidai tokoki serede, taidzu sure beile sabufi uksin olbo akū niyereme dosifi, wangšan be aktalame yaluha niyalma be juwe yasai siden be gabtame tuhebufi wangšan be tucibuhe, tereci hoton be afame gaifi

---

忽城內敵兵十人突出，太祖淑勒貝勒族弟王善[103]，被敵兵壓倒於地，跨其身，將以鎗刺之，太祖淑勒貝勒一見，身無甲胄，挺身馳往，發一矢，中敵兩眼間面額應弦而死，救起王善，克其城，

忽城内敌兵十人突出，太祖淑勒贝勒族弟王善[103]，被敌兵压倒于地，跨其身，将以鎗刺之，太祖淑勒贝勒一见，身无甲胄，挺身驰往，发一矢，中敌两眼间面额应弦而死，救起王善，克其城，

---

[103]王善，滿文讀如“wangšan”，《滿洲實錄》音譯作「旺善」。

ᠶᠠᠪᡠᡵᡝ ᠪᡳ᠉ ᡨᡠᡵᡤᡠᠨ ᠪᡠᠴᡝᡥᡝ ᡳ ᠪᠣᡩᠣᡥᠣ ᡳᠰᡳᠨᠵᡳᡥᡝ ᠪᡠᠴᡝᡥᡝ ᡩᡝ ᡨᡝᠰᡳᡥᡝ ᠪᠣᠣᡩᡝ ᠪᡠᠴᡝᡥᡝ᠉

ᠶᠠᠪᡠᡥᠠᡴᡡ᠉ ᠪᠣᡳᡥᠣᠨ ᠴᠣᡥᠣᠮᡝ ᡳᠴᡳᡥᡳᠶᠠᠮᠪᡳ ᠪᡝᡳᡩᡝᡥᡝ᠉ ᠴᠣᡥᠣ ᡳᠴᡳᡥᡳᠶᠠᡥᠠ ᠪᡠᡵᡠᡥᠠᡴᡡ ᡨᡝᠰᡳᡥᡝ᠉

ᠨᡳᡴᠠᠨ ᡳ ᠴᠣᡥᠣᡵᡳ ᡥᠠᠨ ᡝᠵᡝᠮᡝ ᠪᠠᡳᠴᠠᠮᡝ ᡨᡝᠰᡳᡥᡝ ᠴᠣᡥᠣᡵᡳ ᠪᡝ ᠰᠣᠯᡳᠵᡳᡥᠠᡥᡡ ᠨᡳᡴᠠᠨ

ᠰᡝᠮᡝᡥᡝᡵᡝᡥᡝ ᠠᠮᠪᡠᠯᠠ᠉ ᠪᠣᡩᠣᡥᠣ ᡨᡝᡳᠰᡳ ᠪᠣᡳᡥᠣᠨ᠉ ᠠᠮᠪᡠᠯᠠᡴᡡ ᡨᡝᠰᡳ ᡳ ᠠᠮᠪᡠᠯᠠ ᡳ ᠵᠠᡴᡡ

ᠶᠠᠪᡠᡥᠠ ᡳ ᡥᠠᠨ ᠰᡳᠨᠵᡳᡥᡝ ᠴᠣᡥᠣᠰᡳ ᠪᡝ ᠴᠣᡥᠣᠨ᠉ ᡝᠵᡝᡥᡝᠨ ᠪᡝᡳᡩᡝᡥᡝ᠉ — ᠠᠮᠪᡠᠯᠠ

hoton i ejen ninggucin janggin be wafi, cooha bederehe, šahūn gūlmahūn aniya, taidzu sure beile, šanggiyan alin i aiman i yalu giyang ni golo de cooha unggifi tere golo be wacihiyame gaifi gajiha, tereci yehei narimbolo beile, ini ildangga, baishan juwe amban be, manju gurun i taidzu sure beile de elcin takūrafi hendume,

---

殺城主寧谷欽章京而回兵。辛卯年，太祖淑勒貝勒遣兵攻長白山鴨綠江部，盡克之而回。時夜黑納林卜祿遣其部下宜兒當阿、擺斯漢[104]二將爲使來謂滿洲國太祖淑勒貝勒曰：

杀城主宁谷钦章京而回兵。辛卯年，太祖淑勒贝勒遣兵攻长白山鸭绿江部，尽克之而回。时夜黑纳林卜禄遣其部下宜儿当阿、摆斯汉[104]二将为使来谓满洲国太祖淑勒贝勒曰：

---

104 宜兒當阿、擺斯漢，滿文讀如"ildangga、baishan"，《滿洲實錄》音譯作「伊勒當阿、拜斯漢」。

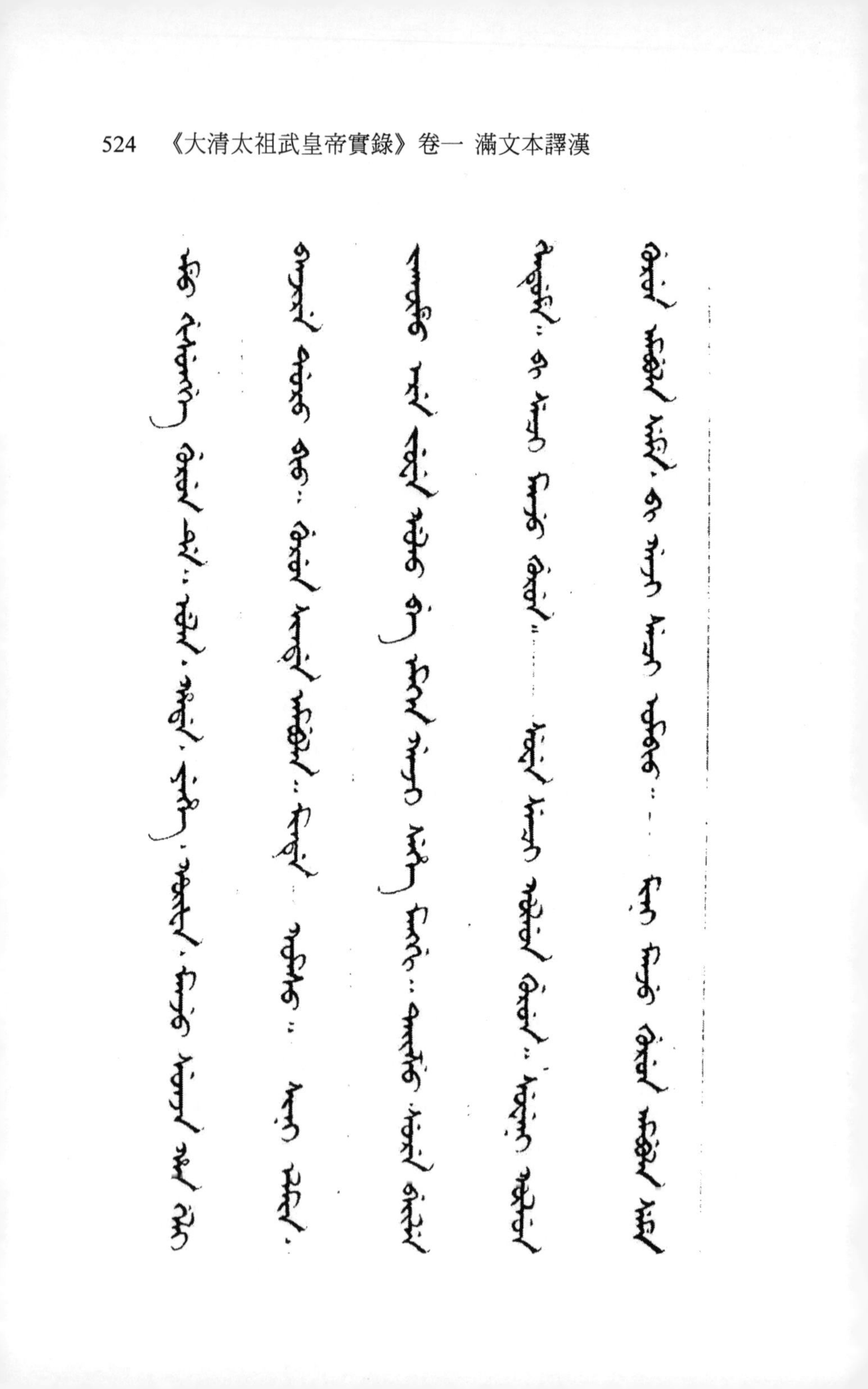

emu gisungge gurun de, ula, hada, yehe, hūfa, manju sunja han geli banjire doro bio, gurun sinde ambula, minde komso, sini elmin, jakumu ere juwe golo be emken gaji sehe manggi, taidzu sure beile hendume, bi seci manju gurun, suwe seci hūlun gurun, suweni hūlun gurun ambula seme, bi gaji seci ombio, mini manju gurun ambula seme

---

「兀喇、哈達、夜黑、輝發、滿洲，總一國也，豈有五王之理？爾國人衆，我國人寡，可將爾之額兒泯、架孔木二處，擇一處讓我。」太祖淑勒貝勒答云：「我乃滿洲國，爾等乃虎倫，爾等虎倫國雖大，我不得取，我滿洲國雖大，

—

「兀喇、哈达、夜黑、辉发、满洲，总一国也，岂有五王之理？尔国人众，我国人寡，可将尔之额儿泯、架孔木二处，择一处让我。」太祖淑勒贝勒答云：「我乃满洲国，尔等乃虎伦，尔等虎伦国虽大，我不得取，我满洲国虽大，

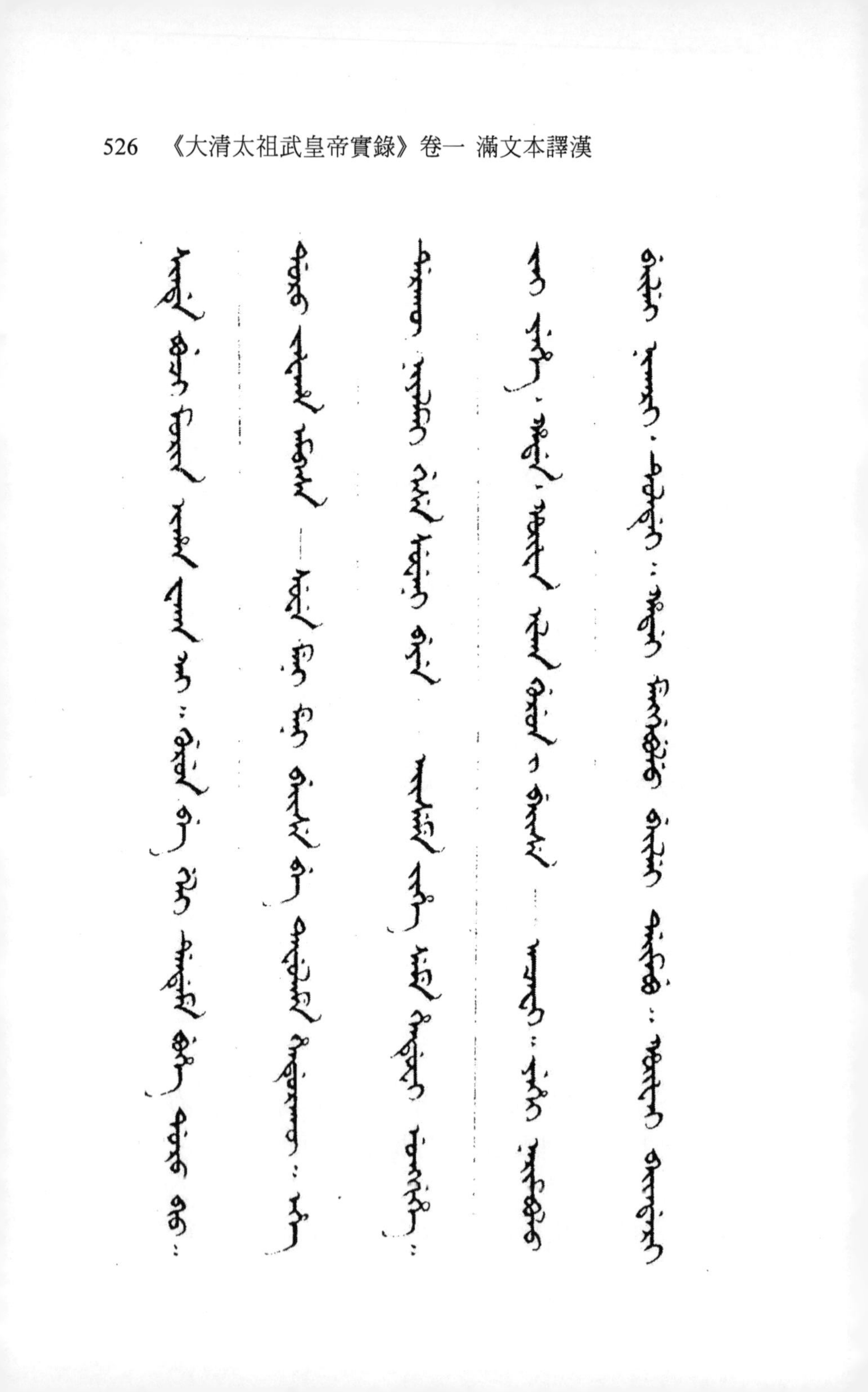

[illegible]

[illegible]

[illegible]

[illegible]

[illegible]

sinde buci morin ihan waka kai, gurun be geli dendeme buhe doro bio, doro jafaha ambasa suwe meni meni beise be tafulame hendurakū, ehe derakū niyalmai gese suweni beye aiseme jihe seme hendufi unggihe, jai yehe, hada, hoifa ilan gurun i beise acafi, yehei narimbolo beilei nikari, tuldei, hadai menggebulu beilei daimbu, hoifai baindari

---

爾亦不得取，況國非馬牛可比，國有分給之理耶？爾等皆執政之臣，不能極力諫主，奈何忝顏來相告耶？」言畢令回。夜黑、哈達、輝發三國諸貝勒會議，各遣使來。夜黑納林卜祿貝勒差尼哈里、兎兒德；哈達孟格卜鹵貝勒差代某布；

尔亦不得取，况国非马牛可比，国有分给之理耶？尔等皆执政之臣，不能极力谏主，奈何忝颜来相告耶？」言毕令回。夜黑、哈达、辉发三国诸贝勒会议，各遣使来。夜黑纳林卜禄贝勒差尼哈里、兎儿德；哈达孟格卜卤贝勒差代某布；

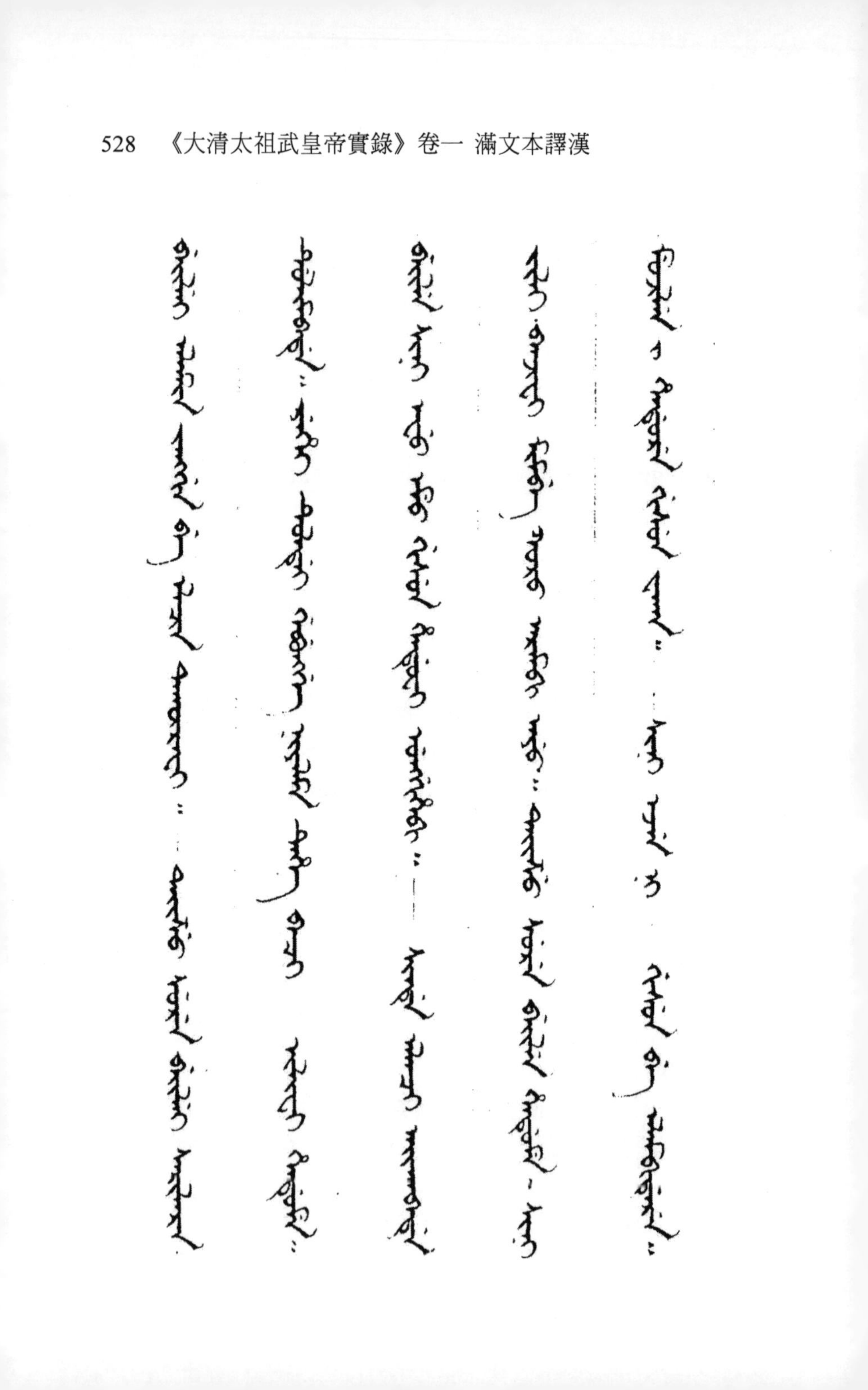

[illegible]

[illegible]

[illegible]

[illegible]

[illegible]

beilei alamin janggin be elcin takūrafi, taidzu sure beilei sarlara dulimbade, yehei tuldei gebungge niyalma tehe baci ilifi hendume, beile sini efu emu gisun hendufi unggihebi, sinde alaci aikabade jili banjifi mimbe koro arambi ayu, taidzu sure beile hendume, sini mujilen i hendure gisun waka, sini ejen ni gisun be alambidere

---

輝發擺銀答里貝勒差阿喇泯章京，比至，太祖淑勒貝勒宴之。內夜黑兎兒德[105]起向太祖淑勒貝勒曰：「貝勒爾額駙有命，遣我來言，又恐觸怒見責。」太祖淑勒貝勒曰：「爾主之言，非爾心之言，與爾無干，

辉发摆银答里贝勒差阿喇泯章京，比至，太祖淑勒贝勒宴之。内夜黑兎儿德[105]起向太祖淑勒贝勒曰：「贝勒尔额驸有命，遣我来言，又恐触怒见责。」太祖淑勒贝勒曰：「尔主之言，非尔心之言，与尔无干，

---

105 兎兒德，滿文讀如“tuldei”，《滿洲實錄》音譯作「圖爾德」。

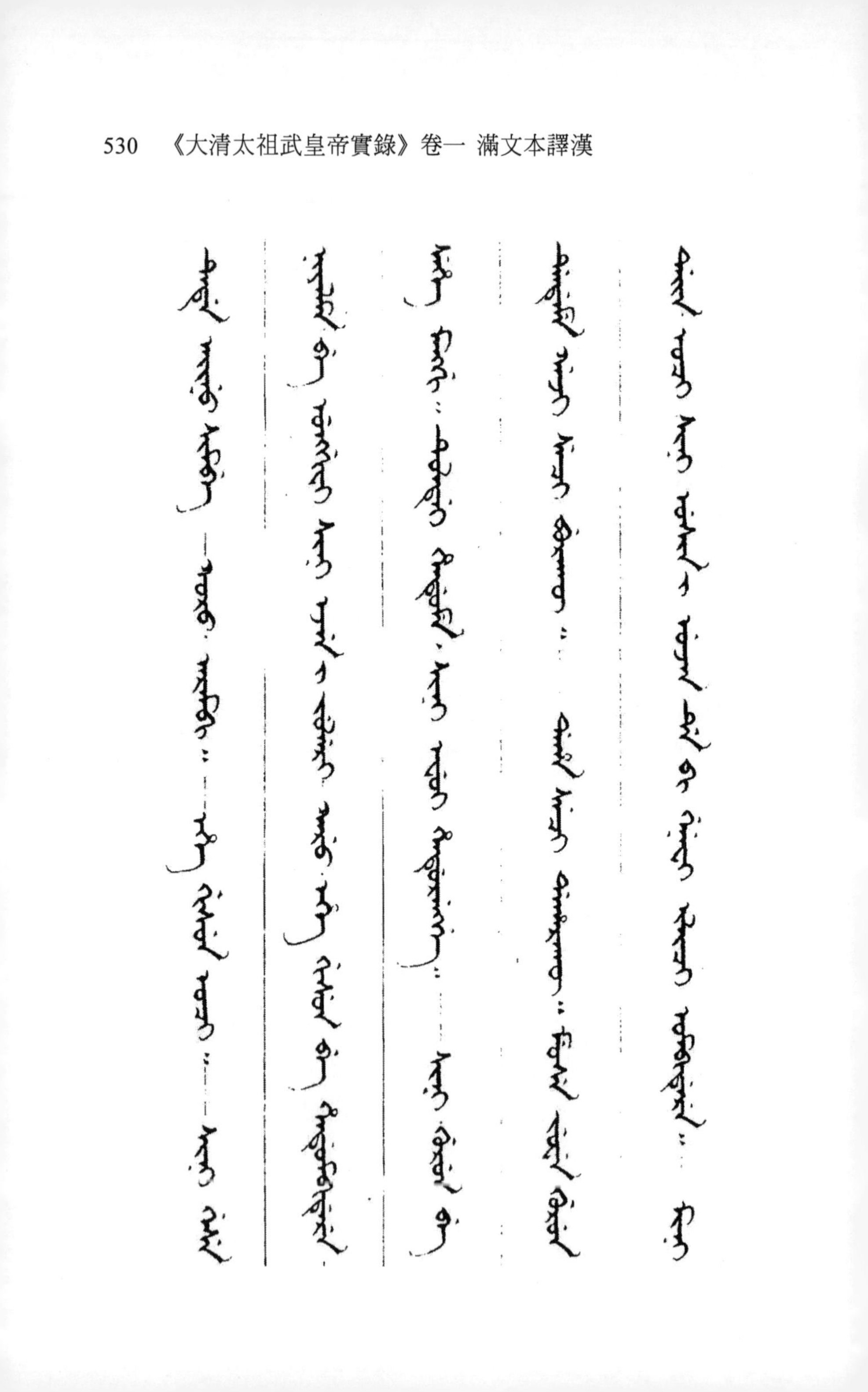

tede ainu simbe koro arambi, ehe gisun oci, sini gese niyalma be unggifi sini ejen i juleri karu ehe gisun be hendumbidere sehe manggi, tuldei hendume, sini efui hengurengge, sini gurun be dendeme gaji seci burakū, daha seci daharakū, muse juwe gurun dain oci sini usin i ujan de bi genefi ilici ombidere, mini

---

何爲責汝？如彼以惡言來，我亦以惡言往。」兎兒德曰：「爾額駙言，昔向爾國索地不與，令投順不從，我兩國若成仇隙，只有我兵能踐爾境，

何为责汝？如彼以恶言来，我亦以恶言往。」兎儿德曰：「尔额驸言，昔向尔国索地不与，令投顺不从，我两国若成仇隙，只有我兵能践尔境，

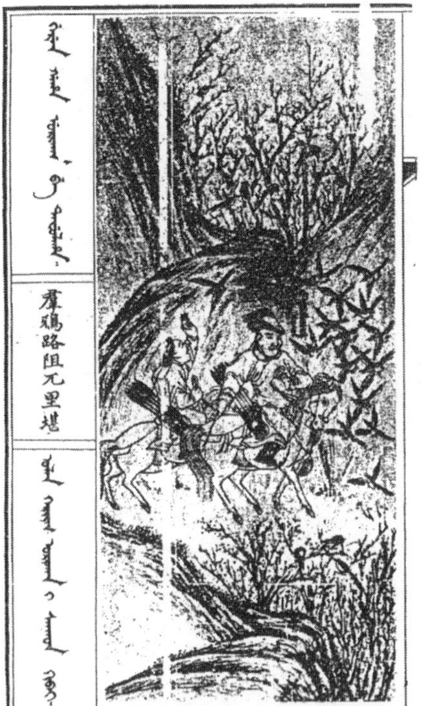
羣鴉路阻兀里堪

十九、群鴉阻路

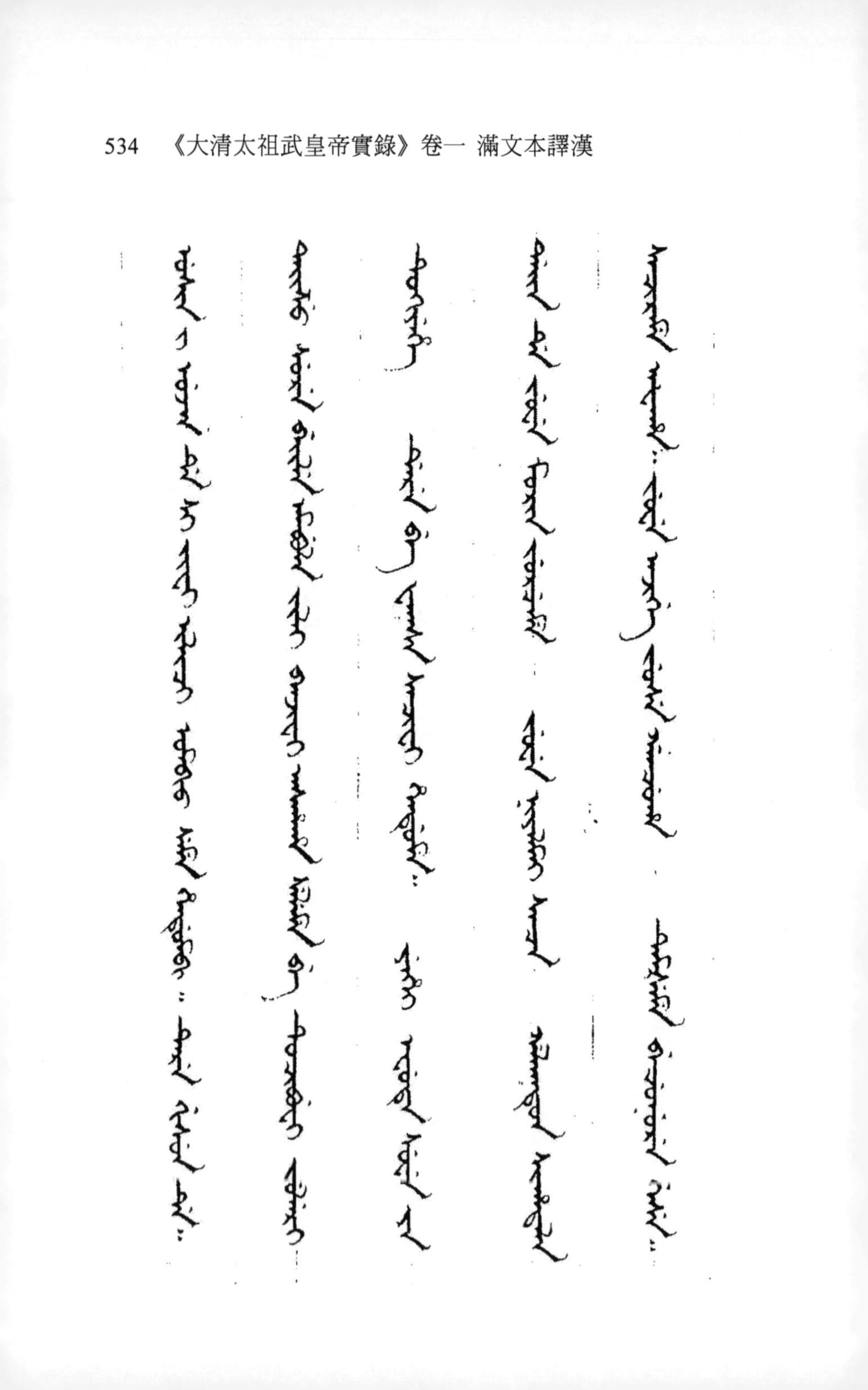

usin i ujan de si jifi ilici ombio seme hendumbi, tere gisun de, taidzu sure beile ambula jili banjifi ashaha seleme be tucibufi juleri tukiyehe dere be faksa sacifi hendume, yehei efude suwe ya dain de juwe morin jurceme juwe niyalmai saca galaktun sihatala sacirame afaha, juwe ajige juse gancuha temšeme becunure gese,

---

諒爾兵敢履我地耶？」太祖淑勒貝勒聞言大怒，掣刀斷案曰：「夜黑額駙弟兄何嘗親與人交馬接刃，碎爛甲冑，經此一戰耶？如二童子爭背式骨[106]，

谅尔兵敢履我地耶？」太祖淑勒贝勒闻言大怒，掣刀断案曰：「夜黑额驸弟兄何尝亲与人交马接刃，碎烂甲胄，经此一战耶？如二童子争背式骨[106]，

---

106 背式骨，《滿洲實錄》細字注云：「滿洲兒童每擲骨為戲。」

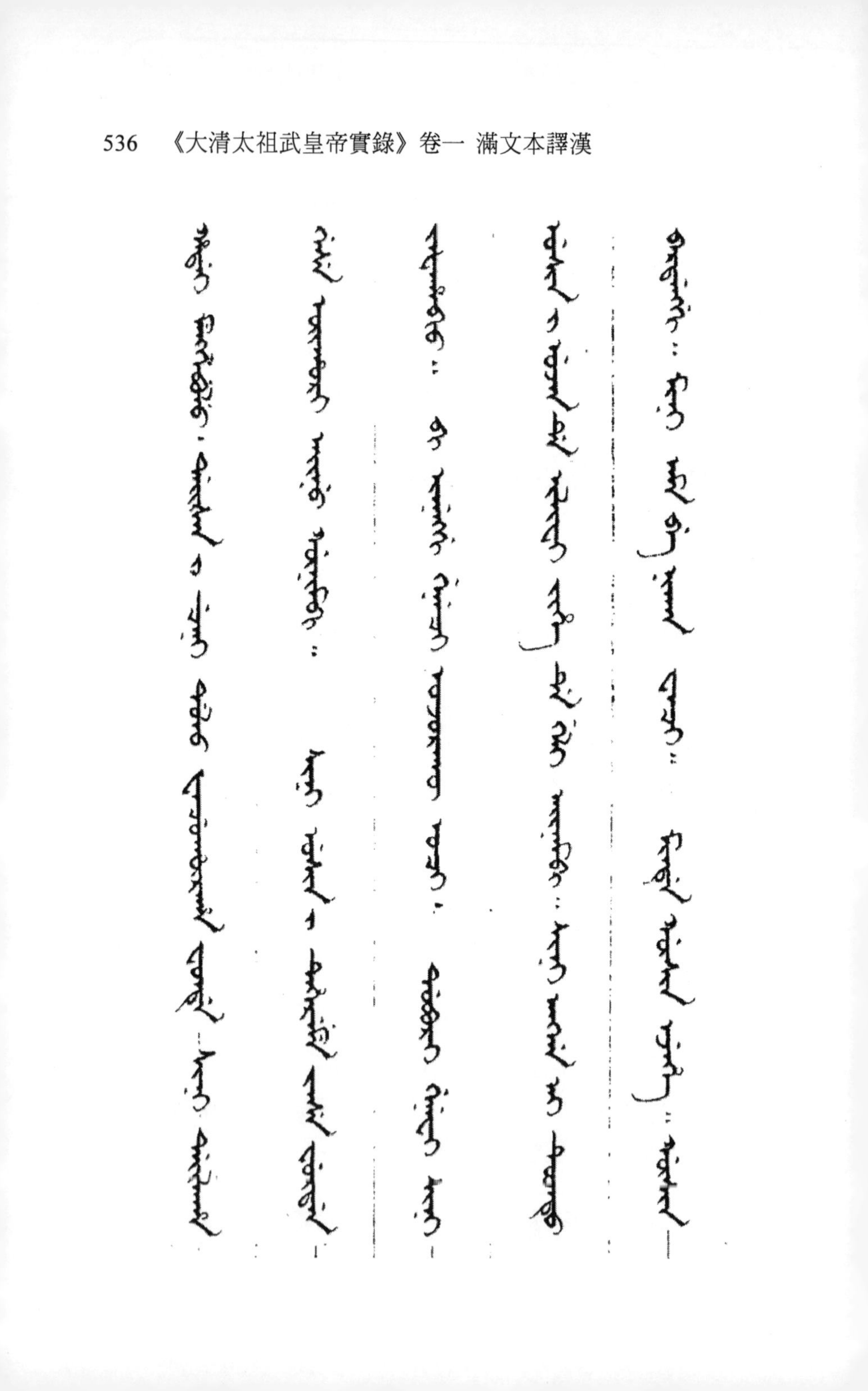

hadai menggebulu, daišan i ceni dolo facuhūraha fonde sini dailaha gese oihori ainu gūnimbi, sini usin i tehereme jase furdan jafahabio, bi inenggi geneci ojorakū oci, dobori genefi sini usin i ujan de ilifi jihe de geli ainambi, sini angga ai tuttu bardanggi, mini ama be nikan waci, minde gūsin ejehe, gūsin

---

昔哈達孟革卜鹵、戴鄯內部自相擾亂，爾等乘亂襲取，何故視我如彼之易耶？爾地四周，果有邊垣之阻耶？吾即晝不能往，夜亦能至彼處，爾其奈我何？徒張大言胡爲乎？昔我父被大明所殺，與我勅書三十道，

昔哈达孟革卜卤、戴鄯内部自相扰乱，尔等乘乱袭取，何故视我如彼之易耶？尔地四周，果有边垣之阻耶？吾即昼不能往，夜亦能至彼处，尔其奈我何？徒张大言胡为乎？昔我父被大明所杀，与我勅书三十道，

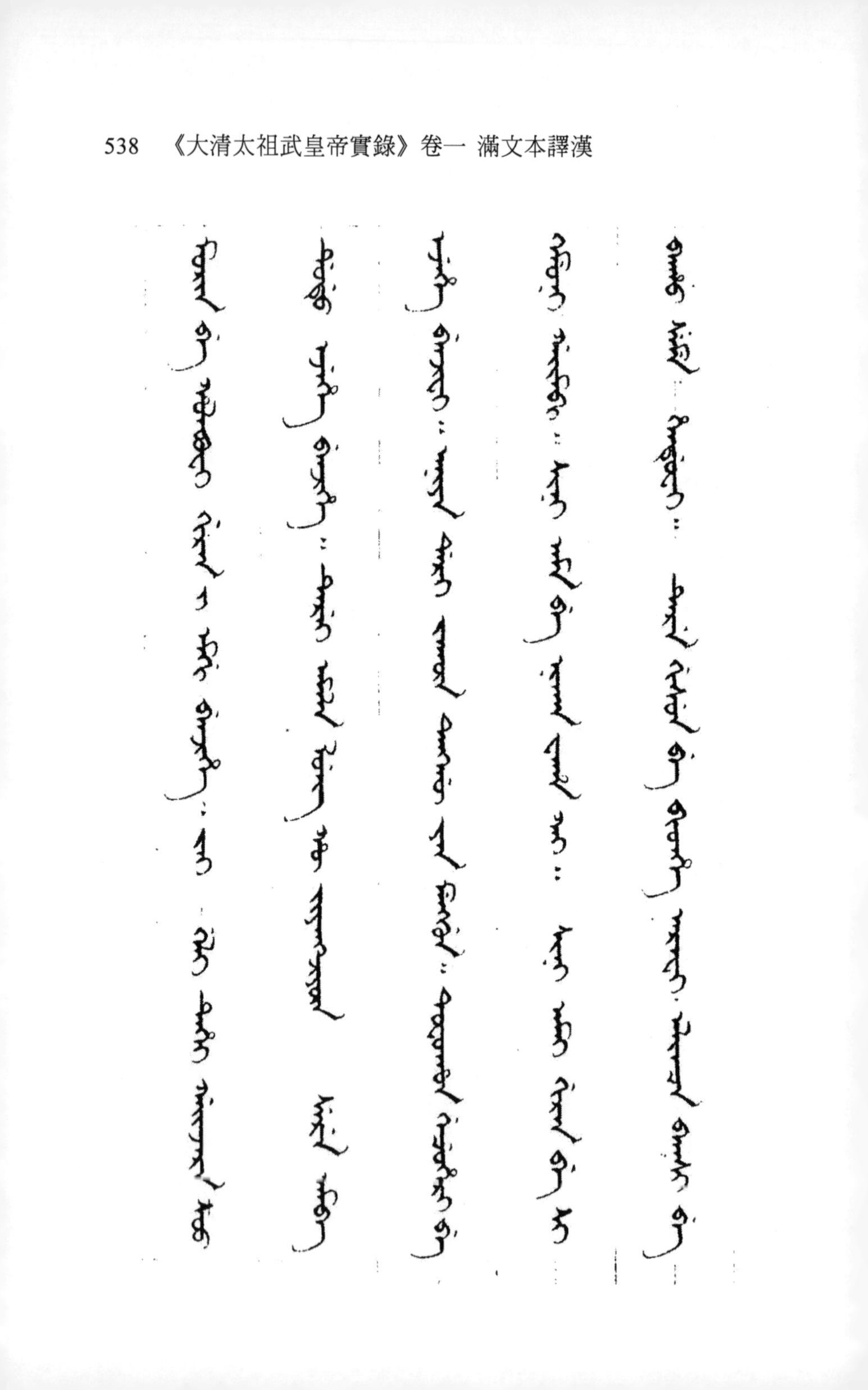

[illegible]

[illegible]

[illegible]

[illegible]

[illegible]

morin be holbofi giran i emgi benjihe, jai geli tehei gaijara ts'oo dudu ejehe benjihe, terei amala lung hū jiyangjiyūn sere amba ejehe benjifi, aniya dari jakūn tanggū yan menggun, tofohon gecuheri be kemuni gaimbi, sini ama be nikan waha kai, sini amai giran be si baha seme hendufi, tere gisun be bithe arafi alinca baksi be

---

馬三十四，送還屍首，坐受左都督勅書，續封龍虎將軍大勅一道，每年給銀八百兩，蟒緞十五疋，汝父亦被大明所殺，汝父屍骸汝得收取否？」遂書前言，

马三十四，送还尸首，坐受左都督勅书，续封龙虎将军大勅一道，每年给银八百两，蟒缎十五疋，汝父亦被大明所杀，汝父尸骸汝得收取否？」遂书前言，

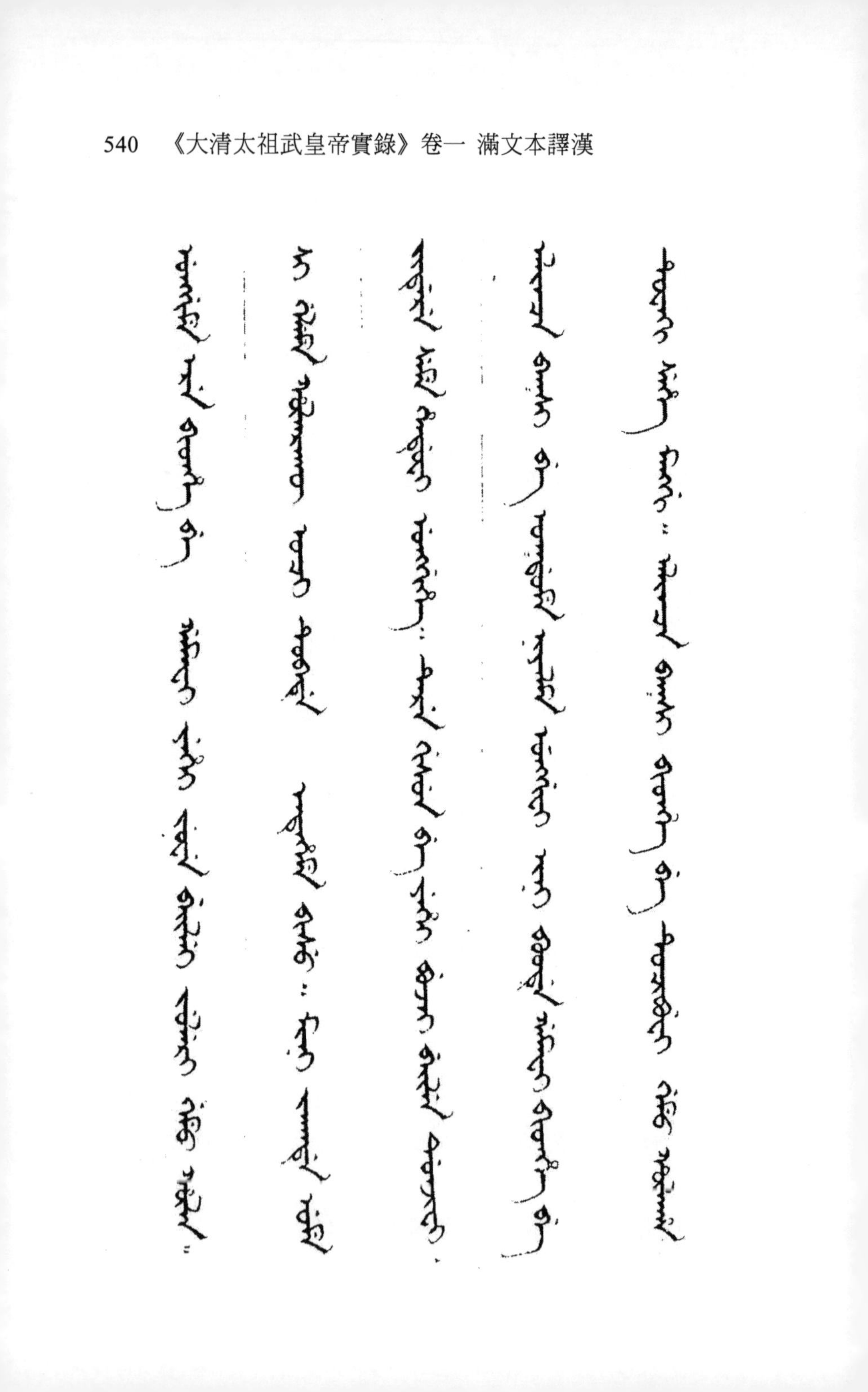

[illegible]

unggime ere bithe be gamafi yehei juwe beilei juleri gemu hūla, si geleme hūlarakū oci tubade enteheme bisu, mini jakade ume jidere seme hendufi unggihe, tere gisun be yehei bujai beile donjifi, alinca baksi be okdome niyalma unggifi ini boode gamafi bithe be tuwaki sehe manggi, alinca baksi bithe be tucibufi gemu hūlaha

---

遣阿林恰巴克什持書復之。諭之曰：「爾到彼處，向夜黑二貝勒當面誦之，若懼而不誦，即永住於彼處勿復回來。」囑畢令行。時夜黑布戒貝勒預知，遣人迎阿林恰巴克什至其家，欲視其書，阿林恰巴克什[107]將書當面朗誦。

遣阿林恰巴克什持书复之。谕之曰：「尔到彼处，向夜黑二贝勒当面诵之，若惧而不诵，即永住于彼处勿复回来。」嘱毕令行。时夜黑布戒贝勒预知，遣人迎阿林恰巴克什至其家，欲视其书，阿林恰巴克什[107]将书当面朗诵。

---

107 阿林恰巴克什，滿文讀如“alinca baksi”，《滿洲實錄》音譯作「阿林察」。

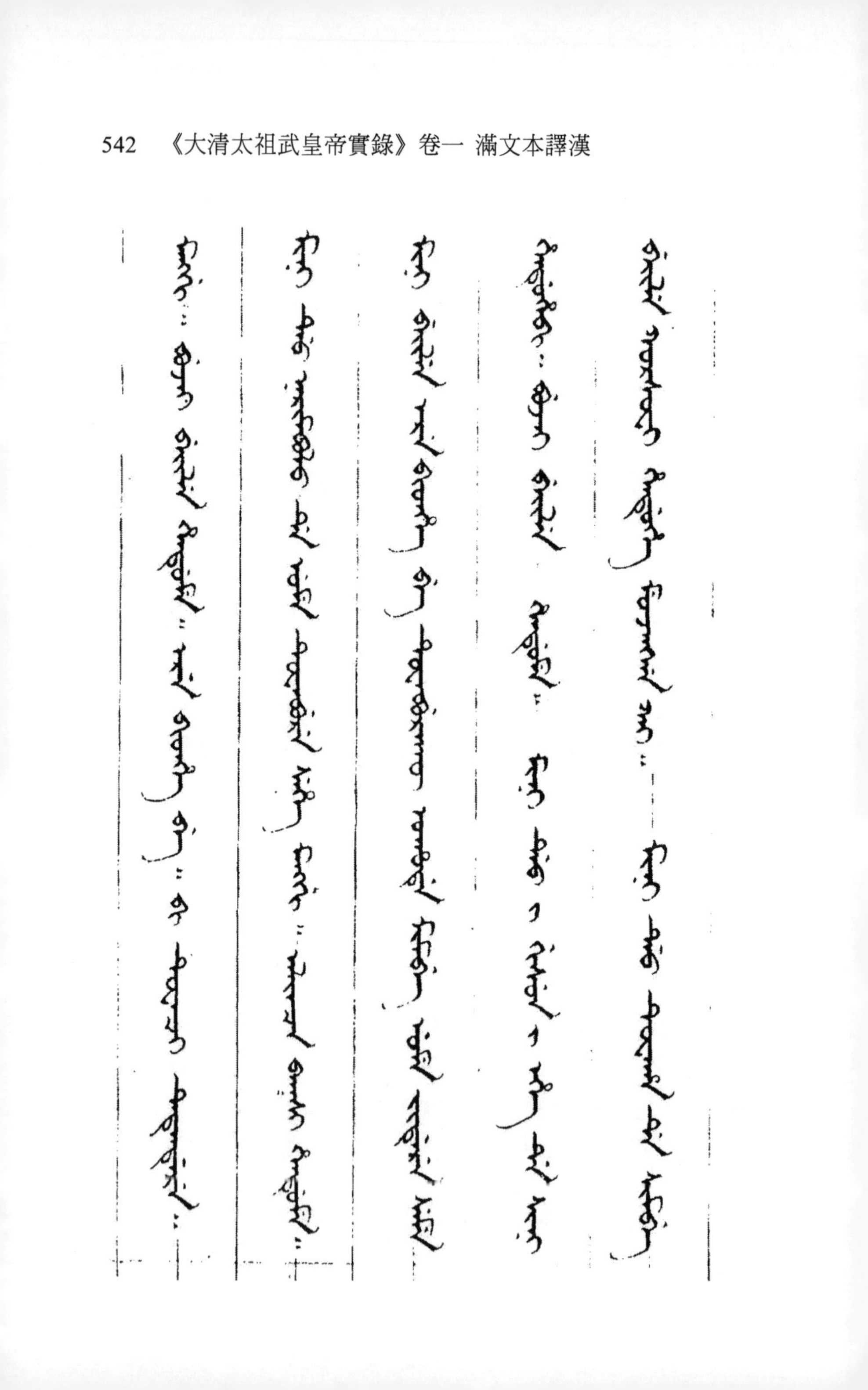

[illegible]

manggi, bujai beile hendume, ere bithe be, bi tuwaci tetendere, mini deo narbolo de ume tuwabure sehe manggi, alinca baksi hendume, mini beile ere bithe be tuwaburakū ohode mimbe ume jidere seme henduhebi, bujai beile hendume, mini deo i gisun i ehe de sini beile korsofi henduhe mujangga kai, mini deo tuwaha de simbe

---

布戒貝勒曰:「此書我既已知之,勿令我弟納林卜祿知之。」阿林恰巴克什曰:「我貝勒曾命不誦此書勿復回來。」布戒貝勒曰:「吾弟出言不遜,爾貝勒恨之誠是,但恐吾弟見此書,

---

布戒贝勒曰:「此书我既已知之,勿令我弟纳林卜禄知之。」阿林恰巴克什曰:「我贝勒曾命不诵此书勿复回来。」布戒贝勒曰:「吾弟出言不逊,尔贝勒恨之诚是,但恐吾弟见此书,

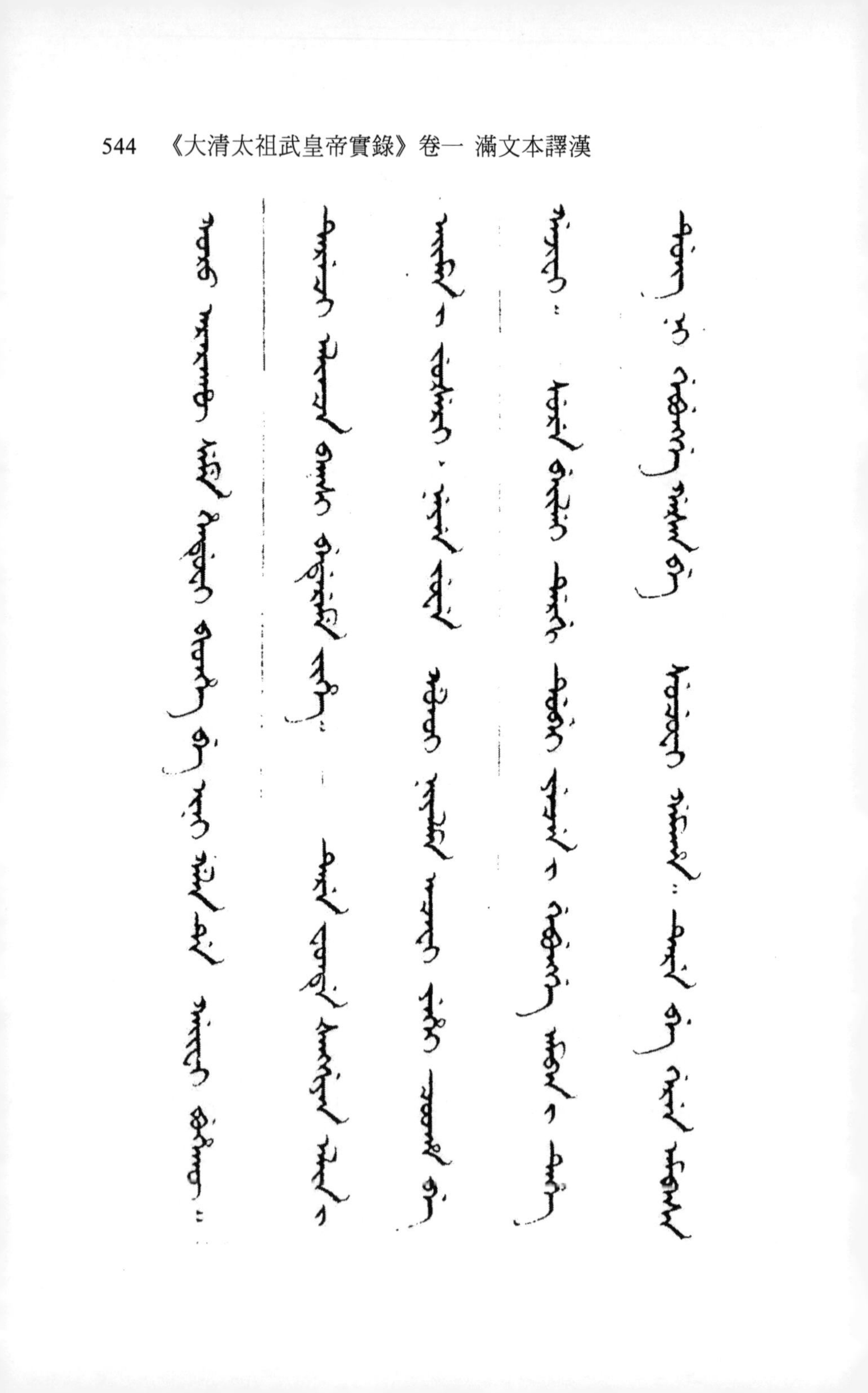

koro ararahū seme hendufi bithe be ini gala de gaifi buhekū tereci alinca baksi bedereme jihe, tere fonde šanggiyan alin i aiman i jušeri, neyen juwe goloi niyalma acafi yehei cooha be gajifi, sure beilei dergi dubei yecen i gebungge amban i tehe dung ni gebungge gašan be sucufi gamaha, tere be geren ambasa

---

怒責汝也。」言畢，乃收其書未與，阿林恰巴克什遂回。時長白山所屬朱舍里、內陰[108]二衛人同引夜黑兵，將淑勒貝勒東界葉臣所居洞寨刼去。

怒责汝也。」言毕，乃收其书未与，阿林恰巴克什遂回。时长白山所属朱舍里、内阴[108]二卫人同引夜黑兵，将淑勒贝勒东界叶臣所居洞寨刼去。

108　朱舍里、內陰，滿文讀如"jušeri、neyen"，《滿洲實錄》音譯作「珠舍哩、訥殷」。

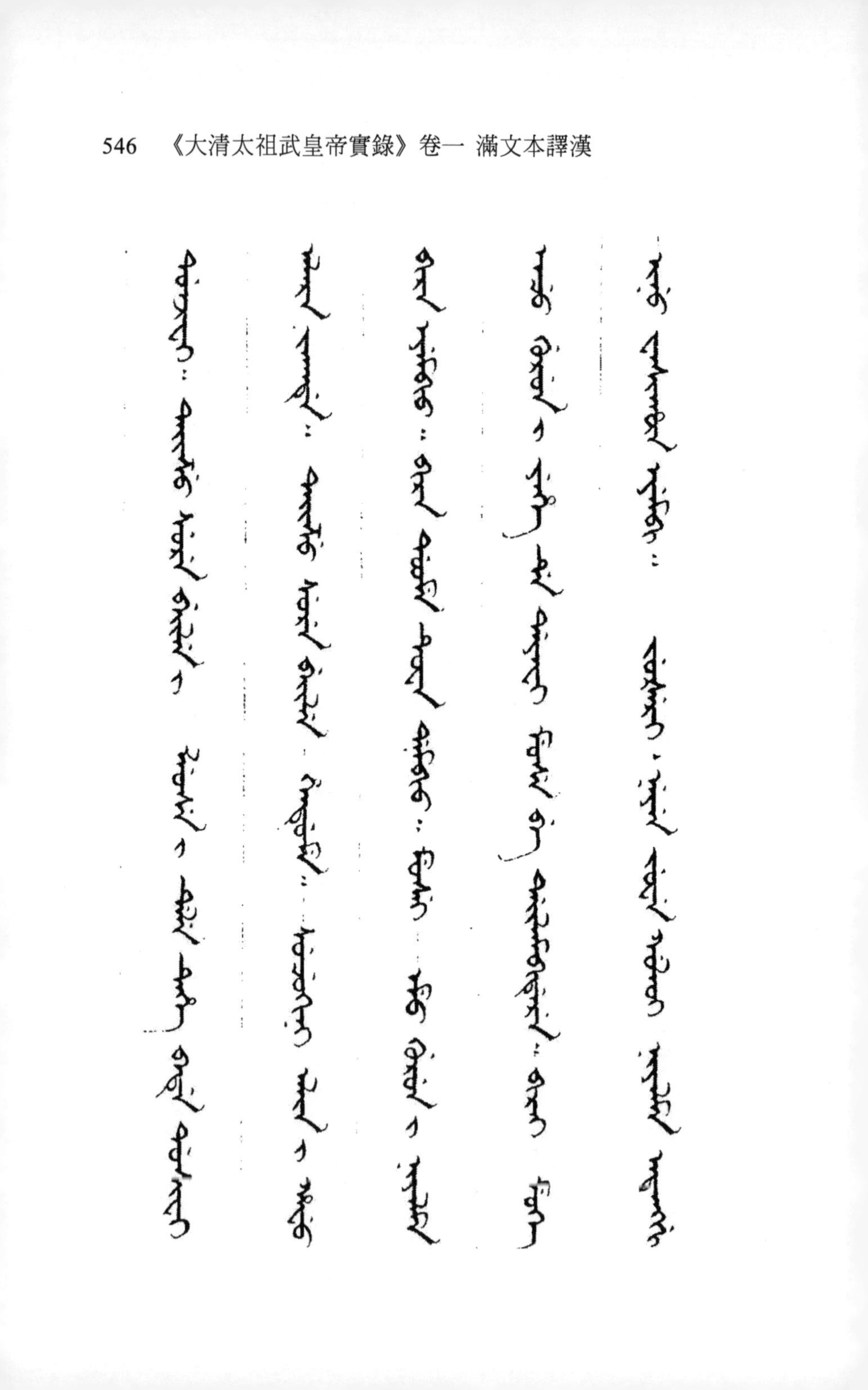

[illegible]

[illegible]

[illegible]

[illegible]

[illegible]

donjifi, taidzu sure beile i leose i dele tehe bade dosifi alara jakade, taidzu sure beile hendume, sucukini alin i hafu bira eyembio, bira doome tuwa dambio, musei emu gurun i niyalma encu gurun i yehe de dayafi muse be dailambidere, birai muke inu wasihūn eyembi, jušeri, neyen juwe goloi niyalma atanggi

---

太祖淑勒貝勒正坐樓上，諸將聞而入告。太祖淑勒貝勒曰:「任伊刼去，豈有水能透山，火能踰河之理？朱舍里、內陰是我同國，乃敢遠附異國之夜黑，刼掠我寨，蓋水必下流，朱舍里、內陰二衛之人，

太祖淑勒贝勒正坐楼上，诸将闻而入告。太祖淑勒贝勒曰：「任伊刼去，岂有水能透山，火能踰河之理？朱舍里、内阴是我同国，乃敢远附异国之夜黑，刼掠我寨，盖水必下流，朱舍里、内阴二卫之人，

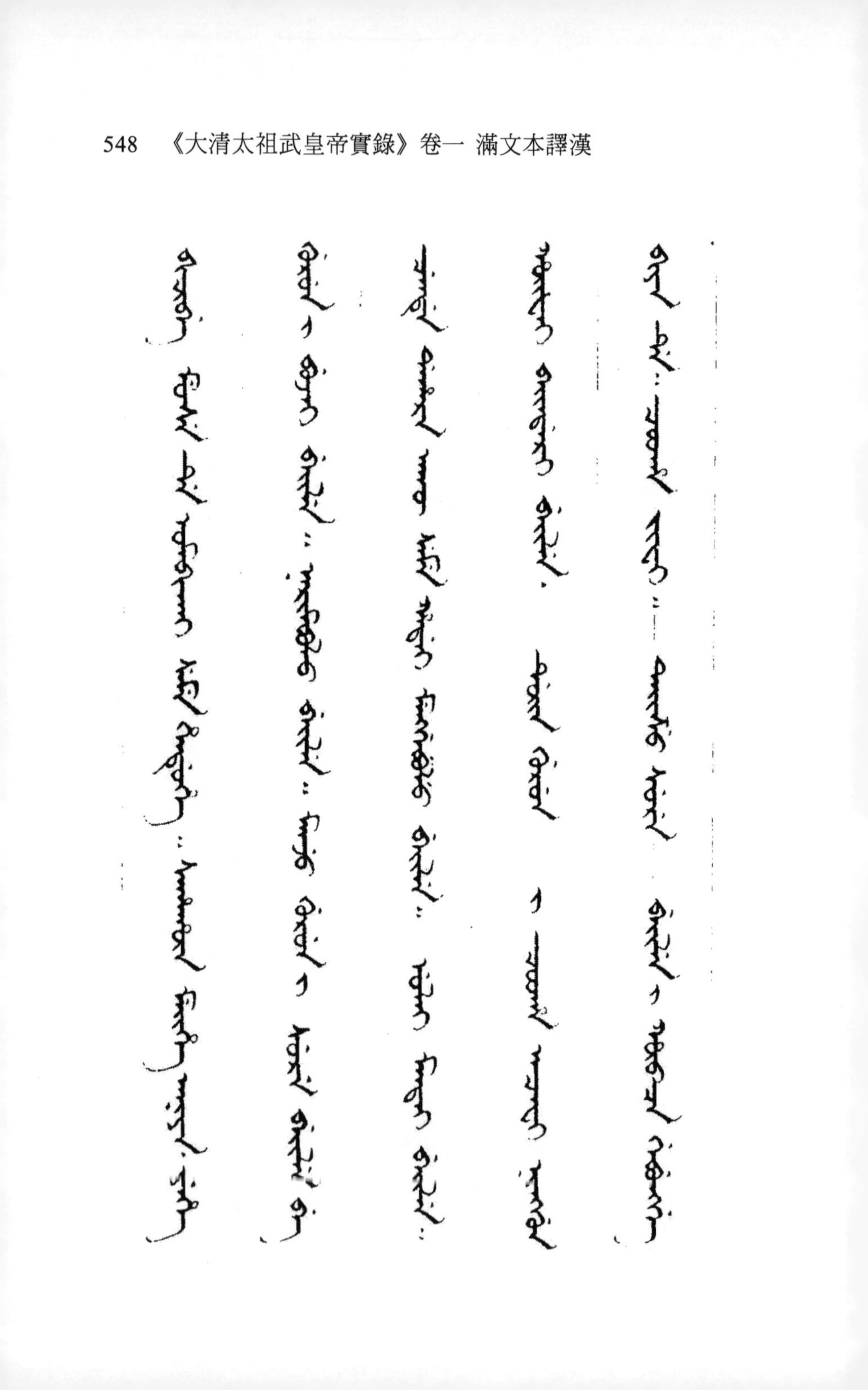

[illegible]

[illegible]

[illegible]

[illegible]

[illegible]

bicibe muse de ombikai seme henduhe, sahahūn meihe aniya, yehe gurun i bujai beile, narimbolo beile, manju gurun i sure beile be cende dahara akū seme hadai menggebulu beile, ulai mantai beile, hoifai baindari beile, duin gurun i cooha acafi ninggun biya de, cooha jifi taidzu sure beile i hūbca gebungge

---

終爲我有矣。」癸巳年，夜黑國布戒貝勒、納林卜祿貝勒，因滿洲國淑勒貝勒不順，糾合哈達孟革卜鹵貝勒、兀喇滿太貝勒、輝發擺銀答里貝勒四國之兵，於六月內，兵來刼去太祖淑勒貝勒户布恰寨[109]。

终为我有矣。」癸巳年，夜黑国布戒贝勒、纳林卜禄贝勒，因满洲国淑勒贝勒不顺，纠合哈达孟革卜卤贝勒、兀喇满太贝勒、辉发摆银答里贝勒四国之兵，于六月内，兵来刼去太祖淑勒贝勒户布恰寨[109]。

---

109 户布恰寨，滿文讀如"hūbca gašan"，《滿洲實錄》音譯作「瑚卜察寨」。

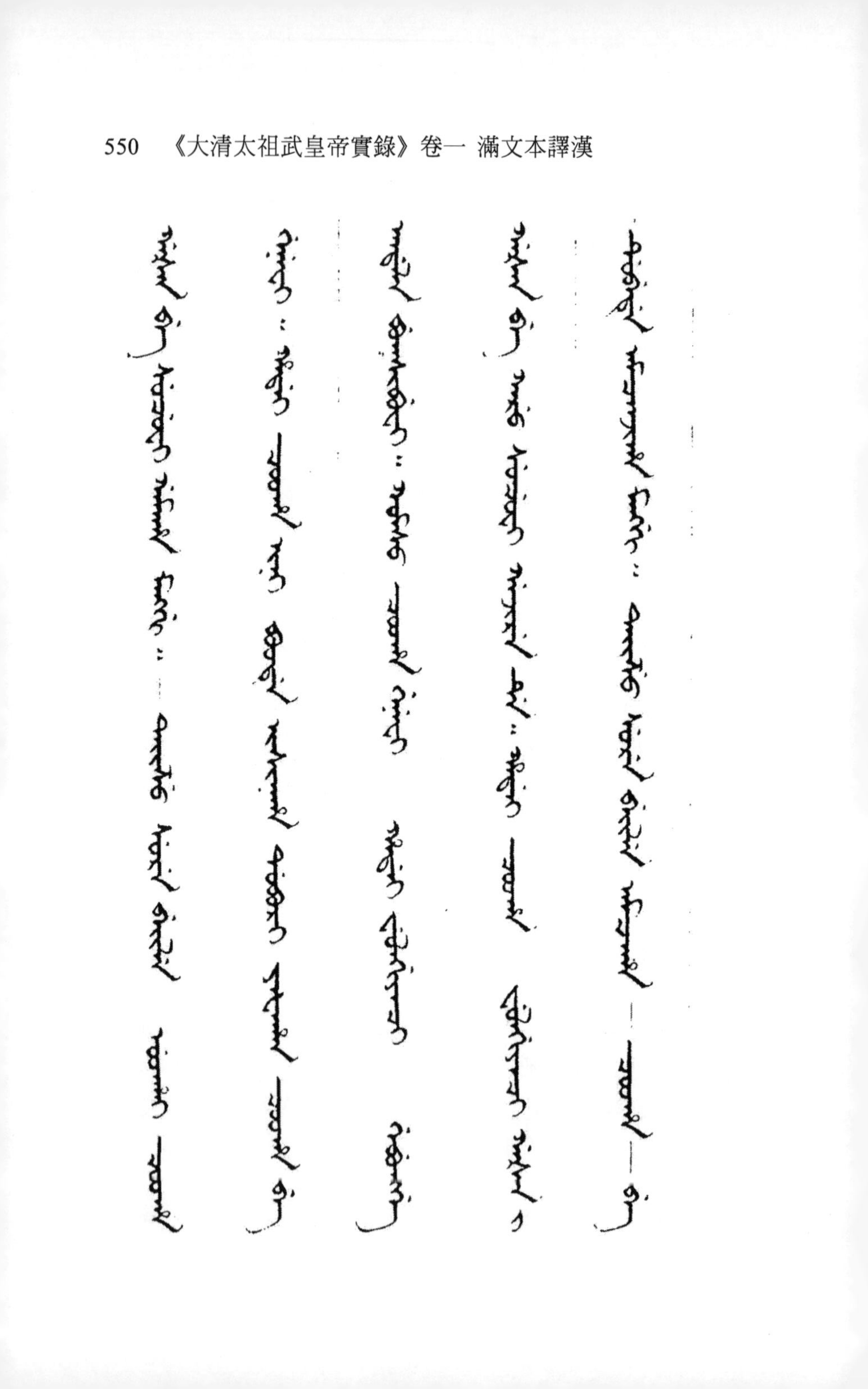

gašan be sucufi gamaha manggi, taidzu sure beile uthai cooha genefi, hadai cooha ini boode isinaha dobori yafahan cooha be andala buksibufi, komso cooha genefi hadai fulgiyaci gebungge gašan be karu sucufi gajire de, hadai cooha fulgiyaci, gašan i dubede amcanjiha manggi, taidzu sure beile amcaha cooha be

---

太祖淑勒貝勒即率兵追之，時哈達兵已歸，是夜，以步兵伏於中途，少帶兵從，亦取哈達富兒家奇寨[110]而回。時哈達追兵至富兒家奇寨，

太祖淑勒贝勒即率兵追之，时哈达兵已归，是夜，以步兵伏于中途，少带兵从，亦取哈达富儿家奇寨 [110] 而回。时哈达追兵至富儿家奇寨，

---

110 富兒家奇寨，滿文讀如"fulgiyaci gašan"，《滿洲實錄》音譯作「富爾佳齊寨」。

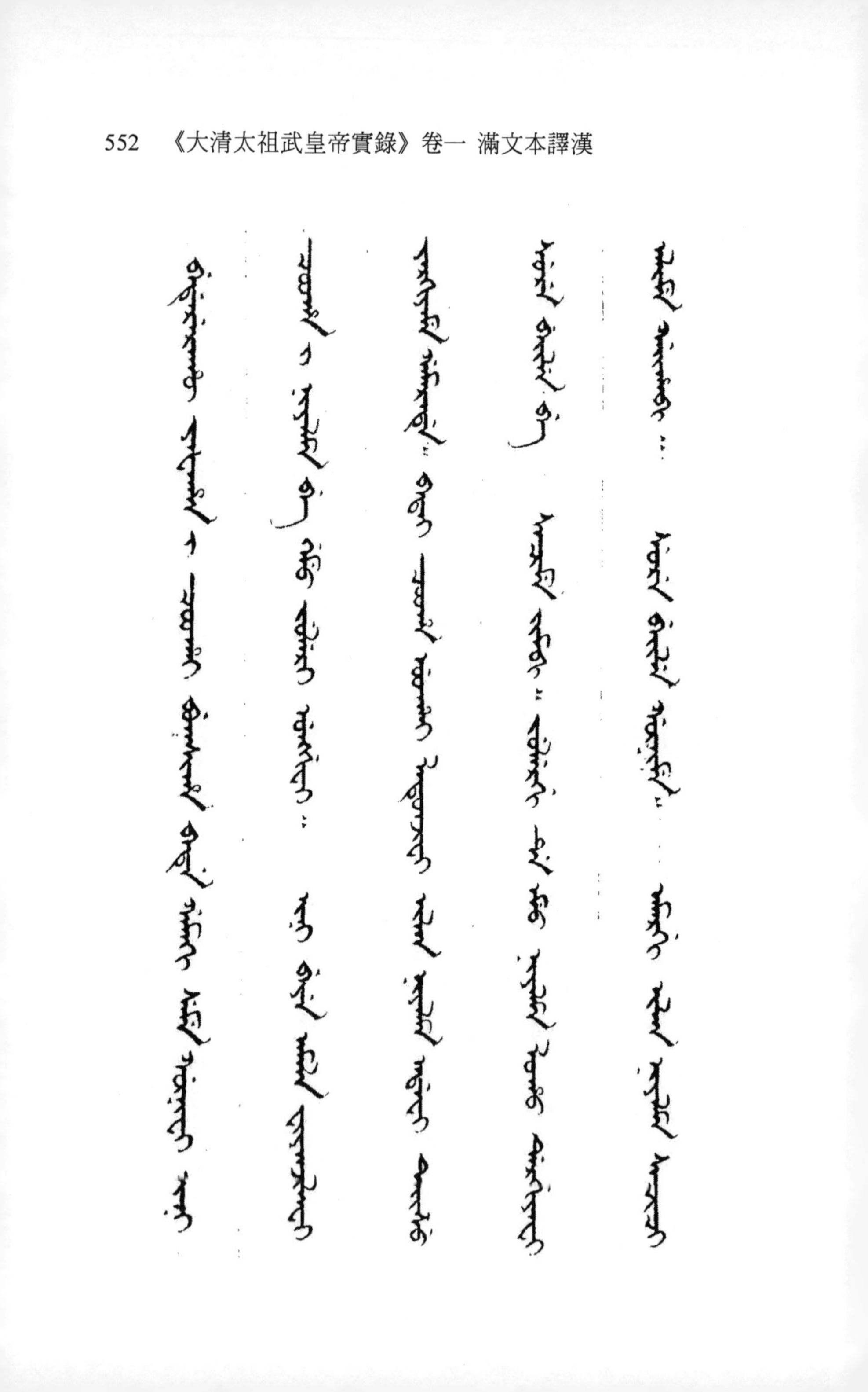

[illegible]

[illegible]

[illegible]

[illegible]

[illegible]

[illegible]

bedereahū yafahan i coohai buksiha bade gamaki seme gūnifi ini cooha i niyalma be gemu juleri unggifi, ini beye amala fiyanjilafi yarkiyame gamarade, batai cooha uthai latunjifi ilan niyalma adafi taidzu sure beile be sacime jimbi, julergi de emu niyalma loho dargiyafi alime gaihabi, sure beile gūnime, amargi ilan niyalma sacici

---

太祖淑勒貝勒欲誘追兵至伏兵處，恐追兵復回，乃令兵丁皆前行，獨身爲殿，以誘之，敵兵追至，前一人舉刀迎之，後三人併馬來戰。淑勒貝勒自思，後追三人無妨，

太祖淑勒贝勒欲诱追兵至伏兵处，恐追兵复回，乃令兵丁皆前行，独身为殿，以诱之，敌兵追至，前一人举刀迎之，后三人并马来战。淑勒贝勒自思，后追三人无妨，

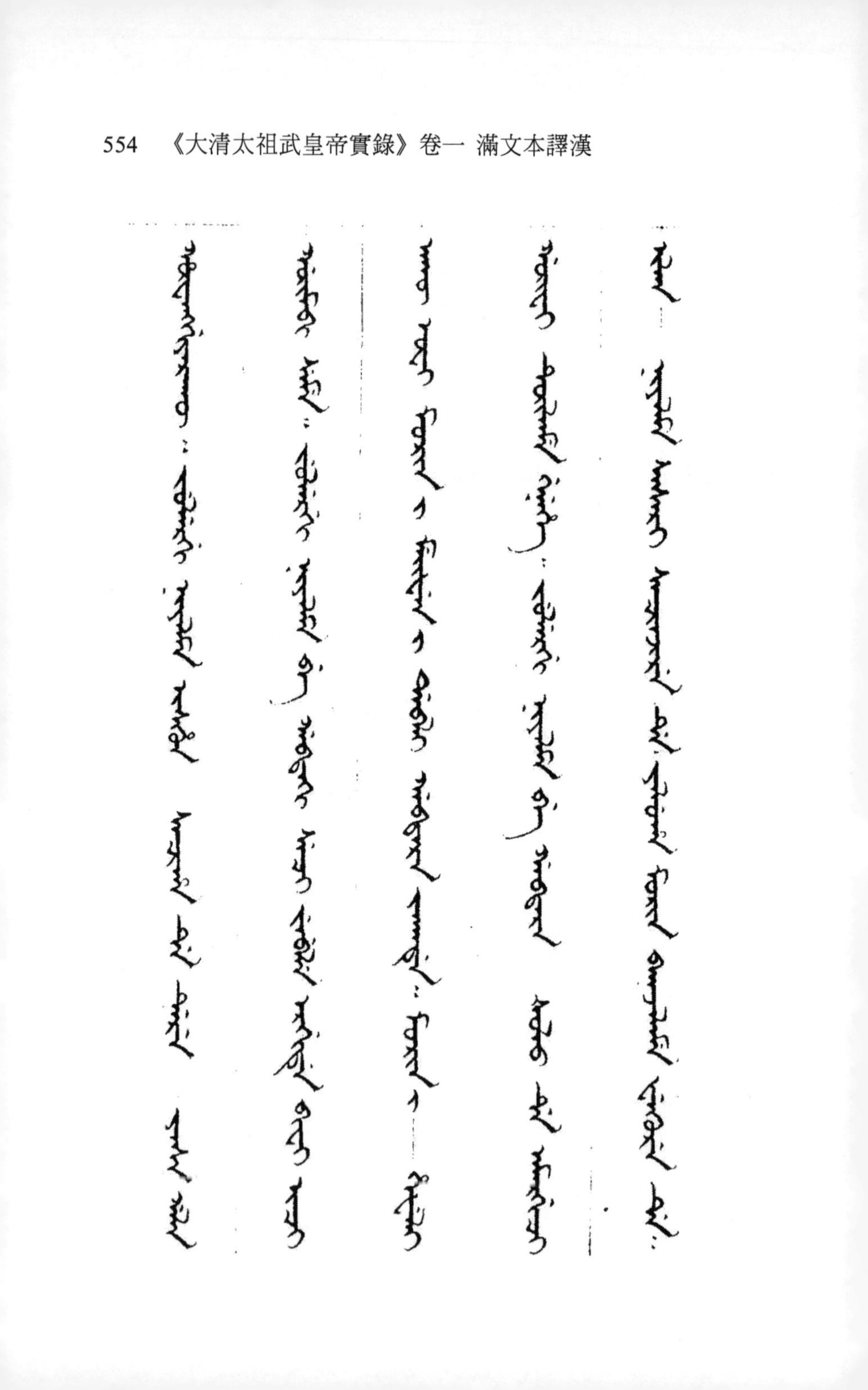

[illegible]

hūwanggiyarakū, julergi niyalma ishun saciha de dere yasa gala goimbi seme, julergi niyalma be gabtaki seci jebele ergide bifi ici akū ofi morin i meifen i dabali gabtara jakade, morin i hefeli goifi tuilame genehe, julergi niyalma be gabtara šolo de amargici ilan niyalma sasari sacinjire de, yaluha morin bakjalame fekure de,

---

若前一人迎面劈來，恐傷面目手，欲射前一人，時敵在右，不便於射，因轉弓過馬首，射中敵人馬腹，其馬驚躍，後三人乘太祖淑勒貝勒發矢射前一人之會，一齊殺來，太祖淑勒貝勒所騎之馬驚幾墜，

—

若前一人迎面劈来，恐伤面目手，欲射前一人，时敌在右，不便于射，因转弓过马首，射中敌人马腹，其马惊跃，后三人乘太祖淑勒贝勒发矢射前一人之会，一齐杀来，太祖淑勒贝勒所骑之马惊几坠，

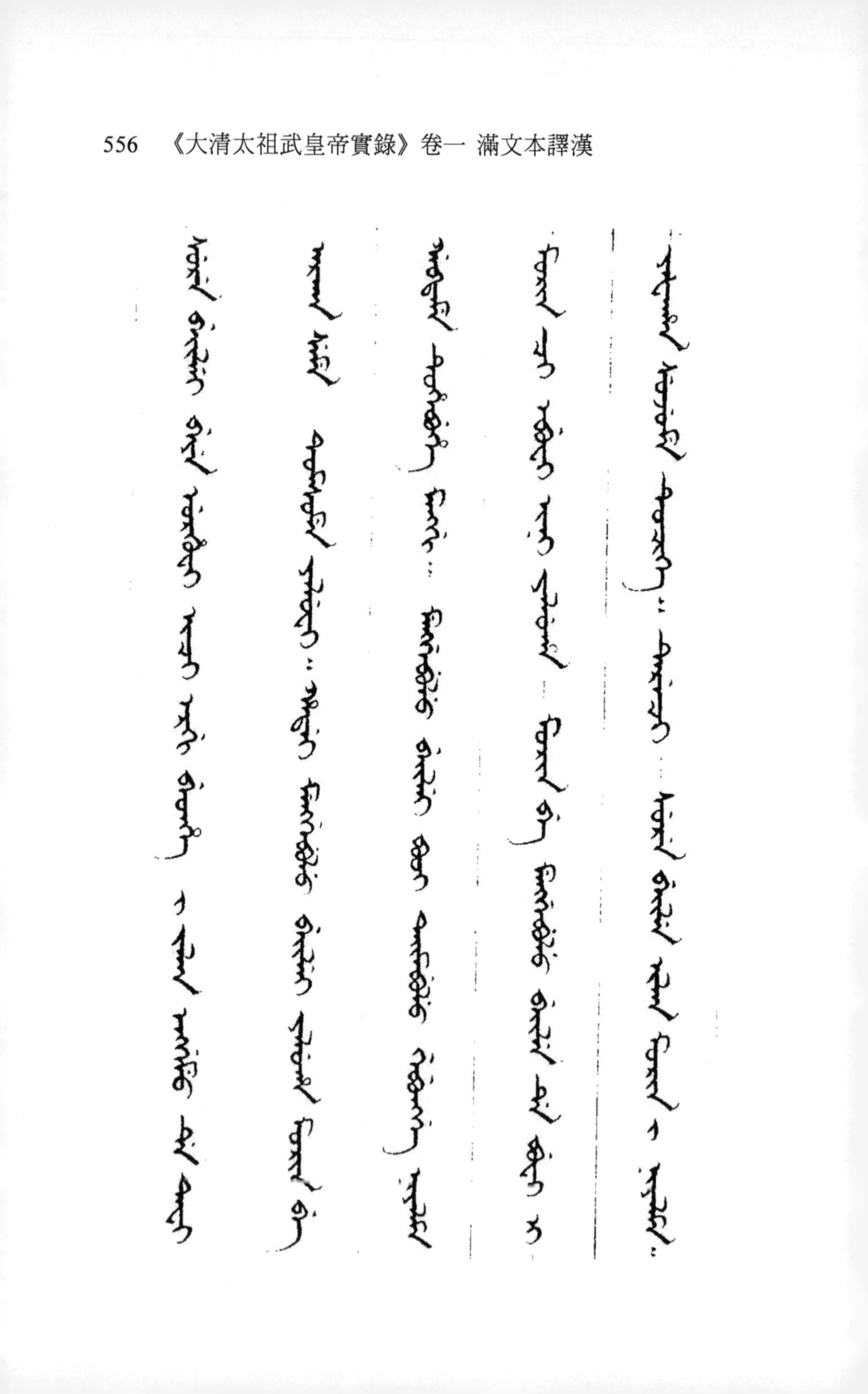

sure beilei beye urhufi ici ergi bethe i jalan enggemu de tafi arkan seme tomsome yalufi, hadai menggebulu beilei yaluha morin be gabtame tuhebuhe manggi, menggebulu beilei booi taimbulu gebungge niyalma morin ci ebufi ini yaluha morin be menggebulu beile de bufi i yafahan sujume tucike, tereci sure beile ilan morin i niyalma,

---

幸右足扳鞍，僅得復騎，發一矢，射哈達孟革卜鹵貝勒所騎之馬撲地，孟革卜鹵貝勒家人代因布祿[111][78]下馬，將自己所騎之馬給與孟革卜鹵貝勒乘之，步奔而回，淑勒貝勒率馬兵三人，

幸右足扳鞍，仅得复骑，发一矢，射哈达孟革卜卤贝勒所骑之马扑地，孟革卜卤贝勒家人代因布禄[78]下马，将自己所骑之马给与孟革卜卤贝勒乘之，步奔而回，淑勒贝勒率马兵三人，

---

111 代因布祿，滿文讀如“taimbulu”，《滿洲實錄》音譯作「泰穆布祿」。

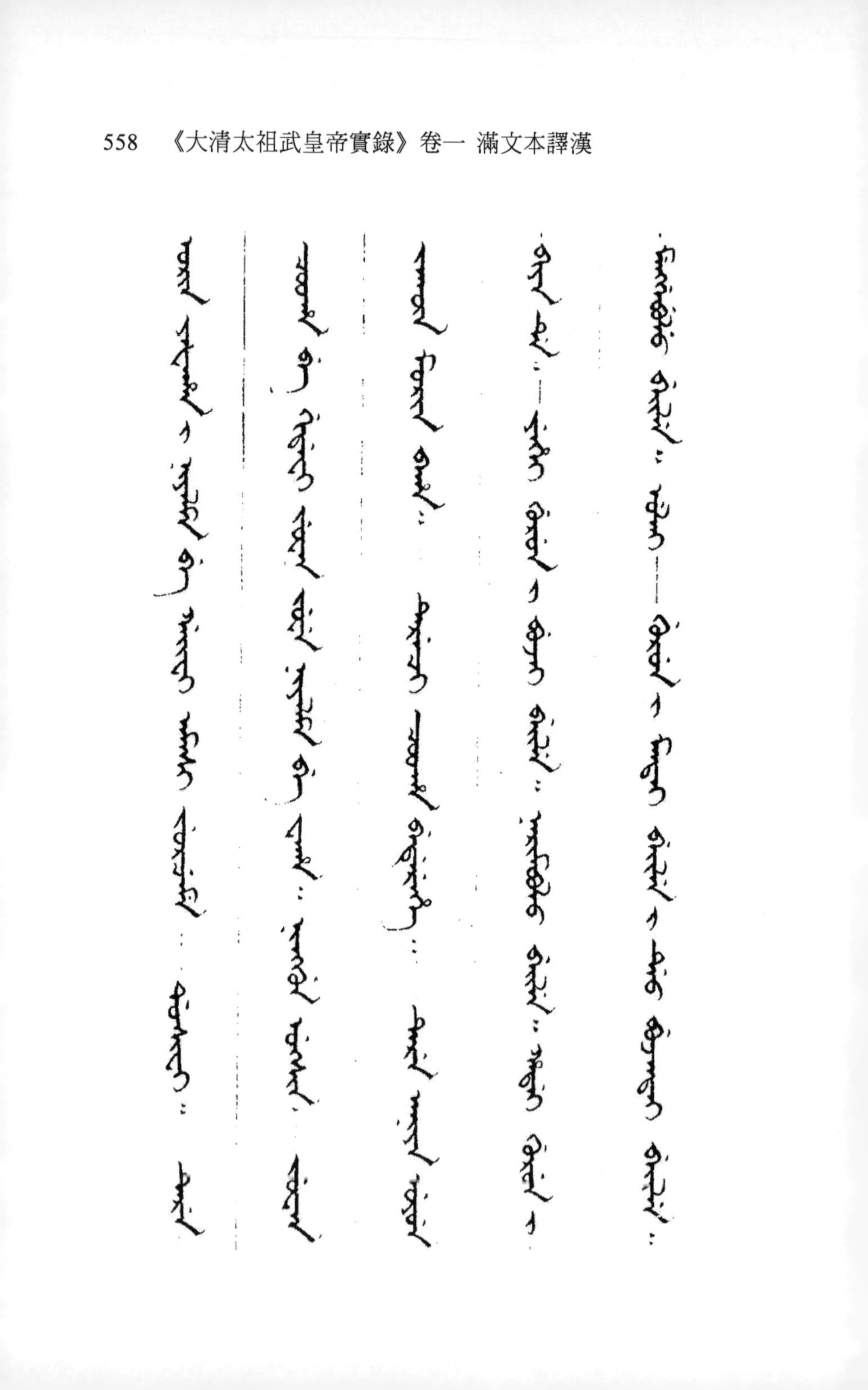

[illegible]

[illegible]

[illegible]

[illegible]

[illegible]

orin yafahan i niyalma be gaifi amasi jurceme dosifi, tere cooha be gidafi juwan juwe niyalma be waha, ninggun uksin, juwan jakūn morin baha, tereci cooha bederehe, tere aniya uyun biya de, yehei gurun i bujai beile, narimbolo beile, hadai gurun i menggebulu beile, ulai gurun i mantai beile i deo bujantai beile,

---

步兵二十人迎之，敗其敵兵，殺兵十二人，獲甲六副，馬十八匹而回。是年九月內，夜黑國布戒貝勒、納林卜祿貝勒、哈達國孟革卜鹵貝勒、兀喇國滿太貝勒弟布占太貝勒，

步兵二十人迎之，败其敌兵，杀兵十二人，获甲六副，马十八匹而回。是年九月内，夜黑国布戒贝勒、纳林卜禄贝勒、哈达国孟革卜卤贝勒、兀喇国满太贝勒弟布占太贝勒，

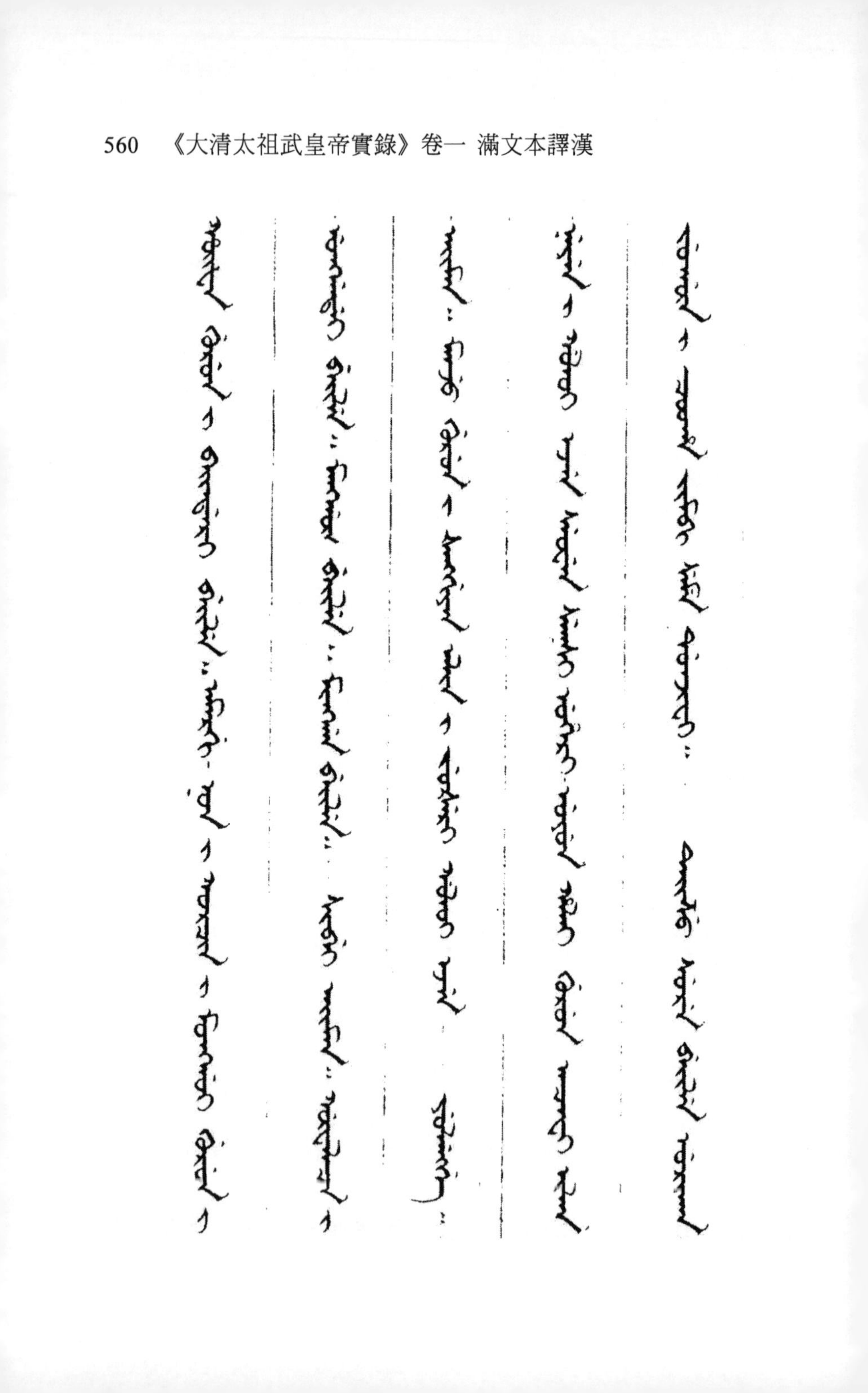

[illegible]

hoifa gurun i baindari beile, amargi non i korcin i monggoi gurun i unggadai beile, manggūn beile, minggan beile, sibei aiman, gūwalca i aiman, manju gurun i šanggiyan alin i jušeri goloi ejen yulengge, neyen i goloi ejen seowan seksi uheri uyun halai gurun acafi ilan jugūn i cooha jimbi seme donjifi, taidzu sure beile urikan

---

輝發國擺銀答里貝勒，嫩江蒙古廓兒沁國瓮剛代貝勒、莽古貝勒、明安貝勒、實伯部[112]、刮兒恰部、滿洲國長白山朱舍里衛主悠冷革、內陰衛主搜穩塞革失，共九姓國，會聚一處，分三路而來，太祖淑勒貝勒聞之，

辉发国摆银答里贝勒，嫩江蒙古廓儿沁国瓮刚代贝勒、莽古贝勒、明安贝勒、实伯部 [112]、刮儿恰部、满洲国长白山朱舍里卫主悠冷革、内阴卫主搜稳塞革失，共九姓国，会聚一处，分三路而来，太祖淑勒贝勒闻之，

---

112 實伯部，滿文讀如"sibei aiman"，《滿洲實錄》音譯作「錫伯部」。

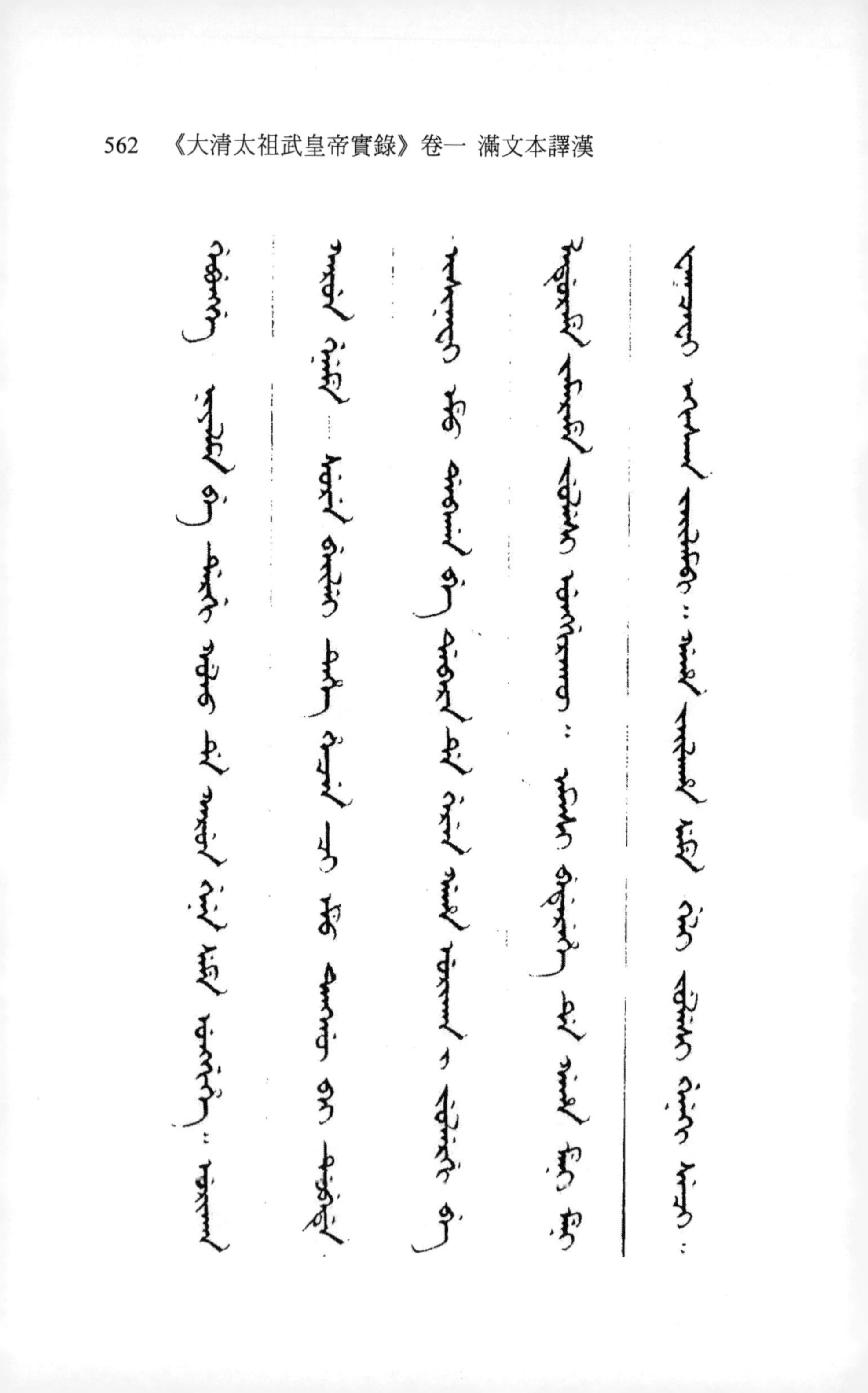

gebungge niyalma be dergi golo de karun gene seme unggihe, urikan karun geneme sure beilei tehe hecen ci emu tanggū bai dubede isinafi emu dabagan be dabara de geren gaha urikan i julergi be ladurame jamarame julesi unggirakū, amasi bederehe de gaha meni meni fakcafi ekisaka jailambi, gaha jailaha seme geli julesi geneki seci,

---

遣兀里堪東探，兀里堪前往哨所，距淑勒貝勒所居城池約行百里，至一山嶺，烏鴉群噪，不容前往，回時則散，又欲前往，

遣兀里堪东探，兀里堪前往哨所，距淑勒贝勒所居城池约行百里，至一山岭，乌鸦群噪，不容前往，回时则散，又欲前往，

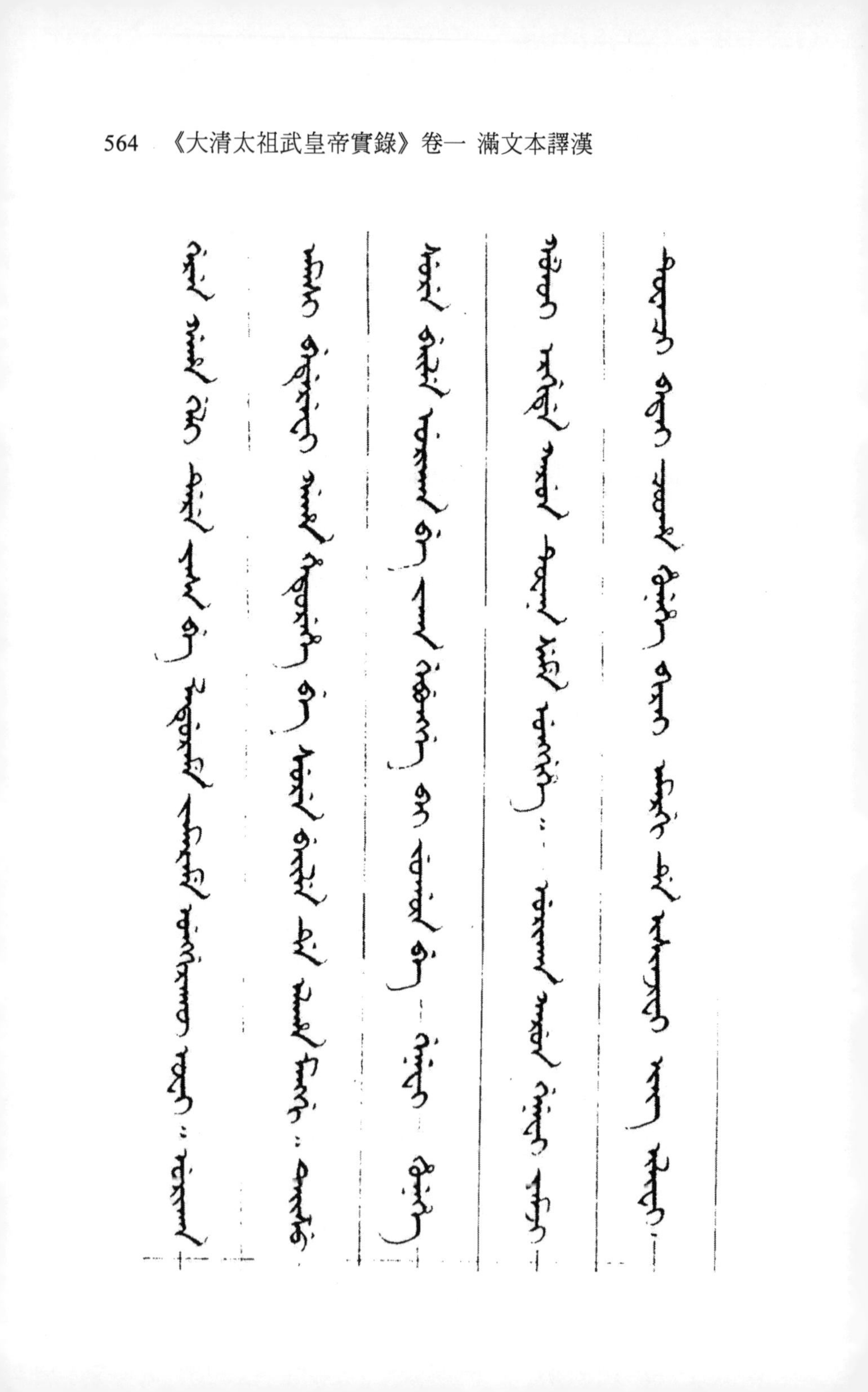

geren gaha geli dere yasa be ladurame jamarame unggira ofi, urikan amasi bederefi gaha heturehe be sure beile de alaha manggi, taidzu sure beile urikan be jaka gebungge bai jugūn be genefi hunehe goloi ergide karun tuwana seme unggihe, urikan karun genefi yamji tuwaci batai cooha hunehe birai amargi de isinjifi ing ilifi,

---

群鴉復撲眼臉喧嘩不去。兀里堪遂回，備述前事。太祖淑勒貝勒曰：「兀里堪可從加哈[113]向渾河探之。」兀里堪及至，夕見渾河北岸，敵兵立營，

群鸦复扑眼脸喧哗不去。兀里堪遂回，备述前事。太祖淑勒贝勒曰：「兀里堪可从加哈[113]向浑河探之。」兀里堪及至，夕见浑河北岸，敌兵立营，

---

[113] 加哈，滿文讀如"jaka"，《滿洲實錄》音譯作「扎喀」。

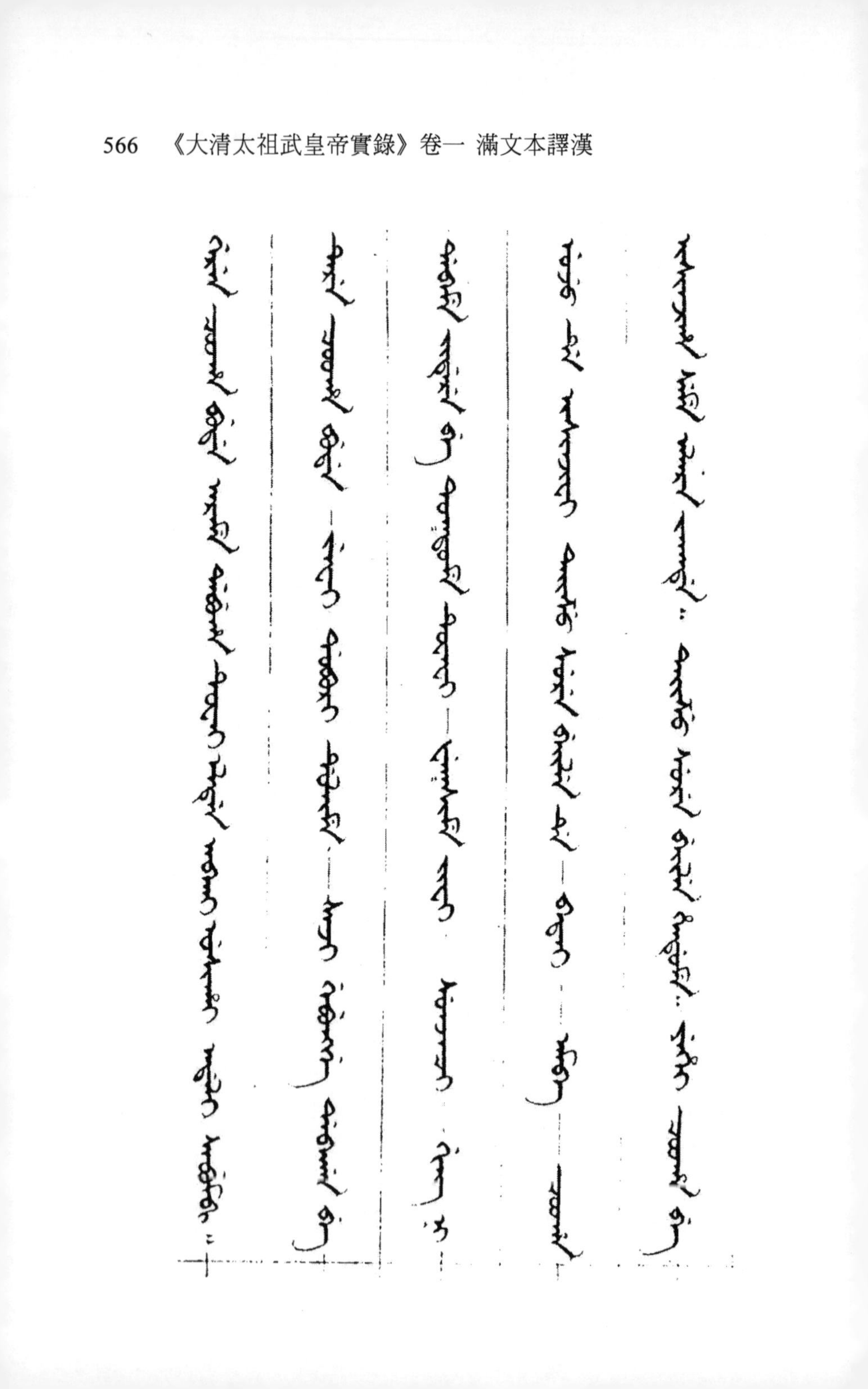

[illegible]

[illegible]

[illegible]

[illegible]

[illegible]

geren cooha buda arame tuwai elden abkai usihai adali sabumbi tere cooha buda jefi dobori dulime šaji gebungge dabagan be dabame jidere be toktome tuwafi feksime jifi sunjaci ging ni uju de isinjifi taidzu sure beile de batai amba cooha isinjiha seme alara jakade, taidzu sure beile hendume, yehei cooha be

---

兵營點火做飯之光如天上之星，飯罷連夜起行，過夏鷄嶺[114]，兀里堪探的，飛報太祖淑勒貝勒，言敵國大兵將至，時近五更矣。

兵营点火做饭之光如天上之星，饭罢连夜起行，过夏鸡岭[114]，兀里堪探的，飞报太祖淑勒贝勒，言敌国大兵将至，时近五更矣。

---

114 夏雞嶺，滿文讀如"šaji dabagan"，《滿洲實錄》音譯作「沙濟嶺」

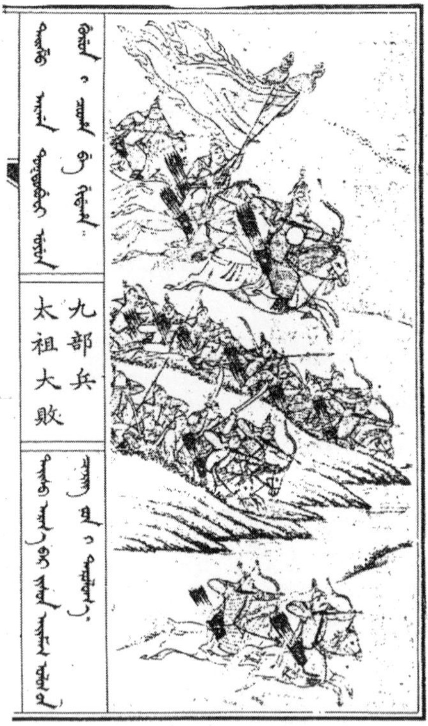
太祖大敗
九部兵

二十、兵不遺鞭

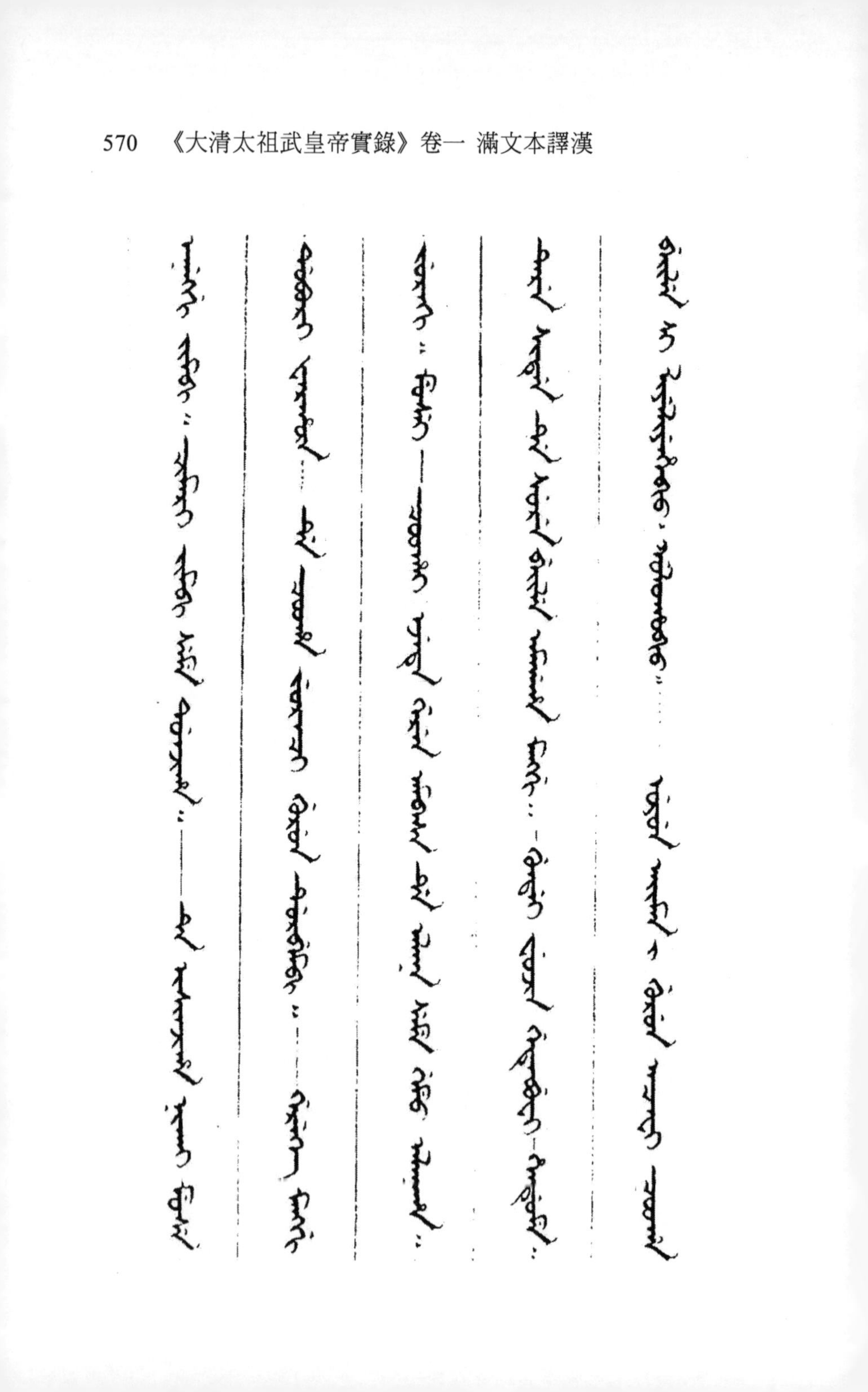

[illegible]

eneŋggi jimbi, cimari jimbi seme donjiha, te isinjiha nikai muse dobori farhūn de cooha juraci gurun durbembi, gereke manggi juraki, musei coohai ejete geren ambasa de alana seme gemu alanaha, tere siden de sure beile amgaha manggi, gundai fujin getebufi hendume, beile si liyeliyehebio, golohobio, uyun aiman i gurun acafi cooha

---

太祖淑勒貝勒曰：「聞人言夜黑不日兵來，今果然也，我兵夜出，恐城中人驚，待天明出兵。」傳諭諸將，言畢復寢。滾代福金推醒太祖淑勒貝勒曰：「貝勒爾是昏昧耶？抑是畏懼耶？今九國兵馬來攻，

太祖淑勒贝勒曰：「闻人言夜黑不日兵来，今果然也，我兵夜出，恐城中人惊，待天明出兵。」传谕诸将，言毕复寝。滚代福金推醒太祖淑勒贝勒曰：「贝勒尔是昏昧耶？抑是畏惧耶？今九国兵马来攻，

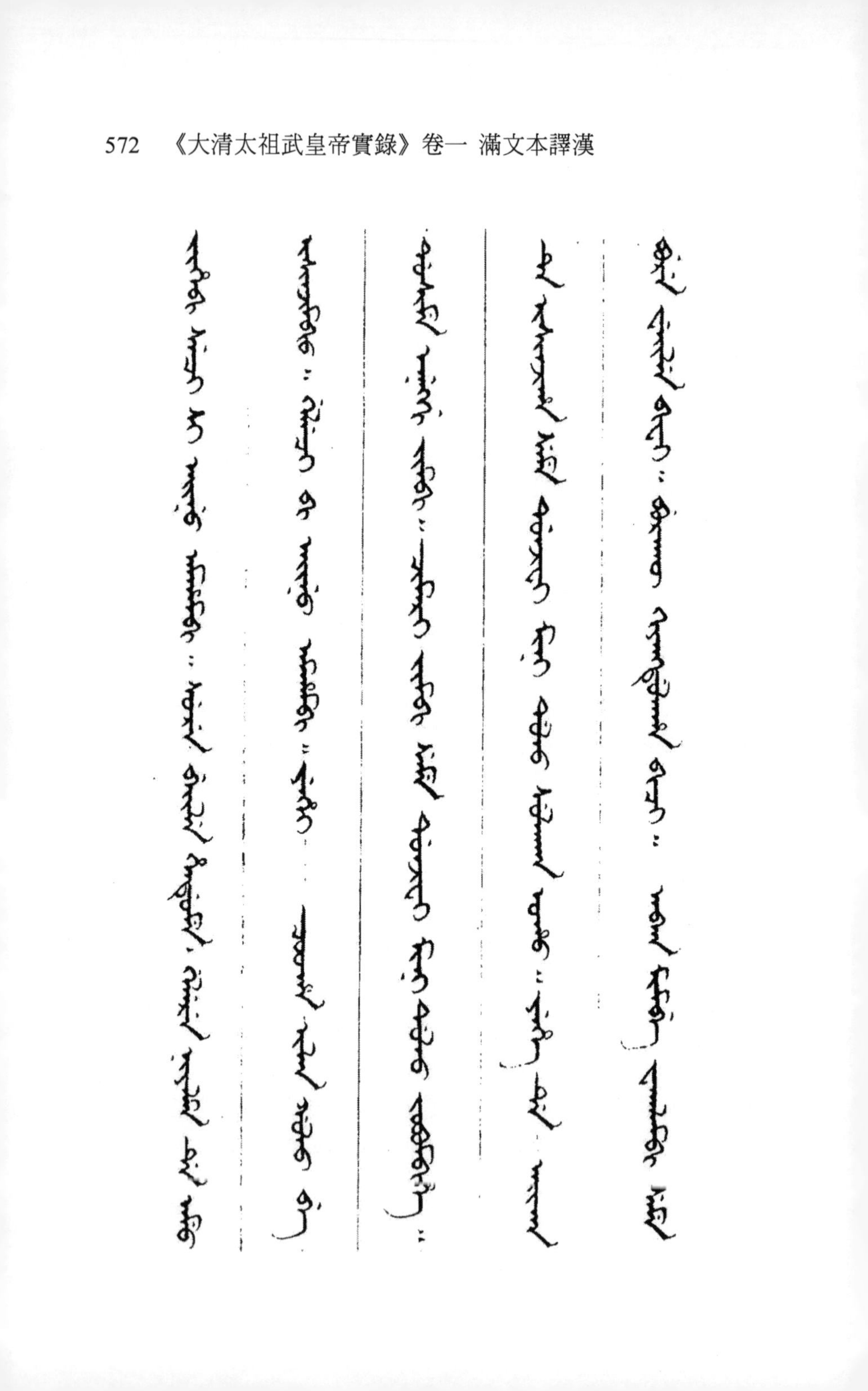

jihebi seci si ainu amhambi, sure beile hendume, gelere niyalma de amu isinjimbio, geleci bi ainu amhambi, yehei cooha ilan golo be dosime enenggi jimbi, cimari jimbi seme donjifi mini dolo jobombihe, te isinjiha seme donjifi mini dolo sulakan oho, yehe de aika bure weile bifi, burakū kiyangdulaha bici, abka mimbe wakalambi seme

---

爾何故盹睡？」淑勒貝勒曰：「畏敵者，必不安枕，我不畏彼，故熟睡耳。前聞夜黑兵，三路侵我，聞今日來，明日來，來期未的，我心不安。今日已到，我心始定，我若有欺騙處，天必罪我，

尔何故盹睡？」淑勒贝勒曰：「畏敌者，必不安枕，我不畏彼，故熟睡耳。前闻夜黑兵，三路侵我，闻今日来，明日来，来期未的，我心不安。今日已到，我心始定，我若有欺骗处，天必罪我，

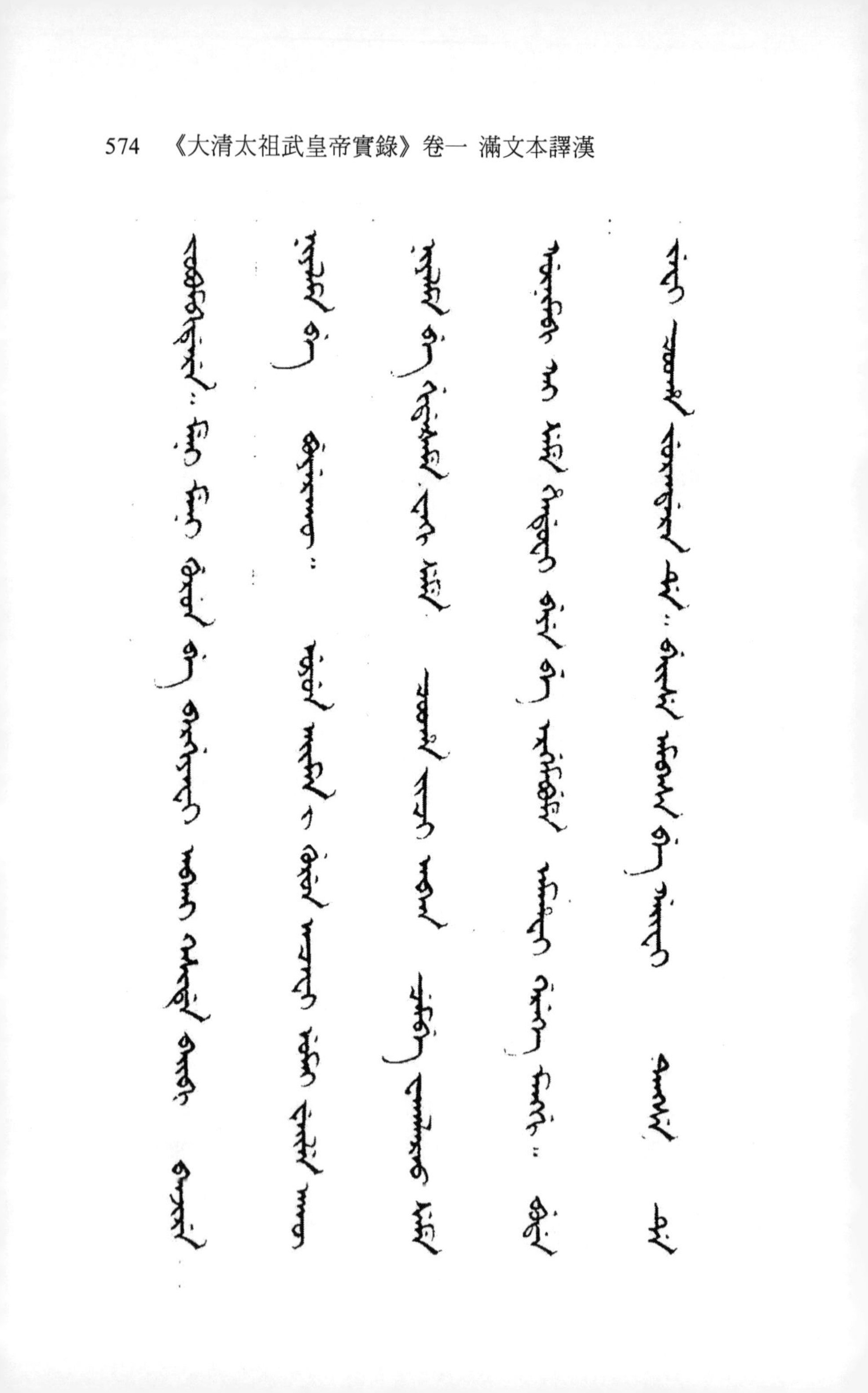

[illegible]

[illegible]

[illegible]

[illegible]

[illegible]

jobombidere, meni meni gurun be bargiyafi abkai keside baibi banjire niyalma be buyerakū, uyun aiman i gurun acafi umai weile akū niyalma be gidašame waki seme cooha jici abka cembe wakalarao seme gūnimbi kai seme hendufi beye be ergembume amhafi gereke manggi, buda jefi cooha jurandara de, beise ambasa be gaifi tangse de

---

我當畏之，我承天命，各守國土，彼不樂我安分，反無故糾合九部之兵，欺害無辜之人，天豈祐之？」言訖復睡，以息精神。天明飯畢，軍士將起行時，率諸王臣謁堂子，

我当畏之，我承天命，各守国土，彼不乐我安分，反无故纠合九部之兵，欺害无辜之人，天岂佑之？」言讫复睡，以息精神。天明饭毕，军士将起行时，率诸王臣谒堂子，

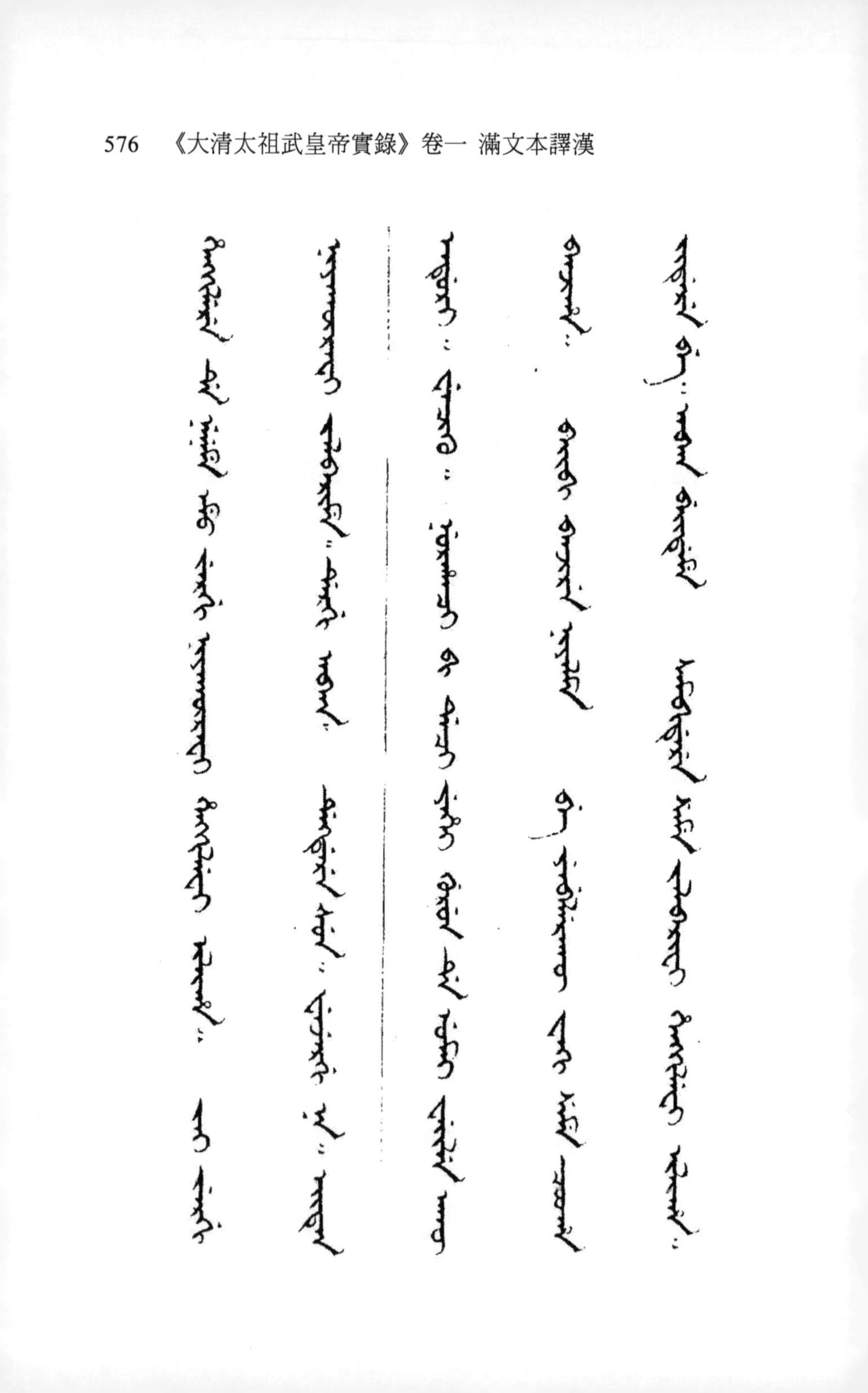

[illegible]

hengkilere de neneme emu jergi niyakūrafi hengkilefi iliha, jai jergi niyakūrafi jalbarime, dergi abka, dekdere šun, fejergi na, eiten enduri, weciku, nurhaci bi daci yehei gurun de umai weile akū banjiha, baibi banjire niyalma be yebelerakū waki seme cooha jidere be, abka beideme sambidere seme jalbarifi hengkilefi iliha,

---

再拜祝曰：「上天，旭日，下地天地三光，萬靈神祇，我努兒哈奇與夜黑，本無事故，今彼引兵攻我平白度日之人，惟天鑒察。」
祇

再拜祝曰：「上天，旭日，下地天地三光，万灵神祇，我努儿哈奇与夜黑，本无事故，今彼引兵攻我平白度日之人，惟天鉴察。」

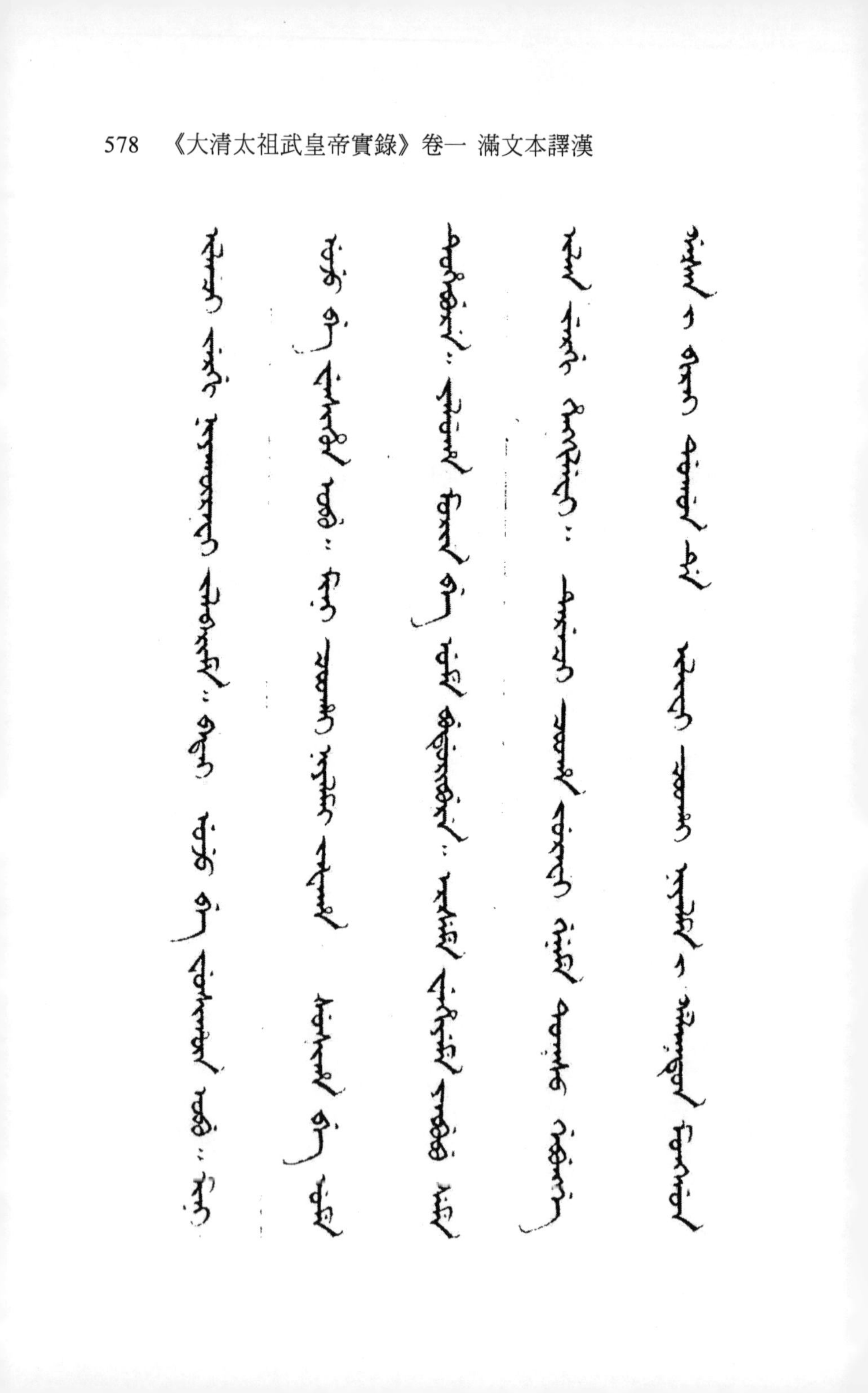

[illegible]

[illegible]

[illegible]

[illegible]

[illegible]

ilaci jergi niykūrafi jalbarime, batai uju be fusihūn obu, mini uju be wesihun obu, mini coohai niyalmai jafaha šusiha be ume tuhebure, yaluha morin be ume buduribure, eršeme wehiyeme yabubu seme ilan jergi hengkilefi, tereci cooha jurafi geneme tokso gebungge gašan i birai dogon de ilifi coohai niyalma i galaktun monggon

又拜祝曰：「願天令敵垂首低頭，祐我昂首奮揚，兵不遺鞭，馬無顛躓。」叩祝畢，率兵至拖素寨[115]，立於津渡處。諭軍士曰：「爾等可盡解臂手頸項，

又拜祝曰：「愿天令敌垂首低头，佑我昂首奋扬，兵不遗鞭，马无颠踬。」叩祝毕，率兵至拖素寨[115]，立于津渡处。谕军士曰：「尔等可尽解臂手颈项，

115 拖素寨，滿文讀如“tokso gašan”，《滿洲實錄》音譯作「拖克索寨」。

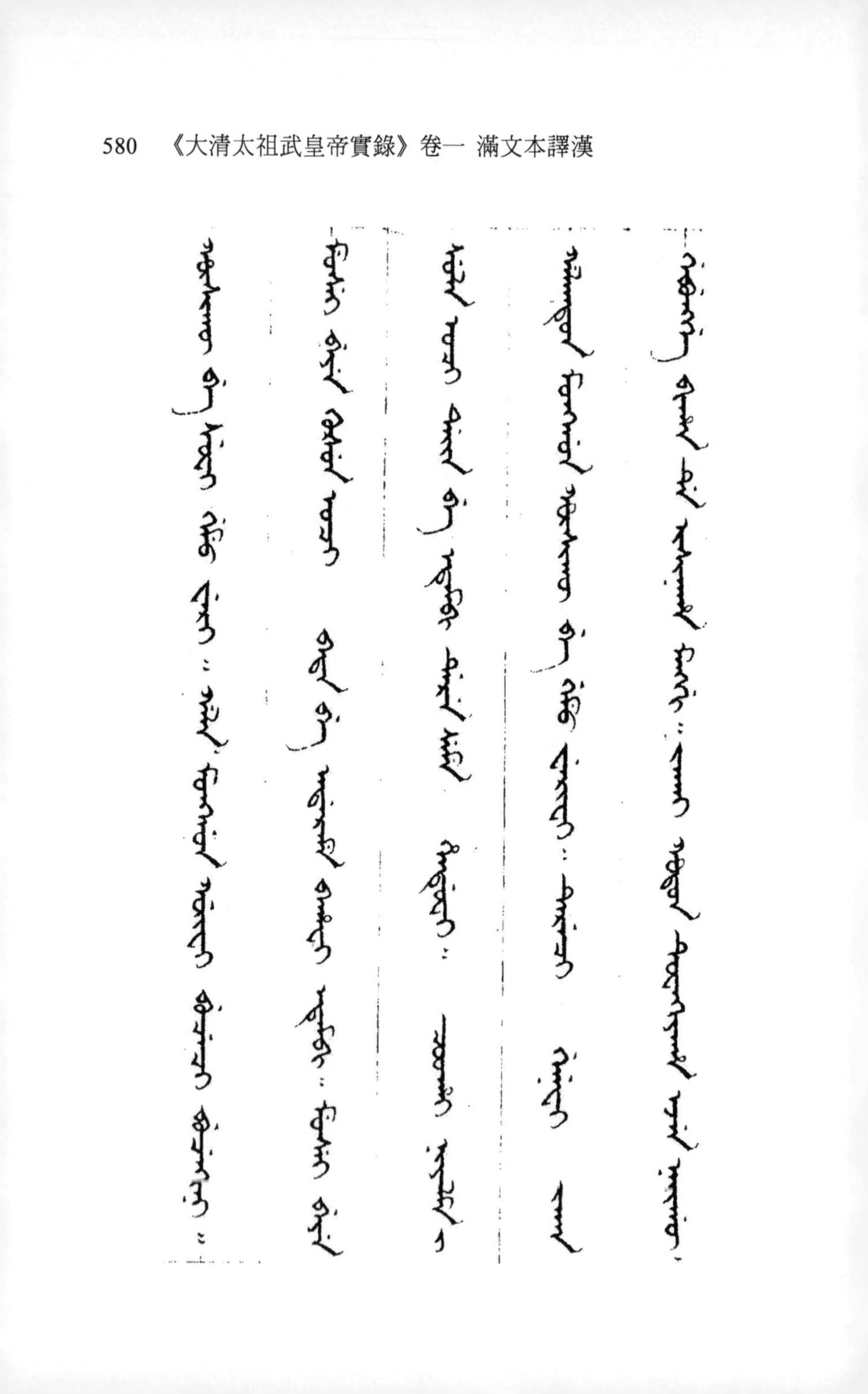

[illegible]

[illegible]

[illegible]

[illegible]

[illegible]

hūsikū be sufi gemu weri, gala monggon goifi buceci bucekini, musei beye kušun oci bata be adarame bahafi etembi, musei beye sula oci dain be etembi dere seme hendufi, coohai niyalma i galaktun monggon hūsikū be gemu werifi, tereci genefi jaka gebungge bihan de isinaha manggi, jakai hoton tuwakiyaha ejen naigū

皆留於此，若傷肱傷頸，死則死矣，唯命是聽，不然，我身受拘束，難以勝敵，我身輕便，必獲全勝矣。」衆遵令，亮袖項圍盡解留此。行至加哈野原，有加哈城守之主奈虎、

皆留于此，若伤肱伤颈，死则死矣，唯命是听，不然，我身受拘束，难以胜敌，我身轻便，必获全胜矣。」众遵令，亮袖项围尽解留此。行至加哈野原，有加哈城守之主奈虎、

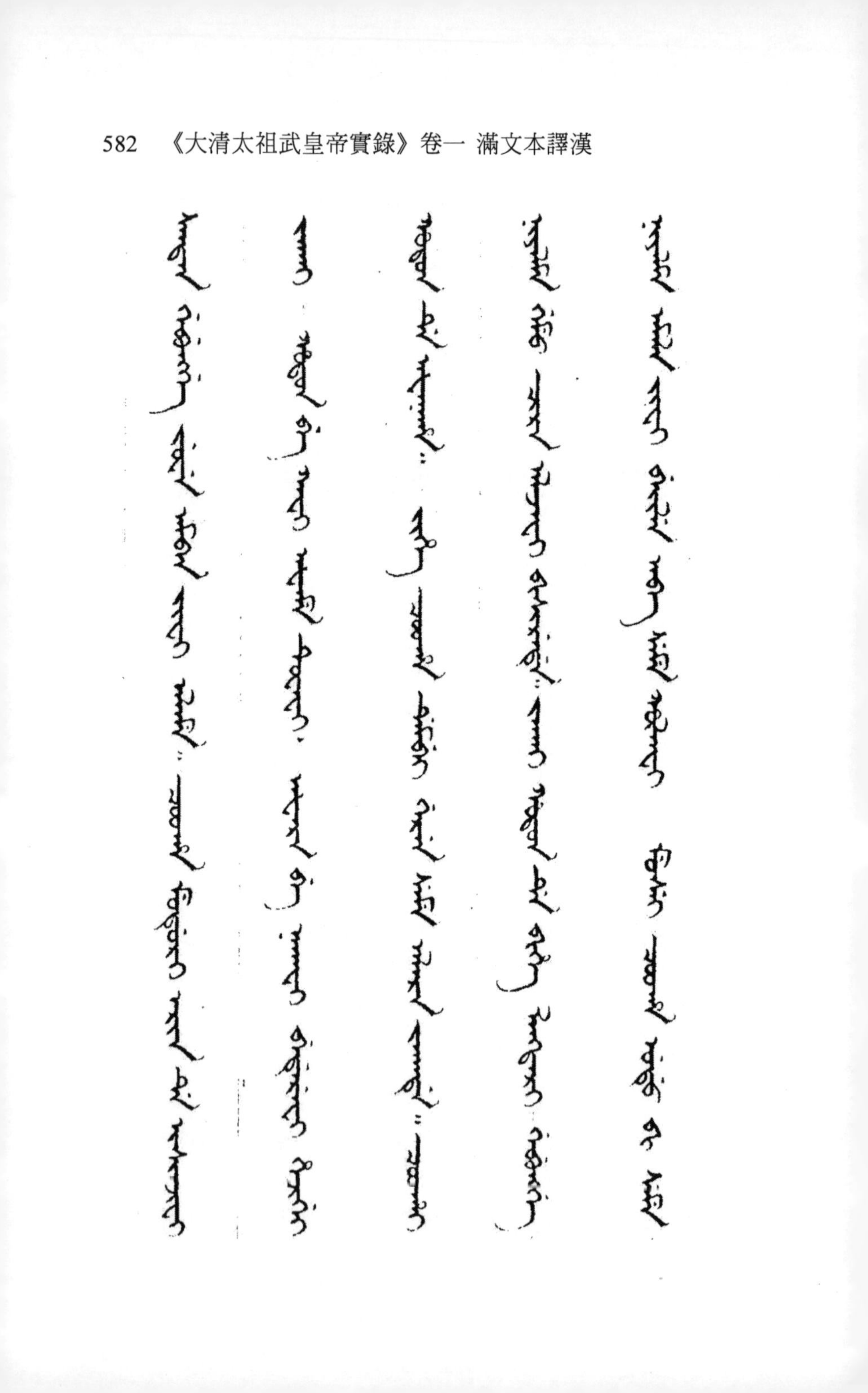

[illegible]

[illegible]

[illegible]

[illegible]

[illegible]

santan gebungge juwe amban jifi alame, cooha muduri erin de isinjifi jakai hoton be kafi afame tuwafi, afara be nakafi bederefi hejigei hoton de afanaha, jihe cooha dembei geren seme alara jakade, coohai niyalma gemu cira aljafi bisirede, jakai hoton de bihe langtari gebungge niyalma amala jifi beile aba seme hūlafi musei cooha udu bi seme

—

山坦二臣來告曰：「夜黑兵，辰時已到，圍加哈城，見勢不能尅，往攻黑機革城[116]，來兵甚多。」軍士皆失色。有加哈一人名狼塔里後至，呼曰：「貝勒何在？我兵有幾何？」

山坦二臣来告曰：「夜黑兵，辰时已到，围加哈城，见势不能克，往攻黑机革城[116]，来兵甚多。」军士皆失色。有加哈一人名狼塔里后至，呼曰：「贝勒何在？我兵有几何？」

---

[116]黑機革城，滿文讀如"hejigei hoton"，《滿洲實錄》音譯作「赫濟格城」。

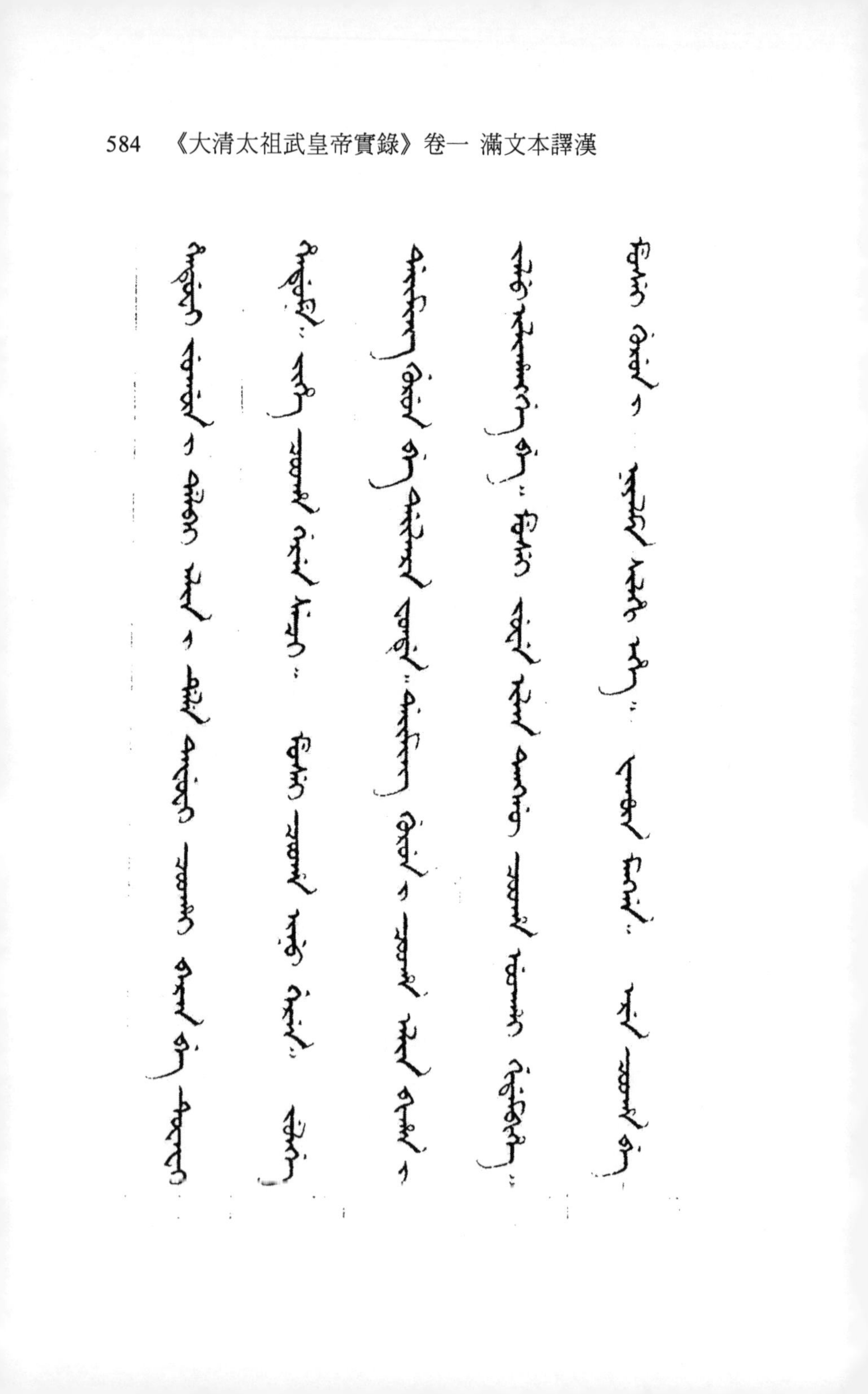

hendufi jugūn i dalbai alin i dele tafufi coohai baran be tuwafi hendume, jihe cooha geren seci, musei cooha inu geren, julge daiming gurun be dailara fonde, daiming gurun i cooha alin bihan i jalu ilihangge be, musei juwe ilan tanggū cooha uthai gidambihe, musei gurun i niyalma silhi ehe, fahūn mangga, ere cooha be

---

言訖，登路旁山上望敵兵形勢後向太祖淑勒貝勒曰：「若以來兵爲多，我兵亦不少。昔與大明國交戰，大明國兵漫山遍野，我兵二、三百，尙敗其衆，今我兵有膽氣驍勇，

言讫，登路旁山上望敌兵形势后向太祖淑勒贝勒曰：「若以来兵为多，我兵亦不少。昔与大明国交战，大明国兵漫山遍野，我兵二、三百，尚败其众，今我兵有胆气骁勇，

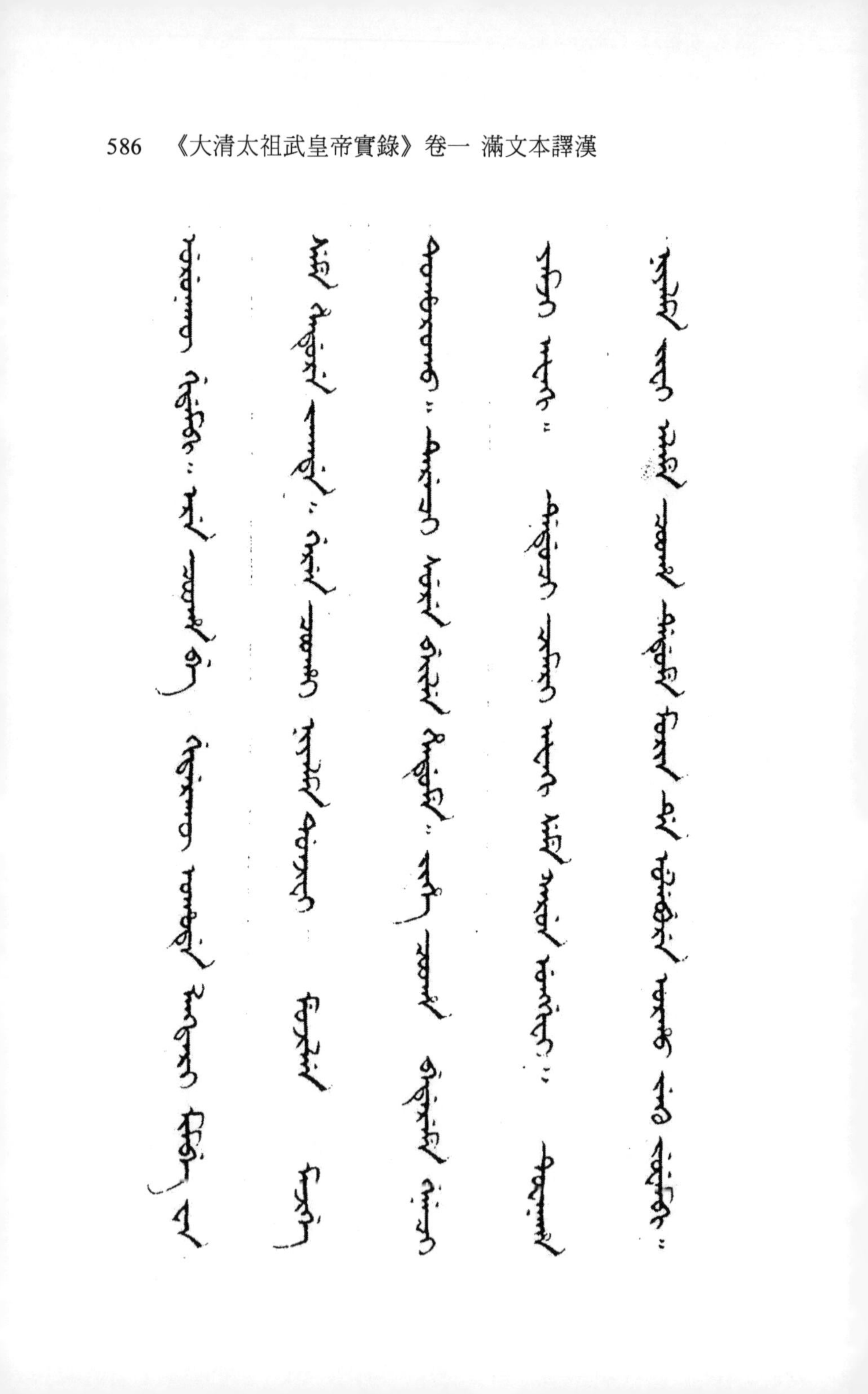

urunakū gidambi, ere cooha be gidarakū ohode langtari mimbe wa seme hendure jakade, geren coohai niyalma donjifi mujilen manjige tohoroko, tereci sure beile hendume, jihe cooha bedereme geneci yamji afaki, deduci cimari afaki seme karun unggifi, tuwanaha niyalma jifi alame cooha dedume morin de ulebure orho jeku juwembi,

---

必敗此兵，若不勝，我狼塔里甘軍法。」於是衆心稍安。淑勒貝勒遣人往探曰：「來兵若欲回，今晚即擊之，否則明日再戰。」哨探報敵兵紮立營寨，搬運餵馬糧草，

必败此兵，若不胜，我狼塔里甘军法。」于是众心稍安。淑勒贝勒遣人往探曰：「来兵若欲回，今晚即击之，否则明日再战。」哨探报敌兵扎立营寨，搬运喂马粮草，

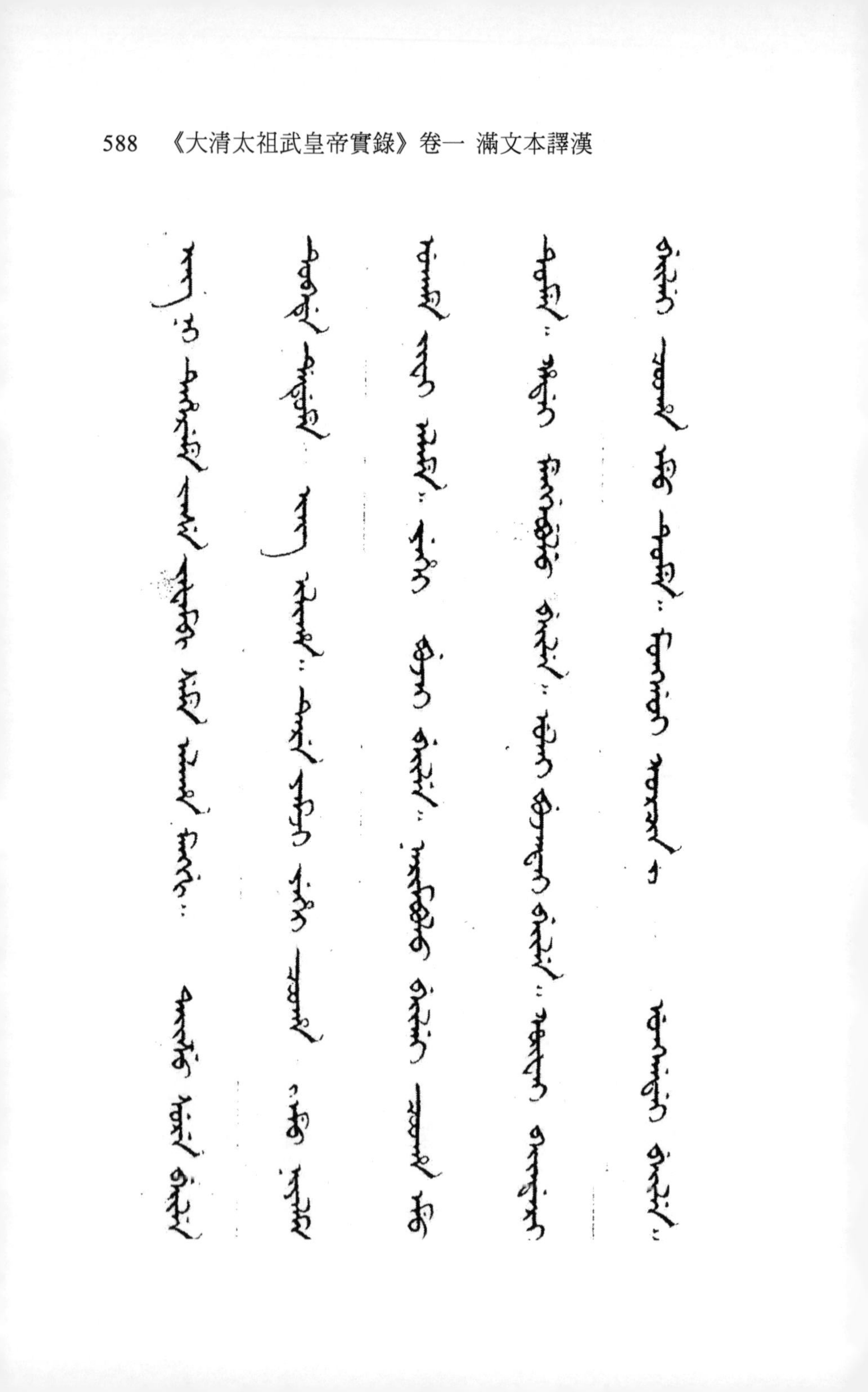

ing ni tehereme jase jafambi seme alaha manggi, taidzu sure beile tubade dedume ing iliha, tere yamji yehei cooha i emu niyalma ukame jifi alame yehei bujai beile, narimbolo beilei cooha emu tumen, hadai menggebulu beile, ulai bujantai beile, hoifai baindari beilei cooha emu tumen, monggoi korcin i unggadai beile,

---

太祖淑勒貝勒亦安營，是晚，夜黑營中一人逃來曰：「夜黑布戒貝勒、納林卜祿貝勒兵一萬；哈達孟革卜鹵貝勒、兀喇布占太貝勒、輝發擺銀答里貝勒兵一萬；蒙古廓兒沁瓮剛代貝勒、

太祖淑勒贝勒亦安营，是晚，夜黑营中一人逃来曰：「夜黑布戒贝勒、纳林卜禄贝勒兵一万；哈达孟革卜卤贝勒、兀喇布占太贝勒、辉发摆银答里贝勒兵一万；蒙古廓儿沁瓮刚代贝勒、

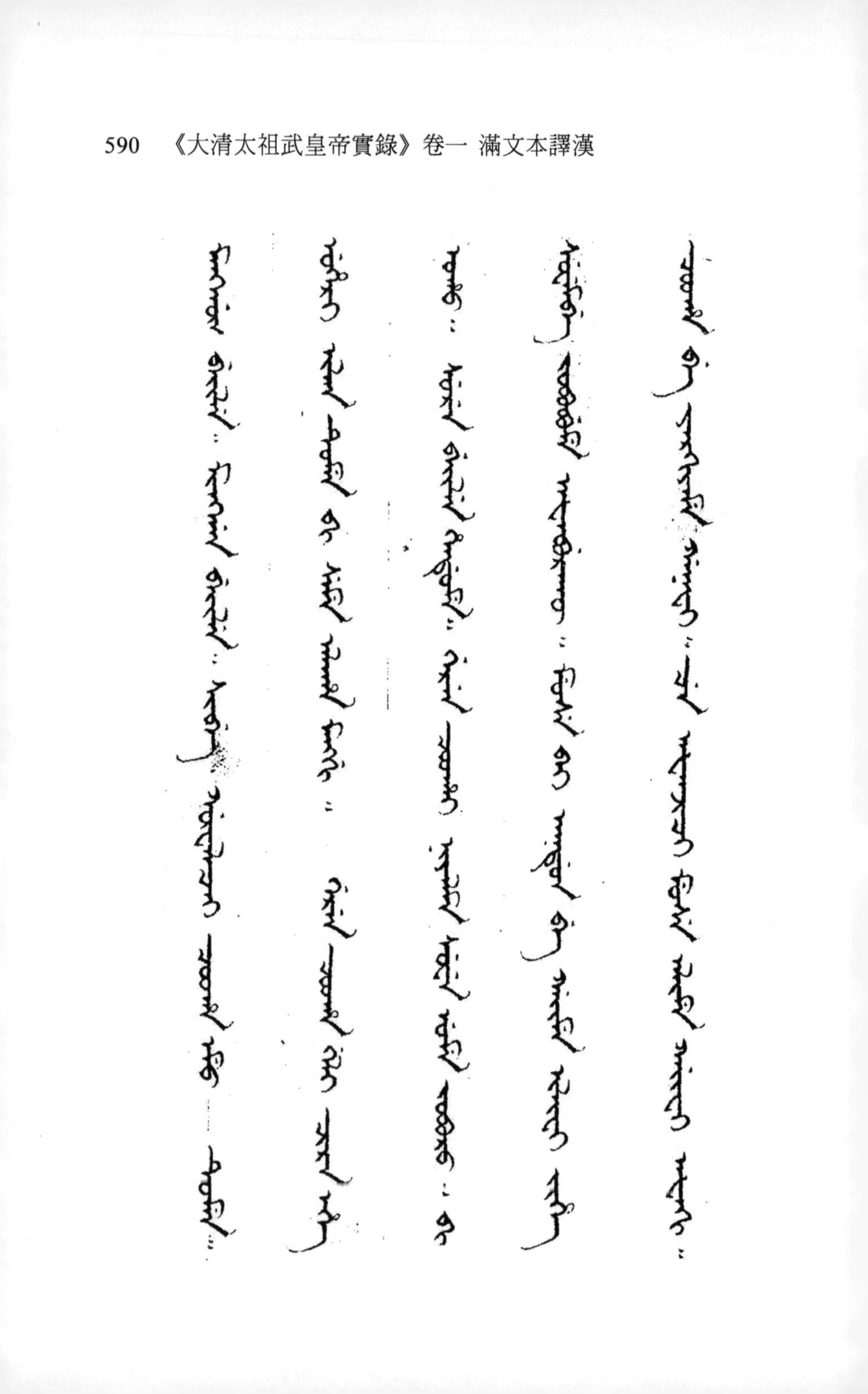

manggūn beile, minggan beile, sibe, gūwalcai cooha emu tumen, uheri ilan tumen bi seme alaha manggi, geren cooha geli cira ehe oho, sure beile hendume, geren coohai niyalma suwe ume joboro, bi suwembe jobobume afaburakū, muse bai akdun be gaime ilifi jihe cooha be yarkiyame ganafi, ce afanjici muse alime gaifi afaki

---

莽古貝勒、明安貝勒、實伯部刮兒恰兵一萬，共兵三萬，我兵聞之，又皆失色。淑勒貝勒曰：「爾衆無憂，我不使汝等至於苦戰，吾立險要之處，誘彼來戰，彼若來時，吾迎而敵之，

莽古贝勒、明安贝勒、实伯部刮儿恰兵一万，共兵三万，我兵闻之，又皆失色。淑勒贝勒曰：「尔众无忧，我不使汝等至于苦战，吾立险要之处，诱彼来战，彼若来时，吾迎而敌之，

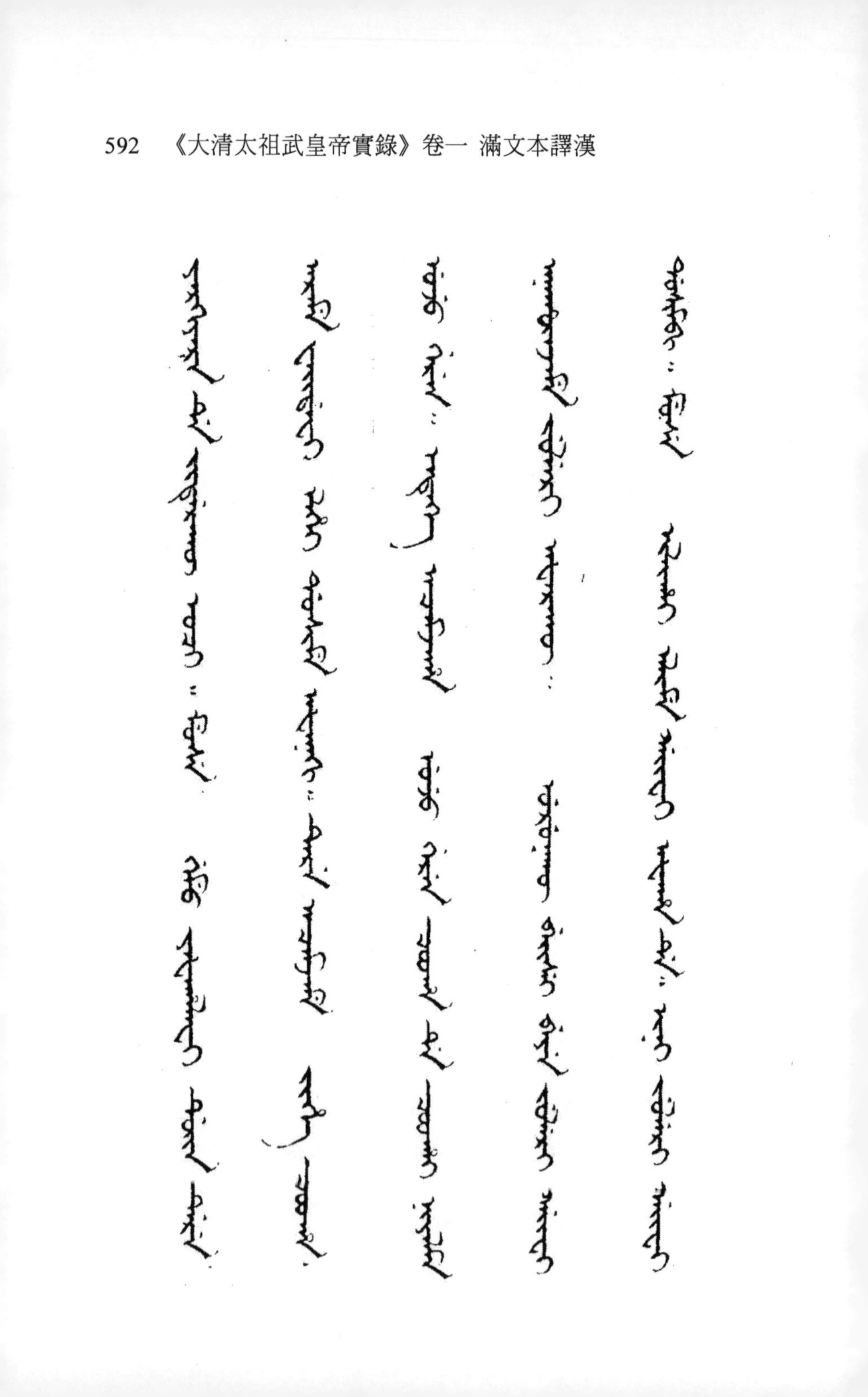

[illegible]

[illegible]

[illegible]

[illegible]

[illegible]

yarkiyara de jiderakū oci, muse gemu yafahalafi duin dere arame faidafi elhei dosime afanaki, tere acamjama jihe cooha, uju geren, enteke acamjaha uju geren cooha te coohai niyalma anahūjame juleri afarakū, urunakū beisei beye juleri gaifi dosimbi, muse ilihai alime gaifi afaha de, ini juleri gaifi

---

誘而不來，吾等步行，四面分列，徐徐進攻，來兵部長甚多，雜亂不一，諒此烏合之衆，退縮不前，領兵前進者，必頭目也，吾等即接戰之，

诱而不来，吾等步行，四面分列，徐徐进攻，来兵部长甚多，杂乱不一，谅此乌合之众，退缩不前，领兵前进者，必头目也，吾等即接战之，

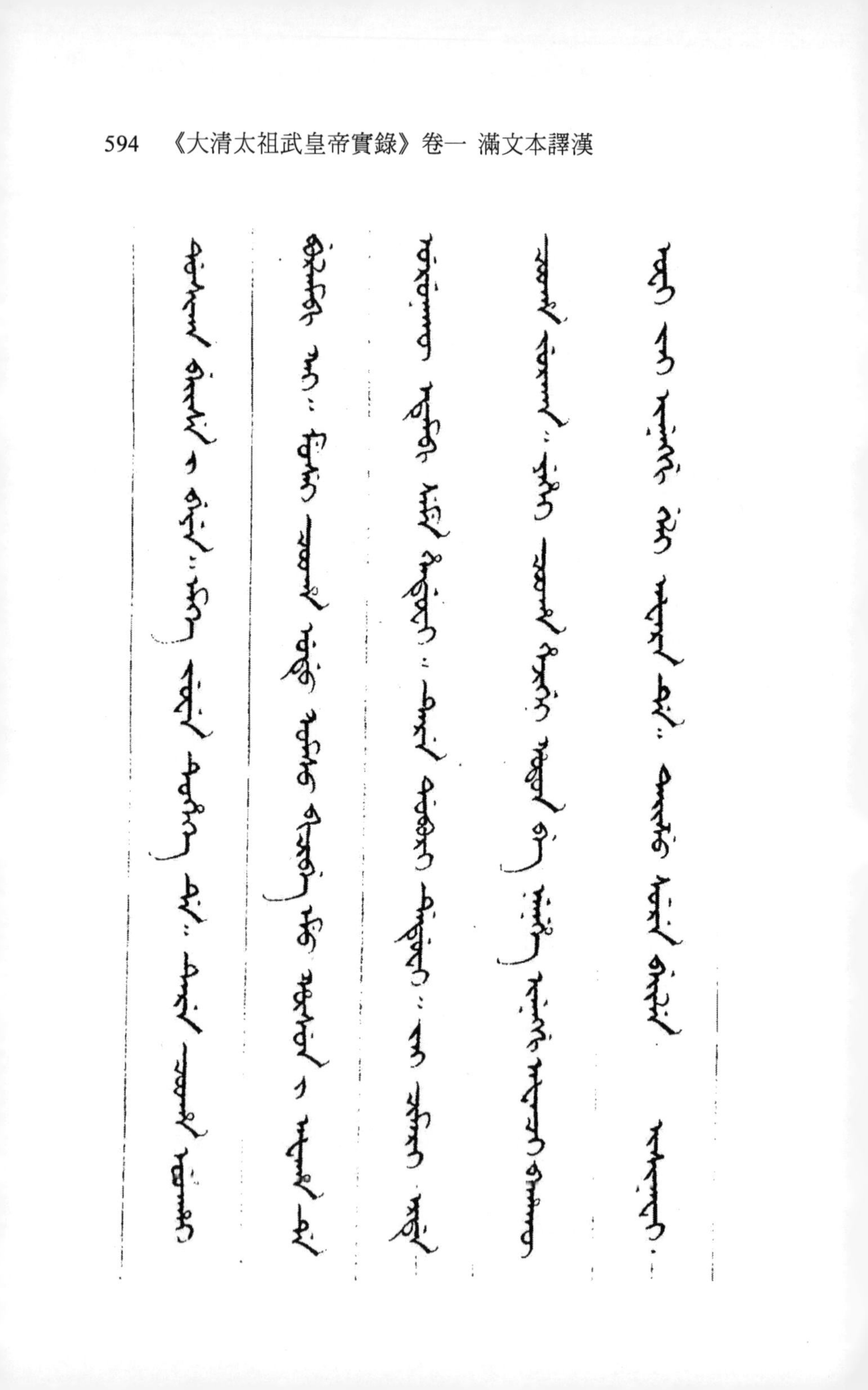

[illegible]

[illegible]

[illegible]

[illegible]

[illegible]

dosika beise i beye, emke juwe tuheke de, tere cooha uthai burlambi kai, musei cooha udu komso bicibe emu hūsun i afaha de urunakū etembi seme hendufi, tere dobori dedufi, jai cimari erde cooha juraka, yehei cooha hejigei hoton be nenehe inenggi afaci bahakū ofi jai inenggi geli afara de, taidzu sure beile isinafi,

---

但傷其一二頭目，彼兵自走，我兵雖少，併力一戰，可必勝矣。」次日平明起兵，夜黑兵先攻黑機革城未下，是日又攻時，太祖淑勒貝勒兵到，

但伤其一二头目，彼兵自走，我兵虽少，并力一战，可必胜矣。」次日平明起兵，夜黑兵先攻黑机革城未下，是日又攻时，太祖淑勒贝勒兵到，

ᠵᡳᡥᡝᠩᡤᡝ ᡨᡠᠮᡝᠨ ᡳ ᠪᠠᡳᡨᠠᠯᠠᠮᡝ ᡥᡝᠨᡩᡠᠮᡝ ᡥᠠᠨ ᡳ ᠵᡳᡥᡝᡩᡝ ᠠᠮᠪᠠ ᠪᡝ

ᠴᠣᠣᡥᠠ ᡤᡝᠮᡠᠨ ᠨᡳᠶᠠᠯᠮᠠ ᠣᡴᠣᠨ ᠴᠣᠣᡥᠠ ᠠᡳᠰᡳᠨ ᠠᠮᠪᠠᠨ ᠪᡝᠶᡝ ᠪᠠᡥᠠᠮᡝ ᠪᡝ

ᠪᠠᡳᠮᡝ ᠪᠠᡳᠮᡝ ᠠᠴᠠᠪᡠᡥᡝ ᠪᡝᠶᡝᡳ ᠵᠠᡴᠠᠨ ᠪᠠᡥᠠ᠉ ᠠᠮᠪᠠ ᠪᡠᡨᡠ ᡝᡵᡳ ᠰᠠᡵᡴᡡ

ᠴᠣᠣᡥᠠ ᡨᡠᠸᠠᠪᡠᡥᡝ ᠵᡝᠴᡝᠨ ᡤᡝᠨᡝᡥᡝ᠉ ᠠᠮᠪᠠ ᠪᡠᠯᡝᡴᡠ ᠵᡝᠴᡝᠨ ᠨᡳᠩᡤᡠᠨ ᠪᡝ᠉

ᡤᡝᠨᡝᡥᡝ ᠴᠣᠣᡥᠠ ᠠᡳᠰᡳᠯᡳ ᡤᡝᡵᡤᡳᠨ ᡨᡠᠮᡝᠨ ᠪᡝ ᠠᠯᡳᠮᡝ ᠪᡝ ᠠᡳᠰᡳᠨ ᠴᠣᠣᡥᠠ ᠪᠣᠣᡳᠯᡝᠨ

hejigei hoton i bakcilame gurei alin i ninggui akdun sain bade cooha faidafi, gūsa gūsai cooha gaifi afara beise ambas be teisu teisu afabufi belheme wajiha manggi, eidu baturu de tanggū cooha adabufi yarkiyame unggihe, eidu baturu yarkiyame genehe be, yehei cooha sabufi hejigei hoton be afara be nakafi cooha bargiyafi

---

立陣於古勒山險要之處，與黑機革城相對，令諸王大臣等各率固山兵，分頭預備，布陣已完，遣厄一都巴圖魯領兵一百挑戰，夜黑兵見厄一都巴圖魯前來，遂不攻黑機革城，收兵

立阵于古勒山险要之处，与黑机革城相对，令诸王大臣等各率固山兵，分头预备，布阵已完，遣厄一都巴图鲁领兵一百挑战，夜黑兵见厄一都巴图鲁前来，遂不攻黑机革城，收兵

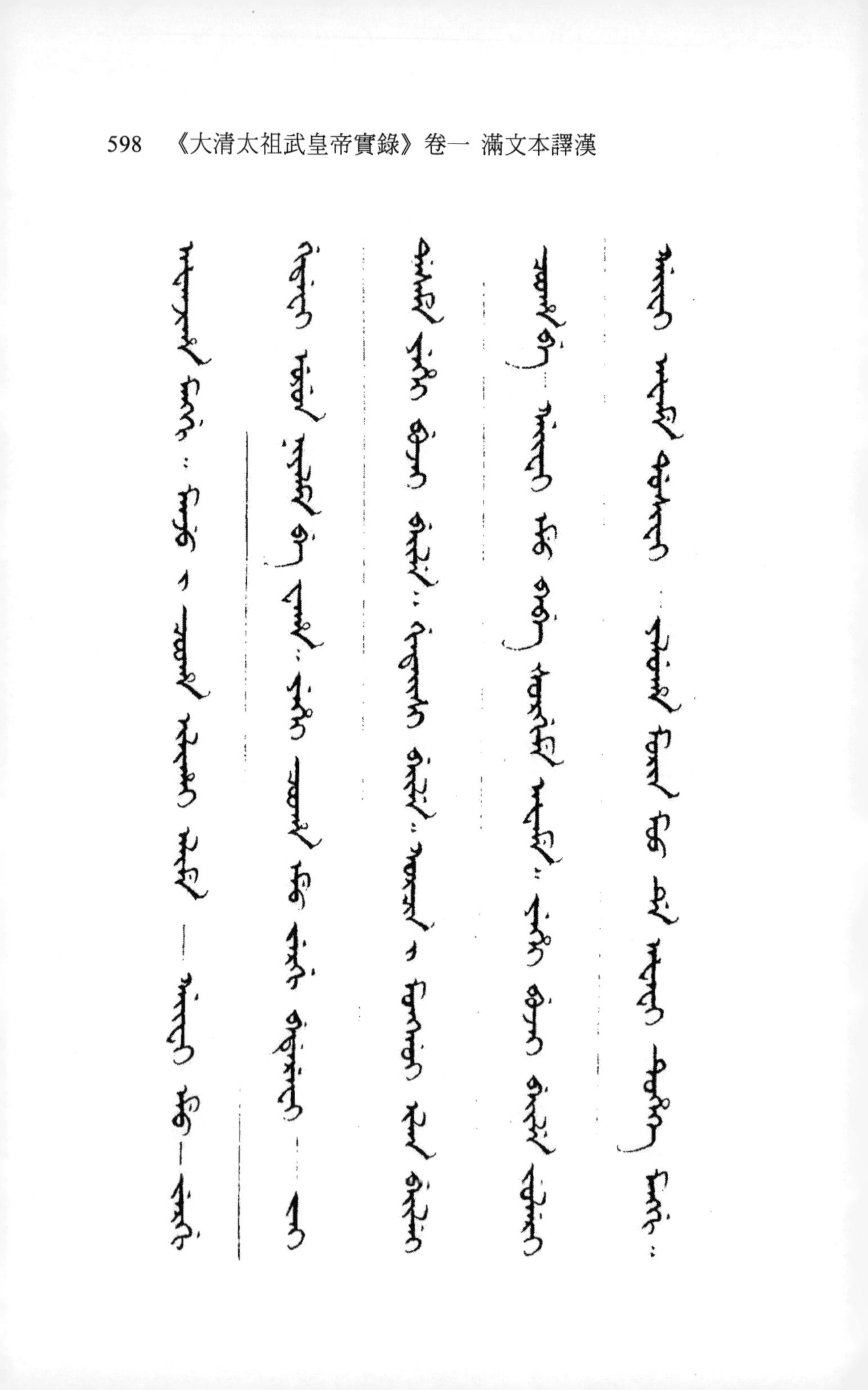

afanjiha manggi, manju i cooha ilihai alime gaifi emu jergi gidafi uyun niyalma be waha, yehei cooha emu jergi bederefi jai dasame yehei bujai beile. gintaisi beile, korcin i monggoi ilan beilei cooha be gaifi emu babe šorgime afame, yehei bujai beile juleri gaifi afame dosifi yaluha morin moo de afafi tuheke manggi,

---

來敵滿洲兵，一戰殺九人，夜黑兵稍退，有夜黑布戒貝勒、金台石貝勒及廓兒沁蒙古三貝勒，領兵合攻一處，時夜黑布戒貝勒先入，所騎之馬，被木撞倒，

来敌满洲兵，一战杀九人，夜黑兵稍退，有夜黑布戒贝勒、金台石贝勒及廓儿沁蒙古三贝勒，领兵合攻一处，时夜黑布戒贝勒先入，所骑之马，被木撞倒，

ᠠᠮᠠᠰᡳ ᠪᠣᡩᡝ ᡳ ᡨᡠᠸᠠᡵᠠ ᠪᡝᠶᡝ ᡳ ᠨᡝᡴᡠᠮᡝ ᠵᡳᡥᡝᠩᡤᡝ ᡝᠪᠰᡳ ᠪᠣᠣ

ᠪᡝᠶᡝ ᠪᡝ ᠠᡴᡡᠮᡝ ᡤᡝᠯᡝᡵᡝ ᡳᠰᡳᠨᠵᡳᡥᡝ ᠵᡠᡵᡝ ᠠᠮᠪᠠ ᠵᠣᡳᠮᡝ ᠨᠠᡵᡤᠣᡳ ᡤᡝᠨᡝᡶᡳ ᡤᡝᠨᡝᡥᡝ

ᠪᠣᠣᡳ ᠪᡝᠶᡝᠨ ᠵᠣᡳᡥᡝ ᠪᡝ ᡤᡝᠯᡝᠨ ᡤᡝᠨᡝ ᠪᡝᠶᡝ ᡝᠮᡠ ᠪᠠᠪᡠᠮᡝ ᠨᠠᠮᡠᠣᠮᠣ ᠠᠴᠠᡥᡳ:

ᠠᡴᡡᡵᡝ ᡤᡝᠯᡝ ᠵᠣᡳᡥᡝ ᠪᡝᠶᡝ ᠠᡥᡡᠨ ᠰᠣᠩᡤᠣᠮᡝ ᡝᠮᡠ ᠨᡳᡴᠠᠨ ᡤᡝᠩᡤᡳᠶᡝᠨ ᠴᡳᠩ

ᠨᡳᠶᠠᠯᠮᠠ ᠪᡝ ᠵᠣᡳᡥᡝᡥᡝ ᠵᠣᡳᠰᠣᡳ ᡳ ᠨᡳᠶᠠᠯᠮᠠ ᠪᡝ ᠨᡳᡴᠠᠨ ᠨᠠᡵᡥᡡᠰᠠ: ᡤᡝᠨᡝᡥᡝ ᠠᡴᡡᡵᡝ ᡳ

manju gurun i coohai utan i gebungge niyalma sujume dosifi bujai beile be aktalame yalufi gidalame waha manggi, yehei coohai gidabufi bujai beilei wabuha be safi yehei beise gemu songgocoro jakade, acafi jihe coohai beise ambula golofi gemu silhi meijefi meni meni cooha be tuwarakū jugūn jugūn i samsime burlaha, monggoi korcin i

---

有滿洲國一卒，名吾談[117]，即向前騎而殺之，其兵大敗。夜黑諸貝勒見夜黑兵被打敗布戒貝勒被殺，皆痛哭，其同來兵諸貝勒大懼，並皆喪膽，各不顧其兵，四散而走，

有满洲国一卒，名吾谈[117]，即向前骑而杀之，其兵大败。夜黑诸贝勒见夜黑兵被打败布戒贝勒被杀，皆痛哭，其同来兵诸贝勒大惧，并皆丧胆，各不顾其兵，四散而走，

---

117 吾談，滿文讀如“utan”，《滿洲實錄》音譯作「武談」。

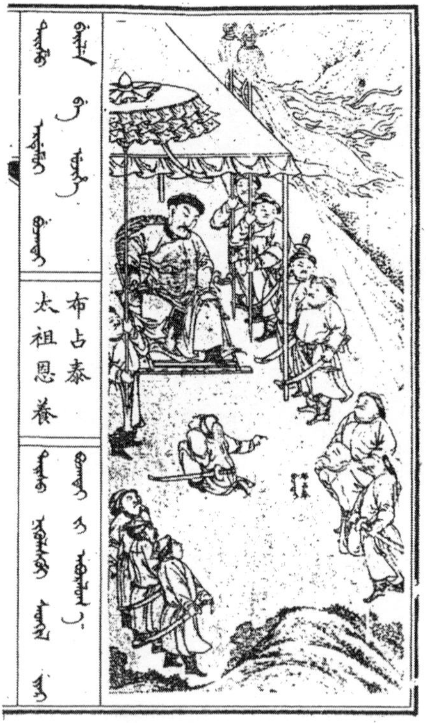
布占泰
太祖恩養

二十一、歃血會盟

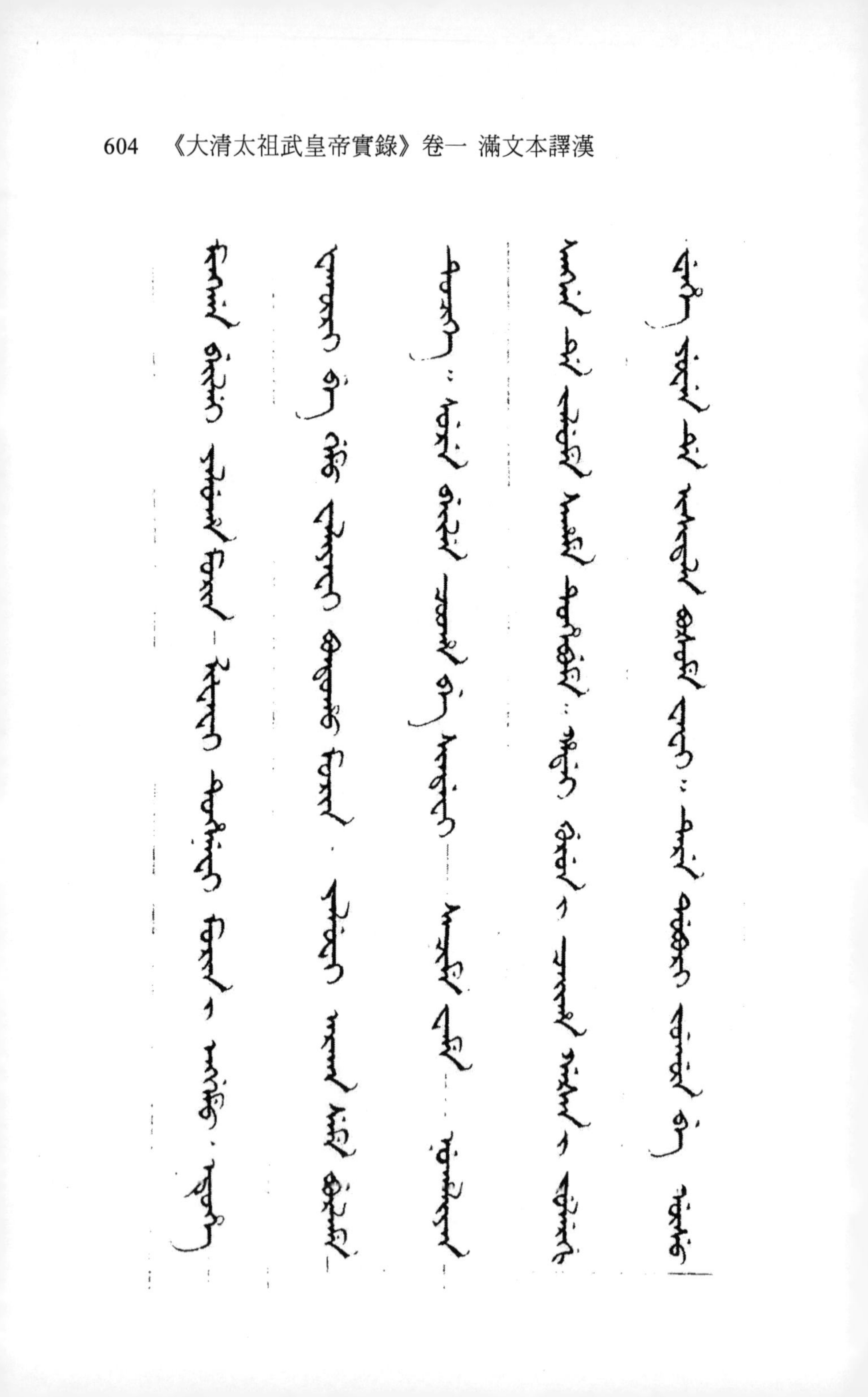

minggan beilei yaluha morin lifafi tuhenefi morin i enggemu, etuhe fakūri be gemu waliyafi bontoho morin yalufi arkan seme burlame tucike, sure beile cooha be sindafi sacime wame nuhaliyan sangga de jalume sahame tuhebume, hadai gurun i caiha gašan i julergi wehe yuwen de isitala bošome wafi, tere dobori jugūn be gūsu

---

明安貝勒所騎之馬被陷，鞍韂俱棄，體無片衣赤身騎驏馬脫出，淑勒貝勒縱兵掩殺，屍滿溝渠，殺至哈達國釵哈寨[118]南吾黑運之處，是夜結繩攔路，

明安贝勒所骑之马被陷，鞍裤俱弃，体无片衣赤身骑骣马脱出，淑勒贝勒纵兵掩杀，尸满沟渠，杀至哈达国钗哈寨[118]南吾黑运之处，是夜结绳拦路，

---

118 釵哈寨，滿文讀如"caiha gašan"，《滿洲實錄》音譯作「柴河寨」。

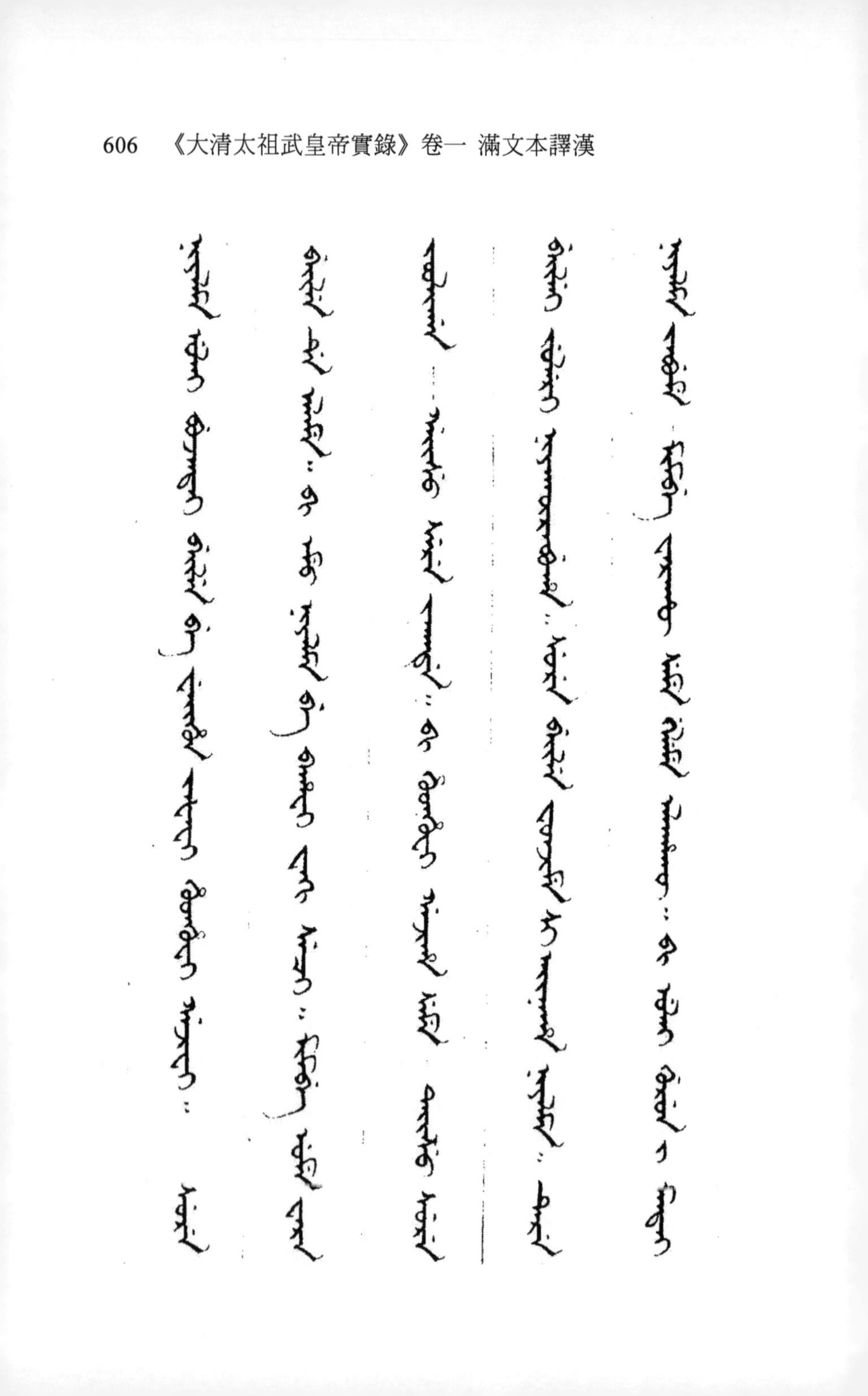

[illegible]

[illegible]

[illegible]

[illegible]

[illegible]

niyalma ulai bujantai beile be weihun jafafi huthufi gajifi, sure beile de alame, bi emu niyalma be bahafi waki seci, mimbe ume wara jooligan gaisu sere jakade, bi huthufi gajiha seme taidzu sure beilei juleri niyakūrabuha, sure beile fonjime si ainaha niyalma, tere niyalma jabume mimbe warahū seme geleme alahakū, bi ulai gurun i mantai

---

殺敗兵甚衆。次日，一人生擒兀喇布占太貝勒[119]跪見淑勒貝勒曰：「我得此人，欲殺之，彼自呼毋殺，許與贖資，因此縛來。」淑勒貝勒問曰：「爾何人也？」其人答曰：「我恐被殺，未敢明言，

杀败兵甚众。次日，一人生擒兀喇布占太贝勒[1196]跪见淑勒贝勒曰：「我得此人，欲杀之，彼自呼毋杀，许与赎资，因此缚来。」淑勒贝勒问曰：「尔何人也？」其人答曰：「我恐被杀，未敢明言，

---

119 布占太貝勒，滿文讀如“bujantai beile”，《滿洲實錄》音譯作「布占泰」。

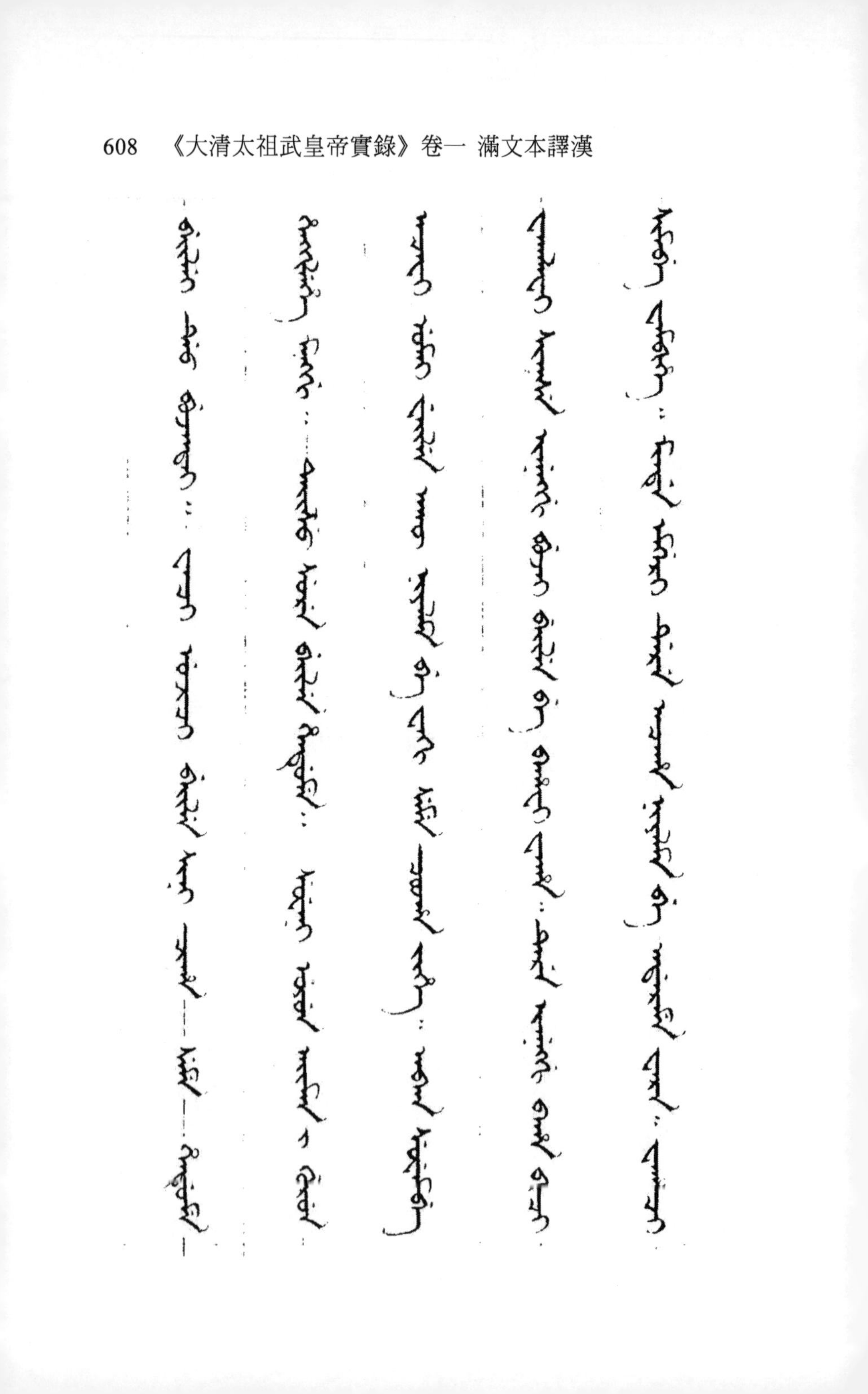

beilei deo bujantai, waci ujici beile sini ciha seme hendume hengkilehe manggi, taidzu sure beile hendume, suweni uyun aiman i gurun acafi umai weile akū niyalma be waki seme cooha juhe, abka suwembe wakalafi sikse inenggi bujai beile be bahafi waha, tere inenggi baha bici simbe wambihe, minde emgeri dere acaha niyalma be adarame wara, wahaci

---

我乃兀喇國滿太貝勒[120]之弟布占太，今被擒，生死只在貝勒。」太祖淑勒貝勒曰：「汝等會九部之兵，欺害無辜，天厭汝等，昨日布戒貝勒已經殺死，彼時若得汝，亦必殺矣。今既來見，豈肯殺汝，

我乃兀喇国满太贝勒[120]之弟布占太，今被擒，生死只在贝勒。」太祖淑勒贝勒曰：「汝等会九部之兵，欺害无辜，天厌汝等，昨日布戒贝勒已经杀死，彼时若得汝，亦必杀矣。今既来见，岂肯杀汝，

---

120 滿太貝勒，滿文讀如“mantai beile”，《滿洲實錄》音譯作「滿泰」。

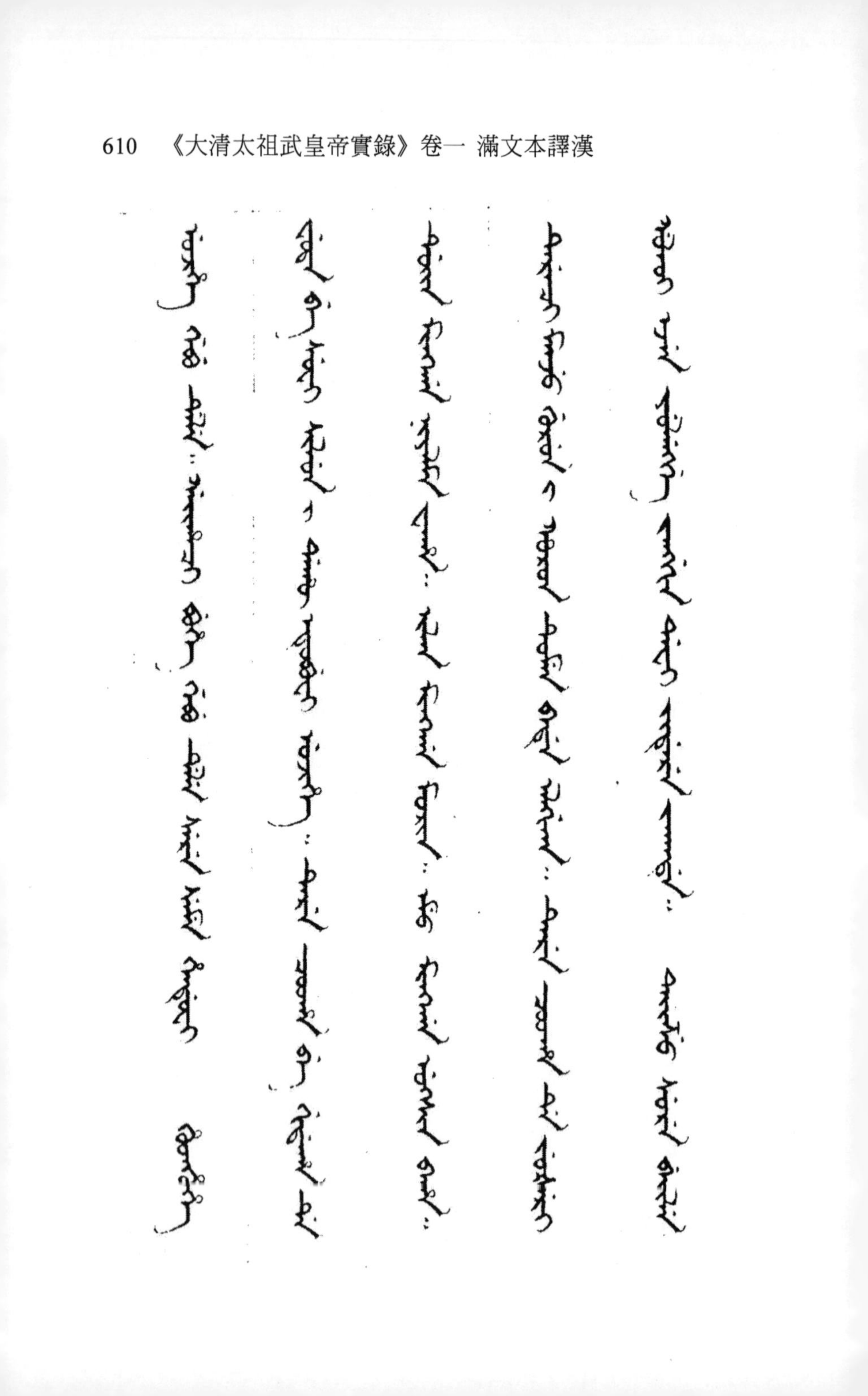

ujihe gebu dele, gaihaci buhe gebu dele sere seme hendufi huthuhe futa be sufi silun i dahū etubufi ujihe, tere cooha be gidaha de duin minggan niyalma waha, ilan minggan morin, emu minggan uksin baha, tereci manju gurun i horon tumem bade algika, tere cooha de jušeri goloi ejen yulengge janggin dafi jidere jakade, taidzu sure beile

---

語云:「生人之名勝於殺,與人之名勝於取。」遂釋其縛,賜猞猁猻裘養之。是戰也,殺其兵四千人,獲馬三千匹,盔甲千副,滿洲國自此威名揚萬里。初朱舍里部長、悠冷革章京[121]曾協九部兵來,

---

语云:「生人之名胜于杀,与人之名胜于取。」遂释其缚,赐猞猁狲裘养之。是战也,杀其兵四千人,获马三千匹,盔甲千副,满洲国自此威名扬万里。初朱舍里部长、悠冷革章京[121]曾协九部兵来,

---

121 悠冷革章京,滿文讀如"yulengge janggin",《滿洲實錄》音譯作「裕楞額章京」。

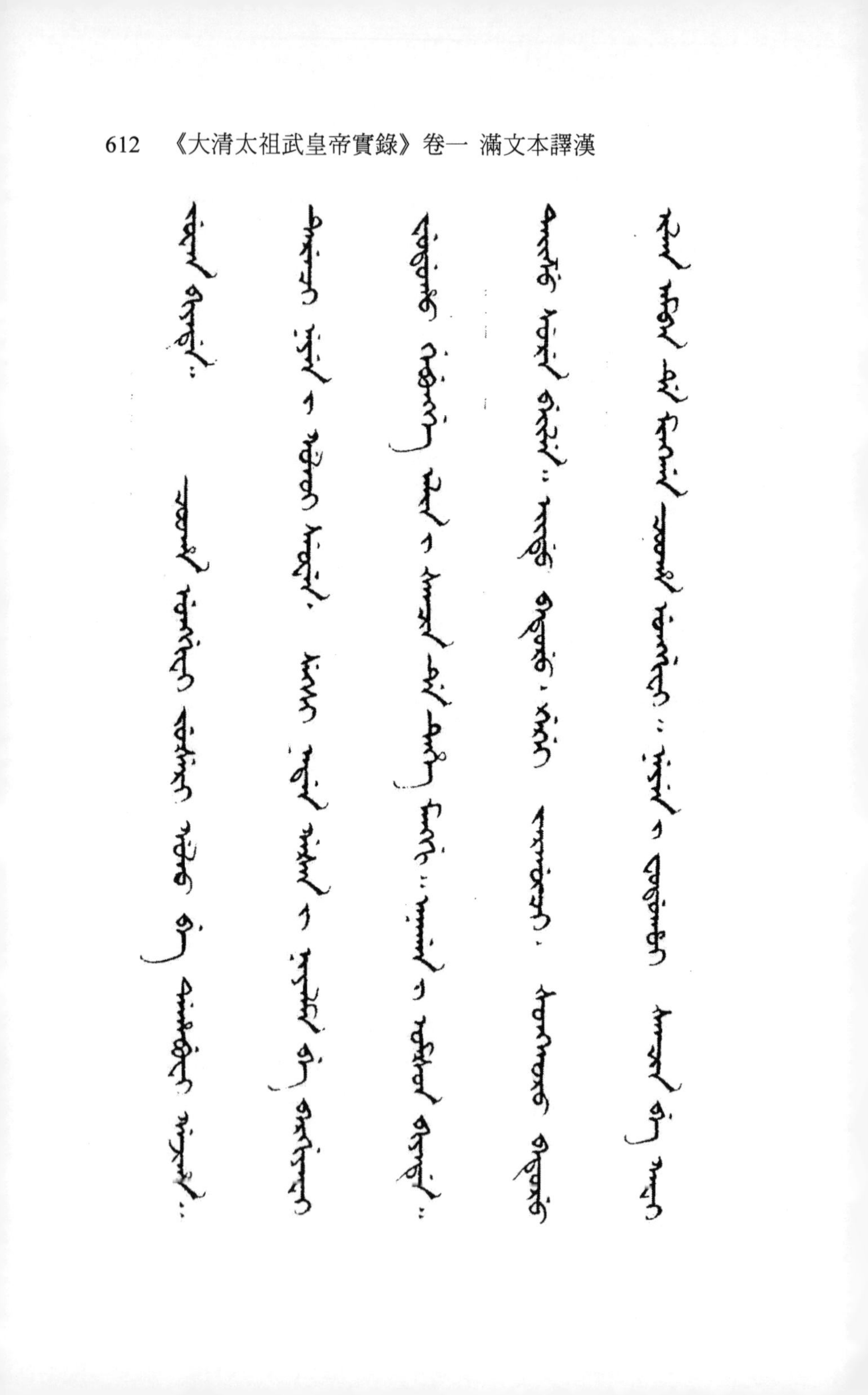

[illegible]

[illegible]

[illegible]

[illegible]

[illegible]

juwan biyade, cooha unggifi jušeri golo be dahabufi gajiha, tereci neyen i goloi seowen, seksi nadan gašan i niyalma be bargiyafi fodoho gebungge alin i šancin de tehe manggi, anagan i omšon biyade, taidzu sure beile, eidu baturu, g'ag'ai jargūci, šongkoro baturu ilan amban de minggan cooha unggifi, neyen i fodohoi šancin be kafi

---

故太祖淑勒貝勒於十月內遣兵招服朱舍里部。又內陰部搜穩、塞革失二人，聚七村人，據佛多古山寨[122]而居，太祖淑勒貝勒於閏十一月命厄一都巴圖魯、剛蓋扎兒胡七、雄科落巴圖魯三大臣領兵一千圍佛多古山寨，

故太祖淑勒贝勒于十月内遣兵招服朱舍里部。又内阴部搜稳、塞革失二人，聚七村人，据佛多古山寨[122]而居，太祖淑勒贝勒于闰十一月命厄一都巴图鲁、刚盖扎儿胡七、雄科落巴图鲁三大臣领兵一千围佛多古山寨，

---

122 佛多古山寨，滿文讀如“fodohoi šancin”，《滿洲實錄》音譯作「佛多和山」。

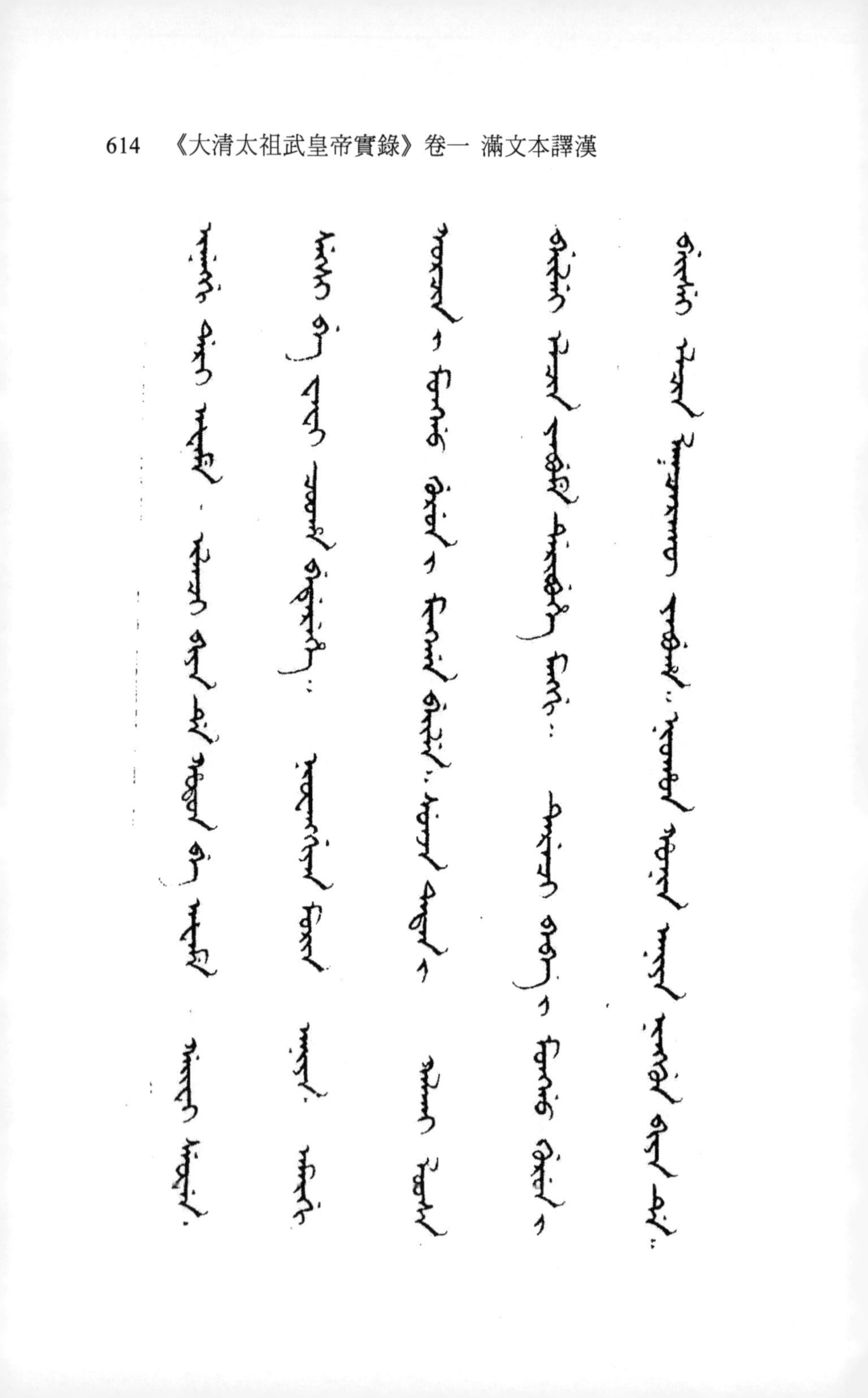

[illegible]

inenggi dari afame ilaci biya de hoton be afame gaifi seowen, seksi be wafi cooha bederehe, niowanggiyan morin aniya, amargi korcin i monggo gurun i minggan beile, sunja tatan i kalkai loosa beilei elcin yabume deribuhe manggi, tereci baba i monggo gurun i beisei elcin lakcarakū yabuha, niohon honin aniya ninggun biya de,

---

每日攻擊，三月而攻下城，斬搜穩、塞革失，即日回兵。甲午年，蒙古廓兒沁部明安貝勒、五部胯兒胯撈扎貝勒[123]始遣使往來，於是各處蒙古國諸貝勒遣使往來不絕。乙未年六月，

每日攻击，三月而攻下城，斩搜稳、塞革失，即日回兵。甲午年，蒙古廓儿沁部明安贝勒、五部胯儿胯捞扎贝勒[123]始遣使往来，于是各处蒙古国诸贝勒遣使往来不绝。乙未年六月，

---

[123] 撈扎貝勒，滿文讀如"loosa beile"，《滿洲實錄》音譯作「勞薩貝勒」。

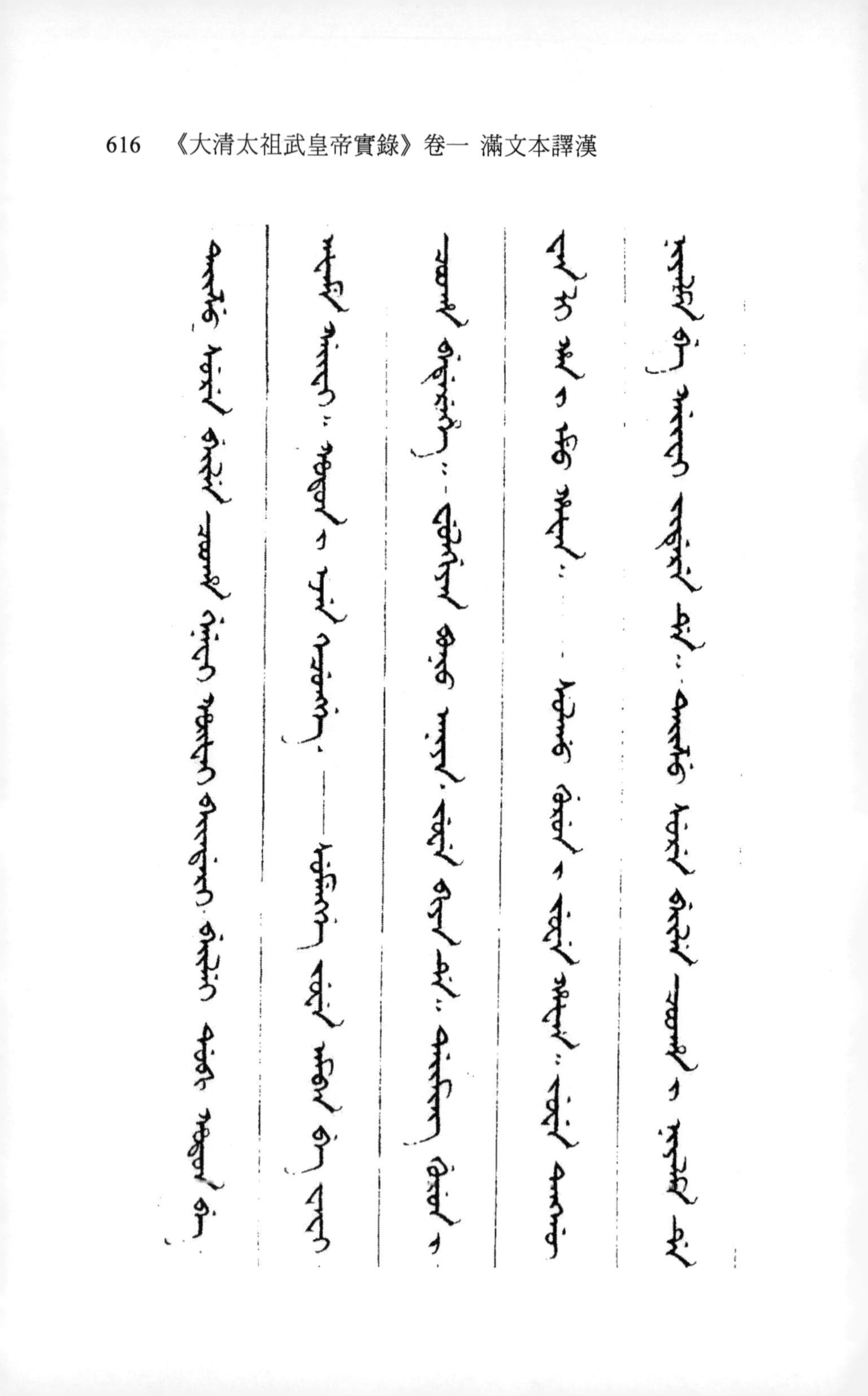

taidzu sure beile cooha genefi hoifai baindari beilei dobi hoton be afame gaifi, hoton i ejen kecungge, sumengge juwe amban be wafi cooha bederehe, fulgiyan bonio aniya juwe biya de, daiming gurun i wan li han i emu hafan, solgo gurun i juwe hafan, juwe tanggū niyalma be gaifi jidere de, taidzu sure beile cooha i niyalma de

---

太祖淑勒貝勒領兵伐輝發部擺銀答里貝勒[124]，尅取多必城，斬守將克充革、蘇猛革二大臣回兵。丙申年二月，大明國萬曆帝遣官一員，高麗國遣官二員，從者二百人來。

太祖淑勒贝勒领兵伐辉发部摆银答里贝勒[124]，克取多必城，斩守将克充革、苏猛革二大臣回兵。丙申年二月，大明国万历帝遣官一员，高丽国遣官二员，从者二百人来。

---

124 擺銀答里貝勒，滿文讀如"baindari beile"，《滿洲實錄》音譯作「拜音達哩貝勒」。

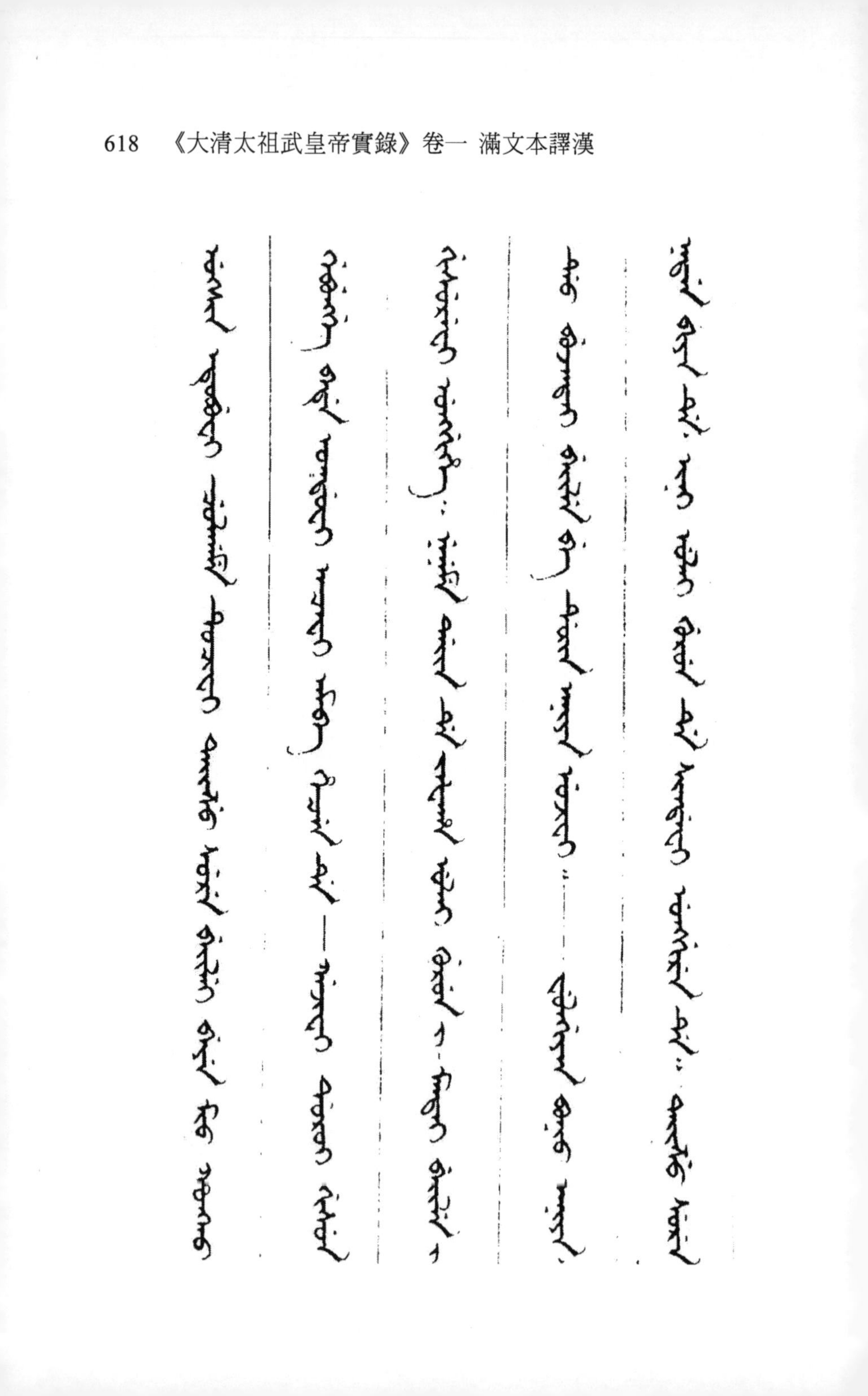

[illegible]

[illegible]

[illegible]

[illegible]

[illegible]

uksin etubufi culgame tucifi taidzu sure beilei beye mio hongko gebungge bade okdofi acafi amba hecen de gajifi doroi gisun gisurefi unggihe, neneme dain de jafaha ulai gurun i mantai beile i deo bujantai beile be duin aniya ujifi, fulgiyan bonio aniya, nadan biya de, ini ulai gurun de sindafi unggire de, taidzu sure

---

太祖淑勒貝勒令部兵穿甲，太祖淑勒貝勒親迎至妙弘廓[125]地界，接入大城，以禮相敘，公事畢，辭別而去。先陣中所擒兀喇國滿太貝勒之弟布占太貝勒恩養四載，至丙申年七月欲放歸其兀喇國，

太祖淑勒贝勒令部兵穿甲,太祖淑勒贝勒亲迎至妙弘廓[125]地界，接入大城，以礼相叙，公事毕，辞别而去。先阵中所擒兀喇国满太贝勒之弟布占太贝勒恩养四载，至丙申年七月欲放归其兀喇国，

---

[125] 妙弘廓，滿文讀如"mio hongko"，《滿洲實錄》音譯作「妙洪科」。

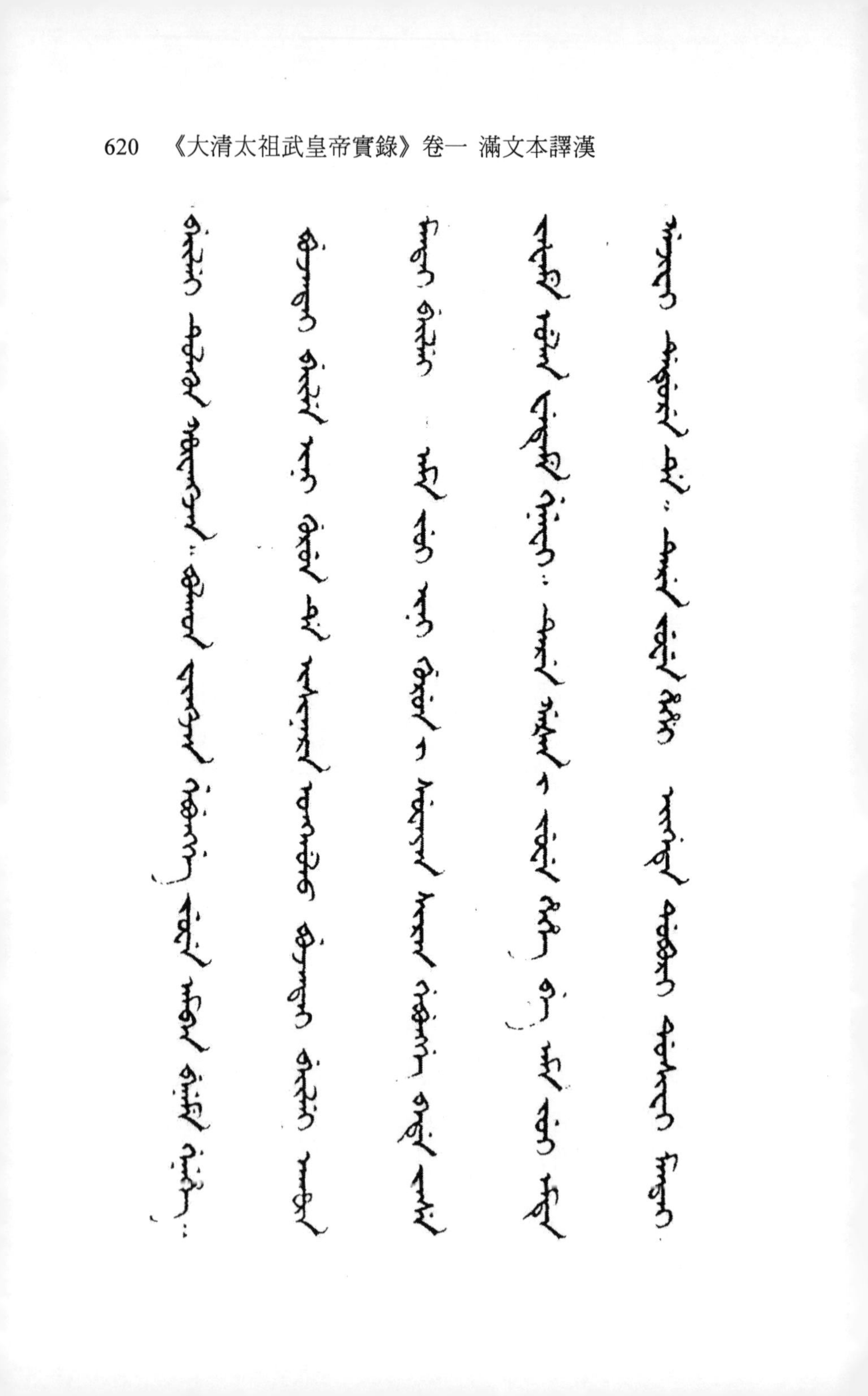

[illegible]

beilei tulkun hūwangjan, bolkon fingjan gebungge juwe amban beneme genehe, bujantai beile ini gurun de isinara onggolo bujantai beilei ahūn mantai beilei ama jui ini gurun i suwayan siran gebungge bade jase jafame ulan feteme genefi, tere gašan i juwe hehe be ama jui emte gajifi dedure de, tere juwe hehei eigete dobori dosifi mantai

---

太祖淑勒貝勒令禿兒空黃占、撥兒孔非英占二大臣護送，未至其國，時布占太貝勒兄滿太貝勒父子二人，往所屬國中拴烟濕攔處，修邊鑿壕，父子淫其村內二婦，其夫夜入，

太祖淑勒贝勒令秃儿空黄占、拨儿孔非英占二大臣护送，未至其国，时布占太贝勒兄满太贝勒父子二人，往所属国中拴烟湿拦处，修边凿壕，父子淫其村内二妇，其夫夜入，

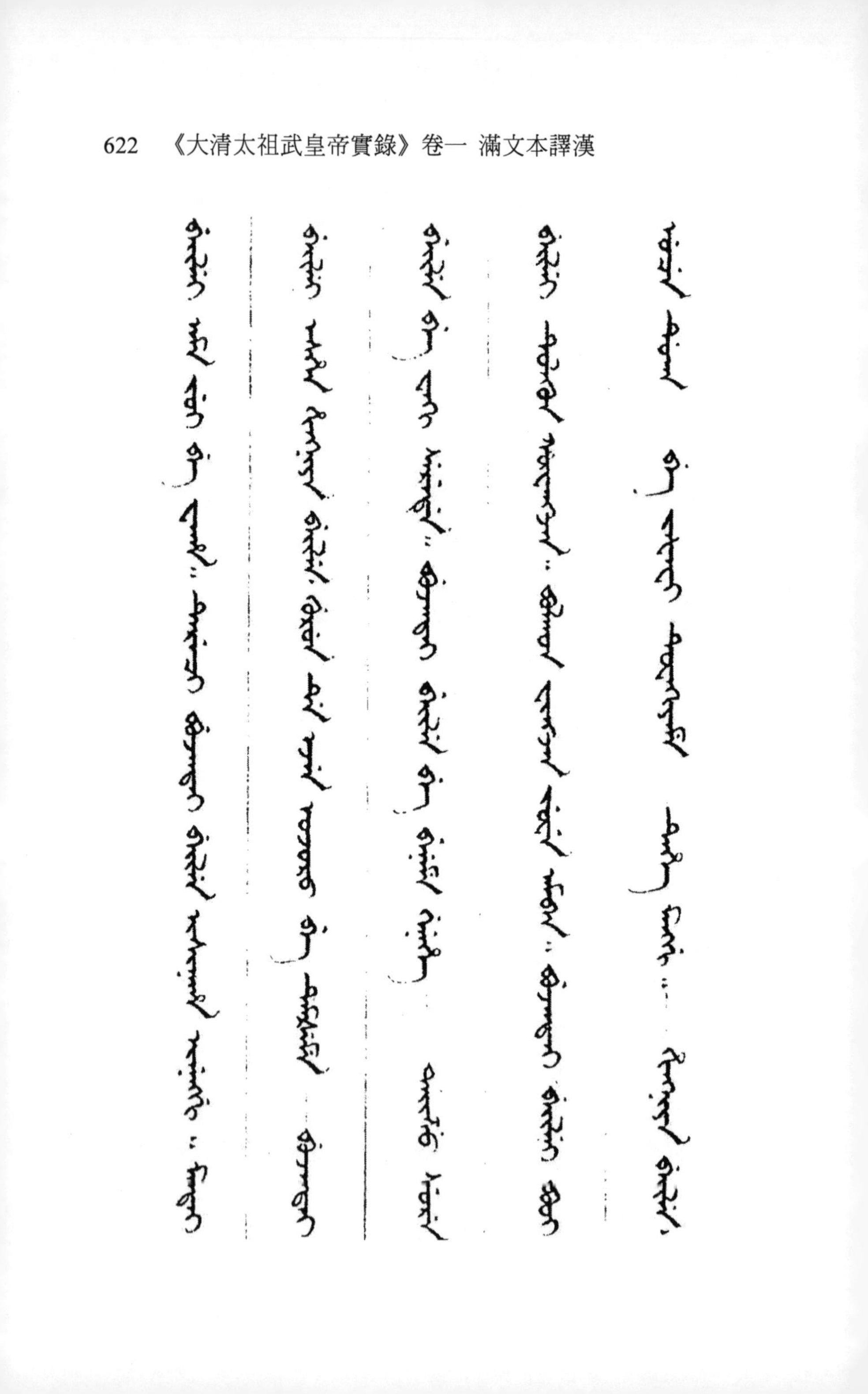

beilei ama jui be waha, tereci bujantai beile isinaha inenggi, mantai beilei eshen hingniya beile, gurun de ejen ojoro be temšeme bujantai beile be waki serede, bujantai beile be beneme genehe taidzu sure beilei tulkun hūwangjan, bolkon fingjan juwe amban, bujantai beilei booi uce duka be jafafi tuwakiyame tehe manggi, hingniya beile,

---

將滿太父子殺之，及布占太貝勒至日，滿太貝勒叔父興泥牙貝勒，謀殺布占太貝勒，欲爭爲國主，太祖淑勒貝勒護送布占太貝勒二大臣禿兒空黃占、撥兒孔非英占保守布占太貝勒門户甚嚴，

将满太父子杀之，及布占太贝勒至日，满太贝勒叔父兴泥牙贝勒，谋杀布占太贝勒，欲争为国主，太祖淑勒贝勒护送布占太贝勒二大臣秃儿空黄占、拨儿孔非英占保守布占太贝勒门户甚严，

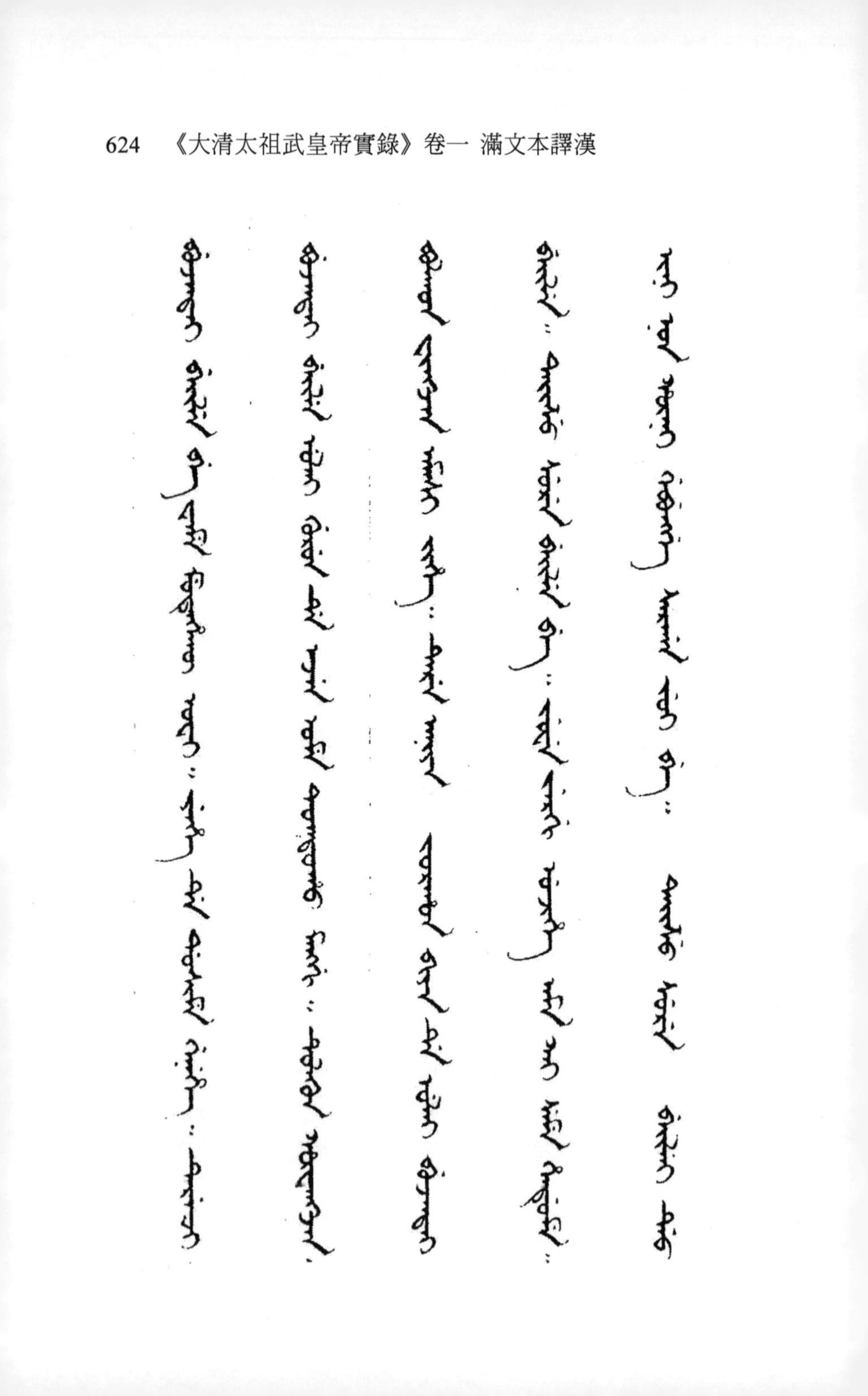

[illegible]

bujantai beile be wame mutehekū ofi, yehe de dosime genehe, tereci bujantai beile ulai gurun de ejen ome toktoho manggi, tulkun hūwangjan, bolkon fingjan amasi jihe, tere aniya jorhon biya de ulai bujantai beile, taidzu sure beile be, juwe jergi ujihe ama kai seme hendume, ini non hūnai gebungge sargan jui be, taidzu sure beilei deo

---

不能加害，於是興泥牙貝勒投夜黑而去，布占太貝勒遂爲兀喇國主，護送禿兒空黃占、撥兒孔非英占二人辭回。是年十二月，兀喇布占太貝勒感太祖淑勒貝勒二次再生，恩猶父子，將妹滹奈，

不能加害，于是兴泥牙贝勒投夜黑而去，布占太贝勒遂为兀喇国主，护送秃儿空黄占、拨儿孔非英占二人辞回。是年十二月，兀喇布占太贝勒感太祖淑勒贝勒二次再生，恩犹父子，将妹滹奈，

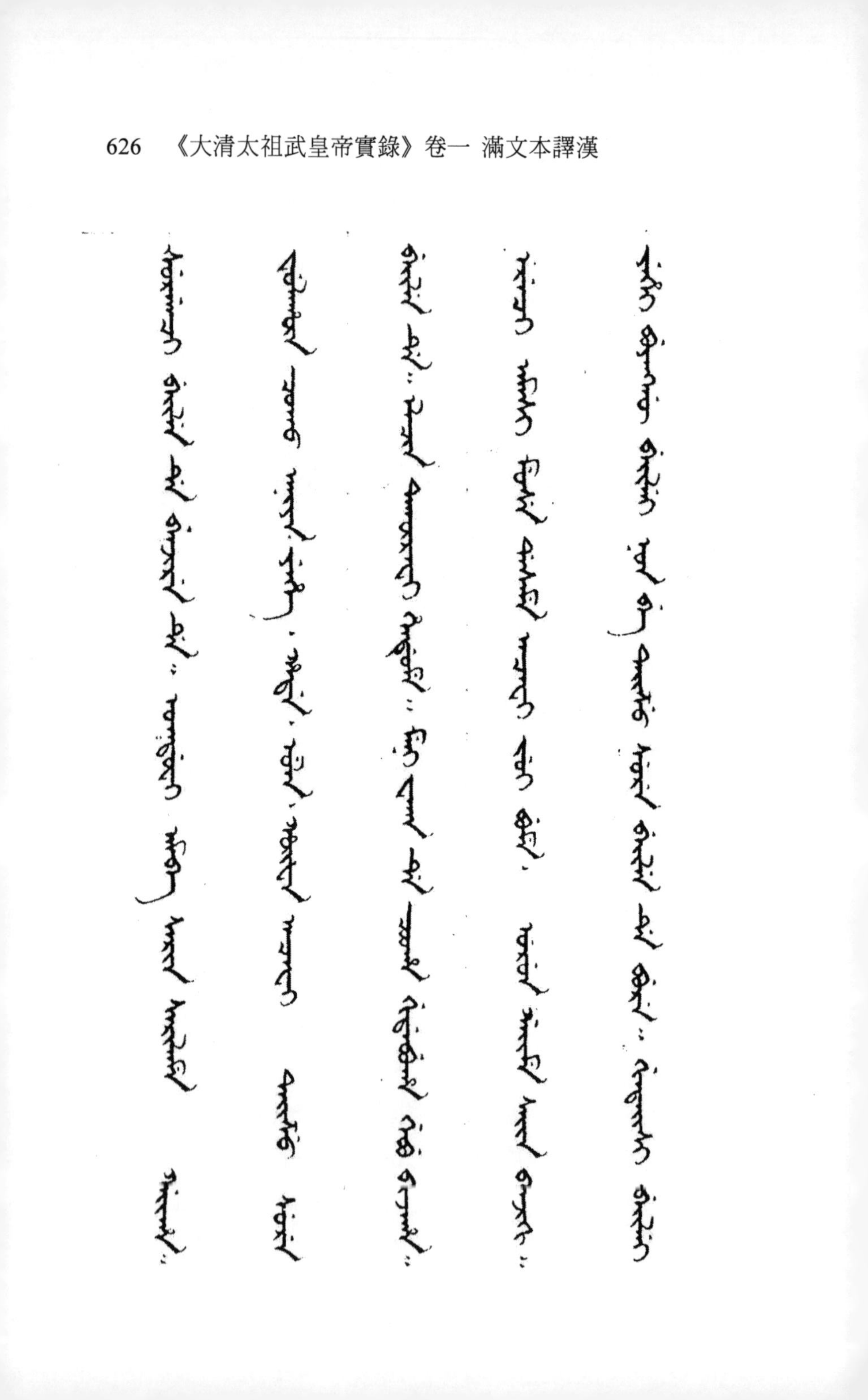

šurgaci beile de benjire de, okdofi amba sarin sarilame gaiha, fulahūn coko aniya yehe, hada, ula, hoifa acafi taidzu sure beile de, elcin takūrafi hendume, meni waka de cooha gidabuha gebu bijaha, ereci amasi muse dasame acafi jui bume, urun gaime sain banjiki, yehei buyanggū beilei non be taidzu sure beile de bure, gintaisi beilei

---

送太祖淑勒貝勒弟黍兒哈奇貝勒爲妻，即回設大宴成配。丁酉年，夜黑、哈達、兀喇、輝發會同遣使於太祖淑勒貝勒曰：「因吾等不道，以至於敗兵損名，自今以後，吾等更守前好，互相結親，於是夜黑布羊古貝勒[126]妹，欲與太祖淑勒貝勒爲妃，

送太祖淑勒貝勒弟黍兒哈奇貝勒爲妻，即回設大宴成配。丁酉年，夜黑、哈達、兀喇、輝發會同遣使於太祖淑勒貝勒曰：「因吾等不道，以至於敗兵損名，自今以後，吾等更守前好，互相結親，於是夜黑布羊古貝勒 [126] 妹，欲與太祖淑勒貝勒爲妃，

---

[126] 布羊古貝勒，滿文讀如“buyanggū beile”，《滿洲實錄》音譯作「布揚古」。

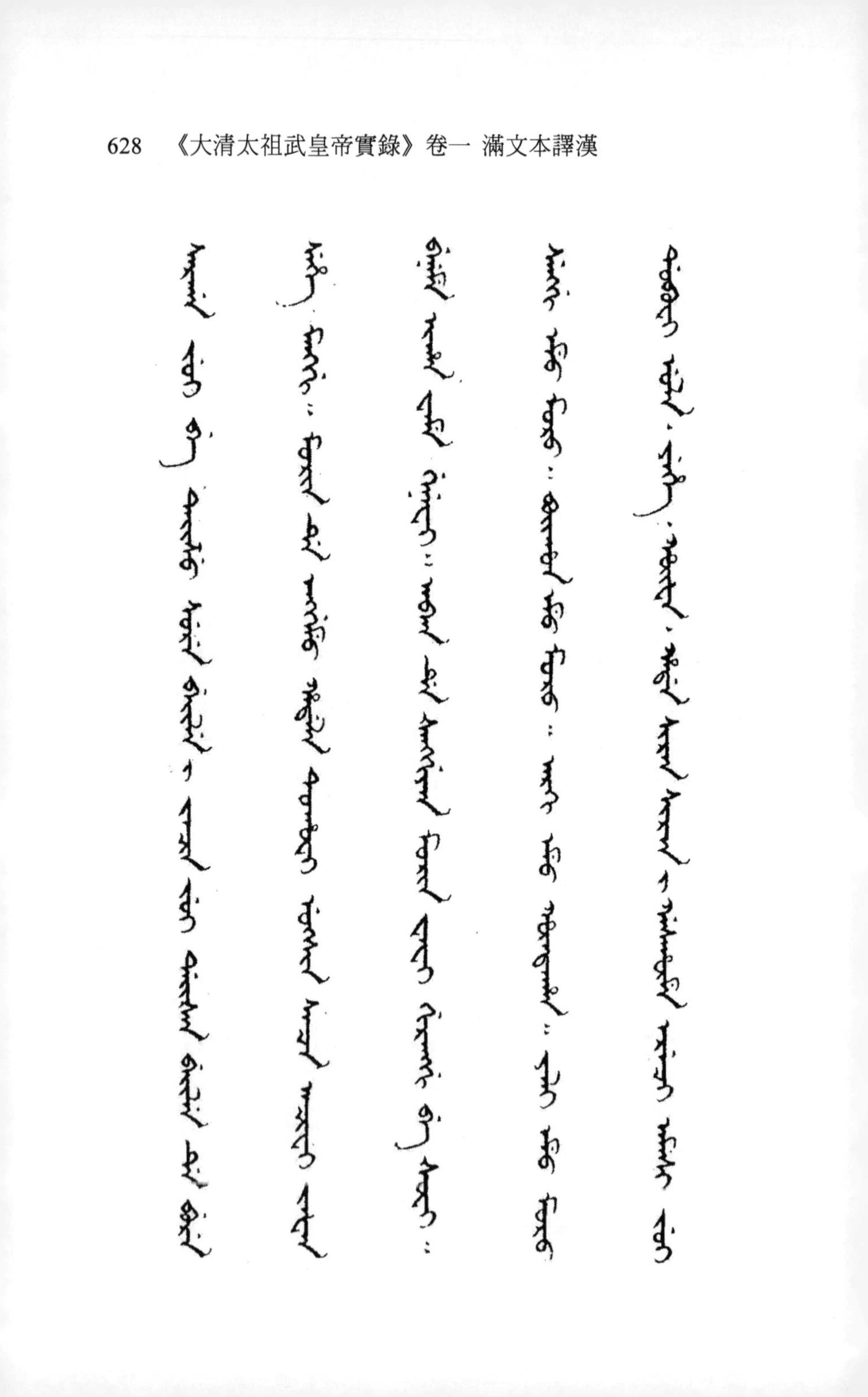

[illegible]

[illegible]

[illegible]

[illegible]

[illegible]

[illegible]

sargan jui be taidzu sure beile i jacin jui daišan beile de bure sehe manggi, morin de enggemu hadala tohofi uksin saca acifi jafan beneme ihan wame genefi, abka de šanggiyan morin wafi giranggi be šofi, senggi emu moro, boihon emu moro, arki emu hūntahan, yali emu moro dobofi ula, yehe, hoifa, hada siran siran i gashūme ereci amasi jui

---

金台石貝勒女欲與太祖淑勒貝勒次子帶善貝勒[127]爲妻，太祖淑勒貝勒乃備鞍馬盔甲等物，以爲聘禮，更殺牛設宴，宰白馬，削骨，設酒一杯，肉一碗，血土各一碗，歃血會盟，兀喇、夜黑、輝發、哈達相繼而誓曰：

金台石贝勒女欲与太祖淑勒贝勒次子带善贝勒 [127] 为妻，太祖淑勒贝勒乃备鞍马盔甲等物，以为聘礼，更杀牛设宴，宰白马，削骨，设酒一杯，肉一碗，血土各一碗，歃血会盟，兀喇、夜黑、辉发、哈达相继而誓曰：

---

[127] 帶善貝勒，滿文讀如“daišan beile”，《滿洲實錄》音譯作「代善貝勒」。

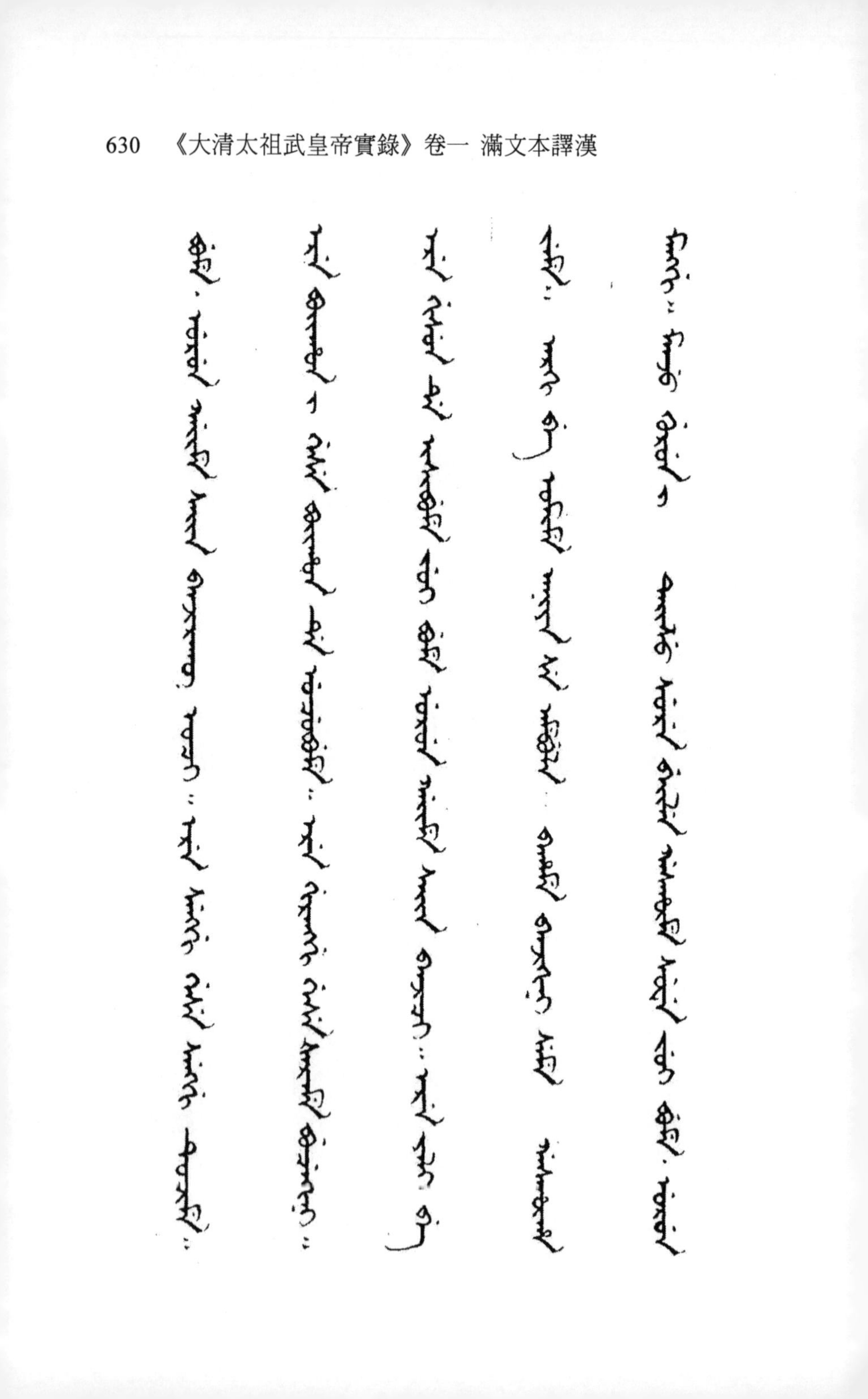

[illegible]

[illegible]

[illegible]

[illegible]

[illegible]

bume, urun gaime sain banjirakū oci, ere senggi gese senggi tucime, ere boihon i gese boihon de ucubume, ere giranggi gese šarame bucekini, ere gisun de isibume jui bume urun gaime sain banjici, ere yali be jeme, arki be omime aniya se ambula bahame banjikini seme gashūha manggi, manju gurun i taidzu sure beile gashūme suwe jui bume, urun

---

「自此以後，若不結親和好，似此屠牲之血，蹂踏之土，剮削之骨而死。如踐盟結親和好，食此肉，飲此酒，福壽永昌。」誓畢，滿洲國太祖淑勒貝勒亦誓曰：

「自此以后，若不结亲和好，似此屠牲之血，蹂踏之土，剐削之骨而死。如践盟结亲和好，食此肉，饮此酒，福寿永昌。」誓毕，满洲国太祖淑勒贝勒亦誓曰：

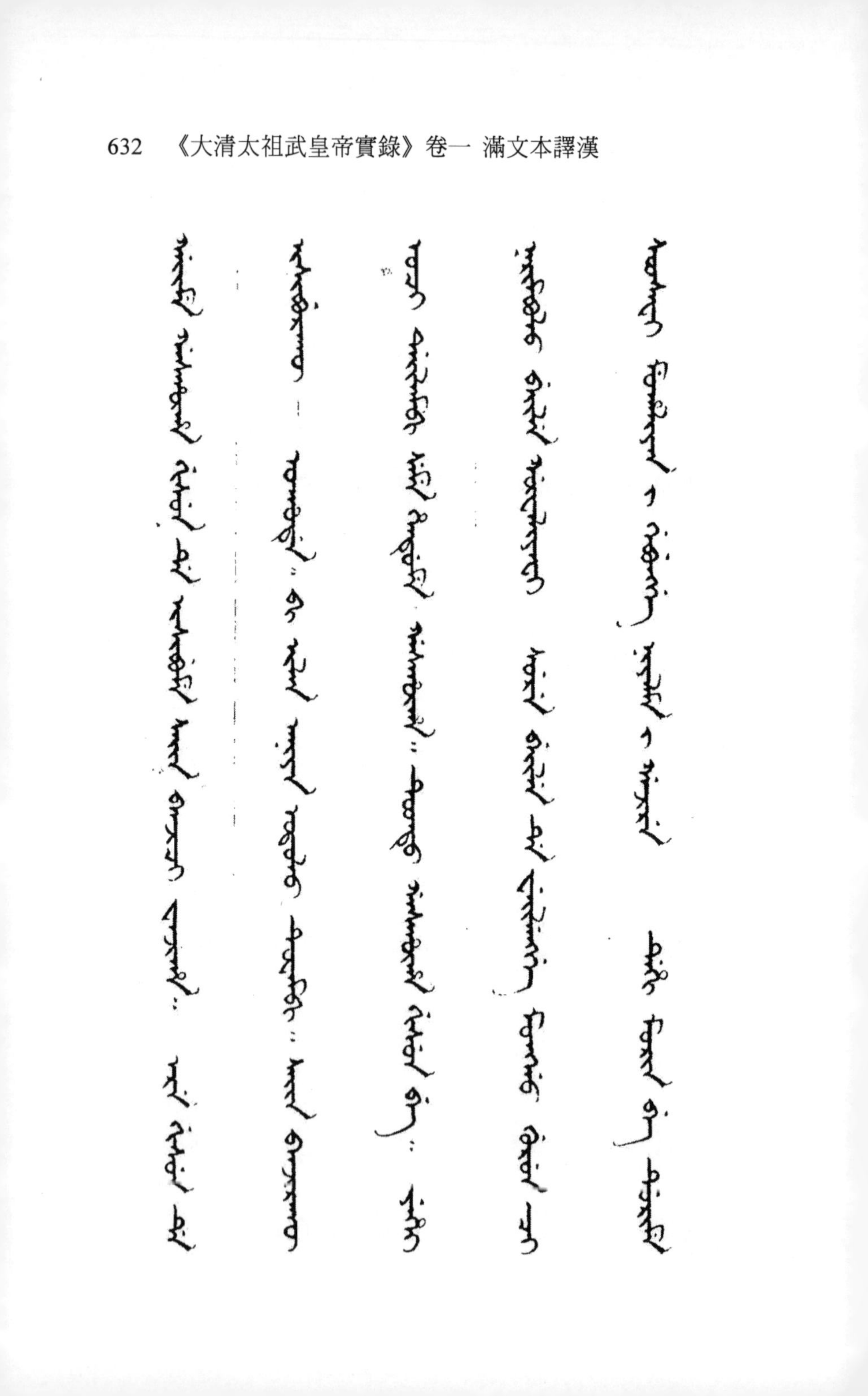

[illegible]

[illegible]

[illegible]

[illegible]

[illegible]

gaime gashūha gisun de isibume sain banjici wajiha, ere gisun de isiburakū ohode, bi ilan aniya otolo tuwambi, sain banjirakū oci dailambi seme hendume gashūha, tuttu gashūha gisun be, yehei narimbolo beile gūwaliyafi sure beile de weilengge monggo gurun ci soosafi muhaliyan i gebungge niyalma i gajire dehi morin be durime

---

「汝等應此盟言則已，不然，吾待三年，果不相好，必統兵伐之。」其後夜黑納林卜祿貝勒違悖此誓言。因蒙古搶掠，淑勒貝勒命木哈量[128]伐之，獲馬四十匹。

「汝等应此盟言则已，不然，吾待三年，果不相好，必统兵伐之。」其后夜黑纳林卜禄贝勒违悖此誓言。因蒙古抢掠，淑勒贝勒命木哈量[128]伐之，获马四十匹。

---

[128] 木哈量，滿文讀如"muhaliyan"，《滿洲實錄》音譯作「穆哈連」。

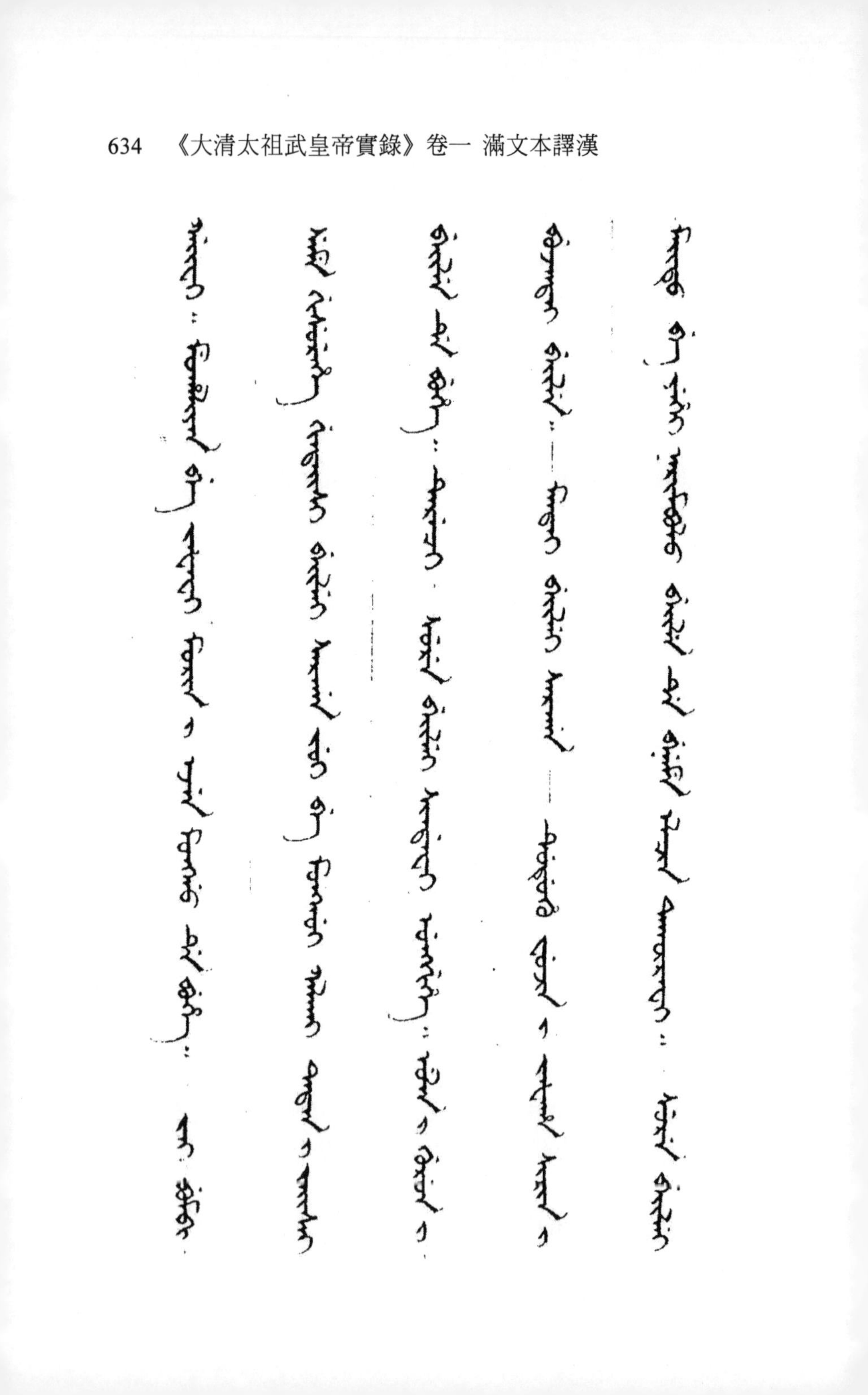

[illegible]

[illegible]

[illegible]

[illegible]

[illegible]

gaifi muhaliyan be jafafi morin i ejen monggo de buhe, jai bumbi seme gisurehe gintaisi beilei sargan jui be monggoi kalkai tatan i jaisai beile de buhe, tereci sure beilei sindafi unggihe, ula i gurun i bujantai beile, mantai beilei sargan duduhu fujin i jafaha sirin i maitu be yehei narimbolo beile de beneme elcin takūrafi, sure beilei

---

時夜黑納林卜祿貝勒背盟，將所獲盡奪之，仍擒木哈量，送與馬主蒙古，又將已許諾金台石之女與蒙古胯兒胯部戒沙貝勒結親，淑勒貝勒釋歸兀喇國布占太貝勒因與夜黑通將滿太妻都都庫福金所玩銅鎚，遣使送與夜黑納林卜祿貝勒

时夜黑纳林卜禄贝勒背盟，将所获尽夺之，仍擒木哈量，送与马主蒙古，又将已许诺金台石之女与蒙古胯儿胯部戒沙贝勒结亲，淑勒贝勒释归兀喇国布占太贝勒因与夜黑通将满太妻都都库福金所玩铜锤，遣使送与夜黑纳林卜禄贝勒

ᡩᠣᠰᡳᠮᠪᡳ ᡩᠠᡳᠯᠠᠨ ᠠᠯᡳᡥᠠ ᡳ ᠠᠯᡳᠮᠪᡠᡥᠠ :: ᡨᡠᠸᠠᠴᡳ ᠪᠠᡳᡨᠠ ᡠᠮᡝᠰᡳ ᡠᡵᡤᡠᠨ ::

ᠮᡠᡴᡩᡝᡥᡝ :: ᡨᡠᠸᠠᠨᡠᡵᡝ ᠮᡠᠰᡝ ᠮᡠᠰᡳ ᡠᡴᠰᡠᠨ ᠮᡠᡴᡩᡝᡴᡝ ᠪᡝ ᠪᠣᠣᡳ ᡨᡠᠸᠠᠨ ᠮᡠᠰᡝᡳ ᠪᡝ

ᠨᡳᠩᡤᡠᠨ ᠠᠨᠠᡥᡡᠨᡳᠶᠠᡥᡳ :: ᡨᡠᠸᠠᠮᡝ ᠪᠠᡳᠴᠠᠨ ᠨᡳᠶᠠᠯᠮᠠ ᠪᡝ ᡨᡠᠸᠠᡴᡳᠶᠠᡥᠠᡳ :: ᠨᠣᡵᠣᡥᠣ ᡳᠰᡳᠨᠵᡳᠮᡝ ᠠᠮᠠᡵᡳ

ᡨᠠᠴᡳᠪᡠ ᡝᠵᡝᠨ ᠪᡝᠶᡝᠨ ᠮᡝᠨᡳ ᠠᠮᠠᡵᡳᠨ ᠵᠣᡵᡳ ᠠᠮᠪᠠᠨ ᡨᠠᠴᡳᠨ ᡨᡠᠸᠠᠴᡳ ᡨᡠᠮᡝ ᠪᠠᠶᠠᠨ

ᡨᠠᠴᡳᠨ :: ᡤᡳᠰᡠᠨ ᠠᠮᠠᡤᠠᠨ :: ᡨᡠᠸᠠᠮᠪᡳ ᠠᠮᠠᡤᠠᠨ ᡨᡝᡵᡝ ᡳᠣᡳ ᡨᡠᠮᡝᠨ ᠠᡳᠮᠠᡴᠠ ᠪᡝ

harangga warkai aiman i anculakū, dorgi birai goloi lotun, gasitun, wangginu ere ilan ujui niyalma be bume, yehei elcin be gamafi anculakū, dorgi birai golo be dahabuha, suwayan indahūn aniya taidzu sure beile ini ahūngga jui cuyan taiji, fiyanggū deo bayara taiji, g'ag'ai jargūci, fiongdon jargūci de emu minggan cooha be

淑勒貝勒所屬斡兒哈部內按褚拉庫、內河二處酋長落吞、剛石吞、旺吉諾三人，許獻夜黑，請其使而招服之。戊戌年，太祖淑勒貝勒命長子出燕台吉[129]、幼弟把牙喇台吉與剛蓋扎兒胡七、非英凍扎兒胡七等領兵一千，

淑勒贝勒所属斡儿哈部内按褚拉库、内河二处酋长落吞、刚石吞、旺吉诺三人，许献夜黑，请其使而招服之。戊戌年，太祖淑勒贝勒命长子出燕台吉[129]、幼弟把牙喇台吉与刚盖扎儿胡七、非英冻扎儿胡七等领兵一千，

[129] 出燕台吉，滿文讀如“cuyan taiji”，《滿洲實錄》音譯作「褚英台吉」。

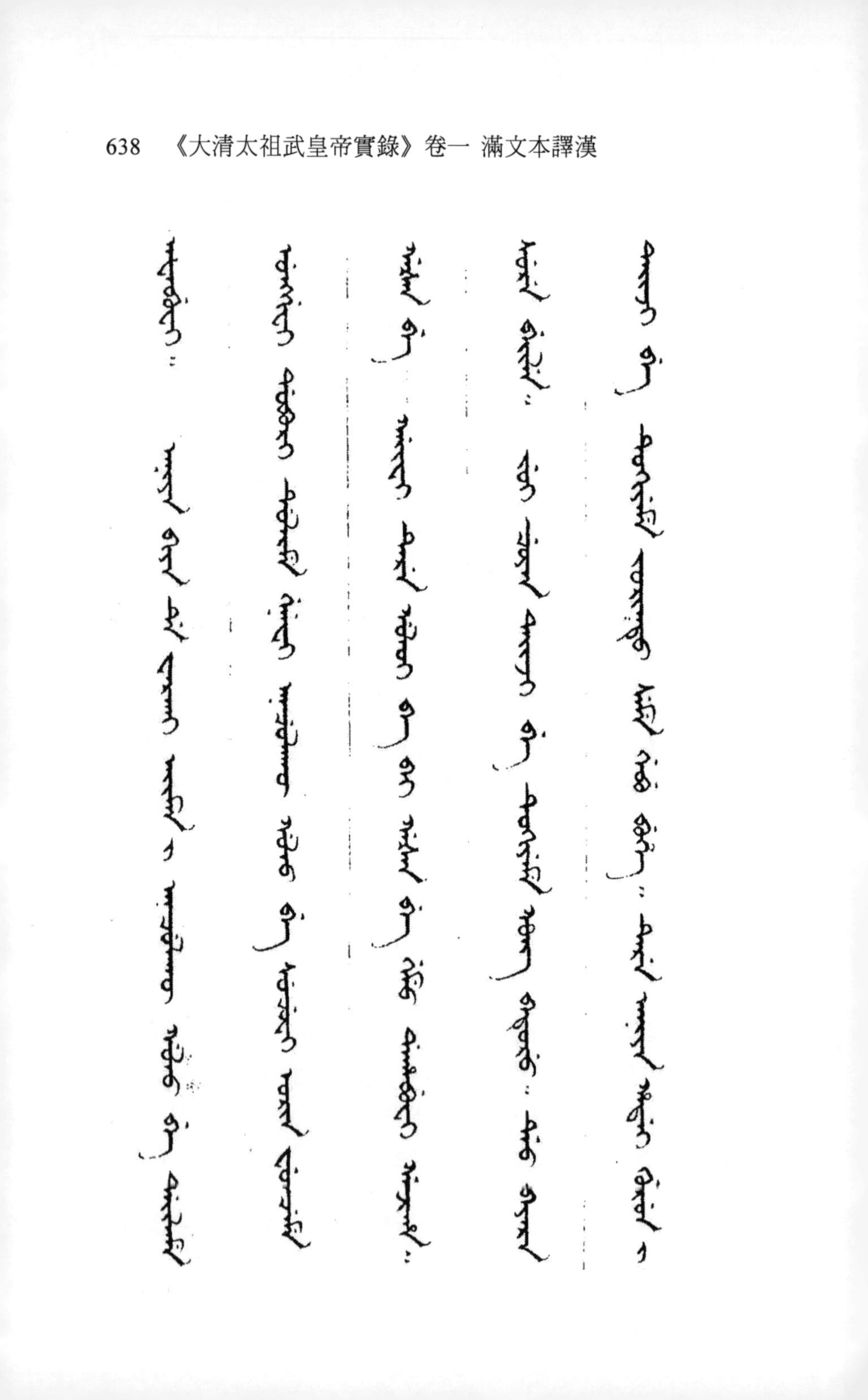

afabufi, aniya biya de warkai aiman i anculakū golo be dailame unggifi dobori dulime genefi anculakū golo be sucufi orin funceme gašan be gaifi tere goloi ba bai gašan be gemu dahabufi gajiha, sure beile, jui cuyan taiji be tukiyeme hong baturu, deo bayara taiji be tukiyeme joriktu seme gebu buhe, tere aniya hadai gurun i

---

正月，征斡兒部按褚拉庫，星夜馳至按褚拉庫，取其屯寨二十餘處，其餘各處村寨盡招服之。淑勒貝勒賜子出燕台吉名烘把土魯，弟把牙喇台吉名着里革兎[130]。

正月，征斡儿部按褚拉库，星夜驰至按褚拉库，取其屯寨二十余处，其余各处村寨尽招服之。淑勒贝勒赐子出燕台吉名烘把土鲁，弟把牙喇台吉名着里革兎[130]。

---

130 烘把土魯，滿文讀如"hong baturu"，把牙喇台着里革兎，滿文讀如"bayara traiji jorlktu"，《滿洲實錄》音譯作「洪巴圖魯」，「巴雅喇台吉卓禮克圖」。

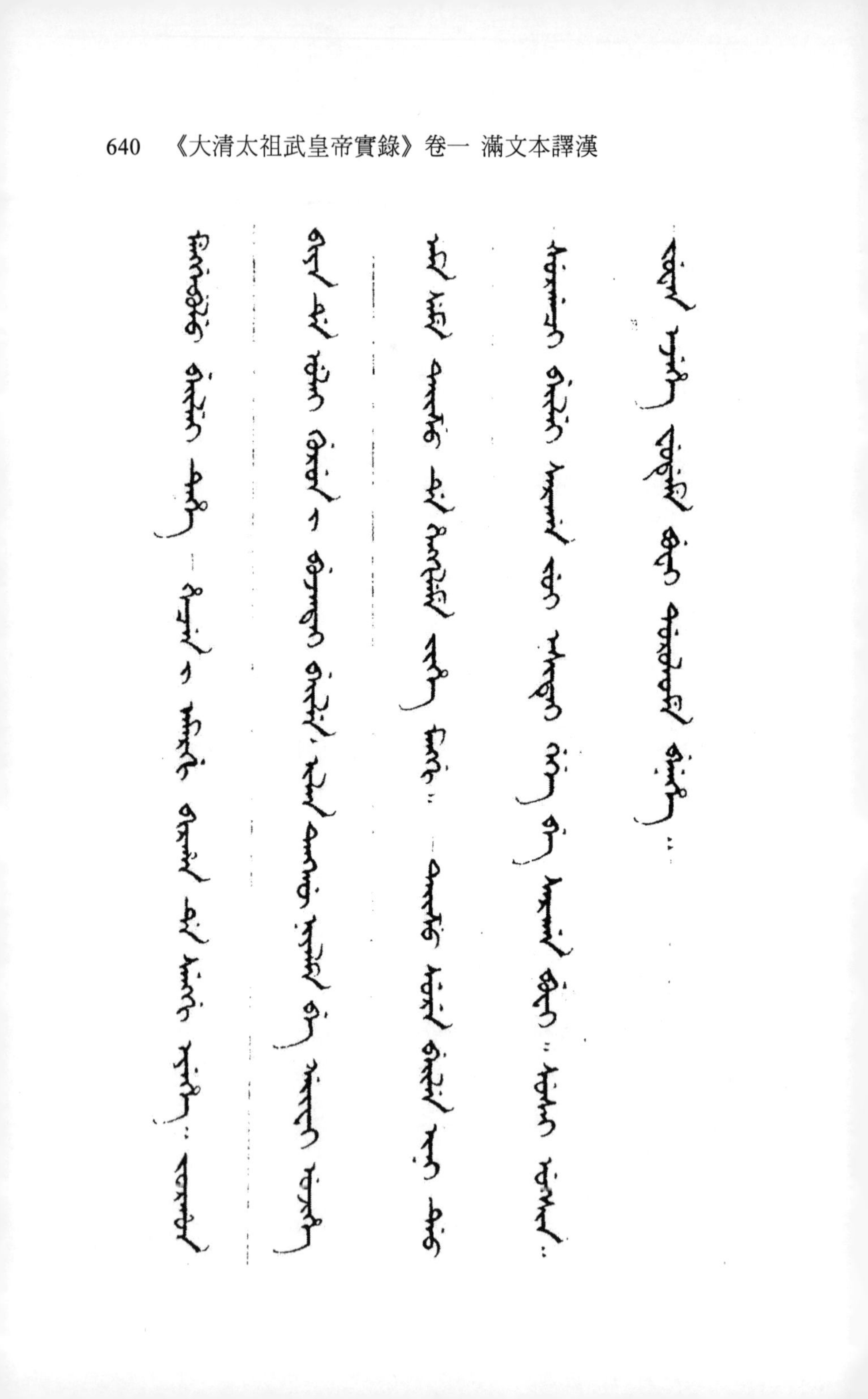

menggebulu beilei tehe hecen i amargi birhan de senggi eyehe, jorhon biya de ulai gurun i bujantai beile, ilan tanggū niyalma be gaifi ujihe ama seme taidzu de hengkileme jihe manggi, taidzu sure beile ini deo šurgaci beilei sargan jui esitei gege be sargan bufi, susai uksin, juwan ejehe fudeme bufi dorolome benehe.

是年，哈達國孟革卜鹵貝勒所居城北，有血自溪流。十二月，兀喇國布占太貝勒帶從者三百人來謁太祖，太祖淑勒貝勒以弟黍兒哈奇貝勒女厄石太格格[131]妻之，盔甲五十副，勑書十道，以禮往送。

是年，哈达国孟革卜卤贝勒所居城北，有血自溪流。十二月，兀喇国布占太贝勒带从者三百人来谒太祖，太祖淑勒贝勒以弟黍儿哈奇贝勒女厄石太格格[131]妻之，盔甲五十副，勑书十道，以礼往送。

---

[131] 厄石太格格，滿文讀如"esitei gege"，《滿洲實錄》音譯作「額實泰」。